日本比較法研究所翻訳叢書
59

アメリカ合衆国における組織犯罪百科事典

カポネ時代のシカゴから 新たな都市暗黒街時代まで

ロバート・J・ケリー 著

藤本哲也 監訳

ENCYCLOPEDIA OF
ORGANIZED CRIME
IN THE UNITED STATES
From Capone's Chicago
to the New Urban Underworld

By
Robert J. Kelly

中央大学出版部

ENCYCLOPEDIA OF ORGANIZED CRIME
IN THE UNITED STATES
From Capone's Chicago to the New Urban Underworld
by
Robert J. Kelly

Translated from the English language edition of
Encyclopedia of Organized Crime in the United States/
From Capone's Chicago to the New Urban Underworld,
by Robert J. Kelly, originally published by Greenwood Press,
an imprint of Greenwood Publishing Group, Inc., Westport, CT, USA.
http://www.greenwood.com/greenwood_press.aspx

Copyright© Robert J. Kelly by the author(s).
Translated into and published in the Japanese language
by arrangement with Greenwood Publishing Group, Inc.
through Tuttle-Mori Agency, Inc., Tokyo.
All rights reserved.

No part of this book may be reproduced or transmitted in any form
or by any means electronic or mechanical including photocopying,
reprinting, or on any information storage or retrieval system,
without permission in writing from Greenwood Publishing Group.

装幀　道吉　剛

ローズ・ジャールッソ（Rose Giarrusso）に愛と尊敬を込めて

目　次

序　文	v
頭　字　語	xvii
歴　史　年　表	xix
事　典	1
参考文献の概観	511
索　引	519
著　者　紹　介	577

　　監訳者あとがき

序　文

　本百科事典は、特別な種類の犯罪についてのものである。本書は、我々の諸都市にはびこる路上強盗、不法目的侵入、未成年者による車両窃盗、あるいは様々な暴力についてのものではない。本書は、組織化され、能率的な、「専門的」である犯罪についてのものであり、すなわち、その犯罪とは、透徹して我々の生活の一部分となっており、我々の制度に根付いており、そして、我々の経済と政治に結合しているために、我々は、しばしばその犯罪に気付かなかったり、あるいは、その犯罪が現れたときにその形態を認識し、それに直面するのである。

　非常に多くの政府官僚たちや、法執行専門家たちや、社会科学者たちは、組織犯罪を、アメリカの生活様式の一部として描き出してきた。多くの組織犯罪者たちには、彼ら自身、異文化並びに他の社会の国家的・民族的ルーツが存在するけれども、基本的な犯罪の手法や思考方法は、外国のものではないのである。アメリカの外に起源を有する外国人の陰謀であるというよりもむしろ、組織犯罪は、実は、アメリカ的なものなのであり、すなわち、我々の社会組織に徹底的に編み込まれているために、我々は組織犯罪を、特殊な、あるいは異なった、計り知れないほど富裕かつ強力なものとして、容易には認識しないのである。組織犯罪について注目すべきことは、我々が組織犯罪に非常に長い間我慢し続けてきたということではなくして、我々が組織犯罪にとても慣れてきたので、我々は、もはや組織犯罪を、許容されなくてはならないものとしては認識していないということなのである。

　組織犯罪は、常に、半世紀以上にわたって、一般的文化における魅力的な一課題であり続けてきたのであり、また、主要な刑事司法の関心事でもあり続けてきた。組織犯罪についての書籍や映画は豊富にあり、そして、多くの『ゴッドファーザー』(*The Godfather*)のような小説や映画は、世界的人気を誇ってい

る。多彩な通称や通り名を冠する有名な（あるいは悪名高い）ギャングスターの名前は、法執行官僚と同様、公衆にもほとんどよく知られている。最も重要なことは、組織犯罪は、何が違法であるかという理念を変化させて、生き延びてきたということである。すなわち、酒類密売は薬物不正取引に路線変更し、そして、売春は、インターネット上のビデオ・ポルノへと拡大しているように、組織犯罪は、抑圧と根絶に対して反抗し続けているのである。

　組織犯罪は、多くの形態をとり、そして、多くの様々な文化や社会において存在しているけれども、組織犯罪には、特定の基本的な特徴と構成要素が存在する。第1に、それは組織化されており、そして、組織犯罪には、最高経営責任者に類似する「ゴッドファーザーたち」が存在し、その権威と権力の構造において、企業類似のものになっているものであろうとなかろうと、あるいは、地方の無法者のギャングによって、時たま指揮命令される犯罪活動の非公式的なネットワークのようなものになっているものであろうとなかろうと、組織犯罪には、個々人の構成員を凌駕する存在感と永続性が存するのである。組織犯罪は、組織化されているから、それは、街路犯罪とは一線を画しているのであり、その街路犯罪とは、もっと挿話的な事件なのであり、ほとんどの組織犯罪者たちの特徴であるところの、計画の範囲や、合法的活動と非合法的活動の相互連絡を、典型的には含んではいないものとなっているのである。第2に、組織犯罪は、警察や取締りの刑事司法機関の買収や贈賄によって、保護されているのである。第3に、組織犯罪活動は、広範囲の違法活動を網羅しており、その主要な目的は、違法商品、例えば薬物、そして、様々な種類の、法律上禁止されている賭博、高利貸し業、及び性風俗活動を包含する違法サーヴィスに対する欲求をもつ自己本位的な公衆に対して、商品やサーヴィスを供給することなのである。以上の記述を基礎とすると、組織犯罪は、違法と定義されている商品やサーヴィスを要求する依頼人たる公衆と結合した犯罪活動の継続的形態として、雑駁ながら定義され得る。さらには、組織犯罪は、それらの商品やサーヴィスを製造し、供給し、保護し、物流させ、そして、稼いだ利益を使用して、その活動を他の非合法・合法的活動へと拡大させ、さらに、被害者たちや、

暴力的手段によって顧客を争う犯罪者のライバルたちを脅し、また、保護を得る目的を持って、警察や公務員たちに贈賄することによって活動を拡大する、個々人の一構造あるいはネットワークなのである。

　組織犯罪は諸都市で繁栄し、そして、一般的に移民と関係しているけれども、その社会的・経済的ルーツは、アメリカの初期の歴史にさかのぼる。その遺産は、西部辺境の有名なアウトロー・ギャングが代表的なものであり、すなわち、ダルトン一味（Daltons）、ジェイムズ兄弟（James brothers）ことジェシー（Jesse）とフランク（Frank）、そして、ビリー・ザ・キッド（Billy the Kid）による無法者の一団が、それである。多くのこれらのギャングたちは、有力で富裕な牧場経営者や畜牛男爵の一家によって統制されていた広大な領域において、秩序を維持していたガンマンたちの取締り人の集団から発展したのであった。1980年代初頭、イタリア人移民が、マフィアと呼ばれる秘密の犯罪組織を彼らと共に運んでいたとの噂が存在していた。第一次世界大戦後の1919年において、移民は、外国人犯罪者の陰謀の恐怖を新たにした。しかしながら、アイルランド系とユダヤ系ギャングスターたちが、公衆の悪評を一手に引き受けていた。1930年代終盤と1940年代において、トーマス・デューイ（Thomas Dewey）、サミュエル・シーベリ（Samuel Seabury）、ウィリアム・オドワイヤー（William O'Dwyer）、ブルックリン地区検事、そして、シカゴにおける連邦財務省官僚たちが、ゆすりたかり者たちであり、恐喝者たちでもあり、そして殺人者たちでもあるギャングたちを摘発した。1951年において、アメリカ上院キーファーヴァー委員会は、衝撃的な報告書において、国民に対し、アメリカには全米的なマフィア組織が存在すると結論付けた。そのときから、組織犯罪におけるイタリア系アメリカ人の包絡についての議論が、アメリカにおける、ラ・コーザ・ノストラとしても知られているマフィアの存在に集中してきたのである。

　組織犯罪とそのイタリア人による支配ということを、アメリカやそこかしこでよく知られている見解にした、作り話であって事実ではないものが存在している。1970年代初頭及び中葉における映画『ゴッドファーザー』は、登場人物であるドン・ヴィトー・コルレオーネ（Don Vito Corleone）とその家族を、組

織犯罪の権力、影響力、富の象徴的な代表とした。しかし、お分かりの通り、アメリカにおける組織犯罪は、たくさんの顔をまとうものなのであり、このことは、しばしば無視され忘却される真実なのである。

　ガンビーノ犯罪ファミリー首領、ジョン・ゴッティ（John Gotti）を成功裏に訴追することに何度も失敗した後、政府はついに、1992年において、有罪判決を獲得することがようやくできた。その「テフロン・ドン」（Teflon Don：無敵の首領）の訴追は、暗黒街に対する激しい一陣の風として歓迎され、報道は「ゴッドファーザーたちの黄昏」について熱狂的に語った。半世紀早く、捜査関係ジャーナリストかつ犯罪歴史家、ハーバート・アズバリー（Herbert Asbury）は、その著書『ザ・ギャングズ・オブ・ニューヨーク』（The Gangs of New York：ニューヨークのギャングたち）において、ほっと一息をついたが、それはなぜなら、彼はギャングスター、すなわち街路の無法者は、アメリカの過去へと後退してしまったと信じたからであった。アズバリーは、ニューヨーク市のスラム街で喧嘩した若い血の気の多い大勢のゴロツキどものような暴力的なストリート・ギャングたちの終焉と考えたのであった。しかし、それでもなお、アズバリーが希望的観測という過ちを犯してしまったのは、なぜかと言えば、彼が禁酒法時代中葉におけるストリート・ギャングたちの死亡記事を書いたとき、これらの偉大なる乱痴気騒ぎをするストリート・ギャングから輩出した多くの個々人は、巨大な権力と永続性とを持つ全米犯罪シンジケートへと変化しつつあったからであった。アメリカのギャングスターたちのための鎮魂歌は、何も目新しいものなどではなく、かつ、鎮魂歌は、往々にして、時期尚早なのである。事件がよく証明しているように、アメリカのギャングスターたちは、絶滅危機種などではないのである。

　アズバリーの哀れな希望や、一連の組織犯罪における大騒動をその衰退の証拠と見ていた、もっと同時代の観察者の希望などは、組織犯罪の将来を予測しようとする試みの危険性を強調するものに過ぎない。このことは、とりわけ、ラ・コーザ・ノストラに当てはまる。マフィアの終焉に関する法執行的予測の早まった楽観主義は、マフィアの長きにわたる支配にもかかわらず、少なくと

も理解可能なものではある。ラ・コーザ・ノストラに対して開始された闘争は、1960年代において、司法長官ロバート・ケネディ（Robert Kennedy）の努力をもって、熱心に始まり、30年間もの間、闘争は続き、多くの成功を収めたということを想起していただければ結構である。すなわち、主要な犯罪の首領たちは討ち倒されてきた。そして、犯罪ファミリーは、裏切り者たちや密告者たちによって破壊されてもきた。また、ニューヨーク市、シカゴ市、フィラデルフィア市、ボストン市、クリーヴランド市、ニューオーリンズ市、そしてカンザス市におけるマフィアの本拠地は、自分たちが、いまだに不断の監視下にあり、包囲攻撃されているということを、身に浸みて分かっているのである。それゆえに、攻撃的な捜査によって砲撃され、そして、無能で恐ろしい指導力によって弱められたマフィアが、それ以前のアイルランド系及びユダヤ系犯罪集団と同様に、雲散霧消してしまうであろうということは、明確なものとはならないまでも、簡単な予測ではあった。

　マフィアの全米コミッション（マフィア首脳部）を刑務所送りにした有名なピザ・コネクションの正式事実審理や、サルヴァトーレ・グラヴァーノ（Salvatore Gravono）の証言が代表的なものであるところの、ご自慢のオメルタ（沈黙の掟）を粉砕した裏切りの病毒と共に、「尊敬と名誉の男たち」のための弔いの鐘が継続的に鳴り響き、伴奏したのは、イタリア系犯罪集団に取って代わる他の犯罪集団についての強烈な推測なのであった。予測される産業は、暗黒街の王たちになる可能性のある新興集団を確認するために勃興したのであった。

　アメリカにおける組織犯罪の将来とはどのようなものであろうか。この問題は、単純かつ明らか過ぎる感があるけれども、それはアメリカやその他の国々での現代における犯罪活動の複雑性と一致していない。組織犯罪はもはや、近隣のゆすりたかりや地方のギャングスターの偏狭な活動ではないのである。すなわち、領域において次第に国際的なものとなっており、技術的にもより洗練されたものとなっているのである。ラ・コーザ・ノストラが以前そうであったと同じくらい生き残った理由の１つは、恐らくは、ラ・コーザ・ノストラが、生き残るために必要とされる変革を行ったということなのであろう。１つの犯

罪組織として、ラ・コーザ・ノストラは、犯罪のための機会に対して、そして、ラ・コーザ・ノストラを破壊することを決定付けられた法執行機関によって発達した犯罪予防技術に対して反応したのであった。しかし、どのように急速にアメリカのイタリア系マフィアが衰退する傾向にあるのか、そして、それが今でも全く事実的に消滅していることによって、アイルランド系及びユダヤ系犯罪者組織の辿った社会学的・経済的末路を辿るのかどうかについては、疑義が残るのである。マフィアは、第二次世界大戦期後の30年間のかつてのような権力ではほとんどないということは、議論の余地がないようにみえる。マフィアは、権力と影響力の重要な源であったところの、チームスターを含む多くの労働組合の実質的な制御能力を失ってきているのである。ラ・コーザ・ノストラのゆすりたかり者たちは、かつてのように、国際港湾労働者協会を通じて湾岸において彼らが享受していた影響力や統制力を、ほとんど持ってはいないのである。さらには、連邦政府は、鮮魚卸売業から廃品回収や建設業に至るまでの合法的事業や産業から、マフィアを除去する過程を継続しているのである。

　幾つかの都市において、ラ・コーザ・ノストラは、もはや支配的な存在などではなくなってきている。クリーヴランドは、影響力のある犯罪ファミリーを制圧することにおける連邦の法執行の決定と成功の1つの好例である。しかしながら、連邦法執行当局は、自分たちの犯罪統制の努力に正当に満足することもできるのではあるけれども、彼らは、クリーヴランド以外の都市においては、自分たちはマフィア犯罪ファミリーを完璧に絶滅させてはいないということを承認しなくてはならないのである。彼らの判断によれば、それは、最少に見積もっても、収益の多い違法賭博活動及び高利貸し業運営とを含む、いまだに活動的なラ・コーザ・ノストラの犯罪者の陰謀が存在している23の地方を残しているのである。

　頂点たるラ・コーザ・ノストラ首領たちの大いに喧伝された逮捕と有罪判決と共に、構成員の資格を求める潜在的な予備軍の間の利益は減少するであろうということが予測される可能性がある。予測とは反対に、ニューヨークのマフィア・ファミリーの構成員の総人員は、減少してはいない。例えば、1950年代

後半と1960年代初頭におけるマックレルランド上院公聴会の時期において、ニューヨーク州地域におけるジェノヴェーゼ犯罪ファミリーは、114人の構成員であったことが明らかにされている。FBIが1988年において、同ファミリーの構成に関する情報を公開したとき、200人近くの勧誘された構成員が存在していた。同様に、残りのニューヨーク州の犯罪ファミリー、すなわち、ボナンノ、ルチーズ、ガンビーノ、そしてコロンボの集団については、何百人もの知られている構成員たちが政府の図表に記載されていた。これらの数値は、我々が犯罪防止技術における25年間の発展的な精巧さを考慮に入れると、興味深い。

　ある観察者からすると、ラ・コーザ・ノストラのために新規会員を徴集し、「ソルジャーたち」を供給する犯罪的副次文化は、構成員の資格の永続性にもかかわらず、多くの要素によって、弱体化されてきている。第1に、汚職を事件にするための、競合管轄権と強力な誘因をもつ連邦法執行機関の成長が存在する。マフィアと警察との癒着と、長期間にわたる腐敗の関係は、結果として抑制されてきているのである。第2に、連邦の検事は、RICO法（事業への犯罪組織等の浸透の取締りに関する法律）と、継続的犯罪事業（Continuing Criminal Enterprise：CCE）の諸法律の適用において、非常により洗練されてきているのである。単なる個々人ではなくして、全体的なマフィアの「構成員たち」が、有罪判決を受けており、そして、科される量刑は、長くて厳しいものなのである。1985年においては、ニューヨーク州の5つのラ・コーザ・ノストラ犯罪ファミリーの各リーダーたちが、少なくとも100年間の刑期を科されている。すなわち、ほとんどのリーダーたちや主要な副首領たちは、仮釈放のない終身刑ということなのである。第3に、したがって、忠誠心、つまり伝説的な「オメルタ」（沈黙）の掟の値段は、多くの構成員にとってみれば、非常に高くつくようになってきているのである。密告するよりもむしろ、3年間の刑期を務めようとする可能性のある者たちは、RICO法による15年の刑期が日常茶飯事となったとき、しばしば心変わりをするようになっている。ガンビーノ犯罪ファミリーの首領、ジョン・ゴッティは、仮釈放のない終身刑を務めているが、それはなぜかと言えば、ゴッティの副首領たるサルヴァトーレ・グラヴァーノ（この

男は、19件の殺人の関与を認めている）が、ゴッティに対して証言をすることを選択し、予想されていた終身刑を単なる5年の量刑へと変えたからなのであった。連邦政府は、現在、ほんの10年前と比較し、証人保護プログラムにおいて、100人以上ものマフィア構成員がいることを報告している。

　マフィアの権力の漸進的な腐食に貢献している1つの要素には、機能不全ということがある。有望で教育のある意欲をもったイタリア系アメリカ人の若者のために、現在では広く利用可能な合法的な機会による、世代的な文化的同化と経済的流動性のおかげで、マフィアはもはや、魅力的な使用者ではなくなっているのである。そこで、マフィアとしても、ほとんどもっぱら教育を受けていない、手に負えない不良たちから新規構成員を募集することを余儀なくされており、しかも、たいていの場合において、不良たち、すなわち新規構成員が組織に加入することを認められるために、重大犯罪を行うことを要求しているのである。

　ラ・コーザ・ノストラは、アメリカにおける伝統的な組織犯罪の典型であると考えられている。しかし、ラ・コーザ・ノストラは、決して、唯一の、法執行機関が関心をもっている組織化された犯罪者集団ではないのである。新たな少数民族のギャングたち、すなわち、アメリカ人のアウトロー・モーターサイクル・ギャングのみならず、中国人、ロシア人、アフリカ人、ラテンアメリカ人、そしてジャマイカ人のギャングたちが、突出して目立ってきているのである。

　明日のギャングスターたちは、単なるマフィアではなくして、中国人であり、メキシコ人であり、ロシア人であり、カリブ人であり、アフリカ人となるであろう。今日よりももっと、組織犯罪は、様々な国籍と地域の一群から輩出された、より大きな脅威になるであろう。組織犯罪はまた、どの集団をとってみても、ラ・コーザ・ノストラほどは、強力で支配的なものとはならないであろうということになる可能性も存する。しかしながら、新たな人種的、民族的、そして文化的多様性のために、法執行機関は、新たなる犯罪の挑戦を受けることになるであろう。

加えるに、新たな、新興の犯罪者集団が、力を結集するであろうという可能性が常に存在するのである。ラ・コーザ・ノストラ犯罪ファミリー構成員たちが、ヘロインやコカインを中国人、ナイジェリア人、そしてコロンビア人の供給者から購入し、ヘロインやコカインをプエルトリコ人やドミニカ人のストリート・ギャングズと協力して物流させているということを考えてみていただきたい。ロシアのギャング団構成員たちは、燃料税詐欺において、マフィア構成員の共犯者となっているのであり、そして、シチリアのマフィア構成員は、アルバニア人とキューバ人と共に、アメリカにおいて、賭博施設を運営しているのである。アジア系組織犯罪は、中国人、ヴェトナム人、そして韓国人の集団の混合物になるよう運命付けられているのかもしれない。

　なかでもとりわけ大きな関心があるのは、これらの新しい犯罪者の結集が、ヨーロッパ、アジア、そしてラテンアメリカの犯罪者集団と国際的かつ大陸横断的な環を創出し、維持している状態にあるということである。例えば、ロシア系マフィアは、ドイツ、ポーランド、ハンガリー、オーストリア、アメリカ、そしてカナダへと移動してきている。同様に、香港の中国人三合会は、世界中の偽造クレジットカードの陰謀を統制し、全地球上の薬物不正取引に関与しているのである。

　アメリカのみならず、世界中の法執行機関の前に現れている課題は、ビル・クリントン大統領によって、1995年と1996年の国連総会に対する2編の教書において、概略が示されている。大統領が指摘し、繰り返し述べたことは、法執行機関だけが組織犯罪の跳梁を阻止するために当てにされることはできないということである。大統領によれば、合同犯罪防止対策委員会、マネー・ローンダリングに関する規制、そして刑事司法当局における情報の共有と協力に関する国家間の国際的な協力は、最も重要なことである。アメリカは、合法、非合法双方の製造物、とりわけ麻薬にとって、途方もなく豊かな市場であるがゆえに、アメリカは、ありとあらゆる種類の犯罪者集団にとって、選び抜かれた舞台となっているのである。この理由のために、麻薬は、犯罪者集団が支配することを追い求める最も重要な製品となっているのであり、そして、そういうわ

けで、アメリカの連邦の官僚たちや、世界中の官僚たちは、薬物統制を最優先事項として割り当ててきているのである。

法執行機関は、薬物に対する闘いにおける鍵となるべき要素なのであろうか。お分かりの通り、薬物不正取引を含む組織犯罪を促進する条件は、法執行機関の努力だけでは改善され得ない。犯罪と麻薬の悲劇は、都心のコミュニティの状況に横たわっているのであり、そこは、希望を失ってしまった人々で充満しており、そのような人々の絶望感が、欲求充足を行おうと目論まれた衝動的な行動、すなわち、自暴自棄の行動、犯罪、そして暴力へと導く行動を、導出しているのである。ゲトーや、無視され困窮化したコミュニティは、概して、それらが常にそうであり続けているように、組織犯罪のための繁殖地となり続けるのである。

非伝統的な新たな少数民族による組織犯罪を、疑いようもなく現代的な現象として把握する傾向が存在する。そういうわけで、ラ・コーザ・ノストラは、非常に便利なプリズムとなるのであり、そのプリズムを通して、組織犯罪が21世紀へと突入するとき、アメリカにおける組織犯罪の発展と進化をみることになるのである。この新たな組織犯罪は、多くの点において、昔ながらの、ありふれた物語となっている。

『アメリカにおける組織犯罪百科事典』（*Encyclopedia of Organized Crime in the United States*）は、アメリカにおける組織犯罪の発展的歴史に関する参照のための情報源を提供する。本書は、アメリカにおける20世紀を通した諸問題、諸人格、そして諸傾向に関して記述し、かつ、分析を行うものである。

『本百科事典』（Encyclopedia）はまた、犯罪行為者と犯罪組織を生み出す条件をも考察するものである。莫大な利益を作り出す機会を提供する、違法な商品やサーヴィスに対する強力かつ永続的な需要が存在しているがゆえに、組織犯罪は、アメリカにおいて、隆盛を極めているのである。一方で、アメリカにおける大規模な組織犯罪の永続性は、特定のギャングスターたちや、特定のゆすりたかり者たちの諸人格では捉えることのできない、組織的な専門用語で記録されているかもしれないけれども、他方で、『本百科事典』は、個人たる犯罪

者にも注意を集中しているのであり、その個人の人格、生活様式、そして、その他の犯罪者たちや、法執行機関や、公衆との関係というものが、その個人の犯罪事業の性質を形成しているのである。

　脱漏という過ちを犯すことなく、この種の著書を作り出すことは、恐らく不可能である。無論、包括性というものは、完全性というものを要求しない。のみならず、完全性というものでさえ、動的かつ成長中の分野を包括する百科事典においては、不可能ですらある。見出し項目の長さは、その重要性に関連しなくはないけれども、見出し項目に対する最新あるいは近年の関心の程度や、組織犯罪者の行動における個人的な経歴、活動、様相の重要性、そして、この種の犯罪に対する公式の法執行機関の応答といったような他の諸要素もまた、長さを決定するにあたっての考慮要素となっている。また、論点あるいは個人的活動や経歴に対する最適な最高レベルの利用可能性に対する努力に際しては、読者に対して、たとえいかに複雑であるとしても、各見出し項目は、充分に理解可能なものでなくてはならなかったのである。筆者としては、たとえ、ある見出し項目が他の見出し項目よりもより専門的かつ技術的な情報を与えているとしても、すべての見出し項目には、興味を抱いていただいたあらゆる読者にとって、何らかの価値があると信じている。見出し項目は、「参照文献」を含んでおり、そして、「をも参照」として、他の見出し項目に対して相互に参照されるものとなっている。表、図の有意性と重要性という理由から、多くの見出し項目には、表と図が付いている。別の見出し項目において言及されている主要な見出し項目には、アステリスクマーク（＊）が付いており、その主題の単独の取り扱いが本文中においてなされているということを表示しているのである。本書は、見出し項目において参照されている組織を確認する際における読者を手助けするための、頭字語の一覧表と、そして、重要な事件の歴史年表で始まる。

頭　字　語

AFL-CIO	American Federation of Labor and Congress of Industrial Organizations（アメリカ労働総同盟と産業別労働組合会議）	
AOC	Asian organized crime（アジア系組織犯罪）	
BATF	Bureau of Alcohol, Tobacco and Firearms（アルコール・タバコ・火器局）	
BCCI	Bank of Credit and Commerce International（国際信用商業銀行）	
CCBA	Chinese Consolidated Benevolent Association（中華公所）	
CCE	Continuing Criminal Enterprise（継続的犯罪事業）	
CDs	certificate of deposit（電子預金証書）	
CFCs	chlorofluorocarbons（クロロフルオロカーボン）	
CIA	Central Intelligence Agency（中央情報局）	
CMIR	Currency, Monetary Instrument Report（通貨及び証券・小切手等報告）	
CNP	Colombian National Police（コロンビア国家警察）	
CTR	Currency Transaction Report（通貨取引報告）	
DAS	Department of Administrative Security（安全管理局）	
DEA	Drug Enforcement Administration（麻薬取締局）	
DOJ	Department of Justice（司法省）	
FARC	Revolutionary Armed Forces of Colombia（コロンビア武装革命軍）	
FBI	Federal Bureau of Investigation（連邦捜査局）	
FDIC	Federal Deposit Insurance Corporation（連邦預金保険公社）	
Fin CEN	Financial Crime Enforcement Network（金融犯罪執行ネットワーク）	
FOBs	Fresh off the Boats（フレッシュ・オフ・ザ・ボーツ）	
GAO	General Accounting Office（会計検査院）	
HEREIU	Hotel Employees and Restaurant Employees International Union（ホテル及びレストラン従業員国際労働組合）	
IACRL	Italian-American Civil Rights League（イタリア系アメリカ人公民権連合）	
IBT	International Brotherhood of Teamsters（国際チームスター同業者組合）	
ILA	International Longshoremen's Association（国際港湾労働者協会）	
INS	Immigration and Naturalization Service（移民帰化局）	
IRS	Internal Revenue Service（内国歳入庁）	

JBM	Junior Black Mafia（ジュニア・ブラック・マフィア）
JLP	Jamaica Labor Party（ジャマイカ労働党）
LCN	La Cosa Nostra（ラ・コーザ・ノストラ）
LIUNA	Laborers' International Union of North America（北アメリカ労働者国際組合）
NYSOCTF	New York State Organized Crime Task Force（ニューヨーク州組織犯罪対策委員会）
OC	organized crime（組織犯罪）
OCRS	Organized Crime and Racketeering Section（組織犯罪とゆすりたかり課）
PCC	Pennsylvania Crime Commission（ペンシルヴァニア犯罪委員会）
PCOC	President's Commission on Organized Crime（組織犯罪に関する大統領委員会）
PNP	People's National Party（人民国家党）
POBOB	Pissed Off Bastards of Bloomington（ブルーミントンの怒れる私生児）
RICO	Racketeer Influenced and Corrupt Organizations（事業への犯罪組織等の浸透の取締りに関する法律）
SEC	Securities and Exchange Commission（証券取引委員会）
TFR	Task Force Report（対策委員会報告）
TYJK	Toa Yuai Jigyo Kumiai（東亜友愛事業組合）
UAW	United Auto Workers（全米自動車労働者）
UBG	United Bamboo Gang（竹聯幇）
UCR	Uniform Crime Reports（統一犯罪報告書）
UFCW	United Food and Commercial Workers International Union（全米食品商業労働者組合）
USW	United Seafood Workers（全米シーフード労働者）
WASP	White Anglo-Saxon Protestant（ホワイト・アングロサクソン・プロテスタント）
WITSEC	Witness Security Program（証人保護プログラム）

歴 史 年 表

1860-1880年　組織犯罪が諸都市にはびこり、そして、組織犯罪は、一般的には、移民集団と結び付いているけれども、その社会的、経済的ルーツは、深くアメリカの歴史に埋め込まれているものなのである。西部辺境の有名なアウトロー・ギャングズ、すなわち、ジェイムズ兄弟（James brothers）、ヤンガーズ一味（Youngers）、ダルトン一味（Daltons）によって率いられた無法な一団は、組織犯罪活動の1つの文化的遺産を象徴するものなのである。そして、アメリカが産業化と都市化の時代において成長するにつれ、「泥棒貴族」、すなわち、いくつかのアメリカの主要なファミリーの祖先たちは、しばしば法の埒外の戦術によって、辺境の富を、金融帝国へと変身させたのである。彼らが自分たちの富を蓄積していったことからすると、近年の組織犯罪に関連した、ギャングの実行役、暴力、贈賄、汚職、そしてその他の活動の使用は、経済的には役に立つものであり、そしてそれゆえに、道義的に見て許容可能なものであるということが判明した。西部辺境によって供給されていたチャンスが消滅したとき、成功と安全とを求めて努力するそれらのアメリカ人たちは、何百万人ものヨーロッパ移民と共に、諸都市へと舵を取った。アメリカの都市の成長と、移民の殺到とが、組織犯罪の現代の世紀、そして葛藤を生み出したのである。

　　　　　　　南北戦争、移民、都市化、辺境の発展、そして産業の拡大の形成の際の莫大な経済成長というこの混乱期において、諸大都市は、選挙運動期間中においては地方の政治家のために働き、そして、移民やスラム街の住民を搾取することに主に向けられた犯罪活動において、警察からいくつかの保護が申し込まれていた巨大なストリート・ギャングズの形成を、目撃したのである。ギャングたちは、地方の政治機構との協力関係を築き上げ、そして、大規模な悪徳産業において稼がれた利益を共有したのである。多くの悪名高い犯罪者たちは、後の数十年間にかけて、自分たちの技術と、これらのギャングとの接触を発展させたのである。「ラッキー」・ルチアーノ、メイヤー・ランスキー、そして、フランク・コステロのような、後に頂点に立つシンジケートのリーダーとなった男たちは、かれらのギャングにおける経歴を開

始した。

1878年　イタリア政府が反マフィア運動を開始する。多くのマフィアの構成員たちは、イタリア人の植民地が存在する北アフリカの港へと向けてシチリアを発ち、あるいは、アメリカへと（しばしば違法に）移住する。アメリカへとやって来たほとんどの人々が、ニューヨーク、ボストン、シカゴ、ニューオーリンズ、カンザス市、そしてセントルイス（すべての場所が、後に、ラ・コーザ・ノストラ犯罪ファミリーの拠点となる）における主要都市の地域に定住する。

1882年　中国人排除法（Chinese Exclusion Act）の制定が、反アジア人の感情を生み出し、中国人を「チャイナタウン」という、白人社会の主流から切り離された少数民族の居住地へと隔離する。中国人の移民は、差別に対抗するための保護のために、堂（在米中国人の友愛組織）を形成する。

1891年　ニューオーリンズ警察署長ウィリアム・ヘネシー（William Hennessey）が、彼が敵対するマフィアの派閥間での紛争に介入し、殺害される。17人のイタリア人たちが逮捕され、そして、ギャング団がジェイルを荒らし、それらのうちの11人をリンチする。アメリカにおいて、初めて、ニューオーリンズを支配するイタリア出身の秘密の犯罪組織についての公衆の討議が行われる。

1899年　ニューヨーク市の堂が、戦争状態になる。その原因は、チャイナタウンにおける賭博権益の争いである。1913年において、ヒップ・シンとオン・レオン堂との間の街路戦争が、中国政府とニューヨーク市警察が手配した平和協定の調印をもって終結する。

1903年　ラ・マーノ・ネーラ（Black Hand：ブラック・ハンドまたは黒手団）の証拠が、ニューヨーク州ブルックリンにおいて、白日の下にさらされる。黒手団が、他のイタリア人たちに対する犯罪を行う、イタリア人恐喝者でありテロリストでもある恐怖の象徴となる。

1915年　アル・カポネが、ニューヨーク州のファイブ・ポインツ・ギャングに

歴 史 年 表 xxi

入会する。

1920年 すべてのアルコール飲料の製造、販売、物流、輸送を非合法化する合衆国憲法第18修正が施行され、禁酒法時代が始まる。(強盗、殺人、不法目的侵入、恐喝を含む)暴力犯罪と、選挙政治に関する犯罪(投票買収、選挙人名簿登載の市民の脅迫、投票箱への不正投票など)という、2つの分野において機能していた犯罪者のギャングたちが、今や、ナイトクラブと密売という莫大な暗黒街における新たな犯罪の機会を見出す。現代の「数当て賭博遊び」を考案した男、キャスパー・ホルスタインが、ハーレムにおける賭博シンジケートをまとめ上げる。ホルスタインの集団が、アメリカにおけるアフリカ系アメリカ人犯罪者活動の最初の正式な組織化された集団となる。シカゴにおいて、ジョニー・トーリオが、コロシモ・ギャング団の跡目に対する不安を抱き、禁酒法を利用し、「ビッグ・ジム」を彼自身のレストランにて撃ち殺させる。トーリオが、自身の最高位の副頭領であり、コロシモ処刑における疑わしい首謀者でもあるカポネに、活動中の売春に対するゆすりたかりの利益の25%と、密売の利益の50%とを与える。

1925年 ギャング戦争が、チャールズ・ダイオン゠オバニオン殺害の余波において、シカゴの街路を震撼させる。オバニオンは、自分たちの縄張りと顧客に対するカポネ組織の浸食に敵対する密売人と博徒の連合を率いていたのであった。

1926年 シカゴ・ギャング戦争が荒れ狂っているとき、「ハイミー」・ヴァイスとヴィンセント・ドルッチは、シカゴ郊外のシセロのホーソン・インにあるカポネの本部に対する真っ昼間における武装攻撃を入念に準備する。1,000発の弾丸が機関銃によって掃射されるが、カポネは無傷で生き延びる。1名の善良な無関係の人間が殺害される。1月も経たないうちに、ハイミー・ヴァイスは、彼自身の本部事務所から街路を横切ったアパートの中で準備されていた待ち伏せで、機関銃で掃射され殺害される。

1927年 「シチリアの跡目をめぐる戦争」。すなわち、ユニオーネ・シチリアーノ(Unione Siciliano)内部における闘争が、カポネが選んだ頭領たる

トニー・ロンバルド（Tony Lombard）と、主要なシカゴの密売人であり影響力のあるマフィア構成員たるジェンナ兄弟の仲間たるジョゼフ・アイエロ（Joseph Aiello）との間において、勃発する。その闘争は、ニューヨーク州バッファロー及びセントルイスにかけて流血沙汰となる。カポネの殺し屋たちが、アイエロがカポネを殺害するために暗殺者を雇った後に、アイエロを叩き出す。

1928年　主要なゆすりたかり者かつ創造的な犯罪の革新者、アーノルド・「ザ・ブレイン」・ロススタインが、11月6日に射殺される。12月5日、シカゴ、ニューヨーク、デトロイト、セントルイス、タンパ、フィラデルフィア、バッファロー、及びニューアークからの23人のマフィア構成員たちが集合して相互の問題と利益について討論したとき、全米犯罪シンジケートが、オハイオ州クリーヴランドのステイトラー・ホテルにて形成される。出席した者の多く、すなわち、ジョゼフ・プロファチ、チャールズ・「ラッキー」・ルチアーノ、ヴィンセント・マンガノ、及びジョゼフ・マグリオッコが、ついにマフィア犯罪ファミリーを統率する。

1929年　聖ヴァレンタイン・デイの大虐殺。すなわち、1925年に始まったシカゴ・ギャング戦争が、シカゴのノースサイドのガレージにおいて、2月14日に血塗られた結末を迎える。4人の男たちが、警察官の服装をして、バグズ・モランのギャングのうちの7人の構成員を残忍に殺害する。事件に動揺して、モランは雲隠れする。警察による取調の際、伝えられるところによれば、モランは、全米中を震撼させた恐ろしい殺人について、「あんな殺し方をするのはカポネしかいない」と言ったという。

5月13日と16日の間に、主要な暗黒街の秘密会議が、ニュージャージー州アトランティック市にて開催される。全米中から、約30人のギャング・リーダーたちが出席する。アメリカは、影響力をもつ領域とギャングの縄張りに分割される。ギャング同士の喧嘩や闘争は、解決と和解のための9人の構成員からなる全米「コミッション」において取り上げられなくてはならないことになる。

1930-1931年　カステランマレーゼ戦争。すなわち、3月において、ニューヨーク・

歴史年表　　　　　　　　　　　　　　xxiii

マフィアにおける2つの派閥が、ゆすりたかりの支配をめぐる抗争において味方をする。シチリアのカステランマレーゼ・デル・ゴルフォ地方出身のギャング団から構成されているマランツァーノ集団が、ジョゼフ（「ジョー・ザ・ボス」）・マッセリアによって率いられる集団に対して戦争状態に陥る。マッセリア・ギャングが、メイヤー・ランスキーや「バグジー」・シーゲルのような多くの非イタリア人たちと連合する。マッセリアに対して戦争が激しくなったとき、ルチアーノとジェノヴェーゼを含む、5人のマッセリアの首脳部の男たちが、マッセリアを処刑し、平和を構築する。しかしながら、マランツァーノは、マッセリアの処刑人たちの裏切りを怖れ、処刑人たちの殺害を計画する。案に相違して、マッセリアが1931年9月10日に殺害される。カステランマレーゼ戦争の余波において、ニューヨークにおいて、5大コーザ・ノストラ・ファミリーが出現する。

　9月15日、ルチアーノは、マフィアの権威体として、「コミッション」を復活させ、「ボス中のボス」は存在すべきではないとの同意を得る。全米の24の犯罪ファミリーと共に、ニューヨークは、5つの犯罪ファミリーに分割され、それらのファミリーのうちの9つのファミリーが、紛争を仲裁する「コミッション」の席に座る。こうして、マフィアは、「アメリカナイズ」されたのである。

1931年　　　アル・カポネが、脱税で有罪判決を受け、11年間の刑を言い渡され、決してギャング団のリーダーに返り咲くことはなかった。

1933年　　　禁酒法が廃止される。組織犯罪は主要な収入源の喪失を補填するために、別の違法事業へと舵を取る。

1935年　　　ダッチ・シュルツが、ニュージャージー州ニューアークにおいて殺害されるが、それは、ゆすりたかりを支配し、かつ、特別検察官トーマス・デューイを殺害しようとする彼の計画を怖れるニューヨーク市に存在する彼のライバルによるものである。

1936年　　　ニューヨーク、そして恐らくアメリカにおける最強のギャングスター、「ラッキー・ルチアーノ」が、売春の罪で30年から50年の刑を受ける。

歴史年表

1937年	フルゲンシオ・バティスタ（Fulgencio Batista）大佐が、ニューヨーク州のメイヤー・ランスキーを招き、主要なキューバのホテル賭博カジノを組織化し、営業する。「バグジー」・シーゲルが、カリフォルニアへと向かい、映画製作労働組合と賭博事業を組織化する。
1938年	マフィア麻薬シンジケートが、カンザス市とセントルイスにおいて設立される。
1940-1941年	「マーダー・インク」の殺し屋かつ構成員、エイブ・「キッド・ツイスト」・レルズが、シンジケート構成員及びブルックリンとマンハッタンにおける政治的パトロンに不利な証言を提出する。1941年11月12日、レルズが、重警備されていたコニー・アイランド・ホテルの6階の窓から「墜落」して不審死する。
1942年	ニューヨーク州にあるアメリカ海軍諜報機関局が、ナチスの妨害活動に対して、湾岸のギャングスターたちの手助けを求める。「ラッキー」・ルチアーノが、ニューヨーク港湾施設における戦時中のスパイと闘うことに同意し、そして、海軍に協力することを国際港湾労働者協会に命令する。
1944年	ルイス・「レプケ」・バカルターが、ニューヨーク州シンシン刑務所において電気死刑に処される。彼はこれまでに電気椅子に座った唯一のギャング団首領である。
1946年	ホッブズ法（Hobbs Act）が法律となる。本法律は、犯罪目的での州際通商に対する介入を、連邦犯罪とする。1970年まで、RICO法の制定と共に、ホッブズ法は、組織犯罪に対して最も頻繁に用いられた犯罪訴追のための武器なのである。 　1946年1月3日、「ラッキー」・ルチアーノは、戦時中の愛国的努力を理由として、刑務所から釈放され、そして、彼を訴追し有罪判決を獲得した当時の州知事、トーマス・デューイによって、イタリアへ国外追放される。
1947年	「バグジー」・シーゲルが、ラスヴェガスのホテルとカジノの運営に関

歴史年表　　　　　　　　　　　　　　　xxv

する問題を理由として、自身のギャング団関係者によって殺害される。

1950-1951年　　キーファーヴァー委員会が、州際通商における犯罪に関する公聴会を開催する。空前の盛り上がりにおいて、委員会は全米に向けてその公聴会をテレビ放映する。委員会は組織犯罪を調査するのに12か月を費やす。多くの法執行官僚たち、公務員たち、報道関係者たちが証言する。面白いことに、証言のため罰則付召喚令状が発布された犯罪者全員が、マフィアにおける構成員の資格を否定する。ジョゼフ・アドニスとフランク・コステロを含む数人の有力なギャング団の大物たちが、釘付けとなった公衆の面前にさらされる。公聴会が、「合衆国憲法第5修正を援用すること」(自己負罪を理由として回答を拒否する憲法上の権利を行使すること)を、アメリカ的な語彙にする。公聴会は、アメリカにおける組織犯罪の危険性を公衆に対して警告し、そして、何年間にもわたってアメリカにおけるマフィア統制の存在を否定した連邦捜査局(FBI)による政策変更を示す。

1957年　　10月25日、コーザ・ノストラ犯罪ファミリー首領かつ、悪名高い「マーダー・インク」の暗殺部隊を指揮した人物、アルバート(通称、ザ・マッド・ハッター[The Mad Hatter]気違い帽子屋)・アナスタシアが、ニューヨーク市にあるシェラトン・ホテルの理髪店にて殺害される。

　　11月19日、ニューヨーク州アパラチンにおいて、アメリカにおける約60の組織犯罪の首領たちの会議が州警察によって暴かれる。招集された首領たちのうちの1人によれば、会議は、アルバート・アナスタシアの処刑、ルチアーノ犯罪ファミリー首領としてのフランク・コステロの排除、そして、シチリアとコルシカ島のマフィア構成員によるアメリカにおける薬物不正取引のための手配を討議するために用意されたものであった。

1960年　　ジャマイカ系「パシ」が、多くの主要なアメリカの諸都市で、マリファナ物流制度において、自分たちの出番を作る。ほとんどがラスタファリー教徒たる彼らは、かなりのジャマイカ人人口をもって、都市部を占める。

　　「ギャロ対プロファチ戦争」が、ニューヨーク州ブルックリンにおい

て勃発する。多くの血が流れた後に、脆弱な停戦協定が用意されるも、ギャング団首領たちは、お互いの腹を探り続ける。ラ・コーザ・ノストラは、一触即発の状態となる。

1963年　震撼する全米に対し、ジョゼフ・ヴァラキが、アメリカ上院調査小委員会の面前において、ラ・コーザ・ノストラの存在を暴露する。ジェノヴェーゼ犯罪ファミリーの「メイド・マン」(宣誓したマフィア構成員)たるヴァラキが、ニューヨーク市におけるLCNの構造と、全米に跋扈する犯罪ファミリーの国内的組織の詳細を述べる。初めて公衆は、ファミリー内部の紛争や犯罪ファミリー首領の跡目について決定する、全米「犯罪コミッション」を、テレビ放映された公聴会から知ることとなる。

1964年　「バナナ戦争」。コーザ・ノストラ犯罪ファミリー首領、ジョゼフ・ボナンノによって目論まれた、その名を冠した計画であり、ニューヨーク州の犯罪ファミリー首領、トーマス・ルチーズとカルロ・ガンビーノを暗殺することによって、ギャング団の利益統制を奪取するためのものであったが、不首尾に終わり、しかも、ギャング戦争に火をつけることになる。ボナンノが引退し、戦争を終結させることに同意するまで、コミッションの命令において、ボナンノの従兄弟たるバッファローのLCN首領、ジュゼッペ・マガディーノ (Giuseppe Magaddino) によって、ボナンノは、「誘拐」される。ボナンノは、自分の倅が自分のファミリーを統率することを許可されない限り、全米コミッションの提案を受諾しないと主張した。コミッションは同意し、そして、ボナンノは解放され、1968年に健康上の理由での彼の引退まで、コミッションは、彼を実質的統制下に置く。

　「フレンチ・コネクション」事件において、ニューヨーク市警察と連邦当局は、アメリカに到着した史上最大のヘロインの積み荷 (116ポンド) の情報を傍受し、押収する。地方の薬物の売人と共に、マルセイユの暗黒街とコルシカ島のマフィア出身の3人のフランス人たちが逮捕され、有罪判決を受ける。薬物計画の首謀者は、警察網を逃れ、フランスに帰国する。

1965年　アメリカへのナイジェリア人によるヘロイン密輸が暴露される。輸入

方法は危険かつしばしば「ミュールたち」(運び屋)にとって致命的なものである。ヘロインの入った小さな袋が飲み込まれ、胃腔に収まるか、あるいは、その他の身体の開口部に隠す。万が一その袋が破裂したならば、運び屋は命を失うであろう。

ジェフ・フォートが、いくつかのシカゴのストリート・ギャングたちを、自分の犯罪シンジケート、エル・ルークンスという、シカゴにおけるアフリカ系アメリカ人の恐喝の一味にとっての基盤を形成する連合へと組織化する。

1966年　「小アパラチン」会議。頂点に立つマフィア首領たちが、ニューヨーク州クイーンズのラ・ステラ・レストランで会合する。その会議に名を連ねているのは、フロリダ州タンパのサントス・トラフィカンテ、ルイジアナ州ニューオーリンズのカーロス・マルチェロ、そして、ニューヨーク市のカルロ・ガンビーノ、ジョゼフ・コロンボ、マイク・ミランダ (Mike Miranda)、及びトミー・エボリ (Tommy Eboli) である。

1967年　ラ・コーザ・ノストラの堅固に構築された有能性によって印象深いアフリカ系アメリカ人ギャングスター、リロイ・「ニッキー」・バーンズが、ニューヨーク市周辺において、ヘロイン物流におけるゲトーの中心人物となる。刑に服しながらも、バーンズとコロンボ犯罪ファミリーのジョゼフ(「クレイジー・ジョー」)・ギャロは親交を深め、そして、マフィアがバーンズの組織にヘロイン供給を行うようになると共に、薬物密売組織が発展する。

アメリカ司法省が、ニューヨーク州バッファローにて最初の「特捜隊」を設置し、マガディーノ犯罪ファミリーに対して捜査し、有罪判決をもたらす。特捜隊は、数人の連邦行政機関及び地方の警察出身の係官で構成されている。バッファロー特捜隊は、全米中の組織犯罪を統制、抑制する対策委員会の活動にとって、1つの模範となる。

法執行と司法行政に関する大統領委員会における組織犯罪に関する対策委員会は、リンドン・ジョンソン (Lyndon Johnson) 大統領に対して、組織犯罪は1つの「社会」となっており、その核心部においては、総計5,000人のイタリアの血統と祖先をもつ構成員を数えるアメリカにおける24の集団が存在するという対策委員会の主要な所見を報告

した。その画期的な報告は、各組織犯罪集団あるいは「ファミリー」の構造のさらに詳細な点まで触れるものとなっており、かつ、それらを統制するための一連の勧告を提示したのである。

1970年　RICO 法が法律となる。ゆすりたかりの犯罪が、組織犯罪規制法（Organized Crime Control Act）の一部として創設される。組織犯罪規制法第9編、連邦法典第18編第1961条における事業への犯罪組織等の浸透の取締り（RICO）に関する条文は、来るべき年月において、組織犯罪に対する最強の武器となっている。RICO 法は、ゆすりたかり活動の類型によって、事業から収入を取得、統制、受領することを、違法とするものである。「ゆすりたかり」は、極めて広範に定義されている。さらには、政府側目撃者の安全を供給するための証人安全保護プログラムの規定や、電子監視の使用の拡大もまた、その法律において規定されているのである。

1971年　コロンビア系薬物不正取引者たちが、アメリカにおける密輸ルートや街路販売物流システムを含むカルテルを創出する。コロンビアのメデリンとカリのカルテルは、アメリカに対するコカインの主要な供給元になる。

　　　　犯罪ファミリー首領、ジョゼフ・コロンボが、ニューヨーク市コロンバス・サークルにおけるイタリア系アメリカ人統一日大会において、アフリカ系アメリカ人の殺し屋によって、頭を撃ち抜かれる。その暗殺者は、群衆の中で、正体不明の殺し屋によって即座に殺害される。法執行官僚たちの推測によると、その攻撃（それは最終的にコロンボの死を導く）は、連邦政府を敵に回した、コロンボの公の場における道化ぶりを不快に思っていたカルロ・ガンビーノやその他のギャング団首領たちによって、承認されたものであったという。また、他の所見によれば、コロンボのライバル、ジョー・ギャロが、その暗殺の実行を企てたということである。

1972年　ジョゼフ（「クレイジー・ジョー」）・ギャロが、ニューヨーク市「リトルイタリー」にあるウンベルト・クラム・ハウスにて暗殺される。再び、法執行機関は、その動機に頭を悩ませることになる。すなわち、この暗殺は、コロンボの復讐のためであったのか、それとも、ギャロ

は、全ニューヨーク州犯罪ファミリーの統制を獲得するための戦略における、単なるもう1人のガンビーノの被害者に過ぎなかったのであろうか、ということである。

ギャロ殺害の3か月後の7月において、ジェノヴェーゼ犯罪ファミリー暫定的首領、ガエターノ（トミー・ライアン）・エボリが、ブルックリンにて殺害される。

10月において、ブルックリンの地区検事が、ブルックリンにおける廃品集積場を統制していたルチーズ犯罪ファミリー頭領、ポール・ヴァリオ（Paul Vario）についての警察と連邦捜査局（FBI）による合同捜査と合流して、それらのほとんどがよく知られた犯罪者であるところの約700人の人々に対して、罰則付召喚令状を発布する。財産が、悪徳活動や類別化された犯罪のための会議場や統制センターとしての役目を果たしているとの主張がなされる。警察の監視の下において、ヴァリオのトレーラーハウスは、全犯罪ファミリーの構成員や莫大な数の汚職公務員によって訪問されていたということが、証明される。

12月において、ナップ委員会が、ニューヨーク市の「大多数」の警察が、ある種の犯罪ないしは不法行為に関与しているということを判定する。法執行機関に対する組織犯罪の影響は、ナップ委員会の判定と改革のための勧告において、強調されているところである。

1975年	7月30日、強力なチームスター元組合長ジェイムズ・ホッファが失踪する。彼は、まさに、自分でチームスター年金基金に簡単に手をつけることによって、金持ちにしてやったギャングスターたちに殺害されたということは、ほとんど疑う余地のないことである。 たった1度だけシカゴ・マフィア（別名、「シカゴ・アウトフィット」）の頭になった、サム（「モモ」）・ジャンカーナが、自宅の地下室において殺害される。ジャンカーナは、CIAの癒着、カストロ暗殺計画におけるマフィアの関与、そして、1963年におけるジョン・F・ケネディ大統領暗殺を調査する上院委員会に出頭することが予定されていた。
1976年	組織犯罪に関する対策委員会が、州及び地方の刑事司法当局のための勧告を伴う報告書を提出する。 カルロ・ガンビーノが自然死する。彼の死は、アメリカにおける組

織犯罪の歴史における1つの画期的な出来事となる。最強のマフィア頭領であることに鑑みると、彼の死は、敵対する派閥間における犯罪ファミリーの跡目争いの危機を作り出すものである。

1977年　アトランティック市におけるカジノ賭博を合法化するカジノ規制法（The Casino Control Act）が、ニュージャージー州の選挙人によって承認される。懐疑論者は、アトランティック市は、ラ・コーザ・ノストラによって支配されるであろうと予測している。

1980-1981年　「ファンツィ」・ティエリの刑事訴追。ジェノヴェーゼ犯罪ファミリーの頭、トーマス・エボリ（Thomas Eboli）の暗殺後、フランシスコ・ティエリが、いくつかの州において、かなり手広く、賭博、恐喝、そして高利貸し業の経営を監督した。1980年において、ジミー・「ジ・ウィーゼル」・フラティアーノからの証言を基に、ティエリは、RICO法の下に正式事実審理を受け、有罪判決を受けた、初めてのLCN首領となる。ティエリ事件の今ひとつの重要な特徴は、その事件が、ラ・コーザ・ノストラが継続的な違法事業として存在しているということ、ティエリがラ・コーザ・ノストラ・ファミリーの1人の首領であったということ、そして、彼がその能力の範囲内において、様々な組織犯罪を犯していたということを、裁判所において証明しようと目論まれたいくつかの刑事訴追のうちの1つであるということである。

　3月21日、フィラデルフィア・コーザ・ノストラ犯罪ファミリー首領かつ、マフィア・コミッション構成員たるアンジェロ・ブルーノが、撃ち殺される。彼の死後、フィラデルフィアとアトランティック市の犯罪網の統制をめぐる騒動と暴力的抗争が勃発する。

1982年　連邦検事が1つの法的道具としてRICO法を使い始めたため、ギャング団首領を含む正式事実審理が、より頻繁なものとなる。クリーヴランド・マフィア・リーダー、ジェイムズ・リカヴォリが、デンヴァーを地盤としたコーザ・ノストラ・犯罪ファミリーの頭として有罪判決を受ける。

1984年　ニコラス・チヴェッラ及びミズーリ州カンザス市のコーザ・ノストラ犯罪ファミリー首脳部が、殺人、共同謀議、そしてラスヴェガス・カ

ジノからのスキミングの咎によって RICO 法の下、起訴される。

ニューヨーク市のルチーズ・コーザ・ノストラ犯罪ファミリーの頭、アンソニー・「トニー・ダックス」・コラーロが、他の何人かと共に、ニューヨーク州ロングアイランドのナッソー郡とサフォーク郡における違法廃品回収協会を経営しようとの共同謀議を理由として、起訴される。

ミルウォーキーのコーザ・ノストラ犯罪ファミリー首領、フランク・バリスティエリ（Frank Balistieri）が、ホッブズ法の下、恐喝罪で有罪判決を受ける。

1985年　クリーヴランド、シカゴ、ミルウォーキー、そしてカンザス市におけるファミリー首領たちが、チームスター年金基金の利用によって統制していたラスヴェガス・カジノから莫大な額の現金のスキミングの共同謀議を理由として、有罪判決を言い渡され、長期の刑を受ける。

ロードアイランド州プロヴィデンス及びマサチューセッツ州ボストンから統制していた、パトリアルカ・ファミリーの支配層が、高利貸し業から殺人にまで及ぶ、多彩な RICO 法の訴因で有罪判決を受ける。

総力挙げての攻撃が、フィラデルフィアのコーザ・ノストラ・ファミリーに対して開始され、そのことが、その暴力的な首領ニッキー（「リトル・ニッキー」）・スカルフォに対する終身刑を導いた。

ルイジアナ州ニューオーリンズにおいて、ラ・コーザ・ノストラは、その首領カーロス・マルチェロの有罪判決以来、その権力と影響力とを全く回復していない。

ニューヨークにおいて、アメリカ検事、ルドルフ・ジュリアーニ（Rudolph Giuliani）（後にニューヨーク市長に選出される）が、「コミッション事件」を発表し、ラ・コーザ・ノストラ全米コミッションそのものが、1つの犯罪事業であるということを告発する。5つの地方の首領たちすべてが起訴されており、彼らの内訳としては、コロンボ犯罪ファミリー首領代行ジェラルド（ジェリー・ラング）・ランジェラ（コロンボ LCN 首領、カーマイン・「ザ・スネーク」・パーシコが既に他の告発で刑務所に収容されていたために、ランジェラは、首領代行となっている）、ルチーズ・コーザ・ノストラ首領アンソニー（トニー・ダックス）・コラーロ、ボナンノ・コーザ・ノストラ首領フィリップ（「ラスティ」）・ラステリ、ジェノヴェーゼ・コーザ・ノストラ首領

アンソニー（「ファット・トニー」）・サレルノ、及び、有罪判決を受ける前の12月において暗殺されたガンビーノ・コーザ・ノストラ首領ポール・カステラーノということになっている。

1992年においてカステラーノ殺害で有罪判決を言い渡されることになる頭領、ジョン・ゴッティが、ガンビーノ・マフィア・ネットワークの頭として出現する。

国際的なレベルにおいては、強力なシチリアの頭領たるマフィア構成員、トンマーゾ・ブシェッタが、ブラジルからイタリアへと引き渡される。トンマーゾ・ブシェッタは、その多くが「ピザ・コネクション」と呼ばれているアメリカにおけるヘロイン密輸活動に関与する何百人ものマフィア構成員について密告し、証拠を提供する。

1986年　組織犯罪に関する大統領委員会（PCOC）が、労働者に対するゆすりたかりと汚職との間の明白な関連性を詳細に説明する報告書を発表する。本報告書はさらにマネー・ローンダリングの原因として、銀行業が、銀行秘密厳守法（Bank Secrecy Act）を適切に遵守できていないことにも言及している。麻薬に関する報告では、薬物不正取引が、アメリカにおいて、最も広範囲にして、かつ、最も儲かる組織犯罪であるということを述べている。

コロンボ・コーザ・ノストラ犯罪ファミリーのリーダーたちが、RICO法による告発で有罪判決を言い渡される。そして、初めて、政府が、不法な利得を回収するRICO法による民事上の救済手段を要求する。

1987年　エル・ルークンス（シカゴの強力なアフリカ系アメリカ人犯罪者集団）のリーダー、ジェフ・フォートと、数名の彼の仲間たちが、リビア大統領ミャンマー・ガドハフィ（Muammar Gadhafi）と結託してテロリスト活動を企てたことによって有罪判決を言い渡される。これは、アメリカの組織犯罪集団が、テロリズムに関与して登場する初めてのものである。

「ピザ・コネクション」事件が、ニューヨーク州とシチリアのコーザ・ノストラの35人の構成員の有罪判決で終結する。

1989年　マイケル・マルコウィッツ（Michael Markowitz）が、5月2日に射殺される。彼は、ロシア人による密売ガソリン及び燃料詐欺に関連して

歴 史 年 表　　　　　　　　　　　　xxxiii

　　　　　　　　逮捕されており、そして、伝えられるところでは、法執行機関に彼が
　　　　　　　　協力することを妨げるために、ラ・コーザ・ノストラの命令によって
　　　　　　　　殺害されたとのことである。

1991年　　　　　ニューイングランドのコーザ・ノストラ犯罪ファミリー首領、レイモ
　　　　　　　　ンド・パトリアルカ及び、4人の仲間たちが、ゆすりたかり事業の統
　　　　　　　　制、すなわち、ロードアイランド州、マサチューセッツ州、コネティ
　　　　　　　　カット州、ニューハンプシャー州、メイン州における彼らのマフィア・
　　　　　　　　ネットワークの告発に対して、有罪の答弁を行う。

1992年　　　　　麻薬取締局（DEA）が、薬物不正取引及びマネー・ローンダリングを
　　　　　　　　理由として、165人を逮捕する。彼らは、コロンビアのカリ・コカイ
　　　　　　　　ン・カルテル及びシチリアのコーザ・ノストラの構成員ないしは関係
　　　　　　　　者である。
　　　　　　　　　ガンビーノ・コーザ・ノストラ犯罪ファミリー首領、ジョン・ゴッ
　　　　　　　　ティが、仮釈放の可能性のない終身刑を言い渡される。ゴッティの副
　　　　　　　　首領、サルヴァトーレ（「サミー・ザ・ブル」）・グラヴァーノの証言
　　　　　　　　が、ゴッティに有罪判決を言い渡す道具となる。その正式事実審理と
　　　　　　　　有罪判決は、マフィアのオメルタ（沈黙の掟）の文化における1つの
　　　　　　　　主要な変化を象徴するものである。もはや、オメルタは、ラ・コーザ・
　　　　　　　　ノストラの構成員の間においては、神聖なものではなくなっているの
　　　　　　　　である。
　　　　　　　　　シチリアの捜査官ジョヴァンニ・ファルコーネ（Giovanni Falcone）
　　　　　　　　とパウロ・ボルセリーノ（Paolo Borsellino）が、コレレオンシー
　　　　　　　　（Coreleonsi）・マフィア構成員によってお互いに、数か月の間に殺害
　　　　　　　　される。その結果、政府を失脚させ、その国の元総理大臣ジュリオ・
　　　　　　　　アンドレオッティ（Giulio Andreotti）の退陣と起訴とを急き立てる、
　　　　　　　　公衆の憤激と反マフィア運動の始まりとなる。

1993年　　　　　コロンビアにおけるメデリン・コカイン・カルテルのリーダー、パブ
　　　　　　　　ロ・エスコバーが、コロンビア警察と準軍事的部隊との銃撃戦の最中、
　　　　　　　　殺害される。
　　　　　　　　　アメリカにおけるフー・チン堂（Fuk Ching Tong）の頭、グオ・リ
　　　　　　　　ャン・チー（Guo Liang Chi）（Ah Kay：アー・ケイ）が、密入国を理

由として香港において逮捕される。フー・チンは、アメリカにおける最強のアジア系犯罪者組織活動体であると考えられている。

シチリアにおけるカーポ・ディ・テュッティ・カピ（capo di tutti capi）（ボス中のボス）、サルヴァトーレ・リイナ（Salvatore Riina）（通称、トト［Toto］）の正式事実審理が、パレルモにて始まる。リイナは、100人以上の殺人及びヘロインとコカイン市場におけるシチリアのマフィアの成長の首謀者として告発される。

1994年　ロシアからの亡命者かつ「フォリィ」（犯罪首領）こと、ジェイコブ・ドブラー（Jacob Dobrer）が、自分が燃料税に関する陰謀を操り、約5,000万ドルを脱税したことを自白する。彼のロシア系組織犯罪集団は、違法行為を行うために、たくさんの「みかじめ料」を支払いつつ、ガンビーノ犯罪ファミリーと共同して活動していたのである。

日本のヤクザ（犯罪シンジケート）の支部が、オーストラリアやフィリピンやアメリカにおいて行っていたのと同様、彼らの犯罪活動を偽装するため、カラオケ・バー、ホテル、そしてレストランのような合法的な隠れみのを利用して、中国に登場する。

1995年　トン・アン堂（Tung On Tong）総長、クリフォード・ウォン・チーファイ（Clifford Wong Chi-fai）が、殺人罪で終身刑を言い渡される。チーファイは、新義安（Sun Yee On）三合会を結成して、違法賭博活動の安全と保護を提供していた。初めて中国人コミュニティを基盤とする協会がRICO法の下において有罪判決を言い渡されることになり、この有罪判決が、1つの躍進となる。

1996年　サルヴァトーレ・グラヴァーノが、コーザ・ノストラ構成員たちと準構成員たちを含む何十もの事件において証言を提供した後、証人保護プログラムにより釈放される。50万ドルの殺人命令が、ラ・コーザ・ノストラによってサルヴァトーレ・グラヴァーノの命に懸けられている。

カリ・カルテル創立会員かつコカイン不正取引における中心人物、「パチョ」（Pacho）・ヘレラ＝ヴィトラーゴが、コロンビア当局に自首をする。

歴史年表　　　　　　　　　　　　　　　xxxv

1997年　　ヴィンセント・「ザ・チン」・ギガンテが、彼が自分に対する告発を理解する精神能力があるかどうかについての7年間にわたる法廷闘争の末に、ジェノヴェーゼ犯罪ファミリーの頭として、殺人とゆすりたかり事業を理由とする正式事実審理を受け、有罪判決を言い渡される。

ロサンジェルスのゲトーに起源を有する、カリフォルニアを地盤とするアフリカ系アメリカ人ストリート・ギャングズ、ブラッズとクリップスの構成員たちが、アフリカ系アメリカ人コミュニティのゲトーに住む若者たちによって、ニューヨーク州、フィラデルフィア、アトランタ、マイアミ、ボルティモア、及びボストンのようなイーストコーストの諸都市において模倣される状態となる。

1998-1999年　　国際的な犯罪の分析からの証拠が、コロンビアのFARC（コロンビア武装革命軍）やM-19（4月19日運動）のような、より暴力的なテロリスト組織を、より進んだ犯罪者とする役割を果たす、犯罪組織それ自体（例えば、コロンビア系コカイン・カルテルや、イタリアにおけるヘロイン不正取引マフィア・ファミリーなど）と、そして、それらの犯罪組織とテロリスト組織の間との、増大する関連性に集中する。

また、アメリカに影響を与えているその他の不穏な国際的潮流も存在する。マネー・ローンダリングが、世界的に、ナンバー・ワンの犯罪として出現してきている。アメリカにおいては、20世紀終盤、薬物に関する利益のみで、マネー・ローンダリングの回収額の結果は、年間750億ドル以上になることが概算されている。洗浄され、アメリカへと返戻された薬物マネーは、ありとあらゆるもの、つまり、すべての産業、営利事業、不動産、そしてあまつさえ、政治や政府における影響力ですら、買うことができるのである。

A

ファン・ガルシア・アブレゴ（ABREGO, Juan Garcia）（通称、ドールフェイス［Dollface］人形の顔、ザ・ドール［The Doll］人形）（1944年メキシコはマタモロスにて生誕―アメリカの刑務所に拘禁中）メキシコの麻薬カルテルのリーダー。

　アブレゴは、ある家族に生まれたが、その構成員の幾人かは、マタモロスでの犯罪の伝説的な「ゴッドファーザー」、ファン・ゲルラ（Juan Guerra）（メキシコの麻薬売買における重要人物）というようなよく知られていた密輸業者がいた。アブレゴは、メキシコ湾に沿って北東メキシコ全域の麻薬取引を管理したガルフ・カルテル（Gulf cartel）の首領となった。体格のがっしりした巻き毛の麻薬帝王は、自分の部下に「ドールフェイス」（Dollface：人形の顔）あるいは「ザ・ドール」（The Doll：人形）と呼ばれ、彼はカリ・コカイン・カルテル*の方法と技法を用いて、安全管理を確保するために複数の「支部」に区分された麻薬組織を作り上げた。アブレゴは、コカイン取引におけるメキシコの役割を開拓し、10年間にわたって、100億ドルの価値をもった帝国を創設した。彼は、コロンビアのカルテルの荷物輸送に対する支払いでコカインを受け入れ、彼の取引カルテルによって引き受けられたすべての危険を伴う荷物1個あたりの代金の50％で、アメリカのどこにでも配達することを保証した。

　ドールフェイスは、賄賂で何百万ドルをも支払い、彼の活動に保証を付与した法執行官を含む殺し屋と凶悪犯の組織を作った。メキシコとアメリカの国境の両側において、多数の人々が殺害された。

　1990年までに、アブレゴはアメリカで起訴され、そして1996年までに、彼は、テキサス州と国境を接するメキシコのヌエボ・レオン州の州都モンテレーで逮

捕され、彼の逮捕に200万ドルの懸賞金が提示されていたアメリカに素早く飛行機で護送された。

アブレゴのグループのうち約60人が、アメリカの刑務所に服役中であり、そのことが、ファレスとティフアナにあるガルフ・カルテルのライバルとなる麻薬カルテルとの競争上の優勢さを弱めた。ファン・アブレゴの支配力は、彼が逮捕され逃亡犯罪人として引渡しされた時点で衰退していた。すなわち、カリ・コカイン・カルテルは、彼の注目を集める悪評と彼が買収し堕落させた政府官僚が退職したことから、彼の麻薬の供給を断ったのである。メキシコが麻薬不正取引商人の厳しい取締りにおいて若干の具体的進展を見せる必要があったことから、アブレゴは、スケープゴートになったように思われる。アメリカのコーザ・ノストラにおける彼と似た人物のように、アブレゴに対する主要な目撃者や密告者は、堕落したようなふりをして、ガルフ・カルテルにうまく潜入したメキシコ系アメリカ人のFBI捜査官であった。**ラテンアメリカ系組織犯罪、アメリカにおけるメキシコ系組織犯罪、ジョゼフ・D・ピストーネ**をも参照。

参照文献：Peter A. Lupsha, "Transnational Narco-Corruption and Narco Investment : A Focus on Mexico," *Transnation Organized Crime* (Spring 1995) : 84-101.

アンソニー・ジョゼフ・アッカード（ACCARDO, Anthony Joseph）（通称、ジョー・バッターズ［Joe Batters］打者のジョー、ビッグ・ツナ［Big Tuna］大きなマグロ）（1906年イリノイ州シカゴにて生誕—1992年3月29日イリノイ州シカゴにて死亡）シカゴの犯罪シンジケートであるシカゴ・アウトフィットの首領。

アッカードは、自らの犯罪歴を、カポネの犯罪シンジケートにおける実行役として開始した。組織では、債務を回収し、気が進まない悪徳の顧客にカポネのサービスを利用するよう促すことにおいて、野球のバットを持って自分の技能を用いたことから、彼は「ジョー・バッターズ」（打者のジョー）という通称をもらった。アッカードは、貧困に陥ったシカゴのイタリア人区域で身分が低い出身であるにもかかわらず、暴力と言葉の説得力を用いることにおいて思考

力があることを証明した。その技術は、頭の切れるギャングスターを常に警戒していたカポネによって見過ごされはしなかった。

　彼の犯罪歴は、軽微な犯罪の容疑のある1992年までさかのぼる。アッカードは、少なくとも２つの主要な殺人で長きにわたり容疑をかけられた。それは、アル・カポネによるシンジケート活動の統合のことで問題を引き起こしたシカゴのマフィアのリーダーであるジョゼフ・アイエロ（Joseph Aiello）と、ジョージ・「バグズ」・モランのギャングにおける、カポネのライバル７人が残酷に殺された1929年の悪名高い聖ヴァレンタイン・デイの大虐殺の参加者としてである。このことと何十年間もシカゴ・アウトフィットの首領であったことについての悪評で、アッカードは、ジェイルでたった１日だけ過ごしたにすぎなかった。

　アッカードは、カポネが銃所持の罪状でフィラデルフィアで短期の拘禁刑に服役した1929年、シカゴの組織犯罪の頂点への道を登った。その時点で、アッカードは、シカゴ・アウトフィットの強制執行部隊長に任命された。彼は、シカゴ・アウトフィットを騙したり組織と競争することが意味することについて明白でぞっとするような証拠を残すためにしばしば野球のバットに訴えて、技能と堅い決心をもって問題を処理した。あるギャング団の仲間は、自分がアッカードに逆らったとき、自分が経験した残忍性と苦しみでよく知られるようになった。ギャンブルの金銭のギャング団徴収人であったウィリアム・ジャクソン（William Jackson）（通称、アクション［Action］実行）は、徴収する相手を忘れたため、シカゴ郊外の地下室で肉用フックに吊り下げられていたところを発見された。彼は、生殖器の辺りを無慈悲に傷つけられ、カミソリで切り落とされていて、また、彼の目は、小型発炎装置で焼かれていた。彼は、ケガよりも殴打のショックで亡くなったのである。

　アッカードは、イタリア人でない者が組織に入るのを許すというカポネの組織哲学に従った。アッカードは、1943年にシカゴ・ギャング団の首領になった後、組織の金融ブレーンと、その主要な機能がギャング団の利益センターを維持・拡張し、公務員を堕落させることであった「繋ぎ役」としてジェイク・グ

ージックを適所に配置した。アッカードは、政治家とのギャング団の同盟で、彼の助言者、アル・カポネ、及びフランク・「ジ・エンフォーサー」・ニッティのように、偉大な信奉者になった。首領としてのアッカード時代において、クック郡（シカゴ）のほぼ100名の裁判官及びその他裁判職員が、刑事事件に不正を行うために収賄の容疑で有罪を宣告された。シカゴ・アウトフィットと関係をもっているものと長年言われたリチャード・デイリー（Richard Daley）市長は、シカゴ警察局の捜査ユニットを解散させた。その建前は、都市の行政における経費削減であったが、しかしながら、本当の理由は、ギャング団への監視を減らす動きであった可能性が非常に高かった。

　アッカードは首領として権限を共有した。ポール・「ジ・ウェイター」・リッカ*と、後に、ジョゼフ・ジョン・アユッパ*が、ギャング団を運営していく上で重要な役割を果たした。1958年、アッカードは、積極的な掛かり合いから「引退」し、カリフォルニアのパームスプリングズで自分の時間の大半を過ごしたが、しかし、彼は、ギャング団の首領としてサム・ジャンカーナ*を選出するのに尽力した。別の通称「ビッグ・ツナ」は、彼がフロリダへ釣り旅行をしたときに400ポンドのマグロを釣り上げた後で与えられたものである。1984年、上院調査委員会（Senate investigative committee）に出席したとき、ジョー・バッターズは、シカゴ・シンジケートにおけるどんな役割も否認した。**アル・カポネ、シカゴ・アウトフィット、サム・ジャンカーナ、聖ヴァレンタイン・デイの大虐殺**をも参照。

　参照文献：Wiilliam F. Roemer, Jr., *Accardo : The Genuine Godfather*. 1995.

ジョゼフ・アドニス（ADONIS, Joseph）（ジュゼッペ・ドートとして、1902年11月22日イタリアはマンテマラーノにて生誕―1972年イタリアはミラノにて死亡）ニューヨークシンジケートのゆすりたかり者かつ政治フィクサー。

　ジョー・アドニスは、シチリアのマフィア構成員の間で1930年のアメリカの諸都市の路上で行われたカステランマレーゼ戦争の時期に、ジョゼッペ・「ジョー・ザ・ボス」・マッセリア*を支持した。マッセリアは、その戦争と彼の人生

に負けた。アドニスは、世評によれば、彼の首領の暗殺者の1人であった。

彼は、不法にアメリカに入国し、彼の魅力的な容姿を反映して、「アドニス」(Adonis) という名前にした。彼の元気はつらつな多くの同僚（それには、チャールズ・「ラッキー」・ルチアーノ＊、ヴィト・ジェノヴェーゼ＊、アルバート・アナスタシア＊がいる）のように、アドニスは、禁酒法時代の犯罪者としての成功のはしごを上り詰めた（禁酒法と組織犯罪＊参照）。強力な密売人やマフィア構成員と一緒になった彼の協力のおかげで、彼は、合法的なビジネスを創出することができた。彼の経歴を通じて、彼は政界実力者を育成し、その多くの者が、ブリックリンのダウンタウンにある刑事裁判所ビルの周りにあった彼のレストラン「ジョーのイタリアの台所」(Joe's Italian Kitchen) をひいきにした。彼は、レストラン経営者になりすまして、シンジケートと公務員との仲裁人の役割を果たした。ゆすりたかり者としての彼の力は、ニューヨークのコーザ・ノストラによる不正な金儲け以外にも及んだ。ニュージャージー州で、アドニスは、大規模なギャンブルの事業と、フォード株式会社と契約を結んでいる自動車運送会社を経営した。ニュージャージー州のクリフサイドにある彼の「デュークのレストラン」(Duke's Restaurant) は、その食事と、ギャングと買収された警察の集合場所で知られていた。

1956年、キーファーヴァー委員会＊への彼の出席に基づいて侮辱と偽証の告訴に直面して、彼は国外追放に同意した。アドニスは、1972年に亡くなるまで、イタリアのミラノで元気に住んでいた。**カステランマレーゼ戦争、フランク・コステロ、チャールズ・「ラッキー」・ルチアーノ**をも参照。

アフリカ系アメリカ人組織犯罪（African American Organized Crime）リロイ・ニッキー・バーンズ（Leroy "Nicky" Barnes）（通称、ニッキー［Nicky］悪魔＊、ミスター・アンタッチャブル［Mr. Untouchable］無敵の男）は、1970年代において、ハーレムのゲットーにおけるヘロインの中心人物であった。彼は、犯罪グループ間の協力が、暴力より望ましかったことを理解した。というのも、暴力が警察を引き付けたからである。けれども、1980年代から1990年代におけ

る薬物は、バーンズが住んでいた世界を変えた。アフリカ系アメリカ人のゴッドファーザーは、今日武器で溢れ、それを使うことをいとわないティーンエイジャーで一杯のゲトーに住んでいる。

　アフリカ系アメリカ人は、19世紀の組織犯罪事業において目に見えない存在であった。実際に、彼らは、どのような組織犯罪のギャングにおいても指導的役割あるいは積極的な所属の歴史がない状態で20世紀に突入した。20世紀最初の20年間（それは、カリブ生まれと地元生まれのアフリカ系アメリカ人が、北東部と中西部の大都市にたくさん移住したときである）において、違法賭博、違法アルコール飲料事業、及びその他非合法の悪徳行為が、これらの新たに定住したアフリカ系アメリカ人の地域社会を発展させたのである。これらのビジネスの多くが、アフリカ系アメリカ人によって所有され経営された。アフリカ系アメリカ人の犯罪組織が独立して管理される程度と、数年前でのそれらによる脅迫の範囲について活発な討論が継続しているが、歴史的には、組織犯罪におけるアフリカ系アメリカ人の掛かり合いは、賭博、薬物、及び売春のような伝統的な悪徳と、数は少ないが高利貸し業*、窃盗、及び盗品売買*において最も大きかった。

　アフリカ系アメリカ人の組織化されたギャングの記述は、アフリカ系アメリカ人、ジャマイカ人、西インド諸島人、ナイジェリア人、ハイチ人、及びその他の人で構成される犯罪者を含む広範囲のグループ分けを含んでいる。アフリカ系アメリカ人間の組織犯罪ネットワークの2つの主要なタイプは、社会的絆と文化的絆に基づいているものとして識別される。第1のものは、「家庭的な親類関係ネットワーク」が、一般に首長的な男性によって率いられており、そして親類を含んでいる。第2のものは、ストリート・ギャング、刑務所、あるいは、近隣の仲間グループで身につけられた友情に基づいている「共同体ネットワーク」である。調査研究によれば、アフリカ系アメリカ人組織犯罪集団は、ほとんどもっぱらお互いを犠牲にするものとされ、それが主としてそれら自身の地域で、とりわけインナーシティにおいて生じるのである。

　都市から海外の場所へのビジネスと仕事の最近の大移動は、アメリカの職業

システムのサービス指向経済への変換と結び付いて、下層労働力への下位貧困的な賃金水準の仕事の数の増加に至った。富裕な白人とアフリカ系アメリカ人両方による都市の放棄は、構成上ますます少数民族や貧困者のいる貧しい下層階級を後に残すこととなった。都市の課税基準は大都市で侵食され、市職員が市民のニーズを満たすことを難しくした。1980年代における政府の政策変更と社会プログラムでの削減もまた、貧困者と富裕者との所得格差を広げ、すでに無視と人種差別によってもろくトラウマとなるショックを与えられた、インナーシティにあるアフリカ系アメリカ人家族の不安定さを刺激した。子どもたちへの影響は荒廃を余儀なくさせるものであった。1990年代初期までに、すべてのアフリカ系アメリカ人の子どもたちの半分が、女性中心の家庭に住んでおり、類似の割合の者が貧困生活を送っていた。これらの気力を削ぐような要因は、貧困に陥ったゲトーのむさ苦しさと悲惨さへの代替策として犯罪を魅力的にする方法でアフリカ系アメリカ人の家庭生活に影響を及ぼすのである。アフリカ系アメリカ人の中には、幸運にも最近の数十年で主流となる区域に引っ越した者もいたけれども、インナーシティの貧困者たちは、大恐慌以降のいかなる時よりも今日の方がより悪いのである。

　ニューヨーク市のアフリカ系アメリカ人は、1920年代から1930年代にかけて数当て賭博の銀行を管理した。親類関係のネットワークは、普通の組織的な絆であったが、しかし、それはいつも男性に先行されていたというわけではなかった。「マダム・クイーン・オブ・ポリシー」(Madame Queen of Policy：数当て賭博の女王婦人) として知られる、ある人気が高いアフリカ系アメリカ人女性の数当て賭博銀行家、ステファニー・セント・クレア*は、1930年に、シーベリ委員会（シーベリ調査*参照）の面前で、彼女が1923年から1928年まで数当て賭博銀行を経営していたことと、警察が彼女の金を取り上げ、彼女の集金人を逮捕・抑留したことを証言した。彼女は、警察局の節操の無い行動と男性優越思想によって憤慨させられ、いくつかの有料広告を地方のハーレム新聞に掲載し、彼らに対して不正利得と汚職という重大な告発をした。その後すぐに彼女は、彼女が「ぬれぎぬを着せた告訴」と呼んだもので逮捕され、8か月間

ジェイルに収容された。

　数当て賭博に対してアフリカ系アメリカ人地域社会が経済上固執することは、数当て賭博グループを、貧困に陥った地域社会に際立って欠けている合法的な金融機関の代用と見なすことで説明されるかもしれない。常習犯罪者がアフリカ系アメリカ人の賭博に関する企業や組織を統制しなかったという事実は、数当て賭博が、困窮している地域社会へ仕事、即日払い資金、および、金融を提供できる合法的な組織の欠落に対する共同社会の対応であったことを示している。

　数当て賭博のプレーヤーは、彼らが当選番号を「当てる」(hit) と莫大な当選金をもらえることを望みつつ、信頼した集金人（彼は、プレーヤーから賭け金を集める仲介者）の元に少額の金銭を託すのが典型的である。数当て賭博銀行は、金銭を生み出すというその主要な目的は別として、仕事を作り出し、アフリカ系アメリカ人の地域社会の即日払い資金の源であった。加えて、高利貸し業が、数当て賭博ゲームの顧客に役立つように現れた。この種の違法付属事業は、少数民族社会の賭博ニーズを越えてその範囲を広げ、それ自体命を持つようになった。数当て賭博がアフリカ系アメリカ人地域社会における経済の不可欠な部分になった程度は、数当て賭博の普及性は「男性のすべての階層と境遇に衝撃を与えた熱病である」と特徴づけたJ・サンダース・レディング (J. Saunders Redding) によって示されている。

　白人の犯罪組織であるダッチ・シュルツ*のギャングが、ハーレムの数当て賭博業の多くを掌握し、その統制を強固にする前に、数当て賭博は、犯罪となる独占的もしくは企業連合的な事業ではなかった。それは、そのゲームを行う多くの独立した銀行家（主としてアフリカ系アメリカ人）から成っており、彼らは、各々自分のために、必要な営業資本を提供し、利益を得たのであった。初期のハーレムの数当て賭博業は、自由に暴力や狡猾さを用いた白人ギャングの侵入によって不安定にされた賭博を行う「キング」(king：王様) と「クイーン」(queen：女王) によって導かれた。堕落した政治力を持った公務員への影響は、白人の競争相手により、地域に密着したアフリカ系アメリカ人の実行者

と異国の白人ギャングの対決で使われた主要な手段であった。シュルツは、彼の数当て賭博王国乗っ取りで、40人の人間を殺害したと伝えられる。

　第二次世界大戦後の時代におけるアフリカ系アメリカ人組織犯罪グループの興隆は、アフリカ系アメリカ人の政治意識の興隆と、政治的社会的な闘志を呼び起こすことと一致したように思われる。薬物での主要なアフリカ系アメリカ人の不正取引商人は、仕事、教育改革、適正な住宅に対する圧力、および、政治権力のより大きい部分が強化された1960年代の初期と半ば頃において、およそ同じ時期に現れた。見たところでは、様々な要因の組み合わせが合同し、その中で予測できない結果を伴ったものが、アフリカ系アメリカ人の合法的な機会と非合法的な機会を作り出した。全面的な改革に引き続いて、アフリカ系アメリカ人は、彼らの地域社会についてのより大きい統制を得て、彼らの政治的な力が発展するにつれて、犯罪の要素は、白人の権限の相関的な衰退と、ゲトーの犯罪現場の中でのアフリカ系アメリカ人の影響力の増加を利用することができた。彼らは、他のいかなる時間においても、白人のシンジケートからゲトーの不正な金儲けを奪い取ることができたのである。アフリカ系アメリカ人は、コーザ・ノストラ*の政治と警察の勢力にそれほど依存せず、もはやゲトーで同じぐらい自由に営業することができなくなった白人のギャングと独自に交渉することができた。

　公民権運動は、アフリカ系アメリカ人の社会と経済の流動性を始動させ、その時までこれらのコミュニティを支配してきた白人犯罪グループの勢力を衰えさせなかったことは疑いない。ゲトーが、新たに注目を浴び始めた力を伸長し、それが政治的な迫力を有していることを発見したとき、政治上の代理人、経営者、及び「行政」（administration）あるいは市役所との関係を有していた白人の地域社会ではよく知られている政治的領袖の役人が現場に現れた。ゲトーが、より政治的に強引で、経済的により存立可能となったときにも、たくさんの新たな関係者が立ち現れた。それらの中で、「少数派の仲介者」（minority middle-men）、いわゆる「政界の黒幕」（power broker）がおり、彼らは、支持が整えられ、取引がなされ、そして、金銭が適切に投資されると、その所有者を刑事

司法システムから保護し免責を与える場合、政府やビジネスの職務上の世界と、日和見主義と犯罪の影において同等に居心地が良かったようである。

アフリカ系アメリカ人の暗黒街は、アメリカの黒人によってのみ行使される力と影響の同種の一枚岩的な機構ではない。1960年代後期から、ニューヨーク市、ニュージャージー、ボルティモア、ワシントン市、フロリダやカリフォルニアの諸都市、及びカナダのトロントに、ラスタファリー教徒（Rastafarian）が、主にマリファナとコカインの取引に従事し、比較的大量の密輸を行った。ラスタファリー教徒の動きは、1930年代初期にジャマイカから始まっている。それは、エチオピアの皇帝ハイレ・セラシェ１世（Haile Selassie I）としてのラス・タファリー・マコネン（Ras Tafari Makonnen）皇太子の戴冠式が、予言された黒人の王であることと、黒人救出の時が近づいているという信念にもとづいたものであった。ガンジャ（マリファナ）は、メンバーの間で宗教的な聖餐（sacrament）として使用された。エチオピアの前皇帝ハイレ・セラシェを神格化する政治的意味合いを帯びる宗教的観念を中心とした密接に結び付いた集団、すなわち「ラスタ」（Rastas）は、白人の犯罪組織集団や他のアフリカ系アメリカ人の犯罪集団との多少の緊張緩和を成し遂げた。ラスタは、アメリカの西インド諸島人やジャマイカ人の地域社会における（一時的に、少なくとも）犯罪経済についての領土的な統制を獲得した。それらが首領から下方の街路労働者までの下降的な地位で階層的に組織化されているかどうかは知られていない。他のゲトーに関係している犯罪集団と同じように、おそらく顧客と利用者の関係の柔軟なシステムが存在するのであろう。

クラックとゲトー・ギャングスターとの関係は、アルコールと禁酒法（禁酒法と組織犯罪＊参照）時代の白人ギャングとの関係と同じである。禁酒法時代は、アルコールギャングを裕福にした。同様に、クラックは今日の薬物密売人の儲かる非合法の製品である。初期投資が取るに足りない密売人の範囲内にあることが主な理由で、クラックは、ヘロインよりも取るに足りないゲトー・ギャングスターにとって一層入手しやすいのである。クラックコカインについて当惑させることは、それがすぐにアメリカの都市の風景を腐敗させ始めなかっ

たということである。コカインを塩化水素酸塩、つまり粉末に、また、「クラック」と称されるフリーベイスという喫煙に適した形態に変えるために、熱とベーキングソーダを用いるレシピに対する言及が、1970年代を通じて、アングラ文学、メディアのインタビュー、および、議会証言に現れた。クラックを熱狂的流行に変えたものは大量の市場売買（マーケティング）であった。コカイン粉末は、1グラムあたり少なくとも75ドルの投資を必要としたが、しかし少量のクラックの「ヒット（ひと吸い）」は5ドル以下である。コカインをクラックに換えることによって、巨大な利益が生まれるのである。

同時に、アフリカ系アメリカ人とヒスパニックのゲトー居住者にとって、これらの手段が事実上封じられていたとき、彼らの最も重要な問題の1つ、すなわち、数十年前に白人の民族移民の直面したものは、社会的に認められた手段を通じて貧困から逃れる方法であった。合法的な手段が利用できないとき、犯罪行動を思いのままにすることによって、この問題はある程度解決された。

あらゆる大都市のアフリカ系アメリカ人ゲトーは、その真中で活動する犯罪組織を有する。これらのギャングの中には小さいものもあれば、また大きなものもある。これらの犯罪企業は、通常「ホーミーズ」（homeys：同郷人）と呼ばれる地方のアフリカ系アメリカ人によって指揮されるのである。

フランク・ルーカス（Frank Lucas）とリロイ・「ニッキー」・バーンズのような、巨大で強力な薬物シンジケートは、1960年代後半から1970年代にかけてゲトーを越えて拡大した。これらの組織における取引の精巧さと範囲のレベルは、それが慎重に計画されていたことを示している。例えば、フランク・ルーカスと彼の兄弟（ヴァーノン・リー［Vernon Lee］、リー・ヴァン［Lee Van］、ラリー［Larry］、及びエツェル［Ezell］）は、彼らの国際的な麻薬の密輸活動における安全管理違反に対する予防策として親類を雇用した。彼らの集団は「カントリー・ボーイズ」（Country Boys：田舎の少年）として知られている。ルーカスは、彼の取引を卸売りに制限しなかったが、しかし、インドシナからアメリカのゲトーにおける街路レベルでの売買までのネットワークを管理しようと試みた。コーザ・ノストラの運営に似ている精巧な組織のトレードマークすべて

は、ルーカスの集団において外見上は明白であった。すなわち、組員が選ばれた理由は、信用することができ、信頼のできる血縁の親類であるということであって、ある感傷的な友情あるいは幼年時代の愛着ではなかったということ、分業は、参加者がただ彼らが機能するのに必要であったものだけを知っているということで構成されたこと、そして、輸送、加工、及び包装での先端技術は、薬物ビジネスで精力的に利用されていたということである。

多くの都市のゲトーで、クラックコカインは非公式経済の流行であった。その周りに発展したギャングは、出現した取引システムの動的関係を反映している。これらの点で、現代の少数派による犯罪集団（とりわけ、アフリカ系アメリカ人組織犯罪）は、コーザ・ノストラ犯罪ファミリーと構造的な類似点をほとんど持っていない。いまだにこれらの集団は、これまで同様危険であり、また、彼らは、ギャングがクラックへの需要を越えて成長し、需要のある他の商品の非合法な市場の状態を満たすために自らを変えることがありうることから、短命であるか、あるいは、ただ薬物に依存している可能性があまり高くないのである。クラックのおかげで、少数派は、基本的な犯罪資産（それは、暴力の使用と非合法的商品の入手可能性と流通）をもたらすことができるようになる。一度確立されると、これらの集団は、禁制のアルコールの需要を満たすために出現した白人の犯罪集団が行ったように、他の犯罪の機会を探ることができるのである。**リロイ・「ニッキー」・バーンズ、クリップスとブラッズ、エル・ルークンス、ジェフ・フォート**をも参照。

参照文献：Rufus Schatzberg and Robert J. Kelly, *African-American Organized Crime : A Social History*. 1997.

エフセイ・アグロン（AGRON, Evsei）（ロシアはセント・ペテルスブルクにて生誕―1985年5月4日ニューヨーク市ブルックリンにて死亡）ニューヨークのロシア人犯罪の首領。

自称「ロシアのゴッドファーザー」こと、アグロンは、1975年にアメリカに入国し、その数年内に「リトル・オデッサ」（Little Odessa）として知られてい

るニューヨーク市ブライトン・ビーチ地区で犯罪事業を築いた。ソ連でアグロンは、すでに刑務所で何年も服役したことのある暗殺者と闇市場の経営者であった。暴力に対する彼の評判は彼の到着に先行し、アグロンは、ブライトン・ビーチに到着したとき、すでに彼は恐れられていた。

　短い期間内に、アグロンは、いくつかのビジネスを獲得することに成功し、利益があるがかなり危険な燃料税詐欺に夢中となった。それは、会社の複雑な迷路を通じて、ガソリンに対する税金を逃れることができるというものであった。利益は莫大であった。その詐欺は、ニューヨークのコーザ・ノストラ*の構成員と、アグロンの最高の側近者であったモラ・バラグーラ（Morat Balagula）を巻き込んだ。バラグーラは、彼の首領であるアグロンと比較して、あまり違いはなかった。すなわち、アグロンがリトル・オデッサ近隣での闘争で彼自身を見いだした路上の悪党であったとき、教養を身につけた男であるバラグーラは、アグロンの犯罪的策略の複雑な金融の局面を処理した。バラグーラは、彼のコーザ・ノストラのパートナーとガソリン詐欺で何百万ドルも稼ぎ続けたとき、その関係は悪化したに違いなかったが、それに対して、アグロンは、彼の部下を利用する以外はほとんど何もしなかった。

　1984年1月、アグロンは、彼が住んでいたブルックリンのアパートのガレージを出たとき、首を撃たれた。彼は、その狙撃からは生き残ったが、しかし、彼の用心棒が傍観している間に、1985年5月に殺害された。バラグーラは、彼の首領の死亡後すぐに、ロシア暗黒街におけるアグロンのビジネスと立場を継承した。

　しかし、バラグーラは、そう長くは権力者としての地位を享受できなかった。1986年、彼は、フィラデルフィアでクレジットカードの窃盗に関して有罪とされた。彼は、刑務所収容に耐えるよりむしろアメリカからの逃亡を選んだが、しかし後に発見され、1989年、アメリカに引き渡された。そして彼は現在連邦刑務所に収容されている。**ヴィアチェスラフ・イワンコフ、ロシア系組織犯罪**をも参照。

　参照文献：Phil Williams, *Russian Organized Crime*. 1997.

ジョゼフ・ジョン・アユッパ（AIUPPA, Joseph John）（通称、ジョーイ・ダヴス［Joey Doves］ハトのジョーイ）（1907年シシリーにて生誕―）1890年代から1990年代のシカゴ・アウトフィットのリーダー。

1960年代半ばのシカゴ・アウトフィットの街路での首領だったサム・ジャンカーナ*の没落は、退職したリーダー（ポール・「ジ・ウェイター」・リッカ*とアンソニー・ジョゼフ・アッカード）*が戻り、権限を掌握しなければならないたことを意味した。ジョーイ・アユッパもまた、リッカの死亡後に復帰し、統制を奪い取った。彼が通称「ハトのジョーイ」というあだなを付けられたのは、彼の早い時期の犯罪歴で、彼が、鳥のナゲキバト（morning dove）を不法に捕獲しカンザス市からシカゴまで輸送した罪状で逮捕・有罪となったからである。どちらかといえば、彼の態度は威嚇的であり、決して微笑かけたりあるいは冗談を言わない、まさに実業家であった。

アユッパは、政府の徹底調査についてジャンカーナが処置を誤った後で、シカゴ・アウトフィットの不正な金儲けと利益の回復を託された。彼の評判のために、警察と政治家の知的な駆け引きにおいて想像力豊かな腐敗させる名人としての彼の評判と、力を強情なギャングを懲らしめるために使うという彼の自発的意思により、アユッパは、1975年にジャンカーナの暗殺を手配したと思われている。その年は、「モモ」（Momo）が、マングース作戦*（これは、キューバの独裁者であるフィデル・カストロ（Fidel Castro）をギャング団が殺害するというCIAの陰謀のこと）でギャング団の役割を連邦議会で証言することが予定されていた。「ハトのジョーイ」は、アルフォンス・カポネ*（彼は、賄賂を適切に配る達人である）の下で、彼の見習期間に法執行者と政治家を堕落させることを学んだ。彼はまた、情報の価値を正当に評価し、暗黒街に向けられた大陪審の訴訟手続や法執行活動へ接近できる人との交際を求めるようにして、長期の経歴を通じて逮捕を逃れることにおいてこの知識をうまく使用した。あらゆる情報を勘案してみると、1976年のジョン・ロゼリの殺害は、アユッパによるものであり、彼は、サントス・トラフィカンテ・ジュニア（Santos Traficante, Jr.）によって経営されたキューバとフロリダの賭博業との繋がりを持っていた

ジャンカーナの親友とパートナーが、政府に話をする可能性が高いかもしれないと思っていた。連邦捜査局（FBI）の意見では、国際的陰謀に何も関係を持っていなかったというより現実的な動機を示唆している。FBIによれば、ジャンカーナとロゼリは、シカゴ・アウトフィットの費用でメキシコで手配されたギャンブル船事業からの収入を分配できず、このことが深くアッカードとアユッパを怒らせたようである。

理由がどうあれ、アユッパは、ジャンカーナとロゼリを追い出したけれども、結局、トニー・「ジ・アント」・スピロートロ*の道化振りで新たな恐怖に直面したに過ぎなかった。1986年、すでに高齢となっていたアユッパは、ネヴァダ州ラスヴェガス*のカジノから金銭をかすめ取る謀議で有罪と宣告された。スピロートロは、ラスヴェガスでのシカゴ・アウトフィットの代表者であって、彼の仕事は、ギャンブルの利益の横領が順調に進むことを保証することであった。しかし、それは行われなかった。「ジ・アント」の注目を集め無謀な犯罪行動により、彼は、ジョーイ・ダヴスを困難に陥れた。アユッパと彼のパートナーは、スピロートロに責任を負わせた。トニー・スピロートロと彼の兄のマイケルと確認された、2つのひどく打ちのめされた死体が、ジョーイ・ダヴスの所有する農場から遠くないインディアナ州のトウモロコシ畑にあった墓の浅いところで発見された。

参照文献：Nicholas Pileggi, *Casino*. 1995.

ガス・アレックス（ALEX, Gus）（通称、グッシー［Gussie］）（1916年生誕—？）

1970年代から1980年代のシカゴ・アウトフィット首領。

ガス・アレックスの経歴は、組織犯罪について2つの重要な真実を例証する。すなわち、まず第1に、彼の犯罪行動は、イタリア人が組織犯罪で独占的な勢力であるという神話を払いのける。彼らは、彼らがイタリア出身民族であることを理由に他の民族を差別しない。アレックスは、ギリシャの民族的背景を有していた。第2に、アレックスは、シカゴ・アウトフィット*の一員として、恐喝や悪質な金儲けを行い、政治システムの部分的な買収なしでは、組織犯罪が

そのまま生き残ることができなかったことを示している。マーレー・ジョゼフ・ハンフリーズ（Murry Joseph Humphreys）（通称、ザ・キャメル［The Camel］ラクダ）、「ジ・ウェイター」、および、ジェイク・グージックと同じように、アレックスは、アルフォンス・カポネ*、アンソニー・アッカード*、ポール・リッカ*、フランク・「ジ・エンフォーサー」・ニッティ*、および、サム・ジャンカーナ（彼らは、シカゴ・アウトフィットの重要なリーダー）の信用を得ていた。それは、悪質なゆすりたかりにおける彼の技術と、警察や政治家との彼のずる賢い交際が理由であった。

1950年代から1960年代にかけて、アレックスは、マックレルランド委員会*に何度も出席し、毎回どんな質問に対しても、合衆国憲法第5修正を楯に回答を避けた。

アレックスは、彼のシカゴの不正な金儲けの主要な関心は別として、ラスヴェガスのカジノでのかすめ取りの活動をそつなくこなし、スイスの秘密銀行に預金された暗黒街の現金運び屋のトップの役割を果たしたといわれている。1992年、ガス・アレックスのパートナーであるレオナルド・パトリック（Leonard Patrick）は、より長期のジェイルでの刑罰に付されるよりも、むしろ政府側の証人となることに同意して盗聴行為に協力した。パトリックの証言と電子監視情報の結果として、1995年、アレックスと彼の仲間の主な実行者が、恐喝に関して有罪であると裁決された。ガス・アレックスは、76歳のときに、15年の拘禁刑を宣告されたのである。

アメリカ系マフィア（American Mafia） ラ・コーザ・ノストラを参照。

アルバート・アナスタシア（ANASTASIA, Albert）（通称、ロード・ハイ・エグゼキューショナー［Lord High Executioner］最高の死刑執行王、ザ・マッド・ハッター［The Mad Hatter］気違い帽子屋）（ウンベルト・アナスターシオとして、1902年9月26日イタリアはトロペイにて生誕―1957年10月25日ニューヨーク市にて死亡）犯罪ファミリー首領、マーダー・インク。

1957年10月25日、マンハッタンの中間地区にあるパークシェラトンホテルの理髪店で散髪とひげそりをしてもらっている最中に、アメリカで最も重要な犯罪ファミリーの1つ、マンガーノ犯罪ファミリー*の首領であるアルバート・アナスタシアが暗殺された。ほとんどのギャング団による殺害と同じように、アナスタシア殺害は未解決のままであるが、しかし、ジョゼフ・プロファチ*が、殺し屋を雇う契約をし、それをラリーとジョゼフのギャロ兄弟*に任せたということが、まことしやかに噂されている。マンハッタンの混雑した区域で朝実行されたこのセンセーショナルな殺人の背後にいる人物は、ヴィトー・ジェノヴェーゼであった。彼がアナスタシアを殺害する動機は、ルチアーノ犯罪ファミリーを支配するために彼のライバルであるフランク・コステロ*をさらに弱体化することであった。アナスタシアとコステロは親友であった。カステランマレーゼ戦争*の初期に、アナスタシアは、ルチアーノにとって最高の用心棒であった。伝えられるところでは、彼は、シチリア人の間での派閥抗争を終了させ、近代的なコーザ・ノストラを作った、1931年のコニー・アイランド・レストランでの「ジョー・ザ・ボス」・マッセリア*を殺した4人の暗殺団の1人であった。

　アナスタシアは、イタリアで「アナスターシオ」（Anastasio）として生まれた。1917年から1920年の間に、彼は、アメリカで船から逃げて、港湾労働者になった。1921年までに、彼は、謀殺の容疑で逮捕され、自分の家族を困らせるのを避けるために自分の名前を変えたと思われる。彼の弟アンソニー・アナスターシオ*は、後に国際港湾労働者協会（ILA）第1814支部長としてのブルックリン湾岸地区の非公式な支配者になる。アナスタシアは、自らの生活を通じて、自分に楯突く事件で他のギャングあるいは目撃者によって脅迫されたとき、人を殺すのをためらわなかった。彼が進んで人殺しをするとすれば、ルイス・バカルターとともに、彼が、全米犯罪シンジケートのニーズに役立つ経験豊かな暗殺者で選ばれた襲撃隊である、マーダー・インクを経営するのは驚くにあたらないであろう。いくつかの概算によれば、この10年で、シンジケートの実行部門が、400から500人の人々を殺害したとされている。「レプケ」・バカルター

や他のマーダー・インクの構成員と異なり、アナスタシアは、その会社のいずれの犯罪でも決して起訴されなかった。

　第二次世界大戦では、アナスタシアはアメリカ陸軍で兵役に就いた。彼は、それ以前と兵役の後に、銃の所持と脱税で短期間拘禁された。彼の弟との湾岸地区での繋がりは、国際港湾労働者協会の組合の利用を越える重要性をもっている。戦争がアメリカを巻き込んだとき、武器貸与計画（イギリスへの戦争の物資支援）の湾岸地区での破壊行為の恐れにより、アメリカ海軍は、港湾労働者での影響力をもつマフィアの首領の援助を求めるよう促された。その考えは、ナチスが東海岸に沿ってアメリカの出荷と港湾施設に対して起こすかもしれない反スパイ活動キャンペーンに港湾労働者の援助を得ることでもあった。ニューヨーク埠頭でジョゼフ・「ソックス」・ランツァ*が交渉を始めたが、彼は、メイヤー・ランスキー*とフランク・コステロに従い、そして、当時ニューヨーク州で拘禁されていたチャールズ・「ラッキー」・ルチアーノの援助を求めた。アナスタシアは、1つの意見によれば、彼の弟「タフ・トニー」を説得して、兵員輸送船に転換されたフランスの豪華船エス・エス・ノルマンディー号（S. S. Normandie）を破壊させた。その意図するところは、ニューヨーク湾岸地区が破壊活動家にまさにどれほど攻撃されやすいかを示すことであった。ルチアーノの協力は、当時熱心に求められたものであり、そのことが戦争の成果に役立つことにおいて、彼の助力を容易にするのであれば、刑務所からの恩赦の可能性があった。事実、ノルマンディー事件後に、ルチアーノは、彼の同僚により近い便利な場所に移された。終戦時、ラッキーは恩赦を受けた。

　アルバート・アナスタシアの乱暴な気質は限度を知らなかった。1951年、フィリップ・マンガーノ（Philip Mangano）は殺され、アナスタシアが頭領に就いた犯罪ファミリーの首領であった彼の弟ヴィンセント・マンガーノ*は、ずっと行方不明であった。マンガーノは、アナスタシアがルチアーノ、コステロ、および、ジョー・アドニス*と親密であることを決して受け入れなかった。アナスタシアは、自己防衛を主張して、他の首領によってマンガーノ犯罪ファミリーの新しい首領として受け入れられた。数年間かけて、アナスタシアの家族

は、ルチアーノ・ファミリーの王位が欲しかったヴィトー・ジェノヴェーゼ*の野心をくじくために必要とされた豪腕コステロに、永久にイタリアに追放されたラッキーを提供した。

けれども、アナスタシアは、どんな基準によってでも野放しの大砲であった。ジェノヴェーゼのような殺人者でさえ、もし避けられることができるなら、罪のない市民を傷つけない平静さを持っていた。「気違い帽子屋」はそうではない。1952年、アナスタシアは、常習銀行窃盗犯のウィリー・サットン（Willie Sutton）の逮捕で主要な証人であった若いセールスマンのアーノルド・シュスター（Arnold Schuster）の処刑を命じた。アナスタシアは、組織的な暗黒街の基本原則に違反した。すなわち、彼らは、ただお互いを殺すことだけにとどめ、警察、検察官、ジャーナリスト、および、一般市民を含めた部外者は、殺されないはずであった。

（構成員を売るというような）コーザ・ノストラの掟の違反を別として、もしジェノヴェーゼが、ルチアーノ犯罪ファミリーを引き継ぐつもりであるならば、アナスタシアの処刑は必要であった。なぜなら、コステロの保護は、アナスタシアの忠誠と友情に基づいていたからであった。アナスタシアを殺すことによって、コステロはかなり弱体化するので、ジェノヴェーゼと対立できないであろうともくろんだのである。1957年10月のアナスタシアの殺害は、アルバートのボディーガードの中立化、彼の日常の習慣についての詳細な認識、および、アナスタシアが他の犯罪ファミリーに対する危険債務になってきたと信じなければならない他の犯罪ファミリーの首領の共謀を必要とした、注意深く計画された暴徒による襲撃であった。殺害は順調に行き、コーザ・ノストラは、永久に弱められなかったとしても、劇的に変わったのである。**アンソニー・アナスターシオ、ルイス・バカルター、マーダー・インク**をも参照。

参照文献：Burton Turkus and Sid Feder, *Murder. Inc.* 1951, 1992.

アンソニー・アナスターシオ（ANASTASIO, Anthony）（通称、タフ・トニー [Tough Tony] 頑丈なトニー）（1906年イタリアはトロペーアにて生誕—1963年

ニューヨークにて死亡）主要な湾岸地区のゆすりたかり者。

「タフ・トニー」・アナスターシオは、国際港湾労働者協会（ILA）の副会長で第1814支部長として、30年間ブルックリン湾岸地区を支配した。彼は、彼の後ろに彼の兄であるアルバート犯罪ファミリーの勢力を持っていたので、あえて国際港湾労働者協会（ILA）で彼の権威に挑戦するような者はいなかったのである。第二次世界大戦中、トニー・アナスターシオは、マフィアが売春の罪状で50年の拘禁刑に服役していたチャールズ・「ラッキー」・ルチアーノの最終的恩赦を含む政府免除を受けない限り、ニューヨークの船渠（ドック）がナチスの破壊行為から安全であると考えられないことをアメリカ当局に証明するために、ニューヨーク埠頭に繋留されていたフランス豪華船エス・エス・ノルマンディーの破壊行為を準備したとされている。政府免除がなされ、マフィアは、アメリカ海軍がブルックリン湾岸地区の安全を確保するのに役立ったのである。

アナスターシオの権限は彼の兄の勢力と直接関係があった。アナスターシオは、もともとの自分の名前の綴りを守った。彼の兄のアルバート・アナスタシア*は、彼の犯罪歴と結び付けられた悪評のために名前を変えている。1950年代を通じて、湾岸地区についてのギャング団の統率は厳しかった。運送会社は、貨物の積み降ろしに関する暴徒との非公式な取り決めをすること以外に選択はなかった。人が自分の賃金について部分的に「リベートを払う」場合のみ雇用される「日雇い労働者選び」を含めて、不公平かつ危険な労働条件に抗議した港湾労働者は、港で浮いているところを発見された。港湾労働者は、「口をつぐむ」ことによって生き残れた。つまり、何も見るな、何も聞くな、何も言うなであった。何年もの間これらの状態は続いた。1950年代後半の大衆の怒りにより、政府は、1953年に湾岸地域委員会（2州湾岸地域委員会）を創設せざるを得なくなり、その委員会は、雇用と配置の労働条件における組合の活動を監視した。

1951年、アルバート・アナスタシアが暗殺されたとき、トニー・アナスターシオは力を失い、名目上の長の座に落とされた。新たな首領となったカルロ・

ガンビーノ*は、第1814支部リーダーに彼の娘婿のアンソニー・スコット*を任命した。タフ・トニーは、1963年に自然死する少し前に、司法省に話をし始めた。彼が湾岸地区でのギャング団の活動についてどれくらいのことを開示したかは知られていない。**アルバート・アナスタシア、フランク・コステロ**をも参照。

参照文献：John H. Davis, *Mafa Dynasty*. 1993.

ジェナロ・アンジューロ（ANGIULO, Gennaro）（通称、ジェリー［Jerry］）（1919年マサチューセッツのボストンにて生誕—）ボストンのマフィアのゆすりたかり者かつギャンブラー。

ジェリー・アンジューロと彼の兄弟は、すべて身内だけで小さなマフィアのギャングを構成した。アンジューロは、ボストンのノースエンドで生まれ、ジョヴァンニーナ・アンジューロ（Giovannina Angiulo）が、夫の早逝後に7人の子どもを養わなければならなかったとき、ギャンブル施設の役割も果たした「家族経営の」食料雑貨店を経営したイタリア系移民の次男であった。

アンジューロは、1936年、ボストン・イングリッシュ高等学校の卒業で立派な成績を収め、そのことが刑事弁護士になる希望を膨らませたが、しかし、恐慌の現実と、酒類の密輸と賭博によりすぐに金儲けのできることの魅力という現実が、アンジューロをもう1つの方向に、すなわち、絶好の機会が1950年代初期において生じたとき、犯罪の生活へと導いた。キーファーヴァー委員会*は、ボストンで公聴会の開催を計画し、地方のマフィアの首領であるジョゼフ・ロンバード（Joseph Lombardo）は、キーファーヴァー委員会を出し抜くために、賭博場を閉鎖することが賢明であろうと決めた。アンジューロは、その時コーザ・ノストラ*の構成員ではなく、彼がマフィアの保護がないことを理解した上で、数当て賭博*を運営するためにロンバードからの許可を求めた。ロンバードは同意した。

ロンバード・ファミリーの新しい首領であるフィリップ・ブルッコラ（Philip Bruccola）が後任となったとき、法執行のかなりの熱気により、ブルッコラが

シチリアに逃走せざるを得なくなり、その取り決めは破棄された。その後アンジューロは、彼の賭博ビジネスを脅かした数人のギャングスターから、かなりの恐喝による支払いに服していた。最後に、彼は、ロードアイランドのプロヴィデンスにおいて、全ニューイングランドのコーザ・ノストラの首領になっていたレイモンド・L・S・パトリアルカ*に接近した。パトリアルカは、アンジューロに利益のかなりの割合を保証して、彼の保護を申し出た。それは、ボストンのギャングスターが、アンジューロとパトリアルカがパートナーであることを示すために、いくつかの電話がかけられたことを意味し、それはその通りであった。アンジューロは、さらにギャング団との彼の地位を保証するために、パトリアルカ犯罪ファミリーの「メイド・マン（宣誓したマフィア構成員）となり」、ボストンの首領となって、パトリアルカとコーザ・ノストラ*の利益を再び差し出した。

多くのマフィアの手下にとって、アンジューロは、彼が組織でどのような地位を持っていたかにかかわらず、「黒幕の」（back door）人物であった。1984年にパトリアルカが亡くなったとき、犯罪ファミリー副首領、ヘンリー・タメレオ（Henry Tameleo）は刑務所にいた。組織のナンバー3として、アンジューロは首領になる権利を主張した。しかし、彼はそれを獲得できなかった。組織の多くの構成員が、アンジューロがギャング団に入った方法に憤慨した。すなわち、確かに金儲けは重要であったが、しかし、それは、ソルジャー*として就くためには「入会のための殺し」（making your bones）*を行うという最高の危険を冒さなければならない多くの者にとって十分ではなかった。

アンジューロは、かなり多くのボストンの警察官（45人が彼のゆすり事業に関連していた）をすでに堕落させていたことから、連邦政府によって捜査中であった。厳重な監視と通信傍受が、ほとんど200年の拘禁刑を意味した連邦のゆすりたかり罪の起訴で完結した。その事実は、アンジューロを捨てて、彼を一介の単なるソルジャーの地位まで落とすという決定の中に現れたのは疑いなかった。1986年、彼は、ゆすりたかりの罪状で有罪とされて、45年の刑罰を宣告された。

参照文献：Gerard O'Neill and Dick Lehr, *The Underboss : The Rise and Fall of a Mafia Family.* 1989.

モーゼス・アンネンバーグ（ANNENBERG, Moses）（通称、モー［Moe］）（1878年東プロシアにて生誕―1942年カリフォルニア州のパームスプリングズにて死亡）賭博界の皇帝で新聞社のゆすりたかり者。

　モー・アンネンバーグは、20世紀の最初の数十年において、シカゴにあるウィリアム・ランドルフ・ハースト新聞社（William Randolph Hearst papers）の酷く効果的な販売責任者としての名前を売っていた。彼は、後に1907年ウィスコンシン州のミルウォーキーに、それからカリフォルニア州のサンフランシスコに、およそ新聞記者と同じ資格で引っ越した。1920年に、偉大な新聞の大御所であるハースト（Hearst）は、彼をハーストチェーン全体の販売責任者として働くためにニューヨーク市に連れて来た。

　アンネンバーグは、非常に友好的で陽気であるが、また非常に乱暴な背の高く手足の長い男性であった。彼は、ロシア国境近くの東プロイセンにある村で生まれたドイツ系ユダヤ人の移民であった。彼は、1885年、ボーイとしてシカゴに連れて来られ、騒々しいサウスサイドで育った。彼の父親は行商人で食料雑貨屋であった。モーと彼の兄弟マックス（Max）は、新聞販売の仕事に出かけ、ハーストのアメリカン新聞とイグザミナー新聞を保守的なトリビューン新聞と戦わせた猛烈な販売争いに巻き込まれた。すべての争っている当事者たちは、銃とこん棒を用いるスラッガーと元ボクサーのギャングを雇い入れ、新聞売り場に1つの新聞紙を売り物とし、競争相手を無視するよう説得した。配送トラックが襲われ、複数の束となった新聞を台無しにし、新聞売り場は火炎瓶を投げつけられ、結局、人々が殺されたのであった。

　アンネンバーグは、ハーストの下で、全米で最も高収入を得る発行者の1人であった。彼は、シカゴのサウスサイドのスラムと貧困から立ち上がり、アメリカで最大の個人所得を蓄積した。彼は、合法か違法な賭博で儲けた金銭を得て、1922年、ノミ屋の聖書といわれるデイリー・レーシング・フォーム（Daily

Racing Form）の管理を掌握し、彼自身の帝国を築き始めた。1926年までに、彼の種々の私的なビジネスは、あまりにも利益があったので、彼はハースト社を退職したのであった。この時までに、アンネンバーグは、東海岸の最大のギャンブラーであったフランク・エリクソン（Frank Erickson）と共同して、全米ニュースサーヴィス（Nation-Wide News Service）を創設した。フランク・エリクソンは、チャールズ・「ラッキー」・ルチアーノ*、メイヤー・ランスキー*、及び、フランク・コステロ*と親密な関係にあった。

1929年、アルフォンス・カポネ*がニュージャージー州の暗黒街アトランティック市協議会にアンネンバーグを連れて来た。そこは、賭博のような悪徳行為で作り上げた全米シンジケートの基金の大部分を置いたところであった。アンネンバーグは、シンジケートのレース電話（それは、全米中のレース場結果を呼び物にする電信情報サービスである）の細部を作り出した。

アンネンバーグは、外見は立派であった。つまり、1930年代までに、彼は、高名なフィラデルフィア・インクワイアラー（Philadelphia Inquirer）を所有したが、しかし、彼はまた同じようにギャングとビジネスを共にした。ノミ行為と情報サービスのおかげで、彼は裕福になった。そのサービスは、およそ30か所の主要なレース場に接続された電報や電話線から情報を獲得し、そしてこれらのレース場から、彼らは、情報を、ビリヤード場やホース・パーラーが違法賭博*事業を運営していた30の州の225の都市に伝えた。それは、複雑で利益のある犯罪事業であった。アンネンバーグは、4つの州にある宮殿のような家に住み、ニューヨークとフィラデルフィアにある豪華なスイートルームを使用した。彼は、その他の合法的なビジネスの中で、ホテル、オフィスビル、ガレージ、映画館、ボウリング場、酒屋、および、洗濯屋に投資をした。それらすべてにおいて、威信と影響をもつ男として「尊敬」と市民の承認と地位を得ようと努力した。

けれども、モーは、アル・カポネが耐えたことのいくつかを経験するよう運命づけられていた。それは、脱税をめぐる国税庁との対決であった。1939年、モーと彼の息子のウォルターは起訴された。政府は、2人合わせて、未納の税

金が950万ドルあると主張した。彼は、有罪答弁で自分の息子を救ったが、そのために彼は、3年の刑罰と贈与財産としての950万ドルの税金先取特権を甘受した。ウォルターは、合法的に仕事がうまくいき、ニクソン政権では、彼は、英国宮廷（イングランド）大使となり、彼の政権後、主要な博愛主義者となった。モーはきっと得意げであったであろう。**違法賭博**をも参照。

参照文献：Joseph Gies, *The Colonel of Chicago : A Biography of Robert McCormick*. 1979.

アパラチン会議（**Apalachin Meeting**）　1957年11月14日、暗黒街の協議会が、州警察官により、ニューヨーク北部地方の田舎でまったく偶然にその秘密を暴露された。それは、全米的なマフィアの陰謀について、その時までの最も説得力のある証拠を提供した。地方の実業家であり、またマフィア構成員でもあったジョゼフ・バーバラ（Joseph Barbara）の自宅の内外で、警察は、全国から集まったイタリアの背景をもつ58人のギャングを逮捕した。彼らの中には、ヴィトー・ジェノヴェーゼ*（ニューヨーク市）、ニコラス・チヴェッラ*（カンザス市）、カルロ・ガンビーノ*（ニューヨーク市）、ステファノ・マガディーノ*（ニューヨーク州バッファロー）、および、サントス・トラフィカンテ*（フロリダ州タンパ）というようなコーザ・ノストラ犯罪ファミリーの首領がいた。58人中、50人が逮捕歴を持っており、35人が有罪判決を受けた。そして23人が刑に服した。勾留を逃れようとして成功した人たちには、サンフランシスコの犯罪ファミリーの首領であったジェイムズ・ランツァ（James Lanza）、ルチーズ犯罪ファミリー*の首領トーマス・ルチーズ（Thomas Luchese）、シカゴのサム・ジャンカーナ*、及び、デトロイトのジョー・ゼリリ*がいた。

1931年以降、マフィア・コミッション*は、問題もなく秘密裏に5年ごとに開催された。アパラチンのバーバラの自宅で開催された1956年の直前の会議も、何事もなく行われた。秘密会議において、デトロイトのジョー・ゼリリとフィラデルフィアのアンジェロ・ブルーノ*が全米コミッションに加えられ、メンバーの数が9人となった。

1956年から、多くの危機がコーザ・ノストラを覆っていた。すなわち、新し

い構成員の告白についての言い争い、ヴィトー・ジェノヴェーゼによるルチアーノ犯罪ファミリーの支配の要求とアパラチン会議が招集された20日前のアルバート・アナスタシア*の暗殺におけるフランク・コステロ*との暴力沙汰についての言い争い、マフィア構成員の追放についての言い争い、そして、アメリカのコーザ・ノストラのグループのシチリアのマフィアのヘロイン取引集団との関係に関する麻薬についてのコーザ・ノストラの政策を定式化する必要性についての言い争いであった。1957年の早期に、ジョゼフ・ボナンノが『ア・マン・オブ・アナー』(*A Man of Honor*：名誉の男) という著書の中で示したように、会議はシチリアのパレルモで行われ、シチリアのマフィアの構成員とチャールズ・「ラッキー」・ルチアーノ*とフランク・コッポラ (Frank Coppola) に掛かり合いをもたせた。ボナンノは、シチリア人が論争を処理するために「コミッション」を組織するようしきりに促されたという提案以上のことをいわないのである。ラルフ・サレルノ (Ralph Salerno) によれば、パレルモでの会議の本当の目的は、アメリカでヘロインの不正取引手続を正式のものにすることであったとされている。

アパラチン会議は、それが全米の犯罪の陰謀に関する証拠を市民に提供し、アメリカ連邦捜査局 (FBI) 長官J・エドガー・フーヴァー*に対して、秘密の犯罪シンジケートの存在を認識させ、それに対して行動をとるよう強いることになったことから、コーザ・ノストラを傷つけることとなった。**アルバート・アナスタシア、コミッション、ヴィトー・ジェノヴェーゼ、ラ・コーザ・ノストラ**をも参照。

参照文献：Joseph Bonanno, *A Man of Honor*. 1983 ; Ralph Salerno and John S. Tompkins, *The Crime Confederation*. 1969.

アジア系組織犯罪（Asian Organized Crime） アジア系組織犯罪（AOC）集団は、全米中の大都市にあるチャイナタウンで営業している最も暴力的な犯罪事業の1つとして出現した。それらの起源を数世紀まで遡ってみると、中国人三合会*、犯罪的影響を受けた堂*、日本系のヤクザ*（別名、暴力団）、及び、ヴ

ェトナムや韓国の犯罪組織と、犯罪上多様である。それらは、殺人、恐喝、誘拐、賭博、詐欺、偽造、売春、武器取引、薬物取引、マネー・ローンダリング、外国人の密輸、及び、武装した住居侵入に関わっている。一層不安にするかもしれないが、法執行の報告書は、より残忍で死亡に至る住居侵入の傾向と、処刑スタイルの殺人の増加を示している。AOCは、法執行への主要な挑戦を提示する。言葉や文化的な障壁が重要である。加えるに、AOCの活動が、かなり犯罪上多様であって、ほとんどあらゆる世界の地域に広がったことから、アメリカの政府機関における以外に、外国の法執行とアメリカとの間の異常なほどの協調的努力は、これらの組織を無力にすることを必要とした。

　三合会、堂、ストリート・ギャングと、アメリカの中国系組織犯罪集団との間に、複雑かつ流動的な関係が存在する。これらの集団の中には、ストリート・ギャングから、それらの暴力、経済的影響、及び、違法事業の拡大で伝統的なギャング団と張り合う複雑化した組織に進化したものもあった。とりわけ薬物売買で、種々のグループが、その製品を最終目的地に持って行くために、様々なレベルにおいて協力する。しばしば上級レベルのアジア系集団が、下級のストリート・ギャングに援助を提供する。その引き換えに、ストリート・ギャングは、契約による殺人の遂行や違法営業の保護を含む、上級の集団に対する実行役としての役を務める。

　アジア系組織犯罪集団は、それらの故国での秘密結社として、圧制的な政権に抵抗することに由来するものである。政治的な脅威が低下した後、これらの社会は、犯罪の機会を利用するために、それらの権限と組織を使い始めた。

　アジア系移民は、1800年代半ばからアメリカにやってきた。イタリア人とリトルイタリー、また、ギリシャ人とグリークタウンというように、彼らは、チャイナタウンとして知られている少数民族集団地域に定着した。1960年代後半に、アメリカは、アジア人移住の劇的な流入に見舞われた。新たに上陸した者の中に、これらの犯罪組織の構成員がいた。アメリカをよく知らない多くの移民のように、アジア人は、差別を受けやすく、必要から自己防衛と自己保存のために組織化された。これらのアジア系犯罪集団は、新たな移民によって示さ

れた組織的勢力を利用する機会を見いだした。これらの集団は国際的に広まったけれども、それらはアジアに戻ったそれらの親組織に対する忠誠を維持している。

専門家は、AOCと地元のアメリカ系組織犯罪グループの進展で、いくつかの類似点を指摘した。たいていのAOCの集団の組織的な構造は、民族性や地理に基づいて出現する下位集団を伴い階層的である。カリスマ的リーダーが出現して、組織に対して忠誠を教え込み維持することができた。歴史的には、ファミリーと組織への忠誠は大いに価値がある。下級の若い構成員が、リーダーを保護するために使われる。各集団が、不正な公務員と団体に大いに頼ることで、介入なく活動することができ、それらは、フロント組織をそれらの違法行為を隠すために使う。最後に、報復と暴力の恐れを使って、両方の集団が、最初のうちはそれらのそれぞれの民族的背景から移民を食い物とした。

AOCと伝統的なギャング団の主要な相違は、アメリカの主流への同化のプロセスにある。ギャング団が、新しい事業を探してアメリカ人の生活すべての領域に乗り出す一方で、アジア系移民は、より地方の人間となり、合法・非合法的ビジネスやあるいは社会の機会を求めて、他の地域社会に乗り出す可能性がそれほど高くない。こうした性質が非犯罪的移民に対する経済的流動性を抑制するのとちょうど同じように、そのことがアジアのコミュニティの外でのAOCの拡大を遅くしたのである。

AOCの集団は、ロシア系マフィアやコロンビア薬物カルテルと同様に、伝統的な組織犯罪を含む他の主要な犯罪組織との連合を発展させた。そうした同盟は、返礼（reciprocation）の1つであるように思われる。中国系グループは、ギャング団にとってヘロインの供給源であり、そのギャング団は次に、中国人ストリート・ギャングズ*に高利貸し業の資本と武器を提供する。それらは、お互いの代理として契約による殺人を行い、非合法な賭博*の活動で協力する。早くも1973年に、連邦捜査局（FBI）は、ニューヨーク州ボナンノ犯罪ファミリー首領代行と日本の暴力団（ヤクザ）のリーダーとの間での会議を監視し証拠書類を提出した。その会議は、これらのリーダーたちをハワイでの儲かるポル

ノビジネスに紹介するためのものであった。より最近では、暴力団とアメリカ中の伝統的な組織犯罪グループとの間の直接的な接触に関する証拠がますます増えつつある。これらの２つの組織の間の相互利益を有する将来的な話題が、おそらくマネー・ローンダリングの機会を含むであろう。

　韓国系、ラオス系、タイ系、カンボジア系、及びフィリピン系犯罪集団もまた、アメリカで活動中であるが、より小さい会員団体とそれほど正式でない組織を理由に、現在それほど脅威となっていない。しかしながら、それらは、他の有名なアジア系犯罪集団と同じぐらい強暴でかつ犯罪的に動機づけられているものとして知られている。シカゴで、それらは、主に賭博、恐喝、マネー・ローンダリング、売春、薬物取引、及び高利貸し業に関わっている。韓国系組織犯罪集団は、一般に彼ら自身の地域社会内での薬物と売春を統制している。タイ系とラオス系の犯罪集団は、不正取引とヘロインにかかわっているのに対して、フィリピン系集団は、大量のコカインとメタンフェタミン（それは、再びアメリカ国民に広がっている向精神薬）を売りさばいている。**中国人ストリート・ギャングズ、中国人三合会、堂、ヴェトナム系組織犯罪、ヤクザ**をも参照。

　参照文献：Ko-lin Chin, *Chinatown Gangs : Extortion, Enterprise, and Ethnicity.* 1996.

ニュージャージー州アトランティック市（Atlantic City, New Jersey）カジノ賭博*

　アトランティック市は、カジノ賭博を設けて全米第２の重要な観光客の目的地となった。アトランティック市で最初のカジノは1978年に開設し、ネヴァダ州ラスヴェガス*とは異なり、大規模な規制が賭博とカジノ免許手続に関して実行された。カジノ規制法案の署名式典において、知事が次のように叫んだ。「組織犯罪はアトランティック市では歓迎しない……。我々の州から出ていきなさい。」

　皮肉にも、アトランティック市の組織犯罪の起源は、ラスヴェガスと同じように、似たような起源を有している。1920年代に、アトランティック市は、名

士、政治家、及びギャングにとって人気の高い避暑地であった。事実、1929年、プレジデント・ホテルで開催された暗黒街の協議会は、アトランティック市の首領イノック・ジョンソン（通称、ナッキー［Nucky］）が主催した。アルフォンス・カポネ*、ジェイク・グージック*、「モー」・ダリッツ*、アブナー・ツヴィルマン*、フランク・コステロ*、チャールズ・「ラッキー」・ルチアーノ*、メイヤー・ランスキー*、及びその他多くの者が出席し、ノミ行為、賭博、密売、及び暴力について重要な協定に達した。それらの協定は、今世紀を通じて組織犯罪の基礎と協議事項を構成するものと思われるものであった。

　現在、アトランティック市のカジノ賭博は、いかなる観点からも成功した収入源であった。その強力な規制構造は、驚くことに、そのカジノにおける組織犯罪の掛かり合いについての実質的な結果でなかった。しかしながら、カジノ・ホテルにサービスを提供する付随的なサービスや労働力には、犯罪的な浸透があるように思われる。

　サービスを提供する代理店やビジネスが、組織犯罪によって堕落したという証拠がいくつかある。1971年のニュージャージー州政府報告書は、ホテル及びレストラン従業員国際労働組合（Hotel Employees and Restaurant Employees International Union : HEREIU）第54支部が組織犯罪の「実質的な影響力」下にあったことを示した。第54支部は、フィラデルフィアのブルーノ犯罪ファミリーの長、ニッキー・スカルフォ*のパートナーであるフランク・ジェレイス（Frank Gerace）によって統制されていた。

　参照文献：Craig A. Zendazian, *Who Pays? Casino Gambling, Hidden Interests and Organized Crime*. 1993.

B

バナナ戦争（Banana War）ジョゼフ・ボナノを参照。

国際信用商業銀行（Bank of Credit and Commerce International）1991年7月、多くの国の銀行取締役が、何十万という債権者によって失われたおよそ100億ドルを取り戻すために、ロンドンに本拠地を置く国際信用商業銀行（BCCI）の資産を差し押さえた。報道機関で「国際的な悪者と犯罪者の銀行である」と述べられた国際信用商業銀行は、パキスタン人とアラブ人によって設立され資金調達を受けた。この銀行の創設者アグハ・ハッサン・アベディ（Agha Hasan Abedi）は、その違法行為の大部分について責任があった。

　国際信用商業銀行は、ジミー・カーター（Jimmy Carter）元大統領、ワシントンの弁護士で政治に明るいクラーク・クリフォード（Clark Clifford）、及び犯罪捜査の早い段階でその銀行を保護しようと努めたユタ州選出のオーリン・ハッチ（Orrin Hatch）上院議員のようなアメリカで影響力のある政治的領袖との交際や提携をもつにもかかわらず、テロリストや薬物不正取引商人にフルサービスの銀行として役割を果たした。

　悪名高いテロリストのリーダー、アブ・ニダル（Abu Nidal）は、国際信用商業銀行のロンドン支店へ6,000万ドルの預金高を維持し、その銀行は、メデリン・コカイン・カルテルと黄金の三角地帯の麻薬密売組織の首領、クン・サ（Khun Sa）のために金銭を不正洗浄した。黄金の三角地帯は、タイ、ラオス、及びミャンマーを含む東南アジアにあるアヘンの育成高地を指す。1988年に、アメリカ政府は、メデリン・カルテルに対する1,400万ドルをマネー・ローンダリングしたとして、国際信用商業銀行を訴追した。その枠組みは以下のように

してうまく機能した。すなわち、不正取引者からの現金が、電子預金証書（certificates of deposit：CDs）の形式で、ヨーロッパ、中央アメリカ、南アメリカ、及びカリブ海にある国際信用商業銀行に預けられた。預金証書を抵当として使用し、国際信用商業銀行の役員が、他の支店でローンを作り、カルテルの麻薬不正取引商人が資金を引きおろすのを許した。銀行は、預金証書からの資金でローンを返済したのである。

　1990年、国際信用商業銀行は、薬物による金銭のマネー・ローンダリングで有罪を答弁し、1,500万ドルの罰金を支払い、また、その従業員の2人が長期の刑罰を受けた。1991年にその捜査が深まるにつれて、マネー・ローンダリング*が、銀行の運営にとって不可欠であったことが明らかとなった。それはまた、初期の投資家が自ら返済しなかったローンを手に入れ、その他の預金者が不充分にしか支払保証のされていないローンの損失を受けるという「ポンツィ」（Ponzi）計画を実行した。**銀行秘密厳守法、コロンビア薬物カルテル、マネー・ローンダリング、政治腐敗、ミケーレ・シンドーナをも参照。**

　参照文献：Jonathan Ready, *The Outlaw Bank*. 1993.

銀行秘密厳守法（Bank Secrecy Act）　銀行秘密厳守法は、1970年に制定され、合法的なルートを介しての不正な現金の「洗浄」（laundering）において、犯罪の機会を阻止するよう特に意図されたものである。銀行秘密厳守法は、銀行と個人に対する3つの必要項目を規定している。

　第1に、銀行は、1万ドル以上の資金の預金、払戻、あるいは、交換について、通貨取引報告（Currency Transaction Report：CTR）を提出しなければならない。第2に、もし現金で1万ドル以上がアメリカから持ち出されるかあるいは持ち込まれるなら、通貨及び証券・小切手等報告（Currency and Monetary Instrument Report：CMIR）が、アメリカ関税局に提出されなくてはならない。第3に、外国に銀行預金口座を持っている市民は、連邦納税申告書にそれらの口座を申告しなければならない。これらの規定違反は、50万ドルまでの罰金を科される。内国歳入庁（IRS）、アメリカ関税局、連邦準備銀行、米国証券取引

委員会、および、連邦預金保険公社（FDIC）を通して、アメリカ財務省は、これらの規定の施行に関して責任がある。

　1985年まで、アメリカ政府は効果的な仕事をすることができなかった。しかしながら、レイモンド・L・S・パトリアルカ*犯罪ファミリーについてのJ・ジェナロ・アンジューロ*のネットワークに関するボストン銀行役員の起訴が、法令遵守の施行の重要な変更を表した。1990年までに、内国歳入庁の犯罪捜査部門は、マネー・ローンダリング*に関連している犯罪について、たった3年で1,000人以上の有罪決定を処理していた。1990年から金融取引量の増大のために（例えば、1992年、900万件の通貨取引報告が提出され、通貨取引で4,170億ドル以上が報告された）、金融犯罪執行ネットワーク（Financial Crime Enforcement Network : FinCEN）は、マネー・ローンダリング活動の確認において、法執行機関を支援するために創設された。

　1994年、銀行秘密厳守法が改正され、もし多数の現金取引が通貨取引報告書の必要項目を回避するための意図的努力であるなら、1万ドル以下の多数の現金取引に携わることを違法とした。アメリカ政府は、銀行秘密厳守法が組織犯罪に対する効果的手法であることを確信している。大統領委員会報告（1986年）は、州レベルで類似の法律が制定されるべきことを強く主張した。1998年までに、半数の州が、類似の銀行業の必要項目と通貨取引違反に関する刑事上の再調査を実行した。

　参照文献：Marilyn B. Petersen, *A Guide to the Financial Analysis of Personal and Corporate Bank Records*. 1998.

リロイ・バーンズ（BARNES, Leroy）（通称、ニッキー［Nicky］悪魔、ミスター・アンタッチャブル［Mr. Untouchable］無敵の男）（1933年3月ニューヨーク市にて生誕—）主要なアフリカ系アメリカ人組織犯罪の大物で薬物不正取引者。

　ニューヨーク市警察局（New York City Police Department）と麻薬取締局（Drug Enforcement Administration : DEA）の合同特別委員会によれば、「ニッ

キー」・バーンズは、1970年代のアメリカで最大のヘロイン密売人の１人であった。彼は、本拠地である黒人ゲトーであるハーレムで、ニューヨークのコーザ・ノストラ*犯罪ファミリーのマフィアの首領*と同じくらい力があるものと見なされた。さらに、彼は、青少年時代にしばしば逮捕されるけれども、1973年以降、彼に対して提起されたいかなる告訴でも有罪とされることはなかった。それ故、彼の通称は、「ミスター・アンタッチャブル」であった。

　バーンズは、路上生活者には、カリスマ的な人物であったが、しかし、法執行機関には、1970年代半ばまでコーザ・ノストラによって支配されていた少数民族の地域社会に、組織的犯罪者の権力基盤の移行を示した人物である。しかしながら、バーンズは、まったくマフィアと関係がなかったわけではなく、そして、それを決して引き継ぐことなく、「ブラック・ゴッドファーザー」(black godfather：黒人のゴッドファーザー）になり、バーンズは、マフィアによって用いられ、ゲトーのギャングという典型的な役割を演じたが、それは、不正な金儲けにおいて見て分かる街路のエースであるが、ニューヨークのジョゼフ・プロファチ＝コロンボ犯罪ファミリーにおける影響力を持ったジョゼフ・ギャロ*との同盟のおかげで成功した麻薬卸売り業者にすぎなかった。バーンズは、1965年のグリーンヘイヴン刑務所での拘禁中にギャロと出会い、ボナンノ犯罪ファミリー頭領であり薬物不正取引商人であったカーマイン・「ザ・シガー」・ガランテ*と関係をもった。ガランテは、1979年に暗殺される前に、「ボス中のボス」という称号の候補者と目されていた人物であった。

　バーンズは、マフィアに似た方法で犯罪を行った。すなわち、彼は、薬物流通地域を設け維持するために時折会合したアフリカ系アメリカ人の麻薬不正取引商人から構成されている、彼がハーレムに作った「12人評議会」(Council of 12) に助言を求めた。警察捜査報告によれば、バーンズは、彼と実際の麻薬との間に「身代わり」(buffer)、すなわち、卸売り業者、街路小売り業者、仕入れ業者、運送業者、及び実行役という幾重もの層を組み立て、逮捕不可能な麻薬活動をもたらした。

　アルフォンス・カポネ*やジョン・ゴッティ*のように、ニッキー・バーンズ

は、おしゃれな自動車を運転したり高級な洋服を着用したりして派手な生活を送り、また、感謝祭とクリスマスには、貧しい家族に七面鳥を配ることで、その地域社会へ博愛的と思われる行動を示した。それは、近代的な政治家とショービジネスのスターに対して信用を与えると思われた宣伝のための勘の良さでなされたのであった。

　彼の初期の生活は大部分謎である。確かなことは、ハーレムのゲトーの街路で続けられ、未だに続いている麻薬取引を止めることができなかったということである。街路の麻薬常習者として初期に逮捕されたことで、バーンズは、ケンタッキーのレキシントンの社会復帰施設に送られ、そこで彼はその習癖を断った。彼は、その後決して薬物あるいはアルコールの乱用に至らなかったのである。

　警察報告によると、バーンズが20代であった1950年代に、彼は、麻薬の取引を開始し、自分のネットワークをつなぎ合わせて、その手続に他の知られた主要薬物違反者を入れたのであった。麻薬連合のようなものを「ブラック・マフィア」(Black Mafia：黒人マフィア)の基礎として創設する最初のこれらの努力は、街路の競争相手によって拒絶され、そのためバーンズはそれを独力で行なった。

　1965年、彼は逮捕されて、麻薬違反により25年以上の終身刑で、グリーンヘイヴン矯正施設に送致された。刑務所に収容されている間に、彼は、「クレイジー・ジョー」・ギャロと親密となり、情報と接触手段を手に入れた。それらは、バーンズのギャング団の弁護士が、彼を刑務所に入れた証言に対する異議の申立が成功すれば、2年後に釈放されるというものであった。それから彼は、マフィアの友人たちの助けを借りて薬物帝国を作ることを実行した。ギャロが、ニューヨークの暗黒街で主要な勢力になることを望んだが、しかし、彼には兵隊が欠けていたとされている。彼は、バーンズのおかげで、アフリカ系アメリカ人を集めることができると助言した。ギャロは、プロファチ＝コロンボ犯罪ファミリーの首領のトップに伴う重大な問題を抱えていて、自らの「犯罪ファミリー」を作る目的で、少数民族の地域社会に容易に接触できるようにするた

めに、おそらく伝統を捨てて、非イタリア人との連合を組織することに決めたのであろう。

　いずれにしても、バーンズは、イタリアの供給元から大量の純度の高いヘロインを確保することができたのであった。そして、彼は、街路での販売用にヘロインを加工するために麻薬製造工場を作り、手の込んだ配達システムを確立して、ペンシルヴァニア州、アリゾナ州、イリノイ州、および、カナダでその売買を行った。

　徐々に彼は、「無敵の男」が到着するまで、ハーレムを統制していたコーザ・ノストラ集団から薬物の街路の活動を引き継ぎ始めた。けれども、バーンズは、軋轢と暴力の対立に至るよりむしろ、かつての競争相手と利益を共有することで、コーザ・ノストラの麻薬密売人を追い出すことができた。コーザ・ノストラのギャングが乗り出すことのできなかった地域でも、同じぐらい長期間にわたって金儲けがなされたので、彼らは満足して、バーンズが、彼らのパートナーの1人として活動することを許した。

　1968年から1978年まで、バーンズは、ヘロインの密売で大金を稼ぎ、脱税の罪状で政府に打撃を与え、豪華な生活を送った。バーンズは、起訴を免れているように思われた。そして、彼は、巨大なハーレムでの麻薬現場においてますますの影響力を持っていたが、その一方で、合法的なビジネス（ガソリンスタンド、旅行代理店、不動産、その他小売業）に投資を始めた。

　1978年、麻薬攻撃隊（narcotics strike force）が、ニッキー・バーンズに法の裁きを受けさせた。彼は、麻薬違反で終身刑と12万5,000ドルの罰金を宣告された。多少の厳しい時期を服役し、彼の元同僚が彼の妻と個人の富を利用していたという噂でイライラさせられた後、バーンズは、当局に協力することに同意し、証人保護プログラム（Witness Security Program : WITSEC)*で自由を得たのであった。彼は、彼の元パートナーの12人の有罪で役に立つことができた。彼が作ったと信じられていた国際的な麻薬取引機構に関するその他の事柄に関しては、具体的に現れたものは何もなかった。というのも、主として、バーンズではなく、マフィアの構成員が、南ヨーロッパとシチリアからアメリカまで

の麻薬の流通を統制したからであった。本当に、バーンズがいなくなった後に、麻薬の密売は、少数派のゲトーで繁栄し発達し続けたのであった。**ジュニア・ブラック・マフィア、フランク・マシューズ**をも参照。

参照文献：Rufus Schatzberg and Robert J. Keny, *African-American Organized Crime : A Social History.* 1997.

ホセ・ミゲル・バトル（BATTLE, Jose Muguel）（通称、エル・パドリーノ［El Padrino］スペイン語でゴッドファーザー、エル・ゴルド［El Gordo］スペイン語で太った男）（1929年キューバはハバナにて生誕―）キューバ系アメリカ犯罪の首領。

ホセ・バトルは、30年以上前にアメリカへの到着のときから、すでに南フロリダ、ニュージャージー、及びニューヨークで最強のギャングの1人になっていた。カストロ革命がフルゲンシオ・バティスタ（Fulgencia Batista）大統領を国外に追放したとき、彼はハバナで風俗取締りの警官であった。

バトルが組織犯罪に加わるのは、1950年代の頃である。それは、彼が、ハバナの警察官として、豪華なホテルでカジノを経営していた犯罪の皇帝メイヤー・ランスキーとフロリダ州タンパのマフィア首領サントス・トラフィカンテ・ジュニアと知り合った時期であった。これらのマフィアとの関係は、後に、多くのキューバ亡命者と反カストロのパルチザンが住んでいたマイアミで、キューバによって管理されていたギャンブル事業を開く「犯罪者のライセンス」（criminal license）に拡大された。1967年までに、彼は、もう1つのキューバ亡命者の定住地であるニュージャージーのユニオン市に移動し、ニューヨーク西部とハドソン郡の小さい町まで広がったギャンブル事業のための数当て賭博隠れ販売所として役立つバーを開設した。途中で、バトルは、ボナンノ犯罪ファミリーの頭領であったジョゼフ・ジカレッリ（Joseph Zicarelli）（Joe Bayonne：ジョー・バヨンヌ）とジェノヴェーゼ犯罪ファミリーのニュージャージー北部の支部の頭領であったジェームズ・ナポリ（James Napoli）と同盟を結んだ。

バトルは、多くの他のキューバ系のアメリカ人のゆすりたかり者のように、

中央情報局（CIA）によって訓練されたキューバ亡命者が、フィデル・カストロ政府をひっくり返そうと試みていた、1961年の失敗したコチノス湾侵略の退役軍人であった。

10年以内に、「ザ・コーポレイション」として知られたバトルの組織は、およそ2,500人の勢力を備えた非合法の数当て賭博の販売代理店を管理して、ニューヨーク市、ニュージャージー州、及びフロリダ州中に手を広げて犯罪帝国に発展した。

バトルは、エル・パドリーノ（ゴッドファーザー）として知られるように、たくさんのメディアの注目を引き付けることなく、かなりの権限を獲得することに成功した。最終的にバトルの活動を明らかにしたのは、1985年に違法賭博に関する公聴会を開いた、組織犯罪に関する大統領委員会（PCOC）であった。その犯罪委員会のプロフィールによれば、バトルは、違法富くじに対して統制しただけではなく、ラテンアメリカ人の地域社会で合法的ビジネスを浸透させた。バトルのザ・コーポレイションもしくはその個人的な活動によって影響を受け、あるいは、所有されていた合法的な金融と不動産貸付銀行、旅行代理店、及び不動産会社は、バトルが賭博や薬物会社で違法に獲得した金銭や資金を洗浄することを可能にさせた。

実際、コカインの密輸は、ラテンアメリカ系組織犯罪*集団の主要な活動であり、それは、合法的なビジネス取引に投資することで「洗浄される」（外見的に合法的とされる）必要のある違法な何百万ドルもの資金をもたらした。そうした取引は、現金取引の流れが多いラテンアメリカ人の小売業やその他サービスタイプの事業で、バトルのような男が利用できるものであった。

アメリカのキューバ系組織犯罪は、キューバからのマリエル難民大量出国事件で強化されたが、それは、ジミー・カーター大統領が、キューバのマリエルから何万という難民が、南フロリダに定住するのを許したときであった。多くが精神病患者であり、カストロ体制の本当の被害者もおり、さらに、アメリカの都市でラテンアメリカ系暗黒街に引っ越した犯罪経歴者もいた。多くのマリエル難民が、マイアミからアメリカの他の地域までマリファナとコカインを定

期的に輸送する「ミュール」（mule：薬物運び屋）になった。シンジケートの実行役の役割を果たす武器で教え込まれた憤慨しているピッグズ湾の退役軍人とともに、マリエル難民の流入が、バトルにとって、さらに自分の帝国を拡大するのに役立った。常習犯やCIAで教育された殺し屋＊は、東海岸のあらゆるラテンアメリカ系コミュニティで、犯罪上の競争相手や一般市民を情け容赦なく脅迫した。

1980年代、バトルのザ・コーポレイションは、ニューヨーク市内界隈に小売店を作った、有名なプエルトリコ人の数当て賭博の首領、レイモンド・マルケス（Raymond Marquez）（通称、スパニッシュ［Spanish］スペイン男）の富くじ業を掌握しようと試みた。焼夷弾攻撃と放火が説得のテクニックであったが、しかし、バトルの同僚が告訴されて有罪を宣告されたとき、これらは裏目に出た。しかしながら、誰にも話をせず、彼はフロリダに逃走した。それから、エル・パドリーノは、自分が実行するよう命じた犯罪から自分を隔離する「身代わり」を作った。彼は、個々の子分に割り当てられた特定の義務でもって、犯罪ファミリーのような自分の犯罪シンジケートを組織化し始めた。例えば、汚職請負人が、バトルの犯罪事業を無視させるために、種々の場所で政治家に賄賂を使うように指名された。

1990年代に、バトルのザ・コーポレイションは、その活動を多角化した。例えば、スペインの数当て賭博ゲームであるボリータ（bolita）がそうであり、バトルのギャングの有価証券を構成するいくつかの違法ビジネスのほんの1つであった。また、ビデオ・ポーカー・マシンは、フロリダ南部のラテンアメリカ人コミュニティにあるバー、「ボデガス」（bodegas：食料雑貨店）、及びその他のビジネスで見られる。バトルは、彼の犯罪企業の拡張に伴い、フロリダ州デイド郡やペルーのリマにある地所の安全管理の高い壁やフェンスの後ろに住みながら、ちょっとした隠遁者になった。彼の富が、いくつかの合法的なビジネスに投資された、あるいは、それがマネー・ローンダリング計画につぎ込まれたといわれている。バトルのザ・コーポレイションは、かつてマフィア犯罪ファミリーの統制下にあった領域の中で、絶えず拡張している。法執行機関職員

によれば、バトルのザ・コーポレイションは、コーザ・ノストラへの上納金を支払う必要のないほど現在非常に大きく強力である。**ラテン系組織犯罪**をも参照。

　参照文献：President's Commission on Organized Crime, *Organized Crime and Gambling Hearings III*. 1985.

入会（Being Proposed） マフィアの募集と入会儀式。
　コーザ・ノストラ犯罪ファミリーの組員となる候補者は、その者が組織にとって貴重であると思われるという理由で採用される。候補者は、犯罪ファミリーやコーザ・ノストラの権威を、社会のそれより大きいか、少なくともより重要であるものとして認識する者でなればならない。彼は、いくつかの点で、すなわち、地方の地域の有用な二流の役人や、社会や法律とのいくつかの実際の勝負で自分を証明していた者である。見込みのある構成員は、犯罪の遂行によって自らを証明しなければならないというこの必要条件は、法執行機関の職員によるコーザ・ノストラへの侵入をほとんど不可能にしたのであった。
　近年、法執行機関の職員数人が、「準構成員」（associate）（構成員と共に、あるいはそのために働く非正式会員）となることに成功した。連邦捜査局（FBI）捜査官のジョゼフ・ピストーネ*は、ボナンノ*とコロンボ*の犯罪ファミリー傘下の集団に侵入することに成功したが、決して「入会のための殺し」という最終段階までには至らなかった。
　入会を希望する者は、逮捕歴をもっていることが必要とされている。時折逮捕されることは、向こう見ずなあるいは無鉄砲な行動の兆候としてではなく、単に統計上の確率として捉えられている。犯罪組織にとって、容疑や実際の犯罪による逮捕は、ある個人が緊張状態下でどのような行動をするか（それは、彼らが怖がっていたり、衝動的であったり、愚かな行為をしたりするのか、あるいは、うまく自分の頭や行動を理性的に、冷静さを保てるのかどうか、ということ）の良い試験である。脅されて警察に協力する者なのか、あるいは、自分の口が閉じたままいられる者であるのか。それが信頼性の試験である。

もし将来の構成員が、有罪を宣告され、ジェイルや刑務所で服役したことがあるならば、それは常に役立つ。その経験は、若者を対象とした厳しい試験であり、彼は慎重に観察される。彼の熟達度が明白な形式で報いられるとき、完全な組員の地位がもたらされるのである。しかし、正式な組員の地位は、候補者の素質に依存しているわけではない。他の組織のように、コーザ・ノストラは、長い希望者名簿があるので、時折その「本」を開いたり閉じたりするかもしれない。最も重要な入会の必要条件、つまり、暴力と金儲けについての能力が、会員の地位を得やすくする可能性を高くする。

　入会の血と火の儀式は、もはや一様にすべてのコーザ・ノストラの集団で実施されていない。1つの必要条件が全米的に適用されている。すなわち、誰もが少なくとも彼らの父系においてイタリア人でなければならないということである。伝統的な入会式で、将来の構成員は、首領*、副首領*、顧問*、頭領*、及び、その支援者を含む構成員の集団に加わる。その個人がどのように振る舞うべきであるかに関する掟が説明される。彼は、秘密を宣誓させられ、頼まれたなら殺人を行うことを約束して、その家族に彼の忠誠を誓う。宣誓書は血でもって書かれ、支援者の血と混ぜられ、そしてカトリックの聖人の写真が焼かれるのである。あるサークルが形成され（それは「契り」(tie-in) と称される)、それから儀式的に解消される。その時点で、新しい会員は、受け入れを象徴する、手をつなぎ、またサークルを再び作るよう求められる。入会者は、その後「我々の友人」(friends of ours) として他のマフィア構成員に紹介されるのである。「サミー・ザ・ブル」・グラヴァーノ、マフィア、入会のための殺し、ジョゼフ・ピストーネ、ジョゼフ・ヴァラキをも参照。

　参照文献：Peter Maas, *Underboss : Sammy the Bull Gravano's Story of Life in the Mafia*. 1997 ; Peter Maas, *The Valachi Papers*. 1968.

チャールズ・ビナッジオ（BINAGGIO, Charles）（1909年テキサス州にて生誕―1950年4月6日モンタナ州カンザス市にて死亡）政治の分野における首領で、コーザ・ノストラの重要人物。

1950年4月6日、ニュースの見出しが、カンザス市におけるチャールズ・ビナッジオとチャールズ・ガルゴッタ（Charles Gargotta）の暗黒街での暗殺を伝えた。ビナッジオは、ミズーリ州最強の政治的領袖の1人というだけではなく、カンザス市暗黒街でのギャンブル王であった。ガルゴッタは、ビナッジオのために働いた恐れられる殺し屋であった。殺害事件の本当の重要性は、それが民主党本部で起こったということである。ミズーリにおける政治と犯罪の結び付きが、第二次世界大戦の後、組織犯罪に関する最初の重要な国会審理であったキーファーヴァー委員会の創設に拍車をかけた要因であった。

他の暗黒街での殺害（幾人か挙げると、「ジョー・ザ・ボス」マッセリア、ダッチ・シュルツ、チャールズ・ダイオン゠オバニオン、ポール・カステラーノ、アンジェロ・ブルーノ、及び「バグジー」・シーゲルがいた）は、非常によりセンセーショナルなものであったが、しかし、第1地区民主党クラブ（First District Democratic Club）でのビナッジオの死は、いろいろな意味でより重要であった。というのも、彼は、ハリー・トルーマン（Harry Truman）がアメリカ上院における田舎の無名状態からホワイトハウスに移動させるのを手伝った、大統領当選請負人ことトム・ペンダーガスト（Tom Pendergast）の後継者であったからである。事実、ビナッジオは、マフィア構成員で、ニューヨーク州のフランク・コステロより多くの政治的影響力を持っていた唯一の人物であった。ビナッジオは、全米の著名人におけるギャングスターであり、政治的領袖でもあった。

カンザス市と政治の前に、ビナッジオは、テキサスとコロラドで動き回り、浮浪による逮捕を重ね、隠匿した武器を運んだ。1932年、彼は、カンザス市に到着し、トム・ペンダーガストの子分であったノースサイドの首領、ジョニー・ラツィア（Johnny Lazia）に加わった。ラツィアは、賭博と酒類の密売に関与したが、また彼が自らの悪徳のゆすりたかりに対して保護を得た選挙戦の駆け引きにかなりかかわった。彼の税金問題が彼を情報提供者に変えるであろうことを恐れ、ビナッジオがゆすりたかりと政治の組織での彼の位置に移動したので、あるギャング団構成員が1934年に彼を殺害したのである。

それから6年以内に、ビナッジオは、ミズーリ州で政治を統制するペンダーガストの政治的な絶対的力に異議を唱える立場にあった。州と地方での彼の政治的権力を強固にするために、ビナッジオは、全米中のコーザ・ノストラ犯罪ファミリーから財政的援助を求めた。彼らは100万ドルの約4分の1で応じたが、しかし、ギャング団構成員との彼の取引に関する情報が報道機関に漏れたとき、特に、ビナッジオは、自分の約束を果たすことができなかった。さらなる困惑を避けるために、セントルイス警察局は、セントルイス市で商売を始めようとするギャング団構成員の努力を阻止した。また、ギャング団構成員は、ビナッジオが、彼らが提供した金の多くをポケットに入れ、ギャング団構成員を助けるという知事との取引に失敗したと思った。

ビナッジオは、彼の殺害理由を示す方法で殺害された。それは、2つの弾の穴が2つ真横に並べられてあけられており、災厄を意味するものとなっていたのであった。つまり、「リトル・ジョー」(それは、約束を破った者 (welsher) へのギャング団構成員の暗号である) であった。

参照文献：Alfred Steinberg, *The Bosses*. 1972.

ウィリー・モリス・ビオフ (BIOFF,Willie Morris) (別名、ウィリアム・ネルソン [William Nelson]) (1900年ロシアにて生誕—1955年11月4日アリゾナ州フェニックスにて死亡) ハリウッドのギャングで映画のゆすりたかり者。

1955年11月4日、ウィリー・ビオフは、アリゾナ州フェニックスの自宅前の自動車爆破でめちゃめちゃに吹き飛ばされた。その殺害は、シカゴ・アウトフィット (古いアルフォンス・カポネの犯罪ファミリー) の構成員に対する、1941年の当局への彼の協力に対する暴力団員による報復であった。彼は、モーション・ピクチャー・インダストリーでの組合に対するゆすりたかりと恐喝での彼の役割について、フランク・「ジ・エンフォーサー」・ニッティ、ポール・「ジ・ウェイター」・リッカ、ジョン・ロゼリ、フィル・ダンドリア、及びチャーリー・ジョー (Charlie Gioe) (通称、チェリー・ノーズ [Cherry Nose] サクランボのような鼻) を含むシンジケートのトップ・リーダーに不利な証言をした。

ハリウッドの前に、ビオフは、新進のアーティストで、清浄な肉屋から金をゆすり取っていた。彼は5歳でアメリカに到着し、シカゴの南西部で成長し、そして第3学年までそこにいた。若いとき、彼は、労働運動に加わり、選挙区の上司とチームスターのために肉体労働をした。

カポネの組織との彼の繋がりのおかげで、彼が清浄な肉屋を組織化していた間に、彼は、舞台係組合第2支部の交渉委員であるジョージ・E・ブラウン（George E. Brown）と接触ができた。その組合は、映画映写技師、電気技師、大道具、その他演劇労働者を含むものであった。組合は、ビオフが現場に来たときすでにギャングに悩まされたが、その犯罪的野心に限定されていた。ビオフは、アメリカ中、とりわけハリウッドを組織するとされる全米犯罪シンジケートへの橋渡し役であった。ブラウンは、ビオフを代理人とするカポネのアウトフィットによって雇われた。1934年、ルイス・バカルター、チャールズ・「ラッキー」・ルチアーノ、及びニューヨーク州のフランク・コステロ、ニュージャージー州のアブナー・ツヴィルマン、クリーヴランド州のビッグ・アル・ポリッツィ、及びロサンジェルスのジャック・ドラグーナというような全米中の犯罪者は、ブラウンが舞台係の全米組合、劇場ステージ従業員の国際連合の長になるであろうことを保証する手はずを整えた。

ブラウンはビオフを組合の高い身分に任命し、2人は重要なギャング団構成員の人物の協力で、全米中の映画館を閉鎖するという威嚇でもって、ハリウッドからRKO（Radio-Keith-Orpheum）や20世紀フォックスのような映画スタジオに対するゆすりたかりを始めた。

ビオフが1935年にハリウッドに到着したとき、彼はすでに近くに居合わせたその他の無法者を見いだし、スタジオやタレント事務所をあちこち動き回った。ジョン・ロゼリ、「バグジー」・シーゲル、及びミッキー・コーエンは、すぐに到着する予定であった。ロゼリは、フィルムプロデューサーのために労働調停の仕事（スト破り）をしたし、シーゲルは、映画のエキストラの代理を務めて、組合で勢力を保った。フランク・コステロは、コロンビアスタジオのハリー・コーンと有力なウィリアム・モーリス・エージェンシーのジョージ・ウッド

(George Wood）に近づいた。

　ビオフは、そのようなハリウッドを「堕落させる」必要はなかった。そこは、ハリウッドが作られる前に、何年もギャングとの関係を育成したイーストコースト出身の元衣服産業の実力者たちで溢れた環境であった。事実、映画スタジオの上役は、ギャングを組合と労働力を律するために用いた。ビオフは、舞台係組合第37支部を活性化させ、ストライキを回避させるために、スタジオから200万ドルを要求した。

　1936年から1940年の間に、ビオフは、労働者の平穏を保証する料金として110万ドルを引き出した。ビオフとブラウンが一緒になると、スタジオは、もはやストライキと賃金引上げ要求を受けることが無くなった。しかし、舞台係組合のビオフ＝ブラウンの指導体制は、消費者に費用がかかった。賃金とチケットが全米の劇場で引き上げられた。

　心地よいゆすりたかりは、1941年に崩壊することになった。その年に、第37支部の反体制派分子の労働組合員の集団は、ロサンジェルス出身の急進的な労働弁護士のケリー・マックウィリアムズ（Carey McWilliams）に対し、彼らが労働組合におけるギャング団構成員の掌握を打ち壊すのを助けてくれるよう求めた。マックウィリアムズは、調査を余儀なくさせるのに充分な汚職の罪を免れない証拠を暴露した。結果として、ビオフは、10年の刑を宣告された。刑務所にいた3年後に、彼は、ゆすりたかり企業全部の背後にいるシカゴの首領に対して不利な証言をすることに決めた。ニッティは自殺し、他のギャングは3年間服役して、ペンダーガストの組織からシカゴのギャング団構成員まで熱狂したトルーマン政権を動揺させたスキャンダルで仮釈放された。

　いったんジェイルから出ると、ビオフは、自分の名前を変えてアリゾナ州フェニックスに移転し、その過程で次期政治家のバリー・ゴールドウォーター（Barry Goldwater）上院議員の友人となった。ビオフのミスは、強力な無法者を刑務所に入れた後のたった数年で、彼が表に出てきたということであった。彼らは決してそれを忘れなかった。彼の身体は、文字通りに爆弾の破裂によって細かく引き裂かれた。それは、復讐であり、話をする気にさせられるかもし

れない他の人たちに対する教訓であった。

　参照文献：Malcolm Johnson, "In Hollywood", in *Mafia USA*, ed Nicholas Gage. 1972.

黒人ギャングスター舎弟団体（Black Gangster Disciple Nation） アフリカ系アメリカ人組織犯罪を参照。

黒手団（The Black Hand [La Mano Nera]）（ラ・マーノ・ネーラ）イタリア人系の恐喝によるゆすりたかり者。

　「ブラック・ハンド」（The Black Hand：黒手団）という用語は、アメリカの都市に満ち溢れている民族スラム街でイタリア人移民を威嚇した20世紀初期の犯罪行動を意味する。時々少数を数える略奪者のギャングが、黒い手形と威嚇のダガーという恐ろしいシンボルでスタンプの押された手紙により実行される脅迫、爆撃、誘拐、及びその他のタイプの脅迫でもって、同国人の移民を犠牲にした。黒手団のメモは、金銭の要求を断ることによる恐ろしい結果を強調した。

　黒手団の恐喝メモは、通常、移民実業家、民族社会の専門家、（オペラ歌手のエンリコ・カルーソのような）有名人、及びギャングスターにさえ送られた。トーリオの従兄弟である「ビッグ・ジム」・コロシモが、彼の売春の不正な金儲けの割合を要求した地方の黒手団構成員によってゆすられていたとき、ジョニー・トーリオ*とアルフォンス・カポネ*は、シカゴでの彼らの犯罪経歴を開始した。

　問題は、ニューヨーク州、シカゴ、フィラデルフィア、及びニューオーリンズというような都市の警察局には、少数の警察官だけがイタリア語を話すことができたか、イタリア人の生い立ちであるという事実によっていっそう難しくされた。例えば、1904年のニューヨーク市において、約2万人の警察官のうち、11人だけがイタリア語を理解したが、そのことは、ニューヨーク市の200万人の住民のほぼ25％の者によって話されている言葉であった。（今日同様な状況は、中国人、ヴェトナム人、ラオス人というようなアジア人とロシア人の犯罪者が

自らのコミュニティから略奪するというコミュニティにいる法執行機関で直面している。ほとんどの警察官はそうした言葉を話せず、また、こうした地域社会のほとんどの構成員が警察に就職していないのである)。

　1905年、その状況は、あまり良くなる見込みがなかったので、ニューヨーク市警察局は、イタリアのコミュニティにおける黒手団の恐喝問題に立ち向かうために、イタリア語を話す警官の特殊部隊を形成したのであった。イタリア生まれのジョゼフ・ペトロシーノ巡査部長によって指揮された「イタリア人支部」は、ゲトーで活動する黒手団構成員に関する諜報活動を展開しようと試み、恐喝の陰謀によって被害を受けていたイタリア移民の恐れと疑いを静めようとした。ペトロシーノは、警察に対するイタリア移民の自然発生的な不信を排除するために多くのことをして、自らの教育キャンペーンに成功した。彼らの母国で、警察は、伝統的に小作農を搾取していた。警察の疑いは、アメリカのほとんどの警察官が新入りと意思疎通することができなかったという事実によって高められた。

　恐れに囚われている地域社会を抑えている黒手団の者は、アメリカの都市に移住させられた、シチリアと南イタリア出身の典型的な母国での窃盗犯であった。この問題は、既決囚や特別な監視下にいる者の移住を奨励する、イタリア政府の政策によって増幅した。それゆえ、イタリアの犯罪者がパスポートときれいな警察報告を得ることは容易であった。

　最も悪名高い黒手団の強奪者は、「ルーポ・ザ・ウルフ」(Lupo the Wolf) として知られていた、イグナツィオ・サイエッタ (Ignazio Saietta) であった。彼は、1899年にシチリアから来て、称賛に値するとされた少なくとも60人の殺人被害者の殺人犯と強奪犯として驚嘆に値する評判を獲得した。1908年までに、警察に報告された黒手団による約500もの犯罪があり、報告されたすべての犯罪について、少なくとも250人の被害者が報復を恐れて沈黙を守っているままでいたということが、ペトロシーノの部隊によって推測された。シカゴで動いている黒手団の一味は、さらにいっそう広範囲にわたった。コミュニティでの恐れがあったにもかかわらず、ペトロシーノの努力は効果的であった。1908年に70

人の逮捕を伴うニューヨークでの爆破事件が44件あった。そして、400人の恐喝の告訴の中で、215人が逮捕され、多数のマフィア構成員がイタリア部隊の証拠に基づいて国外追放されるという状態となった。

1909年初頭に、ペトロシーノは情報を集めるためにシチリアのパレルモに行った。マフィア構成員が彼を重大な脅威としてみたことから、彼は街路で殺害された。

施行中の禁酒法（禁酒法と組織犯罪＊を参照）と、密売産業で容易に利用可能な収入源のあった1920年代に、黒手団は事実上消滅した。単に違法アルコール産業が、可能性のある強奪者を引き付けただけではなく、連邦政府が、効果的に郵便詐欺法を実施し、イタリア人の文化的融合は、元の移民たちを一層「アメリカナイズ」し、狭量な移民のギャングをあまり恐れ無くなった。**アルフォンス・カポネ、ラ・コーザ・ノストラ、マフィア、ジョニー・トーリオ、白手協会、ジップス**をも参照。

参照文献：Arrigo Petacco, *Joe Petrosino*. 1974 ; Thomas Pittson and Francesco Cordasco, *Black Hand : A Chapter in Ethnic Crime*. 1977.

黒人マフィア（Black Mafia） ニッキー・バーンズを参照。

ブラッズ（Bloods） クリップスとブラッズを参照。

ルジェリオ・ボイアルド（BOIARD, Ruggerio）（通称、リッチー・ザ・ブート［Richie the Boot］ブーツのリッチー）（1891年シチリアはパレルモにて生誕―1984年ニュージャージー州リヴィングストンにて死亡）ニュージャージー州ルチーズ犯罪＊ファミリー＊首領。

ボイアルドは、イタリアで誕生し、そして幼い子どものときにアメリカに到着した。彼は、シカゴからニュージャージー州のニューアークまで当てもなく彷徨い、禁酒法時代の間に（禁酒法と組織犯罪＊を参照）、彼は、富を蓄積し、政治的影響力によって力を得た。

1930年代と1940年代において、リッチー・ザ・ブートは、ワンマン・マフィアの殺人機械であった。ボイアルドは、ルチーズ犯罪ファミリーのニュージャージー支部リーダーであった。彼は、ルチーズと他の友好的な犯罪ファミリーのために、ニュージャージー州リヴィングストンにある彼の巨大な地所に、殺人の被害者を処分した。(警告として見やすい眺望に残された身体とは異なり)消えるはずであった身体のために、ボイアルドは、自分の100エーカーの地所の角に隠れた大きい火葬場で、それらを燃やした。残りの地所には、ボイアルドと彼の家族の構成員の実物大の像の付いた30もの部屋のある大邸宅を呼び物にした。ボイアルドはまた、彼が個人的に殺害したかった一定の被害者用に、火葬場を処刑室として用いた。通常、そうした殺害は、殺人業での実習生である彼の息子のアンソニー (Anthony) の助けをもって、彼らを殴り殺した。楽しみのために、年上のボイアルドであるリッチー・ザ・ブートは、時々、生きている被害者を彼のオーブンにある鉄のグリルに結び付けて、彼らがゆっくりと火に炙られて亡くなるというやり方で、彼らを処分することを好んだ。このようなグロテスクな方法での殺しにいそしんでいなかったときには、彼は自分の野菜園をぶらつくことを好んだが、そのことは、彼のもう1つの精神病の兆候、すなわち、明らかにアライグマを追いかけることを意味する「ゴッドファーザーの庭」(Godfather's Garden) を点検して回る大きな兆候をも意味していた。

ボイアルドの恐怖の部屋は別として、彼は、これまでに公判に付せられた最高齢のマフィア構成員であるという名誉をもっていた。89歳のときに、彼は、ゆすりたかり、恐喝、及び殺人の共謀罪の訴追に直面し、ニュージャージー州で裁判に出席したが、しかし、健康上の理由で、結局は釈放された。

1930年代に、ボイアルドは、酒類の密売、賭博、労働組合に関連したそれ以外のゆすりたかり、及びニュージャージー州湾岸地区沿いの車両強盗で、アブナー・ツヴィルマン*に加わった。後に、マックレルランド委員会*での証言で、ジョゼフ・ヴァラキ*が、ボイアルドをコーザ・ノストラ*の権限のある有力な人物であることを明らかにした。もちろん、彼は、自分が違法賭博と高利貸し業*に関係していたことを否定した。彼は、1984年11月に93歳で亡くなり、

ニュージャージー州エセックス郡で、恐喝のゆすりたかりで影響力のある人物と未だに思われている。

参照文献：Ernest Volknlan, *Gangsters*. 1998.

ジョゼフ・ボナンノ（BONANNO, Joseph）（通称、ドン・ペピーノ［Don Peppino］、ジョー・バナナズ［Joe Bananas］）（1905年1月18日シチリアはカステランマレーゼ・デル・ゴルフォにて生誕―）マフィア犯罪ファミリー首領かつ、コーザ・ノストラの創設者。

ボナンノは、カステランマレーゼ戦争*として知られる「ジョー・ザ・ボス」・マッセリアとサルヴァトーレ・マランツァーノの抗争から、彼の名前をもつ最初のコーザ・ノストラ犯罪ファミリーの1つを率いる首領として現れた。ボナンノは1924年にシチリアからニューヨーク州に来た。彼は、ニューヨーク州ブルックリンにあるイタリアの民族社会で居住を始め、恐喝活動や密売に関与した。

1930年代までに、ボナンノは、いくつかの合法的なビジネスから収入を得て、富豪であった。彼はまた、マフィア構成員の間でその戦争の参加者であって、それが終わったとき、彼は、チャールズ・「ラッキー」・ルチアーノ*によって、カステランマレーゼ戦争において実際にマランツァーノ一派の残党であった「犯罪ファミリー」の長として任命された。犯罪ファミリーの富が増加し、ボナンノは、合法・非合法双方の多くのビジネスの利益ですぐに百万長者になった。成功の契機となったものは、搾乳場とチーズ加工工場、衣類会社、葬儀場、清涼飲料会社、及び洗濯物サービスを含んでいた。

ボナンノは数回逮捕されたけれども、彼が誇らしげに自分の自叙伝を刊行した1983年まで、拘禁刑に服役したことがなかった。著書はベストセラーになったが、しかし、それは彼の犯罪仲間を怖がらせ、法執行職員を当惑させた。というのも、その時まで彼らがただ推測するだけであったコーザ・ノストラのかなり多くの局面をそれが明らかにしたからであった。実際、ボナンノがマフィアとその支配している「コミッション」*について法廷で宣誓の下にもっと多く

の詳細な情報を提示するのを拒否したとき、種々の犯罪者の人物像について詳細な情報を公表する彼の無作法によって、彼は刑務所に収容されたのである。当時のニューヨークの連邦検事であったルドルフ・ジュリアーニ（Rudolph Giuliani）は、出版された資料を用いた結果、コーザ・ノストラの支配者に対する「コミッション事件」を暴露することができたのである。

　ボナンノの野心は限度を知らなかった。1960年代までに、彼は、ツーソンに定住し、それをアリゾナ州とカリフォルニア州の彼の事業の基地にして、アメリカの南西部を侵略していった。彼はまた、賭博事業とさらなる富をもたらし蓄積する可能性のあるネヴァダ州ラスヴェガスに強い関心を抱いた。ラスヴェガスへの潜入は、強力なシカゴ・マフィアとの抗争を意味し、シカゴ・アウトフィットのギャングたちとのいくつかの小競り合いをした後に、ボナンノにカジノの収入に投資したり暴利をむさぼる多くの適度な機会を提供する取り決めがなされた。

　西部での事業への没頭が、ファミリーのソルジャーたち＊と主要な犯罪行動がニューヨーク州地域に置かれていた、ファミリーの中での不平と反対を増やすことにつながった。いんぎんな無視が、ボナンノの賭博の利益と売春地域への他のファミリーによる内部の反乱と侵害の種を蒔いた。これらの緊張状態に加えて、ボナンノの副首領で麻薬密売人であるカーマイン・「ザ・シガー」・ガランテが、麻薬密売人の罪状で刑務所に収容された。明らかに、ボナンノは、1957年のアパラチン会議＊でアメリカのコーザ・ノストラ構成員による麻薬密売を思いとどまらせた、コーザ・ノストラ全米コミッションの規定を無視することに決めたのである。

　おそらく彼は報復を恐れ、そこで、彼の親しい同僚であり、友人でもあったジョゼフ・プロファチが1962年に亡くなったとき、ボナンノは行動を決意した。すなわち、プロファチの後継者であるジョゼフ・マグリオッコ（Joseph Magliocco）とボナンノは、親戚筋となった。プロファチとボナンノのファミリーは、プロファチの姪であるロザリー（Rosalie）と、ボナンノの息子のサルヴァトーレ（Salvatore）との結婚によって、さらに一層しっかりと結び付いたの

であった。バッファローのマフィア首領ステファノ・マガディーノ*、カンザス市のニック・チヴェッラ、ルイジアナ州のカーロス・マルチェロ、及びフロリダ州タンパのサントス・トラフィカンテ・ジュニア*との関係は、ボナンノがそのコミッションの席に着席した他の首領に挑戦するよう奨励するのに充分であった。ある策略が、ニューヨーク州のカルロ・ガンビーノ*とガエターノ・ルチーズ*、及びロサンジェルスのフランク・デ・シモーネ（Frank DeSimmone）を排除する口火を切ったが、しかし、それは、殺人の実行を託されたプロファチ犯罪ファミリーのソルジャーであるジョゼフ・コロンボ・ジュニアによって裏切られた。その陰謀が成功しないものと信じたコロンボは、その詳細を当該被害者に漏らしたのである。

　殺人の共謀に参加したマグリオッコとボナンノは、彼らの行動を説明するために、共にマフィア・コミッションに出頭するよう命じられた。マグリオッコは自らの共謀を認めたが、しかし、不治の病により、彼は、引退を許され、首領としてジョゼフ・コロンボに交替させられた。そして、ボナンノが出頭することをきっぱりと拒否したとき、コミッションは、彼のファミリーの首領として彼の権威を奪い、ファミリーの離反者であるガスパー・ディ・グレゴリオを首領代行として任命した。この決定が「バナナ戦争」を引き起こすこととなった。争いは、ジョゼフの息子サルヴァトーレの指揮したボナンノの忠臣たちと、ディ・グレゴリオ一派の指揮した反体制派との間に発生した。1964年10月、ジョー・ボナンノは、おそらくミッドタウン・マンハッタンにおいて銃を突き付けられて誘拐されたのである。戦争が解決しないで長引いている間、彼は19か月間行方不明であった。マガディーノは、ボナンノに対し、コミッションが要求したように、マフィアを去るよう説得することを望んで、この間彼を囚われの身とした。けれども、ボナンノはそれを拒否して、他の人たちに、コミッションは、首領をその地位から引き下ろす権利を持たないと警告した。最後には、妥協が達せられた。他方、連邦職員は、その誘拐が、彼を狙った大陪審調査を避けるためにボナンノによって演出されるペテンであると思った。

　ボナンノは釈放され、彼のアリゾナ州ツーソンにある自宅に戻るのを許され

た。彼の息子は彼の後任とはならないであろう。1966年1月に、ボナンノは、連邦裁判所に出頭し、15万ドルの保釈金を払った後で釈放された。疑い深い検察官はそれに強く反対した。ブルックリンのサルヴァトーレに対するディ・グレゴリオによって企てられた待ち伏せが、ブルックリンの街路での銃撃に導いたその年の5月、バナナ戦争が猛威を奮った。その流血を止めビジネスに戻るために、さらなる和解が取り決められた。この計画がうまく行き、ボナンノは引退した。しかし、長い間ではなかった。1979年に、彼は起訴され法廷妨害罪で有罪を宣告された。そして、1983年に、彼は、彼の破滅となることが分かった彼の著作『ア・マン・オブ・アナー』(A Man of Honor : 名誉の男) の刊行で暗黒街を愕然とさせた。年を取り病んで、彼は、自分の本で論じられたマフィア・コミッションについての質問に答えることを拒否して、再びジェイルに収容された。

　ボナンノの生活は組織犯罪の時代を象徴したものであった。彼は、1931年のアメリカ人マフィアの初期の首領たちの中の最後の1人であり、彼の経歴の終わりにさえ、職業的犯罪者ではなく、「文化的伝統」(cultural tradition) の男であったと強く主張した。**カステランマレーゼ戦争、コミッション、カルロ・ガンビーノ、ヴィトー・ジェノヴェーゼ、ラ・コーザ・ノストラ**をも参照。

　　参照文献：Joseph Bonanno, with S. Lalli, *A Man of Honor : The Autobiography of Joseph Bonanno.* 1983 ; Gay Talese, *Honor The Father.* 1971.

ボナンノ犯罪ファミリー（**Bonanno Crime Family**）1968年、ボナンノ犯罪ファミリー創設のゴッドファーザーであるジョゼフ・ボナンノ*は、心臓発作と、コーザ・ノストラのマフィアの長であるバッファローのステファノ・マガディーノの従兄弟による彼の誘拐事件を引き起こした出来事、そして、自分の犯罪ファミリーでの内部戦争である「バナナ戦争」の結果としてアリゾナ州で一時的な引退に追い込まれた。

　ボナンノはアリゾナ州に行き、それは1つの時代の終わりを記すものであった。首領の継承が、幾人かの元頭領*を含み、続いた。その中には、1980年代

初期のフィリップ・ラステリ*もいた。ボナンノは、息子のサルヴァトーレ・ボナンノ（Salvatore Bonanno）（通称、ビル［Bill］）が、権限の手綱を引き受けるものと思ったが、しかし、そうとはならなかった。ラステリとナターレ・エヴォラ（Natale Evola）の比較的平穏無事な指導体制の前に、コーザ・ノストラ全米コミッション*は、カナダとアメリカでの麻薬取引によって、何年もの間拘禁され続けた、常に危険で暴力的なカーマイン・「ザ・シガー」・ガランテの台頭に直面しなければならなかった。彼が釈放されたとき、彼は、どれだけの血が流されなければならないことになったとしても、彼がボナンノ・ファミリーの首領だけではなく、アメリカ人マフィアのボス中のボスになることを予想していたことを明確にした。この悪夢は、脅迫されたギャング団構成員の首領が、「ザ・シガー」についての契約を口外した後、ガランテが殺された1979年に終息した。

　法執行機関の諜報調査によれば、ボナンノ・ファミリーは、ハードコア・ポルノを含むあらゆる形態の悪徳活動に関係している。そして、合法的な市場へのそれらの浸透のおかげで、ボナンノ犯罪ファミリー構成員は、ニューヨーク州、ニュージャージー州、デラウェア州、ペンシルヴァニア州、及びコネティカット州中のピザ店から利益を獲得することができるようになった。1990年代において、緻密な連邦捜査局（FBI）の諜報活動と、ジョゼフ・D・ピストーネ*（別名、ドニー・ブラスコ［Donnie Brasco］）による有名な潜入捜査の追跡に基づいて、その犯罪ファミリーは、およそ125人の構成員とおよそ300人の準構成員を有していると推定されている。**ジョゼフ・ボナンノ、ジョゼフ・D・ピストーネ**をも参照。

　参照文献：Bill Bonanno, *Bound By Honor : A Mafioso's Story*. 1999 ; Joseph Pistone with Richard Woodley, *Donnie Brasco : My Undercover LIfe in the Mafia*. 1987.

密売人（**Bootlegger**）個人消費用のアルコール製品の製造、販売及び流通が違法であったアメリカの禁酒法時代（1920年〜1933年）に、酒類の製造、販売、密輸、及び輸送をした人物がいた。20世紀の残りの期間でアメリカで活動した

犯罪シンジケートの大部分が、禁酒法時代に結合された。酒類の密売に携わるのは、文化的にアルコールの節制に反対した国で莫大な利益をもたらした非常に儲かる企業であった。チャールズ・ダイオン＝オバニオン、禁酒法と組織犯罪、ジョニー・トーリオをも参照。

暴力団（Boryokudan）ヤクザを参照。

首領（Boss [Don]）犯罪ファミリーの首領は、ギャングあるいは犯罪ネットワークの最高のリーダーである。歴史的に、イタリア語の用語「ドン」は、マフィア*犯罪ファミリーのリーダーに当てはまったが、しかし、今では属性的にどんなギャングのリーダーにも適用される。「ゴッドファーザー」（比較せよ）は、組織犯罪事業の首領を記述するもう1つの用語である。

　首領の主要な機能は、秩序を持続することと、ファミリーの種々の犯罪的・非犯罪的事業で利益を最大にすることである。コミッション*によって覆されることについての可能性を条件として、犯罪ファミリー内の首領の権威は絶対である。彼は、彼の権威の下で彼の領域、ソルジャー*、頭領*、及び事業に関連しているすべての事柄における最終的な調停者である。いくつかのコーザ・ノストラ*の首領は、コミッションの構成員である。コミッションの構成員ではないアメリカ全体の約24の犯罪グループの各首領は、コミッションの指名された首領の代表者（avvocato：アヴォカート）をもっている。

　犯罪ファミリーの構成員は、彼らが自分のファミリーの首領を選出すると信じがちであるが、しかし最近まで、そうしたことは稀であった。犯罪ファミリーは、先例と伝統に従い、最終決断をするコミッションにその選択した男の名前を提出する。しかしながら、コミッションの役割は放棄されたように思われる。あるいは、コーザ・ノストラ・コミッションがもう実施しないことに決めたのかもしれない機能である。1985年12月、ガンビーノ犯罪ファミリーの長であるポール・カステラーノが、ミッドタウンのマンハッタンで暗殺されたとき、そのファミリーの頭領は、ジョン・ゴッティに会い、彼が新しい首領になるの

を喝采によって決めた。それから、その後、コミッションでできることといえば、せいぜい犯罪ファミリーのリーダーの決定を確認することだけであった。

それぞれの首領が、個人的に他の者それぞれを知っている。したがって、それぞれの犯罪ファミリーは、いくつかの形式であらゆる他のファミリーとつながっている。それは、首領とリーダーとの間で親類関係を創設する結婚や血を通して、あるいは、同盟と協定を創出する共同の協力的な事業を通してである。尊敬と恐怖は、安定性と平和共存のメカニズムを構成する首領間の関係における要素である。首領はまた、非会員の領域とコミュニティで運営されている犯罪組織と取り決めや同意を始めることのできる人である。チャールズ・「ラッキー」・ルチアーノ*は、イタリア人、アイルランド人、ユダヤ人、及びアフリカ系アメリカ人さえ含む犯罪者の同盟を構成することで有名であった。近年連邦捜査局（FBI）は、コーザ・ノストラ・ファミリーの犯罪事業を封じ込め、破壊する方法として、コーザ・ノストラ犯罪ファミリーの首領に注意を集中している。**頭領、顧問、ソルジャーたち、副首領**をも参照。

参照文献：Donald R. Cressey, *Theft of a Nation : The Structure and Operations of Organized Crime in America*. 1969.

ドミニク・ブルックリア（BROOKLIER, Dominic）（通称、ジミー・レゲイス[Jimmy Regace]）（1914年ドミニク・ブルッセレリにて生誕—1984年アリゾナ州ツーソン連邦刑務所にて死亡）ロサンジェルスのコーザ・ノストラ首領。

ブルックリアは、彼がロサンジェルスのマフィア構成員であるジャック・ドラグーナに加わるまで、元来ミッキー・コーエン*のカリフォルニア賭博事業の一員であった。コーエンからドラグーナまで彼の移行を順調に進めるために、ブルックリアは、コーエンがレストランを出たとき、彼を暗殺しようと試みたが、しかし、殺人の策略は失敗した。そして本当の問題が、コーエンの集団とカリフォルニア州のマフィア構成員の間に広まっていった。

ブルックリアの下で、ロサンジェルス犯罪ファミリーは規模が小さいため、支援を求めて、自分自身で映画産業に対するゆすりたかりに従事したジョン・

ロゼリや「バグジー」・シーゲル*のようなシカゴ・アウトフィットの構成員に頼った。ブルックリアと彼の同僚たちは、取るに足らないポルノ、恐喝、及び不法目的侵入に集中した。

　ブルックリアは、ジミー・「ジ・ウィーゼル」・フラティアーノ*との間で荒れ模様の関係を発展させた。彼は、ジミーに頼らなければならなかったが、しかし、ジミーは連邦捜査局 (FBI) に直ちに知らせるように思われていた。ロサンジェルスのコーザ・ノストラの頭領であるニック・リカタ (Nick Licata) が1974年に亡くなったとき、ブルックリアは、彼に取って代わるべく指名された。けれども1978年までに、ブルックリアは拘禁され、フラティアーノが首領代行に任命された。ブルックリアが戻ったとき、彼はこの時までに情報をFBIに提供していたジミー・ジ・ウィーゼルを追い出した。殺人命令が彼の生命に対して与えられたとき、フラティアーノは、サンディエゴのギャングであるフランク・ボンペンシーロ (Frank Bompensirero) (通称、ボンプ「Bomp」) の1977年2月の殺害に、ブルックリアを巻き込んだ。しかしながら、ブルックリアは、その殺害の陰謀について無罪とされ、フランティアーノを取り除くことについて、シカゴとクリーヴランドのマフィア構成員に手助けを求めた。フランティアーノは、この時までに連邦の証人保護プログラム (WITSEC) に参加していた。ブルックリアは、1978年に彼の他の犯罪ファミリーの構成員と共に賭け屋とポルノ作成者のゆすりたかりと恐喝に関して有罪とされた。彼は5年の判決に耐えきれず、1984年に刑務所で死亡した。

　参照文献：Ovid Demaris, *The Last Mafioso*. 1981.

アンジェロ・ブルーノ（BRUNO, Angelo）（通称、アンジェ［Ange］、ザ・ドサイル・ドン［The Docile Don］）（アンジェロ・ブルーノ・アナローロとして、1910年シチリアはヴィラルバにて生誕—1980年3月21日ペンシルヴァニア州フィラデルフィアにて死亡）フィラデルフィア・コーザ・ノストラ・ファミリーのリーダー。

　ブルーノは、自分の両親が小さい食料雑貨店を経営していたサウス・フィラ

デルフィアで生育し、1935年、彼の父親のビジネスでの違法な蒸留器の操業の罪状で、また1940年、違法なギャンブルのレシート所持の罪状で逮捕された。1953年のもう1つのギャンブルによる逮捕は別として、彼は、1970年までジェイルに収容されないでいた。その後、彼は、ニュージャージー州調査委員会により彼に示された質問への回答拒否の罪状で（1973年まで）再拘束された。1956年、ブルーノは、フィラデルフィアでのゆすりたかりに成功したことで、犯罪ファミリーの副司令官たる副首領となった。1959年まで、彼は、その後の21年間保持することになる地位である首領に任命された。その期間において、彼の犯罪での影響は、ニュージャージー州、デラウェア州、メリーランド州、及びニューヨーク州に及ぶこととなった。

　ブルーノは、問題に対して暴力を使わず交渉による解決を求めるという彼の評判のために、「従順な首領」（Docile Don）として知られ、比較的無傷で1960年代から1970年代に政府の反犯罪キャンペーンから生き残った。狡猾と鋭敏さの組み合わせによって、彼は逮捕を避けることができたのである。

　ブルーノは、けばけばしいカポネ風のギャングのイメージに合わなかった。つまり、彼は、控え目に妻と2人の子どもたちと一緒に住み、権力のあるギャング団構成員よりあまり重要でない実業家のように思われた。他の有名な暗黒街の人物のように、彼は、麻薬を承認しなかったが、しかし、彼の同僚の間での麻薬取引を止めさせようとはしなかった。彼は、協力関係を組織し、友人や親類を通して合法的なビジネスに間接的に投資することによって、巧みに自分の非合法な事業を隠したのであった。実際、彼は、自分が合法的に所有した自動販売機ビジネスからの収益に関して所得税を報告して納付した。こうしたビジネスはまた、ニュージャージー州アトランティック市＊での儲かるカジノを貫く専門的知識と認識を彼に提供したのである。

　合法的な事業での彼の成功と、アトランティック市内外での他の犯罪ファミリーに好機を許可する決定が、彼の組織の中に緊張をもたらした。合法的なビジネスにおけるブルーノの才能は、彼の破滅の原因であったかもしれない。彼は、彼の部下の多くが依存した街路犯罪をますます止めるようになり、彼らの

不満は増大した。すなわち、彼のトップのパートナーによって扇動されたファミリーの統制のための抗争が、結局彼の暗殺にまで至ることとなった。

　ブルーノ犯罪ファミリーは、すべて不正な企業ではなかった。どちらかといえば、それは権力構造であり、違法行為を続行することで別の利点を提供した会員制企業であった。ブルーノによって作られた組織は、種々の不正な企業での協力関係を作り、それによって危険を拡散して最小にし、資本の資財と専門的知識の搾取を可能にしたのである。例えば、賭博と高利貸し業*の経営において、マフィア構成員の同僚が、彼らが入れた客から得られた利益の一定の割合を取り上げた。彼らの収入が自らの率先に関連づけられたことから、ほとんど多くの警戒を必要としなかった。あらゆる者が順調に実施する誘因を持っていた。そして、こうした犯罪事業が分散していたので、刑事的共謀罪の起訴の脅威は最小化された。その制度は、独立を最大にし、低レベルの運営を要求し、そして、犯罪行動での明白な共謀からファミリーの指導体制を隔離したのである。

　ファミリー企業に参加した人たちの間での主要な原則は、構成員もしくは彼らパートナーのビジネスが、他の構成員あるいは部外者による襲撃から守られるということであった。これは会員制企業あるいは提携の別の利点であった。

　ブルーノ犯罪ファミリーは、犯罪組織の全国システムの一部であった。これは、それらの会員が、合法非合法のビジネスにおいて、他の都市での縁故に頼ることができたことを意味した。構成員、彼らのパートナー、及び彼らの顧客は、相互の義務と行為のやり取りという複雑なシステムを構成した。ブルーノ・ファミリーの構成員と準構成員は、規則と義務の非公式の枠組みの中において、彼らの合法・非合法のビジネスを続けた。ファミリーの準政府的機能は、ファミリーとの同盟が、その影響力内にいる人々の経済活動に影響を与える最も重要な部分を構成したのである。

　多くの重要な犯罪組織の重要人物のように、ブルーノは、70歳の誕生日に近づいたとき、まだ現役であった。彼の主要な犯罪の技能は、暗黒街の活動と合法的ビジネスの利益との区別を曖昧にさせる彼の能力に存在した。暗黒街のリ

ーダーとしての彼の長命への鍵は、彼の構成員のために収益を保証し、犯罪事業の暴力的特徴を最小にする彼の能力であった。彼より前にいたほとんどの犯罪組織の重要人物で、彼のように悪評と刑務所拘禁を避けることができた者はいなかった。それにもかかわらず、不満がその犯罪ファミリー内に存在した。

ブルーノは、彼がサウス・フィラデルフィアの自宅前で自分の自動車に乗ったとき、彼の頭に向けられたショットガンの発砲によって、1980年に殺害された。彼の死後、その犯罪ファミリーは、対立している派閥間での抗争によってばらばらに引き裂かれた。1988年までに、ブルーノの殺害を企んでいた2人のファミリーの首領は、他の9人のマフィア構成員と彼らのパートナーと共に殺された。3番目の首領でブルーノの被保護者であったニッキー・スカルフォ*は、終身刑となった。ブルーノが慎重に養成していた犯罪ファミリーの力と耐久性は、ひどくかつ変えることができないほどに損害を被ったのである。**ニッキー・スカルフォ**をも参照。

参照文献：Mark H. Haller, *Life Under Bruno : The Economics of an Organized Crime Family*. 1991 ; Pennsylvania Crime Commission, *Organized Crime in Pennsylvania*. 1990.

ルイス・バカルター（BUCHALTER, Louis）（通称、レプケ [Lepke] 小さなルイス）（1897年2月12日ニューヨーク市にて生誕—1944年3月4日ニューヨーク州シンシン刑務所にて死亡） シンジケートの首領で産業のゆすりたかり者。

「レプケ」(Lepke)（イディッシュ語で愛情を意味する「リトル・ルイス」）は、立派であるが、貧窮した中流ユダヤの家族で成長した。彼の兄弟たちは、薬学と歯学に進んだが、ルイス・バカルターはギャング団組織に入った。何回かの逮捕と1922年に不法目的侵入の罪状で刑務所に服役した後、彼は、ジェイコブ・「グラー」・シャピロ*（もう1人の舎弟は、アーノルド・「ザ・ブレイン」・ロススタイン）に加わり、労働組織活動の騒々しい時代において、腕ずくの暴力にお金を払ってくれるどのような組合や雇用者にも自分を売った「リトル・オーギー」・オーゲン*のギャングのために働き始めた。

レプケの個人的外観は、彼の邪悪さを偽ったものであった。彼のほっそりし

た体格と保守的な衣類は、暴力的なゆすりたかりよりむしろ威厳がある実業家のイメージを映し出した。衣服産業は、バカルターの活動と、彼の首領であるオーゲンの裏切りと殺害のための場であった。その後、レプケとシャピロは、いくつかの衣服労働組合支部を統制した。彼の犯罪的な新制度は、産業のゆすりたかりというこの領域で顕著であった。すなわち、ストライキの間に労働組合員に恐怖を起こさせるスラッガーとガンマンの代わりに、レプケもまた、自分の無法者を直接支部の中に潜入させ、そして、組合統制のために容赦がない街路闘争を避けた。仕立屋と生地の裁断屋の統制から、レプケは、パン屋の運転手、家禽労働者、洗濯と染め物業、ハンドバッグ、靴、婦人帽子類、革、及び最後にはレストラン労働者の組合へと手を広げた。これらの産業におけるビジネスへの「見返り」の経費は、大恐慌のときには年1,000万ドル以上になった。

チャールズ・「ラッキー」・ルチアーノ*、フランク・コステロ*、メイヤー・ランスキー*、ダッチ・シュルツ*及びジョゼフ・アドニス*と親密な仲間となって、レプケは、禁酒法時代（禁酒法と組織犯罪*参照）に発展した新しい犯罪シンジケートの一員になった。1930年代初期に、シンジケートの首領は、彼らが成長しつつある犯罪産業における紀律維持のための特別な施行人を必要としていることと、彼らは、見込みのある密告者の間で恐れを教え込み、彼らのゆすりたかりについて証言しないように、証人と他の人たちを脅しつける必要があることを悟った。マーダー・インク*は、レプケ、グラー・シャピロ、及びアルバート・アナスタシア*によって形成され統制された。数年間にわたって、何百人という「殺し」*がギャング団暗殺者のぞっとするようなチームによって実行された。

1937年まで、バカルターは、何百万ドルもの収入を得て、うまく立ち回った。その直後、トーマス・E・デューイ*検察官が、彼に対して捜査を開始した。レプケは、連邦麻薬局（Federal Narcotics Bureau）が彼とシャピロに対する事件を展開する時期を隠し始めた。(種々のニューヨーク州の隠れ家でアナスタシアによって隠された) レプケのための犯人捜査は失敗したので、そうした圧力が、彼を引き渡すようにとのあらゆるギャング団構成員への活動に加えられた。レ

プケが最終的にJ・エドガー・フーヴァー*に屈服させられた（これは、ブロードウェーのゴシップ・コラムニストであるウォルター・ウィンチェル*によって手はずを整えられた逮捕のこと）1937年から1939年の間に、彼に対する事件のおよそ60から80人の有望な証人が、殺害されたか脅迫されたか、あるいは、姿を消したのであった。

　1941年、彼と他の2人、つまり、メンディ・ワイス（Mendy Weiss）とルイス・カポネ（Louis Capone）は、彼の殺人命令の実行役の1人で、マーダー・インクの構成員である「キッド・ツイスト」・レルズによってなされた殺人の証拠に基づいて有罪とされた。1944年、レプケは電気椅子で処刑された。その州によって死刑執行された唯一の主要な犯罪組織の重要人物である。

　参照文献：Alan Block, *East Side-West Side : Organizing Crime in New York, 1930-1950.* 1998.

トンマーゾ・ブシェッタ（BUSCETTA, Tommaso）（通称、ドン・マッシーノ[Don Massino]）（1927年シチリアはパレルモにて生誕―現在、連邦証人保護プログラム）1980年代のシチリア系マフィア首領*、薬物不正取引商人、及び亡命者。

　第一流のマフィアのリーダーとしてのドン・マッシーノ・ブシェッタの資格は、イタリア、ブラジル、メキシコ、カナダ、及びアメリカで2、30年遡れる日付のある厚い警察捜査書類によって確証された。彼は、どこでも旅行して、本を読み、3か国語に長けていた。ジョゼフ・ヴァラキ、ジミー・ジ・ウィーゼル・フラティアーノ*、及び「サミー・ザ・ブル」・グラヴァーノ*が、一番下からコーザ・ノストラ*を見上げていたときに、ドン・マッシーノは、第二次世界大戦からすでに、コーザ・ノストラの上から下まで名が通っていた。

　密告者としてのブシェッタはどれぐらい貴重であったか。そして、彼はなぜマフィアの沈黙の誓いを裏切ることに決めたのか。シシリー、イタリア、ヨーロッパ、及びアメリカのシチリア系マフィアのほとんどのネットワークを含む「大マフィア戦争」（Great Mafia War）（1981年～1983年）として知られているギ

ャングの対立で、ブシェッタは、兄弟1人、息子2人、甥3人、及び義理の息子1人を失った。復讐か。それについての疑いはない。ニューヨーク市の重要なピザ・コネクション＊事件での彼の証言は、ニューヨーク州とシチリアのコーザ・ノストラの35人のメンバーに有罪の宣告するのを手伝った。同じく、1986年のパレルモの「マキシトライアル」(maxitrail)における彼の証言は、シチリア系マフィアの435人のメンバーに有罪をもたらした。1996年、ブシェッタは、マフィアの保護に関して、イタリアで数回首相になったジュリオ・アンドレオッティ（Giulio Andreotti）に対する主要な証人であった。

　ブシェッタが自らの証言で述べたアメリカとイタリアでの1970年から1980年代のマフィアは、グローバルであり、単一であって、そして、生活、死、金、及び政策に対する絶対的権限をもったキューポラ（Cupola）（最高の理事会を構成する有力な首領のコミッション）によって上から下まで統治していた。指揮の系統は、その基本がほとんどシチリアのすべての村を覆うピラミッド形で幾何学的に上がっていく（1992年にマフィアによって殺害された捜査隊隊長のジョバンニ・ファルコーネとパウロ・ボルセリーノが、その大規模に及ぶ大陸間の縄張りを暴露したので、その拡大化はイタリア大陸の隅々にまで行き渡るであろう）ものである。マフィアの基礎には、カピファミグリア（ファミリーの首領たち）がいた。3つの隣接する犯罪ファミリーごとに、シチリアのパレルモで順番に、中央コミッション、あるいはキューポラによって支配される地方コミッションに服する、カーポマンダメント（capomandamento）（代表首領）に回答を与えた。

　この指揮系統は、他のペンティティ（マフィア亡命者）によって確認されたが、しかし、ブシェッタの方式が決定的であるように思われた。彼が知っていたことを明らかにすることにした彼の他の動機は、彼が言っているように、麻薬のために、マフィアが変化し悪化しているということであった。理想――敬意、名誉、勇気、伝統――は、すでに貪欲によって犠牲にされていた。今や女性、子ども、及び遠い親戚でさえもが殺害された。ブシェッタは、マフィアが有罪となる2つの途方もなく大きい報告書について説明した。すなわち、世界

的なヘロイン市場と、彼が自ら構築するのを手伝ったことを認めた、アメリカの秘密のヘロインネットワークへの攻略である。

　参照文献：Tim Shawcross and Martin Young, *Men of Honour : The Confessions of Tommaso Buscetta*. 1987.

ボタン・マン（Button Man） ソルジャーたちを参照。

C

カリ・コカイン・カルテル（Cali Cocaine Cartel）20年以上前、コロンビアの薬物不正取引商人カーロス・レーダー゠リヴァス*は、相当数のコロンビアのメデリン地域の不正取引商人たちを征服して、自分たちの薬物出荷を共同の利権とし、1つの出荷が押収される場合でも、自分たちの個々の財政上の損害の機会を減少させた。その手法は、不正取引商人たちに彼らの思い描いた以上の利益をもたらし、そしてメデリン・カルテルの創設を導いた。

類似の不正取引商人の連合体は、メデリンの約200マイル南のカリ市において結成された。カリ・マフィアは、1970年代初期にギルバート・ロドリゲス゠オレフーラ*と、ホセ・サンタクルス゠ロンドーノ*によって創設された小さな犯罪的ギャングから成長した。そのギャングは、元来、偽造と誘拐にとどまっていたが、次第に、コカインへの物質転換のために、ペルーとボリビアからコロンビアへのコカイン基剤の密輸入にまで手を染めるようになった。その集団は、5つの独立した薬物不正取引組織の緩やかな連合へと発展し、現在では、カリ・マフィアと呼ばれている。

カリ・マフィアのリーダーたちは、コカイン生産ネットワーク、輸送、卸売販売、そしてマネー・ローンダリングの広大な世界的ネットワークを統制した。彼らは、自分たちの利害が一致した場合には、特定の資源を共有した。その構成組織とは、ロドリゲス゠オレフーラ兄弟、ホセ・サンタクルス゠ロンドーノ（死亡）、ヘルマー・ヘレラ゠ヴィトラーゴ*、アーディノラ゠グラハレス兄弟（Urdinola-Grajales）、そしてグラハレス゠レモスとグラハレス゠ポッソ組（Grajales-Lemos and Grajales-Posso）であった。

カリ薬物不正取引商人たちは、何百トンものコカインをアメリカに毎年輸出

し、そして、薬物収益中の何十億ものドルを洗浄した。彼らの薬物による収益は、最初にその都市の200万人の居住者にとっての経済的発展をもたらし、そして、カリ・マフィアは、15年間以上も事実上無事に機能した。彼らのゆすりたかりと買収の戦術は、贈賄された公務員が非合法的活動を見逃すことを惹起した。あるカリの商人が、1985年のロサンジェルス・タイムズにおいて、匿名で引用されたが、そこでは、カリは「買収と暴力の溜まり場となってきた」と述べている。「麻薬不正取引商人が全てを取り仕切っている。彼らは商業、政治、何もかも統制しているのだ」。

コロンビア政府が、反麻薬の姿勢を1980年代中盤から後半にかけてとったとき、メデリン薬物マフィアは、麻薬テロ（narcoterrorism）の波で逆襲した。何百人ものコロンビアの警察官、裁判官、政府官僚、ジャーナリスト、そして市井の個人的市民が、薬物マフィア・シカリオス（sicarios：暗殺者）によって殺害された。この野蛮な暴力は、伝えられるところでは、司法大臣ロドリゴ・ラーラ＝ボニーラ（Rodrigo Lara-Bonilla）の殺害（1984年4月）、コロンビア司法長官カーロス・モーロ・ホヨス・ジメネース（Carlos Mauro Hoyos Jimenez）の誘拐殺人（1988年1月）、大統領候補ルイス・カーロス・ギャラン（Luis Carlos Galan）の暗殺（1989年8月）、110人を殺害したアビアンカ航空203便の爆破、50人を殺害し、200人を傷害した安全管理局（DAS）本部の爆破（1989年12月）を含んでいる。

1995年中、コロンビア国家警察（CNP）は、2万5,525人のコロンビア人が殺害されたと報告した。今日、コロンビアは、10万人あたり70人の被殺者という年間の殺人率であるが、それと比較すれば、アメリカの比率は9人である。これらの驚くべき数値は、コロンビアの近年の犯罪問題の深刻さを暴露するものである。

自分たちの権力を強化するためにゆすりたかりと恐怖を使用したメデリンの先達とは異なり、カリ・マフィアは合法的な商人として立ち現れることを好む。彼らは、仕事を行う方法としては、賄賂や圧力を使用するが、しかしながら、彼らは、競争相手や裏切り者を殺すことに不都合はない。例えば、麻薬取締局

(DEA)の1992年におけるグリーン・アイス作戦が、世界に散らばった165人の不正取引商人の逮捕と、5,400万ドルの現金と財産の押収という結果に終わったとき、カリの首領たちは、疑わしい密告者たちに対して、彼らを何バレルもの酸に沈めることによって報復した。しかしながら、カリの不正取引商人は、典型的には、彼らのメデリンの敵がやるような、一般大衆に対して暴力的テロ行為を行うようなことはしなかった。

　1995年6月以降、7人のカリ・マフィアの頂点の首領たちもまた逮捕され、コロンビア当局へと引き渡されるに至っている。1995年という年は、国際的・国内的薬物法執行における歴史的時期として思い起こされるであろう。カリ・マフィアの7人の頂点のリーダーのうちの6人の逮捕で、世界で一番の札付きの薬物不正取引商人たちに対する重要な法執行の利得がもたらされた。1995年の会計年度の上半期の間、DEAの逮捕は、1994年の会計年度と同時期の、ほぼ18％以上増加した。

　7人の頂点のカリ薬物支配者のうち6人の逮捕は、歴史上最も複雑な組織犯罪暴力連合に対するこの上ない一陣の風を表したものである。過去15年間コロンビアにおいて事実上無事に活動してきたため、カリ・マフィアの勢力範囲と影響力は、アメリカを含む多数の国家に拡大した。1992年におけるエル・ディアリオの編集者と、1991年におけるボルティモアでの罪のない商人の殺害を含むアメリカにおける無数の殺人は、カリ・マフィアの名前を高めたものであった。

　カリ・マフィアの年間の利益は、1年につき40億から80億ドルの間で見積もられており、そして、その組織は、巧妙に経営されている多国籍企業のように活動した。彼らは複雑化したシステムの電話、ファックス、ポケットベル、コンピュータによって、自分たちの世界的事業を経営することができたのであり、そして、最先進国においてもそれらのものに匹敵する情報ネットワークを使用した。カリ薬物支配者たちは、カリ空港、タクシー・システム、電話会社を支配した。彼らは、誰がカリに行き来したか、誰が警察に話したか、そして、誰がアメリカ法執行機関に協力していたかを知ることができた。

カリ・マフィアが及ぼした大規模かつ空前のレベルの影響にもかかわらず、CNPはDEAとその他のアメリカの機関との協力の下に、マフィアの首領たちを追跡して捕らえ、彼らを司法の場へと引き渡した。2、3か月のうちに、カリ・マフィアのリーダーたちは逮捕され、あるいは、コロンビア当局へと引き渡された。

　しかし、警察の働きだけで、マフィアを陥落させることができたわけではなかった。カリ・マフィアに対する闘争の転換点は、3月の年間認証手続中において、コロンビア政府を完全に認証すべきではないとするアメリカ政府の決定と同時に起こった。認証手続が実施されて以来初めて、大統領は麻薬統制に関するコロンビア政府の活動に完全な承認を与えず、主要な薬物マフィアの首領たちの逮捕に関するコロンビアの緩慢な進行に対する数か月にわたる議会の精査後、コロンビア政府首脳は、カリ・グループに対して断固とした処置を取り始めた。

　1995年6月、4年間の捜査の後、DEAとアメリカ関税局は、薬物陰謀の責任に関して、62人の個人を指摘した。いわゆる「コーナーストーン」と言われる事件において、マイアミの弁護士を含むアメリカにおけるカリ・マフィアのスパイたちは、ロドリゲス＝オレフーラ兄弟、サンタクルス＝ロンドーノ、ヘルマー・ヘレラ＝ヴィトラーゴのために職務を処理した責任を負った。

　多くの事例において、カリ・マフィアはアメリカ内において金融操作を処理し、架空会社やその他のマネー・ローンダリングといった技術によって、自分たちの収入源を偽装した。「グリーン・アイス作戦」と呼ばれる第2段階の複雑なマネー・ローンダリングの捜査において、DEAは、その他の連邦、州、そして地方機関と共同して南西の国境に沿ったカサス・デ・カンビオ（金銭交換）の違法使用を標的とし、カリ・マフィアのための薬物収益の商業的洗浄を禁止し、そして、マフィアがその資金を洗浄するためのマネー・ローンダリング組織を装った企業を創設した。

　しかしながら、カリ・マフィアの影響は、ホワイト・カラー・ビジネスにとどめられてはいない。アメリカにおいては、カリ・マフィアの代理（土着の暴

力的薬物ギャング)が、多くのコミュニティを実際上、抗争地帯に変質させてきている。暴力的薬物不正取引商人たちで、ミシガンからテキサス、カリフォルニアにかけての都市や街を統制する者たちは、1995年、DEAの標的として、カリ・マフィアのリーダーたちと結合した。

　主要な事例では、DEAは他の連邦、州、そして地方の法執行機関と共同して、シカゴのラリー・フーヴァー(Larry Hoover)組織(Black Gangster Disciple Nation：黒人ギャングスター舎弟団体)を壊滅させた。フーヴァーが、ウイーン矯正センターから薬物の不正取引とマネー・ローンダリングの経営を継続していたとき、彼はその刑事施設から移送され、そして40人の彼の上役の黒人ギャングスター舎弟団体の役員が逮捕された。**コロンビア薬物カルテル、パブロ・エミリオ・ガボロア・エスコバー、ヘルマー・ヘレラ゠ヴィトラーゴ、マネー・ローンダリング、ホーゲ・ルイス・ヴァスケス・オチョア**をも参照。

　参照文献：Robert Nieves, *Colombian Cocain Cartels*. 1997.

カモラ (Camorra) 自衛集団としてイタリアの刑務所で受刑者によって創設され、カモラ(スペイン語で「戦闘」と「喧嘩」を意味する)というナポリの犯罪組織は、19世紀初頭に出現し、イタリアにおけるシチリアのマフィアの本土版となった。マフィアより一層、カモラは巧妙に構築されたギャングに組織化し、悪徳行為や恐喝に従事した。それぞれのギャング(パランゼ)は、副頭領の監督下にあった。幾つかのギャングは、組織を構成する12のファミリーで成り立っていた。

　カモラは、ナポリとカンパニアといった、スペインのブルボン王朝に対する抵抗が激しかった南イタリアの田舎において、堅固な政治・経済的統制を発揮した。ナポリの政治的混乱は、明らかに、この秘密団体の創設に一役買っており、それが1世紀近くにわたって、ナポリの政治と経済を支配するようになった。

　ファミリー内においては、頭領たちは究極の権力を保持した。頭領たちはそれぞれの構成員に対して、強盗、恐喝、殺人などの特定の仕事を割り当てる責

任があった。頭領はまた、それぞれの商人あるいは労働者が支払うであろう「みかじめ料」をも決定した。すべての犯罪収益は、ファミリーの首領へ上納され、しかる後、首領は、汚職公務員や構成員に対する分配のためにその金銭を分割した。新人は「ピッチョッティ（若衆）」（初心者）と呼ばれ、観察され、彼らの知性、勇気、忠誠心、そして悪知恵を発現させるであろう犯罪行為によってテストされたが、それはマフィアの新規募集戦略と類似していた。

　アメリカにおいては、19世紀後半中、カモラは、多くのシチリア人とナポリ人の移民が移住したニューオーリンズとニューヨーク州におけるマフィアと同格であった。カモラは、移民が一時的に禁止されていたときである第一次世界大戦中、ニューヨーク州ブルックリンを統制した。ただしかし、ニューオーリンズでは、一定の湾岸地区の領域における統制のための血なまぐさい戦闘において、マフィアはカモラ構成員を圧倒していた。ペリグリノ・モラーノ（Pelligrino Morano）首領の下、ブルックリン・カモラは、マフィアを支配したが、そのマフィアは当時の1914年までは、モレロ（Morello）マフィア・ファミリーによって統制されていた。表面上は諸問題を解決するために計画された会合中、モラーノと5人の男性からなる処刑団が、白昼モレロを暗殺した。モラーノは横柄過ぎたために、どの目撃者も進んで自分を告発しようとはしないであろうと高をくくっていた。彼は誤っていた。皆が皆、自分たちの口を閉ざし続けることを義務だとは感じてはいなかった。　証人は口を割り、そして、モラーノは有罪判決を受け、そして、終身刑を言い渡された。皮肉にも、マフィアを排除するどころか、カモラ組員の策略は、アメリカにおけるマフィアの地位を強化した。1920年代までには、ヴィトー・ジェノヴェーゼ（Vito Genovese）＊を含むカモラ組員の生き残りは、様々なマフィアの派閥の中へと吸収されていった。

　たくさんの移民の群落が、個人の少数民族的アイデンティティを覆い消したため、カモラはアメリカでは単独の犯罪者的存在として自己を維持することはできなかったけれども、ナポリとカンパニアにおいては、カモラはいまだに存続可能であり、危険な存在なのである。**ラ・コーザ・ノストラ、マフィア**をも

参照。

参照文献：James Walston, "See Naples and Die : Organized Crime in Campania," in *Organized Crime : A Global Perspective*, ed. Robert J. Kelly. 1986.

頭領（**Capo**）頭領あるいは「副頭領」(caporegime) は、ラ・コーザ・ノストラ*犯罪ファミリーにおける長あるいは2番目に位置するリーダーである。首領（boss：don])*あるいは副首領（sottocapo：ソットーカーポ)*に報告して、頭領は配下のソルジャーたち*の組員たち*（犯罪ファミリーの構成員）の行動を監督する。面白いことに、「カーポ・ディ・テュッティ・カピ」（ボス中のボス）という用語は、一般的に、そして滅多にないことではあるが、尊敬を集め、他の首領に対して権威を発揮する特別に強力な首領に対して適用されるものである。サルヴァトーレ・マランツァーノ*は、このタイトルを好み、そして、カステランマレーゼ戦争*が勝利に終わったとき、彼は自分自身がコーザ・ノストラの「ボス中のボス」と宣言した。それは、分かりにくく、危険なタイトルであることが判明した。彼は頂点に上り詰めた数か月内に、殺害された。新興のマフィアの男たちは、その多くがすっかりアメリカナイズしており、あたかも自分がシーザーであるかのように物事を支配する独裁者かつ首領を承認しようとはしなかったのである。

商業的見地から考慮する場合、頭領たちは、犯罪ファミリーの活動レベルの管理と執行を代表するものである。頭領は、実行部隊の頭である。「副頭領」と「カーポデチーナ」(capodecina) は、頭領と同格の用語であり、それらは歴史的な組織的事実を象徴するものである。つまり、カーポデチーナは、「10人」の男たちあるいはソルジャーの「リーダー」であったものである。副頭領は、組員の「一団のリーダー」である。

たとえ多くの構成員たちをそれぞれが監督しているとしても、すべての頭領たちは、犯罪ファミリーにおいては同輩なのではあるが、しかし、頭領は、富、悪名、あるいは組員やさらには首領に対する影響力の点で、多様であるかもしれない。犯罪ファミリー内の頭領の数は、そのファミリーの大きさによって様々

であり（1985年においては、アメリカ最大の犯罪ファミリーであったガンビーノ犯罪ファミリー*には、28人の頭領と800人近くの組員がいた）、そして頭領の数は、ファミリーが行う特定のビジネス次第なのである。

それぞれの頭領には、通常2人の最上位の組員がついており、彼らは密接に頭領と共同して一団を監督し、統制しているのである。頭領たちは、典型的には、重要問題に関して副首領と首領に対処し、そして自分たちの首領に「しのぎ」として不法に稼いだ金銭の歩合を提供し、次に首領は、保護と生活の保障を賄うのである。**首領、コミッション、ラ・コーザ・ノストラ、副首領**をも参照。

参照文献：Donald R. Cressey, *Theft of the Nation : The Structure and Operations of Organized Crime in America*. 1969.

アルフォンス・カポネ（CAPONE, Alphonse）（「ビック・アル」、「スノーキー（不機嫌屋）」、「スカーフェイス（傷跡のある顔）」）（1899年1月17日ニューヨーク・ブルックリンにて生誕—1947年1月25日フロリダ州パーム島にて死亡）アメリカにおける有名な犯罪者。

カポネは、その生涯において公衆の賞賛を享受し続けているほんの一握りの成功的犯罪者の部類に属する。そのような集団の中でも、アル・カポネは、主要な犯罪者として、ジェシー・ジェイムズ（Jesse James）に次ぐ立場にある。そして、まさにジェシー・ジェイムズの人気が、南北戦争の悲劇的事件から得られているように、カポネの名声は、大部分、禁酒法に関する政府と人民との間の闘争に由来するのである（**禁酒法と組織犯罪***を参照）。

カポネが達成した名誉と成功を、現在において想像することは難しい。評価としては、彼が弱冠28歳であった頃の1927年において、彼の組織が約1億500万ドルを稼いだということや、また、警察官が傍観している間、シカゴの小さく辺鄙な郊外であるイリノイのシセロの町役場の階段で、自分が自ら選出した町長であったジョゼフ・クレンハ（Joseph Klenha）に恥をかかせることによって、自分の権力を公的に誇示することができたということがある。1930年において

は、シカゴのメディル学校で、新聞雑誌の編集研究を行う学生たちが、マハトマ・ガンディー（Mahatoma Gandhi）、アルベルト・アインシュタイン（Albert Einstein）、そしてヘンリー・フォード（Henry Ford）と並んで、世界で最も傑出した人物10人のうちの1人として、カポネを選出した。

　無数の映画、メロドラマ、そして書籍が、カポネについて書かれている。彼はメディアを使用して公衆を楽しませ、そして迷わせることができたほんの一握りの犯罪者の中に入る。彼がまた知っていたことは、自分が、国内における社会文化的政策（禁酒法）と経済的動向（1929年のウォール街の暴落）に関する公衆の欲求不満を象徴していたということであった。

　アル・カポネは、1899年、ニューヨーク州ブルックリンの労働者階級の一族に生まれた。典型的に、その一族は大きく固く結び付いていたが、長男のヴィンセンツォ（Vincenzo）1人は例外で、彼は16歳で家出し、西部に行ってリチャード・「トゥー・ガン」・ハート（Richard［Two-Gun］Harte）（通称、トゥー・ガン［Two-Gun］2丁拳銃）として知られる禁酒法執行官となった。アルは聡明な生徒であったが、学校にはほとんど通学しなかった。売春宿の用心棒としての、法と労働に関する些細な口喧嘩で、彼の左頬に傷跡が残った。若い頃、彼はブルックリンの街路の流儀を学び、そして、わずかに年上の男、ジョニー・トーリオ*によって仕切られていた組に入ったのであるが、そのジョニー・トーリオは、後に、シカゴにおけるカポネの人生において宿命的な役割を演じることとなった。トーリオと彼の相棒のフランキー・イエール*は、ブルックリンで売春宿を経営し、逞しい若いカポネを用心棒として雇った。2年もせず、カポネは謀殺の罪の嫌疑を受け、そして、トーリオはシカゴに移住し、トーリオの叔父貴の「ビッグ・ジム」・コロシモと合流して、コロシモの金のなる木である売春帝国の利権を欲しがる黒手団（ラ・マーノ・ネーラ）のゆすりたかり者たちを一掃した。

　黒手団（ラ・マーノ・ネーラ）*は、マフィアや他の秘密結社と同じではなかった。それは全く、長いイタリア的、それも主にシチリア人的伝統を持つ粗野な恐喝の組織的方法であり、それは1880年代の大量移民中、アメリカに移植さ

れたものであった。大多数のアメリカの黒手団の組員は、母国で犯罪歴をもつイタリア人であったのであり、彼らはアメリカへの移民に参加して、自分たちの同胞に被害を与えたのであった。黒手団の脅威と正面衝突したが、カポネとトーリオは、技術と効率さをもって、そのゆすりたかり者たちを片づけたのであった。

　カポネがシカゴに到着するときまでには、トーリオは密売に関してコロシモと不和となっていた。トーリオは、コロシモがその組織を密売へと移行してもらいたがっていたのであり、その理由としては、莫大な金融上の好機の可能性があったからであった。しかし、コロシモは、興味を示さなかった。トーリオの野望は、あらゆるこの様な収益の多い密売への関与を禁ずることに満足しきった売春業者からの命令によっては、抑制されるものではあり得なかった。トーリオは、ビッグ・ジムは消されなければならないと認識していた。カポネと共に、トーリオはビッグ・ジムの暗殺を計画した。しかしながら、カポネが実際の殺害に参加したという容疑はあるが、その証拠はない。いずれにせよ、トーリオと共に、ビッグ・アルの地位は、コロシモの殺害後には、高くなった。カポネは深刻な問題が発生する度、やる気と能力、とりわけ狡猾さを見せつけた。

　禁酒法は莫大な産業を生み出し、そこでカポネは、暴力を自由かつ冷酷に行使して、ライバルを消したり脅かしたのであった。そして、この様なことのほとんどが可能となったのは、禁酒法のおかげで、日々の法のちょっとした無視が、アメリカ人の生活の一部分となったからであった。多くのアメリカ人たちが認識していたことは、おそらく初めてであろうが、国法というものは、誤った方向に導かれ得るどころか、紛れもなく誤ったものになり得るものであって、そしてそれゆえ無視されるかもしれないということであった。

　カポネがそのほとんどの地位を築いたのは、その皮肉と偽善に関する評判と幸運に支えられてのことであった。彼を恐れる者もいれば、彼を愛する者もおり、そして、禁酒法の偽善を目の当たりにして、多くは彼を尊敬すると共に、彼を応援したのであった。シカゴの権力構造は、自分たちが彼を「よそ者」

（dago）の凶悪犯と非難したとしても、彼の酒盛りに祝杯をあげたが、不合理な法を鋭敏に回避する彼の能力は、他のギャングスターの者たちを凌駕する、不承不承ながらも尊敬されるべき評判を彼にもたらした。彼は他のゆすりたかり者たちよりも、より爆発的で、より暴力的で、そしてより目立ってはいたが、彼には、公において見られるど派手な主張といった、政治的才能があった。

密売が、ギャングスターたちを、中央舞台に引っぱり出した。カポネ自身が述べているように、アルコールの醸造、輸入、そして供給が、彼を実際、レイク・ショア・ドライブに沿った広々としたビルの最上階から、サウスサイドの密集したバラックに至るまでの、あらゆる社会階層に接触させたのであった。知名度が、結局は、莫大な責任があることを証明し、彼を容赦ない法執行の精査にさらしたのであった。それはあたかも禁酒法が、ゆすりたかりをする者たちを陥れる囮であり、巨大な罠であるかのようであった。このようなわけで、多くのゆすりたかり者たちは、禁酒法の廃止によって、救われたのであった。商売を続けたい者たちは合法的になり、また残りの者たちは、賭博と売春という自分たちの核となる商売へと戻っていった。

トーリオ＝カポネ組は、素早く動いて、競争相手を屈服させて犯罪の縄張りを取り仕切った。容易ならぬ抵抗を挑むギャング団構成員たちに対しては、協定が取り決められた。

トーリオはシカゴを、ギャング団の縄張りを仕切る碁盤目に沿って精密に計画し、協力が、暴力と由々しい衆人環視を抑止することを望んだ。

ギャング団における暗殺未遂は、見かけほどでたらめであったり気まぐれであったりするわけではなかった。それどころか、暗殺未遂は、高度に予見可能であった。暗殺の試みは、しばしば脅しと警告を皮切りに封切られ、そしてそれらは特定の理由のため、通常は復讐のために、実行されたのであった。

抗争は、ジョージ・「バグズ」・モラン*のノースサイド・ギャング団とカポネ組との間で発生した、チャールズ・ダイオン＝オバニオン*の殺害と抗争にまで、その由来をさかのぼることができる。ほとんどあらゆる主要な銃撃戦は、血の復讐に貢献した。このようなことは、何もシカゴのギャングだけではなか

ったが、ギャングは、非常に大きくかつ影響力があり、そして、小規模なギャングや密売人と非常に多くの連合を形成したので、カポネ＝モラン抗争は、シカゴと隅から隅までのほぼ国中におけるゆすりたかりの縄張りの境界を確定することになった。あらゆる殺人に関し、このパターンは次第により明らかになっていった。つまり、殺しは、より多くの殺しを生むものなのである。留意すると興味深いことは、カポネは、多くのイタリア人（やその他の白人種）のギャングスターの行動とは逆に、黒人の密売人たちを組織し、彼らを警察から防御し、そして彼らと公平に収益を共有したことであった。彼の黒人と共同作業をする意思は、広い包容力を基礎とした経済連合を構築する能力を徴表するものであったのであり、そういったことが、彼の政治的権力に貢献したのであった。

　禁酒法は、莫大な違法アルコール産業のみならず、暴力とギャングをも生み出したのであった。カポネが自分の権力を固めたのは、殺人を計画することによってではなくして、自分とトーリオが一緒になって修繕し、機能し続けるように計画した組織を運営することによってであった。あるギャングが、お互いの縄張りを荒らす場合に騒乱が始まったので、カポネは用心して、街路における機関銃による銃撃戦、爆撃、そして「死への片道切符」（"one-way" rides）の最前線に腰を据えたが、そのようなことは、シカゴの街路の多くのギャングスターの宿命なのであった。

　ギャング同士の抗争が激しさを増したとき、1924年、カポネとトーリオは、有力なノースサイドのギャング・リーダー、ダイオン＝オバニオンの殺害を計画した。

　1920年の数年前、トーリオは密売シンジケートを統合したが、それはクック郡とシカゴ郊外のすべての主要なギャングを包含するものであった。その構想は、禁酒法を犯す商売を生み出すことにあった。幾人かのギャング・リーダーたちは、醸造者と蒸留酒製造所を所有し経営していたが、トーリオによるギャング協定によって、リーダーたちは、出荷、船積み、取引の保護のみならず、自分たちの配給をも、トーリオから受領すべきことになっていた。そのシンジ

ケートは、よく、必要とあらば殺し屋を手配し、必要とあらば法執行を買収し、そして、酒場の主人やナイトクラブ（speakeasies：違法バー）を脅してビールやウイスキーをシンジケートから買わせたものであった。

　トーリオ組は、シセロを含むシカゴを取り巻く町々に拡大していった。1923年には、改革派の候補者ウィリアム・「ディセント」・ディーヴァー（William "Decent" Dever）（通称、ディセント［Decent］善良な）が、シカゴ市長に当選した。彼は迅速にシンジケートに対する処置を講じ、警察に命令してアルコールと売春の施設をガサ入れさせた。しかし、買収が余りにも深く浸透していたし、それに、警察の行動も、それほど効果を上げることはできなかった。それにもかかわらず、トーリオとカポネは、改革が人気を博するかもしれないことを恐れたので、密約が、改選運動の応援のために売春を黙認するであろうシセロの汚職公務員たちと、交わされたのであった。

　1924年の選挙において、アルと彼の兄フランク（Frank）は、200人の殺し屋の集団をシセロに図々しくも率いて、共和党候補の勝利を確保した。警察との乱闘で、フランク・カポネは殺害されたが、シセロはシンジケートの本部となり、そして、カポネの生涯を通じて、本拠地であり続けたのであった。

　目こぼし料の効き目がなくなり、様々なギャングの首領たちによる競争的行動を助長したことと相俟って、シカゴにおける改革派の市長の当選は、不安定状態を生み出した。再び、シカゴは戦場となり、トーリオの注意深く巧妙に作られたが壊れやすいシンジケートの組員の暴動を伴った。サウスサイドでは、スパイク・オドネル（Spike O'Donnel）組がトーリオのビールを積んだ貨物自動車を強奪し始めた。ウエストサイドでは、ダイオン＝オバニオンがジェンナ兄弟（Genna brothers）と戦争したが、ジェンナ兄弟とは、「リトルイタリー」でジンの密造を運営していたものであった。1924年11月、オバニオンは、トーリオとカポネと結託した殺し屋によって、花屋で殺害された。オバニオン組の報復が始まった。1925年初頭、カポネの車が発砲によって掃射され、それから間もなくして、トーリオが自宅の前で攻撃され、重傷を負った。トーリオは回復した後、永遠にシカゴから去り、ぼろぼろになってしまったシンジケートを、

カポネの手に委ねたのであった。アル・カポネ、26歳のときであった。

　オバニオンの忠臣アール・「ハイミー」・ヴァイス*支配下のノースサイド・ギャングに対して、抗争が猛威をふるっていたとき、カポネは組を受け継ぎ、その組は実際上、4人の男性から構成されている階層制であったが、そこでカポネは、特定の事業に参与する残り3人の長として務めを果たしたのであった。アルは、自分の兄ラルフ（Ralph）、フランク・「ジ・エンフォーサー」・ニッティ*、ジェイク・グージック・「グリーシー・サム」*を取り巻きとし、その3人が帳簿や利益分配を統制した。その集団は多民族的であり、地方のマフィア組織とは緩やかな結び付きがあった。

　ギャング抗争は、密売人のイメージにとっては都合が悪く、そして、商売にとっても都合が悪かった。そこで1926年には休戦協定が抗争中のギャング同士の間で締結されたが、それは主として、ヴィンセント・「ザ・スキーマー」・ドルッチ（Vincent "the Schemer" Drucci）（通称、ザ・スキーマー[the Schemer]策士）、バグズ・モランのノースサイド・ギャング一派のリーダーらと、カポネ一派との間のものであった。狙撃が少なくとも一時的に沈静化したとき、シカゴの多数の人々が認識し始めたことは、破壊行為と暴力にもかかわらず、自分たちがビッグ・アルを必要としているということであった。もはや単なるチンピラではなく、強力で富をもたらす会社事業（たとえ違法なものであれ）の社長たる「ビッグ・フェロウ」（Big Fellow：親分）は、「首領」と公人の役割に取り組んでおり、その異国風の衣装と篤志の慈善行為は国民を魅了していた。彼の商売は、何千人とはいわないまでも、何百人もの人々を雇用していたが、彼らは凍結し、困窮した最悪の20世紀の経済大恐慌に巻き込まれていたのであった。さらに、シカゴの全都市は、何としても、カポネ組の業務を必要としていた。警察はカポネによる収益の分配を必要としていたのであり、それというのも、彼らは自分らの公務員の俸給では生きていくことが不可能であるのみならず、彼らが秩序を維持することを期待されることもまた不可能であったからであった。新聞も、彼の護衛、装甲リムジン、色鮮やかなスーツ、そして大金をかけた新聞紙の売り込み方を伴う「スカーフェイス」の偶像を必要としてい

た。そして、都市の非常に多くのナイトクラブもまた、自分たちを賄い続けるためにも彼を必要としていたのであった。ほとんどすべての警察機構は、事務所にいながら流血沙汰を伴うギャング同士の間の平和を維持できるカポネの資金力と票を生み出す力を必要としていたのである。アル・カポネ、すなわちギャングスターでもあり、密売人でもあり、殺し屋でもあり、買収者でもあった男は、逆説的にも、公のコミュニティ安定の力となったのであり、恐らく法と秩序を維持する点においては、警察よりもより多くのことをなしたであろうと思われる。

カポネに対する公衆の矛盾した感情は、間違いなく、禁酒法の現象と大いに関係があった。1927年までには、禁酒法はその10周年を迎え、そして、その他の点では遵法的な何千人もの市民たちの多数を、犯罪者へと変えてしまっていたのであった。禁酒法のおかげで、意図的でない法の不遵守が、アメリカの生活様式の一部分となったのである。カポネや彼のような人間は、このような文化的な病巣に乗じた。

カポネを、悪法と、そして情報を与えられなかった社会政策の創造物として認識はするけれども、彼を恐れるような人々がいた。また、彼を愛するような者もいたが、それは、とりわけ彼が、完全に禁酒法の皮肉と偽善に気付いた上で、自分は公衆が欲しているものを供給しているビジネスマンであると声を荒げて主張したときのことであった。多くの者、恐らくほとんどの者は、彼の粗野さと残忍性を嫌悪していたけれども、それにもかかわらず彼を応援していたのは、禁酒法が生み出した矛盾と葛藤を鋭く感じ取り、しかるべき行動を取ったからであった。

カポネには、ロビンフッドと社会の敵ナンバー１（Public Enemy Number One）という両面があったのであり、その悪玉あるいは善玉が、パンとスープを供給するよう自ら「援助する」小売食品供給業者経営の給食施設から、飢えた失業中の市民に食べ物を供給していたのであった。彼は大都会のジェシー・ジェイムズであったのであろうか。富裕階級から物を盗んで貧困階級を助けるような義賊だったのであろうか。それとも、すべての彼の妙技と寛大さといっ

たようなものは、自分のイメージを回復するためであったり、自分の得意先、依頼人、そして被害者であるような公衆のご機嫌を取るために、注意深く計算されたものであったのであろうか。彼の悪巧みは、彼の世評に一時的な景気づけを与えたけれども、恐ろしい聖ヴァレンタイン・デイの大虐殺＊が発生したとき、無法者の烙印を乗り越える好機を逸してしまったのであった。彼の政治権力は、ゆすりたかりの事業にとっては決定的なものであり、それは完全に買収に基礎を置くものであった。彼の脱税の裁判と、詳述された新聞の記事が示唆しているように、彼は相当の富の再配分において効率の良い仕事を行ったのではあるけれども、彼は、金持ちに対するのと同じくらい、ひょっとしたらそれよりももっと多くのものを、彼の統制する組合や小企業の恐喝活動によって、貧乏人から盗んでいたということもまた、真実なのであった。事実、彼の通常の被害者たちは、市井の人々だったのであり、しかも、彼が誇示したきらびやかな富は、ほぼ、彼のナイトクラブや賭博場や売春宿にそそられてしまった労働者階級の人々の懐から手に入ったものなのであった。

　1929年という年は、カポネの人生においても、また、国家の歴史においても、基準点となるものである。彼が構築したゆすりたかりシンジケートは、民族的境界の向こう側にまで到達し、そして、不法な富を、ユダヤ人、黒人、イタリア人、アイルランド人、ポーランド人、そしてワスプ（WASP：ホワイト・アングロサクソン・プロテスタント）コミュニティから得ていた。彼はシカゴの単なる密売人などではなく、明らかに最高の支配者であった。同じことは、売春や賭博にも当てはまるものであった。労働者のゆすりたかりや、合法的商業への侵入に対するカポネの行動が、彼を単なるその他の暴漢や、無法者として評価することを困難にした。バグズ・モランは、ギャング団であり、ダイオン＝オバニオンとスパイク・オドネルはギャングスターであり、グージックはゆすりたかり屋であった。カポネはこのようなレベルを超越していたように思われた。彼は時に応じてこれらのすべてであったのではあるが、彼はまた、何か他の大物、つまり、合法、非合法を問わない、富と強力なコネを持つ恐るべき政治的領袖でもあったのである。誰一人として、とりわけカポネでさえ、彼が

いくら稼いだのかを言うことができなかった。彼はもちろん銀行を避け、自分が自宅に保管する隠し場所にある現金の他には一切貯金などしなかったのである。彼はパイプラインであったのであり、そのパイプラインを通って莫大な金銭が通過していたのであった。彼が資金を必要とする場合には、彼はその流れに手をつけ、勝手に取っていたのであった。政治的状況が、彼に味方していた。市長は彼を必要とし、警察局は賄賂に貪欲に涎を垂らし、そして賄賂を手に入れていたのであった。彼の存在が厄介で迷惑なものであるということが次第に明らかになっていったとしても、公衆は、彼の酒、賭博、売春宿を欲しがったのであった。

　1929年の聖ヴァレンタイン・デイは、冷たく、風も強かった。バグズ・モラン暗殺の陰謀は、「マシンガン」・ジャック・マクガーン ("Machine Gun" Jack McGurn) (通称、マシンガン [Machine Gun] 機関銃) (Vincent Gebaldi : ヴィンセント・ゲバルディ) によって巧妙に計画されたが、彼はカポネの殺し屋で、1928年、モランにより計画され、ピートとフランクのグーゼンバーグ兄弟 (Pete and Frank Gusenberg) により実行された1928年の暗殺計画を奇跡的に生き延びた経験のある者であり、無鉄砲な狙撃者だったグーゼンバーグ兄弟は、ノースサイド一派と共に、電話ボックスでマクガーンを殺害の罠に掛け、電話の途中でマシンガンを掃射していたのであった。マクガーンは、復讐の渇望によって募らせていた律儀さをもって、殺しに取り組んだ。彼は何度もカポネのために過去において殺人を行った経験があったのであり、そして今回、彼は、全モラン一派は、これを最後に皆殺しにされるべきだということを力説したのであった。カポネは承認し、そしてアメリカの歴史上最も悪名高い大量殺人の舞台を設定したのであるが、その冷血な処刑は、結局、アメリカ政府の連合部隊と同じくらい、ビッグ・アルの生涯を終わらせるのに重要な役割を演じることとなった。カポネはよくフロリダ州で保養し、愉しんでいたものであったが、それが隙のないアリバイとなった。「殺し」*それ自体は、被害者はお互だけ、という果てしない街路抗争に関係する、敵の組同士の間の報復として見なされたであろう。報道機関の批判は象徴的なものであるが、それはギャング団の暴力

が定期的に街路を動揺させる10年間のうちには、すぐに忘れ去られるものである。そして今の今まで、警察は暗黒街の殺人には無関心であり、慣れが生じているようにみえる。しかしながら、このようなことは、全くあるべき姿ではなかったのである。

　マクガーンは痛烈な罠をモランに仕掛けたが、それはカポネに対して鼓舞されたように見えたに違いないであろう。暗黒街の卓越した才能を持つ暗殺集団は、町の外から召集されたので、彼らはいかなる生存者によっても認識されることはなかったであろう。小説まがいのペテンには、制服警官とパトカーが使用され、クラーク通り北2122番地のガレージに侵入していった。マクガーンは、カナダの蒸留ウイスキーの荷を安価で提供することによって、ガレージの中へとギャングをおびき寄せた。最初の荷に関する商取引はうまく行った。2番目の荷は、より簡単に手配され、そして、殺人命令の好機を与えることになった。

　モランが遅刻してガレージに到着したことが、命拾いとなった。彼と2人の組員は、ガレージへと向かう途中で、パトカーを発見し、それが立ち去るまで待とうと決心したのであった。ガレージの中でギャングは、警察による徹底捜索だとばかり思い込んでいた。マクガーンの「デカ」であるところの、セント・ルイスのフレッド・「キラー」・バーク（Fred "Killer" Burke）（通称、キラー[Killer]殺し屋）、ニューヨークのジョン・スカリーゼ（John Scalise）とアルバート・アンセルミ（Albert Anselmi）、そして殺害されたシチリア同盟総裁の弟ジョゼフ・ロラード（Joseph Lolard）が、ガレージに立ち入り、占有者たち（彼らは警察の変装によって欺かれていたのであった）を整列させ、彼らの武装を解除させ、彼らをピストル、ショットガン、マシンガンで撃ち殺したのであった。マクガーンの計画は、被害者たちと目撃者たちとを同様に混乱させるように練られていたが、モランに傷跡を残すこととなった。以上のことは、水際立ったものではあったけれども、殺害計画は、余りにも小賢しすぎるものであるということが分かってしまった。殺害は身の毛のよだつものであった。そのガレージの修理工の所有物であったジャーマン・シェパードのハイボール（Highball）は、虐殺の間中吠え立て、泣き喚き、血が飛び散った自分の鎖を蹴

り続け、自分の死んでしまった主人のために泣いていた。

　噂が広まるにつれ、その出来事における重大な犯罪行為の衝撃が、ガレージや近所中に鳴り響いたジャーマン・シェパードの常軌を逸した遠吠えについての新聞報告によって、強調された。

　大虐殺と全国紙の報道のせいで、カポネは、自分が非常に多くのその他の身の毛のよだつ暗黒街の殺人と関係を持っていたことから、大量殺人との関係を否認することができなかった。「親分であるアル・カポネ」の怪しげな魅力は、殺人の詳細が媒体に浮上したとき、恐怖に変わった。その後間もなく、ハーバート・フーヴァー大統領（Harbert Hoover）は、財務省長官アンドリュー・メロン（Andrew Mellon）に、カポネをもう捕まえたかどうかを尋ねた。まだだと告げると、大統領は言った。「私は奴を牢屋に叩き込みたいのだ」。

　これ以上の否定的世論を避けるため、そして、凶暴な密売抗争に対する公衆の態度を変えるために、カポネは銃砲不法所持の罪により、ペンシルヴァニア・ジェイルで1年間を過ごした。しかし、そんなことでは公衆の憤懣を収めることはできなかった。大統領府のあるワシントンでは、精力的捜査に乗り出し始めた。つまり、何かがなされなくてはならなかったのである。

　カポネに対する脱税事件の裁判は、1929年に始まった。1931年10月までには、彼は所得税法違反で有罪判決を受け、11年の刑罰が科された。1年のうちに、上訴は棄却され、そして1932年、カポネはアトランタにある連邦刑務所に入所した。彼は1934年には、新しく建築されたアルカトラズ監獄に移送されたが、そこにおいて、彼は梅毒の進行した症例に罹患していたことが判明したのであった。彼の善行と疾病のおかげで、彼は1939年には釈放された。

　その人生の最期の6年間、カポネは、フロリダ島の自宅で、空想と妄想の世界の中での、病弱と隠遁の暮らしであった。無能力者となるような疾病に加え、カポネは、孤島の刑務所にいた失脚したナポレオン（Napoleon）にそっくりであった。つまり、身を持ち崩し、しばしば錯乱し、希望も目的ももってはいなかったのである。1947年、カポネは発作の後、フロリダの屋敷で、帰らぬ人となった。カポネ48歳のときであった。

カポネ組のその他の構成員は、脱税や、多彩なその他の犯罪で、有罪判決を受けた。例えば、フランク・ニッティは、カポネの最高幹部であったが、別の用語でいえばレヴンワース連邦刑務所行きを意味する、労働者に対するゆすりたかりの咎による起訴よりもむしろ、1944年、自殺を選んだのであった。

部分的に重複するゆすりたかりの複雑なネットワークは、以前はトーリオ組として知られ、後にカポネ組として知られていたが、現在では、シカゴ・アウトフィット*と呼ばれているものである。

アウトフィットは、前のカポネシンジケートの独特の統率力を持ち続け、そして、禁酒法とカポネの死の後も、シカゴ、米国中西部、ネヴァダの賭博カジノ、そしてカリフォルニアの映画産業における犯罪活動に、巧妙に影響を及ぼしたり、もたらしたりし続けているのである。**アンソニー・ジョゼフ・アッカード、サム・ジャンカーナ**をも参照。

参照文献：Laurence Bergreen, *Capone : the Man and the Era.* 1994 ; John Kobler, *Capone : The Life and World of Al Capone.* 1971.

カジノ賭博（Casino Gambling）ニュージャージー州アトランティック市を参照。

アンソニー・カッソー（CASSO, Anthony）（通称、ガスパイプ［Gaspipe］出来の悪い銃）（1940年5月21日ニューヨーク市にて生誕―証人保護プログラム）犯罪ファミリーの首領にして密告者。

犯罪ファミリーの首領の跡目に関する現代的傾向のご多分に漏れず、アンソニー・「ガスパイプ」・カッソーが首領となった理由は、彼が、ルチーズ犯罪ファミリー*で、一番暴力的な頭領*（リーダー）だったからである。彼の「渾名」は、彼の当初の職業であった、金庫破りと、ブルックリンのレッド・フック湾岸地区の凶暴な暗黒街の悪漢であったことに由来する。早くから、彼はファミリーの副首領となったが、その理由は、彼がファミリーの首領、ヴィック・アムーソ（Vic Amuso）と付き合いがあったからである。

カッソーは、その暴力的気性や、彼がサラ金業の債務者あるいは密告者を懲罰するのに使用した1丁の出来の悪い銃についてのゾッとするような噂のみならず、彼の贅沢な暮らしぶりでも、また有名であった。彼は50万ドルのダイヤモンドの指輪をこれ見よがしにはめ、ブルックリンの富裕層の地区で100万ドルの住居に住み、とても高価な衣服を身にまとい、そして、何千ドルものレストランの請求書を束にして持っていたのであった。

　1991年には、アムーソが刑事施設に収容され、そして、カッソーは、自分が謀殺とゆすりたかりの嫌疑を受けている最中に、首領代行となった。カッソーは有罪判決を受けたとき、逃亡者となり、彼がニュージャージー州アラヴェット山の隠れ家で観念して逮捕されるまでの約3年間は、逃げおおせていた。カッソーは雲隠れしていたけれども、彼はそれでもなお、自分の犯罪ファミリーの活動に旺盛であった。例えば、逃亡中のカッソーについての報告としては、11人もの人々の殺害を命令していたことや、ジェノヴェーゼ犯罪ファミリー*組長ヴィンセント・「ザ・チン」・ギガンテ*と結託して、ガンビーノ犯罪ファミリー現組長ジョン・ゴッティ*に対して、ガンビーノ前組長ポール・カステラーノ*を独断的に殺害したことの報復を企図していたことが挙げられている。ゴッティは、全米コミッション*の許可を無視してカステラーノの殺害を命令した時点で、ラ・コーザ・ノストラ*の掟を破ったのである。

　1994年までに、カッソーは、終身刑に直面するよりもむしろ、政府の証人となることを選んだのであった。**「トニー・ダックス」・コラーロ、ガエターノ・「トミー」・レイナ**をも参照。

　参照文献：Jerry Capeci and Gene Mustain, *Gotti : Rise and Fall*. 1996.

カステランマレーゼ戦争（Castellammarese War）（1930～1931）

　1930年までに、禁酒法は、すべての社会階級の何百万人もの市民によって黙認される地下組織の制度として、完全に定着した。違法アルコールは、マフィアが「リトルイタリー」のしがらみから脱出して、その商売を経営し、その莫大なサーヴィスをより多くの大衆に供給するために必要としていた道具なので

あった。戦争は、2つの派閥の間で、マフィア犯罪の機会を支配するために勃発したが、その2つの派閥の1つは、「ジョー・ザ・ボス」・マッセリア*により率いられ、もう一方の派閥は、サルヴァトーレ・マランツァーノ*という、その一味と組員たちが、カステランマーレ・デル・ゴルフォのシチリア島沿岸の町出身であるところのマフィアの一員によって率いられていた。

マランツァーノは、その闘争において、成り上がり者の敵対者と見られていた。彼は背が高く、元カトリック神学生であり、司祭職を研究し、性に関しては厳格な人間であった。彼の一味は、その多くはごく最近の移民であり、フラタランゼ（fratallanze）（兄弟の間柄）を構成していた。それとは対照的に、マッセリアといえば、無作法で、ずんぐりむっくりで、大食いで、そのファミリーは、より「アメリカ化」したイタリア人（すべてがシチリア人というわけではない）で構成されており、彼らはまた、非シチリア人と付き合ったり、また、自分たちの仕事には、アイルランド人やユダヤ人の犯罪者の相棒がいたのであった。

戦争は、殺人と報復で猛威をふるった。すなわち、多くの札付きのギャングスターの新しい世代は、この権力抗争において、互いに張り合ったのであった。チャールズ・「ラッキー」・ルチアーノ*、フランク・コステロ*、そしてヴィトー・ジェノヴェーゼ*は、マッセリアに付いた。マランツァーノには、ジョゼフ・プロファチ*、ジョゼフ・ボナンノ*、ジョゼフ・マグリオッコ（Joseph Magliocco）、そしてステファノ・マガディーノ*が付いていた。戦争が、アメリカの都市に移された古のシチリアの確執以外の何物でもないということが明らかになってきたとき、一体であった秘密の暗黒街組織が、2派の血の復讐の傾向のあるマフィアの集団に分裂したのであった。戦争は、マッセリアの首領代行であったルチアーノ率いる第三勢力によって複雑化していった。双方の構成員たちは、交戦中のマフィアの組長にむかつき、血まみれの経済的に金のかかる戦争を終結させるために、抹殺すべき2人の首領のうちの1人を決定したのであった。

1931年4月15日、マッセリアは、自分のマンハッタンの拠点から出て、ブル

ックリンのコニーアイランド地区のレストラン、ヌオヴァ・ヴィヤ・タマーロで昼食をとるようにおびき出された。昼食後、ルチアーノがトイレに引きこもると、4人の暗殺者たちは、あたかもマッセリアが自殺を演じたかのように、彼を殺害したのであった。その殺害は迷宮入りとなった。ルチアーノは、全く捜査されなかったのであった。

平和はマランツァーノで構築されたが、しかし、双方の側の容疑は晴れなかった。マランツァーノはルチアーノの殺害を計画していたが、1931年9月に、マランツァーノは、事務所で、まさしく自分が殺そうと計画していた人間たちに殺されたのであった。

カステランマレーゼ戦争が生み出したものは、今日に至るまで続いている強力な犯罪ファミリーの構造なのである。**ラ・コーザ・ノストラ、禁酒法と組織犯罪**をも参照。

参照文献：Virgil W. Peterson, *The Mob : 200 Years of Organized Crime in New York*. 1983.

ポール・カステラーノ（CASTELLANO, Paul）（通称、ビッグ・ポール［Big Paul］ポール親分、ザ・ポープ［The Pope］）（1915年ニューヨーク州ブルックリンにて生誕―1985年12月16日ニューヨーク州にて死亡）コーザ・ノストラ犯罪ファミリー首領。

ポール・カステラーノは、1976年、ガンビーノ犯罪ファミリー*の首領に上り詰めたが、それはカルロ・ガンビーノ*が死亡してまもなく後のことであった。やがて、彼は、自分の親族と忠臣に支えられ、アメリカにおいて最大かつ最強の犯罪ファミリーの支配権を確固たるものとした。その新しいゴッドファーザーは、ニューヨーク州、コネティカット州、ペンシルヴァニア州、フロリダ州において、多くのビジネスを所有あるいは統制した。彼はひとかどの労働組合と労働契約の専門家であったのであり、彼が身に付けていた技能は、疑いもなく、彼の義兄であり従兄弟であったカルロ・ガンビーノ譲りのものであった。カステラーノは優雅に衣服をまとい、流行のレストランを好んだ。もし尋ねられたら、彼は、自分は殺し屋だ、と言ったであろう。

「ビッグ・ポール」と、彼は自分の暴力団仲間では知られていたが、合法・非合法取り混ぜた、様々な利益を手にしていた。例えば、ニューヨーク州ナッソー郡での廃品回収、ニュージャージー州での道路工事、スーパーマーケット、セメント、トラック輸送、リンネル類、アルコール飲料、レストラン、ナイトクラブ、ゲームセンター、そしてその上、信用詐欺、八百長サイコロ賭博、恐喝、贈賄、殺人といったものであった。

ポール・カステラーノは、アメリカで産湯を使った初めてのメジャーなラ・コーザ・ノストラ*首領であった。彼の両親は、19世紀から20世紀の変わり目にシチリアから移住し、カステラーノが19歳になるまでには、彼は武装強盗の咎で逮捕されていた。短期間ではあったものの、刑務所の体験は、その将来のゴッドファーザーにしてみれば、不快なものであったに違いない。1957年になって初めて、彼は、ニューヨーク州アパラチアにおけるコーザ・ノストラ秘密会議で、法執行機関の前に再び姿を現したのであった。カルロ・ガンビーノは、1976年に死亡する前に、彼は、自分の妹と結婚したカステラーノを、犯罪ファミリーの頭にしたのではあるけれども、妥当な選択としては、アニエロ・デラクローチェという、ガンビーノの長年にわたって非常に重用されてきた副首領であるべきだった。ガンビーノはファミリーの絆を大切にし、ファミリーの権力構造における鍵となるべき地位には、親族を欲した。ところが、そのような決定が、ファミリーを分裂させ、重大な反抗の舞台を設定してしまったのであった。

1980年代へと突入したときには、ガンビーノ犯罪ファミリーは、大連合となっており、その一味と派閥には、ニューヨーク州地域の大都市圏、ニュージャージー州、ペンシルヴァニア州、コネティカット州中の「組員たち」*を率いる28人ほどの頭領たちがいた。その規模と多くの利益が、部外者による結集的な攻撃の場合は別としても、統一体としてそれが機能することを弱めていたのであった。当然のことながら、その集団的攻撃能力を見せつけられては、あえてガンビーノ・ファミリーと事を構えようとする組は皆無であった。最終的にファミリーをその根底から揺さぶる緊張状態は、ガンビーノ自身が死亡したとき

には具体化しなかったが、ファミリーの副首領アニエロ・デラクローチェが1985年12月初頭に死亡したときに、表面化したのであった。

　カステラーノは、犯罪者帝国を、社会の合法的な側に溶け込ませることによって、自分の師であるカルロ・ガンビーノの使命を拡張し、実現したのかもしれない。「ポープ」(Pope)という言葉の使用は、ファミリーの何人かの「ボタン・マンたち」(犯罪者の構成員)は、嫌味さと小狡さに由来する彼の鼻持ちならなさゆえに、その首領を馬鹿にして指すのに使用していたが、それにもかかわらず、ファミリーのゴッドファーザーの一派は、頑丈なブルーカラーのデラクローチェ派よりも、ホワイトカラー寄りであった。ファミリーは、賭博、強奪、高利貸し業、薬物、マフィアの掟に心を奪われている者たちと、カステラーノの側に付いて、労働者に対するゆすりたかり、建築における入札操作、トラック輸送、廃品回収、食肉卸売、衣類産業に関与する者たちとに断絶してしまった。デラクローチェの目の黒いうちは、素晴らしく平和であったが、それはなぜなら、彼は首領に対して忠誠を要求したからであった。

　カステラーノにしてみれば、その考えにあったのは、ラ・コーザ・ノストラのイメージを、恐ろしい無慈悲な殺し屋とギャング団の一団から、書類鞄(ブリーフケース)を携帯する事業家で、従順ではなくやんちゃで、究極的な手段としてのみ暴力的になるものへと変えることであった。ラ・コーザ・ノストラとの商取引はきわどいものと考えられていたかも知れず、おそらくは危険とさえ考えられていたかも知れなかったが、おっかないものでも、もちろん下劣なものでもなかった。カステラーノはこのイメージに取り組んだが、それは、彼の権力の手綱が強化され、安定したときのことであった。彼は自分自身をビジネスマンと見なし、過去の忠誠から、そして、時々彼ら凶悪犯が便利であり得ることから、不快な人々と付き合うことを余儀なくされた。その首領は、ジョン・ゴッティ*よりも、臆病者フランク・パーデュー(Frank Perdue)に、より安心感を覚えた。

　ゴッティのようなタイプの主な不満は、合法的企業へと安全に投資され得る、自分たちのゆすりたかりによる資本を生み出すことで、自分たちの暴力が、こ

のような現代化傾向を助長しているということであった。そして、確実な暴力の威嚇がなかったならば、カステラーノのような人間が追求する多くのビジネス・プロジェクトは、不首尾に終わっていたであろう。

　結果的に、何度も、街路マフィアは、ポープの勢力範囲を越えて、再構成したのであった。ジョン・ゴッティのような若い補佐役は、強力なギャングスターの忠誠を、無法者の街路チンピラと強めたのであり、そのチンピラたちは、「マックマフィア」(Mcmafia)、すなわち、即席の大金をもたらす簡単なギャングスターの仕事を、欲しがっていたのであった。それは薬物や危険な仕事を意味した。ゴッティの組員や仲間たちは、ゴッドファーザーよりもむしろ、ゴッティに真っ先に忠誠を示していた。このような風潮が、権力の腐食を推進させ、その腐食は、ついにはゴッドファーザーの死という結末に至らせるものであった。

　ガンビーノファミリーの「良きマフィア」の側面の見地からすると、ゴッティは、ラ・コーザ・ノストラの諸悪の根源の象徴であった。彼の逮捕と裁判は、いつも憂鬱さが浮かんでくるものであり、ギャングの首領たちの腰の低さを維持する伝統に対する無体な侮辱を証明するものであった。ゴッティは、「小粋な身なりの首領」(Dapper Don)のイメージを計画したが、それは、派手なギャングスターで押さえ付けられることのできない存在であり、そして、古参たち、すなわち「口髭のピートたち」(Mustache Petes)*に対する彼の態度は、ラ・コーザ・ノストラの組興しを通して、恐怖の戦慄を与えたのであった。うぬぼれの強い、鼻持ちならない、売れっ子でへつらわれるマスコミ媒体のスターが、ここにいたのであった。ゴッティは、カステラーノから多くの権力をもぎ取ったので、ビッグ・ポール（新たな姿においては、カステラーノ氏というビジネスマン）によって破門された街路の組員たちは、自分たち自身の影響力を強めていった。そして、このようなことは、カステラーノによって編み上げられた人間関係のネットワークとは関連性はなかった。ゴッドファーザーの殺害に必要な条件が形となって現れた。第1には、カステラーノによって引き払われてしまっている、過去に存在した、街路に横たわっている権力の利用可能性があ

った。1984年までに、明白になってきたことは、ゴッドファーザーには、もはや、権力など存在しないということであった。つまり、集会、座り込み*、そして決議の着実な趨勢が、次第に、バージン・ハント＆フィッシュ・クラブ（Bergin Hunt and Fish Club）、ラヴェナイト（Ravenite）から、やって来たのであった。権力は、その拠り所を失ってしまった。ラ・コーザ・ノストラの神話においては、権力というものは、首領によって完全に把握されるものであった。すなわち、首領は、自分が適切と思うように権力を分配し、その権力は、異端かつ暴力的になるであろう行為、あるいは、自分の仲間によって許可された行為に出る場合以外は、利用可能にはならなかったのであった。

　1985年12月初頭のデラクローチェの死の騒ぎもまた、カステラーノの運命を宣告するものであった。ビッグ・ポールが、首領としての自分の義務を正式に放棄してしまったという噂と批判が煽られたが、それは、連邦捜査局（FBI）の監視、盗聴、そしてそれらがその他の首領たちや関係者たちについて暴露し得ることについての、その他の警戒心を抱かせる展開によるものであった。ゴッドファーザーの差し迫る裁判もまた、その他のファミリーに対する負罪証拠を暴露する者であったかもしれなかった。そのため、その他のファミリーは、本当は殺し*の許可を与えてはいなかったのかもしれなかったが、それらの首領たちは、殺しを受け入れたのであった。そして、最後のトドメになったのは、カステラーノの運転手トーマス・ビロッティ（Thomas Bilotti）を、自分の新副首領にするというカステラーノの一方的な決定であった。このことは、率直に言って、想像を絶することであった。そのことは、ギャングの掟の無謀な無視を示すものであった。すなわち、発言力のない、容赦ない喧嘩屋ビロッティなど、リーダーの器ではなかったのである。すべてのこのような事態が、あるものはすぐに、あるものは徐々に発展して、固定化し、そして、抑えられない濁流のように、共に押し寄せて来て、暗殺計画を進展させたのであった。要するに、諸々の出来事が、謀反の主要動機の封を切ったのである。

　肺癌によるデラクローチェの死の2週間後、カステラーノは、マンハッタンはミッドタウンの混雑した街路で射殺された。彼の後継者は、彼の暗殺の首謀

者、ジョン・ゴッティであった。**カルロ・ガンビーノ、ジョン・ゴッティ、ラ・コーザ・ノストラ**をも参照。

　参照文献：Joseph O'Brien and Andris Kurins, *Boss of Bosses : The FBI and Paul Castellano*. 1991.

チェンバーズ兄弟（Chambers Brothers）デトロイトの安価な結晶コカインのネットワークの基礎が築かれたのは、1983年、4人のチェンバーズ兄弟によってであり、それは、たった2、3年で、約200戸のコカイン・ハウスに発展し、そこでは500人もの人々を雇用し、そのほとんどは、ティーン・エイジャーたちが、彼らの郷里であるアーカンソー州マリアンナから採用されていた。1988年、14人のチェンバーズ兄弟ギャングの構成員たちに対する薬物陰謀罪の訴訟中、法執行機関が示唆したことは、この薬物ネットワークは、「かつて、市のクラックの半分を供給していた」ということであった。警察が主張したことは、チェンバーズの薬物収益は、1週につき、総計100万ドルに上ったということであった。固い一連の掟は、しばしばコカイン・ハウスの壁に掲示され、行動を支配していた。ギャングの親玉たちは、コカインと現金は、一緒に運搬されてはならないと警告した。そして、運搬中のスピード違反は、禁じられた。また、商用のために、無闇に自動車を使用することも、許可されなかった。品質管理の管理者たちは、コカインの買い手を装って、生産品を監視し続けた。

　アーカンソー州マリアンナに住む者皆が知っていたことは、ラリー、ウィリー、ビリー・ジョー、そしてオーティスのチェンバーズ兄弟（Larry, Willie, Billy Joe, and Otis Chambers）が、デトロイトの薬物の売人であったことである。多くの若者は、自動車で有名なその都市で、楽に稼いで楽に暮らすことを夢見て、デトロイトにおびき寄せられたのである。しかし、皆が皆、お抱え運転手つきリムジンで故郷に錦を飾ったわけではなかった。1988年の彼らの裁判で、1人の証人が、くだんの兄弟が、自分らの組員を統制するために用いていた、不道徳な掟を供述したのである。チェンバーズ兄弟がデトロイトのブタ箱に入った後は、市の薬物取引は、混沌状態に陥った。多くの薬物取引は、街路に佇む売

人や、詐欺師の手中に陥ったのである。**エル・ルークンス、ヤング・ボーイズ・インク**をも参照。

参照文献：Harold Abadinsky, *Organized Crime*. 1997.

陳子超（エディ・ツェ・C・チャン）（CHAN, Eddie T. C.）（生誕日不明、香港出身）堂（党 [Tong]）の首領かつ、チャイナタウンのゆすりたかり者。

　元香港警察巡査部長で、手広く汚職に手を染めていたため逃亡したチャンは、1970年代中頃、ニューヨーク市のチャイナタウンに到着した。彼は到着してすぐ後、レストランと斎場をオープンした。元英国植民地において三合会*と盃を交わしていたにもかかわらず、彼は、札付きの鬼影（ゴースト・シャドウズ [Ghost Shadows]）のチンピラによる、ゆすりたかり計画の餌食となっていた。後には、成功したビジネスマンとして、彼は、オン・レオン堂（On Leong Tong）総裁に選出され、地方や連邦の政治家と接触をもつに至った。

　法執行機関は、チャンが、鬼影とそのゆすりたかり活動に、密接に関与するに至っているとして告発した。彼はまた、自分が設立した投資信託会社、コンチネンタル・キング・レオン・コーポレイション（Continental King Leong Corporation）と関係する詐欺行為に関与した咎でも告発された。香港の三合会の組員は、彼をニューヨーク・チャイナタウンの暗黒街の「ドラゴン・ヘッド」（Dragon Head：龍頭）（犯罪の首領）として特定し、それは、1983年組織犯罪に関する大統領委員会（PCOC）の公聴会以前のことであったが、チャンは、その罪責を否認していた。彼は、宣誓証言のための委員会による召喚状を発せられたとき、アメリカから逃亡したのであった。

参照文献：Ko-lin Chin, *Chinatown Gangs : Extortion, Enterprise, and Ethnicity*. 1996.

シカゴ・アウトフィット（Chicago Outfit） コーザ・ノストラ犯罪組織。

　アル・カポネ*がシカゴにおいて、メジャーな犯罪組織を率いて以来ずっと、アウトフィットは、アメリカ暗黒街と法執行機関の至るところで知られているように、それは恐るべきゆすりたかりを行うシンジケートとして残っているの

であり、それは、おむつ事業から斎場までありとあらゆるものを経営しているのである。その効率性は、マフィアの羨望の的となっている。アンソニー・ジョゼフ・アッカード*は、「ジョー・バッターズ」（Joe Batters）としても音に聞こえ、アル・カポネの刺客かつお抱え運転手でもあったことがある男であり、その狡猾さと技術とをもって、組織の頂点にまで上り詰め、そして、数年間にわたり、複雑な権力闘争の立案担当者であり続けており、その権力闘争が、アウトフィットを、五大湖から西海岸に至るまでのゆすりたかりにおける支配的集団にしたのである。

　掟は、アウトフィットの指導管理の原理であり続けている。シカゴの組織犯罪集団は、「みかじめ料」（street tax）を徴収するが、それは、すべての違法活動に対しても、いくつかの合法的活動に対しても同じことである。ノミ屋、売春婦たち、薬物の売人やあまつさえレストラン、バー、駐車場の所有者までもが、自分たちの総収入の10％から50％を支払っており、それは、自分たちの経営の収益性や、経営を維持するために警察に金を払ってどれだけ保護してもらうかによる。アウトフィットは、とりわけ、その内的自衛手段においては、固い規律を維持しているのである。

　シカゴ保険業幹部アレン・ドーフマン（Allen Dorfman）は、洗練された金銭管理者であり、組合の福利厚生と年金基金のための資金の利用により、1960年代において、地下銀行に融資した先駆者であった。まず、彼は、チームスター*の中央アメリカ年金資金から、ネヴァダ州ラスヴェガスのいくつかのカジノ・ホテルへと、融資先を集中した。次に、彼は、アッカードとその組員に対して、ヘルス・ケアの組織の設立方法を示したが、そこでは、利益配当を受ける医師や歯科医らは、組合の患者から法外な診察料を請求した後で、アウトフィットにリベートを供給するということであった。ドーフマンは、個人的にリベートを受け取り、チームスターの融資や保険の支払請求を処理していたが、あまりにもアウトフィットの常軌を逸した資金調達について知り過ぎていた。彼は、アウトフィットの首領たちが、彼が検察官たちに漏らしてしまうかもしれないと勘繰った1983年、郊外のシカゴの駐車場で、公衆の面前で射殺された。

掟に関するもう1つの事例には、偏執狂と関係があるが、アウトフィットの偉丈夫アンソニー・「ジ・アント」・スピロートロ*がいる。スピロートロは、ラスヴェガスに駐在して、カジノ賭博の上がりのごまかしを見張り、金銭がシカゴとカンザス市にいる自分の首領たちの懐に入る手段を講じていた。「ジ・アント」(The Ant：蟻) として知られていたのは、彼のずんぐりむっくりした容姿とタフさのゆえであり、彼は、腰は低くはなかったが、フード・ファクトリーというラスヴェガスのファースト・フード店を地盤として経営していた。そこから、彼は、不動産に手を出し、歓楽街で不法目的侵入や指輪の故買に手を染め、売春業を営み、有名な歓楽街の周りのホテルに女性らを出張させた。こういったことに没頭していて、ジ・アントは、賭博の上がりのごまかしの操作の統制などおざなりで、そして、FBIはそのことを看破し、ジョゼフ・ジョン・アユッパ*とジャッキー・セローン (Jackie Cerone) という2人のアウトフィットのゴッドファーザーたちを有罪宣告に導いたのであった。その2人と共に、何人かの他のギャングの親玉が収監されたが、そこには、カンザス市の組織犯罪集団の後援者、カール・デルーナ (Carl DeLuna) も含まれていた。

1985年6月、アウトフィットは、その罰として、スピロートロのラスヴェガスでの非行に対し、考慮の末、配分することになった。彼と彼の兄弟であるマイケル (Michael) は、インディアナ州のトウモロコシ畑に埋められているところを発見された。彼らはアウトフィットの掟の被害者たちであった。彼らは職務怠慢であったがゆえに、致命的な結果を被ったのである。

アウトフィットは、シカゴの進化している組織犯罪の一例である。その特徴のいくつかは、アメリカのあちらこちらにあるマフィア犯罪ファミリーとは異なっている。それは、ラ・コーザ・ノストラ*に根っこがあるのだけれども、アル・カポネの時代以来ずっと、組員は、イタリア人に限定されてはこなかったのであり、むしろ、アウトフィットは、昔からずっと、人種のるつぼのままなのであり、ユダヤ人、アイルランド人、ポーランド人、あまつさえアフリカ系アメリカ人でさえその活動上の核となるべき地位を占めてきたのであった。

アウトフィットへの入会は、特定のニューヨーク・マフィア・ファミリーで

行われているような、高度に儀式ばったものではない。すなわち、握手で充分なのである。さらに重要なことは、首脳部は、ただ単に、犯罪ピラミッドの頂点に座す、たった1人だけの首領の統制下にあるものではないということである。「長老たち」(Elder statesment) という、引退した首領たちで、精力的な街路における行動や、日々のアウトフィット組員の活動においてある程度の統率力を持ち続けている者たちが、今もなお、組織の意思決定の場面においては、その権力を行使しているわけである。アンソニー・アッカードがその権力を共有していたのは、ポール・「ジ・ウェイター」・リッカ、ジャッキー・セローン、サム・ジャンカーナ*、ジョーイ・アユッパ (Joey Aiuppa) であり、そして、危機に瀕すると、よく背後に隠れたものであった。アウトフィットの重要性が、ニューヨーク州のコーザ・ノストラのおかげで、薄れてきていると考える人々に、ちょっと思い出して頂きたいのは、2つの国家的犯罪シンジケートがアメリカには存在しているということである。すなわち、シカゴと、それ以外、ということだ。

参照文献：Howard Abandinsky, *Organized Crime*, 5th ed. 1997 ; John Landesco, *Organized Crime in Chicago*. 1929 ; reprint 1968.

中国人ストリート・ギャングズ（Chinese Street Gangs）国籍上の定員を廃止する、1965年入国帰化法 (Immigration and Naturalization Act in 1965) 制定後の、アメリカにおける中国人人口の増加で、ギャングたちが、ニューヨーク市、サンフランシスコ、ロサンジェルス、ボストン、シカゴに出現し始めた。これらのギャングたちは、違法賭博*、恐喝、売春斡旋、不法目的侵入、強盗に関与しているといわれていた。ギャングの銃撃戦は、しばしば、中国人コミュニティで勃発し、何の罪もない人々の傷害あるいは死という結果を招いていた。

ギャングたちはまた、堂（Tongs：トンまたは堂あるいは党)*として知られている中国人コミュニティ組織と密接に関係しているともいわれている。堂は、違法賭博、売春、アヘン売買、そして暴力において、幅を利かせ、継続的に関与しているために、アメリカ法執行機関によって、犯罪結社と見なされている

のである。しかしながら、これらの結社は、アメリカ政府には、非営利組織として登録されており、かつ、多くの点で、合法的集団となっているのである。

　中国の堂とギャングたちはまた、台湾と中国の組織犯罪集団に、ますます頼りにされているとも信じられている。1980年代初頭以来、中国人ギャングたちや堂の活動は、アメリカやカナダの官憲の、大いなる関心と監視の主体であり続けている。公聴会が召集され、いわゆる非伝統的組織犯罪集団の出現が審議された。アジア人あるいは中国人のギャングの専門委員会が、サンフランシスコ、ロサンジェルス、モントレー・パーク（カリフォルニア州）、ニューヨーク州、バンクーバー、そしてトロントに設置され、アジア犯罪集団に対抗しているのである。ニューヨーク市麻薬取締局（DEA）はまた、アジア・ヘロイン・グループ（グループ41（Group 41）として知られてもいる）を受け持っており、その集団は、中国人間における薬物不正取引を、主に取り扱っているのである。オークランド、シカゴ、ボストン、ダラス、ヒューストン、そしてヴァージニア州アーリントンのような他の都市もまた、法執行の財源を、中国人ギャングたちに振り向けてきているのである。移民帰化局（INS）は、専門委員会を、ワシントン州、ニューヨーク州、ボストン、ヒューストン、サンフランシスコ、そしてロサンジェルスに創設し、中国人犯罪者に専門的に対処するに至っているのである。国際的に活動する中国人犯罪集団を、より効果的に攻撃するために、アメリカの連邦の局員たちは、国外の法執行機関と緊密に連携し始めたのである。中国人犯罪集団は、現在、法執行機関によって、アメリカにおける第2の深刻な組織犯罪問題として考えられているのである。中国人犯罪集団は、近い将来、イタリア人組織犯罪集団を凌駕する可能性があると推測されている。

　ニューヨーク市のほとんどの中国人ギャングたち、とりわけ堂に加入したギャングたちには、1人以上のリーダーあるいは1つ以上の派閥があり、そして彼らは、1つ以上の縄張りにおいて、活動を行っているのである。例えば、飛龍（Flyng Dragons：フライング・ドラゴンズ）には、2人以上の大大佬たち（Dai Dai Los：ダイ・ダイ・ロウたち）（Big Big Brothers：大兄貴たち）が存在し、彼らは、協勝堂（Hip Sing Tong：ヒップ・シン・トン）の特定の幹部ある

いは構成員と、非常に親しい関係にある。これらの大大佬たちは、6つのギャングの派閥を統制し、うち3つは、ニューヨーク州マンハッタン、残り3つはニューヨーク州クイーンズにある。各派閥には、約15人の組員と、それ自身の派閥の大佬（Dai Lo：ダイ・ロウ）（Big Brother：兄貴）が存在する。しばしば、派閥は、互いに合い争う。各街路レベルの大佬は、マ・ジャイたち（Ma Jais）（Little Horses：リトル・ホースィズまたは子馬たち）あるいはリャン・ジャイたち（Lian Jais）（Little Kids：リトル・キッズまたは坊やたち）として知られる何人かの三下の街路犯罪者たちを束ねている。

大大佬たちは、1人あるいはそれ以上の堂幹部あるいは組員から命令を受けるが、その幹部たちは、ギャングの連中の間では、アー・クン（Ah Kung）（祖父）あるいはスック・フー（Sook Fu）（叔父貴）として知られている人物である（図1）。次に、大大佬たちは、それらの命令を、大佬たちに伝達し、さらに、大佬たちが、それらの命令を、イェー・ロウたち（Yee Los）あるいはサム・ロウたち（Sam Los）に繋ぎ、そして、最終的に、街路レベルのリーダーが、それらの命令を、マ・ジャイたちに伝達する、というわけである。堂のほとんどの命令は、賭博貸付金取立代行業や、堂が援助する賭博場と売春宿の自衛に関係するものとなっている。

マ・ジャイたちは、大大佬たち、アー・クンたち、あるいはスック・フーたちはいうまでもなく、自分たちの派閥の大佬たちが、一体全体誰なのかについて、全く知らない様子である。マ・ジャイたちは、自分たちの直接の親分、すなわち、街路レベルの大佬からしか命令を受け取らないのである。マ・ジャイたちは、ギャングによって、首脳部の構造についての質問は、してはならぬと教育されているのである。同様に、街路レベルの大佬たちもまた、直接のリーダーたち、すなわち本部組織レベルの大佬たちしか知らず、かつ、大大佬たちあるいはアー・クンたちと、直接喋るようなことは、滅多にないことなのである。このように、堂に加入している中国人ギャングたちは、非常に階級性の強いものとなっていることが明白である。若いギャング組員たちは、自分たちのリーダーよりも上の階級の人物を、たった1回だけ、すなわち、入会式におい

図1 党系列あるいは非党系列ギャングの典型的組織構造

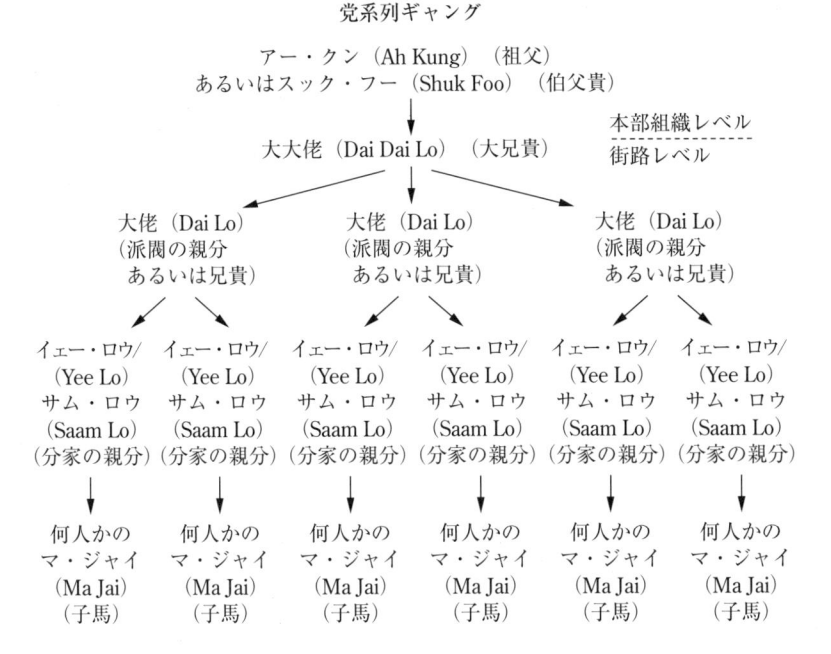

党系列ギャング

アー・クン（Ah Kung）（祖父）
あるいはスック・フー（Shuk Foo）（伯父貴）

大大佬（Dai Dai Lo）（大兄貴）

本部組織レベル

街路レベル

大佬（Dai Lo）
（派閥の親分
あるいは兄貴）

大佬（Dai Lo）
（派閥の親分
あるいは兄貴）

大佬（Dai Lo）
（派閥の親分
あるいは兄貴）

イェー・ロウ/（Yee Lo）サム・ロウ（Saam Lo）（分家の親分）

何人かのマ・ジャイ（Ma Jai）（子馬）

非党系列ギャング

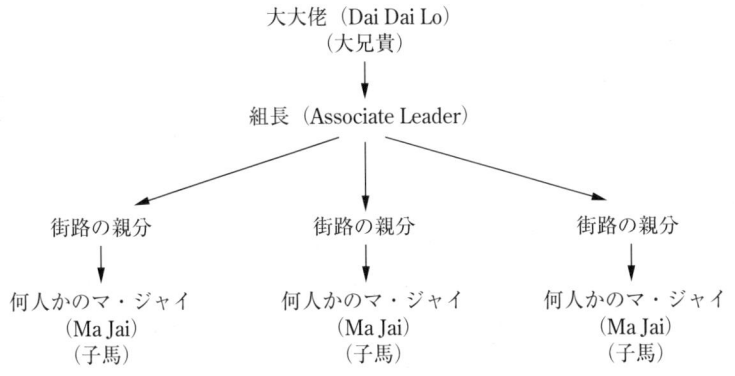

大大佬（Dai Dai Lo）
（大兄貴）

組長（Associate Leader）

街路の親分

何人かのマ・ジャイ（Ma Jai）（子馬）

Source：Ko-lin Chin, Robert J,. Kelly, and Jeffrey Fagan, "Gang and Social Order in China Town." Final Report, National Institute of Justice, U.S. Department of Justice, Washington, D.C. 1990. からの引用。

てしか、拝見できない可能性がある。

　要するに、ギャングたちと堂とは、特定の堂の構成員たちとギャングのリーダーたちを通じて、繋がっているのである。もし、ある堂が、系列下のギャングの助力を必要とする場合、メッセージは、アー・クンによって、大大佬へと伝達されるのである。

　中国人ストリート・ギャングズが初めて出現したのは、サンフランシスコで、1950年代後半のことであった。一番最初の少年ギャングは、「バグズ」（Bugs：虫たち）として知られ、アメリカ生まれの中国人によって結成されていた。バグズは、不法目的侵入に主に関与し、そして、たやすく特定されたが、それは、彼らの服装のせいであり、それは、ハイヒールのワーク・ブーツなどであった。

　1964年、若い移民たちは、サンフランシスコに、最初の外国生まれの中国人ギャングを組織し、それは、和勝（Wo Ching：ウォ・シン）（中国青年）として、音に聞こえた。そのギャングの主目的は、アメリカ生まれの中国人から、自分たちの組員を守ることであった。移民制限が緩和された1年後、和勝は急速に強大なギャングに進化したが、それは、新たな移民から組員を採用したことによるものである。後に、合勝堂（Hop Sing Tong：ホップ・シン・トン）は、和勝を雇って、自身の賭博施設の見張りとした。和勝のリーダーたちの1人で、合勝によるギャング統制に不満であった人物は、和勝を1969年に抜け、ヤウ・ライ（Yau Lai）（Yo Le：ヨ・レ）を結成し、それは後に、ジョー・フォン・ボーイズ（Joe Fong Boys）となった。

　賭場の見張りのような仕事の他にも、和勝とジョー・フォン・ボーイズの組員は、自分たちのコミュニティにおいて、小売商を食い物にし始めた。ほとんどの商店経営者は、みかじめ料（extortion money）をギャングに定期的に支払って、営業妨害を回避していた。そのような商店経営者でギャングに支払いを拒絶する者は、しばしば蛮行によって荒らされ、あるいは破壊の憂き目に遭ったのであった。

　和勝とジョー・フォン・ボーイズが、サンフランシスコのチャイナタウンで、最強のギャングになり始めたとき、街路における暴力が、勃発した。最悪な事

件の1つが、1977年9月に発生したが、それは、サンフランシスコのチャイナタウンにあるゴールデン・ドラゴン・レストランにおいてであった。銃撃戦の報復のため、3人のジョー・フォン・ボーイズが、銃で武装し、レストランへと侵入し、和勝を攻撃した。その悪漢たちは、無謀にも、そこにいた客に対しても、銃をぶっ放した。5人が殺され、11人が重傷を負った。

何人かの和勝の組員たちが、サンフランシスコからロサンジェルスへと1965年に移ったとき、彼らは、ロサンジェルス和勝を結成し、移民学生たちを採用したが、その移民学生たちは、メキシカン・ギャングたちに対する防衛手段を必要としていた者たちであった。

ロサンジェルス地域では、中国人ギャングたちは、モントレー・パークで活発な動きを見せてもいたが、そのモントレー・パークは、「リトルタイペイ」として知られる場所である。アジア人ギャングたちは、ロサンジェルスとサン・ガブリエル・バリーでの濡れ手で粟の犯罪企業の統制のために抗争中で、その犯罪企業は、賭博、密航、恐喝、用心棒、麻薬密売という内訳である。

ニューヨーク市の中国人ギャングの数は、他のどのアメリカの都市の中国人ギャングの数よりも多い。ニューヨーク市は、今では、アメリカにおける中国人組織犯罪の権力の基盤と考えられているのである。最初の中国人ストリート・ギャング、コンチネンタルズ（Continentals）は、1961年に結成されたが、それは、中国生まれの中国人高校生の自衛のためのものであった。コンチネンタルズは、100人ほどの組員を擁し、そして、プエルトリコ人やアフリカ系アメリカ人だけでなく、イタリア人やその他の白人とも争った。後に出現する中国人ギャングとは異なり、コンチネンタルズは、どの堂とも盃を交わしてはいなかった。

登場した段階では、中国人ギャングたちは、その本質においては、武術クラブであったのであり、それは、カンフーの師匠で、堂の組員であった人物によって率いられていた。ギャングの組員は、主に、武術の心得があり、アメリカ生まれの中国人の若者をチャイナタウンからつまみ出したり、そのコミュニティを乱暴狼藉から防衛していたのであった。

1960年代終盤と1970年代初頭の間に、ギャングたちは、自助団体から、コミュニティの略奪者（predators）へと、完全に変身した。彼らは、商売ものの食べ物や上がりを要求することによって、コミュニティを恐怖のどん底に陥れ、そして、違法賭博施設を強奪したのであった。青年ギャングたちが、堂の組員である商店主やギャンブラーを食い物にし始めたとき、堂はついに、自分たちの街路部隊としてギャングたちを雇って、強盗や恐喝から自分たち自身を防衛し、そして、コミュニティ内での堂の権力的地位を固めることにした。

　1970年代中葉までには、チャイナタウンの何人かのギャングたちは、特定の堂と不可分一体になった。ギャングの組員たちは、堂によって賃貸されたアパートに住み、そして、堂によって所有されているレストランの用心棒となった。ギャングの組員というものは、ほとんど完全に学校や家族に寄り付かなくなった青年にとっての、専任の業務となった。ギャングの組員によってもたらされるあらゆる安全にもかかわらず、組員たちは、それでもなお、ギャング抗争が史上空前に達したときには、敵対するギャングからだけでなく、身内のギャング内のライバル的派閥からまでも、防衛しなくてはならなかったのであった。ギャングの組員は、帰属や仕事を堂から申し込まれたけれども、ギャングたちは、あまりにも強くなり過ぎていたから、堂によって完全に統制されることはできなかった。その結果、コミュニティは、ずっと、恐喝や強盗の増加に甘んじ続けることになった。

　ニューヨーク市のチャイナタウンの歴史上、最も荒れた年度といえば、1976年である。暴力がいよいよ爆発する段階に達したのは、M・B・李（Man Bun Lee：マン・ブン・リー）という、中華公所（CCBA）の元会長で、法執行機関が中国人ギャングに対し断固たる態度で臨むことを公的に要求した人物が、雇われの殺し屋によって、5回も刺されたときであった。李は死ななかったけれども、その事件は、明白なメッセージをコミュニティに対して送ることとなった。すなわち、ギャングを敵に回す者は、誰一人として、安全ではなくなるということである。ギャング間、そして、ギャング内の抗争は、しばしば、マンハッタンのチャイナタウン街で噴出した。商店主は、ギャングの組員によって

恐怖のどん底に陥れられ、そのギャングたちは、窃盗、強盗、恐喝に明け暮れていたのであった。みかじめ料の支払いを拒絶した商店主は、自分たちの生命を危険にさらすことになった。公式統計も示しているごとく、第5管区内の暴力犯罪に対する告訴率は、1976年に、最高記録に達したということである。

　1980年代には、新しいギャングたち、すなわち福青（Fook Ching：フー・チン）、白虎（White Tigers：ホワイト・タイガース）、東安（Tun On：トン・アン）、緑龍（Green Dragons：グリーン・ドラゴンズ）、そして金星（Golden Star：ゴールデン・スター）などが、チャイナタウンや、クイーンズとブルックリンの独立区のはずれに出現し、中国人のビジネスや居住者の再配置のパターンを模倣した。

　白虎は、1980年代初頭、クイーンズはフラッシングにある、新しく創設されたアジア人のコミュニティにおいて、最強のギャングとなった。地方の警察官たちやコミュニティの長たちの指摘によれば、その地域のほとんどの中国人のビジネスは、しばしば、そのギャングによる恐喝や強盗の憂き目に遭っているということである。クイーンズの他、マンハッタンのチャイナタウンの北部地域もまた、白虎の活動の場となっている。

　東安は、比較的新しいものであるけれども、急速に成長している中国人ギャングである。東安は、元忠義（Ching Yee）組員たちによって結成されたものであり、ディヴィジョン・ストリートと東ブロードウェイにある新しい商業地区を統制しているが、そこは、東安の縄張りなのである。1985年5月、東安の悪評はその絶頂に達したが、それは、2つのギャングの一味が、危険な銃撃戦に踏み込んだときのことである。7人が傷害され、その中には、1人の4歳の中国人の少年が含まれており、彼は、自分の叔父と街路を歩いていたときに、頭を打ち抜かれたのであった。

　ボーン・トゥ・キル（Born-to-Kill：生まれながらの殺し屋）（Canal Boys：キャナル・ボーイズまたは運河の少年たち）は、鬼影と飛龍の元組員によって結成された。そのギャングの組員は、ほぼヴェトナム人あるいはヴェトナム系中国人で占められていた。このギャングは、マンハッタンのチャイナタウン郊外

の地区を仕切り、そこでは、多くのヴェトナム人あるいはヴェトナム系中国人の小売店が構えられていた。ボーン・トゥ・キルには、飛龍同様、暴力団という評判があり、そして、成人の集団とは盃を交わしてはいない。1990年代初頭、このギャングは、他の中国人ギャングたちとの一連の暴力的対決に踏み込んだ。しばらくの間、ボーン・トゥ・キルは、ニューヨーク市で最も恐れられたアジア人ギャングであった。しかしながら、そのギャングの副首領は、1991年の夏に、敵対するギャング組員によって殺害され、しかも、ニュージャージー州リンデンにおいて、その葬儀に参列していた会葬者たちが、3人の殺し屋によって銃撃を受けたのであった。後に、そのギャングのリーダーと何人かの組員たちは、殺害、恐喝、そしてその他のゆすりたかり活動の咎で、有罪判決を受けた。近年、そのギャングは、崩壊寸前になっている。

中国人ギャングたちが最初に結成された、サンフランシスコ、ロサンジェルス、ニューヨーク市の諸都市を越えて、ギャングたちが、オークランド、ダラス、ヒューストン、フォールズ・チャーチ、ヴァージニア、アーリントン、フィラデルフィア、シカゴ、ボストンにおいて活発であるという報告もまた入ってきている。南カリフォルニア州、ルイジアナ州、テキサス州、フロリダ州、マサチューセッツ州、ヴァージニア州、イリノイ州、そしてペンシルヴァニア州のマスコミと法執行機関もまた、自分たちの法域におけるヴェトナム人ギャングたちの存在を、報告している。**アジア系組織犯罪、中国人三合会、堂（党）**をも参照。

　参照文献：Thomas J. English, *Born to Kill*. 1995 ; Peter Kwong, *The New Chinatown*. 1988.

中国人三合会（Chinese Triads）中国人三合会は、アメリカで暗躍する最も古いアジア人犯罪組織であり、かつ、おそらく、最も恐ろしい組織である。*Triad* という言葉は、三角形に由来し、その3点は、天、地、人を象徴するものなのである。彼らの活動は、中国において、1800年代後半に始められたもので、レジスタンス集団として、清王朝の転覆を試みたものであるが、その清王朝とは、

中国を、17世紀から1912年に至るまで統治していたものであった。1840年から1912年の間に、三合会は、イデオロギー的革命集団から、犯罪事業へと鞍替えし始めた。1900年代までには、三合会は、完全に堕落しきってしまい、彼らの以前のイデオロギーに対する忠誠心などなくなってしまっていた。多くの三合会の組員たちは、香港やアメリカに逃亡したが、それは、1870年から1920年にかけての、そして、20世紀初期の数十年間の、清王朝に対する反乱が、不首尾に終わった後のことであった。彼らはすぐに、香港が犯罪活動にとって天国であるということに気付いた。賭博、売春、そして労働市場は、新たなる富をもたらす領域の中でも、選ばれるべきものであった。1949年、中国国民党政府の崩壊で、さらに組員たちが、台湾や香港に逃亡し、香港においては、既に侮りがたい存在にパワーアップした。三合会は、1950年代中葉における、血まみれの三合会内部における権力闘争を切り抜け、そして、より強力になって出現したが、それは、香港政府による、三合会の成長や影響力に対する統制の努力がなされたのにもかかわらずのことであった。

　三合会の大多数の内部構造は、非階層的かつ非形式的なものである傾向があり、それぞれのファミリーは、自治的な地区ごとの首領によって動かされている。ファミリーは、その親となっている組織から独立して、特定の犯罪活動を計画したり、実行したりしているのである。これらの集団は、深い家族的あるいは組織的絆ではなく、富の蓄積という犯罪目的によって、結合しているのである。1つの三合会内部で活動するファミリーは、街路ギャングから、高度に複雑化した犯罪シンジケートにまで、その範囲は及んでいる。

　200年間以上にもわたって密かに生き続けつつ、三合会は、儀式や掟を紡ぎ続け、その多くは、今日においてもなお、実践されているのである。役員たちは、ナンバーによって認識され、常に「4」で始まり、それは、中国の教義を引用したもので、その教義とは、世界は4つの海によって取り囲まれている、というものである。入会儀式（initiation ceremonies）と誓いが目的とするところのものは、団結と忠誠心を促進し、裏切りを断固として思いとどまらせることにある。儀式においては、1羽の鶏の首が切り落とされ、集団を裏切った末路が

示されるのである。

　三合会は、国際的に活動し、そして、香港、中国、台湾の至るところを通じて繋がっている。英国香港警察の推定によると、世界中の三合会組員は、何十万人にも及び、三合会の規模と影響力は、非常に多岐にわたるということである。

　1つの三合会における地位は（最下位の地位を除き）、3桁のナンバーで示される（図2を参照）。「489」（セイパーガウ）、あるいは山主（Shan Chu：シャン・チュ）（Dragon Head：ドラゴン・ヘッドまたは龍頭）とは、リーダーあるいは「ヒル・チーフ」（Hill Chief：総長）のことである。「438」（セイサンパー）あるいは福山主（Heung Chu：ヘウン・チュ）（Incense Master：インセンス・マスターまたは香主）とは、儀式担当の三合会幹部である。「432」（セイサンイー）あるいは草鞋（Cho Hai：チョ・ハイ）（Straw Sandal：ストロウ・サンダルまたはわらじ）とは、連絡係かつ意思伝達を専門に取り仕切る本部組員である。「426」（セイイーロク）あるいは紅棍（Hung Kuan：フン・クアン）（Red Pole：レッド・ポウルまたはベニビワ）とは、実行役のことである。そして、「49」（セイガウ）あるいはコー・ジャイ（Kow Jai）とは、下部組織の組長あるいは組員のことである。

　いくつかのよりよく知られた三合会には、以下のものがある。

　竹聯幫三合会（United Bamboo Gang (UBG) Triad：ユナイテッド・バンブー・ギャング・トライアド）

　チウ・レン・バン（Chuk Luen Bong）とは、英訳すれば、ユナイテッド・バンブー・ギャングを意味するが、それは、1956年、台湾は台北近くの村で結成されたものであった。この集団は、香港や中国からの流れ者の街路ギャングから成長し、一致団結して地方のギャングたちに抵抗し、台湾で最大の三合会になったのである。彼らは薄汚れた協定を、政府官僚と結ぶことができたのであり、その官僚といえば、ギャングの組員を使用して暗殺を実行していたのであった。この組織は、すぐに、国際的に勢力を伸ばした。

　アメリカにおけるUBG組員とその関係者たちは、薬物不正取引、マネー・

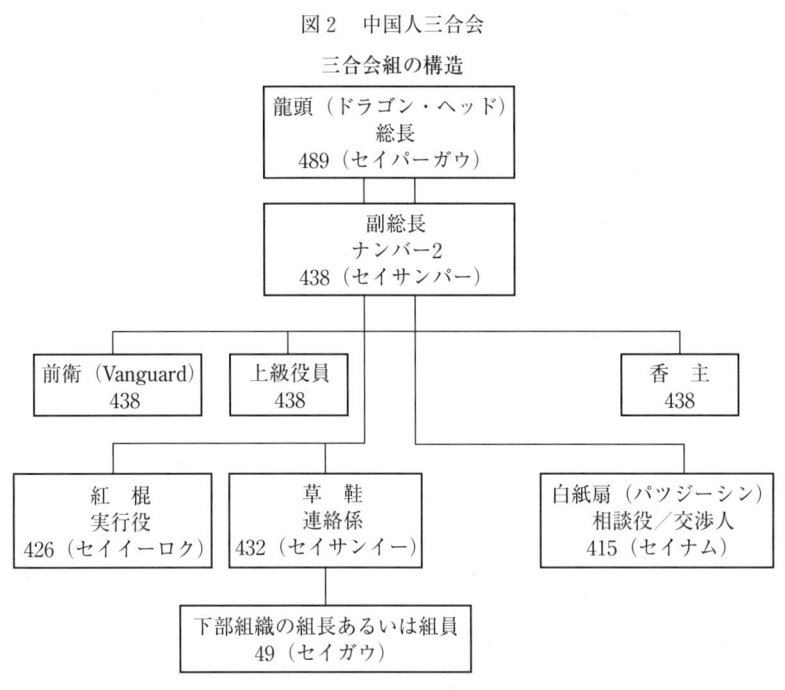

図2　中国人三合会
三合会組の構造

```
        龍頭（ドラゴン・ヘッド）
              総長
         489（セイパーガウ）
                │
            副総長
           ナンバー2
         438（セイサンパー）
    ┌───────────┼───────────┐
 前衛(Vanguard)  上級役員      香　主
    438         438          438
    ┌───────────┼───────────┐
  紅　棍       草　鞋      白紙扇（パツジーシン）
  実行役       連絡係      相談役／交渉人
 426(セイイーロク) 432(セイサンイー) 415(セイナム)
              │
       下部組織の組長あるいは組員
            49（セイガウ）
```

Source：Ko-lin Chin, *Chinese Subculture and Criminality*. Westport, CT： Greenwood Press, 1990.

ローンダリング、殺人命令、恐喝、銀行詐欺、違法賭博、売春、密航、そして武器不正取引に関与している。UBGの各支部は、アメリカで、共益資金を上納し、自身の組頭や、組員たちや、諸活動を支えているのである。このような資金は、しばしば、指示された組員たちの法的手数料の納付や、刑務所に収容された組員たちの家族を支援するのに使用されている。UBGはまた、確立したネットワークを擁しており、組員たちに、銃、麻薬、偽造旅券や偽造身分証明書を供給することさえ可能なのである。その偽造身分証明書の生産能力や、その高度に複雑化したネットワークのおかげで、法執行機関によって指名手配されている組員たちは、たやすく、国外逃亡が可能となっているのである。

サップセイ・ケイ・グループ（14 K Group）

香港を拠点とする、14Kは、1950年代、フン・ファット・シャン（Hung Fat Shan）と呼ばれた別の三合会の元組員たちによって結成された。フン・ファット・シャンは、おそらくは、最もよく知られた三合会であろう。このフン・ファット・シャン三合会は、その本部が宝華街14番地（14 Po Wah Road：14ポ・ワー・ロード）に置かれ、そしてそれゆえに、14三合会として知られるようになったのである。様々なゆすりたかりの統制に勝利した後、彼らは、香港で最強の三合会となり、そして、自分たちの屋号を、「14K」に改めた。

14Kたちは、違法賭博、恐喝、売春、薬物不正取引、殺人、マネー・ローンダリング、密航、銃火器密輸に関与している。法執行機関の資料においても報告されているように、14Kの薬物不正取引の収益は、イースト・コーストのカジノを通して洗浄され、また、偽造アメリカ通貨は、香港からサンフランシスコを経由して密輸されているのである。

14Kの各支部は、別々に活動しており、他のアジア人の組織のように、共同して事にあたることはない。過去、統合が試みられたが、失敗に終わってきた。階層制や本部組織の欠如と、犯罪活動の多様性とが、14Kの支部間での縄張り争いを導き、また、法執行機関がその努力を傾注することを困難にさせているのである。加えて、1つの支部やその長に対する法執行機関の努力が功を奏したところで、その他の残りの組織に対して、効果のあったためしはほとんどないのである。

新義安（Sun Yee On：サン・イー・オン）

1919年、香港において結成された新義安は、密航、恐喝、高利貸し業、違法賭博、ゆすり（Blackmail）、そして売春に関与している。この集団の組員は、潮州（Chiu Chau：チュウ・チャウ）生まれで、かつ、強い集団的アイデンティティをもっている。この集団は、新組員の入会に関しては、細心の注意を払う。だが、この集団は、たくさんのアメリカに基盤を置くアジア人ギャングや、いくつかの犯罪に手を染めた堂とは、付き合いがある。新義安は、伝統的な三合会の掟に従い、厳格な指令や統制網を厳守し、極度に訓練されている。報告されているところによると、新義安三合会は、香港の映画産業をかなりの程度ま

で仕切っているが、その他の三合会や、非三合会系列の犯罪集団との映画産業に関する縄張り争いは、血なまぐさいものになってきているということである。

和合桃（Wo Hop To：ウォ・ホップ・トゥ）

1908年、香港において結成された和合桃は、伝統的に、主に賭博と薬物不正取引に手を染めている。アメリカでは、和合桃は、ヘロインの不正取引、殺人、賭博、恐喝、高利貸し業*に関与している。ピーター・チョン（Peter Chong）は、和合桃の長として身元が割れており、そして、ウエスト・コーストでの新組員の採用に成功している。和合桃とライバル組織たちとの権力闘争は、1991年におけるライバル集団の長の射殺を導いた。1992年における和合桃の犯罪活動に対する広範囲にわたる全国的な捜査の後、FBIは、請負殺人、ヘロイン供給の陰謀、そして銃砲不法所持の罪で10人を逮捕した。法執行機関の報告によれば、和合桃は、アメリカにおいて、侮りがたい組織犯罪集団になるであろうとのことである。

参照文献：Ko-lin Chin, Robert J. Kelly, and Jeffrey Fagan, "Chinese Organized Crime in America" in *Handbook of Organized Crime in the United States*, ed. Robert J. Kelly, Ko-lin Chin, and Rufus Schatzberg. 1994.

ニコラス・チヴェッラ（CIVELLA, Nicholas）（1912年ミズーリ州カンザス市にて生誕―1983年連邦刑務所拘禁中において死亡）カンザス市のコーザ・ノストラ*首領。

アメリカ中においてあまねく知られている人物ではないけれども、それにもかかわらず、チヴェッラは、チームスター*と犯罪集団との間の重要な接点であったのであり、この犯罪集団は、国際チームスター同業者組合（IBT）*の莫大な年金基金を搾取するものであった。そして、チヴェッラは、ネヴァダ賭博委員会によって、ネヴァダ州のカジノに出入禁止となったにもかかわらず、ギャングの賭博の上がりのごまかしに熱を上げていた。

イタリア移民の息子で、その青年時代は、非行と犯罪にまみれていた。1957年までに、その犯罪的性質のおかげで、チヴェッラは、ニューヨーク州北部に

おけるアパラチン会議への出席が可能になった。

犯罪の首領としてのチヴェッラ時代のカンザス市は、シカゴ・アウトフィットの勢力下にあるようなものではなかった。1980年には、チヴェッラは、贈賄罪で拘禁刑に服し、その1年後、ラスヴェガスの賭博の上がりのごまかしの陰謀を指摘された。彼が参加した中で最も衝撃的な犯罪活動は、ネヴァダ州の上院議員、ハワード・W・キャノン（Howard W. Cannon）に対する贈賄未遂とのかかわりがあるものであった。チヴェッラは、チームスターの長、ロイ・L・ウィリアムズ（Roy L. Williams）と共同して、その陰謀に関与したのであった。

彼は生存中、マフィアの存在どころか、組織犯罪が過去に存在したことまでをも否定したのであった。

参照文献：Nicholas Pileggi, *Casino*. 1995.

ミッキー・コーエン（COHEN, Mickey）（マイケル・ハリス・コーエンとして、1914年7月29日ニューヨーク州ブルックリンにて生誕—1976年カリフォルニア州ロサンジェルスにて死亡）シカゴ・シンジケート御用達のカリフォルニア州ゆすりたかり者で博徒。

コーエンは、6年生で学校に行かなくなり、ロサンジェルスで、試合間近のボクサーを調整するスパーリング・パートナーとして精を出した。青年時代になると、彼は、オハイオ州クリーヴランドにボクサーになるために家出し、そこで、密売人*やらギャングスターへと落ちぶれていったのである。彼はギャングスターとしての生活習慣に漬かり切って、自分の母親が経営する零細な食料品店であくせく働く日々に戻ることはなかった。挙句の果てには、彼はシカゴ・アウトフィット*の目に留まるようになったが、それは、彼の任侠と狡猾さに魅せられてのことであった。コーエンがアルフォンス・カポネ*やその他のギャングの首領たちと関係していたことが、知力を備えた実力者としてのコーエンの誉れを高くし、また、コーエンに、賭博事業のチャンスを開きもしたのであった。

コーエンは、西海岸へと戻り、「バグジー」・シーゲル*という、高利貸し業*、

賭博、そして映画産業に対するゆすりたかりに手を染める、ニューヨーク・シンジケートと手を組んだ。シーゲルが1947年に暗殺されると、コーエンは、当然のごとく首領として頭角を現し、シカゴ暗黒街の顔となっていった。彼はだだっ広いマンションで豪華に暮らしていたが、そこには、最先端の安全装置が完備されていた。

コーエンは、ハリウッドのカリスマと崇められ、社交界に入り、そして、多くの映画産業のトップスターたちを贅沢にもてなした。彼は高価な衣装と食い物にやかましいことや、強迫観念的な潔癖症で有名であった。彼は日に何度もシャワーを浴び、終始手を洗っていた。主要な事業である売春や、労働組合の操縦という役割を演じた映画に対するゆすりたかりの他にも、彼は、男性用服飾品店を買収したり、スーパーマーケット・チェーンに投資したり、果ては、道楽半分にプロボクサーの育成にも手を出していた。

コーエンが、映画スターたちや、法執行官たちや、政治家たちや、世評とあくどさで繁栄するコミュニティの無法者の連中などと、公然のコネをもっているという悪評を博するに至ってしまったがゆえに、1947年、コーエンは、パレスティナにおけるユダヤ人の闘争のために、資金と物資の援助を調達することに同意した。コーエンは、メナヘム・ビギン（Menachem Begin）と会合したが、その人物は、当時、アーガン（Irgun）の指導者の１人で、このアーガンとは、急進的な地下組織で、テロ組織であると考えられていた集団であった。コーエンがトラック運転手たちや港湾労働者たちと繋がっているということが、自分が、アーガンやより穏健なハガナ国家運動組織（Haganah statehood movement）へと、戦争のための剰余金や兵器を収集して出荷することが可能だということを、ビギンやその他のユダヤ人活動家に納得させたのであった。100万ドル近くが、イスラエルの運動のために、コーエンが手配したハリウッドの収益や業務で収集された。しかし、マフィアの密告者によると、全体的な計画としては、入念かつ冷酷な詐欺に過ぎないものであった。資金収集が完了した３か月後、コーエンの主張によれば、パレスティナのユダヤ人闘争のために予定されていた船舶と配給が、不可思議にも沈没し配給不能になったというこ

とであった。コーエンがさらに主張したところによると、寄付された資金は、武器を購入し、政府官僚を贈賄するために使用されたということであった。

　1950年11月、コーエンは、アメリカにおけるゆすりたかりと違法賭博活動を調査するアメリカ上院のキーファーヴァー委員会の面前での証人となった。自分の生活範囲のみならず、クリーヴランド、シカゴ、そしてロサンジェルスにおける数多くの逮捕理由の説明を要求されたが、コーエンは、自らがゆすりたかり者であるということを否認し、そして、自分の基本的な職業は洋品店であるということ、かつ、自分が裕福であるのは、スポーツに関する自分の知識と、博打で大変なツキがあったことに起因するものであるということを陳述した。あまり説得力はないが、彼の主張によれば、彼は友人たちやハリウッド関係者たちからの、しめて30万ドルの贈物の受取人であったということである。上院委員会の面前に彼が登院した2年間のうちに、彼は脱税で有罪判決を受け、2年間、ワシントン州にあるマクニール・アイランド連邦刑務所で、臭い飯を食うことになった。

　15年の刑期を、脱税のため、アトランタ連邦刑務所で務めている間に、コーエンは、1963年、ある受刑者によって暴行され、そして、脳傷害から、部分的に麻痺が残ることになった。1972年、彼は釈放され、南カリフォルニアにある質素な住居へと移り、そして、1974年まで世間から消えていたが、その年、彼は、ハースト夫妻（Hearsts）との話し合いによって、世間の耳目を集めることとなったのであり、その話し合いとは、共生解放軍（Symbionese Liberation Army）による、夫妻のご息女、パトリシアの1974年における誘拐にまつわる衝撃的な事件に関するものであった。コーエンは、パトリシア・ハースト（Patty Hearst）の所在を探し当て、かつ、彼女が安全に帰還するように手配することができるということをほのめかした。

　1975年、コーエンは、自分の洒落た人生についての著書を著し、そして、ブラウン管に登場し、そこで彼は、暗黒街を、不適応者とはみ出し者が跋扈するところと描写した。彼が自分の以前の生活様式を拒絶したのは、自分の凶悪犯としてのイメージを変え、そして、自分自身を弁護する努力の表れであったの

かもしれない。彼は、政府が、活発に組織犯罪者を訴追し、汚職政府官僚を根絶するよう激励したが、もしそれができなくても、ゆすりたかりをする人間は、はびこってはならないと述べている。1976年、彼は胃癌で、カリフォルニア医療センター大学にて息を引き取った。

　参照文献：Mickey Cohen and John Peer Nugent, *Mickey Cohen : In My Own Words*. 1975.

ヴィンセント・コール（COLL, Vincent）（通称、マッド・ドッグ［Mad Dog］狂犬、ザ・マッド・ミック［The Mad Mick］狂ったミック）（1909年ニューヨーク州マンハッタンにて生誕—1932年2月9日ニューヨーク州にて死亡）ニューヨーク・ギャングスターで殺し屋。

　1932年2月9日、ヴィンセント・「マッド・ドッグ」・コールは、オウニー・マドゥン*という、ニューヨーク州の、密売人*かつ暗黒街の男の住居からそう離れてはいない薬店の中にいた。コールはマドゥンに電話し、銭を出さなければ殺すぞ、とマドゥンを脅迫した。そのやり取りは長引いたが、その電話は、マドゥンのアパートの近くの、ロンドン・テラスそば、23番街の薬店の中にある電話ボックスに向かって、逆探知されていた。リムジンが3人の男たちを乗せて店の前に止まった。1人の男が店に入り、トンプソン軽機関銃を携え、それをぶっ放した。コールは弾丸の嵐で蜂の巣になり、即死した。1週間前には、4人の殺し屋たちが、頂上に築かれていた北ブロンクスのある住居に侵入したが、そこは、コールがそこでよくトランプをやっていた場所であった。3人が殺害され、2人が傷を負った。コールは、ギャングの銃撃の30分後に、姿を現したのであった。

　ヴィンセント・コールが、自分の犯罪まみれの職歴をスタートさせたのは、ダッチ・シュルツ*御用達の殺し屋かつ行動隊員としてであった。「ヘルズ・キッチン」という、マンハッタンのウエストサイドにあるアイルランド人ゲトーから出て真っ直ぐ、コールと彼の兄弟のピーターは、酒類密輸入者として、シュルツのために、彼らが袂を分かつ1931年の春まで働いた。コールと彼のシュルツ反対派のギャングは、ドイツ人のビールの隠し場所を襲撃し始め、激しい

抗争が突然勃発した。1931年5月、シュルツの殺し屋たちは、ヴィンセントの兄弟、24歳のピーター・コール（Peter Coll）を、ハーレムの街角で殺害した。怒りに任せて、コールは4人のシュルツの手下を殺害した。抗争は猛威をふるい、約20人もの人々が、両陣営で殺害された。

コールには力がなかったから、シュルツに対する血の復讐において、金や援助を要求することによって、他のギャングスターたちを脅迫することを試みた。オウニー・マドゥンの相棒と、ジャック・ダイヤモンド*の手下の身代金目的誘拐で、コールは鼻つまみ者となり、堅気の市民とヤクザの双方にとって、危険な存在となってしまった。1931年7月、コールは「狂犬」という渾名を拝領することとなったが、それは、スペイン人ハーレムでの何人かのダッチ・シュルツの手下たちとの銃撃戦において、5人の子どもたちが機関銃の発砲によって銃撃され、1人が乱闘の中で死亡したときのことであった。憤激した公衆は、コールは生け捕りにされるべきだと要求した。コールは現れなくてはならなくなった。ギャングはコールをつぶすために勢揃いした。奇跡的に、コールは子どもを銃撃した責任は、彼の弁護士サム・ライボウィッツ（Sam Leibowitz）のおかげで免れたが、しかし、コールは、暗黒街の復讐から逃れはしなかった。それでもなお、コールが鼻つまみ者だとしても、1931年9月、カステランマレーゼ戦争*が終わりに近付いていたとき、誰の目にも明らかな勝者、サルヴァトーレ・マランツァーノ*は、マフィアのライバルにある可能性のあるチャールズ・「ラッキー」・ルチアーノ*、フランク・コステロ*、そしてヴィトー・ジェノヴェーゼ*を暗殺するために、コールを雇ったのであった。その陰謀は失敗に終わった。なぜならば、その被害者となるべき人物たちが、その裏切りを予測し、代わりにマランツァーノを処刑したからである。コールは、命からがら、2万5,000ドルの前払い金を摑んで逃亡した。

1931年の暮れまでには、ルチアーノ、マドゥン、コステロ、メイヤー・ランスキー*、そして、シュルツまでもが、コールには重大責任があると決定した。コールの命運は尽き、ついに、自分の昔の相棒たちや仲間たちの手によって、罠に掛けられ、殺害されたのであった。

参照文献：Luc Sante, *Low Life*. 1991.

コロンビア薬物カルテル（Colombian Drug Cartels）10年もしないうちに、メデリンとカリのコカイン・カルテル*は、半分以上もの世界のコカインの供給を仕切るようになり、そこにおいては、ボリビアとペルーのコカ栽培農民のところから、コロンビアの巨大ジャングル精製工場、航空機と船舶の全艦隊、正確無比の殺傷能力のある機関銃を使用するオートバイを駆る暗殺集団、そして、あらゆる主要なアメリカの都市へと手を伸ばす卸売業者の巨大網へ、という供給の流れになっているのである。

　1980年代の中頃まで、カルテルは、年間非課税で20億ドル以上も稼ぎ出していた。この非合法的団体の影響力は、完全に圧倒的な状態となっていた。すなわち、コロンビア政府は、すべての局面において、腐敗が凄まじくなってきていたのである。例えば、警察官、競争相手、そしてカルテルの密告者の暗殺は、日常茶飯事であった。コロンビア国内における薬物中毒率も急上昇した。そして、アメリカにおけるその影響としては、「コーク」（coke：コカイン）や「クラック」（crack）が国内のゲトーや中層階級のコミュニティに蔓延したために、貧乏人や若者を荒廃させ、中毒させ、惨めな無秩序状態を広げていったということが挙げられよう。1988年までには、600万人のアメリカ人たちが、コカインを常用するようになった。コカインは、アメリカの国家的安全保障に対する脅威と宣言されるべき最初の薬物となったのである。

　1970年代初頭、コロンビアの薬物不正取引商人たちは、「ナルコマフィア」（narcomafia：麻薬マフィア）として知られてもいるが、彼らは、マリファナとコカインを、ラ・コーザ・ノストラ*とメキシコとキューバの犯罪集団に供給していた。しかし、コカイン商売が、莫大な金のなる木の事業へと拡大したので、多くの不正取引商人たちは、自分たち独自の密輸と物流の統制を創設することにした。その結果として、カルテルが結成されたのである。麻薬取締局（DEA）は、カルテルを、自分たちの物資を蓄積し続ける独立の不正取引組織体と定義する。コロンビア・カルテルの中でも、メデリン（その拠点たるコロ

ンビアの都市の名を取って命名された）とカリ（コロンビアのカリに由来する）は、何度も、最大かつ最強と考えられたことがある。

　推測されているところによれば、これら2つのカルテルは、80％以上ものアメリカに送られてくるコカインを統制している可能性がある。メデリンとカリの両カルテルは、ニューヨーク州、ニュージャージー州、フロリダ州マイアミ、カリフォルニア州ロサンジェルス、テキサス州ヒューストンに、深く浸透しているのである。両カルテルは、高度に組織化されており、シチリアのマフィアとよく似た文化的伝統を基礎とし、その文化的伝統とは、強力な家族の絆、名誉ある社会的略奪者、政府に対する不信、そして犯罪技術と企業技術の結合というものである。評価されているところによると、カルテルは、コロンビア、間接的にはアメリカにおいて、何千人もの人々を雇用しているとのことである。これらの中には、ココアを栽培する農民たち、密売人たち、三下の卸売業者たち、それから街路に佇む麻薬の売人たちを含む、直接的に非合法的な生産に関わっている人々や、記帳する会計係たち、薬物を加工する化学者たち、法的助言を与える弁護士、そして、運搬や物流の総合的な統制を楽にしてくれるカルテルによって贈賄された協力的な政治家や法執行官僚といった、組織構造を管理する人々が存在しているのである。

　その他の組織犯罪集団の多くの特徴は、カルテルにおいても散見されるかもしれない。カルテルは、麻薬の値段を統制する。例えば、カルテルは競争相手をつぶし、暴力や賄賂を利用して刑事訴追を回避し、そして、他の犯罪活動や合法的ビジネスを利用して、自分たちの収益を隠匿し、洗浄しているのである（図3、図4参照）。

　カルテルの活動に最も直接的に関与する人々は、コロンビア人に限定されており、かつ、しばしば血族に限定されているのである。司法省主導のアメリカ政府の研究は、カルテルを、玉葱のような層状の組織力を持つものと述べており、中心にいるリーダーは、統制を指揮監督するけれども、防御する手下の層の上の層によって防御されているということである。周辺部分や周縁部分にいる不正取引マフィアの上には、公務員、ビジネスやコミュニティの長、そして

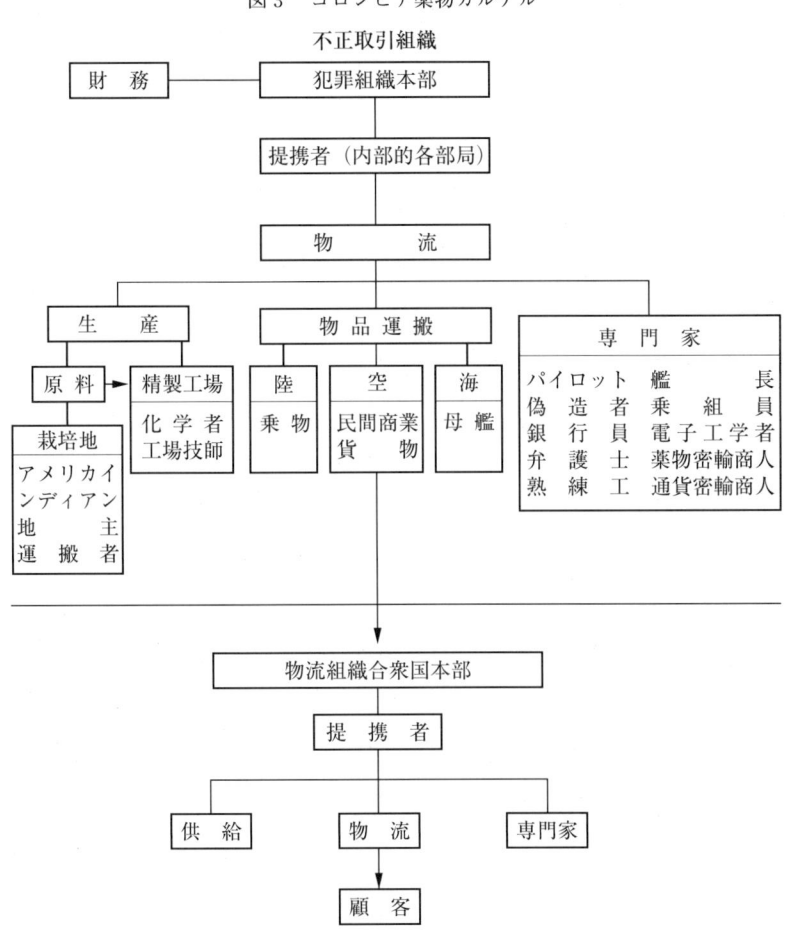

図3　コロンビア薬物カルテル

不正取引組織

```
財務 ── 犯罪組織本部
            │
      提携者（内部的各部局）
            │
          物　流
   ┌────────┼────────┐
  生　産   物品運搬   専門家
```

- 生産
  - 原料
    - 栽培地
      - アメリカインディアン
      - 地　主
      - 運搬者
  - 精製工場
    - 化学者
    - 工場技師

- 物品運搬
  - 陸：乗物
  - 空：民間商業貨物
  - 海：母艦

- 専門家
  - パイロット　艦　長
  - 偽造者　　　乗組員
  - 銀行員　　　電子工学者
  - 弁護士　　　薬物密輸商人
  - 熟練工　　　通貨密輸商人

物流組織合衆国本部
　　│
提　携　者
┌────┼────┐
供給　物流　専門家
　　　│
　　顧客

Source：U. S. Drug Enforcement Administration, "The Cocaine Threat to the United States." Arlington, VA. 1995.

ジャーナリストらが層を成しており、彼らはカルテルによって買収され、金を支払われているのである。

　社会の腐敗と後退に抵抗し、容赦なくカルテルと闘っている裁判官たち、政治家たち、警察官たち、そしてコミュニティの長たちもまた、多く存在してい

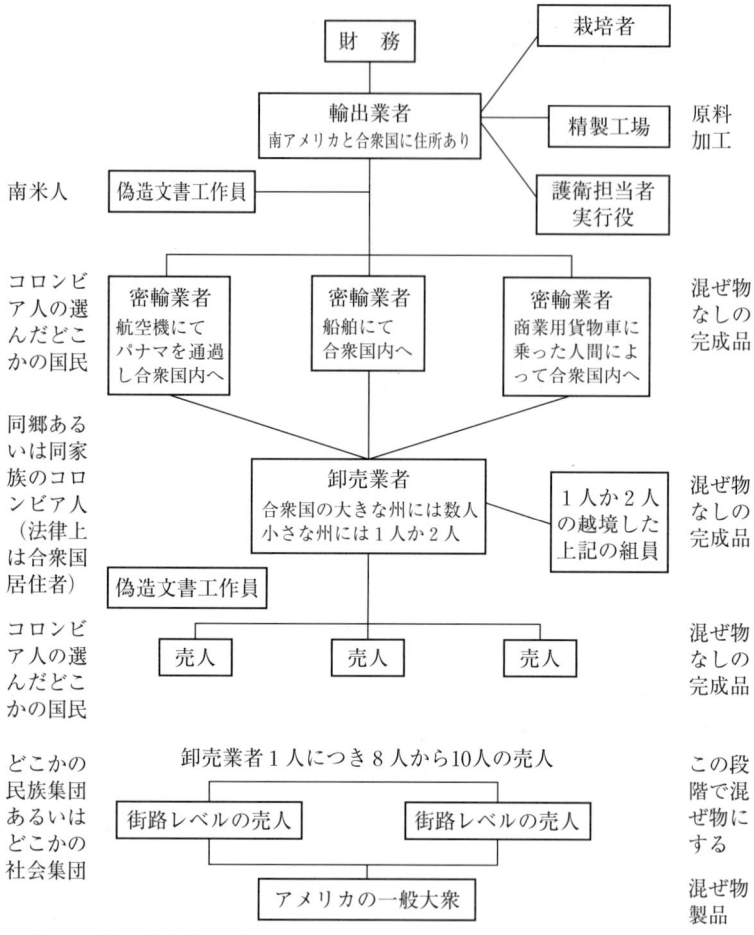

図4　典型的コロンビアコカイン組織

```
                        ┌──────┐
                        │ 財 務 │──────────┬─── 栽培者
                        └──┬───┘          │
                    ┌──────┴──────┐       │
                    │   輸出業者    │──────┼─── 精製工場        原料
                    │南アメリカと合衆│      │                    加工
                    │ 国に住所あり  │──────┴─── 護衛担当者
                    └──────┬──────┘           実行役
南米人  ─── 偽造文書工作員 ──┤
                            │
            ┌───────────────┼───────────────┐
            │               │               │
コロンビ   ┌─────────┐  ┌─────────┐  ┌─────────┐   混ぜ物
ア人の選   │ 密輸業者 │  │ 密輸業者 │  │ 密輸業者 │   なしの
んだどこ   │航空機にて│  │船舶にて  │  │商業用貨物車に│ 完成品
かの国民   │パナマを通過│ │合衆国内へ│ │乗った人間によ│
           │し合衆国内へ│ └─────────┘  │って合衆国内へ│
           └─────────┘                  └─────────┘
                │              │              │
                └──────────────┼──────────────┘
                               │
同郷ある              ┌────────┴────────┐
いは同家              │   卸売業者        │   ┌──────────┐  混ぜ物
族のコロ              │合衆国の大きな州には数人│──│1人か2人  │  なしの
ンビア人              │小さな州には1人か2人  │  │の越境した│  完成品
（法律上              └────────┬────────┘   │上記の組員│
は合衆国                       │              └──────────┘
居住者）    偽造文書工作員 ────┤
                               │
コロンビ    ┌──────┬──────────┼──────────┬──────┐   混ぜ物
ア人の選    │      │          │          │      │   なしの
んだどこ   ┌───┐      ┌───┐      ┌───┐           完成品
かの国民   │売人│      │売人│      │売人│
           └───┘      └───┘      └───┘

           卸売業者1人につき8人から10人の売人
どこかの   ┌─────────────────┐                この段
民族集団   │                 │                階で混
あるいは ┌──────────┐   ┌──────────┐         ぜ物に
どこかの │街路レベルの売人│  │街路レベルの売人│    する
社会集団 └──────────┘   └──────────┘
                └────────┬────────┘
                  ┌──────┴──────┐              混ぜ物
                  │アメリカの一般大衆│             製品
                  └──────────────┘
```

Source：New York City Police Department Testimony, Organized Crime Control Bureau, July 11, 1983, New York Police Department.

るということは、いうまでもない。しかし、買収され得ない人々は、暗殺、脅迫、そして自分たち自身やその家族に対する暴力行為の対象となるのである。カルテルが喜んで敵や密告者を殺すということは、周知の事実である。カルテ

ルは、殺し屋をアメリカ内に密航させて、殺人命令を実行してさえいるのである。

多彩な犯罪事業におけるカルテルの関与は、大部分、薬物ビジネスに関わる活動に限定されてはいるものの、そのことは、他の犯罪活動が完全に捨てられてしまっているということを意味したことはなかった。コカインが犯罪収益の主要な財源として、そして主要な犯罪ビジネスとして立ち現れる以前においては、コロンビア人犯罪者たちは、通貨、とりわけアメリカの通貨の偽造と、パスポートを含む旅券の偽造に関与していたが、犯罪者の多くは今もなお、その活動に関与している様子である。ほとんどの集団は、たとえいたとしてもほんの一握りの集団以外は、財源、権力、そして薬物不正取引の統制の点において、コロンビア薬物カルテルに比肩し得るものはないのである。

1980年代終盤と、1990年代初頭におけるメデリンとカリのカルテルの衰退で、ボゴタとバランキーヤにある別の集団が出現し、その間隙を埋め、アメリカ市場のあくなき需要を満たすに至っている。不幸にも、コロンビアの国家経済は、麻薬不正取引と深く絡み合っているので、カルテルの完全な撲滅には至らず、国家的レベルで政治へと薬物の金が流入しているので、完全な撲滅などあり得そうもなく、それゆえに、薬物問題は残り続けるであろう。**パブロ・エミリオ・ガボロア・エスコバー、ホーゲ・ルイス・ヴァスケス・オチョア**をも参照。

参照文献：Patrick Clawson and Rensselaer Lee III, *The Andean Cocaine Industry*. 1996.

ジョゼフ・コロンボ・ジュニア（COLOMBO, Joseph, Jr.）（ジョーイ［Joey］）（1914年ニューヨーク州ブルックリンにて生誕—1978年5月22日ニューヨーク州ブルックリンにて死亡）コロンボ犯罪ファミリー*組長かつイタリア系アメリカ人公民権連合会長。

ジョゼフ・コロンボは、プロファチ犯罪ファミリー組長となったが、それはなぜなら、2人のマフィアの首領、カルロ・ガンビーノ*とガエターノ・ルチーズ*が、アメリカで最古かつ最強のラ・コーザ・ノストラ*組織のうちの1つの頂点に、彼を据えたからである。首領に就任したことは、彼、すなわちコロ

ンボが、別のギャングの首領から準備するように依頼されていた、ルチーズとガンビーノを標的とする殺人の陰謀を暴いたことの報酬であった。ガンビーノとルチーズは、ボナンノ犯罪ファミリー*組長、ジョゼフ・ボナンノ*に代わり、コロンボによって殺害されると思われていた。もちろん、殺人の陰謀が暴露されたとき、全首領、すなわち、ボナンノ、ステファノ・マガディーノ*、マグリオッコは陰謀を否定した。これは1964年のことであり、コロンボ齢40年にして、アメリカ史上最年少のマフィアの首領となったのである。

多くの点で、コロンボと、彼の恨み重なるライバル、ジョゼフ・ギャロ*は、似た者同士であった。両人ともイメージの重要性を正しく認識していたし、マフィアに関する世論を操作しようと試みた。両人とも、秘密に関する掟を疑問視していた。そして、両人とも、自分たちの犯罪者としての正体と職業から注意を逸らし、堅気の世界における広報活動によって、暗黒街における自分たちの権力を極大化することを目指していたのであった。しかしながら、公的イメージは、両人にとって、あまりにも高くつくということが分かった。アンソニー・コロンボ (Anthony Colombo) は、ジョゼフ (Joe) の父親で、ラ・コーザ・ノストラ*の一員であったが、1938年、掟をいくつか破った咎で、暗殺されてしまった。ジョセフ自身は、港湾ヤクザとして働き、ブルックリンとナッソー郡で賭博業と高利貸し業*を営み、そして、ケネディ空港における輸送貨物の強奪にも参加した後で、プロファチ・ファミリーの組員となった。彼は、そうするように要求されたならば、ためらうことなく、「入会のための殺しを行った」(made his bones)* (殺人を実行した)。

コロンボが犯罪ファミリーのトップの座に就いたのは、彼の鋭敏な嗅覚のおかげであり、それは、並びそびえ立つ対立拮抗する首領たちに関するもので、大きな権力闘争が、1930年代のカステランマレーゼ戦争*と肩を並べるほど、血なまぐさくなるであろうということを予期していたのであった。コロンボは、勝利者側をあやまたず選択し、そして、強力なカルロ・ガンビーノの引き立ての下、プロファチ・ファミリー首脳の座を見返りに与えられた。

その新たな首領は、新たな戦略を導入して、そのあからさまな犯罪活動を隠

蔽することによって、ファミリーを改造した。まず第１に、組織のあらゆる構成員は、合法的な職業に就かなくてはならず、その点に関しては、首領も例外ではなかった。コロンボは、自分の職業を位置付けて、ブルックリンのカンタルポ不動産会社の販売員とした。その他の組員は、肉屋、パン屋、トラック運転手、酒場経営者などとして「雇用」された。第２に、最も運命的な動きとして、1970年におけるイタリア系アメリカ人公民権連合（IACRL）の創設があるが、それは、日々の生活において、イタリア人の血統を持つアメリカ人が味わっていた、悪い固定観念や差別に逆襲するためのものであった。少なくとも、そういうことが、公表された組織の目的であった。実際の動機としては、FBIを威嚇するためであるが、FBIの監視は、コロンボの子息の逮捕と訴追を導いた。公民権連合の構成員は、マンハッタンのFBI本部を監視し、差別的法執行を止めるように要求した。その抗議は、相当量のメディア報道を惹起し、コロンボは、テレビのトーク・ショーに、その他の公民権運動家と出演したが、それは、自分が出演することにより、FBIに対する自分の運動を正当化したかったからである。コロンバス・サークルにおける第１回統一日大会は成功裡に終わった。イタリア系アメリカ人の出自を持つ傑出した市民たちや、政治的、社会的指導者たちが、自分たちの名を貸し、そして、連合の目的を促進した。さらに、公民権連合は、うまく説き伏せて、大成功した映画、『ゴッドファーザー』（*Godfather*）の制作者たちをして、「マフィア」とか「コーザ・ノストラ」とかに関連するありとあらゆるものを抹消させたのであった。マフィアの存在を否定する運動を率いるマフィアの首領という滑稽な光景がここにあった。しかしながら、このようなことすら、しばらくの間は首尾よく行った。すなわち、司法長官、アメリカにおける警察の長、そして、ニューヨーク州知事ネルソン・ロックフェラー（Nelson Rockefeller）は、自分たちの部下に命令して、公文書には、マフィアあるいはラ・コーザ・ノストラ＊に言及することを禁じたのであった。

　しかし、すべてのことにコロンボが成功したのにもかかわらず、あるいは、その成功ゆえに、必ずしもすべての人間が喜んだわけではなく、とりわけ、コ

ロンボの恩師ともいうべきカルロ・ガンビーノは、喜んではいなかった。ガンビーノただ1人だけが、連合の活動に不満をもっていたギャングの首領であったわけではなく、それはなぜならば、コロンボが、連合の寄付金、大会、そして宣伝されていた子供番組のための基金運動に関する金銭的に美味しいところを分けなかったからか、あるいは、連合が、暗黒街に対する余計な注意を引いたからである。コロンボが、1970年度大会や、夕食提供や、資金調達のための行事を成功させたにもかかわらず、コロンボが行ったことは、連邦捜査局（FBI）をものすごく苛立たせた。連合のコロンバス・サークルにおける第2回統一日大会直前の、1971年中葉までには、連邦政府は、様々な問責で告発されたコロンボ犯罪ファミリーの約20％近くを抱えていた。他のギャングの首領たちは、いかに、そして、誰に対して、法執行が次に発動するかに怯えたのである。

1971年6月28日の、連合によって予定されていた例年の統一日大会には、推計によれば、たった1万人しか出席しなかった。噂によれば、カルロ・ガンビーノやその他のギャングの首領たちは、大会に難色を示し、大会を中止して欲しかったということであり、また、著名な後援者たちが、大会を無視するように遠回しに促されたということである。大会が進行し、報道者たちやその他の人々が演壇の周りに詰めかけていたとき、ジェローム・ジョンソン（Jerome Johnson）という、独身のアフリカ系アメリカ人で、カメラ機器を携行し、自らをジャーナリストと称した男が、コロンボに近付き、単刀直入にその頭と首を打ち抜いたのであった。ジョンソンは即座に射殺された。コロンボは生き延びたけれども、その7年後の1978年に彼が息を引き取るまで、昏睡状態に陥った。

その狙撃は、多くの仮説を刺激する。最有力説の中には、ジョーイ・ギャロ（Joey Gallo）がその殺しを許可し、計画したという説がある。容疑はギャロに集中したが、それはなぜなら、ギャロがプロファチに対して内部で謀反を起こしたからであり、また、ギャロは、コロンボが犯罪ファミリーを仕切ることに関して不満を抱いていたからである。さらに、ギャロには、アフリカ系アメリカ人の犯罪者仲間がいたということは、有名なことであった。狙撃に関するも

う1つの視座は、黒幕的存在であるカルロ・ガンビーノに焦点を当てていたが、彼は、ギャロの鉄砲玉にコロンボを始末させることを決めていた可能性があると思われていた。どのような事件であったにせよ、どのような人物がジョー・コロンボ殺人未遂の背後に隠れていたにせよ、陰謀は、シンジケートを滅ぼし、かつ、コロンボとギャロという、ガンビーノの権力に対する2つの潜在的な脅威の息の根を止めることに成功したのであった。コロンボ狙撃後、1年も経たないうちに、ジョー・ギャロは、リトルイタリーで殺害されたが、コロンボを狙撃した報復であろうと思われる。

　参照文献：Peter Diapoulos and Steven Linakis, *The Sixth Family*. 1981 ; Nicholas Gage, ed., *Mafia, U. S. A.* 1972.

コロンボ犯罪ファミリー（Colombo Crime Family）プロファチ゠コロンボ犯罪ファミリーという方が、より正確な、このマフィア組織の描写になるであろう。ジョゼフ・プロファチ*は、1931年、カステランマレーゼ戦争*が終わりを迎えたとき、サルヴァトーレ・マランツァーノ*によって、犯罪ファミリーの首領に指名された「創始者」（founding godfather）であった。1962年に天寿を全うするまで、プロファチは自らが興した犯罪ファミリー組長の座にとどまっていた。彼の後継者、ジョゼフ・マグリオッコ（Joseph Magliocco）は、優柔不断かつ無能であったけれども、ファミリーのジョゼフ・ギャロ*一派に対する内ゲバで強襲し、そして、ジョゼフ・ボナンノ*を当てにしたが、それというのも、マグリオッコが、ガエターノ・ルチーズ*とカルロ・ガンビーノ*が、プロファチ組織の跡目を継ぐというギャロの陰謀の黒幕であると信じていたからなのである。ボナンノとマグリオッコは、ガンビーノとルチーズの殺害を共謀し、そして、ジョゼフ・コロンボ・ジュニア（Joseph Colombo, Jr.）をその陰謀に引き込んだ。しかし、コロンボはガンビーノに警告し、そして、殺害計画は挫折した。マグリオッコは追い詰められ、ボナンノは姿を消し、そして、コロンボが1971年に狙撃されるまで、プロファチ犯罪ファミリーの家長になったのであった。

コロンボ狙撃後ほどなくして、コロンボ犯罪ファミリーの実権は、ヴィンセント・アロイ（Vincent Aloi）と、トーマス・ディベッラ（Thomas DiBella）に移ったが、彼らは、本格的な首領が登場するまでの単なる管理人としての役割を果たすに過ぎなかった。結局、実権は、カーマイン・「スネーク」・パーシコ*に移った。しかしながら、パーシコは、いつも法律を破り続け、1985年になる以前の、彼の最後の13年間のうちの10年を、様々な刑事施設で過ごした。ジェリィ・ランジェラ（Jerry Langella）（通称、ラング［Lang］）は、パーシコが100年間の拘禁刑を宣告された1986年まで、暫くの間、首領の座に就いていた。その後、ヴィクター・オレーナ（Victor Orena）が、首領に指名された。抗争が猛威をふるったが、それは、オレーナ一派と、カーマイン・パーシコに忠誠を誓うソルジャーたち*の集団との間の地位をめぐる抗争であり、パーシコは、自分の息子、アルフォンス・パーシコ（Alphonse Persico）（通称、アリー・ボーイ［Allie Boy］）を暫定的首領に指名していたのである。

1990年代の終わりには、コロンボ犯罪ファミリーの構成員は、およそ120人を数え、200人から300人の準構成員も加わるようになり、よく目立つような犯罪活動よりもむしろ、あまり目立たないような犯罪活動に手を染めるようになっている様子である。政府が、下位の構成員たちや、ピラミッドの頂点に位する上層部の首領たちの訴追に成功していることが、犯罪の機会がほとんどないという結果や、組織としての犯罪ファミリーの停滞という結果を生み出しているのである。

参照文献：Ralph Salemo and John Tompkins, *The Crime Confederation*. 1969.

コミッション（Commission）最高幹部会（マフィアの統制組織体）。

ジョゼフ・ヴァラキ、*アンジェロ・ロナルド（Angelo Lonardo）、「サミー・ザ・ブル」・グラヴァーノ*のような離脱者からの証拠や、電子監視によって獲得された情報に基づくところによれば、ラ・コーザ・ノストラは、その形成期において、統治のための組織体を構築したが、それは、「コミッション」と呼ばれている。チャールズ・「ラッキー」・ルチアーノが、首尾よくサルヴァトーレ・

マランツァーノ*という、1930年代から1931年にかけて発生したカステランマレーゼ戦争*における首謀者のうちの1人を暗殺したとき、有力な首領たちの評議会が創設され、「ボス中のボス」の地位に取って代わったのであった。

コミッションは、全米で最強の犯罪ファミリーの「ドン」や「ボス」という首領たちから構成されている。コミッションの会員は、9人から12人である。最高幹部会は、代議制の組織体でも、選挙された司法機関でもないけれど、ほとんどの機能は、司法的なものである。ダラス、カンザス市、ピッツバーグなどなどのコーザ・ノストラ・ファミリーには、コミッションの会員はいない。それらのファミリーなどには、自分たちの利益の面倒を見てくれているニューヨーク州やシカゴ生まれのより有力なファミリー出身の代表者がいるのである。コミッションは、首領たちの評議会としての役割を担い、犯罪ファミリーの間の争いを解決し、仲裁するものなのである。コミッションは、コーザ・ノストラの構成員の処刑を認可し、新しい構成員のファミリーへの入会を承認し、ファミリー間における犯罪的合併事業を促進する。

現に、ジョゼフ・ボナンノ*の自伝、『ア・マン・オブ・アナー』(*A Man of Honor*：名誉の男) や、アンジェロ・ロナルド (Angelo Lonardo) という、クリーヴランドのコーザ・ノストラ・ファミリーの首領で、刑の減軽を得るために法執行機関に協力した人物によれば、アメリカには活動している2つのコミッションが存在しているということである。アメリカにおける20あまりのファミリー全体を支配する、全米コミッション (National Commission) と、ニューヨーク州地域における5つのファミリーの首領から構成されている地方の組織体とが、存在しているということである。

1986年には、ニューヨーク州の連邦検事、ルドルフ・ジュリアーニ (Rudolph Giuliani) が、自分の「コミッション事件」を公にしたが、それにおいては、多数のニューヨーク州の首領たちが、RICO法違反のゆすりたかりの定型に該当する、「ラ・コーザ・ノストラ・コミッション」の行動の指揮で、有罪判決を受けていたのであった。1987年1月、アンソニー・サレルノ*というジェノヴェーゼ犯罪ファミリーの首領、「トニー・ダックス」・コラーロ*という、ルチー

ズ犯罪ファミリー組長、そして、カーマイン・「ザ・スネーク」・パーシコ*という、コロンボ犯罪ファミリー*組長らが、100年の刑を宣告されたが、一方、数人の頭領たちや副頭領たちは、仮釈放不可能の長期の刑を宣告された。**ジョゼフ・ボナンノ、ラ・コーザ・ノストラ、RICO法**をも参照。

参照文献：President's Commission on Organized Crime, *The Impact : Organized Crime Today.* 1986.

連邦議会組織犯罪調査（Congressional Investigations of Organized Crime）
組織犯罪に関する公衆の理解を深めるための重要な政府の努力の中に、1950年にまでさかのぼる連邦議会調査が存在し続けてきたが、その1950年とは、キーファーヴァー委員会*（州際通商における組織犯罪調査のためのアメリカ上院専門委員会）が発足した年であった。キーファーヴァー委員会の7年後の1958年には、マックレルランド委員会*（労使分野における不当活動に関する上院特別委員会）が、アメリカにおけるラ・コーザ・ノストラの諸活動や、アメリカのラ・コーザ・ノストラとチームスターとの間の諸関係を暴き出した。1960年代終盤と1980年代初頭には、組織犯罪に関する犯罪委員会*（1967年と1983年）が、大統領命令によって認可され、犯罪結社とそれらの関係者に関する公衆の知識と理解とを深めたのであった。

1988年には、ナン委員会（Nunn Committee）（諸調査に関するアメリカ上院常設小委員会）が、マックレルランド委員会の面前でのラ・コーザ・ノストラに関するジョゼフ・ヴァラキの証言の25年後に、組織犯罪に関する公聴会を開いた。1,300頁という大部の報告書で、ナン委員会は、暗黒街との政府の闘争における諸経過と諸限界とを再調査した。1980年代初期に、これと同じ委員会が、公聴会を開き、テレビ中継され、組織犯罪と暴力に関する報告書を提出した。1984年には、その委員会は、アメリカの中東部諸州地域における犯罪の特徴を挙げ、湾岸地区の汚職に関する報告を公表した。同様に、1983年における司法に関する上院委員会も、公聴会を開き、アメリカにおける組織犯罪に関するいくつかの報告書を提出している。

アメリカ連邦議会の調査権力であるアメリカ会計検査院（GAO）は、連邦議会の両議員にある様々な連邦議会の諸委員会の要求で、調査を引き受けた。1989年には、GAOは、2つの報告書を出版したが、1つは、司法省組織犯罪特捜隊の効果を調査したものであり、また、もう1つの別の調査において、GAOは、アメリカで活動するコロンビア人、ジャマイカ人、そしてヴェトナム人の犯罪者のギャングの勢力と影響とを記述し、評価した。

これらの諸調査と諸報告は、その努力の点で、連邦議会を支援し、組織犯罪の問題を暴露した。また、それらは、法執行、研究者、そして一般大衆に対する情報を供給したのであった。

参照文献：U.S. General Accounting Office, *Nontraditional Organized Crime* (1989)；U. S. General Accounting Office, *Organized Crime : Issues Concerning Strike Forces* (1989)；U. S. Senate, *Organized Crime : 25 Years After Valachi* (1991)；President's Commission on Organized Crime, *Profile on Organized Crime : Mid Atlantic Region* (1984).

顧問（**Consigliere**）首領*や、その副首領*に対する相談役（counselor）あるいは参謀。

副首領と同じ地位の高さであり、顧問の地位にある人物は、組織における頭領*のような実働幹部というよりも、むしろ、参謀幹部なのである。相談役たちは、職業的犯罪者である。首領によって任命された職業的犯罪者である。相談役たちは、諸命令を出すこともなければ、また、ソルジャーたち*に指令を与えることもない。すなわち、相談役たちは、首領や副首領を含む、犯罪ファミリー*の全組員に対して中立的な助言者なのである。顧問はまた、マフィア・ファミリーの年代記編者でもあり、顧問の助言は、先例と伝統に基づくものであり、そして、その助言は、しばしば、顧問の親友である首領の希望を反映するものとなっている。それゆえ、顧問は、相当の影響力と権力とを享受する。顧問には、自分に直接的に報告し、回答する部下たちや、頭領たちや、組員たちはいないけれども、自分の助言の見返りに、多数の組員たちに一連の行動が与えられるのである。通常、顧問は、首領と同様、自分の傍らに控える自分自

身のソルジャーたちの組員＊（グループ）を備える頭領役を務めているであろうし、合法・非合法双方の結社から利益を得ているのである。**首領、頭領、犯罪ファミリー、ソルジャーたち、副首領**をも参照。

　参照文献：Francis A. J. Ianni, A Family Business : *Kinship and Social Control in Organized Crime*. 1972.

殺人命令（**Contract**）コントラクト。
　誤解を招く用語であって、実際には、協定に違反してしまったり、あるいは、犯罪事業の個人や悪事に関する極めて重大な秘密を、法執行機関や、競争相手の犯罪者たちに漏らしてしまった人間たちに対する、諸犯罪組織の権力者によって認可される殺人の任命を表現している用語なのである。
　殺人命令は、厳密に言えば、1つのビジネス上の決定であって、その決定においては、犯罪事業のある種の強み、致死的暴力が、問題解決のために利用されることになるのである。殺人を規制する掟や、その過程のもつ力は、魅力的、かつ同時に、背筋を凍らせるものである。すなわち、殺人とは、純粋にビジネス上の理由から犯されるものなのであり、その掟がしばしば破られることがあるにせよ、復讐や激情に駆られて犯されるものではないのである。次に、ビジネスに則っている殺人は、諸犯罪組織の幹部たちによって、承認されなくてはならない。殺人命令、あるいは諸「殺し」（hits）＊の理由は、全く単純かつ簡潔なものである。犯罪事業を、警察や競争相手の犯罪者にさらすことによって、犯罪事業の安全を脅かす者は誰であれ、殺害されるであろうし、また、組織の掟を破る者は誰であれ、殺害される可能性がある。
　一旦、1つの殺人が請け負われたならば、暗殺を命令する人々は、実行役の殺人者(たち)から切り離される。殺人命令は、下請けの共犯者に回される可能性もあり、その下請けの共犯者が、「ヒット・マン」（hit man：殺し屋）あるいは殺し屋を任命するのである。遠く離れた人々に殺しを回すことによって、有罪判決に必要な補強証拠が弱められるのである。
　暗殺においては、その殺人に関連する被害者の身元やその経歴を与えられる。

時々、「フィンガーマン」(fingerman：殺しの対象を実行犯に指示する人物)(確認者)が、被害者を指摘するために使用されている。実行行為が終了すれば、殺し屋たちは、消え失せる。しばしば犯罪組織は、「外部の人材」(outside talent)、すなわち、別の地方からの暗殺者を好むのだが、それはなぜなら、そのような人物たちの身元確認が、困難かつ不可能であることが、往々にしてあるからである。

フランク・「ジ・エンフォーサー」・ニッティ*が、著しく無防備であった自分の摘発の瞬間において述べているところによれば、地方からやってきた暗殺者たちは、被害者を知っているかもしれないし、また、その子どもたち、妻たち、そして両親たちを悲嘆に暮れさせることについて考え始めるかもしれないけれども、殺し屋は、全く見知らぬ人間に対して引き金を引き、そして、ただ関心があるのは、迅速かつ鮮やかな殺人と、速やかに姿を消すことのみなのである。被害者に対する同情は、極小化されるのである。マーダー・インク*という、プロの殺し屋で構成されている暗黒街の殺人機関は、殺人の実行行為の命令の論理に関する好例である。アルバート・アナスタシア*という、頂点に立つマフィアの一員で、ラ・コーザ・ノストラの首領であった人物が、マーダー・インクを仕切り、そのマーダー・インクは、ニューヨーク州首都圏地域でゆすりたかりと売春に関与していた、ルイス・バカルター*やコーザ・ノストラの首領たちのために、活動していた。マーダー・インクの構成員たちは、国内の様々な場所で、外部的に殺人命令を受注した。マーダー・インクは巧妙に活動し、暴露されてしまったのは、構成員であったエイブ・「キッド・ツイスト」・レルズ*が謀殺罪で逮捕されたときだけであった。自分の罪の減軽のために、レルズは、自分が組織の会員であることを、そして、組織の身の毛のよだつようなビジネスについての詳細を、暴露したのであった。

参照文献：Sid Feder and Burton Turkus, *Murder, Inc.* 1951.

マイケル・コッポラ (COPPOLA, Michael) (通称、トリガー・マイク [Trigger Mike] 引き金マイク) (1904年マイケル・コッポラとして誕生—1966年ニュー

ヨーク州にて死亡）ルチアーノ犯罪ファミリー*首領*。

チャールズ・「ラッキー」・ルチアーノ*が、1936年、売春の罪で拘禁され、そして、ヴィトー・ジェノヴェーゼが、殺人の告発を避けるために郷里を去ったとき、「トリガー・マイク」・コッポラが、犯罪ファミリーのゆすりたかりの責務を引き受けた。コッポラのような粗暴な殺し屋にとって、このことは、犯罪者階層の梯子段を、一気に駆け上るようなことであった。チンピラ同然の人間のために、コッポラは、ハーレムにおける売春婦の供給や、数当て賭博*の事業を支配し、それらは、年間100万ドルをもたらした。

トリガー・マイクの現実の問題は、法執行からではなくして、自分の人生における女性たちから発生した。彼の最初の妻は、アン・コッポラ（Ann Coppola）という2番目の妻によると、ニューヨーク共和党活動家、ジョゼフ・スコットリッジオ（Joseph Scottoriggio）を暗殺するコッポラの諸計画を小耳に挟んでしまった（ジョゼフ・スコットリッジオは、その後、1946年、殺害されたが、それはなぜなら、彼が、ヴィトー・マーカントニオ（Vito Marcantonio）というルチーズの雇われ政治家と対立したからであった）。結局、コッポラは、最初の妻を、自分に対して不利な証言をする前に殺害し、沈黙させたのである。

2番目の妻、コッポラ夫人もまた虐待され、打擲され、自分の夫の犯罪活動については、口を封じられていたのである。コッポラが刑務所に入ったとき、アンは、25万ドルもの組の金を摑んでヨーロッパへ逃亡した。1962年、ローマで、彼女は司法長官ロバート・F・ケネディ*宛に、自分の夫の犯罪活動についての書簡を提出し、また、怒れる短い手紙を自分の夫にも送りつけ、その後、致死量の睡眠薬を飲んで自殺した。

コッポラは、1963年に出所し、そして、世に埋もれてしまったが、彼が、ラ・コーザ・ノストラ*によって見捨てられたのは、彼が、自分の妻が、組の秘密を学び、制約を破るがままにさせていたからであった。

参照文献：James Mills, *The Underground Empire : Where Crime and Governments Meet.* 1986.

アンソニー・コラーロ（CORALLO, Anthony）（通称、トニー・ダックス［Tony Ducks］）（アンソニー・コラーロとして、1913年ニューヨーク市にて生誕―）ルチーズ犯罪ファミリー*の首領でもあり、コミッション*の構成員でもある男。

コラーロは、「トニー・ダックス」という通り名を得たが、それは、手練手管で有罪判決を「逃れる」（ducking）からである。しかし、1986年、彼とその他のラ・コーザ・ノストラ*の犯罪の首領たちは、マフィア*・コミッションの会員であるということで有罪判決を受け、100年の刑を言い渡された―その刑期では、「逃げる」（duck）ことさえできないであろう。

彼が育った場所であるニューヨークのイースト・ハーレムというコミュニティでは、そこでのコラーロの青年時代は、憧れのマフィアの典型的な犯罪行為に明け暮れていた。ルチーズ・ファミリーとして知られるようになる犯罪ファミリーの一構成員として、コラーロは、組合活動へと傾き、ついには、ニューヨーク市のチームスターの第239支部を統制するようになった。彼は、1950年代には、ジョニー・ディオ（Johnny Dio）と親密な間柄になり、そして、チームスターのジミー・ホッファ*の支援とも密接に結び付いたが、ジミー・ホッファという人物は、ニューヨークにある5つのチームスター支部の支配権を手中にしており、そして、組合を、輸送産業ビジネスの恐喝や、ゆすりたかりの基盤として利用していた男であった。

コラーロは、自分の犯罪活動を、組合のゆすりたかりにとどめはしなかった。例えば、1962年、コラーロは、詐欺破産事件において、1人の裁判官へ贈賄した罪で2年間の拘禁刑を宣告されている。また、1968年には、彼は、ニューヨーク市水道委員会（Water Commission）に関するリベートの陰謀への関与で、有罪判決を受けている。コラーロは、賭博や株式投資の債務にあえぐ1人の市公務員に対する賄賂のために、濡れてで粟の市貯水池清掃契約を確保することを試みたのであった。この陰謀のせいで、コラーロは、3年の刑を言い渡されることとなった。彼はそのとき、ルチーズ犯罪ファミリーの首領となっていた。

1980年代においては、コラーロは、ニューヨーク州の廃品回収産業における入札不正操作（bid-rigging）の嫌疑を受けた。コラーロと彼の同僚たちが、並

み居るごみ回収業者の商売敵を蹴落とし、優先して商売するための縄張りを違法に仕切ったという政府の事件は、トニー・ダックスの乗用車に仕掛けた電子盗聴器を基にするものであった。ついに、1986年、「コミッション事件」は、コラーロを含む数人のニューヨーク州マフィア・ファミリーの組長に対する訴追が成功し、彼らが建設業のセメント業者から金銭を恐喝することに参与したということ、そして、各々がコーザ・ノストラ最高幹部会の参与者であるということを、明らかにした。彼ら全員、長期の刑を言い渡されることとなった。

参照文献：Howard Blum, *Gangland : How the FBI Broke the Mob.* 1993.

コーザ・ノストラ（Cosa Nostra）　ラ・コーザ・ノストラ参照。

フランク・コステロ（COSTELLO, Frank）（「暗黒街の首相」、「スロット王」）（フランチェスコ・カスティーリアとして、1891年1月26日イタリアはカラブリアにて生誕—1973年2月ニューヨーク州サンズ・ポイントにて死亡）　賭博シンジケート首領かつラ・コーザ・ノストラ*政治的フィクサー（political fixer：政治的黒幕）*。

　フランク・コステロの生涯の晩年において、「暗黒街の首領」として知られたのは、彼の政治的なコネと影響力とが、裁判官たちや政治家たちに対してあったからであるが、彼は、自身の犯罪にまみれた人生を、賭博事業にて始めたのであった。すなわち、「スロット王」とは、もう1つの称号であり、それは、彼が、イタリア系アメリカ人の暗黒街と、ニューヨークに位置する巨大な賭博シンジケートにおいて、早くに得たものであった。

　コステロがニューヨーク州にやって来たのは、彼が5歳の頃であった。つまり、彼の家族は、イースト・ハーレムに移住したのであり、そこは、20世紀初頭のイタリア人ゲトーであった。彼の犯罪歴は、思春期に、軽罪で幕を開けた。それからというもの、24歳の頃には、彼は銃器不法所持の咎で、1年間を、ジェイルで務めたのであった。そのことは、学ぶところの多い授業となった。すなわち、コステロは、次の37年間、刑務所に戻ることはなかったのである。多

くのイタリア人犯罪者たちと同様に、彼は、アイルランド系の姓を好んで用いたが、その姓は、アイルランド人によって支配されている警察署や政治機構（タマニーホール）によって、侵害され得ないものなのであった。

　1923年までには、コステロは、密売人*として成功し、後に、自分はジョン・F・ケネディ*とロバート・F・ケネディ*の父、ジョゼフ・ケネディ（Joseph Kennedy）の相棒であったということを公言している。すなわち、コステロとケネディは一緒に、非合法的酒類をアメリカに船舶で輸送していたということである。コステロが、ゆすりたかり、賭博、そして密売において広範な利益を得ていたこと、そして、人種的偏狭さがなかったことから（彼は、フランク・エリクソン［Frank Erickson］やメイヤー・ランスキー*のような非イタリア人たちとも、しばしば仕事をしていた）、コステロは、警察や政治家たちとの接触や影響力を深めていった。1920年代終盤と、1930年代初頭、彼は、ニューヨーク市の警察署長（police commissioners）に贈賄し、そして、ニューヨーク州サラトガの豪華「パイピング・ロック」（Piping Rock）のような賭博カジノを開業した。フィオレロ・ラ・ガーディア*という、ニューヨーク市の改革派の市長は、ニューヨーク市におけるコステロのスロットマシーン反対運動を行い、そして、市から、悪逆非道なゆすりたかりを除去することを公約した。コステロの影響力が大きくなったせいで、市長の手では、コステロは、抑止されることはできなくなっていた。コステロは、ヒューイ・ロング（Huey Long）上院議員による紹介を首尾よく利用して、何とか自分のスロットマシーンを、ルイジアナ州へと持ち込んだのであった。

　しかし、市を一掃する改革運動は、チャールズ・「ラッキー」・ルチアーノ*の拘禁や、ヴィトー・ジェノヴェーゼ*のイタリア逃亡を導いた。ジェノヴェーゼは、殺人の告発を受けたのであった。大物たち（top men）がいなくなったため、コステロは、ルチアーノ犯罪ファミリー*の首領代行の座に就いた。持ち前の能力で、彼は、アルバート・アナスタシア*という、ヴィンセント・マンガーノ*・コーザ・ノストラ・ファミリー組長との親交を維持した。

　しかしながら、コステロのイメージは、危険なマフィアの首領のイメージで

はなく、むしろ、博愛主義者かつ政治活動家のイメージであった。1951年、そのような最新の注意をもって編み込まれた、公共の利益の優先を心掛けている一市民のイメージは、キーファーヴァー委員会*の公聴会で、粉々になった。何百人ものアメリカ人たちが、コステロが犯罪者との繋がりについて質問されたときの、その不安と怒りとを目撃したのであった。テレビ放送を拒絶していたのにもかかわらず、カメラは、極めて劇的に、コステロの震える手に焦点を当てた。1952年、政府は、コステロに対し、脱税容疑で動いたが、それは、その容疑が違法な電話盗聴に基づくものであったがゆえに、覆されてしまった。ただ確かに、電話盗聴からの情報は、それが、多くの政治家たち、ギャングスターたち、そして法執行官僚たちとのコステロの癒着を暴いたという点では、ダメージを与えたのであった。

1957年5月、ジェノヴェーゼの殺し屋によって、コステロに対して、暗殺が企てられた。その後10月には、コステロの長きにわたるコーザ・ノストラにおける後ろ盾であったアルバート・アナスタシアが、殺害された。コステロは、ファミリーにおける自分の統率力が、風前の灯火になっていることを悟り、闘うよりもむしろ、引退したのであった。

信じられているところによれば、コステロは、ルチアーノ（彼は国外追放者としてイタリアに居住していた）、ランスキー、そしてカルロ・ガンビーノ*と共同して、復讐行為の手筈を調え、ジェノヴェーゼをはめて薬物陰謀の罪に陥れ、そのために、1959年にジェノヴェーゼは拘禁され、10年後、獄死したということである。

他のどのようなコーザ・ノストラの首領よりも、コステロは、汚職と贈賄によって、暗黒街と堅気の世界との間の揺るぎない絆の創造を追求したのであった。その意味において、コステロは、残忍な暴力によって、諸問題を解決し、また、権力を追求する、銃にモノを言わせる多くのギャングスターたちよりも、遙かに危険な存在であった。**アルバート・アナスタシア、ヴィトー・ジェノヴェーゼ、ヴィンセント・「ザ・チン」・ギガンテ、チャールズ・「ラッキー」・ルチアーノ**をも参照。

参照文献：George Wolfe, with J. DiMora, *Frank Costello : Prime Minister of the Underworld*. 1974.

相談役（Counselor）顧問を参照。

組員（Crew）アメリカにおけるラ・コーザ・ノストラ*において、この用語は、頭領*という、ファミリーの長によって率いられている犯罪ファミリー*の組織を成り立たせる基本単位を指すものである。各組員は、ある程度自立性があり、仲間の組員たちの才能や財源を当てにして、ファミリーのために銭を稼ぐのである。ファミリーに保護してもらうため、ファミリーの首領に支払われる、自分たちのシノギの「上納金」（tax）や歩合と引き換えに、組員は、競争相手たちや、あまつさえ警察による妨害からまで、保護されるのである。若頭（crew chief）あるいは頭領の評判は、自分のシノぎ、首領へと上納する金銭と、直接的に連動する。

　組員たちは、規模の点で様々なようであり、小人数あるいは6人位から、ときには20人から30人位のソルジャーたち*までが、無数の悪逆非道な活動や、薬物不正取引や、ゆすりたかりや、恐喝に手を染めているのである。

参照文献：Peter Maas, *Underboss : Sammy the Bull Gravano's Life in the Mafia*. 1997.

組織犯罪に関する犯罪委員会（Crime Commissions on Organized Crime）
組織犯罪を統制し、阻止する努力は、いくつかの戦略を生み出している。例えば、新しい警察の諸技術（電子監視、犯罪集団のおとり捜査による潜入、証人保護プログラム（WITSEC）*）、新法（RICO法*や免責条項）、そして、州、地方自治、全米レベルでの公的犯罪委員会が挙げられる。

　3つのタイプの犯罪委員会が、アメリカには存在する。第1に、政府が出資した、超党派集団からなるものがあり、そこにおいては、調査者たちは、警察としての地位を有するが、逮捕権限は持たないというものである（例えば、先の、ペンシルヴァニア犯罪委員会（PCC））。第2に、私人によって出資された

委員会で、全く法執行の権限をもたないものがある（例えば、シカゴ犯罪委員会）。第3に、政府が設立する、召喚権限を持ち、特定の現象や事件を調査する権限を与えられる臨時の集団がある（例えば、ニューヨーク市における警察汚職に関するナップ委員会や、組織犯罪に関する大統領委員会（PCOC））。

市民的犯罪委員会は、組織犯罪に関する情報を深め、広める点において、そして、公衆の耳目を集める点において、有益である。コミュニティの犯罪の傾向や、特定の事件についての委員会の公聴会、報告、そして広報は、コミュニティの態度を活気づかせ、そのような問題についての無知を減少させる手段なのである。

過去35年間以上にわたって、2つの大統領直々による公認の組織犯罪調査が行われてきた。それぞれの調査は、それ自身の方法で、組織犯罪を統制する努力を鼓舞した。第1回目の、組織犯罪に関する1967年対策委員会報告は、ほとんどもっぱらラ・コーザ・ノストラ*に焦点を当てた。第2回目の、組織犯罪に関する大統領委員会（PCOC）は、1983年7月と定められ、1986年4月に、組織犯罪問題に関する報告書を提出した。大統領委員会は、1967年対策委員会の射程を拡大して、様々な民族的アイデンティティをもち、その活動が伝統的ラ・コーザ・ノストラの諸要素を越えている集団をも含めるようになった。

1967年対策委員会は、他のどのような類の行事や事実などよりも、組織犯罪に関し、アメリカにおける刑事司法制度を変化させたくさんのことを行ったといえるが、それはなぜなら、その委員会が、組織犯罪の現象を正確に述べたからではなく（述べてはいなかった）、1つの国家的関心へとその論点を高め、そのことが、論点に関する何か具体的かつ明確なことをなすように、連邦議会を喚起したからである。多くの対策委員会の勧告が、制定法へと立法化された。1968年包括的犯罪規制法や、1970年組織犯罪規制法は、対策委員会の勧告から出てきたものであり、(1)組織犯罪情報部や調査部の数や予算を増加させ、(2)電話盗聴やその他の電子的盗聴に関する諸法律を立法化し、(3)連邦証人保護プログラム*（WITSEC）を制度化し、(4)組織犯罪の組頭たちに対し、裁判所に、刑を加重する権限を与えるRICO法を可決したのであった。

1983年には、PCOCは、その使命として、伝統的組織犯罪と新興の犯罪者集団の性質を再調査することによる、組織犯罪に関する地域ごとの分析を指揮する職務に与った。PCOCは、大統領によって監督され、犯罪収益の源泉やその総額を確認し、そして、組織犯罪活動の関与者に関する徹底的な情報を発展させたのである。その権限はまた、勧告し、組織犯罪に対する法執行の努力を改善することをも、含むものであった。

　PCOCは、以前の1967年における対策委員会がなしたように、国中で多くの公聴会を行ったが、対策委員会とは異なり、大統領委員会は、論争の的になってしまった。PCOCは、マネー・ローンダリングに関する4つの話題の報告書と、そして、組織犯罪の影響に関する概要の報告書のみならず、商業、労働組合、薬物不正取引に関する2つの報告書を提出したけれども、これらの諸努力は、いまだ知られてはいなかったことを、ほとんど暴露することはなかったのである。しかしながら、注目すべきは、新興の、非伝統的犯罪組織に、委員会が着眼したことである。加えるに、PCOCは、これまで無視されてきた論点、つまり、組織犯罪の関係者の防御を専門とする弁護士の関与ということを、確認したのであった。「ギャング団の弁護士」(mob lawyers) は、犯罪事業に対する相談役としての自分たちの役割や、自分たちの収入源に関して、宣誓証言し、そして、監視下に置かれたのであった。

　PCOCは、組織犯罪におけるアジア人やアフリカ系アメリカ人の組織の関与を力説し、そして、コロンビア薬物カルテル*の活動を概説した。モーター・サイクル・ギャングズもまた、新たな類型の組織的犯罪者の一部として強調された。

　明白になったことは、組織犯罪調査というものが、ただ単に法執行機関に限定されるものではないということや、委員会というものが、伝統的な法執行の道具に対する有益な手段になり得るということである。諸委員会は、特定の刑事事件を処理することに関心はなく、あるいは、法的権限を与えられてはいないから、委員会は、期的な視点を取り、法執行の諸戦略の傾向や影響を評価することができるのである。**連邦議会組織犯罪調査**をも参照。

参照文献：Charles Rogovin and Frederick Martens, "The Role of Crime Commissions in Organized Crime Control," in *Handbook of Organized Crime in the United States*, ed. Robert J. Kelly, Ko-lin Chin, and Rufus Schatzberg. 1994.

犯罪ファミリー（Crime Family） イタリア系組織犯罪の基本単位。

　ひところ広く信じられていたところによれば、24の組織犯罪ファミリーが、アメリカを、統制のための縄張りに分割したということであった。犯罪ファミリーは、共に、全国的犯罪者シンジケートを形成し、それは、ラ・コーザ・ノストラ*と呼ばれるものである。

　各ファミリーは、1人の首領*によって率いられている（図5参照）。諸ファミリーは、合法的企業と酷似して組織化されており、ピラミッド型の権力機構を擁するものとなっている。首領は、最高権力者であり、1人の副首領*と、1人の顧問*によってかしずかれている。第2番目の権威と権力の階層には、頭領たちあるいは副頭領たちが控えており、彼らが、ソルジャーたち*とか、ボタン・マンたち（button men）とか、ワイズ・ガイたち（wise guys）とかの、様々な名称で知られている10人かそこらの構成員たる組員たち*を監督しているのである。

　最も富裕かつ最強のファミリーは、ニューヨーク州、ニュージャージー州、ミズーリ州、イリノイ州、ルイジアナ州、フロリダ州、ミシガン州、そしてロードアイランド州において、暗躍している。ファミリーというものは、組織に関して最重要なレベルのものであり、犯罪組織における最大の単位であり、そこにおいては、忠誠が1人の男、首領に対し尽くされるのである。必ずしも、ありとあらゆるコーザ・ノストラ集団が、犯罪ファミリーとして知られているわけのものではない。シカゴにおいては、コーザ・ノストラ組織は、シカゴ・アウトフィット*として知られており、歴史的に、非マフィア構成員を配下に加えているのである。カンザス市においては、犯罪者機構は、「ザ・クリーク」（The Clique：派閥）と呼ばれている。ニューヨーク市のような、その他の地方においては、コーザ・ノストラ犯罪ファミリーは、自分たちの身分を確立した、

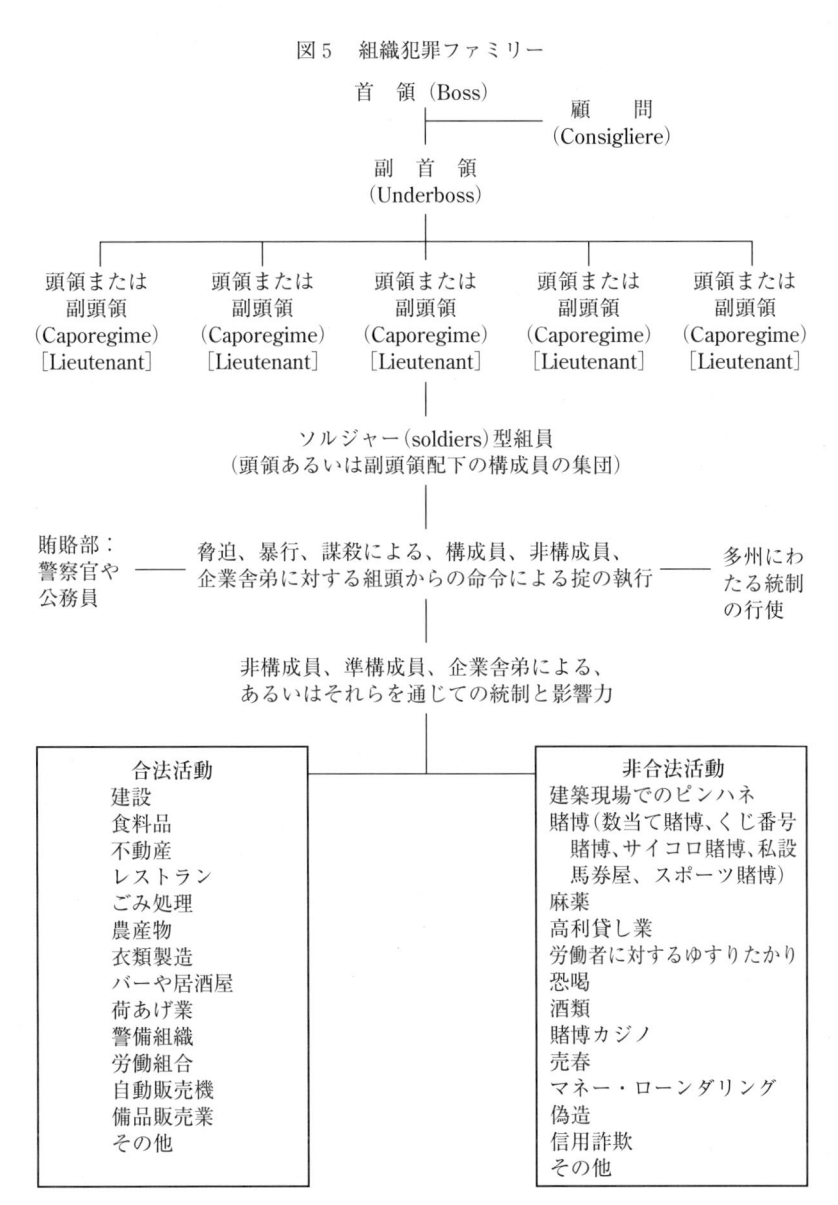

図5　組織犯罪ファミリー

```
                    首　領（Boss）
                         |――――――― 顧　問
                         |          （Consigliere）
                       副首領
                     （Underboss）
     ┌──────────┬──────────┼──────────┬──────────┐
  頭領または  頭領または  頭領または  頭領または  頭領または
   副頭領     副頭領     副頭領     副頭領     副頭領
 （Caporegime）（Caporegime）（Caporegime）（Caporegime）（Caporegime）
 ［Lieutenant］［Lieutenant］［Lieutenant］［Lieutenant］［Lieutenant］
```

ソルジャー（soldiers）型組員
（頭領あるいは副頭領配下の構成員の集団）

賄賂部：　　　脅迫、暴行、謀殺による、構成員、非構成員、　　　多州にわ
警察官や　――　企業舎弟に対する頭領からの命令による掟の執行　――　たる統制
公務員　　　　　　　　　　　　　　　　　　　　　　　　　　　　　　　の行使

非構成員、準構成員、企業舎弟による、
あるいはそれらを通じての統制と影響力

合法活動	非合法活動
建設	建築現場でのピンハネ
食料品	賭博（数当て賭博、くじ番号賭博、サイコロ賭博、私設馬券屋、スポーツ賭博）
不動産	麻薬
レストラン	高利貸し業
ごみ処理	労働者に対するゆすりたかり
農産物	恐喝
衣類製造	酒類
バーや居酒屋	賭博カジノ
荷あげ業	売春
警備組織	マネー・ローンダリング
労働組合	偽造
自動販売機	信用詐欺
備品販売業	その他
その他	

Source：Task Force on Organized Crime, President's Commission on Law Enforcement and Administration of Justice, Washington, D.C.：U.S. Goverment Printing Office, 1967, p. 9.

創始者か、あるいは非常に強力な首領の名を取って、命名されているのである。
首領、頭領、ラ・コーザ・ノストラ、マフィアをも参照。

参照文献：Joseph Albini, *The American Mafia : Genesis of a Legend.* 1971.

クリップスとブラッズ（Crips and Bloods） 1980年代中葉において、少数派集団のギャングが蔓延している最中に、アメリカは、挟み撃ちされる格好となった。すなわち、ロサンジェルス・ストリート・ギャングたちが、東部へと移動し、また、ジャマイカ人集団が、東海岸から西部へと移動したのである。そして、その年代の最後の年までには、それらに挟まれた格好の、アメリカで残されていた大部分に、クラックの快感を初めて経験させたのである。

主要なロサンジェルスのギャングたちは、クリップス（現在、推計3万人）と、ブラッズ（約9,000人）であり、それは、ラテンアメリカ人とアフリカ系アメリカ人で構成されているものである。アメリカにおける他の地域への勢力拡大は、1986年に始まった。クリップス・ギャングは、1988年に、シアトル市とオクラホマ市に移動した。1991年には、司法省は、クリップスとブラッズを、32の州と113の都市において確認している。専門家の中には、ロサンジェルスを地盤とするギャングたちが、現在、クラック（覚せい剤）取引の30％を仕切っていると考える者もいる。どちらのギャングも、固定的な階層制ではない。両者ともバラバラになり、緩く結合した近隣の集団に分かれており、その集団は「セッツ」（sets：組）と呼ばれ、各30人から100人の構成員を抱えているのである。あれほどクラックに関し、当初、暴力沙汰が発生しながら、多くのギャングの構成員は、警察を避けるため、南カリフォルニアを後にした。クラックの流行が爆発的になったとき、その他のギャングは、あっさりと他の地域へ移動し、そして、友人や家族のいる場所で、支部としての活動を開始した。

ロサンジェルスに比べ、その他の諸都市は、簡単なこそ泥の場となってきており、とりわけ、「ローラーズ」（rollers）あるいは「オグズ」（Ogs）（新興のギャングスターたち）、そしてその他の20代の人々にとってはそうであり、そして、そこには、より本格的な現金に対する渇望が存在するのである。「オグズ」

の中には、コロンビアの供給業者とのコネを創り上げた者もいる。
　クリップスとブラッズは、人口統計学的な膨らみを反映しており、その構成員は、最も犯罪的傾向の強い年齢集団、すなわち、青少年から成人までの集団の中に存在する傾向があるのである。若い男性における極めて高い失業率と結び付けられて（36％）、急激な軽罪の拡大の諸条件が、当面の問題となっている。
　ストリート・ギャングの研究が、現在、莫大な家内工業として登場しているのにもかかわらず、事実上、ロサンジェルスの社会学的見地からは破壊的なギャング文化については、ほとんど述べられたためしはない。知られていることといえば、アフリカ系アメリカ人のストリート・ギャングの第１世代は、1940年代後半、学校や街路における白人との対決に際しての防衛手段として出現したということくらいである。1970年代に至るまで、これらのギャングは、微視的に記述される隣近所の縄張りによるよりもむしろ、主に学校を地盤とする縄張りによって、定義される傾向にあった。アフリカ系アメリカ人のティーンエイジャーを、人種差別主義者の攻撃から守っただけでなく、初期のギャングたちは、新しく、かつ、通常は敵意に満ちた環境における社会的空間の開拓者であり、保護者でもあったのであるが、その環境は、新しいアフリカ系アメリカ人の住民たちが創り出したものであった。
　黒豹党員たち（Black Panthers）（政治的に活動的なストリート・ギャングであり、カリフォルニア州オークランドに出現し、多くのアフリカ系アメリカ人のコミュニティに拡大したもの）を大量殺戮したことが、20年前、ギャング活動の復活を直接的に導くこととなった。「クリッピン」（Crippin）とは、黒豹党の元カリスマの非嫡出子的な存在であり、黒豹党がアメリカ中で法執行機関によって押し潰されたとき、それが間隙を埋めたのであった。クリップスについての諸伝説は、特定の点で一致したものとなっている。最初の「セット」（set）は、社会における不毛の地で生まれており、その不毛の地は、センチュリー・フリーウェイのための森林伐採、トラウマとなるような転居、そしてロサンジェルスにおける近隣の絆の破壊によって惹起されたものであった。ある伝説に

よれば、「クリップス」とは、「進行中の継続的な革命」を表すものということである。この伝説は、いかにも出所が怪しげなものではあるものの、1970年と1972年の間におけるゲトー全域にわたる、クリップ・セットたち（Crip sets）の拡大現象を、最もよく描写するものではある。クリップスから、絶え間ない敵対的な圧力がかけられていた状況下において、独立を保っていたギャングたちは、赤いバンダナのブラッズとして、同盟を結んだ。ブラッズは、本来的には、攻撃的なクリップスの出現に対しての、防衛的な反動形成であり続けているのである。

　このことは、単なるギャングの復活などではなく、それどころか、ギャング文化のラディカルな変更なのであった。クリップスは、大胆不敵な黒豹党のオーラを受け継ぎ、武装した先導者のイデオロギーを後世に伝えたのであり、そして、「クリッピン」とは、しばしば、『時計仕掛けのオレンジ』（*Clockwork Orange*）のレベル（ステータス・シンボルとしての殺人）へと、ゲトー内における暴力を段階的に拡大させることを意味するものなのである。クリップスはまた、全ゲトーを支配するという傲慢な野望と、超暴力の嗜好とを、混ぜ合わせてもきた。クリップスは、ギャングの実体において、「支配の革命」を達成したのである。もしクリップスが、落ちぶれた黒豹党員たちの代わりに、ティーン・エイジャーとして始まるならば、1970年代を経て、ティーン・エイジャーのカルトと原始的マフィアの混成物へと進化するであろう。

　1972年の、クリップ狂の病的興奮の絶頂期に、ある協議会が、１つの綱領をギャングたちに与えたが、そのことが、ギャングたちの苦情が書かれている文書を生み出すことになった。公務員が驚いたことは、「マッド・ドッグズ」（mad dogs：狂犬たち）が、感銘を与える筋の通った一連の要求を略述したことであった。それは、例えば、職業、住居、より良い学校、娯楽施設、そして、地方制度のコミュニティによる統制などについての要求であった。そのような要求は、勇壮華麗な示威運動であったのであり、ギャングの若者は、いかに血の復讐と自滅という、自分たち自身の妄想に基づく悪循環に陥ってしまっていたとしても、自分たちが夢を叶えさせてもらえず、かつ、大志をも挫かれてしまっ

ている子どもたちであるということは、明確に理解していたということなのである。若きアフリカ系アメリカ人たちは、自分たちの労働市場における選択肢が、実質的に、崩壊している状態を目の当たりにしてきており、それは、工場やトラック運転といった職が、自分たちの父親たちや兄たちにわずかながらも尊厳を与えていたのであるが、それらの職が、輸入品に取って代わられたり、あるいは、ロサンジェルスという超巨大都市の銀河的規模の螺旋状の場所にある遠く離れた白人の地域へと移転されてしまったからである。このような若い男性のための労働市場が次第に悪化していることが、薬物取引や若者の犯罪といった対抗経済が急速に発達している1つの主要な理由なのである。

クリップスやブラッズのことを、「ギャングズ」と呼ぶのは、呼び誤りであって、それはなぜなら、彼らは実際には、ラ・コーザ・ノストラ*犯罪ファミリー*と同様、その各々が縄張りを主張する、多数の自主独立を維持するギャングたちで構成された連合体であるからなのである。クリップは常にクリップであるには違いないが、彼らは互いに対立し、武力に訴えようとするのであり、この点は、ブラッズとは異なる点であろう。クリップスは青色を身に纏い、ブラッズは赤色を身に付けて、自分たちの所属を明らかにする。ブラッズ・ギャングたちは、どのような看板をぶら下げていても構わないが、クリップスは、「クリップス」という用語を、彼らが自分たちと同視している街路や地区の後に付けるのが普通である。

ロサンジェルスで発達したアフリカ系アメリカ人暗黒街の別の特徴としては、特定の個人としてのギャング・リーダーが、より大きな連合の長あるいは首領として目立つことはないということである。恐らく、非常に多くのギャングたちの構成員の死亡率や拘禁のために、永続的な支配構造が、固まり得ないのであろう。

彼らがロサンジェルスに移動し、他のアフリカ系アメリカ人コミュニティにおいて、その存在を確立すると、クリップスとブラッズはすぐさま出現し、それから、地元のギャングたちを、自分たちの薬物取引や、名士のオーラに引き入れるのである。ギャングの構成員たちが移動するとき、ロサンジェルスにあ

るギャング総本部を起点として、より広くシンジケートが拡大するという可能性は、現実的な脅威を惹起することになるのである。

ギャングの暴力沙汰において、暗黙の了解で捨て石となるアフリカ系アメリカ人や、ヒスパニック系の若者たちの率は選任された公務員からのわずかばかりの抗議もあるが、公務員たちの最も差し迫ったニーズに奉仕したプログラムからの、定期的な資料の流出によって、直接評価されることが可能である。ギャングの構成員のための職業の選択肢は、ほとんど存在したためしはなく、そのことは、職こそ若者の犯罪に対する特効薬的抑止力であるという認識が、広く行き渡っているにもかかわらずのことである。その間にも、学校制度は、物凄い勢いで退行化が進行しているのである。州レベルにおいては、教育制度は、急速な衰退状態に陥ってきているのである。

クリップスの非凡な才能とは、自分たちを、国際的薬物取引の最前線へと向かわせた能力なのであった。クラックによって、彼らは、ゲトーの新世界の都市経済における、ゲトーのための1つの職業を発見したのである。輸入された、高い収益を生む塊を、対極的市場にある最終的な消費者たち、その中には、金持ちの白人や、貧乏な乞食も含まれているが、そのような者たちに売り捌き、クリップスは、無法者の無産階級と同程度にまで大金持ちとなったのである。

麻薬帝国主義の時代において、彼らは、西アフリカの「砲撃能力のある国家」の現代版となってしまったが、それらは、自己中心的で、ならず者の親玉たちであり、18世紀の奴隷貿易の中間商人で、アフリカのその他の人々が血を流している傍らで、成功した人間たちを指すものである。現代のコカインやクラック貿易は、何人かの経済学者が「柔軟な蓄積」と呼ぶ、度肝を抜く一例となっている。ゲームのルールは、最大の金融操作を、様々な市場全域にいる生産者や販売者の交換可能な配置と、結合させるということである。

クラックの出現は、クリップスの副次文化に、恐ろしい、ほとんど抵抗不可能な誘惑を与えてきた。新しいギャング文化であるクラック経済が、いかに大規模に抑圧されたとしても、成長を止め、あるいは、アフリカ系アメリカ人のゲトーに閉じ込められてしまうであろうということを信じる理由はほとんどな

い。その中心部分は、筋金入りの失業状態にあるワッツのようなゲトー地帯に残るであろうが、ギャングの奥義は、中層階級のアフリカ系アメリカ人の地域へと広まってきており、そこでは、両親たちは、ほとんど恐慌状態となっているか、あるいは、自警手段を講じている始末なのである。**エル・ルークンス、ジャマイカ系パシ集団**をも参照。

 参照文献：Leon Bing, *Do or Die*. 1991 ; Kody Scott, *The Autobiography of an L. A. Gang Member*. 1993.

D

モーリス・バーニィ・ダリッツ（DALITZ, Morris Barney）（通称、モー [Moe]）（1900年マサチューセッツ州ボストンにて生誕―1989年8月30日ネヴァダ州ラスヴェガスにて死亡）クリーヴランド・シンジケートの首領でネヴァダ州ラスヴェガス*のカジノ事業家。

彼の犯罪経歴は、禁酒法時代において、カナダからアメリカの国境を越えて酒類を密輸する「リトル・ジュウイッシュ・ネイビー」（Little Jewish Navy：小さいユダヤ海軍）の一員としてデトロイトで始まった。それからダリッツは、クリーヴランドに引っ越して、モーリス・クレインマン（Morris Kleinman）、ルイス・ロスコフ（Louis Rothkopf）、及びサミュエル・タッカー（Samuel Tucker）を含む、ユダヤ人のゆすりたかりの4人組である「クリーヴランド・フォー」（Cleveland Four）の一員になった。彼らは、賭博と酒類の流通においてメイフィールド・ロード・ギャング（Mayfield Road Gang）と同盟を結んでいた者たちであった。

ダリッツは、非ユダヤ人との強固な同盟関係を作るという、彼とよく似たニューヨークのメイヤー・ランスキー*のように多くの才能を持っていた。クリーヴランドで、彼の犯罪事業は、ポリッツィ・マフィア・ファミリー（Polizzi Mafia family）と一緒に共同経営された。

禁酒法時代の終わりに、ダリッツと彼の旧友は、ニューポート、ケンタッキー、ウェストバージニア、及びインディアナで違法賭博*運営を立ち上げた。ダリッツは、ラスヴェガスに、1950年代後期に招かれ、チームスターとコーザ・ノストラ*・ファミリーの仲間と共に、デザート・イン（Desert Inn）といくつかの他のカジノを引き継いだ。彼らのゆすりたかりは、ギャンブルの利益が数

えられ会計監査される前に、その粗利から利益を取り去るという「かすめ取ること」(skim) であった。

1960年代末頃、デザート・イン・カジノ・ホテルは、税金を逋脱するためのカジノ利益をかすめ取る実務に接近していた内国歳入庁 (IRS) の介入を回避するために、億万長者ハワード・ヒューズ (Howard Hughes) に売却された。

ダリッツは、チームスター年金基金からのローンと、彼が数年間蓄積した政治的影響力でもって、南カリフォルニアのぜいたくなホテルとレクリエーションの開発に関係した。ダリッツによって経営された、サンディエゴのすぐ北にあるラ・コスタ・ホテル＆カントリー・クラブ (La Costa Hotel and Country Club) は、暗黒街と同様、一般社会の裕福な有力者を宿泊させた。事実、ダリッツの事例では、犯罪が次から次へと利益を与えたのであった。**禁酒法と組織犯罪**をも参照。

参照文献：Ed Reid and Ovid Demaris, *The Green Felt Jungle*. 1991.

アンジェロ・デ・カーロ (DECARLO, Angelo) (通称、ジップ [Gyp] ペテン師)(1902年シチリアにて生誕―1973年10月20日ニュージャージー州マウンテンサイドにて死亡) ニュージャージー州の高利貸しでジェノヴェーゼ犯罪ファミリー*の頭領*。

北ニュージャージーにあるアンジェロ・デ・カーロの本部での電話盗聴は、犯罪者組織、政治家、法執行職員、及び実業家を含む大規模な政治＝犯罪の結合体が、何年もの間存在し、組織的に市民を騙す方法で稼働したことを明らかにした。ピーター・ロディノ (Peter Rodino) 下院議員のような、彼への「ぺてんの」言及を言い抜けることができた役人もいれば、ヒュー・アドニツィオ (Hugh Addonizio) ニューアーク市長やハドソン郡の政治的領袖であるジョン・J・ケニー (John J. Kenny) のような、彼らの政治的経歴が消滅させられるのを見た者もいた。

アンジェロ・デ・カーロは、自分の過去について言い訳をしなかったし、また、自分の言葉で「無法者」という事実を隠そうと努めなかった、ジェノヴェ

ーゼ・コーザ・ノストラ・ファミリーに関連した職業犯罪者であった。しかし、この自己申告された暴漢は、彼の行った殺人や彼の執行した猛烈な殴打のぞっとするような詳細なテープが、FBIによって広く伝えられた後にさえ、大統領の恩赦を得ることに成功した。

1970年に、彼は、恐喝での有罪判決に基づいて12年間刑務所に送られたが、しかし、1年半で、彼の判決はリチャード・ニクソン（Richard Nixon）大統領によって減刑された。噂の元は、このマフィアの殺し屋のために、スパイロ・アグニュー（Spiro Agnew）副大統領（彼がボルティモア市長であったとき、建設計画での収賄容疑で後に辞職することになる）とフランク・シナトラ（Frank Sinatra）の介入を伴うといったあらゆる種類の話しがあった。デ・カーロによる犯罪の反抗的態度の最後の行為が起こったのは、彼が、期限がきている5日前に亡くなったことによって、彼の判決に伴う2万ドルの罰金の支払いを避けたときであった。

参照文献：Henry A. Zeiger, *The Jersey Mob*. 1975.

サム・デカヴァルカンテ（DECAVALCANTE, Sam）（通称、ザ・プランバー[The Plumber] 配管工）（シモーネ・リッツォ・デ・カヴァルカンテとして、1919年生誕—）ニュージャージー州の犯罪ファミリーの首領。

コーザ・ノストラ*の犯罪貴族としての彼の短い経歴は、配管供給セールスマンとして、デカヴァルカンテの合法的な職業のより大きくそれほどエキサイティングでない文脈での、趣味以上の何ものでもなかったかもしれない。しかし、連邦捜査局（FBI）は、4年間彼の事務所を傍受したが、知らないうちにマフィアの長を作り出したかもしれない。サム・ザ・プランバーの「ファミリー」は、ニューヨーク市のジェノヴェーゼ犯罪ファミリー*、ボナンノ犯罪ファミリー*、及びガンビーノ犯罪ファミリー*と結び付いた、北ニュージャージーの他のマフィア集団の周縁におけるソルジャー*の大ざっぱに構造化された集団を代表した。

デカヴァルカンテは、ニュージャージー州ケニルワースで配管と暖房の会社

を経営した。そこは、FBIが1961年から1965年の間に彼の会話を記録した場所であった。サム・ザ・プランバーは、1969年、恐喝の罪状で審理を行ったとき、13巻もの複写物が検察側によって提出された。13巻の複写物は、「デカヴァルカンテ・テープ」として知られるようになり、コーザ・ノストラの構造と運営についてジョゼフ・ヴァラキ*の1963年の意外な事実の多くを確認した。

デカヴァルカンテ犯罪ファミリーは、60人もいない構成員から成り立っており、この期間での首領の時間の多くが、個人のロマンチックな出来事、彼の前任者であるニック・デルモア（Nick Delmore）の死亡後の1964年の指導体制への就任、及びジョゼフ・ボナンノと彼のファミリーの戦争に関するマフィア・コミッションにおける危機で占められていた。

サム・ザ・プランバーは、1969年に恐喝陰謀の罪状で有罪とされ、15年の刑罰を宣告された。彼は、ジョージア州アトランタの連邦刑務所で言い渡された刑期を服役し、フロリダ州に引っ込んだ。彼の犯罪ファミリーは解散し、マフィアの首領としての自分の経歴は突然終わったのであった。

参照文献：Henry A. Zeiger, *Sam the Plumber*. 1970.

アニエロ・デラクローチェ（DELLACROCE, Aniello）（通称、オニール［O'Neill］、ミスター・ネイル［Mr. Neil］）（1914年ニューヨーク州マンハッタンにて生誕―1985年12月2日ニューヨーク市にて死亡）ガンビーノ犯罪ファミリーの有力な副首領。

1914年にマンハッタンで生まれたシチリア移民の息子であるデラクローチェは、8年生で学校を辞めた。20歳代初期に、アニエロ・デラクローチェ（その名前は「十字架の仔羊」(little lamb of the cross) を意味するものとして翻訳されたもの）は、ヴィンセント・マンガーノの*ギャングに加わって、次に、アルバート・アナスタシア*が犯罪ファミリーの指導体制を引き受けたとき、誠実に役割を果たした。後に、カルロ・ガンビーノ*が首領になったとき、デラクローチェはファミリーの上層部の一員であった。彼は、自分にのみ忠実なソルジャー*の組員を操縦しながら、多くの自治を有した副首領として奉仕した。

暴力に対する彼の評判は獰猛であり、決して沈黙の彼の誓いを破らないであろうというマフィア構成員としての彼の信頼度は、彼の個人的な生き残りを保証しただけでなく、また彼がある程度当たり前のことだと考えられることができたことを意味したのである。

カルロ・ガンビーノの掟の下で、デラクローチェは副首領として仕え、ガンビーノの死で、カルロの経験豊かでかつ無情の副首領が取って代わろうとしているという憶測が、ファミリーの中で広まっていた。しかしながら、ガンビーノは、彼の従兄弟ポール・カステラーノ*が首領になるということを自らの死の前に明らかにした。このことは、デラクローチェが刑務所に収容されていた1976年に起きた。それで、彼の子分であったジョン・ゴッティ*のように、たとえ彼がこれまでカステラーノに挑戦しがちであったとしても、彼はそうした挑戦をするための立場にはなかったのである。

デラクローチェは、自分をその後継者にしないというガンビーノの決定によって感情を害されなければならず、忠実な副首領をなだめるために、新しい首領は、クイーンズやマンハッタンにおけるファミリーの最も高額なゆすりたかりと金を儲ける組員についてのオニールの統制、すなわち、ガンビーノが自分の死の前に彼に与えていた統制を承認した。これらの譲歩は、退役軍人であるデラクローチェをなだめるように思われたかもしれないが、しかし実際は、それらはそうではなかったのである。ガンビーノの副司令官として、デラクローチェは、コーザ・ノストラの不文律によれば、首領としてガンビーノの後任となるべきであると思った。けれども、ガンビーノは、自分の従兄弟をはっきりと指名することによってはなはだしい縁者びいきを行った。62歳のデラクローチェは、首領は決して異議を唱えられてはならないと信じ、彼の命令が常に従われ尊重されるべきであるという古い派閥の暴力団員であったため、彼は、自らの誇りを飲み込んだが、しかし、それにもかかわらず侮辱によって、彼はいらだち、ビッグ・ポールと一緒に自分の親戚たちは苦々しい思いをしたのである。ガンビーノの自分の従兄弟に対するえこひいきはまた、カステラーノの頭領*とソルジャーの大部分をいらいらさせた。彼らは、彼の3人の息子あるい

はカルロ・ガンビーノの息子であるトミーにえこひいきを示して、カステラーノが自分自身縁者びいきを思いのままにするであろうと疑ったのである。ジョン・ゴッティのような意欲的な若いソルジャーは、自分自身の実力によってファミリーでの地位を高め、ビッグ・ポールが彼の上に昇進することについて親類のことで心配しなくてもよいことを望んだ。

　犯罪ファミリーでの利権と権威についてのカステラーノ＝デラクローチェの区分と同じぐらい壊れやすい協定は、めったに糊でくっつけられてたようになることはない。遅かれ早かれ、権限は、誰でも獲得できるように街路に横たわっているのである。デラクローチェは、仕事がなされるための冷たい強靭さと無慈悲さと、カステラーノの「ブリーフケース・マフィア」から切り離された街路犯罪者の忠誠を含む、すべての必要条件を持っていた。デラクローチェは、不健康であったという事実以外、たとえそれがファミリーでの戦争を意味したとしても、彼が結局は取って代わるであろうと思われた。ただデラクローチェだけが、ジョン・ゴッティのような若い意欲的なソルジャーの反乱を止めることができたのであり、そこで副首領が1985年12月に亡くなったとき、舞台は、カステラーノに対する反乱として用意されたのである。カステラーノは、デラクローチェの葬儀式典に出席しないことによって火に油を注ぐ結果となった。ゴッティと他の頭領たちは、実施要綱のこの銃尾を侮辱と計画された復讐として解釈した。デラクローチェが亡くなった3週間あと、カステラーノは、ミッドタウン・マンハッタンの街路で殺害された。**ポール・カステラーノ、カルロ・ガンビーノ、ジョン・ゴッティ**をも参照。

　参照文献：John H. Davis, *Mafia Dynasty: The Rise and Fall of the Gambino Crime Family.* 1993.

トーマス・E・デューイ（DEWEY, Thomas E.）（1902年3月24日ミネソタ州オウォッソにて生誕—1971年3月16日フロリダ州バル・ハーバーにて死亡）検察官かつ、ゆすりたかりに対する取締官。

　デューイは、自分の経歴をウォール街の弁護士として始めた。けれども、彼

の評判が急激に上昇したのは、ギャングに対する特別検察官の役割であった。彼は、1930年代においては、連邦検事、ニューヨーク市の地区検事、及びニューヨーク州知事によって任命された特別検察官として務めた。彼の革新的な捜査戦略は、チャールズ・「ラッキー」・ルチアーノや「ワクシー」・ゴードン*を含むギャング団構成員のトップを刑務所に入れ、1944年にメンディ・ワイスとルイス・バカルター*の死刑執行で頂点に達した。

彼が1948年に共和党大統領候補として、また、ニューヨーク州知事として全米に知れ渡ることになる前に、ニューヨーク市犯罪シンジケートの指導者に対する彼のギャング逮捕活動は、ほとんど彼の人生を犠牲にするものであった。ルチアーノの捜査、起訴、及び有罪判決の前に、デューイは、「ビール男爵」(Beer Baron) であり、ハーレムの政治的ゆすりたかりの王であったダッチ・シュルツのあとを追っていた。そのシュルツは、彼と連絡をとっていた多くのギャングと法執行機関職員によれば、極めて知的であっただけでなく、感情的にも極めて激昂しやすくて、不安定でさえあった。デューイの捜査官と検察官が、まさに2件の脱税の起訴をどうにかかわそうとしていたザ・ダッチマンに焦点を合わせ始めたとき、彼は、デューイを暗殺する犯罪シンジケートからの許可を受けようと試みた。例外なく、犯罪の首領たちは、シュルツの恐ろしい提案を拒絶した。彼らは、デューイの殺害が、かなりの国民の怒りを喚起し、彼らの滅亡ということになるだろうというリンチ的な暴徒化傾向を促進するに過ぎないものと思った。ザ・ダッチマンは、彼のギャング団構成員によって非難されたが、しかし、もしシンジケートが殺害を容認しないならば、シュルツは、個人的にでもデューイの殺害の手配をするであろうということを明らかにした。

1935年10月、ルチアーノ、メイヤー・ランスキー*、及びその他ギャング団構成員の首領は、シュルツがデューイに対して計画された殺害契約がなされたことに気付いてショックを受けた。デューイの5番街アパートは張り込まれていた。彼が用心棒と一緒に出入りする日課が分かっていた。彼の自宅電話が盗聴されているかもしれないことを恐れて、毎朝デューイは、近所の薬局に行き、

そこの電話ボックスを使って自分の事務所に電話をした。シュルツの計画は、ドラッグストアに、消音装置付拳銃を持ち、乳母車でぶらぶら歩いている親の姿に変装した者を配置するものであった。殺し屋は、デューイが電話ボックスに入ったときに彼を狙撃し、大混乱が起こったとき平然と群衆に紛れ込む計画であった。

犯罪の首領たちは、シュルツに対する殺人命令を発動することでこの問題に直感的に対応した。殺害計画が実行される前に、シュルツは、ニュージャージー州のニューアークにあるステーキハウスで撃たれた。それは、デューイに対する殺害の陰謀が実行される前であった。

1940年になって初めて、デューイは、シンジケートがシュルツを妨害して彼を殺害したことを知った。その時までに、彼は、強制的売春の容疑で30年から50年の刑期に服役していたルチアーノを起訴することに成功した。

このギャング団構成員に対する特別の検察官キャンペーンは、ただゆすりたかりだけではなく、ギャングとの共謀で行動をした政治家にも焦点が当てられた。1937年、彼は、タマニーホール第2議会地区リーダーでニューヨークの郡事務員であるアルバート・マリネッリ（Albert Marinelli）を、ゆすりたかりの共謀者として起訴した。デューイは、マリネッリの助けを借りて、ジェームズ・「ジミー・ドイル」・プルメリ（James "Jimmy Doyle" Plumeri）とジョニー・ディオ*を含む重要なギャングが、ダウンタウンのマンハッタンでトラック輸送産業の統制を掌握していたことで訴追した。犯罪歴を有していた選挙監視員としてマリネリに任命された多くの者の身元がそうであったように、マリネッリとルチアーノとの関係が注記された。

第二次世界大戦と1944年の共和党大統領候補指名についての失敗の後に、ニューヨーク州知事としてのデューイはジレンマに直面した。国防省（War Department）は、ルチアーノの判決が、戦争中における海軍諜報機関への彼の功績を考慮して執行猶予されるべきことを強く主張した。ルチアーノは、サボタージュやスパイ活動からイーストコースト地帯の湾岸地区を守るのを助け、シチリア侵略中に彼のマフィアとの接触を通して連合国軍を支援していた。ル

チアーノを刑務所に入れた者が、今度は彼の釈放を支持したのである。デューイの重要性は、彼が組織犯罪と戦うために開発し成功したその方法にある。

参照文献：Thomas E. Dewey, *Twenty Against the Underworld*. 1974.

ジャック・ダイヤモンド（DIAMOND, Jack）（通称、レッグズ［Legs］両足）（1897年ペンシルヴァニア州フィラデルフィアにて生誕―1931年12月ニューヨーク州オーバニーにて死亡）ニューヨークのゆすりたかり者かつ殺し屋。

　ジャック・ダイヤモンドのダンスの技能が、まさに彼に通称である「レッグズ（Legs）両足」をもたらした。アイルランドの移民の息子でアメリカ生まれのダイヤモンドは、フィラデルフィアで成長し、彼の青年期に問題を起こした。1913年に彼の家族がブルックリンに引っ越したとき、レッグズは、「リトル・オーギー」・オーゲン*によって率いられたニューヨークのロウアー・イーストサイドのギャングに加わった。1918年に彼が陸軍に徴兵される前に、ダイヤモンドは、強盗と不法目的侵入の広い犯罪歴を蓄積していた。

　第一次世界大戦後、ダイヤモンドは、自分の犯罪経歴を再開し、酒類醸造販売のゆすりたかりでアーノルド・「ザ・ブレイン」・ロスタイン御用達の腕ずくの用心棒と殺し屋として働いた。ロスタインの殺害でもって、ダイヤモンドは、密売と麻薬を自由にすることができた。彼の犯罪経歴は、彼の裏表のある言行とパートナーの裏切り行為により、彼の生活での頻繁な試みによって特徴づけられた。リトル・オーギーが、1927年、（ダイヤモンドが殺した）キッド・ドロッパー*の殺害に対する部分的復讐で暗殺されたとき、他のギャングがリトル・オーギーが支配した労働組合の統制を求めたこともあって、ダイヤモンドは、オーゲンの街路での殺害でダイヤモンドを負傷させた、ジェイコブ・「グラー」・シャピロ*とルイス・バカルターに銃を向けなかった。

　それらの出来事から、ダイヤモンドは、暗黒街の遊技場で会談場所にもなったナイトクラブ、ホッツィ・トッツィ（Hotsy Totsy）を開店して、ブロードウェイで実力者となった。ダイヤモンドとパートナーが顧客の厳重な監視の下にギャング団構成員を殺したのはそのクラブであった。彼らは自らを潔白の状態

にすることに決め、目撃者（それは、バーテン1人と顧客3人）を殺害することによってそうしたのであった。クローク係の女性（hat-check girl）を含むその他4人の者が、奇妙にも姿を消した。ダイヤモンドと彼のパートナーは起訴されなかった。

1928年、レッグズ・ダイヤモンドとダッチ・シュルツとの間に戦争が勃発した。シュルツは、ダイヤモンドがナイトクラブでの殺人で隠れていた間に、彼のゆすりたかりを引き継ごうと試みたのであった。1930年、古いロススタイン・ギャング出身の5人の暴力団員とダッチ・シュルツの子分2人を殺した後で、ダイヤモンドは頭を撃たれたが、しかし奇跡的に生き残った。1931年、彼は、北部ニューヨーク地方で待ち伏せられて襲われ、背中、肺、肝臓、及び腕の4か所を撃たれた。医者は、彼が助かる見込みはないと言ったが、しかしまた彼は生き残った。

1931年12月、酒類法違反に関して無罪放免の後に、ダイヤモンドは、自分の「隠れ家」（safe house）へ出入りできた2人の殺し屋によって、睡眠中に頭を撃たれた。今回は、彼はついに殺害されたので、レッグズ・ダイヤモンドが結局のところ「テフロン・ギャングスター」（Tefron gangster：不死身のギャングスター）ではなかったことが証明されたのである。

参照文献：Gary Levine, *Jack "Legs" Diamond : Anatomy of a Gangster*. 1995.

ガスパー・ディ・グレゴリオ（DIGREGORIO, Gasper）（ガスペリーノ・ディ・グレゴリオとして、1905年シチリアのカステランマーレ・デル・ゴルフォにて生誕―1970年ニューヨーク市にて死亡）ボナンノ犯罪ファミリー*の頭領*かつ、首領*代行。

ガスパー・ディ・グレゴリオは、シチリアでの少年時代から1966年の「バナナ戦争」におけるニューヨーク市の危険な街路まで、彼の犯罪経歴の大部分を通じて、ジョゼフ・ボナンノ*と密接な関係を持っていた。

ディ・グレゴリオの合法的利益にはいくつかの衣服工場の所有権が含まれていたが、しかし、彼の本当の経歴は、ボナンノ犯罪ファミリーの頭領としてで

あった。ジョー・ボナンノが、1964年にどちらかと言うと突然姿を消して、1966年5月に再び現れたとき、ディ・グレゴリオは、ジョゼフ・ボナンノの息子サルヴァトーレ（ビル）・ボナンノが彼の後任となるべきという彼の願望に反対することで、犯罪ファミリーの統制を引き受けた。ファミリーの指導体制についての闘争は、バナナ戦争として知られている派閥争いの中で分裂した。ディ・グレゴリオの支援者とジョーと彼の息子のビルに忠実な者たちは、ブルックリンのレッド・フック地区のトラウトマン通り（Troutman Street）にあるボナンノの砦で撃ち合いをした。死傷者はなかったが、しかし、その戦争は、ジョー・ボナンノの復帰と指導体制の再生利用の後1966年まで継続した。

すでに病気に罹っていたディ・グレゴリオは、ニューヨーク大陪審の面前に証拠を提出するよう召喚されたとき、心臓発作を起こした。コーザ・ノストラ*におけるディ・グレゴリオの経歴は終わったが、しかし、コミッション*での席から追い出されて、アリゾナ州ツーソンで引退を強いられたジョセフ・ボナンノもそうであった。

参照文献：Gay Talese, *Honor Thy Father*. 1971.

ジョニー・ディオ（DIO, Johnny）（ジョン・ディオガルディとして、1914年ニューヨーク市にて生誕—1979年1月16日ペンシルヴァニア州連邦病院施設にて死亡）労働者に対するゆすりたかり者。

1956年、労働と労働組合の出来事について書き、改革運動をしていたニューヨーク州のジャーナリストであるヴィクター・リーゼル*は、ある酷い攻撃で酸により目を潰された。2人の男性が通りで彼を襲撃したとき、リーゼルは、彼の新聞コラムでジミー・ホッファ（Jimmy Hoffa）*の暗黒街の人物との陰のような繋がりを批判していた。リーゼルを永久に障害者とさせた彼に対する攻撃は、ルチーズ犯罪ファミリー*のジョニー・ディオによって命令されたと伝えられている。

ディオは、ルイス・バカルター*とジェイコブ・「グラー」・シャピロ*の指導下にあったマーダー・インクで自分の犯罪経歴を開始した。24歳までには、彼

は、ルチーズ犯罪ファミリーの頭領＊と労働者に対するゆすりたかりの専門家になっていた。彼のテクニックは簡単かつ雑なものであったが有効であった。あらゆる者に恐怖を叩き込んだ。彼が丁寧に話をしたときでさえ、それは他人を傷つけ脅すことができた。

　組合と実業家を操るディオの能力についての認識が暗黒街で広まり、ディオは、ギャング団ビジネスが組合の抗議の恐れなしで「搾取工場」（sweatshop）を経営することができるようにし、国際婦人服労働組合（International Ladies Garment Workers Union）の支部を威嚇する方法に関するアドバイスのために、ロサンジェルスでジャック・ドラグーナ＊によって探し出された。

　トラック輸送と織物は、ジョニー・ディオが自分の技能を働かせた唯一の領域ではなかった。1960年代、彼は精肉の卸売りに関わり、マクドナルドやバーガーキングのようなファーストフードビジネスとの契約のあったアイオワ・ビーフの統制を得ようと試みた。

　彼は、最終的に1973年、株の詐欺の罪状で有罪とされ、15年の刑を宣告された。彼は、完全に忘れられて、1979年に死去した。

　参照文献：Jonathan Kwitny, *The Mafia in the Marketplace*. 1997.

ドミニカ系薬物不正取引（Dominican Drug Trafficking）1970年代において大量にキューバ人がフロリダへ流入し、そして、メキシコ、ニカラグア、グアテマラ、エルサルバドルを含む多くの中米諸国における騒然とした政治状況が、何千人もの貧しい小作農や都市のスラム居住者をアメリカへの流入という移民の潮流へと追いつめたために、何十万人というドミニカ人が、1980年代にニューヨーク市ワシントンハイツ地区を埋め尽くしたのであった。彼らもまた、アメリカにおけるより良い生活のチャンスを望んで、彼らのカリブの島の圧迫する貧困から逃げて来たのである。

　ワシントンハイツは、ハーレムや北部マンハッタンにあるハーレムやその他の経済的に低迷している地域社会と異なり、30年前には静かな労働者階級の近隣地域であった。（合法的な、また、非合法的な）ドミニカ移民の到着は、ハド

ソン川に架かり、ニューヨーク市を全米の残りと結び付けるワシントン橋の庇護のもとで繁栄するこのコミュニティを劇的に変えた。

しかし、このコミュニティの富裕さは、困難な仕事と新入りの決心の単なる証明ではない。繁栄はまた、犯罪がしばしば引き合う明白な証拠でもある。すなわち、コカインの取引がワシントンハイツで生き生きとして活気に満ちていたのである。ワシントンハイツは、全国で最も忙しい麻薬取引市場の1つであり、ドミニカ系ギャングが、北東の諸州におけるコカイン流通機構の中心にいるという事実を隠すことは難しい。

コロンビア系薬物カルテル*のために働いている「ミュール」(mule：薬物運び屋)は、コカインをドミニカ人がニューヨーク市で経営する卸売市場の北部へと運んでいった。そこでは、あらゆる民族グループ出身の麻薬の売人が、フィラデルフィア、ボストン、プロヴィデンス、ハートフォード、ニューアークの街路と、ニュージャージー州、コネティカット州、マサチューセッツ州、ニューヨーク州、ペンシルヴァニア州、デラウェア州のその他多くの都市の街路でクラックの需要を満たすための供給を得ている。

薬物取引は、どんなコミュニティにおいても、その存在の明白な証拠を残すビジネスである。市場のための競争が荒々しくなるので、明白な手がかりは、暴力、汚職、及び殺人である。ワシントンハイツも例外ではない。すなわち、コミュニティを覆う地方警察の管轄区域での殺人は、1992年に1年で57件から122件まで劇的に上昇した。1994年には、24人以上の警官が、ドミニカ系薬物不正取引と関係したいろいろな罪状で逮捕された。

コミュニティの薬物経済は、若者の最大の雇用者であって、地方の小売業に影響を与える。近所のボガデス（bogades）（小さな食料雑貨店）の多くが、薬物販売のために金銭の洗浄運営の前線として機能しているのである。

ドミニカ系近隣地区の薬物暗黒街は、コーザ・ノストラ*あるいはシチリア系マフィアの運営の経験から慣れ親しんだ方法で組織化されていない。例えば、ギャングの多くが、ピラミッドの頂点において「首領」が腰をかけるという状態でのリーダー階層をもっていない。あらゆる地方の薬物ネットワークが、そ

れ自身の権力構造をもっているように思われる。

　いくつかの要因が、ドミニカ系薬物取引を引き起こすことにおいて役割を果たした。その政治的経済的地位に関して、ひどく貧しい国であるハイチとイスパニョーラ島を共有するドミニカ共和国は、それ自身貧困と汚職によってダメージを与えられていた。ただハイチについで、それは、1人あたりの平均年収がわずか1,000ドルを超える西半球で最も貧しい国である。軍人を含む地位の高い公務員が最低賃金の収入を得るのであり、それが彼らを薬物不正取引者による汚職の被害を受けやすくするのである。何十年間もドミニカ政府は、内戦、クーデター、不誠実な選挙、及び軍事独裁政権の被害を受けていた。30年間国を支配したラファエル・トルヒーヨ（Rafael Trujillo）が1961年に転覆されたとき、彼の後継者であるホアキン・バラゲール（Joaquin Balaguer）は、改革を引き起こさなかったが、彼の支配階級の支援者の利益のために国を略奪するように支配した。特権階級の生まれではない、悩まされたドミニカ人の切なる希望は、アメリカにおけるより良い生活を求めることである。そこで、過去10年間にわたって、ドミニカ人のアメリカへの合法・非合法的移住は、どんなに危険であるとしても、脱出するためにはいかなる手段をも見いだす大量の人々がいたのである。推定したところ、ドミニカ系移民の合計は50万人であった。彼らは、クイーンズ、ブルックリン、ワシントンハイツ、ピーターソン、ニュージャージー州、及びマサチューセッツ州ローレンスに定住した。それほど多くの不法入国者と一緒に、薬物取引への彼らの自然的傾向は避けられなかった。というのも、多くの人たちが、コカインの人気の絶頂期においてアメリカに到着したからであった。コロンビア系カルテルもまた、信頼可能なパートナーが街路で彼らの薬物を受けとることを必要とした。

　コロンビア系薬物不正取引者にとって、アメリカの都市の街路での状況は、小売経営にとって不安定で、非常に危険であった。1970年代に、メデリン・カルテルは、キューバの密売人に対して戦争を行うことで、南部フロリダのコカイン取引を引き継いだ。1980年代中頃までに、カリ・コカイン・カルテル*は、大量の出荷物の輸入に全力を注ぎ、ドミニカ人が流通を取り扱うことを当てに

して、卸売りコカインのゆすりたかりとしてニューヨークを手に入れた。彼らのコロンビア人との関係が利益をめぐり統合したとき、多くのドミニカ系犯罪者は、コロンビア系集団と他の民族集団との間の仲介者として行動し、小売りという街路取引から卸売り流通へと進んだ。すぐにワシントンハイツは、トライステート地域に便宜を与える主要な麻薬アウトレット店になった。全部の街路が薬物ギャングの活動に失われていた。いくつかの建物で、多数のアパートが、様々な目的、例えば、薬物保管、武器隠匿、金銭の勘定、あるいは、バイヤーとの薬物取引に割り当てられた種々の住所をもち、薬物ギャングの統制下にあった。多くの施設は、薬物襲撃の早期警告を出し、現金と武器の金庫を厳重に保管する最新技術の電子装置が設置されていた。ドミニカ系薬物ギャングが、富と権限を蓄積しているので、暗黒街で衰退していく徴候はない。**コロンビア薬物カルテル、薬物不正取引と組織犯罪、ジェリ・カール・ギャング、ワイルド・カウボーイズ**をも参照。

参照文献：James Inciardi, *Handbooks of Drug Control in the United States*. 1990.

ドン（Don）首領を参照。

ジャック・ドラグーナ（DRAGNA, Jack）（アントニオ・リツォッティ［Antonio Rizzoti］）（1891年シチリアはコルレオーネにて生誕―1957年カリフォルニア州ロサンジェルスにて死亡）ロサンジェルスの犯罪ファミリーの首領。

法執行職員は、皮肉にもジャック・ドラグーナを「ロサンジェルスのアル・カポネ」と、また彼の組織を「ミッキーマウス・マフィア」というであろう。ジャック・ドラグーナは、自分の経歴の大部分にとって、ニューヨーク出身のミッキー・コーエン*、ジョン・ロゼリ*、あるいは、「バグジー」・シーゲル*のようなシカゴに基盤を置くギャングによって出し抜かれた。そして、ネヴァダ州ラスヴェガス*がカジノ経営を開始したとき、彼は、ガエターノ・ルチーズ*とジョゼフ・プロファチ（彼らは、ニューヨークの強力なマフィアの首領）と親交があったとしても、そこに足場を作ることができなかった。

ドラグーナは、23歳のときにすでにアメリカに永住していた偏狭的な古い田舎のシチリア人であった。公正にいえば、ロサンジェルス地域でしっかりとしたマフィア犯罪ファミリーを設立する彼の能力は、真の都市の統治の欠如によって鈍らせられた。適当な地位での政治的領袖がいないので、彼は堕落させるべき政治家をほとんどもっていなかった。映画産業のゆすりたかりは、映画産業が生み出した富を共有することに反抗的であった、シカゴとニューヨークのギャングのしっかりとした手中にあった。多くの機会で、ドラグーナは、ラスヴェガスとハリウッドでの違法活動のために、シカゴにいるメイヤー・ランスキー*その他の者たちの興味をそそったが、しかし、その甲斐もなかった。事実、ミッキー・コーエンの生活上繰り返された失敗例は、ドラグーナと彼のクルーを3番目の地位に降ろし、彼らは、真剣に取り扱われないはずであった。彼の無能力さもまた、メイヤー・ランスキーの取扱いにおいて外見上明白であった。簡単にロサンジェルス・ファミリーの首領代理になれたジミー・「ジ・ウィーゼル」・フラティアーノによれば、ドラグーナは、ランスキーに自分がラスヴェガスの活動を少し欲しているということを納得させるために、ラスヴェガスのランスキーのパートナーであったジョゼフ・スタッチャー*を個人的に襲撃した。ランスキーは、12万5,000ドルの金額で同意した。もっともドラグーナはそれを獲得できなかった。ドラグーナはその後無視された。

　1957年の彼の死亡後に、ドラグーナのように、消極的で穏和である一連の首領たちが続いた。1970年代後半、現在の首領であるドミニク・ブルックリア*が拘禁刑に服役している間に、ジャックの甥であるルイス・ドラグーナ（Louis Dragna）が首領代理として仕えた。ルイス・ドラグーナは、1980年、ノミ屋とポルノ作者の恐喝で有罪とされ、2年の刑期に服した後、取るに足らないドレス製造業者として無名状態に陥ったのであった。

　参照文献：Ovid Demaris, *The last Mafioso : The Treacherous World of Jimmy Fratiano*. 1985.

薬物不正取引と組織犯罪（Drug Trafficking and Organized Crime）薬物不正

取引は今日世界中で最も重大な組織犯罪問題である。薬物売買は、主要な政府や調査組織の研究によれば、1994年の1年間で約3,500億ドルと見積もられ、世界中の個人、家族、地域社会、及び政府に莫大なコストを課している。組織犯罪に関する大統領委員会（PCOC）の薬物不正取引研究によれば（『アメリカズ・ハビット』（*America's Habit*：アメリカの習癖（1986年））、それが全米の組織犯罪集団の主要な活動である。薬物不正取引は、全米のすべての組織犯罪活動のほとんど40％を占め、卸売業者の莫大な利益だけではなく非常に多くの暴力をももたらすのである。麻薬の脅威は、もはや社会の特定部分に限定されていないが、しかし、今ではそうした範囲の拡大と重大さを有しているので、それが我々の国家の安全に対する脅威であり、それゆえ合法的な国家の安全問題である。

シチリアのマフィア、アウトロー・モーター・サイクル・ギャング*、コロンビア薬物カルテル*、ドミニカ系薬物不正取引集団*、中国人三合会*、及びアフリカ系アメリカ人街路集団というような、ずらりと並んだ最近確認された集団に加えて、コーザ・ノストラ*の犯罪ファミリーは、違法薬物市場に関係している。コーザ・ノストラは、歴史的にこれまで麻薬不正取引に関係していたが、最近の組織は、コーザ・ノストラとは非常に異なる多くの点で、今や薬物売買における主要な役割を果たしている。一般に、これらの最近の集団は、薬物不正取引の活動をめぐって発展しているに過ぎず、収入のための薬物に関する犯罪活動にだけ依存する特定の活動である。ラテンアメリカ、アフリカ（ナイジェリア）、カリブ系、及びアジア出身のこれらの集団は、コーザ・ノストラよりいっそう流動性があるように組織化され、独立したものとしてではなく、他のいかなる犯罪行動をも凌ぐ程度の暴力と汚職によって特徴づけられる。

しかしながら、薬物不正取引に関係している組織犯罪集団は、それらの民族的な構成、世界的地域、あるいは特定の不正物品に関係なく、いくつかの共通の特徴を共有する。すべての集団が、中核となる犯行グループと、不正活動を促進するよう意図された専門的な犯罪支援を含んでいる。

それらが1948年、1957年、及び1960年に薬物取引に対して勅令を発したこと

について、犯罪組織の大物が否認したにもかかわらず、これらの勅令はすべて無視された。コーザ・ノストラのボナンノ犯罪ファミリーの長であるジョセフ・ボナンノ*の自叙伝で、「私は麻薬で……どのような取引も大目に見ない」と、いくつかの活動が立入禁止であると考えていると述べた（ボナンノ＝ラリィ『ア・マン・オブ・アナー』（*A Man of Honor*：名誉の男（1983年）130頁）。それでも、麻薬局の職員は、1964年に上院常設調査小委員会で、「第二次世界大戦からアメリカに密輸入されたヘロインの95%がマフィアのギャングによって統制されていた」と証言している（56頁）。

　薬物不正取引と乱用が、今日アメリカで最も重大な組織犯罪問題であることから、それらは、禁止の戦略と需要減少の政策が組織立てられる、政府の最高レベルにおいて取り上げられる必要があるのであり、そこで資財が統制と処遇の機関にもたらされ広められるのである。効果的である戦略は何かということ（それは、産出国での供給削減であるか、あるいは、アメリカでの薬物の需要削減）は、解決されていない激しく討論されている問題であるのは確かである。不正取引はいくつかの方法で攻撃しうる。法執行的活動の基本的目的は、不正取引ネットワークを動かなくするか、あるいは、破壊することである。過去において法執行機関は、この問題を「ミスター・ビッグ」（Mr. Big：大物）を捕らえることだと見なす傾向にあった。それは、不正取引組織の上級レベルの指導者層、つまり、パブロ・エミリオ・ガボロア・エスコバー（パブロ・エミリオ・エスコバル・ガビリア）*、ホーゲ・ルイス・ヴァスケス・オチョア*、リロイ・「ニッキー」・バーンズ、ジーン・ゴッティ（Gene Gotti）、ガエターノ・バルダレメンティ（Gaetano Baldalementi）、及びトンマーゾ・ブシェッタ*のような中心人物で、薬物を流通させる組織の能力を統制したものと思われた者を逮捕し有罪とすることであった。もしそのような人々が逮捕され、結局刑務所に収容されることができたなら、そのネットワークは崩壊するであろう。

　より最近では、法執行共同体は、この戦略が成功しうるほど確実なものではない。実際に、記録が示すように、「ミスター・ビッグ」が刑務所にいるときでさえ、彼が薬物の流通を管理し続けることができるのである。さらにより重要

なのは、薬物不正取引者は、法執行職員がかつて想定したほどには、1人の個人の影響力に依存しているように思われない。最後に、薬物流通機構全体が、想定されたほどには集中させられていない。比較的小さく一時的な組織（例えば、フリーランスの事業家）が、違法薬物の大部分を供給する。

　分散化を扱うために、法執行の目的は、個々のディーラーを止めることからネットワーク全体を破壊することへ移行した。連邦捜査官は、船、自動車、飛行機、家、銀行預金口座、及び現金を含む、薬物ディーラーの資産を差し押さえる特別な権限を許諾された。

　不正取引組織を攻撃することに伴う主な問題は、それが途方もなく高価であるということである。説得力がある証拠が、情報提供者として雇う、電子監視を創設する、及び諜報員を潜入させるという持続的努力を通してのみもたらされ得るのである。**アフリカ系アメリカ人組織犯罪、アジア系組織犯罪、コロンビア系薬物カルテル、ドミニカ系薬物不正取引、フランク・マシューズ、アメリカにおけるメキシコ系組織犯罪、ピザ・コネクション**をも参照。

　参照文献：Joseph Bonanno and Sergio Lalli, *A Man of Honor: The Autobiography of Joseph Bonanno.* 1983; President's Commission on Organized Crime, *America's Habit: Drug Abuse, Drug Trafficking, and Organized Crime.* 1986; Senate Committee on Governmental Affairs, *Organized Crime and Illicit Traffic in Narcotics.* 1965.

E

モンク・イーストマン（EASTMAN, Monk）（エドワード・オスターマンとして、1873年ニューヨーク州ブルックリンにて生誕―1920年12月20日ニューヨーク州マンハッタンにて死亡）ニューヨーク市のイーストマン・ギャング・リーダー。

　顔面にある無数のナイフの傷跡、頭部殴打によるカリフラワー状の耳、だらしない身なり、警棒を常備していた恐ろしい風貌の人物であるモンク・イーストマンは世紀の変わり目のマンハッタン・ロウアー・イーストサイドにおいて各種のユダヤ系ギャング集団を支配していた。彼は売春宿を経営し、露天商の間での恐喝に従事し、また、選挙運動中に彼のギャングを利用した、タマニーホールの政治的領袖と密接な関係を保っていた。彼の保護料を納めさせるゆすりたかりは、20世紀を通して他の移民系ギャングにとって、一般的な犯罪手法となったゆすりたかりの種類の典型となった。彼は、様々な産業における労働争議において、労働組合及び経営者双方に対して暴力と腕力を提供した、都市のギャングやゆすりたかり者の間での最初の人物であった。

　イーストマンのような街路の喧嘩屋の政治的な繋がりは実に興味深いものである。選挙世論調査において、イーストマン・ギャングは、繰り返し有権者を提供し市民を脅迫する際に非常に説得力のある存在であった。このようなサーヴィスに対して、公務員は様々なコミュニティにおけるギャングが後援するゆすりたかりを許容していた。

　後に服飾産業において、かなりの手腕を発揮することとなったルイス・バカルター*の犯罪的暴力の術は、イーストマン・ギャングと共に学んだものであった。

1904年、イーストマンはピンカートン（Pinkerton）刑事を殺害し、シンシン刑務所において10年の刑期に服した。釈放された時点においては、彼の権力はなくなっており、彼は第一次世界大戦の期間に軍隊に入隊、フランスで立派に務め、彼の昔の道へと戻っていった。1920年、密売人＊に対するゆすりたかりに失敗し、彼は殺害されている。**ポール・ケリー、アーノルド・「ザ・ブレイン」・ロススタイン**をも参照。

参照文献：Herbert Asbury, *The Gangs of New York*. 1927 ; Jenna Joselit, *Our gang : Jewish Crime and the New York Jewish Community*. 1983.

エコ犯罪（Ecocrime）環境組織犯罪。

エコ犯罪は、環境に対して深刻な害をもたらす組織犯罪である。それは北米やヨーロッパにおけるクオリティ・オブ・ライフ（Q.O.L.：quality of life：生命の質）に対する脅威であり、また世界の多くの開発途上国においては特に破壊的である。北東及び東南アジア、ラテンアメリカ及びアフリカにおいては、犯罪分子が環境保護に関する議定書や協定及び関心を無視しており、廃棄物や危険物質を投棄し、利益のために多雨林を違法に破壊し、あるいは絶滅危惧種を売買している。

環境に対する組織犯罪から得られる利益は、麻薬取引から得られる利益ほど大きなものではないが、かなりのものである。放射性があるかもしれない危険物資を取引することは非常に儲かることであるが、深刻な健康上の結果をもたらす虞がある。絶滅危惧種の違法取引は生態学的破壊をもたらし、生物の多様性を侵食する。違法な森林伐採からの大気破壊は、局地の即時的破壊を超えた結果を有している。そして、適切な化学的諸統制なしに有害廃棄物が無差別に投棄される場合、長期的な被害が発生する。

先進諸国においてエコ犯罪の焦点は、現在主として、ゴミ及び危険物質の処分及び絶滅危惧種に関する製品の輸入という2つの領域である。先進諸国を本拠地とする組織犯罪グループは、自国内において不法に廃品を処分するか、あるいは一般的に開発途上国などの海外に出荷している。クロロフルオロカーボ

ン（フロン）(chlorofluorocarbons : CFCs) の取引はおそらく、薬物に次いでアメリカに違法に輸入されてくるものの中で2番目に大規模なものである。

　開発途上国において、しばしばエコ犯罪は大きな収入源であり、国際的な協定によって規制されている商品は特に収入源である。カスピ海におけるチョウザメの乱獲や、東南アジアにおけるチーク材（希少な硬材木）の違法伐採はこの現象の一例である。極東、シベリア及び太平洋ロシアにおける「材木マフィア」(timber mafias) は、アジアにおける高価な木製品の購入と配送を手配している。

　エコ犯罪グループは、組織犯罪集団が悪徳産業において用いるのと同様の方法で活動する傾向にある。彼らは密輸組織や違法なゴミ処理活動と戦おうと試みる政府官僚たちに対して暴力を用いることに躊躇しない。アメリカの州環境委員会や機関の政府官僚は国内の犯罪集団によって脅かされ、また、ニューヨーク州におけるラ・コーザ・ノストラ*の廃品回収に対する支配に挑戦する法執行者は容赦なく攻撃された。

　環境犯罪が組織犯罪の議論に統合されることは稀である。多くの環境保護団体が環境の退廃に関する一般的問題に対する大量の報告書を発表している一方で、この分野における組織犯罪のコストに対する体系的研究は、調査の焦点ではなかった。さらに、多くの法執行機関は、環境犯罪において必要不可欠な専門的知識を備えた、特別に訓練された人員が不足しているのである。

　参照文献：Frank Scarpitti and Alan A. Block, "America's Toxic Waste Racket : Dimensions of the Environmental, Crises," in *Organized Crime in America*, ed. T. Bynum. 1987.

イーガンズ・ラッツ（Egan's Rats） ミズーリ州セントルイス、禁酒法時代のギャング団。

　禁酒法（禁酒法と組織犯罪*参照）時代、ミズーリ州セントルイスにおいて最強のギャングとして、イーガンズ・ラッツは登場した。ラッツはデトロイトのパープル・ギャング*、そしてシカゴにおいてアル・カポネ*と彼の巨大な密売帝国と提携していた。

ギャングは、世紀の変わり目において「ジェリーロール」・イーガン（"Jellyroll" Egan）によって創立され、彼の街路のギャング団から成る小規模な群れはスト破り活動を専門とした。第一次世界大戦後、密売は主要な犯罪事業となったが、皮肉にも役割はギャングの構成員にとってみれば、ひっくり返された。つまり、ヴォルステッド法（Volstead Act）（禁酒法をもたらした合衆国憲法第18修正）以前においては、ギャングは実業家や政治的同胞から生活費を得ていたのに対して、現在では、自分たちの方が、警察や政治家に、保護してもらうための支払いを行っているのである。

カポネがシカゴの微妙な問題を処理することにおいて、ギャングの幾人かのメンバーを利用したという憶測がなされている。レオ兄弟及びイーガン・ラッツは、シカゴのギャング活動を密告していたことが判明したカポネの新聞関係者であった「ジェイク」・リングル*の殺害者であったのかもしれない。

禁酒法の廃止は事実上、ギャングの犯罪活動を終焉させた。イーガンズ・ラッツは禁酒法後の世の中に対して適応することができなかった。他の犯罪分子がギャング活動の復活を恐れた1930年代において、イーガンの後継者、ディンティ・コルベック（Dinty Colbeck）が暗殺されている。

参照文献：Dennis J. Kenny and James O. Finckenauer, *Organized Crime in America*. 1995.

エル・ルークンス（El Rukns） シカゴ地域において、最も大規模かつ強大なアフリカ系アメリカ人組織犯罪集団の1つはエル・ルークンスであり、シカゴ・アウトフィット*として知られるシカゴ・マフィアに対して公然かつ傲慢に反抗した集団である。ルークンスはそのコミュニティ内における麻薬取引と様々な恐喝やゆすりたかりにより罪に問われている。当該集団は、ストリート・ギャングであったブラックストーン・レンジャーズから発展し、活発に地方の政治キャンペーンに参加した。当該集団は、その主要なリーダーらが起訴、あるいは投獄中である一方で、非営利組織としての地位を嘆願しさえした。タフな街路の若者（現在は成人）から成るこのギャングは、重大な犯罪に従事してい

る一方で、貧困者を手助けすることを目的としてスラム街においても活動している。マフィア組織は同様のことを行っており、すなわち彼らは搾取し同時に手助けするが、それは常に彼らの利益のためなのである。**アフリカ系アメリカ人組織犯罪、ジェフ・フォート**をも参照。

　参照文献：Howard Abadinsky, *Organized Crime*, 5th ed. 1997.

ジョニー・エン（ENG, Johnny）（オニオンヘッド［onionhead］玉葱頭）（1951年香港にて生誕—）飛龍（Flying Dragons）リーダー、麻薬不正取引商人。

　ジョニー・エンは激しやすい気性と高価な衣服、高級な宝石類を身に付けた、ギャングスターの威光を備えた、ずんぐりした男である。ヘロイン密輸の新たな機会が中国人密輸業者を惹きつけたことから、協勝堂（Hip Sing Tong）と堂（トン）*の執行部門である飛龍の内部において対立が生じた。1980年代において、警察の圧力とニュー・ジャージー州アトランティック市におけるカジノ賭博*は、多くのチャイナタウンの賭博場を閉鎖へと追いやった。ヘロイン市場はまさに開拓されるのを待っていた。チャイナタウンにとって薬物は全く新しいものではなく、堂は1800年代からアメリカのチャイナタウンにアヘンを密輸入していた。中国人三合会*は香港から薬物をアメリカに移動させ、それをマフィアは買い占めていた。仲介人としての役割を果たす準備ができている者は、誰でも富をなす立場にあった。麻薬を好まなかった、リーダーであるマイケル・チェン（Michael Chen）の下で、ジョニー・エンは（麻薬）ビジネスにすぐに取り掛かることを熱望していた。アルフォンス・カポネ*とジョニー・トリオ*が、密売行為に関与することを拒絶していた彼らの首領であった「ビック・ジム」・コロシモに対して陰謀を企てていたのと似たような状況において、エンは、障害であったチェンを始末しなければならなかった。チェンは1983年初頭において殺害されていることが判明した。

　「オニオンヘッド」は麻薬ビジネスで繁栄した。1980年代の半ばまでには、ほとんどのギャングと堂の犯罪構成員が取引に関わる状況であり、三合会のヘロインはニューヨークのスラム街にあふれていた。エンは飛龍の最高指導者であ

る大佬（dai lo）として知られ始めた。1988年、連邦当局はエンを麻薬不正取引の罪状で起訴した。他のケースでは、エンは麻薬を隠すために特別に備え付けられたもやし栽培機の中に隠されたヘロイン186ポンドを香港からボストンへ輸入した罪で告発された。警察の発見のすぐ後に、エンは香港に逃亡したが、そこで逮捕され、1991年10月にアメリカに引き渡された。1993年、ジョニー・エンは、25年の拘禁刑を宣告された。

参照文献：Ko-lin Chin, *Chinatown Gangs : Extortion, Enterprise, and Ethnicity*. 1996.

パブロ・エミリオ・ガボロア・エスコバー（ESCOBAR, Pablo Emilio Gavoroa）

（ゴッド・ファーザー）（1949年12月1日コロンビア・リオネグロにて生誕―1993年12月2日コロンビアにて死亡）メデリン薬物カルテル創設者。

　1993年12月、コロンビアのメデリン薬物カルテル*のリーダーであったパブロ・エスコバーが、警察官との銃撃戦において殺害された。彼は、薬物取引の罪に対する当局への降伏の前に、自身の安全と快適さを得ることを目的に建設した刑務所から脱獄していた。刑務所規則に対する不満を理由に、エスコバーは脱獄し、彼の死と共に終了した脱獄囚捜査の対象であった。

　賄賂と脅迫を通じて国家を操ることが可能である組織を率いた、世界で最も強大な麻薬密売人の1人であった、パブロ・エスコバーと彼のカルテルの仲間たちが1970年代及び80年代の間、コロンビア政府内において政府を操作した。

　身体的に印象のないパブロ・エスコバーは、口ひげを生やし、黒の濃い巻き毛の髪をした、肥満体型の小男であった。彼は極貧の中で生まれたわけではなく、彼の擁護者たちやイメージ・メーカーたちが示唆したような者ほど恵まれていなかったわけではなかった。事実、彼は高校を卒業し、いくつかの大学課程を受けていた。

　彼の犯罪歴は、地方の墓場から墓石を盗み、ステレオ機器や自動車部品の窃盗及び盗品売買（違法な再売却）に従事した青年期に始まった。彼は1974年に自動車窃盗によって初めて逮捕され、エスコバーが麻薬密輸の罪で逮捕されたのは1976年になって初めてであった。彼は、メデリンの暗黒街における冷血な

殺人者としてだけではなく、優れた策士や脱法者としての評判を備え、1970年代後半のマリファナを密輸する時代の後に登場してくるのである。

　パブロ・エスコバーは1970年代後半において経営を拡大した多くのコロンビア人コカイン密売人の単なる1人であった。リーダーとなり、メデリン・カルテルの強大な協力者となった男たちはすべてエスコバーと同じく、コロンビアの歴史において混沌とした政治的期間であった1947年から1949年の間に生まれており、ホーゲ・ルイス・ヴァスケス・オチョア*、ホセ・ゴンザロ・ロドリゲス・ガチャ*及びカーロス・レーダー゠リヴァス*は世界で最強の麻薬密輸シンジケートの1つを生み出すために集合したのである。麻薬密売人としてのエスコバーの関与は、エクアドルから少量のコカ・ペーストを入手し、それをコロンビア国内で販売するという仲介人として開始し始めたときに生じた。そして、コカ・ペーストをコカインへと変える、コロンビアのアマゾンにおいて新たに設置された実験室からコカインを買い取った後、彼はそれをパナマの密売人に移動させる「ミュールたち」（mules：薬物運び屋たち）を雇用し始めた。多額の資金を得るために、エスコバーはビジネスを垂直線上に配置しなくてはならなかった。すなわち、彼はボリビアやペルーから直接、積み荷を購入するために充分な金銭を必要とし、また国外の消費者市場への充分なアクセスを必要としていた。現金を集めることは彼にオチョア兄弟との提携をもたらし、彼ら兄弟の上流社会との結び付きは投資家の即座の供給を確実にするものであった（図6）。

　マリファナの密輸は、多くのアメリカ人グループがメキシコやパナマ、コロンビアやジャマイカなどのようなカリブ海の海域にある諸島における供給元と直接取引きし得るようなものであった。コカインに関しては、アメリカ人にはチャンスは決してなかった。彼らはその供給源から余りにも遠く離れていたことに加えて、1970年代における突然のラテン・アメリカ人の移住の加熱によって支援されたコロンビア人は、すでにキューバ人とドミニカ人との間に自己の所有するアメリカでの流通ネットワークを開発していた。エスコバーの第1の優先事項は、ボリビアやペルー産のコカ・ペースト（コロンビア産のコカの葉

はまだあまりにも質の低いものであった）の流通に影響を与え、自身の所有する実験室でコカインを製造するために充分な資金を集めることであった。1970年代中頃までに、自動車窃盗や誘拐、盗品売買及び麻薬不正取引におけるエスコバーの犯罪活動は、彼自身の実験室を設立し密輸ルートを確立するために充分な利益をもたらしていた。

　カルテルは、カーロス・レーダーがバハマ国の諸島の1つであるノーマン小島（Norman's Cay）を購入した時点において、コカインをアメリカへと移動させるその能力を劇的に改善させた。レーダーはサンゴ礁の狭く細長い区画に電子装置とコカイン輸送のための空港施設を整備した。コカインの大規模な出荷が、メキシコを経由してフロリダ州エバーグレイズやサウスウェストの地域へと進出し始めた。当局からの干渉を最小限にして活動するために、エスコバーやレーダーはバハマの総督（governor-general）であったリンデン・ピンドリング（Lynden Pindling）や、パナマの独裁者であったマニュエル・ノリエガ（Manuel Noriega）に賄賂を支払っていた。

　他のコロンビアの密売人と同様に、エスコバーは、自身の金銭を土地や建物へと注ぎ込んだ。1980年代におけるメデリンの建築物は、カルテルの麻薬マフィアの金銭によって4倍となった。エスコバーの誇りと喜びは、象やライオン、バッファローやシマウマ、サイやカバを収容する動物公園や動物園、5つのスイミングプール、人口の湖、ジェット機の滑走路を備えた8,000エーカーの牧場であった。賢いエスコバーは、密輸業務を行う際に彼の動物園の動物を非常に効果的に用いた。すなわち、動物の糞は密輸のコカイン臭を隠していたのである。

　アメリカからの政治的圧力の増大に伴い、コロンビアにおける内部的な不安が、1980年代後半におけるエスコバーの麻薬王国に対する深刻な脅威を引き起こした。コカインとその派生物である「クラック」が、アメリカの都市を飽和させ、コロンビアでは貿易を中止するという抗議は次第に増加し、国内においては麻薬密売人間の競争と暴力が、誘拐されたカルテルメンバーの身代金か、麻薬の利益の分け前のいずれかを要求するM-19やコロンビア武装革命軍

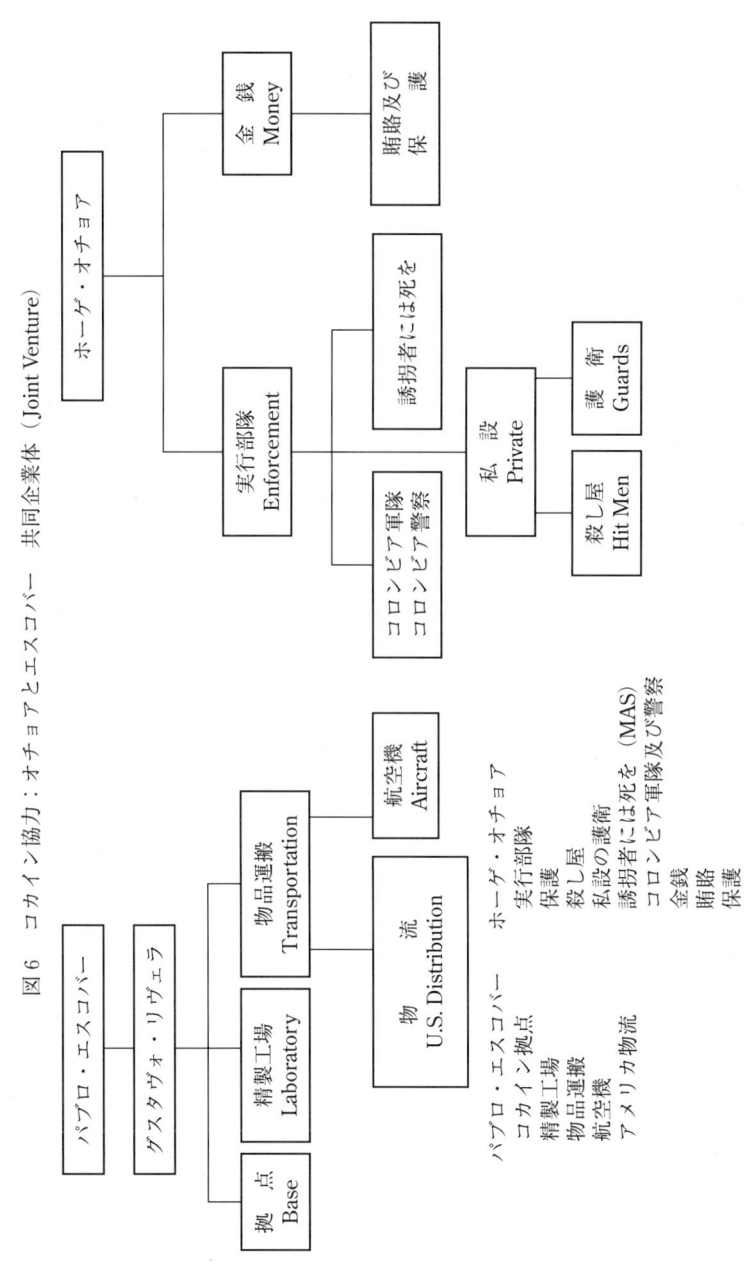

図 6　コカイン協力：オチョアとエスコバー　共同企業体 (Joint Venture)

```
パブロ・エスコバー              ホーゲ・オチョア
├ 拠点 Base                    ├ 実行部隊 Enforcement
├ グスタヴォ・リヴェラ            │  ├ 保護
│  └ 精製工場 Laboratory        │  ├ 殺し屋
├ 物品運搬 Transportation       │  ├ 私設の護衛
│  └ 航空機 Aircraft            │  ├ 誘拐者には死を (MAS)
└ 物流 U.S. Distribution        │  └ コロンビア軍隊及び警察
                               └ 金銭 Money
                                  ├ 賄賂
                                  └ 保護
```

パブロ・エスコバー　　　ホーゲ・オチョア
コカイン拠点　　　　　実行部隊
精製工場　　　　　　　保護
物品運搬　　　　　　　殺し屋
航空機　　　　　　　　私設の護衛
アメリカ物流　　　　　誘拐者には死を (MAS)
　　　　　　　　　　　コロンビア軍隊及び警察
　　　　　　　　　　　金銭
　　　　　　　　　　　賄賂
　　　　　　　　　　　保護

Source : President's Commission on Organized Crime. *America's Habit : Drug, Abuse, Drug Trafficking, and Organized Crime.* Washington, D.C. : U.S. Government Printing Office, April 1986.

（Revolutionary Armed Forces of Colombia：FARC）等といった左翼・共産主義テロリストによって強調された。

　エスコバーはそのいずれにも与しようとはしなかった。彼は、自分の実行部隊を動員し、メデリン・マフィアはゲリラに対する戦争を宣言した。メデリン（カルテル）の第1のライバルであるカリからの者も含む、何十人もの一流のコロンビアのコカイン密売人が反撃の戦略を策定するために集結した。1981年12月初旬のある日曜日、カルテルはその歯をむき出した。カリでのサッカーの試合において、小型の飛行機から「誘拐者には死を」（Muerte a Secuestradores）の結成を告げる小冊子がばら撒かれた。当該小冊子は、コロンビアの「ビジネスマン」は、即座の処刑を受け公園の木に吊るされるであろう誘拐犯に対して自衛集団を結成したことを示すものであった。2か月間のうちに、暗殺者はM-19の指導者や闘士数十人を殺害し、他のゲリラはコロンビアの治安部隊（Colombian security forces）に引き渡された。誘拐の脅威は1982年に終焉した。

　しかしながら、エスコバーの問題は終わらなかった。コロンビア政府に対する、麻薬取引の罪での彼の引渡しを要求するアメリカからの圧力は増加した。カルテル内の多くの者が、エスコバーはアメリカ人をなだめ、政府やマフィアに対する圧力を緩和させるためのスケープ・ゴートとなるかもしれないと思っていたが、「ゴッド・ファーザー」は問題に対して異なるアプローチを行った。すなわち、彼は法務省への攻撃の手配を行い、彼の殺し屋は死の刻印を付けられた（死を示された）裁判官を探し求め、有罪を証明するファイルの破壊に取り掛かった。1,000人の彼の私設軍隊を用いることにより、エスコバーはライバルや政治家、警察や密告者を容易に殺害することが可能であった。政府との闘争の間において、彼は400人の死に責任があると推計されている。アメリカへの麻薬関連の罪での引渡しは、エスコバーのような者に対しては無関係な問題となるであろう。

　1998年、カリ・カルテルによるエスコバーの生命に対する攻撃がなされた。「カルテルの戦争」はその後まもなく80人以上（60人以上がカリ）の死者を伴って終結した。エスコバーは防御するための術を多く持っていた。彼は自己の保

有する保安部隊や航空ネットワーク、輸出販路や機械工、化学者及び殺し屋などを伴った非常に洗練された組織を作り上げていた。取引ネットワークはアメリカとカナダを横断して展開され、シチリアのマフィアを通じてヨーロッパに進出していた。エスコバーが政府や麻薬競争相手からの脅威に直面した1988年において、メデリン・カルテルは1年当たり100億ドルの収入を得ていた。

コロンビア政府はエスコバーと同程度に強大な密売人とのジレンマに直面していた。アメリカ政府は彼らの引渡しを要求し、密売人は、コロンビアはその独立を断言し、アメリカの圧力を無視するよう主張した。贈賄や脅し、選挙詐欺及びその他の脅迫によって、コロンビア人が自ら罰し、カルテルの首領を引き渡さぬことを決定するよう説得した。エスコバーは政府の決定に同意し、彼が自分自身のジェイルを建設することを条件に降伏した。

1993年11月下旬、エスコバーは自身が建設した刑務所施設から脱走し、1993年12月2日、警察と陸軍部隊との銃撃戦の中で射殺された。ライバルのカリ・カルテルの構成員が、エスコバーの所在を突き止める手助けを警察に対して行ったことが報道機関において指摘された。アメリカ人と並んで、その多くの人々がコカインやクラックに大きく苦しめられ、最も直接的に麻薬売買による破壊を経験したコロンビア人が対面する問題は、犯罪組織のリーダーの排除あるいは拘禁が、麻薬の密売を頓挫させるに充分であるかどうかである。これまでのところ、リーダーに焦点を絞った中心人物戦略は、アメリカの都市の路上におけるコカインの入手可能性に対して劇的な影響を与えてはいないことが証拠によって示唆されている。

参照文献：Guy Gugliotta and Jeff Leen, *Kings of Cocaine*. 1989 ; Simon Strong, *Whitewash*. 1996.

民族的連続性（Ethnic Succession）　組織犯罪の民族的な構成要素。

多くの個々人にとって、組織犯罪はアメリカにおける社会的流動性や発達の1つの梯子として機能している。社会史は組織犯罪の内外における多くの民族集団の連続した運動を記録している。ゲトーにおける貧困や無力感を理由に、

社会的に容認し得るルートから切り離された場合、若干の少数民族の少年は、ゲトーの街路で、犯罪が仮に危険であるにしても迅速な解決方法を提供していることを学ぶのである。民族的連続性は、流動性と向上に関する新しくより社会的に容認し得る道が開かれるように、少数集団の構成員が社会における居場所を求めて苦闘し、立派な社会的地位の中に進歩していくアメリカの社会プロセスの一部である。

著名なアメリカ人社会科学者であるダニエル・ベル（Daniel Bell）は、民族的連続性を、スラムからの脱出手段の第1のわずかな段階として、組織犯罪を有する「社会的流動性の奇妙な梯子」(queer ladder of social mobility) を移民の第一波から他の一波へと移転させることと言い表している。アイルランド人が初めにやって来て、「バワリー・ボーイズ」（Bowery Boys）や、「オコネル・ガーズ」（O'Connell's Guards）などといった多彩な名前を持つストリート・ギャングを結成し、そして遂には20世紀初頭において大都市の政治と並んで犯罪をも支配するようになった。彼らが大人数で移住し定住した、大規模な大都市圏のスラム街の政治を支配するようになったことにより、アイルランド移民集団は、立派な社会的地位を獲得し、湾岸地区と同様、建設事業やトラック輸送、公共事業において富を得たのである。禁酒法と金融市場及び不動産への投機の時代であった1920年代までに、アイルランド人は組織犯罪においてユダヤ人に取って代わられた。アーノルド・「ザ・ブレイン」・ロススタイン、ルイス・バカルター、ジェイコブ・「グラー」・シャピロ、及びメイヤー・ランスキーらは、10年以上にわたって賭博や労働者に対するゆすりたかりに関係した。次いでイタリア人がやって来て、今日までアメリカにおける組織犯罪活動の最も強大なタイプとしてラ・コーザ・ノストラ*が登場してきた。

ヨーロッパやラテン・アメリカ、アジア及びアフリカのあらゆる方面からアメリカへと来た移民の大部分が、職を持ち、節約と誠実な生活様式を有することを通じて合法的にアメリカの主流や中層階級へと進んでいったことを強調することは重要である。実質的には、あらゆる人種と民族的背景が組織犯罪の構成員の中に代表されているが、それは長きにわたって広く行きわたっていること

から、組織犯罪の一般的な認識を具体化しているのは、イタリアのギャングのイメージである。組織犯罪におけるイタリア人の優位は、民族的連続性単独では充分に説明することができない。すなわち、南部のイタリア人の緊密な血縁関係構造と公共的態度が、部外者に対する疑念と共に集団に対する忠誠と連帯の感覚を生み出し、それが集団に対する沈黙と忠誠が生き残るためにきわめて重要である犯罪活動において特に有益であったのである。

　民族的連続性は、犯罪的な地下社会において権力の座に上り詰めている、他の「非伝統的な」集団を予測する組織犯罪に関する１つの視点である。連続する移民集団は、新しくもてなしの悪い環境に対して社会的適応を行う際に困難を経験し、若干の新参者は革新的な活動によって反応するという論題に従えば、ロシア人や中国人、そしてラテン人集団の台頭は、当該視点の予測と一致するものである。組織犯罪に関与するようになった人々は、必ずしも異常であるわけではなく、また逸脱的な副次文化に専念しているわけではなく、単に経済的成功を達成するために違法ではあるが利用可能な機会を利用しているだけである。

　参照文献：Daniel Bell, "Crime as an American Way of Life," in *The Crime Society*, ed. Francis A. J. Ianni. 1973, *Black Mafia Ethnic Succession in Organized Crime*. 1974.

恐喝（**Extortion**）恐喝は、多くの学者や法執行機関の職員によって組織犯罪文化の本質としてみなされている犯罪である。それは暴力、脅迫、身体的傷害、及びあるいはまた、物的損害に関する将来的な脅しを利用して、他者から財物や金銭を含む価値ある対象物を取得することである。

　恐喝は、強盗とは異なる。すなわち、強盗が即時の害または傷害の脅しを用いる窃盗であることから、恐喝は強盗とは区別されよう。通常、強盗は凶器を有し、あるいは物品、金銭または財物の実際の窃盗に付随して、人に対して害悪の脅しを行うのである。

　仮に犯罪者が欲する何かを市民が有している場合、例えば、ビジネスの場合、暴力やビジネス機能の混乱等の脅しを通じて、対立はビジネスを明け渡すため

の力となるかもしれない。中国人ストリート・ギャングは、自身らが活動するコミュニティにおける実業家の恐喝、暴力の脅しによるレストランでの無料の食事、商人からの週ごとの報酬まで、貢物を強制することに特に巧みであったのである。

　参照文献：Stephen Fox, *Blood and Power : Organized Crime in Twentieth Century America*. 1989.

F

盗品売買（Fencing）盗品売買は、財産犯罪による収益の違法な処理過程である。それは、奪取行為として、住居で金庫破りをし、宝石店で窃盗をなし、貨物自動車窃盗をし、それらの盗品を保管、あるいは、それらの盗品を購入希望者に売却する能力及びコネクションを持つ「盗品売買屋」(fence)、それらの盗品を供給する窃盗犯人、強盗犯人及び不法目的侵入犯人の属する地下組織と関連した役務提供産業である。それらの物品の小売価値に基づいた利益のために、盗品売買屋は、中間商人として活動し、それらの物品を窃盗犯人等の手から、通常現金で、盗取された商品であることを差し引いた金額で、購入しようとしている者の手に渡すことに合意している。さもなくば、盗品故買屋は、ギャング団が運営する（mob-run）合法事業に渡すために盗品を収集し、そしてそれらの事業者は、盗品と適法な製品とを目立たないように混合するのである。善意の購入者は、盗取された財物に（通常の）小売価格を支払い、そして莫大な売り上げが犯罪組織に残るのである。

参照文献：Klockars, C. B., *The Professional Fence.* 1974.

ヴィトー・カスシオ・フェッロ（**FERRO, Vito Cascio**）（ドン・ヴィトー［Don Vito］）（1862年シチリアはビサクイノにて生誕—1932年シチリアはパレルモ、ウシアルドネ刑務所にて死亡）シチリアン・マフィアのカーポ・ディ・テュッティ・カピ（ボス中のボス）。

ヴィトー・カスシオ・フェッロは、19世紀後半におけるパレルモ周辺のシチリア人「コッシェ」（cosche：集団）の首領であった。1900年において彼は、アメリカに渡り、黒手団*の重要な主導者となった。しかし彼は、ニューヨーク

州ハーレム地区での殺人について容疑を抱いた警察から逃れるためにニューヨーク州からニューオリンズ州に逃走した後にアメリカから追放された。シチリアに戻ると、彼は、通貨偽造、及びパレルモ市の大規模農園（latifundi）と小売商業市場のゆすりを含む彼の通常の犯罪活動を再開した。

　1909年において、背が高く、見栄えが良く、学者然としたドン・ヴィトーは、アメリカに移住してきていたマフィアの一団に関する警察の資料をパレルモでたまたま調べていたニューヨーク市警刑事ジョゼフ・ペトロシーノ（Joseph Petrosino）を殺害したことによって、シチリアにおける最も偉大なマフィアの首領*としての自らの評判を確立させた。1927年において、アメリカを無限の犯罪機会の土地であると考えていたドン・ヴィトーは、サルヴァトーレ・マランツァーノ*をアメリカに送り込み、そのことによって彼は、ムッソリーニによる反マフィアキャンペーンから逃れ、ニューヨーク州における好戦的なマフィア構成員を単独の統率の下に組織化し得たのである。しかしながら、1929年にこの組織化が完了するより先に、カスシオ・フェッロは、ファシスト政府によって逮捕された。そしてその政府による反マフィアキャンペーンの警察の指揮者であるチェザーレ・モリ（Cesare Mori）は、そのマフィアの首領を有罪にする証拠を捏造したのかもしれない。ドン・ヴィトーは、パレルモのウシアルドネ刑務所に送られ、そして、そこで彼は1932年に自然死した。

　アメリカにおいてマランツァーノは、「ボス中のボス」という名を戴冠するという努力を単独で行い、そして、それに失敗した。彼は、規律を守らせるために送り出されたアメリカに感化されたマフィア構成員によって謀殺された。

　参照文献：Arlacchi, P., *Mafia Business*. 1986.

フィクサー（Fixer） 多くの腐敗した都市部の政治機構において、フィクサーという役割はそのシステムの円滑な機能を維持するために重要である。警察、政治家、地域のエリート事業者、及び組織犯罪は相互に目に見える接触は見出されないが、それゆえにこれらの構成要素のそれぞれから独立しているようにみえる第三者が、過剰な疑いを引き起こすことなくそれぞれの集団ごとに相互に

作用しあうことを可能とする個人という意味での、要になっている。フィクサーは、親指のようなもので、手の他の指に接触することができ、その手を機能させているのである。彼もしくは彼女は、専門的知識によって政府から独立しており、民間の個人事業主の代理人であり、そしておそらく地方社会の権力構造のあらゆる領域に存する既得権益を有している、法執行共同体（law enforcement community）、地区検事事務所、裁判所、地域の指導的な事業者集団と企業家、そして犯罪組織の首領について詳細な知識を有する個人である。

　1930年代のニューヨークにおいて、ニューヨーク市ブロンクスカウンティの民主党関連組織の長であったジミー・ハインズ*は、ダッチ・シュルツ*のギャング団、警察、及び市政を支配していた民主党の間での影響力のあるフィクサーであると共に仲介人として活動していた。ルイジアナにおいて、ニューオーリンズのラ・コーザ・ノストラ*の首領であったカーロス・マルチェロ*は、汚職、賄賂、政治キャンペーンに対する寄付、及び秘密の事業活動を調整するために地区検事を利用した。時としてギャングスターは、マフィアの犯罪界において「暗黒街の総理大臣」として知られていたフランク・コステロ*の場合のように、自らのイメージを洗い清め、そして合法的な社会と混合させた。コステロの公的なイメージは、政治システム及び司法システムと有力なつながりを持つ博愛主義者であり慈善活動家のそれであった。常に多くの判事と政治家とが、その職歴についてコステロの影響力に依っていた。（甘い汁として知られた）その影響力は、裁判所における裁判官の任命を確保し、そしてギャング団と仲のいい（mob-friendly）政治家に代わって選挙をうまく処理するために使用された。恒久的な犯罪組織にとって、フィクサーは、その組織の安全のために重要な役割を担っている。

　参照文献：Donald R. Cressy, *Theft of the Nation : The Structure and Operation of Organized Crime in America*. 1969.

ジョー・フォン（FONG, Joe）（1955年マカオにて生誕―）サンフランシスコのギャング、ジョー・ボーイズ（Joe Boys）の創始者。

多くの中国人ギャングの構成員と同じく、ジョー・フォンは、アジアの大都市にあるスラム街で生まれ、アメリカにある新しい世界に適合することが困難であることを見出した。レイバー・デイ（Labor Day：労働者の日）に当たる週末（1977年9月4日）の午前2時40分、3人のマスクを着用し銃を携帯したジョー・ボーイズの構成員が、ゴールデン・ドラゴン・レストランに侵入し、5人を殺害し15人を負傷させた。被害者のうちの誰も、対立する犯罪集団の構成員ではなかった。この惨劇は1分で実行された。殺害者は、射撃効率のゆえに、銃身を短く切り詰めた散弾銃、38口径の拳銃、及びグリースガン（短機関銃）として知られた45口径の半自動小銃を使用していた。当時の推測では、ジョー・ボーイズは和勝（Wah Ching：ウォ・シン）（中国青年）という対立組織を追跡していたということであった。この大虐殺は、サンフランシスコのチャイナタウンで独立記念日である7月4日に発生したジョー・ボーイズの3人の構成員への襲撃に対する報復として、ジョー・ボーイズの首領であるジョー・フォンによって計画された。その襲撃によってジョー・ボーイズの構成員のうちの1人が射殺され、2人が負傷させられていた。

アメリカに到着した際、「フレッシュ・オフ・ザ・ボーツ」（Fresh Off the Boats：FOBs）（移民したての野郎たち）のジョー・フォンと彼の兄グレン（Glen）とは、堂（Tong：トンまたは堂あるいは党）*に入会しない独立した犯罪集団を組織するために他の移民の若者と団結した。そのことがトラブルを引き起こした。サンフランシスコ及びニューヨーク市のチャイナタウン・コミュニティは、事業家（buinesspeople）、地区組合、及びトンを既成の権力組織に結びつける事業活動と犯罪的な腐敗との部分的に重複した複雑なシステムの上に構築されていた。

独立し、そして自らのギャングを準軍事的組織として堂に結びつけないことによって、ジョー・フォンは、ニューヨーク市のラ・コーザ・ノストラ*のファミリーらの間におけるジョゼフ・ギャロ*に多分に類似した伝統を守る自由な大砲（cannon）となった。ジョー・ボーイズは、その200人からなる構成員のための柔軟性のある組織を構成することによって、サンフランシスコの路上

における多数の銃撃戦を生き残り、そして企業に対する恐喝行為を発展させた。この組織は、この集団によって統制されるより広範な地域において個々の区域を独立してそれぞれに運営する小規模な組織に区分されていた。その権力の絶頂期において、これらの街路上の組織的なゆすりたかり者たちの平均年齢は18歳であった。

　ゴールデン・ドラゴンの大虐殺の後、ジョー・フォンと彼の副頭領たちは逮捕され、そして、その組織はほぼ壊滅した。**アジア系組織犯罪、堂をも参照。**

　　参照文献：Ko-lin Chin, *Chinese Subculture and Criminality : Non-Traditional Crime Group in America*. 1990.

ジェフ・フォート（FORT, Jeff）（1947年ミシシッピ州にて生誕―）シカゴのアフリカ系アメリカ人犯罪組織のリーダー。

　1980年代を通して、エル・ルークンス*は、シカゴにおける重要なアフリカ系アメリカ人犯罪組織であった。エル・ルークンスは、ジェフ・フォートによって形成された複数のストリート・ギャングズの連合体として始まった。フォートの経歴は、リロイ・「ニッキー」・バーンズ*及びフランク・ルーカス（Frank Lucas）のそれと類似したものであり、そして拘禁によって（直ちに）終了する、組織犯罪のリーダーの伝統的な経緯に合致していた。フォートは1947年にミシシッピ州で生まれ、1955年に母親とともにシカゴを訪れ、そして市内のウッドローン地区（Woodlawn area）に居住した。第4学年の後学校を退学すると、フォートは初歩的な読み書きはできたが、街路での生活を運命づけられた。10代の少年の頃、彼は、対立するグループとの生き残りをかけた長く血みどろな闘争において、ウッドローンのブラックストーン・レンジャーズ（Blackstone Rangers）の首領として犯罪に関する指揮者としての地位を開始した。フォートは、そこでの唯一の安定した仕事が薬物、アルコール、ジャンクフード、並びに安価な催し物をまき散らすようなものであったゲトーで成長した。

　18歳になるまでに、ジェフ・フォートは、ブラックストーン・レンジャーズを、フォートをその頂点に置くメイン21（Main21）として知られる犯罪集団の

首領からなる委員会によって統制される21のギャング団のシンジケートであるブラック・P・ストーン・ネイション（Black P. Stone Nation）に発展させた。彼の犯罪者としての当初からの経歴は、メロドラマ的行為についての才能によって特徴づけられた。彼のもともとのギャングとしての核であるブラックストーン・レンジャーズは、彼らが1962年に着用した赤いベレー帽によって正体を確認し得たが、そのことは警察や他のギャングに挑戦する挑発的な行為であった。重要なギャングの合併が発生した1965年を挟んだその後数年間において、フォートのストーンズは、巧妙かつ強制的な新人補充活動を通してその構成員を3倍にした。ウッドローン通りにおいては、誰もがストーンかその他の組織に属していた。そのギャング団はシカゴ全体に拡大し、その規模と権力との重要性を他のギャング団に認識させた。1966年までに、シカゴの大規模な区域におけるアフリカ系アメリカ人の街路ギャング団に対するフォートの統制と影響力とは完成した。1968年までに、ブラック・P・ストーン・ネイションは、組織犯罪体（organized crime entity）へと展開し始めていた。ストーンの支部は、市の北端から最南端に至るまでのあらゆる地域での悪名高いカブリーニ・グリーン・ハウジング・プロジェクト（Cabrini-Green Housing Projects：シカゴの低所得者向け住宅供給計画）において、黒人のコミュニティ全体で活動した。フォートが自身の権力を機能させるために取った最初の努力は、小中学校の生徒をゆすること、初等中学校の生徒に対する1日25セントを、そして高等学校の生徒に対する1日1ドルを徴収することによってなされた。

　学校でのゆすりたかりから、ギャング団は街路売春という商売から金銭をゆすり取ることに発展した。売春を行うための費用は、売春婦については1日当たり50ドルであった。1971年において彼らが「擁護者」として街路売春を完全に統制しようとしていることを明らかにするために、支払いを拒絶した売春婦は残虐な方法で殺害された。

　同時期において、フォートは、巧妙にも自らを社会活動家及びコミュニティ組織と結びつけ、そしてギャング構成員に市場性がある合法的職業的技術を訓練するために策定された連邦の補助金制度を申請するというところにまで及ん

だ。ウッドローン組織（Woodlawn Organization）の支援の下、ブラック・P・ストーン・ネイションは、およそ100万ドルを経済企画局（Office of Economic Opportunity）から連邦の資金を受け取っていた。補助金に関する理由書きは適当なものであった。一部の白人の聖職者とコミュニティの活動家（community activists）は、暴力的なギャング団を建設的なプログラムに導くことに関心を有していた。しかしシカゴ市長は、彼が信じていたことが、ギャング団構成員の甘やかしであるということによって侵食されており、そのため、1969年までに、アメリカ上院調査が開かれ、その委員会において、召喚されたフォートは、アメリカ上院常設調査小委員会（Senate Permanent Subcommittee on Investigation）に出席し、自己紹介し、そして退席していった。彼は、連邦議会侮辱、及び7,500ドルの連邦資金の横領を根拠として拘禁刑に処された。横領（事件）は、ゆすりたかりに関する計画の証明のための突破口となった。ストーンの下級指導者は、プログラムの指導員として雇用され、そして生徒として登録するための青年を補充したのであり、そのことによって彼らは、そのプログラムに出席するために毎週支給される奨学金を受け取っていた。小切手が支払われると、それらの小切手は、名目的な補償額の受取りに関するそれぞれの記録を伴って、フォートの副頭領らによって裏書きされた。5年間の刑期のうちの2年を過ごした後に、フォートは仮釈放に付され、彼の組織はシカゴのアフリカ系アメリカ人コミュニティの広範な領域を支配するようになった。

　殺人とゆすりたかりとを通して強化された彼の権力によって、フォートは、ゆすりたかりを売春及び地域の近隣事業（local neighborhood business）に移行させた。1971年までにブラック・P・ストーン・ネイションは、麻薬不正取引商人を引き入れ、彼らに「みかじめ料」（street tax）を支払わせた。こうした出来事は、シカゴのラ・コーザ・ノストラ*であるシカゴ・アウトフィット*からの警告を促し、そしてそれは、地域の薬物不正取引の組織化において重要な役割を演じた。シカゴにおけるラ・コーザ・ノストラは、街路における薬物の販売及び卸売には関与していなかったが、対価を受け取ってその保護を提供していた。ストーンが大量の麻薬に強制的な手数料を課した際、アウトフィットは

警告を送った。しかしストーンは影響されなかった。アウトフィットの2人の準構成員が、フォートがコーザ・ノストラの首領たちとともに「座り込み」*に参加した直後に、アウトフィットの本部前で殺されているのが発見された。

シカゴのコーザ・ノストラであるアウトフィットはこのときまで、街路犯罪に積極的に関与していなかった。しかし1981年に対立するギャング団構成員(ウィリー・ビッブズ)（Willie Bibbs）を殺害することで保護市場として街路を確保した。タイタニック・ストーンズ（Titanic Stones）の構成員であったビッブズは、彼が自らの薬物売買による収益の共有に関するエル・ルークンスの警告を心に留めることに失敗したがゆえに殺された。**アフリカ系アメリカ人組織犯罪、エル・ルークンス**をも参照。

参照文献：George Seibel and Ronald Pincomb, "From the Black P. Stone Nation to El Rukns," *Criminal Organizations 8*, nos. 3-4 (1994) : 3-9.

マイケル・フランツェーゼ（FRANZESE, Michael）（1951年5月27日ニューヨーク州ブルックリンにて生誕─）燃料税詐欺におけるヤッピー（Yuppie）のマフィアの一員。

コロンボ犯罪ファミリー*の最も若い頭領たち*の1人であり、ジョン・フランツェーゼ（John Franzese）（通称、ソニー［Sonny］）の息子であり、同マフィア集団における強力な頭領であったマイケル・フランツェーゼは、アメリカ暗黒街における新たな犯罪の類型を代表するものであった。彼は、教育を受けた明晰な人物であり、映画産業において合法的な職歴を有しており、複数の建設会社を売却しあるいは併合し、彼の父親のマフィアという烙印を脱したかにみえた。しかし、連邦大陪審における正式起訴は、別の物語を指し示していた。

マイケル・フランツェーゼは、燃料税、保険金支払い請求、及び自動車代理販売を含む数百万ドルの脱税（tax fraud）に深く関わっていた。ガソリン税の脱税は、「バーンアウト・カンパニー」として知られるある企業に税金の支払い請求書が届けられるまで石油製品の販売が多数の企業間で調整されるガソリンの卸売及び小売の諸企業のデイジー・チェーン（daisy chain）を通して実行さ

れた。バーンアウト・カンパニーは、郵便用住所、電話番号、及び実在しない架空の人物である筆頭所有者を有していた。バーンアウト企業（burnout firms）は、概して、「税金納入済み」と明記した明細と共にガソリンを売却した。そうして、バーンアウト・カンパニーは破産を宣言し、そしてフランツェーゼは、税金を逃れるために他の販売経路を創り上げた。

彼の事業家としてのイメージにもかかわらず、マイク・フランツェーゼは、彼の父親の事業戦略と暴力的な方法とを受け継いだ。しかし、彼に対立する可能性のある証言に対する脅威にもかかわらず、そしてそれは彼のマフィアの地位と所属とのゆえに信頼に足るものであったが、1986年3月において、フランツェーゼは、ゆすりたかり及び共謀の訴追に対して有罪の答弁を行った。彼はまた、10年間の拘禁刑を受け入れ、そして480万ドル相当の財産の没収に同意した。その政府との取引は、ガソリン税の脱税において欺罔された（騙された）州に1,000万ドルを追徴として支払うことを彼に要求した（そこにおいて彼はロシアの組織犯罪者を協力者としていた）。

彼は、彼が収監される場合には、彼の財産と映画に関する権利を売却した後でも、1,480万ドルを提供することができないと司法省を説得することができた。異例の合意が締結された。フランツェーゼは、連邦の保安官の監督の下、限定的な自由を許容された。監視のための経費はフランツェーゼによって支払われることを予定していた。そして彼は、連邦保安官による保護の費用を負担するために十分な金銭を獲得するために（正当な）事業を行うことができ、そして裁判所によって命じられた罰金及び制裁金（penalties）を支払うための充分な現金を獲得した。しかしながらフランツェーゼは、以前の活動に戻り、連邦保安官事務所（U. S. Marshals Service）に預金残高以上の額面で振り出した小切手を渡し、刑務所に再収容された。

フランツェーゼによる事件の捜査は、ジェノヴェーゼ、ガンビーノ、及びコロンボの各犯罪組織出身のマフィア構成員とともに関与した他の不正な事業を明らかにした。その事業には、原子力発電所からカジノまでの異なった繊細な場所において、その構成員が働いていた民間の警備会社の700名の構成員からな

る組合の運営を含んでいた。国際組合同盟（The Allied International Union）は、そもそもガンビーノ犯罪ファミリーの産物であったのであり、彼らはその後その組合を、協力者たるフランツェーゼとともに、私的使用のために組合の資金を騙し取っていた民間の建設業者に売却した。さらに、スリーマイル島原子力発電所及びニュージャージー州アトランティック市のカジノに対するストライキを脅迫することによって、フランツェーゼと彼の協力者は、恐喝による支払いを得ることができた。フランツェーゼの経歴は、組織犯罪の危険な側面を例示している。すなわち、合法的事業活動へ浸透し、そして暗黒街と一般社会（upperworld）との区別をあいまいにさせるその能力である。フランツェーゼは現在刑務所から釈放されており、政府に金銭の支払い義務を負うキリスト教再生派（Born Again Christian）に属している。

　参照文献：Michael Franzese and Don Masters, *Quitting the Mob*. 1992.

ジミー・フラティアーノ（FRATIANNO, Jimmy）（通称、ジ・ウィーゼル［the Weasel］イタチ）（アラデナ・ジェイムズ・フラティアーノとして、1914年11月14日イタリア・ナポリにて生誕―1993年7月1日死亡）ロサンジェルスの犯罪ファミリーの密告者。

　ジョゼフ・ヴァラキ*及びヴィンセント・チャールズ・テレサ*とともに、ジミー・フラティアーノは、暗黒街における自分の一生について著したベスト・セラー著書を通して公衆に知られるようになった。『ザ・ラスト・マフィオーゾ』（*The Last Mafioso*：最後のマフィアの一員）は、彼の犯罪経歴、並びにギャング団の中での個人的な利益と競争者の排除による逮捕の免除を得るために、彼の犯罪への関与者について密告する彼の意思を表わしていた。

　フラティアーノは、ギャング団のリーダーによって命じられた11件の殺人を実行したクリーヴランドで、その犯罪人生を開始した。彼は、街路で彼を追跡してきた警察官から逃れて逃げ去ったことから、称賛され、「イタチ」という称号を得た。

　リトルイタリーを去って、フラティアーノは、ボクサーそして力自慢の殺し

屋としての評判を得た。彼は、シカゴ・アウトフィット*に加入し、そしてカリフォルニアに移った。そしてそこで彼は、1940年代から1950年代にかけてウエストコーストで、ラ・コーザ・ノストラ*の首領であったジャック・ドラグーナ*及びドミニク・ブルックリア*と結びついた。ロサンジェルス・マフィアの内紛と、ミッキー・コーエン*と彼のギャング団との紛争が、フラティアーノのロサンジェルス犯罪ファミリーの首領代行（acting boss）としての地位を向上させる助けとなった。

しかしながら、彼の生活に対する脅威が彼を密告者とし、そして、殺人命令が、シカゴ及びフロリダの複数のボスたちによって彼の頭めがけて下されたとき、彼は証人保護プログラム（WITSEC）を受けることに同意した。複数の法廷における彼の証言は、サンフランシスコ・チームスター組合長及びロサンジェルス並びにニューヨーク州のマフィアの首領に有罪判決を言い渡す助けとなった。フラティアーノは、ニューヨーク市のジェノヴェーゼ犯罪ファミリー*の首領であるフランク・ティエリ*に対する有効な証人となった。

参照文献：Ovid Demaris, *The Last Mafioso* (1981).

フルトン・フィッシュ・マーケット（Fulton Fish Market）適法な事業活動における、ゆすりたかりの拠点。

100万ポンドもの魚類が、ニューヨーク市マンハッタン南部のフルトン・フィッシュ・マーケットで毎日処理されている。この腐敗しやすい食料のすべてが漁船から陸揚げされるわけではない。そうして、過去5年以上、フルトン・フィッシュ・マーケットは、アイスランド、ノルウェイ、あるいはフィンランド等から来た飛行機によってもたらされた海鮮食料品の下処理及び小売の拠点として機能してきた。

フルトン・フィッシュ・マーケットは、犯罪者たちがそこを利用し始める以前からおよそ1世紀にわたって存在していた。1920年代初頭、ジョゼフ・「ソックス」・ランツァ*は、フルトン・フィッシュ・マーケットの労働者及びそこでの労働の両者を組織化する重大な役割を演じてきた。

魚類は、遠洋漁船あるいは遠く五大湖から来た淡水漁船から陸揚げされた。一時期、労働者はアイルランド人であったが、1920年代及び1930年代までに魚類を扱うのはほとんどイタリア人となった。ランツァは1923年までに1つの地方支部（union local）を作り上げ、そこでの権力を基盤として、彼はフルトン・フィッシュ・マーケットを、自分の帝国とした。

ランツァの支配の下、漁船の乗員は、自身の漁獲を陸揚げすることを許容されなかった。手数料を支払って、乗員は漁獲を陸揚げした。加えてランツァは、組合の「共済基金」として1隻の漁船当たり10ドルを徴収し、船長がこれを拒否したときは、バケツ一杯の魚が、知らぬ間に湾内に投げ捨てられたりもした。

犯罪的な統制は、魚の陸揚げのために停泊した船舶という範囲を超えていった。すなわち、フルトン・フィッシュ・マーケットの警備は、マーケットの湾岸周辺にある小売店や輸送用車両の見張りサーヴィスを行っていたのであるが、その小売店や輸送用車両のすべてが、市の所有地なのである。そして魚類の加工工場は、その店舗が労働組合化されないようにするために、数千ドルを水産労働者組合（Sea Worker's Union）に支払っていた。

ジェノヴェーゼ犯罪ファミリー*の副頭領として、ランツァによる恐喝には限界がなく、消費者市場価格における魚製品の価格を釣り上げていた。犯罪的な統制のゆえに、恐喝行為が必然的にもたらした価格の高騰を回避することを望んでいた多くの水産食料品企業が、フィラデルフィア、ボストン、及びニューアークに逃れていった。海産事業の集団的移動は、年間の販売額においてニューヨーク市に2億ドルの損失をもたらした。

1990年代において、ニューヨーク市長は、自らの規制、許認可、及び捜査に関する権限を通して犯罪によって支配されたフルトン・フィッシュ・マーケットに統制を及ぼすことを断言した。1995年初頭、ニューヨーク市は、ジェノヴェーゼ犯罪ファミリーと提携していた6つの陸揚げ会社を追放し、それらの事業に代えて外部からある企業を雇い入れた。そうして1995年10月には、ギャング団に対するニューヨーク市の攻撃的な活動に対応して、山猫ストライキ（a wildcat strike）が、フルトン・フィッシュ・マーケットを混沌に陥れた。

1996年には再び、より突然かつ破壊的なストライキがギャング団によって画策された。しかしニューヨーク市は、同市民のためにマーケットという経済的資源を回復するというその決意を維持していた。その結果は複雑化されてきている。すなわち、改善はなされたが、組織犯罪の影響を排除するまでに至らなかった。しかし、このことは、官僚主義的なお役所仕事的な市による参画という必然的結果について不満を有していたマーケット内の事業によって複雑な賞賛とみなされている。類似した批判は、作業を促進する介在人（middlemen）としてのギャング団の「黒幕」たる活動が訴追と抜け目ない法執行機関による活動とによって排除されたとき、建設業界において生じてきている。

　参照文献：Kelly, R. J., *The Upperworld and the Underworld : Case Studies of Racketeering and Business Infiltrations in the United States.* 1999.

G

カーマイン・ガランテ（GALANTE, Carmine）（通称、ザ・シガー［The Cigar］葉巻）（1910年シチリアにて生誕—1979年7月19日ニューヨーク市ブルックリンにて死亡）ボナンノ犯罪ファミリー*の1970年代における首領。

　ボナンノ犯罪ファミリーの副首領*として、ガランテは薬物売買を専門としており、「ボタン・マン」（ラ・コーザ・ノストラ・ソルジャー*）として、殺人を実行し、ボナンノ犯罪ファミリーの勢力範囲をカナダやアリゾナ州、そしてカリブ海沿岸に広げることで、キャリアを積んでいった。1960年代に、彼は薬物取引の罪で20年の刑を宣告された。ルイスバーグ刑務所での12年間服役後の1974年に仮釈放されたが、彼はヘロイン取引に逆戻りし、親しく同盟を結んだシチリア人たちのパートナーとなった。

　ガランテはすぐに他のニューヨークの首領たちの勢力に挑み始めた。1978年に、彼の命令によって、ジェノヴェーゼ犯罪ファミリー*とガンビーノ犯罪ファミリー*の幾人かの組員が射殺された。彼の野望は他の首領たちにとって耐えがたいものとなり、彼らはガランテに対する陰謀を企て始めたのである。1979年までにガランテを暗殺する計画がもくろまれた。企てに参加していたのは、フランク・ティエリ*、ポール・カステラーノ*、ジェリー・カテナ（Jerry Catena）、そしてサントス・トラフィカンテ・ジュニア*らラ・コーザ・ノストラ犯罪ファミリーの総長たちであった。

　マフィアの歴史における最も劇的な「殺し」*の中の1つであるが、ガランテは、白昼にブルックリンのブッシュウィック地区にあるジョー・アンド・メアリーズ・レストランのオープンエアガーデンでランチをとっている間に暗殺された。覆面した3人組の殺し屋がその場に突入し、彼を2丁のショットガンで

銃撃し死にいたらしめようとしたときに、ガランテは食事を終え、彼のトレードマークである葉巻にまさに火を着けようとしていたのである。彼は葉巻を口にくわえたままで死んだのである。後に分かったことであるが、この殺害に関わったバルド・アマート (Bald Amato) と、チェザーレ・ボンヴェントレ (Cesare Bonventre) という2人の男は、2人ともシチリア人であり、ボナンノ犯罪ファミリーのメンバーであるボナンノの従兄弟であった2人は、ファミリーにおける勢力を争っていたフィリップ・ラステリの代わりにこの謀殺計画を助けたのであった。アマートとボンヴェントレは後に殺害されて発見された。

参照文献：Virgil W. Peterson, *The Mob : 200 years of Organized Crime in New York*. 1983.

ジョゼフ・ギャロ (GALLO, Joseph) (通称、クレイジー・ジョー [Crazy Joe] いかれたジョー) (1929年4月ニューヨーク市ブルックリンにて生誕—1972年4月7日ニューヨーク州ニューヨークにて死亡) マフィアの反逆者であり革新者。

暗黒街の多くの人間から、強情であり、よこしまであると思われていたために、ジョー・ギャロは、彼が欠点であると理解していたマフィアの伝統を我慢するつもりもなく、また、自己破壊的でありかつ破滅的であると思われるラ・コーザ・ノストラ*のルールや慣習に従うつもりもなかった。変化の必要を認識し、その認識に基づいて行動した多くの反逆者や革新者同様に、ギャロは彼自身の先見性ゆえに命を落としたのかもしれない。

ジョゼフ・プロファチ*犯罪ファミリーの「構成員たち」(宣誓したソルジャーたち) 同様、クレイジー・ジョーと彼の年長の兄弟であるラリー (Larry) はブルックリンの湾岸の仲間たちによる大規模な組員*の集団を動かし、そこで彼らは、車両強盗や賭博、恐喝、そして積み荷窃盗に関わり、そしてファミリー首領、ジョゼフ・プロファチ御用達の実行役たちの「殺し」*のチームとして働いていた。ギャロが1957年にアルバート・アナスタシア*の暗殺を実行し、プロファチ・ファミリーの多くの敵を殺害したことは広く信じられていた。

何年か後の1961年に、ギャロ兄弟 (彼の一番下の弟である、アルバート・ギャロ (Albert Gallo) (通称、キッド・ブラスト [Kid Blast] 爆発キッド) を含

む）は、彼らがプロファチの命令で殺害したフランク・アバッテマルコ（Frank Abbatemarco）（通称、フランキー・ショッツ［Frankie shots］発射ぐせのあるフランキー）が運営者であった賭博事業の取り分を巡って首領と戦争を始めた。首領は殺されたフランキー・ショッツの事業を自分の友人や身内の者に分け与えた。この侮辱に対する報復として、ギャロ兄弟はプロファチの近しい構成員の４人を誘拐した。この紛争は両方に12人もの犠牲者を出したが、しかしその後にプロファチはより寛容になることを承諾し、ギャロ兄弟にブルックリンにおけるゆすりたかりの公平な分け前を与えた。この協定はこの後すぐ、クレイジー・ジョーが刑に服している間にプロファチがラリー・ギャロを殺そうと試みたことにより反故にされた。このプロファチ対ギャロ戦争は、1962年８月に首領が自然死するまで収束することはなかった。

　この間、クレイジー・ジョーは、ギャングの闘争資金を増やすために、いくつかの事業をゆすろうと試みた。彼は逮捕され、恐喝で有罪を宣告され、グリーンヘイブンの州刑務所で長期刑（14年）に服した。刑務所に居る間、ギャロは伝説的なヘロイン取引の中心人物であるアフリカ系アメリカ人のリロイ・「ニッキー」・バーンズ*と親しくなった。ギャロは暗黒街で起こっている変化を認識しており、人口統計によってゲトーにおける民族的かつ人種的な構成要素が変化するにつれて、もし生き残りを望むのであれば、ゲトーから生起した組織犯罪も同時に変わらなければならないと理解していた。クレイジー・ジョーは、より多くの「街路活動」がアフリカ系アメリカ人とラテン系アメリカ人によって牛耳られるであろうことを理解していた。彼はまた、イタリア系でない者をすべて排除する習慣やルールに関わっている「口髭のピートたち」*、つまり古参たちよりも上記の事実を理解し、現実にのっとって行動するギャングが勢力を伸ばすであろうと見込んでいた。ギャロとバーンズは、いかなる場所でも行動できかつコーザ・ノストラの真のライバルを代表する多人種によって構成されたギャング団を創設することに同意した。ニューヨーク市のゲトーは、完全に武装し、かつ、プロファチが象徴する伝統に縛られたコーザ・ノストラを脅かし、さらに撤退させるまでに充分な力を共に構成できる怒りに満ち餓え

た若い与太者で溢れかえっていた。協力の意思を表すために、ギャロは彼の仲間によって統制されている犯罪事業に、釈放されたアフリカ系アメリカ人の元囚人を送り込んだ。これらのすべては、今ではジョゼフ・コロンボ・ジュニア*が率いるプロファチ・ファミリーの知るところとなった。

　ギャロとバーンズの関係には、何ら堅固なものがなかったことが判明したが、しかし、他の問題やチャンスがギャロの活力を呼び覚ました。1971年に釈放されたことで、新生ジョー・ギャロがブルックリンの街路に再度出現したのである。ギャロが演劇界の人物や知識人らの会社の中で立ち回り、ちょっとしたセレブリティーとなったこの時代に、1人のジャーナリストが、プロファチ＝コロンボ犯罪ファミリー戦争の主導権を握っていたギャロらのギャングたちの不運について大雑把に脚色した小説を書いたのである。ジョゼフ・コロンボは、マフィアやギャングといった否定的なイタリア系アメリカ人のイメージを抹消させることを要求する、イタリア系アメリカ人公民権連合（Italian-American Civil Rights League：IACRL）を組織することによって、広報活動戦争において連邦捜査局（FBI）に挑戦することを決意した。地域社会を動員した当初の成功はすぐに終わりを迎えた。コーザ・ノストラのギャング団のチーフたちは、メディアの好奇心を警戒し、キャンペーンと集会をやめることをコロンボに要求し、彼を思いとどまらせようとした。コロンボはこの警告を無視し、1972年6月のコロンバス・サークルでの集会で銃撃された。彼は7年間植物人間として生存し、そして死んだ。殺人者はアフリカ系アメリカ人であることが判明し、ギャロは尋問のために警察に連行された。彼を犯罪と結びつける法的な証拠はなかったが、彼のギャング内での敵は法的証拠など必要としなかったのである。

　ギャロの子分たちがコロンボの活動を攻撃し、サウスブルックリンの湾岸地区を彼らの縄張りとして要求しているときに、既に中心人物でなくなったコロンボと、刑務所に収監中の代理の頭領であるカーマイン・「ザ・スネーク」・パーシコ*らの疑惑はさらに高まっていった。

　1972年4月7日、襲撃され、ロウアー・マンハッタンはリトルイタリーのウ

ンベルト・クラム・ハウスの外で殺されたとき、ジョー・ギャロは、妻と娘、そして劇場とショービジネス界の友人たちと43回目の誕生日を祝っている最中であった。3人のコロンボの殺し屋たちがレストランに押し入り、銃撃したのである。

参照文献：Jimmy Breslin, *The Gang That Couldn't Shoot Straight*. 1969 ; Donald Goddard, *Joey : The Life of "Crazy Joe" Gallo*. 1974 ; Raymond V. Martin, *Revolt in the Mafia*. 1963.

カルロ・ガンビーノ（GAMBINO, Carlo）（通称、ドン・カルロ［Don Carlo］）（1900年8月24日シチリアのパレルモにて生誕—1979年10月15日ニューヨーク州にて死亡）精力的なラ・コーザ・ノストラ*・ファミリー首領*。

　法執行機関がアメリカのコーザ・ノストラのうちで最もパワフルであると信じていたファミリーを率いていたがゆえに、ガンビーノは「カーポ・ディ・テュッティ・カピ」（ボス中のボス）と見なされていた。普段のソフトな物言いと、目立たなさ、そして大きな鼻と低い身長という、極めて通俗的な見た目であったことから、彼は最も勢力のあるときには、2,000人もの「メイド・マン」（宣誓したマフィア構成員）、30人もの頭領たち*、犯罪行為の圏内を縫うようにして進む多くの合法ビジネスばかりでなく、各種の犯罪連合や組織をも運営する何千人もの準構成員を抱えるパワフルな犯罪組織の首領というよりも、まるでシチリアの農民そのものであった。全体的に、骨格が華奢で、垂れ目、突き出た鼻であったため、彼は、最もマフィアの首領らしからぬ人物のように見えた。しかし、ガンビーノ犯罪ファミリー首領としての19年に及ぶ支配は、その長命さにおいて例外的であった。ガンビーノの統制の下で、ファミリーは、イタリア系アメリカ人の暗黒街における一大勢力となったのである。

　アルバート・アナスタシア*（ガンビーノがその暗殺に関わったとされている）の後を引き継いだ後、ガンビーノはファミリーの間の不安を、彼の副首領にアナスタシアの最も忠実な支持者として、リトルイタリーのタフなギャングスターであるアニエロ・デラクローチェ*を指名することで中和した。彼はまた、国際港湾労働者組合（International Longshoremen's Union : ILA）第1814支

部の責任者であるアナスタシアの兄弟であるアンソニー・アナスターシオ*（この名前の本来のスペルである）を引きとめておいたが、このことは、この犯罪ファミリーがブルックリンの波止場を支配することを可能とした。また、このアナスターシオが自然死したとき、彼はアナスターシオの義理の息子であるアンソニー・スコット*をファミリーの頭領とし、支部におけるリーダーシップを一任したのである。

カルロ・ガンビーノは、犯罪ファミリーが新しい方向に進んで行くことを望んだ。つまり、彼は「ブリーフケース」・マフィアを望み、暴力、騒乱、ギャング戦争、そして混沌とした「ストリート」・マフィアを過去のものとすることを望んだ。彼の個人的な家族（チェリー・ヒル・ガンビーノ（Cherry Hill Gambinos）として知られている）の一部や、彼のシチリアから来た従兄弟たちは、ニュージャージー州で薬物に深く浸り、シチリアのマフィアと海を越えた絆を保っていたのではあるが、カルロ・ガンビーノは、麻薬やそれが引き起こす望まない公衆の関心に対して強硬な姿勢を保っていた。ガンビーノがしたことは、ファミリーのメンバーが信じたように、でっち上げの麻薬による有罪判決で長期刑に服役中に死んだヴィトー・ジェノヴェーゼ*の例から教訓を得ることのみであった。ガンビーノの主張は明確であった。つまり、「薬物に関わる者には、死を」というものである。

もちろん、ガンビーノ自身を含むギャング団構成員たちは、高利貸し業*、違法賭博*、車両強盗、盗品売買、そして、ゆすりたかりといった、犯罪の代替策を捨て去りたいとは思っていなかったが、ガンビーノは、衣料や海産物産業、健康管理機関等への進出に加えて、建設業、トラック運送、食品流通、廃品回収といった犯罪のより洗練されたアプローチ法を好んだのである。すべてこれらの莫大な利益を得ることができる事業は、ギャングの影響や汚職によっても手に入れることができ、より明白でより危険なギャングの通常の活動がなすように、メディアの見出しを引きつけることもなかった。

ガンビーノのリーダーシップのもう1つの側面は、彼の部外者への注意深さと個人的な家族関係への信頼である。ファミリーは、ガンビーノの血統主義か

つ秘密主義のやり方を反映して、従兄弟同士のみならず姻戚関係同士の結婚で溢れていた。ガンビーノ犯罪ファミリーと、ルチーズ犯罪ファミリー*は、ニューヨークの衣類産業における勢力を分け合っていた。第二次世界大戦以前の初期の頃でかつ、ルイス・バカルター*の犯罪シンジケートが崩壊した後に、ガンビーノとルチーズは、車両強盗から保護するための目こぼし料を生産者からゆすり取っていた。しかし、それは過去のこととなった。今日、統制手段は、産業のトラック輸送を阻むものによって行使されるようになったのである。すべての商品は、トンネル会社を通した上で、2つのファミリーが所有するトラックによってのみ輸送された。衣類生産者は、産業におけるこの新しい安定性に慰められ、疑うことを知らないアメリカの消費者にこれらの費用を引き受けさせたのである。ドン・カルロは、息子のトーマス（Thomas）に高等教育を受けさせるよう取り計らった上で、家族の利益を監視するために衣類会社に配属させた。

　1970年代に心臓疾患を繰り返した後に、自身の病と命の終わりを視野に入れ、ガンビーノは、ファミリーの頭領であり、自らの力によって食肉卸売産業において成功したビジネスマンであるポール・カステラーノ*を新しい首領に選んだ。ついでながら、カステラーノは、ガンビーノの義理の兄弟である。

　ファミリーを2つの融和し難い派閥に分離させた戦略上の失敗は、ガンビーノ本人によって引き起こされたものである。ベッドでの自然死を可能にさせたガンビーノの政治的手腕は、後継者選びに関してファミリーの将来が彼の決定に左右されるような重大な局面を、彼自身から奪った。生涯にわたって信頼していた血の絆が、慎重に組み立てられた極めて恐るべき犯罪機構がガンビーノの覇権を末代まで伝えるという、潜在的な彼自身の要求を反映することによって、彼の判断力を曇らせたのかもしれない。そして、それは、タフで人気があり下情に通じているデラクローチェではなく、義理の兄弟のカステラーノを選択した際に形成されたものかもしれないのである。ガンビーノの決断の結果として、犯罪ファミリーは、そのまさに中央を走る不信感を広げてしまった。リア王のようにガンビーノは、彼らしからず、存命中に彼自身の権力を分割させ

てしまったのである。

　組織犯罪におけるガンビーノのキャリアは、他の多くの者同様に、彼が密売や賭博、そして各種の悪徳に携わっていた禁酒法（禁酒法と組織犯罪*を参照）の時代に始まった。第二次世界大戦中に、ガンビーノは、闇市場食糧供給スタンプの転売とガソリン販売に携わることで、百万長者になった。彼のゆすりたかりの才能は、結果として永久に彼の名前で呼ばれることとなるアナスタシア犯罪ファミリーにおいて頭領及び副首領として仕えていた戦後に成熟したものである。法執行官は肉の呼売り、衣類トラック運送、不動産、労働問題コンサルティング、海上保険、及びアルコール製造を含む多数の合法的な商売とガンビーノを結びつけていた。彼の犯罪企業における手腕には、労働者に対するゆすりたかりや高利貸し業、自動販売機業、中でも賭博が含まれていた。

　ガンビーノは、プロファチ犯罪ファミリーのメンバーによるアルバート・アナスタシア暗殺の直後の1957年に開かれた犯罪首領たちによるアパラチン会議*において、首領の1人として認められた。ガンビーノは、フランク・コステロ*（ルチアーノ犯罪ファミリー*の主導権を巡るジェノヴェーゼのライバル）を排除するためのヴィトー・ジェノヴェーゼとの複雑な陰謀と、1957年にマンガーノ兄弟を殺害し、そのファミリーの支配権を奪っていたアルバート・アナスタシアの殺害に関与していたと信じられていた。ガンビーノはアナスタシア暗殺の後、このファミリーの総長となった。

　ガンビーノのコーザ・ノストラのメンバーの操縦には限界がなかった。1961年には、ガンビーノは、ギャロ兄弟と首領のジョゼフ・プロファチとの内部紛争に介入した。プロファチの癌による死によって戦争が終結した際、ジョゼフ・マグリオッコ（Joseph Magliocco）が主導権を握り、平和の道を模索し始めた。マグリオッコはその後まもなく、プロファチと共にギャロ派による反乱がガンビーノとガエターノ・ルチーズ*によってけし掛けられたものであると信じていたもう1人の勢力的なコーザ・ノストラの首領であるジョゼフ・ボナンノ*からの苦闘と圧力によって引き起こされた緊張により死亡した。ボナンノは、ガンビーノとルチーズが、ジョゼフ・コロンボ・ジュニア*によって殺害され

るよう画策したが、コロンボは結局この情報をガンビーノとルチーズに漏らしてしまった。ボナンノは退位させられ、コロンボが彼の後継者に指名された。

　コロンボは、ガンビーノの低姿勢主義、つまり新聞やテレビを避けるという信念に逆らったことで1971年にガンビーノの怒りを買い、彼自身が不平を漏らすところによるとFBIによる彼の子どもたちや個人的な家族に対する嫌がらせに対抗するための公的な抗議グループを組織した。コロンボの場あたり的演技と数多くの公式行事への出席は、FBIだけでなく彼の師であるカルロ・ガンビーノを苛立たせた。1971年6月のニューヨーク市のコロンバス・サークルにおけるイタリア系アメリカ人公民権連合統一日大会において、コロンボは頭と首を撃たれ、完全に回復することはなかった。ガンビーノがコロンボの殺人請負を承諾したということが噂された。1971年のコロンボの狙撃以降、ファミリーはガンビーノが名づけ親であるヴィンセント・アロイ（Aloi, Vincent）（通称、ヴィニー・ブルー・アイズ［Vinnie Blue Eyes］青い眼のビニー）によって長期間支配された。

　カルロ・ガンビーノは、アメリカ、特にニューヨーク市において、組織犯罪に永続的な印象を残した。およそ20年に及んで彼が率いてきた犯罪事業は、アメリカのコーザ・ノストラ・ファミリーのうちで最も大きく、成功した事業となり、数えきれない次元での買収への効力を有していた。ガンビーノの勢力の拡大に伴う騒乱や苦闘は、1980年代の彼の後継者による統治下においても依然としてなくならず、その規模は充分に精査できず想像できるのみであった。結局のところ、ガンビーノの遺産はニューヨーク市がかつて経験したことのない規模での個人事業と公共機関の大規模な破壊と、彼の廃棄物カルテルの支配による環境破壊であった。ガンビーノの犯罪の治世は、数えきれない荒廃した人生と、大量殺戮された家族、薬の奴隷となった多数の薬物常習者をも含むものであった。このモンスター級の寄生虫と戦うために、政府は何百万ドルも費やしたが、残念なことに効果はほとんどなかったのである。ニューヨーク市にガンビーノが残したものは、大まかにいって商業に課された犯罪的なまでの税金と、すべての市民の間に広まった不安感であった。

参照文献：John H. Davis, *Mafia Dynasty: The Rise and Fall of the Gambino Crime Family*. 1993 ; Paul S. Meskil, *Don Carlo : Boss of Bosses*. 1973.

ガンビーノ犯罪ファミリー（Gambino Crime Family）ガンビーノ犯罪ファミリーは、イリノイ州マリオンの連邦矯正施設に収容されているジョン・ゴッティ*の息子であるジョン・ゴッティ・ジュニアの支配下にあると信じられている。ゴッティが収容される以前、ガンビーノ・ファミリーの犯罪ネットワークは、ニューヨーク市における犯罪組織の中で最も規模が大きく、影響力をもつと考えられていた。アルバート・アナスタシア*の殺害に続いて、カルロ・ガンビーノ*がリーダーシップを引き継いだ1957年から、犯罪ファミリーは着実に影響力と支配力を拡大した。影響力が最大となった1960年代と1970年代の初頭に、ファミリーの勢力圏はニューヨーク市の5つの地区（郡）、ナッソー郡、サフォーク郡、ニューヨーク市に隣接するウェストチェスター郡、ニュージャージー州、ペンシルヴァニア州、コネティカット州、フロリダ州、そしてネヴァダ州ラスヴェガス*までに及んだ。

　犯罪ファミリーは、記載された会員資格を持つ28人の頭領*を含む350人ほどの「メイド・マン」（宣誓したマフィア構成員）、そして約3,000人のソルジャーたち*の準構成員を抱えていた。そのネットワークは、賭博や麻薬売買、そして高利貸し業*などの通常の犯罪活動にかかわっていたのみならず、食品業、娯楽産業、建築業、そして貴金属産業などの合法ビジネスにも深く進出していた。また、ガンビーノ犯罪ファミリーの組員は、労働組合関連においても活動的であった。1990年代後半に、犯罪歴を持たない犯罪ファミリーの準構成員であるフロント・マンたちは、娯楽施設、健康クラブ、そしてニュージャージー州アトランティック市*や、コネティカットにおける賭博カジノビジネスを含む他の合法的なビジネス分野にも参入しようとしていた。

　法執行機関による情報分析では、この組織は、首領のジョン・ゴッティと、顧問*の「サミー・ザ・ブル」・グラヴァーノ*、副首領*のフランク・ロケージオ（Frank Locasio）（通称、フランキー・ロック［Frankie Loc］ちんぴらフラ

ンキー)が逮捕され、引き続き、RICO法*に抵触するタイプのいくつかの犯罪で有罪宣告を受けた1991年の指導力の解体から今なお立ち直ろうとしている最中であることが示唆されている。

参照文献：John H. Davis, *Mafia Dynasy : The Rise and Fall of the Gambino Crime Family*. 1993.

賭博（Gambling）賭博には、様々な偶然性の要素が含まれるゲームとスポーツ競技への賭け事が含まれる。あるものは合法で、あるものは違法である。州に認可された競馬とドッグレースなどの賭けもしくは賭け事、政府運営の場外馬券売り場、州が後援する富くじ、ネヴァダ州、ニュージャージー州、コネティカット州、ルイジアナ州、ミシシッピ州の各州、イリノイ州リバーボート、及びインディアン居留地における賭博カジノ、そしてカルフォルニア州で認可された賭博クラブとカジノのすべては、全米的にとても人気があり、何百万ドルもの税金と収益を創出するレクリェーションの成長産業なのである。

アメリカにおいて合法賭博が成長してきた一方で、賭博の取締りには低い優先順位しか割り当てられてこなかったが、このことは組織犯罪にとってより魅力的な事実となるのみであった。薬物売買による利益は莫大であるが、同様に罰金や取締り活動も甚大なものとなる。これに対して違法賭博*の罰金は最小限でしかない。事実、違法賭博の逮捕者は、1990年代を通して特に都市部において目立って減少してきたのである。警察業務に対する他の要求による執行資源の欠如が、より洗練された電話通信技術（携帯電話など）の出現と相まって、賭博の取締りが減少している理由を説明するものとなっている。通信技術は別としてさらに重要なことは、賭博の取締りの推進に対する公衆の圧力がほとんどないという事実である。**違法賭博**をも参照。

参照文献：Mark Haller, *Life Under Bruno : The Economics of an Organized Crime Family*. 1991.

ギャングスター・トーク（Gangster Talk）有名なシチリア人の沈黙の掟であ

るオメルタ*が、警察と協力し会話をすることを禁じることの単なるロマンティックな言い回しである一方で、現実において組織犯罪は、1950年代初頭まで完全な沈黙の美徳を明かすことはなかった。そのときまで、フランク・コステロ*、ジョゼフ・アドニス*、ガエターノ・ルチーズ*ら多くの突出したメンバーが証人台に立ち、質問に答えてきた。事実、彼らはしばしば回避的であり忘れっぽくもあったが、しかし、質問には答えたのである。1950年から1951年にかけてのキーファーヴァー委員会*の公聴会と、1963年のジョゼフ・ヴァラキ*の聴聞がこうした傾向をストップさせた。今日、ギャングスターは、合衆国憲法第5修正の一字一句を完璧に暗証しているのである。

　互いに会話をする場合、組織犯罪者たちは、習慣的に遠まわしで、かつ省略されたスタイルで会話をするために、たとえ盗み聞きされても、その会話は外国人に対する沈黙程度の意味しかなさない。

　組織犯罪者たちが会話をする様子について、いくらかの懐疑的な見解が一般社会には存在する。多くの人々は、彼らにとって映画やビデオの中での会話のように聞こえるものに、困惑した疑い深さでもって反応する。組織犯罪者の隠語は、暗黒街の俗語の痛切な混合（盗品を表す「swag」、殺しを表す「hit*」）や、ユダヤ人の俗語（どろぼうを表す「goniff」）、そしてイタリア語（ゴッドファーザーを表す「compare」）、アフリカ系アメリカ人の街路での話し方に由来するゲトー語（殺害されたことを表す「wasted」、武装していることを表す「strapped」）によって構成されてきた。それらはまた、ほとんどすべてのセンテンスにおいて強調される罵り言葉によって形容されている。

　警察は、この言語を「ストリート・トーク」と呼んでおり、おそらく彼ら自身も使用しているのである。ギャングスターとゆすりたかり者たちは、通常このような形で会話をするが、もちろんいわゆる彼らの母国語ではないものの、裁判の出席など状況が必要とするのであれば、普通の市民同様に英語を話すことができるのである。ストリート・トークにおいて、彼ら自身の母親や姉妹をのぞく女性は、「broads」または「bitch」と呼ばれ、高利貸し業者は「shylock」、そして彼らが要求する利子は「vigorish」または「vig」と呼ばれ、「heat」は警

察からの圧力を指す。逮捕されることは、「busted」あるいは「collared」という。

参照文献：Nicholas Pileggi, *Wiseguy : Life in a Mafia Family.* 1987.

ごみ及び廃品回収（**Garbage and Waste Collection**）1990年代末まで、全米の大都市において、非常に多くのごみ回収業者は組織犯罪者によって所有され、運営され、コントロールされてきた。完全な所有権、労働組合への影響力、同業者組合の統率力、そして恐怖と脅しによる伝統的な組織犯罪の手法の使用によって、ゆすりたかり者たちは、1950年代半ばから1990年代初頭にかけて実質的にごみ回収ビジネスを取り仕切っていた。

ごみ回収ビジネスは小規模な経営や同族会社に特徴づけられるが、このことは組織犯罪にとって魅力的なことであった。すなわち、産業における企業が小規模で、地域に密着し、家族を基盤とし、またそれらが労働に対して低水準の技術の必要性しか要求せず、労働環境において比較的単純なテクノロジーを利用する場合、組織犯罪の侵入への被害可能性は増大する。固体廃棄物回収産業は、これらの条件に合致する。これらが数台の回収トラックと勤勉な労働を必要とするだけの参入が容易なビジネスであるのは、ひとえに、これらの規模、労働技術、テクノロジー、地域密着性によるのである。

利益を引き下げた深刻な競争がとても多くのビジネスに害を及ぼしていたので、市場の安定性を模索して、廃品回収業者協会は形成された。ニューヨーク州ウエストチェスター郡において労働者に対するゆすりたかりとごみ回収に携わっていたルチアーノ犯罪ファミリー*の一員であるヴィンセント・スクイランテ*の協力を得て、廃品回収業者のグループが1955年頃にニューヨーク郊外のサフォーク郡とナッソー郡で組織化された。スクイランテの役目は、廃品回収業者を統率し、組合の賃金要求を無効にし、競争を抑制することで競争入札を統制下におくことであった。このことは、暴力の使用と、地域の政治家の買収を必要とした。すべての廃品回収業者は「大ニューヨーク廃品回収業者協会」（Greater New York Cartmen's Association）に加入することを要求された。1956

年、ニューヨークではすべての営利事業は自らの手でゴミを回収することを要求され、ごみ回収市場の創設は不可避となった。数か月のうちに、カルテル（価格決定、入札、顧客配分、販売地域を規制するために形成された個別の業者の組合）が形成され、競争を制限し、ゆすりたかり者が運営する廃品回収業者協会のメンバー間で取り交わされた顧客配分協定を編成した。ニューヨーク市だけでも、約300の廃品回収業者が4つの廃品回収業者協会によって組織化された25万ものビジネスに従事していた。

　これらの協会は、構成員たちに特典を提供した。それは、労働者のための安定した市場及び儲けになるサイドビジネス（ごみ捨て場の所有、トラック整備点検、暴力団に関わるメンバーのための営繕会社）である。廃品回収会社の従業員や顧客たちが、敗者なのである。

　市の廃棄物処理の権利を獲得するための入札談合や公務員の買収もまた、ニュージャージー廃品契約者協会（New Jersey Garbage Contractors Association）のメンバーの一般的な仕事であったように思われる。より最近の1996年には、ニューヨーク州大陪審は、ニューヨークの犯罪ファミリーの援助の下で、「入札クラブ」を組織した12の回収会社の重役を起訴した。ごみ回収に関する価格の吊り上げや入札操作の被害者の中には、多くの組織犯罪の大物が裁かれた裁判所を含む14もの連邦政府の建物が含まれていたことが明らかになった。

　組織犯罪が廃品回収産業を創設し支配することを可能にする費用は、顧客に対する費用と、それが作り出す犯罪性の風土によって推量することができる。これらのビジネスの違法な性質は、廃品回収産業内の謀議によって被害を被ったすべての顧客に対する廃棄物の回収と処理に掛かる費用を高騰させた。推計では、ニューヨーク市における顧客配分協定が、年間35％でかつ約6,000万ドルもの割合で回収コストを引き上げていることが分かった。その他のコストに関しても、モラルの問題であるが、同時に有害なものでもある。産業への犯罪的関与は、善悪の境界線をあいまいなものにしてしまう。詐欺、恐喝、そして買収は産業における法執行機関と監督官庁の完全性に対する公的信頼を弱めるものである。

参照文献：Alan A. Block and Frank R. Scarpitti, *Poisoning for Profit : The Mafia and Toxic Waste in America*. 1985.

ヴィトー・ジェノヴェーゼ（GENOVESE, Vito）（通称、ドン・ヴィトーネ［Don Vitone］、ドン・ヴィトー［Don Vito］）（1897年11月27日イタリアはナポリにて生誕—1969年2月14日アトランタの連邦刑務所にて死亡）主要な犯罪ファミリーの首領*で、ラ・コーザ・ノストラ*のリーダー。

　アメリカの組織犯罪史における重要な3つの出来事にヴィトー・ジェノヴェーゼは関係していた。それは、カステランマレーゼ戦争*、アパラチン会議*、そしてジョゼフ・ヴァラキ*の証言である。ジェノヴェーゼは15歳の時にアメリカに来て、ニューヨーク市のロウアー・イーストサイドの「リトルイタリー」と呼ばれるイタリア人ゲトーに住んだ。彼は街路泥棒になり、後にはチャールズ・「ラッキー」・ルチアーノ*の準構成員となった。

　1930年代までに、ジェノヴェーゼはマフィア*において、強力な頭領*となり、カステランマレーゼ戦争に参戦した。悪徳産業と密売における役割のほかにジェノヴェーゼは麻薬密輸人として知られていた。1930年代にルチアーノが犯罪ファミリーを組織したときには既にジェノヴェーゼは彼の重要な右腕であり、ルチアーノが売春の罪で収容されている際には、フランク・コステロ*のライバルとして登場した。1934年の殺人の失敗によりジェノヴェーゼは1937年にイタリアへの逃亡を余儀なくされ、そこで彼は、1920年代にシチリアと南イタリアの全域で何百人ものマフィアを刑務所送りにした大規模な反マフィアキャンペーンを統率していたファシスト党のリーダーであるベニート・ムッソリーニの信頼を得ようと試みたのである。常に臨機応変なジェノヴェーゼは、とりわけ総統（Il Duce：イル・ドゥーチェ）の腹心の友となる際に才能を発揮し、友情の意を表すためにニューヨークの反ファシスト党員の新聞記者であるカルロ・トレスカ（Carlo Tresca）の1943年の暗殺を計画したと噂された。連合国軍がイタリアに侵攻したとき、ジェノヴェーゼはアメリカ軍当局の信頼を獲得し、彼らのために通訳及び密告者として働いた。これらの役目を引き受けたこ

とにより、ジェノヴェーゼはイタリアと地中海の麻薬不正取引国全域における闇市場の仕事についての知識を得るようになった。

　戦後、逃亡者とされていたジェノヴェーゼは、殺人罪の告訴に対応するためにアメリカに戻ったが、しかし彼に対抗する側の証人は全員殺害されるか、失踪している。告訴は取り下げられ、ドン・ヴィトーネは、首領がイタリアに追放中であるルチアーノ犯罪ファミリー*の主導権を握るための勢力的な運動を始めた。たとえラッキー・ルチアーノが存在しなかったとしても、フランク・コステロとメイヤー・ランスキー*はジェノヴェーゼの勢力獲得の夢の実現のために、排除されるか無力な存在にされていたであろう。

　コステロは政治家の友人への影響力を持った犯罪ファミリーの中でも有力な頭領であり、それゆえにジェノヴェーゼの最初の標的となった。1957年、後にルチアーノ＝ジェノヴェーゼ犯罪ファミリーの首領となるヴィンセント・「ザ・チン」・ギガンテ*は、ニューヨーク市にある自身のアパートに入るところだったフランク・コステロを殺そうと試みた。銃撃はコステロの頭蓋骨をかろうじて掠った程度であったが、しかし、コステロの支配が公然と挑戦を受けていることのメッセージは明白であった。コステロのファミリーにおける勢力は次第に侵食されていった。1951年には、コステロのために用心棒と狙撃手を手配していたニュージャージー州の頭領であるウィリー・モレッティ*が殺害され、ルチアーノが去ったと同時に、コステロの友人であるアルバート・アナスタシア*がキューバでのランスキーの賭博業経営に進出し始め、それゆえに、ランスキーはアナスタシアの殺し*を認めたのである。1957年10月25日、アルバート・「ロード・ハイ・エグゼキューショナー」・アナスタシアは、マンハッタン・ホテルの理髪店にて殺害され、彼の死によってコステロは犯罪ファミリーにおける権力をほとんど手放すことになった。法執行機関の情報源はヴィトー・ジェノヴェーゼ*が、アナスタシアを排除することによる恩恵を最も受けるであろうと結論づけた。1957年11月のアパラチン会議は、犯罪ファミリーにおける自身の権力を強化及び認可し、さらにその他の首領からの承認を獲得するためにジェノヴェーゼが扇動したものと信じられている。

全米の60人もの有力な首領を魅了した会議は、連邦警察が会議を発見し、周辺の森に逃れた12人ものマフィアの大物を尋問するために捜索したことにより大失敗に終わった。

　2年後の1959年4月、コステロとルチアーノ（そしておそらくメイヤー・ランスキーも）は、ジェノヴェーゼが麻薬不正取引の罪で逮捕されるよう影響力を行使した。警察の専門家でさえも、この案件は疑問な点が多いと確信していた。ジェノヴェーゼ犯罪ファミリー*のメンバーは麻薬にかかわっていたが、ジェノヴェーゼと個人的に会い、話をし、ヘロインを売ったと法廷で証言した男は、ファミリーに直接関わりのない三流ドラックの運び人であった。一般的な街路犯罪者とトップの首領たちとの間で交わされる儀礼や隔たりを知っている者にとっては、すべてのエピソードはほとんど信じがたいように思われた。それゆえ、ジェノヴェーゼが警察ではなく、彼を恐れ嫌っているコーザ・ノストラ内のライバルたちによって嵌められたと推察することには充分な理由がある。

　もう1つの仮定は、コステロ、ルチアーノとランスキーがこの陰謀をでっち上げたので、連邦政府はありそうにないそれらの事実の詳細を知りたいがゆえに妨害せず、単に罪を認めたというものである。ジェノヴェーゼと彼の24人もの準構成員は、15年の拘禁刑を宣告された彼らのボスと一緒に有罪判決を受けた。

　刑務所に居る間、ジェノヴェーゼは彼の犯罪組織の活動の指揮を続けた。時が経ち彼の麻薬による有罪宣告に関する情報が漏れるに従って、ジェノヴェーゼはパラノイアになるほど疑い深くなり、彼の上層部の頭領の1人であるアンソニー（トニー・ベンダー）・ストロッロの殺害を指示した。彼はまた、ファミリーの下位のソルジャーでありアトランタの刑務所に一緒に収容されたジョゼフ・ヴァラキをも、密告者であり彼をおとしめた陰謀の一員であるとして疑った。ジェノヴェーゼはヴァラキを殺害することを命令したが、ヴァラキは彼の殺害を請け負ったと思われる人物を殺し、終身刑を求刑されたことで、連邦当局に協力することを決めた。ヴァラキは、労働者に対するゆすりたかりに関す

るマックレルランド上院委員会が開催される前に、センセーショナルな証言によって、全米にコーザ・ノストラの秘密を暴露しようとした。

　10年目の刑期に入った1969年、ヴィトー・ジェノヴェーゼは心臓発作によって刑務所で死亡した。1970年に、ルチアーノとランスキーのものとされる証言によって、ジェノヴェーゼの麻薬に関する逮捕と有罪判決は、彼の権力欲を恐れた暗黒街の大物によって実行に移されたことが示唆された。この犯罪ファミリーは、現在も活動中であり、未だにドン・ヴィトー・ジェノヴェーゼの名を冠しているのである。**マックレルランド委員会**をも参照。

　参照文献：Ralph Salerno and John Tompkins, *The Crime Confederation*. 1969.

ジェノヴェーゼ犯罪ファミリー（Genovese Crime Family）アメリカにおけるマフィア*を「アメリカナイズ」し、現代のラ・コーザ・ノストラ*の創設を手助けしたチャールズ・「ラッキー」・ルチアーノ*は、もともとジェノヴェーゼ犯罪ファミリーを指揮していた。その名前は、その最も悪名高く野心的であったゴッドファーザーであって、ライバルでありファミリーの首領でもあったアルバート・アナスタシア*の殺害とルチアーノのイタリア逃亡の間ファミリーの頭領であったフランク・コステロ*の殺害未遂の後に指揮を引き継いだヴィトー・ジェノヴェーゼ*にちなんで付けられた。コステロは、頭の傷が癒えるやいなや素早く、そして静かに引退した。この事件の暗殺未遂者であり、下位のソルジャー*であり、そして元プロボクサーであったヴィンセント・「ザ・チン」・ギガンテ*は、後に1990年代にボスの座に上り詰めたが、結局、ゆすりたかりとその他の刑事責任に関する法廷に出廷するためのギガンテの精神的な許容力に対する長い法廷闘争の後に、連邦政府によって退位させられたのである。

　この犯罪ファミリーは、アメリカにおける組織犯罪を再設計した、1930年代の壊滅的なギャング戦争であるカステランマレーゼ戦争*を契機として生まれた。このファミリーの犯罪ネットワークは、本部でもあるニューヨーク市のグリニッジヴィレッジ地区の「ニューヨーク支部」から、ニュージャージー州、ペンシルヴァニア州、デラウェア州、メリーランド州、そしてコネティカット

州の各グループにまで範囲を広げることで、ニューヨーク市近郊の都市部全域にその影響力を持つのである。廃品回収業とトラック運送産業、酒類卸売及び小売、タイムズスクエアにおけるポルノ産業における違法事業は、賭博や高利貸し業*、恐喝、そして労働者に対するゆすりたかりといった犯罪ファミリーの伝統的な集金活動を強化した。

　ジェノヴェーゼ犯罪ファミリーの形勢の盛衰は、ファミリーの耐久性と洗練が偽りのものであったことを証明した。多くの警察の専門家及び批評家は、1969年のジェノヴェーゼの死亡後のファミリーを組織犯罪の「アイビーリーグ」であると見なしている。フランク・ティエリ*は、1972年に犯罪ネットワークを暗黒街に戻した。ガンビーノの死後1976年までに、ジェノヴェーゼ・ファミリーは、ボスの中のボスであるドン・カルロに対する劣勢から次第に脱し、ニュージャージー州アトランティック市*におけるカジノ賭博事業に勢力的に進出することで威信と勢力を獲得した。1980年代後半までに、ヴィンセント・「ザ・チン」・ギガンテは首領になったが、会員数の規模、その会員やボスたちの身元、グループが利益や準構成員を確保しているビジネスの種類などは、ジェノヴェーゼが組員たちに対する影響力を獲得するための秘密であるが、それらは明かされることはなかった。この犯罪ファミリーは、海産物配給、海産物レストラン、廃品回収業、タクシー業、そして自動販売機ビジネスによって利益を得ていると推定されている。1997年には、首領であるヴィンセント・ギガンテが法廷に出廷できる精神状態であると認定された。彼は、有罪になり終身刑を宣告された。支配権は、現在フランク・イリアーノとローレンス・デンティコ*にわたっている。

　参照文献：Peter Maas, *The Valachi Papers*. 1968.

サム・ジャンカーナ（GIANCANA, Sam）（通称、ムーニー［Mooney］狂った、モモ［Momo］）（ジロルモ・ジャンゴーナとして、1908年5月24日イリノイ州シカゴにて生誕—1975年6月19日イリノイ州シカゴにて死亡）シカゴ・シンジケート*のリーダーでありマフィア*、CIAの共謀者。

シカゴの悪名高き「パッチ」（継ぎはぎ）ゲトーの「42ギャング」は、同程度に名の知られているニューヨーク市の未来の大犯罪者のための保育器としての役割を担っていた「ファイブ・ポインターズ・ギャング」のようではなかった。サム・ジャンカーナは、チャールズ・「ラッキー」・ルチアーノ*同様に、大都市の無慈悲なスラム街に囚われていることを自覚し、骨の折れる肉体労働の生活に縛りつけられていた移民の両親の子どもであった。両親の屈辱を見てきたことは、ジャンカーナの中に正当な仕事への軽蔑心を育てた。けれども彼は、反政府革命家や急進論者ではなく、悪賢い犯罪者になることを選んだ。「42ギャング」は、ある程度まで政治にも関わっていたが、優先される活動は伝統的な犯罪であり、ジャンカーナは、殺人を含む重罪による幾度もの逮捕を伴いながら、それらの活動に完全に没頭していた。1929年になって運がつきてしまうまで、1928年までに、彼は50回も逮捕され、強盗の罪により5年の拘禁刑を言い渡された。第二次世界大戦の間、ジャンカーナは精神異常であるという理由で兵役に就くことを拒否された。

モモ・ジャンカーナは、大志を抱く若い犯罪者にとっての役割的モデルとでもいうべきシカゴの暗黒街に立ちはだかる大物、アルフォンス・カポネ*に注目した。ジャンカーナは、「ホイールマン」(wheelman：舵手)、つまり、難しい状況において信頼できる突出した運転技術をもつドライバーとして評価された。ジャンカーナは当初、後に彼が首領の座に昇ることを可能とさせたシカゴ・アウトフィット*をジョセフ・アッカード*、ジェイク・グージック*、ジョゼフ・ジョン・アユッパ*及びフランク・「ジ・エンフォーサー」・ニッティ*らと代表した勢力的なギャングであるポール・「ジ・ウェイター」・リッカ*の運転手及びボディーガードとして働いた。

常に機転が利き、ずる賢くもあったので、密売の罪で服役していた1938年に、モモは同じ服役囚のアフリカ系アメリカ人である数当て賭博*のやり手であったエディ・ジョーンズ（Eddie Jones）から、シカゴの巨大なアフリカ系アメリカ人のコミュニティにおけるゆすりたかりがいかに儲かるかについて学んだ。ジョーンズは、一緒に刑務所に収容されていた数年間でジャンカーナを友人と

見なし、ジュークボックスのゆすりたかりへの参入を資金面で援助した。代わりに、ジャンカーナは彼の刑務所での師匠を裏切り、ジョーンズを1946年に誘拐した。ジョーンズは10万ドルの身代金を支払い、メキシコに逃れた。ジョーンズに代わって後を継いだ人物は従順であったが、ジョーンズの子分であったテディ・ロー (Teddy Roe) はシカゴのサウスサイドにおけるゆすりたかりで得たみかじめ料を隠匿した際に、街路で殺害されたのである。

1950年代までに、シカゴのギャングたちの年取った後見人たちがリタイアし、老衰でこの世を去るに従い、モモ・ジャンカーナの運勢は上向きになった。ジャンカーナは、アフリカ系アメリカ人の数当て賭博のゆすりたかりを周到に計画してせしめたが、この利益によって、ネヴァダ州ラスヴェガス*のカジノからのかすめ取りや娯楽産業の恐喝を含む他の事業に進出することが可能になった。ハリウッドやラスヴェガスにおける大物コメディアン、歌手、映画俳優との彼の交流は、広く知られている。フランク・シナトラ (Frank Sinatra)、フィリス・マクガイア (Phyllis McGuire) は、親友として知られていた。そして、そこにはケネディとの繋がりもあったのである。

ケネディ暗殺をめぐる論争の中で、組織犯罪は重要な位置を占めている。リー・ハーヴェイ・オズワルド (Lee Harvey Oswald) を単独犯と断定したウォーレン委員会の報告書に対する多くの批判的な批評家たちは、この結論を馬鹿げているものと見なしたのみならず、1960年のケネディの大統領選挙、反カストロ運動、そしてCIAとマフィアの癒着の間の複雑な秘密の繋がりに関する証拠を固めたのである。ジャンカーナは、これらすべての出来事に深く関わっていたように思われる。どうやら、ケネディとマフィアの間には、愛憎関係があったようなのである。

ロバート・F・ケネディ*が兄であるジョンによってアメリカの司法長官に任命される以前、ボビーは、チームスターの堕落したリーダーであるジミー・ホッファ*を追及し、FBIの長官であるJ・エドガー・フーヴァー*に対し、職員の士気を高めるように要求することによって、暗黒街に対する戦いを動員するために尽力した。ケネディは、連邦と地方の法執行機関の資源と専門知識の両

方を兼ね備える「特捜隊」を結成することで連邦の法執行機関を再生させたのみならず、アメリカのコーザ・ノストラの特定のリーダーを標的にし、その中には、ルイジアナのカーロス・マルチェロ*、シカゴのジャンカーナ、チームスターのリーダー、ジミー・ホッファも含まれており、ホッファは、ギャングスターたちがチームスターの年金に手を出すことを許し、その金をラスヴェガスのカジノに投資させたことで告発された。ホッファのケネディに対する怒りにかられた抵抗は、「ホッファを捕まえる」というケネディの決意をさらに強化した。ケネディ政権とギャング団の同盟という恐ろしい歴史は、全米最強の労働組合の首領と、アメリカ法執行機関最高の官僚との間の不和の最中にあった。

ケネディ家は、ジョゼフ・ケネディが家長であった時代を通して、ギャング団と関係を持っていた。「暗黒街の首相」であったフランク・コステロ*は、しばしば、彼とジョー・ケネディは禁酒法（禁酒法と組織犯罪*参照）時代に共に密売人*であったと自慢していた。1960年の大統領選のキャンペーン期間が終わると、ボビーによって指揮されていたケネディのキャンペーンが主要な州とイリノイ州シカゴのクック郡とニューオリンズを含む選挙区でマフィアに関係したとの噂が蔓延し始めた。サム・ジャンカーナは、彼をマックレルランド委員会*に引き出し当惑させる質問によって公衆の面前で恥をかかせたボビー・ケネディによる選挙前の侮辱にもかかわらず、ケネディのためにクック郡での票集めを手伝った。

ジャンカーナとケネディ政権の関係は、実際に奇妙なものであった。娼婦であり、時にジャンカーナの情婦でもあったジュディス・キャンベル（Judith Campbell）は、ロバート・ケネディと性的な関係を続けており、キャンベルによると彼女はこの2人の男性の間のメッセージを伝達していたのである。

無法者を追及しているボビーの存在にもかかわらず、ケネディ家はいまだギャングに好かれていたのであった。とある協定が1960年に結ばれ、CIAは、フィデル・カストロ（Fidel Castro）を殺害するために、フロリダ州のキューバ移民に援助されたジャンカーナとジョン・ロゼリ*を雇ったが、企ては実行されなかった。ジャンカーナとロゼリを含むこの陰謀の暗黒街の関与者の多くは、

その後、CIA と暗黒街とのかかわりに関する1975年と1976年に予定されていた連邦議会の公聴会の前に殺された。

　1975年の彼の不可思議な死に先行して、ジャンカーナは、フランク・シナトラとの公にされた友情とラスヴェガスの芸能人であるフィリス・マクガイアとのおおっぴらな恋愛によって大きな関心を引きつけていた。モモは法執行機関当局と対峙しているさなかにも、公然と日常生活を送っていた。彼が彼の家と仕事と休養の場において FBI の集中的監視を受けた際、世間の注目はピークに達した。1965年7月から1966年5月までの約1年あまりの刑期を終えた後、刑事訴追からの免責特権を受けることとなった連邦大陪審での証言を逃れるため、ジャンカーナはメキシコに逃亡し、1974年までその地にとどまった。明らかに、ジャンカーナがいなくとも円滑に運営されていたシカゴ・アウトフィット*は、ジャンカーナの居丈高ぶり、多くのロマンス、政府との戦いが望まない関心を引き起こしていたがゆえに、どうやら彼を必要としていないようであった。1974年7月、メキシコ移民局は、アメリカに戻るように彼に強制し、そこで彼はクック郡保安官事務所の特別調査ユニットの密告者として動いていたシカゴ・アウトフィットのメンバー殺害の件での質問への回答を求められた。

　1975年、マフィアと CIA の関係の詳細が明らかにされるにつれ、ジャンカーナは、上院委員会で証言するために召喚された。彼はジョーイ・アユッパによって、彼自身は反対したが街路のボスとして配置換えされていた。予定されていた召喚日のほんの数日前の6月19日、自宅の地下にある台所で料理をしている間に、ジャンカーナは殺害された。彼と一緒に居た、信頼されていた知人とおぼしき人間が、疑いもなく、彼を殺したと思われており、おそらくは、ジャンカーナが信じて疑わなかった人物であったであろう。皮肉にも、マフィアがいかにして被害者に忍び寄り殺害するのか、といった彼の詳細な知識は、彼自身には何の役にも立たなかったのである。

　参照文献：William Brashler, *The Don : The Life and Death of Sam Giancana*. 1977 ; Sam Giancana and Chuck Giancana, *Double Cross*. 1992.

ヴィンセント・ギガンテ（GIGANTE, Vincent）（通称、ザ・チン［The Chin］顎）（1926年ニューヨーク市にて生誕─現在拘禁中）ジェノヴェーゼ犯罪ファミリー*総長であり、ギャング団実行役。

　1997年に収容される以前、ジェノヴェーゼ犯罪ファミリーの首領であると見なされていたヴィンセント・「ザ・チン」・ギガンテは、独り言をつぶやいたり、木や鳥に話しかけながらバスローブ姿で「リトルイタリー」の街路をさまよう姿がしばしば目撃されていた。多くの人々は、彼が精神的に病んでおり、出廷できないものと信じていた。他方、主に法執行当局は、それはギガンテが拘置所から遠ざかるために計画された芝居であると信じていた。「彼は病気だ」と、ローマ・カトリックの神父であり、ニューヨーク市議会の元一員である彼の兄弟であるルイス・ギガンテ（Louis Gigante）神父は主張した。1997年になるまで、検察官と被告人側弁護士は、彼が、血管の疾患からくる統合失調症や認知症などの消耗性疾患を患っているのかどうかについて激しく争っていた。しかし、ジョン・ゴッティ*とその他の人間を施設に追いやった歴史上最高位のマフィアからの離反者であるサルヴァトーレ・「サミー・ザ・ブル」・グラヴァーノ*が、ギガンテの病気は訴追から免れるために画策された巧妙な見せかけであると証明したことで、公判はもはや延期できなくなった。

　ジェノヴェーゼ犯罪ファミリーは、多くの専門家によってニューヨークの都市部で稼働している5つのファミリーの中で最も洗練されていると考えられていた。ギガンテの支配下で、不適当な警備、内部の口論、法執行機関による監視の偏在する脅威ゆえに、他のファミリーが陥りがちな大きな困難や内通は避けられてきた。

　ギガンテは、ボヘミアンのコミュニティであり同時にニューヨークにおけるイタリア移民の居住地域でもあるグリニッジヴィレッジで生まれ育った。彼は高校を中退し、ボクサーとしてのキャリアをスタートさせた。彼の職業は公式には仕立て屋として記載されている。ギガンテのコーザ・ノストラ*におけるキャリアは、1957年に、ルチアーノ犯罪ファミリーの強力な首領であるヴィトー・ジェノヴェーゼ*が、彼の犯罪ファミリー全体の覇権の獲得のために、も

う1人の影響力のある首領であるフランク・コステロ*の殺害を命令したときに始まった。それまでは、ギガンテは、ファミリーの非主流派における暴漢や用心棒でしかなかった。フランク・コステロの殺害は、「一人前」の構成員となり、「メイド・マン」(宣誓したマフィア構成員)となることで得られる富や権力を獲得する機会であった。「ザ・チン」は、「殺し」*の期待の下、射撃の腕を磨いた。

1957年5月2日、コステロがセントラルパークの西側に位置する彼のアパートに入るところで、1台の車が縁石に乗り上げ、中から大男が飛び出しコステロに突進するような形で建物に入った。コステロがロビーに入るや否や、大男が柱の陰から現れて「こいつをお前にくれてやるよ、フランク」と叫び、振りかえると同時に彼の右耳の少し上の頭蓋骨を弾丸がかすめた。しかし、コステロは致命傷であると思われた頭の傷から生還した。「ザ・チン」はロビーにいた目撃者によって指摘され、すぐに逮捕された。ザ・チンが当局に投降したとき、フランク・コステロの殺害を試みた時点よりも300ポンドもの体重が減っていた。最もはっきりと目撃していたコステロを含む誰もが、彼が狙撃手であると断定できなかったのである。ギガンテは無罪放免となった。明らかに、コステロはオメルタ*(沈黙の掟)に従ったのである。ギガンテによる暗殺未遂は、アメリカの暗黒街に今まさに起きつつある大きな変化の幕開けの事件となったのである。コーザ・ノストラとそれに加入する犯罪ファミリーの活動の支配権をめぐる争いは、アルバート・アナスタシア*と、アナスタシア・ファミリー内の幾人かの副首領たちの暗殺、そして1957年11月のアパラチン会議*の瓦解によって、一気に火がついた。

1959年ギガンテは、麻薬法違反によって7年の刑を宣告された。1979年までに、彼は犯罪ファミリーの世界に戻り、フランク・ティエリ*の下で、顧問*(相談役)の地位まで上り詰めた。1987年にアンソニー・サレルノ*が、いわゆる「コミッション*事件」によってその他の首領たちと収容されている間に、ギガンテは首領代行となった。

ザ・チンはよく「リトルイタリー」の街路に明らかにまごつきながら現れた。

彼はこの手法を使って何年も訴追を免れるようにし、彼のソルジャー＊（犯罪ファミリーの構成員）たちに、彼の名前を会話の中で使わないよう指導した。偽りの精神病、電子監視に対抗する並はずれた安全策、そして控え目な人柄の組み合わせが、ギガンテを拘禁から遠ざけ、彼の犯罪組織が生き残って近年のアメリカにおいて最も勢力的となることを助けたのである。

　1990年の恐喝と建設業での入札操作及び、1993年のガンビーノ犯罪ファミリー＊の首領であったジョン・ゴッティを殺害する計画にかかわる殺人予備の罪での起訴は認められ、ギガンテが出廷に不適格であるとの主張が使い果たされてしまった後に、ついに公判が開かれた。彼は有罪判決を受け、終身刑に服した。

　参照文献：T. J. English, "Where Crime Rules," *New York Times.* June 26, 1995：11；Selwyn Roab, "Crackdown on Mob Seen as a Mixed Blessing by Merchants of Fulton Fish Market," *New York Times.* March 31, 1996：18.

グッドフェローズ（Good Fellows） ソルジャーたちを参照。

「ワクシー」・ゴードン（GORDON, "Waxey"）（アーヴィング・ウェクスラー [Irving Wexler] として、1886年ニューヨーク州マンハッタンにて生誕—1952年6月24日カルフォルニア州サンフランシスコのアルカトラズ刑務所にて死亡）ニューヨークにおける著名な禁酒法時代の密売人＊であり、ギャングスター。

　禁酒法（禁酒法と組織犯罪＊参照）以前、ワクシー・ゴードンは、有能な街路犯罪者であり、あまりにも腕がいいため被害者の小銭入れや札入れが既にワックスでコートされているといわれた「キャノン」（大砲）（すり）であった。禁酒法が連邦法になったときゴードンは強盗から足を洗った。彼はラビの娘と結婚しトラックの車両強盗を専門とするセントルイスのマフィアであるイーガンズ・ラッツ＊のメンバーらに協力した。アーノルド・「ザ・ブレイン」・ロスタイン＊に資金を援助されたゴードンは、ラム酒運搬船団とビール醸造業に加え有名な密売人として頭角を現した。1920年代までに政治家と警察の買収方

法を会得することによって、ゴードンは億万長者になり、ナイトクラブ経営、もぐり酒場、違法賭博*、飲み屋そしてラム酒運搬船団、という多様な業績により、ニューヨーク市とニュージャージー州の南部で贅沢に暮らした。

すべての富と影響力は、彼をメイヤー・ランスキー*、「バグジー」・シーゲル*、チャールズ・「ラッキー」・ルチアーノ*、そしてダッチ・シュルツ*らとの「ユダヤ人の戦争」として知られる密売の縄張りの統制権をめぐる争いに巻き込んだ。ランスキーは噂によると100万ドルとも200万ドルともいわれるゴードンの年収の情報源について内国歳入庁（IRS）に密告していた。1933年の11月までに、ゴードンは、当時連邦検察局の首席補佐官であったトーマス・E・デューイ*によって、連邦裁判所での審理に引き出された。ワクシー・ゴードンは、有罪判決を受け、脱税の罪での10年の宣告刑のうち7年をつとめた。1940年に釈放された際、彼は暗黒街での以前の勢力を取り戻すことはできず、三流の麻薬取引に望みをかけたが、それによって彼は逮捕され25年の刑を宣告されアルカトラズに送られた。暴力的な重罪犯罪者のために設計された刑務所に収容されていた63歳のときに、彼はたった6か月服役したのみで心臓発作によって死亡した。

参照文献：Jenna W. Joselit, *Our Gang : Jewish Crime and The New York Jewish Community, 1900–1940*. 1983.

ジョン・ゴッティ（GOTTI, John）（通称、ジョニー・ボーイ［Johnny Boy］、ダッパー・ドン［Dapper Don］小粋な身なりの首領、テフロン・ドン［Teflon Don］無敵のドン）（1940年10月27日ニューヨーク州ブロンクスにて生誕—）ガンビーノ犯罪ファミリー*の首領*。

最強のマフィアの犯罪ファミリー首領としての、たった7年あまりのキャリアの中で、ジョン・ゴッティは、半世紀前のアルフォンス・カポネ*以外に誰もなし得なかったような大衆の想像力をかきたてた。彼は、伝えられるところによると、麻薬取引の共謀と反抗的な態度ゆえにゴッティを暗殺するためにマークしていた首領のポール・カステラーノ*を殺害したことで、権力を手にし

当局が彼が第一容疑者であり、そして新しいゴッドファーザーであることを明かしたことで、カステラーノ殺害のセンセーショナルさゆえにゴッティはメディアの注目の的となった。彼は難局を切り抜けた。ゴッティは、大衆が期待するギャングスターの服装と行動を予想し、そのように装い、振舞った。それはあたかも、イメージを確立するために、ギャング映画を研究したかのようであった。ダイアモンドのピンキーリング、几帳面にスタイリングされた白髪、定期的なサンランプの施術による健康的に日焼けした肌、2,000ドルもするカスタムメイドのブリオーニのダブルブレストスーツ、そして200ドルもする手描きのネクタイのために、タブロイド紙はすぐに彼を「ダッパー・ドン」（小粋な身なりの首領）と命名した。日陰を忍び歩くことの代わりに、彼はこの新しい名声を大いに享受した。常に皮肉なセリフと、輝くような笑顔を用意していたので、彼はテレビカメラにすぐになじんだ。

　ほとんど知られていなかったカステラーノ殺害以前の人生が掘り起こされた。ゴッティのマフィア組員としての職歴は、カルロ・ガンビーノ*の甥の誘拐者と殺害者への仕返しを命令された復讐者として始まった。殺人者であることが特定されたので、彼は有罪判決と拘禁刑を、ギャングスターたちが考える男らしいやり方で受け入れた。

　1956年に、ゴッティは学校を落第し屈強なストリート・ギャングの仲間入りをし、そこでガンビーノ犯罪ファミリーの車両強盗犯でありマフィアの実力者であるカーマイン・ファーティコ（Carmine Fartico）（通称、チャーリー・ワゴン［Charley Wagons］）の注目を引いた。ファーティコにおぜん立てしてもらい、ゴッティはファミリーの強力な副首領*であるアニエロ・デラクローチェ*に面会したことで、高圧的な戦術、貨物窃盗、そして、ニューヨーク州クイーンズにあるケネディ空港での車両強盗などの犯罪方法にかかわり、3年間を刑務所で過ごした。1973年に彼は再度逮捕されたが、今回は殺人罪であった。それは、ゴッティのガンビーノ犯罪ファミリーでの初めての大仕事であった。カルロ・ガンビーノの甥が10万ドルの身代金を支払ったにもかかわらず誘拐さ

れ殺害されたのである。ゴッティともう1人の準構成員が誘拐犯の襲撃にかかわった後に特定され、逮捕された。マフィアと深いつながりのある弁護人のレイ・コーンが、刑期が4年に短縮されるよう取り計らったのである。刑務所から釈放された後、ゴッティは「メイド・マン」(宣誓したマフィア構成員)(犯罪ファミリーの一員として入会した者)となり、バーゲン郡、クイーンズ郡の組員たちの「代理キャプテン」に任命された。

　ゴッティの人生は、彼の息子が隣人の関与した自動車事故によって殺された1980年になって個人的に悲劇的な局面を迎えた。ゴッティの末息子をアクシデントによって殺してしまった隣人の不可思議な失踪と死亡の推定は、震え上がるような恐怖を喚起した。同時に、息子の納骨堂での定期的な孤独な徹夜は、この男の悲しみが癒されるものではないことを示していた。この父親の苦しみと苦痛に同情しない人間はいるであろうか。テレビ向きの、そして、どうやら法執行の追跡から逃れているようである複雑な悪人が誕生したのである。無罪放免に続く無罪放免を勝ち取って以来、「ダッパー・ドン」(小粋な身なりの首領)は、「テフロン・ドン」(無敵のドン)になったのである。

　ガンビーノの1976年の死によって、ポール・カステラーノは、ファミリーの首領に成り上がった。「ビック・ポール」は、彼の準構成員たちに知られたように、自分自身を、その暴力性と凶悪さが一方で時として有益にもなるジョン・ゴッティのような嘆かわしい連中たちを背負うビジネスマンであると考えていた。ゴッティは、いばりくさった態度、はでな服装、そしてヒップでクールなギャングスターの屈強さを兼ね備えていた。これとは対照的に、カステラーノはビジネスマンのイメージを気取っていた。カステラーノは、質問されると、自分は(肉の、であって、人の、ではない)屠殺者である、と答えた。カステラーノとゴッティの間の緊張は、犯罪ファミリーとニューヨーク州の暗黒街全体を根底から揺るがした。

　カステラーノとゴッティの間の内部闘争は、1981年に、ゴッティの準構成員の電話盗聴が、後にゴッティの兄弟であるジーン・ゴッティ(Gene Gotti)の起訴を導き、そしてさらにジョン自身もかかわることになる薬物不正取引の事

実を明かしたことによって始まった。ガンビーノ・ファミリーは、薬物に対するシンプルで野蛮なルールをもっていた。それは、「薬物にかかわる者には、死を」である。構成員が薬物禁止令を無視したことを怒ったボス自身から殺されるのではないかと恐れたゴッティは、先制攻撃をしかけた。何年もの間、利益回収の方針と縄張りに関するいざこざでガンビーノ・ファミリーは分裂していた。ゴッティの師でありパートナーでもあったアニエロ・デラクローチェは1985年に死亡し、カステラーノの怒りからゴッティを守ってくれる者はいなくなった。ファミリー内部の緊張状態は、カステラーノ自身が彼の街路のソルジャーたちから嫌われており、拘禁刑を免れるためいつでも連邦検察官と取引する用意があるという、はびこった不信感ゆえに複雑な様相を呈していた。反逆の機は熟したのである。

他のファミリーの首領と、この件について相談した後（ジェノヴェーゼ犯罪ファミリー*の当てにならないヴィンセント・「ザ・チン」・ギガンテ*は別にして）、ゴッティはカステラーノと首席の頭領であるトーマス・ビロッティを殺害するために、彼らの会合の場であるレストランに8人の刺客を送り込んだ。1985年12月16日、「殺し」は計画通りに遂行されたのである。数週間後、ゴッティはガンビーノ・ファミリーの新しいボスとしての洗礼を受けた。

1986年に、ゴッティは20年の宣告刑を意味するかもしれないゆすりたかりの罪でさらなる困難に直面した。この年の内に、タイムマガジンは、ポップアートの画家であるアンディ・ウォーホールの似顔絵に「犯罪の首領」という派手な見出しを添えて彼を表紙に取り上げた。これ以前にタイムマガジンを飾ったギャングスターは、半世紀前のアル・カポネのみであった。

裁判で1年が経った1987年3月、ゴッティは無罪放免となった。1989年に、「新しいゴッドファーザー」を倒す新たな試みも、おそらくゴッティの怒りの標的となった労働組合のリーダーが、証言を撤回したことで失敗し、「テフロン・ドン」は再度政府を狼狽させたのである。カステラーノの殺害に関する捜査は、マフィアを含むすべての人間がジョン・ゴッティが殺しの首謀者であることを知っていたにもかかわらず、彼の関与を示唆する確かな事実を何も捜し当てる

ことができなかった。

　途方もないほど利益の上がる建設業のゆすりたかり、高利貸し業*、恐喝、賭博、そして組員たち*を管理している28人の頭領*からの上納金などの利益によって、多額の現金がジョン・ゴッティの貪欲な手に流れこんだ。現金は入るや否や浪費された。ゴッティは、「堕落した」ギャンブラー——衝動的に賭けるがゆえに常に敗者でもある——であった。金儲けの仕組みが現金の一定の流れを生み出していたので、ガンビーノ・ファミリーにはライバルがいなかった。しかし、こうした状況はFBIが組員の守りに隙をみつけたことで、すぐに崩れてしまった。盗聴器と洗練された電子監視装置がマルベリー街のリトルイタリーにあるラヴェナイト社交クラブの上のガンビーノ犯罪ファミリーの本部に仕掛けられたのである。ゴッティと彼の首席副頭領である「サミー・ザ・ブル」・グラヴァーノ*とフランク・ロケージオは、このアパートをギャングビジネスの機密事項を相談する際に利用していた。アパートは亡くなった組員の年取った未亡人の所有物であり、FBIは日常の目視による監視の際に偶然見つけたのであった。

　政府が盗聴しているとは知らずに、ジョン・ゴッティは自らのおしゃべりによって、仮釈放のない終身刑の身となったのである。1990年12月、政府はゆすりたかりと殺人の複数の訴因によるゴッティとグラヴァーノそしてロケージオの逮捕には充分な証拠があると見なした。1991年初秋、グラヴァーノはマフィアの誓いを破り、政府の参考人となった。彼のボスに対する証言は手厳しいものであった。

　1991年4月2日、13時間にもわたる評議の末、陪審は彼に対するすべてのゆすりたかりと殺人の罪によって、有罪であると裁定した。彼は仮釈放なしの終身刑を宣告され、現在もイリノイ州マリオンにある連邦の重警備刑務所に収容されている。

　参照文献：John Cummings and Ernst Volkman, *Goombata : The Improbable Rise and Fall of John Gotti*. 1990 ; Gene Mustain and Jerry Capeci, *Mob Star : The Story of John Gotti, the Most Powerful Criminal in America*. 1988.

サミー・グラヴァーノ（GRAVANO, Sammy）（通称、サミー・ザ・ブル［Sammy the Bull］雄牛のサミー）（サルヴァトーレ・グラヴァーノとして、1945年3月12日ニューヨーク州にて生誕—）ラ・コーザ・ノストラ*のガンビーノ犯罪ファミリー*の副首領であり離反者。

　1992年、ラ・コーザ・ノストラを脱退した人間の中で最も高い地位のメンバーが、自らの血の宣誓を破って、アメリカで最も勢力のある犯罪ファミリーの首領である彼の首領、ジョン・ゴッティ*に不利な証言をした。サルヴァトーレ・グラヴァーノはガンビーノ犯罪ファミリー*の副首領であり、全米にまたがる数多くの犯罪事業の指揮を取り仕切る2番目の実力者でもあった。マスコミ好きな彼の首領とは違って、グラヴァーノはラ・コーザ・ノストラの秘密の伝統を堅持し注目の的とならないようにした。彼は多くのマフィアに関する裁判で政府側証人となり、イタリア系アメリカ人の暗黒街における大物に有罪判決を下すことを手助けした。

　グラヴァーノはブルックリンにあるベンソンハースト地区のシチリア系移民の家庭で育った。彼の両親は勤勉に働くことによって、グラヴァーノと彼の2人の姉たちに人並みの生活をさせた。ブルックリンに構えた仕立て屋の収入によって、グラヴァーノ一家は家を買いニューヨーク東部の郊外にあるロングアイランドに別荘を購入した。

　グラヴァーノは失読症によって、学校では物分かりが悪いと見なされ、学業の継続を奨励されず辱めを受けた。究極の屈辱は、中学校への進学を断られたことであった。彼は競争から脱落しブルックリンの街路にたむろする悪ガキたちと付き合い始めた。彼らはグラヴァーノの失読症を気に掛けず、そうしたことより街路での喧嘩での獰猛さぶりを称賛する非行少年たちであった。「サミー・ザ・ブル」（雄牛のサミー）というニックネームは、少年時代に獲得したものであり、それは、ギャングスター、殺人者、そして成人期の多くの時間を過ごした暗黒街の裏切り者としての悪名高いキャリアを通して彼につきまとった。人生で初めて警察と接触したブルックリンのストリート・ギャングの経験は、犯罪者としてのキャリアへの訓練の場となった。

1964年、拘置所への拘禁の代わりとして、グラヴァーノは陸軍に入隊した。2年後に彼は名誉除隊しブルックリンでの軽犯罪者の生活へと戻った。

1968年までに、グラヴァーノはコロンボ犯罪ファミリー*の構成員であると「公式表明」した。このことは、彼の行為に責任をもつラ・コーザ・ノストラと大っぴらに関係することを意味した。グラヴァーノは最終的なマフィア入会のための新人の勧誘と後援を始めた。コーザ・ノストラの構成員のための殺人にかかわった後、彼は1975年にガンビーノ犯罪ファミリーの正式なソルジャー*となった。

ガンビーノ・ファミリーとしての洗礼を受けるや否や、グラヴァーノは部下をもつことを許可された。彼は、「組員」*（宣誓した構成員*ではない、犯罪者や非犯罪者からなる準構成員）を統括し典型的な犯罪活動をスタートしたが、同時に建設業やそれに関連する事業、そして労働組合などに興味の対象を広げ始めた。グラヴァーノは、結果として、ニューヨークでの建設業のゆすりたかりによって、彼自身と彼のボスのために何百万ドルも稼いだ。彼は、「フロント」として働く合法的なパートナーを主に介添えさせて、ナイトクラブ、バー、ディスコなどの事業に参入した。

1980年代半ば、暗黒街を永久に変えてしまうような事件がニューヨークで起こった。盗聴と通報者の情報を基礎にして、政府は、アメリカ系マフィア*の「コミッション」*を共同で統制していたニューヨークの5人のコーザ・ノストラの首領のうちの4人に対し「ピザ・コネクション」*訴訟を開始した。この裁判は麻薬に関するものであり、それゆえ、60代後半から70代の男たちにとって仮釈放なしの終身刑を意味した。

1985年までに、ラ・コーザ・ノストラと法執行機関は重大事案に遭遇した。全米の犯罪ファミリーの首領たちは、組合の年金を資金にした賭博事業とゆすりたかり事業の共謀によって有罪となり長期刑を宣告された。ニューイングランドとフィラデルフィアの犯罪ファミリーはFBIから大きな圧力を掛けられた。最も勢力的な犯罪ファミリーの長としてポール・カステラーノ*は、起訴され、RICO法*違反の複数の罪に直面した。これ以外にも、ガンビーノは、ガ

ンビーノ・ファミリーの幾人かの構成員と準構成員が既に起訴されている麻薬取引と自身を結びつけられることを恐れていた。カステラーノは麻薬取引に関して厳しいルールを課していた。それは、メンバーは麻薬を取り扱ってはならず、逆らえば死ぬというものであった。

ジョン・ゴッティの兄弟のジーン（Gene）と彼の従兄弟のアンジェロ・ルゲーリオ（Angelo Ruggerio）、そしてジョン・カネグリア（John Carneglia）——彼らは全員構成員であった——は麻薬取引の罪で有罪宣告を受けていた。ジョン・ゴッティにとって残された道はただ1つであった。つまり、ボスを殺さないと自分が死ぬというものであった。数年の間、カステラーノはファミリーの中心的な派閥をまとめるにあたって成果を出せず、首領に対する陰謀は、執行機関から阻害されていると感じていた組員たちの間でくすぶり続けていた。ゴッティは犯罪ファミリーのメンバー内での激しい不安を取り除き、ボスを暗殺することに決めた。こうした状況の中、ゴッティはグラヴァーノをカステラーノ殺害計画に引き入れた。カステラーノは1985年12月の土砂降りの雨の中、マンハッタンの中心街で殺害を指揮したジョン・ゴッティとサルヴァトーレ・グラヴァーノによって銃殺された。

カステラーノとビロッティ（Bilotti）（カステラーノの右腕であった）の殺害の後、ゴッティは首領*となり、グラヴァーノは彼によって頭領*に任命された。2年のうちに、利益創出、殺人、そしてソルジャーたちの訓練に関する突出した才能によって、グラヴァーノは顧問*にのし上り、副首領、すなわち、犯罪ファミリーの二番手になった。

1990年12月、犯罪ファミリーのリーダーであるゴッティ、グラヴァーノ、そしてフランク・ロケージオ（Frank Locascio）は、リトルイタリーのファミリー本部であるラヴェナイト社交クラブで逮捕された。

グラヴァーノは違法賭博*、高利貸し業*、公務執行妨害、殺人予備、殺人の罪を含むRICO法に関するゆすりたかりの訴因で逮捕された。後にグラヴァーノは、ゴッティらの逮捕と有罪決定に貢献する際に、彼のこれみよがしなリーダーシップの手法を批判した。彼はすぐに、悪人となって、ゴッティを殺人罪

による没落に導くべきであることに気づいた。1991年10月下旬、グラヴァーノは検察とFBIの職員に「政府に協力」したいと表明した。グラヴァーノは伝記作家のピーター・マース（Peter Maas）に、ゴッティが彼に殺人罪の非難を投げかける抗弁をもくろむことによって、政府へのいけにえの羊にしようとしていたことが明らかになったと語った。

グラヴァーノは政府の重要な参考人となり、ジョン・ゴッティとラ・コーザ・ノストラの下位の多数の犯罪者を有罪にすることを手助けした。

1994年、グラヴァーノは、3年の保護観察処分の後に5年の拘禁刑を言い渡された。政府の証人保護プログラム（WITSEC）に少しの間世話になり、顔に整形手術を施した後、グラヴァーノは自由の身となった。

参照文献：Peter Maas, *Underboss: Sammy the Bull Gravano's Story of Life in the Mafia.* 1997.

ジェイク・グージック（GUZIK, Jake）（通称、グリーシー・サム［Greasy Thumb］脂ぎった親指）(1886年ロシアのモスクワにて生誕—1956年2月21日イリノイ州シカゴにて死亡）カポネの仲間であり財務相談役。

グージックはアルフォンス・カポネ*の組織の殺し屋でもなければ余太者でもなかった。彼は素晴らしい帳簿係であり売春で利益を得る密売人*であった。グージックはアル・カポネの組織に欠くことのできない口利き屋であった。つまり、彼は警察官や政治家、そしてビジネスマンに賄賂と口利き料を渡していたのである。

カポネが死んだ1940年代から1950年代の間、グージックはシカゴ・アウトフィット*と呼ばれるカポネ帝国の相続人であるフランク・「ジ・エンフォーサー」・ニッティ*、アンソニー・ジョゼフ・アッカード*、そしてポール・「ジ・ウェイター」・リッカ*のために勤勉に働いた。彼のシンジケート*の問題に関するアドバイスは、ジョゼフ・アドニス、フランク・コステロ*、そしてメイヤー・ランスキー*らを含む組織犯罪の大物によって重用された。

彼の唯一の法律上の問題は、1930年代に発生したが、それは、彼が脱税の罪

で5年間服役したことであった。彼はベッドの上で自然死したシカゴ・アウトフィットの数少ないリーダーの1人である。

　参照文献：Robert M. Lombardo, "The Social Organization of Organized Crime in Chicago," *Contemporary Criminal Justice*. December 4, 1994 : 290-313.

H

ヘルズ・エンジェルズ（Hell's Angels） 人類史上最も規模が大きく、歴史が長く、そしておそらく最も凶悪な暴走族は、ヘルズ・エンジェルズである。軽犯罪者、流れ者、及び反抗的な人格を持つ者たちにとっての異常な副次文化の中で、「エンジェルズ」は自由と個人主義を象徴している。しかし一方、法執行機関当局にとっては、トラブルを意味するのである。

戦後に平凡な普通の生活に戻る気力をなくした退役軍人らの集団によって1947年のカリフォルニアにおいて結成されたヘルズ・エンジェルズは、数か国に広まった。彼らのライフスタイルや副次文化をロマンティックに描いた映画は無数にある。彼らの遊牧民的な価値観と反逆的な傾向は、しばしば法執行機関当局との大きな対立へと導いた。ヘルズ・エンジェルズは今日ではアメリカにおける伝統的な組織犯罪集団のように非常に重大な犯罪的脅威を代表すると信じられている。

カリフォルニア州サンバーナーディーノで結成された時、彼らは彼ら自身をサンバーナーディーノとリバーサイドの間にある小さな町である「ブルーミントンの怒れる私生児」（Pissed off Bastards of Bloomington：POBOB）と呼んでいた。彼らは小さな破壊と粗暴な活動で伝統的な社会的価値をあざわらうことに貢献した。カリフォルニア州ホリスターで行われた集会における警察沙汰の後に初めて、POBOBについて語る時に「無法者」という単語が使われるようになった。彼らはカリフォルニア州フォンタナで1948年に「ヘルズ・エンジェルズ」の名の下に再結成され、後に世界的に知られることとなる黒の皮のジャケットとブルー・ジーンズ、そしてブーツという服装とシンボルを取り入れた。

警察との度重なる衝突により、1957年までに、ヘルズ・エンジェルズは解散

の危機に瀕していた。薬物に詳しい人物と接触した後に、エンジェルズはメタンフェタミン、もしくは「クラック」としても知られる「スピード」の売買に関与し始めた。薬物売買とマーロン・ブランド主演『乱暴者』（*The Wild One*）（1954年）やジャック・ニコルソン主演『暴走するヘルズ・エンジェルズ』（*Hell's Angels on Wheels*）などの宣伝効果、及びカリフォルニア州検察局による危険の誇張によって、彼らの組織は膨れ上がった。1960年代後半までに、待遇を怒っていたベトナム退役軍人たちもまた、ヘルズ・エンジェルズに安住の地を見出した。

第二次世界大戦後の時代の無謀な生活を送るギャングスターたちによって、多くのクラブが、主な収入源がもはや合法的な仕事ではなく純粋に犯罪活動である高度に組織化され訓練された組織となった。

ヘルズ・エンジェルズは、オークランドに本部を置き、カリフォルニアを拠点として活動している。エンジェルズは成文憲法と規則をもっている。組織があまりにも巨大になったので、イーストコーストとウェストコーストに分けられた。モーターサイクル・クラブの組織は、総長、副総長、特攻隊長（road captains）、親衛隊長、会計係、実行役、という役職を備えている。

歴史的に、ヘルズ・エンジェルズはすべて白人の男性によって構成されてきた。黒人、ユダヤ人、少数民族は排除されていたのである。女性たちは通常おもちゃにされるか、売春や薬物運搬人か武器運搬人といった数種の犯罪事業の中で搾取されている。犯罪活動は、バイクや自動車窃盗、売春、違法武器取引、そして薬物不正取引を含んでいる。加えて、エンジェルズは、用心棒や殺人者という形で伝統的な組織犯罪集団のパートナーとして活動している。

ヘルズ・エンジェルズが引き起こす驚異は、1986年の組織犯罪に関する大統領委員会のレポートの中で詳述された。その中では、無法者によるバイク集団が、乱暴な反逆者の一団から本物の組織犯罪集団に発展したと述べられている。**アウトロー・モーターサイクル・ギャングズ**をも参照。

参照文献：Yves Lavigne, *Hell's Angels: Taking Care of Business*. 1987.

ヘルマー・ヘレラ゠ヴィトラーゴ（HERRERA-BUITRAGO, Helmer）（通称、パッチョ［Pacho］）（1951年コロンビアのパルミラにて生誕―拘禁中）コロンビア系コカイン不正取引首領、カリ・コカイン・カルテル*。

　コロンビア国家警察（CNP）に対する「パッチョ・ヘレラ」の降伏は、カリ・カルテルの大物たちに司法の裁きの前での終焉をもたらすための疲れ知らずの彼らの努力の結果であった。コロンビアとアメリカの法執行機関以外ではほとんど知られていないが、ヘレラは、最も影響力があり暴力的なカリ・カルテルのリーダーの一人であった。数か月に及ぶ逃走後の1996年9月の降伏は、これらのギャングスターたちが無敵ではないことのさらなる証拠となった。

　ヘレラは、カリ・マフィアの創設メンバーの一人であり、コロンビア当局が追跡するたった一人の最後の大物であった。彼は過去数年間、コロンビア国家警察（CNP）とアメリカ政府の麻薬取締局（DEA）の徹底的な犯人追跡の対象となっていた。

　パッチョ・ヘレラは、1975年と後の1979年に逮捕されることとなったニューヨーク州で比較的少ない量のコカインを売ることによって、犯罪のキャリアをスタートさせた。彼は、ニューヨーク州とフロリダ州南部の両方における重要なコカイン供給者であった。コロンビア当局によるヘレラに対する告発は、1988年にフロリダ州タルポン・スプリングスで3,500キロものコカインを押収したことが理由となっていた。ヘレラの犯罪活動によって引き起こされた暴力と被害は、コロンビアのジャングルからフロリダ近隣社会及びニューヨーク州の街路にまで及んでいた。

　ヘレラの組織は巨大であり、非常に良く組織化されていた。彼はペルーとボリビアの両方からコカインの生産地への多数の資源と、多数の精製工場にコカインの原材料を運ぶことができる突出した運搬組織を保有していた。DEAの情報部によるレポートは、ヘレラは、辺境地の工場への運搬を警備してもらうために、M-19とコロンビア武装革命軍（FARC）を含むいくつかのゲリラ集団との近しい同盟関係を利用していたと示唆している。ヘレラの組織は、コロンビアにある秘密の飛行船を使用するか、または中央アメリカとカリブの北岸の港

を経由することで、全米各地への数トンものコカインを出荷した。コカイン売買での利益を素早くコロンビアに還元するために、彼はカリ・カルテルのうちで最も利益のあがるマネー・ローンダリング*操作をニューヨークで行った。

　1995年にパッチョ・ヘレラはニューヨーク州東部地区の法執行機関の捜査対象となり、薬物に関連する訴因で1995年6月にフロリダ州南部地区にある連邦地方裁判所において起訴された。

　参照文献：Francisco Thoumi, "Why the Illegal Psychoactive Drugs Industry Grew in Colombia," *Journal of Interamerican Studies and World Affairs*. Fall, 1992：37-63.

ヴァージニア・ヒル（HILL, Virginia）（1918年アラバマ州にて生誕—1966年3月オーストリアはザルツブルクにて死亡）ギャング団の目撃者であり、シンジケート*の運び屋。

　ヒルは16歳の時にアラバマの田舎を出てショービジネス界に進むためにシカゴにやってきた。彼女はノミ屋のジョー・エプスタインに雇われ、彼からアルフォンス・カポネ*の大物であるフランク・「ジ・エンフォーサー」・ニッティ*そしてアンソニー・ジョゼフ・アッカード*及びジョゼフ・アドニス*やフランク・コステロ*といったニューヨーク州のギャングスターたちに紹介された。ヒルはパーティー・ガールであったが、しかし同時に、性サーヴィスを提供する以外にも特別な技能をもっており、それには犯罪シンジケートの幾人ものメンバーのために多額の現金をスイス銀行の口座に移すことも含まれていた。

　しかし、「バグジー」・シーゲル*はヒルの本当の愛人であり、彼女とギャングや政府とのその後に引き起こされた問題の原因であった。シーゲルがギャングの資金を使って、砂漠にカジノとホテルを建設するネヴァダ州ラスヴェガス*でのプロジェクトを立ち上げたとき、ヴァージニア・ヒルは彼の傍らでインテリアデザインや建築物のレイアウトの手助けをした。計画が進みコストが急速に膨張するにつれ、裏切り行為が行われているのではないかという疑いがもちあがった。ギャングの出資者の間の批判を押さえるために、ヒルは、1947年6月、シーゲルがカリフォルニアのビバリーヒルズの彼女の自宅に滞在して

いる間にパリに向かった。シーゲルは暗殺され、メイヤー・ランスキー*はシーゲルが彼女のスイスの口座に振り込んだ金を返すよう彼女に命令した。命が惜しかったので、彼女はその金を戻した。

　1951年、彼女はキーファーヴァー委員会*に現れ、上院議員と全米を、テレビ放送された気取った証言によって楽しませたが、ギャングの活動についての秘密を明かすことはなかった。道徳的にルーズな女性であるという評判に動揺することなく、ヒルはアメリカを後にし、オーストリア人のスキー・インストラクターである夫と共にヨーロッパをさすらった。彼女がイタリアで逃亡生活を送るチャールズ・「ラッキー」・ルチアーノ*に資金提供をしていたことが噂された。

　彼女は数回自殺を試みたが最終的には1966年にオーストリアで睡眠薬を嚥下して死亡した。

　　参照文献：Dean Jennings, *We Only Kill Each Other*. 1967.

ジミー・ハインズ（HINES, Jimmy）（ジェームズ・J・ハインズとして、1877年ニューヨーク市にて生誕―1957年ニューヨーク市にて死亡）タマニーホールの政治的領袖であり、ギャングとの提携者。

　ジミー・ハインズは、政治家が選挙に勝つためにギャングスターの貢献に大きく依存するような政治的区域で生まれた。それゆえ彼が、世紀の変わり目に行った市議会議員になるための選挙キャンペーンを、スパイク・サリヴァン（Spike Sullivan）やハリー・ホロウィッツ（Harry Horowitz）（通称、ジップ・ザ・ブラッド［Gyp the Blood］血の気が多い詐欺師）らマンハッタンのアッパー・ウェストサイドの無法者の助けをかりて敢行したことは驚くに値しない。キャリアが成熟するにつれ、より活動範囲が広く、より勢力的なニューヨーク州のゆすりたかり者たちとの関係を深めていった。その中には、アーノルド・「ザ・ブレイン」・ロススタイン*、ダッチ・シュルツ*、オウニー・マドゥン*、そして政治機構への最後の密使であったフランク・コステロ*が含まれていた。

　地方政治とギャングとの親密さの程度は、フランクリン・デラーノ・ルーズ

ヴェルト（Franklin Delano Roosevelt）を大統領候補に選出した全米民主党大会にハインズが出席した1932年に、フランク・コステロと部屋をシェアしたという事実によって説明される。

シュルツからの支払いだけでも、ハインズはハーレムとマンハッタンにおける数当て賭博に対するゆすりたかりとブロンクスの密売活動を保護するために週に500ドルから1,000ドルを受け取っていた。ギャングの政治的代理人としてのハインズの主要な仕事は、彼らのゆすりたかり活動を警察が干渉しないよう取り計らうことであった。

1935年に、トーマス・E・デューイ*は、マンハッタンの地区検事になり、シュルツ、「ワクシー」・ゴードン*、そしてチャールズ・「ラッキー」・ルチアーノ*といった主要なゆすりたかり者たちを彼らの子分や一般社会の協力者たちに加えて標的にした。共和党員でかつ未来の大統領候補であるデューイは、一時はニューヨーク州でもっとも勢力的な民主党員であり、ニューヨーク市におけるルーズヴェルトの一番の後援者と資金協力者であったハインズを追跡した。司法と警察の贈賄に関する共謀での初めての起訴は審理無効に終わったが、ハインズは1939年2月25日に行われた第二審で有罪宣告を受け、1940年に4年間収容されることになるシンシン刑務所に送られた。ハインズは1957年に80歳で死亡した。彼は組織犯罪の生き残りを可能にする政治と犯罪の結びつきを簡略化したのである。

参照文献：James B. Jacobs, *Busting the Mob : United States vs. Cosa Nostra*. 1994.

殺し（Hit）（ギャング団の殺人）

暗黒街では人殺しは重要であるが、組織犯罪者は、多くの状況において良い対外関係を保ちながらの実施を試みる。マフィアやその他の犯罪組織の構成員が殺人の容疑者であると目星をつけられると、しばしば失踪行為が企てられるかもしれない。被害者は痕跡を残さずに単に消えるのみである。目立つ銃撃戦、血痕、死体、騒々しい暴力行為、大衆の叫び声といったものはない。多くの場合において、男性と彼の車が消えても、家族は失踪を報告さえしないのである。

もしそうした場合でさえ、良好な広報のみならず、事件が永遠に解決されないようにする技術が存在する。つまり、失踪者は警察の殺人事件同様の関心に値するとは見なされないのである。ジェノヴェーゼ犯罪ファミリー*の頭領*であったアンソニー・C・ストロッロ（Anthony C. Strollo）（通称、トニー・ベンダー［Tonny Bender］深酒トニー、トニー・バンダ［Tony Banda］）の事件を例に見てみよう。1962年4月8日の朝、ベンダーは彼の妻に「数分間」外に行ってくると話し、家の外を散歩し、遂に戻ることはなかった。彼はニューヨーク州の高層ビルの一部になっているか「魚と一緒に眠っている」（川に沈められた）かしているということが噂されている。

　偶然連れて行かれたと予想されるトニー・ベンダーの場合とは違って、殺害などを隠すことができない場合があるが、それはとりわけ、ジョゼフ・ヴァラキ*がアトランタ刑務所でしたように、被害者に疑念が持ちあがりどこへ行くかまた誰と居るかについて用心深くなったときに惹起される。発見して回避した彼自身の殺人命令への報復として、ヴァラキはマックレルランド委員会*を前に、テレビでラ・コーザ・ノストラ*の偉大な隠された秘密を暴露しつつしゃべりまくった。

　自身の生命に対する脅威に気づいている人間は、公然と殺され（cowboying it：公然と殺害する）なくてはならないであろうが、シカゴにおけるアルフォンス・カポネ*とチャールズ・ダイオン゠オバニオン*との密売戦争のように無辜の傍観者を殺さないことは重要である。たった1人のウェイター、子ども、タクシー運転手の死が、1ダースのギャングスターの死がもたらす以上の怒りを惹起するのである。傍観者の安全は、マシンガンが例外的な事態を除いて使用されなくなったことの理由となる。マシンガンは制御しにくい武器である。ボナンノ犯罪ファミリー*が内部紛争中の1967年秋、特別の事態が発生し、ニューヨークのレストランで3人のギャングスターたちを殺す際にマシンガンが使用された。この場合、殺人者がピストル（拳銃）を使えば、残った2人のうちの1人が迎撃する時間ができてしまう。ショットガン（散弾銃）を使えば、弾丸が常連客に当たってしまったかもしれない。このような状況であったので、

殺し屋はキッチンから出て、被害者の座るテーブルに歩いて近づき、1回の上手に狙いを定めた発砲で彼ら全員を殺したのである。

密告者や反逆者が組織犯罪の権威を無視することを思いとどまらせることは、殺人を隠し秘密にするためのルールの例外を正当化するであろう。古い象徴主義、つまり性器の切断、えぐりだされた眼球、唇の上のコインなどは過去の遺物であるが、頭や手のない死体のもたらす規律上の価値は、ギャング団の目的を強化するのである。

ジミー・ホッファ（HOFFA, Jimmy）（ジェイムズ・R・ホッファとして、1913年2月13日インディアナ州ブラジルにて生誕—1975年7月30日ミシガン州デトロイトにて失踪、死亡推定）**チームスター会長。組織犯罪グループの協力者。**

1924年にジミー・ホッファは家族とともにミシガン州デトロイトに移った。そこで彼は1957年に最もアメリカで最大規模かつ最強の労働組合である国際チームスター同業者組合（IBT）の会長職に上り詰めた。組合は、アメリカとカナダのトラック運送、輸送、製造に関わる160万人の労働者を代表していた。

ホッファの経歴を、成功と失敗を両軸に取ったチャートに書き写すと、放物線が描きだされるであろう。彼はまだ幼い19歳のときに初めてストライキを組織し、その後すぐにデトロイトの組合支部に入会した。誰に聞いても、ルーサー兄弟（the Reuther brothers）や、ジョン・L・ルイス（John L.Lewis）そしてハリー・ブリッジス（Harry Bridges）のように、ホッファは労働組合の仕事に不慣れであったといわれている。彼の運勢曲線は、上院公聴会と起訴を契機として下がり始め、収容中にゆっくりと世間から忘れられていった。彼が明らかに誘拐され殺害された1975年7月30日で、彼の波乱万丈で輝かしいキャリアに終止符が打たれたのである。

職業的な黄昏時を迎えたとき、彼の多くの前任者同様、ホッファは一般市民によって俗世の聖人であると認められた。しかし、彼は感傷的な英雄でもなければ、ロマンティックな未開人でもなかった。これより遺産はさらに複雑で矛盾に満ちていたのである。彼は敵には脆弱であり、同時に、その他の人間には

抜け目がなく公平であった。前科者の多くが完全にあらゆる仕事から締め出されていたので、彼は、おそらく真剣に、前科者にチャンスを与えることが重要であると確信していた。デイヴ・ベック（Dave Beck）、ジャッキー・プレッサー（Jackie Presser）、そしてその他の者たちとは違い、ホッファはとても小柄であったが、肉体的なサイズと筋力の欠陥を、威張った態度とタフさで補っていた。生涯を通して、彼は体型を保ち、勇敢さに関してフェティシズムをもっていた。彼の怒号と激昂は、口を固く閉ざした作り笑いと痛切なにらみと共に、ブルドックのイメージを保つために上手に用いられた計算された武器であった。

彼は愛するときと同様に、熱烈にそして盲目的に憎むことができた。ケネディ大統領が殺されたとき、彼はワシントン D.C. にある全国本部に国旗を注文し、上部を中にねじ込んだ状態で掲揚し、国家の悲嘆に子どもじみた挑戦をした。彼の二面性は、単に恐怖を吸収し、力を獲得するために考案された皮肉な仕掛けであるだけでなく、生涯を通して彼につきまとった個人的な恐怖心であった。

彼の組織犯罪とのかかわりは、1941年に彼がデトロイトの第299支部の指導者の地位に上り詰めた後に始まった。ホッファは、ドライバーを利用する商社の経営者たちではなく、アメリカ労働総同盟（AFL）を不景気から救った巨大な労働組合組織である産業別労働組合会議（CIO）と自身が敵対関係にあることに気づいた。CIO は、デトロイト・チームスターの覇権をめぐって IBT と戦い、IBT の勧誘者や幹部をぶちのめすために用心棒をやとった。これに対抗するためにホッファは暗黒街を頼みにし、メリ（Meli）犯罪ファミリーのサポートを獲得した。CIO はこの戦いに負けたが、それはチームスターやホッファにとっても同様であった。なぜなら、労働組合のリーダーがギャングスターの手先になり下がり、その過程で彼自身が労働者のゆすりたかり者となってしまったからである。

ニューヨークのジェノヴェーゼ犯罪ファミリー*の頭領*であり、ニュージャージー州チームスター支部長であるアンソニー・プロヴェンツァーノ*のよう

なギャングスターが、ホッファをトップの座に推薦するのを助けてくれたので、ホッファはお返しにギャングスターたちが自身の組合での役職を個人的な儲けの計画や、従業員の恐喝、高利貸し業*、そして年金詐欺に利用することを援助した。

誰もが知る限り、チームスターはラ・コーザ・ノストラ（LCN）*と密接にかかわっていた。LCN は年金基金とチームスターがそのメンバーを養っていた合法的な隠れ蓑から利益を得ていた。同時に、チームスターはタフな印象を提供してくれるギャングとも結びついている。

ホッファの背後にある本当の活力源は、暗黒街の陰謀の背景に関するロバート・F・ケネディ*司法長官との闘争と対決の中にあった。興味深いことに、ホッファが挑戦的な道徳的高貴さを示したのは、政府との闘争の中であった。ジミーは、ボビー・ケネディは楽観主義者であり、労働者を犠牲にして犯罪の闘士という評判を得るためだけに組合問題に干渉した金持ちの息子であると考えていた。

当初、ケネディはホッファに関してチームスターにおける組織犯罪の関与にかかわる不快な経歴を掴んでいた。兄の大統領選挙と自身の司法長官の着任以前に参加した労働者に対するゆすりたかりに関するマックレルランド委員会*の弁護団の一員として、ボビー・ケネディは1957年のアパラチン事件（アパラチン会議*参照）を、マフィアを公衆の面前にさらす試みが成熟したものとして考えていた。そして今や委員会は、組合への危険なギャングスターたちと無法者たちの侵入に対する怒りを表明できるようになった。1958年、委員会は、労働者の領袖たちが正直な組合のメンバー達を犠牲にして私腹を肥やしていると報告した。委員会の最初の中間報告は、ジミー・ホッファをゆすりたかり者を援助する者として表現し、彼が組合の基金を盗み、従業員から金を恐喝し、そして労働条件の交渉の際にスウィートハート協約を結ぶことによって組合の特権を蝕んだと詳述した。

これに加えて、2人の間の反目は、1960年の物議をかもすような大統領選をめぐって激化し痛切なものとなった。チームスターは、JFKではなくニクソン

(Richard Nixon) を支援し、オハイオを共和党の牙城に変えるのに貢献した。イリノイ州、フロリダ州、ルイジアナ州とケンタッキー州及びその他の州でのケネディに対するギャング一団のサポートにもかかわらず、ケネディ家はホッファを自分たちの社会の敵ナンバー1（public Enemy Number one）であるとみなした。

司法長官がケネディであったので、ホッファは行政当局の最優先事項となった。1962年にケネディの従業員の恐喝に関する審判にホッファを引き出す試みは成功した。この訴訟は陪審の評決不成立で終わったが、ホッファは陪審員を買収しようとしたことで再び拘束された。彼は8年の刑を宣告された。1964年に、彼は1,700万ドルの労働組合基金を横領した罪で有罪判決を受けた。彼は、3年間抵抗し続けた結果、1971年にIBTが援助したリチャード・ニクソン大統領によって減刑され、58か月間収容された。

彼の釈放は10年の間組合活動を慎むという規定を含むものであったが、彼はそれを無視しチームスター内における勢力を取り戻そうと試みた。ギャングはこれとは違う考えであったらしく、会長のフランク・フィッツジモンズ（Frank Fitzsimmons）との癒着体質を確立していた。ホッファが権力を取り戻したならば、そのことは、彼の地位と序列における人気を考えれば不可能なことではなかったが、FBIの監視は暗黒街の活動を妨害できたのである。プロヴェンツァーノや、当時のジェノヴェーゼ犯罪ファミリーの総長であるアンソニー・サレルノ*、そしてルチーズ犯罪ファミリー*の総長であった「トニー・ダックス」・コラーロ*らのコーザ・ノストラのリーダーたちから組合を遠ざけておくという嘆願は、ホッファによって無視された。1975年7月30日、ホッファはデトロイト郊外で開かれる会議に幾人かの労働者の領袖及びギャング団たちと出かけた。彼は再び目撃されることはなかった。**国際チームスター同業者組合**をも参照。

参照文献：Steven Bull, *The Teamsters*. 1978 ; Dan Moldea, *The Hoffa Wars*. 1978.

キャスパー・ホルスタイン（HOLSTEIN, Casper）（ヴァージン諸島にて生誕

—1944年4月9日ニューヨーク市にて死亡）ハーレムにおける数当て賭博のゆすりたかりのまとめ役。

誰も数当て賭博*がどこでまた誰によって始められたのか正確には知らないが、しかし、多くの権威ある情報源は、西インド諸島出身の黒人であるキャスパー・ホルスタインが資本家の特色をミダス（[Midas：神）のイメージと結合したのだと示唆している。裕福になる以前、彼は猛烈な関心をもって経済新聞を研究した。古いタイプの数当て賭博ゲームが絶滅する少し前にニューヨーク州に到着したので、彼は価値ある教訓—すべての場所ですべての人間は、簡単に金持ちになりたいと考えており、この欲望は有益に搾取することができる—を学んだ。彼が富と地位を手にした時、彼は毎年かなりの額の文学賞の賞金を寄付することで、黒人の教育に貢献し、何百人もの貧しい黒人の子どもたちがハドソン川における夏の娯楽活動を楽しめるように取り計らった。

ホルスタインは、多くの人々から1920年代のハーレムにおける一流の数当て賭博キングであると見なされていた。1926年の小説『ニガー・ヘヴン』（*Nigger Heaven*：黒人の天国）の中で、カール・ヴァン・ヴェクテン（Carl Van Vechten）は1920年代のハーレムでの生活を描いている。本の中の登場人物であるランドルフ・プティジョン（Randolph Pettijohn）こと「ボリータ・キング」（Bolita King）は、ヴァン・ヴェクテンがキャスパー・ホルスタインをフィクションの上で描いたものである。実生活では、ホルスタインは、136番街西通り111番地にあるハーレムの人気クラブである競馬クラブのオーナーであった。1928年9月、キャスパー・ホルスタインは解放に5万ドルもの身代金を要求する白人のギャングスターによって誘拐された。この事件は、メディアによって大きく報道された。3日後に解放されたものの、彼は誘拐犯として逮捕された5人を実行犯であると特定できなかった。この事件は全米の関心を猛烈にひきつけた。この事件は、富裕なアフリカ系アメリカ人が誘拐され、5万ドルもの身代金を要求された初めての事件であった。ニューヨークタイムズ（*The New York Times*）は、ハーレムの富裕なアフリカ系アメリカ人の一人であるホルスタインが、誘拐される1週間前にベルモント・パークで開催されたレースに3万ドル以上も

の金額を掛けたことを報じた。彼の悪名は悲惨な貧困を抱える従来の姿ではなく、犯罪の金が簡単に氾濫する豊かなハーレムの別の一面を世に示した。1年後、イリノイ州シカゴで、アフリカ系アメリカ人の数当て賭博銀行員であるウォルター・ケリーが同様に誘拐され、2万5,000ドルの身代金を要求されたのである。

　1930年代初頭、シーベリ委員会（シーベリ調査＊参照）がブロンクスとマンハッタンの行政長官の法廷における汚職を捜査しているとき、ハーレムの数当て賭博の担い手たちは厳しい捜査を受けた。ホルスタインは、世間の目を避けるために数当て賭博のゆすりたかりから離脱した嫌疑が掛けられた。彼は1935年に数当て賭博違反の罪で初めて逮捕された。彼は、生誕の地であるヴァージン諸島での数当て賭博への積極的なかかわりについて口にし、このことが法執行機関当局によるニューヨーク州における彼の賭博活動の嫌疑の調査へと導いたのである。彼は、嵌められたと主張した。彼は刑務所拘禁を言い渡され、およそ1年間収容された。

　彼は自身のキャリアを不名誉にも終わらせてしまったかもしれないが、ホルスタインは、何百人もの従業員を雇ってハーレムのゲトーにおいて規模の大きな数当て賭博銀行を経営した多くの犯罪事業家たちの一人であった。金集めという彼らの第一目的と関係なく、数当て賭博の賭博銀行は失業者に仕事を与え、アフリカ系アメリカ人コミュニティの準備資本の支給源となった。ハーレムのコミュニティの外で高額で雇われ、地域に彼らの給与を還元したアフリカ系アメリカ人たちは、それらの金額の一部を数当て賭博で遊ぶために用いることで地域経済を活性化させた。これに加えて、高利貸し業が数当て賭博の常連たちのために生まれた。これらの種類の違法事業＊は、自由に活動することで、マイノリティのコミュニティのためのニーズを超えて活動範囲を広げたのかもしれない。数当て賭博がアフリカ系アメリカ人のコミュニティにおける経済の不可欠な要素であることは、アフリカ系アメリカ人の作家であるサンダース・レディングが「すべての階級と状態の人々をおそった熱」であるとしたことから示唆されている。**アフリカ系アメリカ人組織犯罪、ダッチ・シュルツ、ステフ**

ァニー・セント・クレアをも参照。

参照文献：James B. Johnson, *Black Manhattan*. 1968; Allan H. Spear, *Black Chicago: The Making of a Negro Ghetto*, 1890-1920. 1967; Saunder J. Redding, "Playing the Numbers," *The North American Review*. December 1934：533-42.

エドガー・J・フーヴァー（HOOVER, J. Edger）（1895年1月1日ワシントンD.C.にて生誕―1972年5月2日ワシントンD.C.にて死亡）1924年から1972年までのFBI長官。

　長い間、実際には1920年代以降、J・エドガー・フーヴァーはアメリカ内の組織犯罪の現実を認めることを拒んできた。「彼らは無法者たちの一団に過ぎない」と、彼はあたかもこの件については決着がついているかのように述べた。本来なら、組織犯罪との戦いはフーヴァーによって指揮されるべきものであった。彼は実際にはFBIを創設したのだった。彼は司法省（DOJ）が創設された1924年に、長官の職につき、1960年代を通してその職務に関する任務と活動内容について定義づけを行った。

　彼を取締りの実行に移らせるために刺激することは、生意気で若い司法長官であるロバート・F・ケネディ*による1961年におけるワシントンD.C.の新しい当局の出現を待たなければならなかった。ケネディはフーヴァーに、ラ・コーザ・ノストラ*を統制し、最終的には壊滅させるよう要求した。彼の頻繁なアメリカにおけるマフィアの存在の否定に関する説明を探していた批評家たちは、彼の賭博への衝動を満足させる仲間を含む社会的な接触を探り当てたが、そのことが、彼と暗黒街の片隅にいる人々との密接な結びつきを嗅ぎつけるきっかけとなった。この仮説には少なくとも幾分かの真実があった。しかしながら、フーヴァーは、大物のギャングスターやマフィアのゆすりたかり者を無視することに関して、より悪意がなく、より実際的な理由をもっていたのかもしれない。彼の名声は、連邦の官僚制度におけるきまぐれな雰囲気をやりすごすことを可能にし、それゆえ1930年代に彼は、「ベビー・フェイス」・ネルソン（"Baby Face" Nelson）、ジョン・ディリンジャー（John Dillinger）、「マシンガ

ン」・ケリー（"Machine Gun" Kelly）らの銀行強盗や共産主義者たちを追及することで政治的に安全な道を取ったのである。一方では、全米の暗黒街に立ち向かうことは、莫大な物資を費やし、捜査官らを確実な結果が得られない調査に関与させることを意味していた。さらにいうと、組織犯罪を追及することは、捜査官らを重大な汚職の危険にさらすことを意味していた。フーヴァーの言い訳はなんであれ、これらのことで幸せになるのはギャング以外にはいなかった。

ギャング団が、長官の競馬熱を利用して、彼を操っていたということが噂された。賭博活動のシンジケート＊における最高位の大物であるフランク・コステロ＊とフランク・エリクソン（Frank Erickson）が、ニューヨークのゴシップ欄のコラムリストであるウォルター・ウィンチェル＊に馬の情報を垂らし込み、ウィンチェルがフーヴァーに確実な情報として横流ししていたのである。このことで完全に籠絡されて、フーヴァーは、シンジケートの取締を開始することに消極的になったのであろう。

1957年にニューヨークのアパラチンで大きな事件が発生したことで、長官の組織犯罪に対する慎重な盲目的態度に突如終止符が打たれた。全米のコーザ・ノストラの協議会がニューヨーク州警察によって摘発され、解散させられた。州警察の騎兵部隊が、60人ものギャングのボス達を一斉検挙しようとしたのである。国内の主要な新聞は、アパラチン会議＊が偶然、好奇心の強い地方の州警察の警察官によって発見されたことで、FBIを厳しく批評した。論説は、FBIはどこに居たのかと詮索した。これらのやっかい事の後では、フーヴァーでさえも、組織犯罪の存在を敢えて否定することはなかった。

フーヴァーは、彼の部局に、30年もの否定と無関心を埋め合わせるために、迅速に行動を開始するよう要求することで素早く対応した。FBI捜査官らは今や足枷が外れたと感じていたが、一方で、フーヴァーは、諜報情報の収集の権限を、調査及び分析局に集約した。フーヴァーはこの追跡にすぐに疲れ、撤退してしまったが、1961年に就任した新しい司法長官であるボビー・ケネディはそれを許さず、フーヴァーの上司として、FBIによるマフィアに対するプレッシャーを継続させるよう介入し主張した。労働者に対するゆすりたかりを調査

するマックレルランド委員会*の主任顧問としての経歴から、ケネディはフーヴァーと争うことに何ら良心の呵責を感じることはなかった。ケネディはフーヴァーにラ・コーザ・ノストラを追及するよう命令した。ケネディに刺激されて、FBI は伝統的な組織犯罪と闘う主要な法執行機関となったのである。**アパラチン会議**をも参照。

参照文献：William B. Brever, *J. Edgar Hoover and His G-Men*. 1995 ; Sanford Unger, *The FBI*. 1975.

I

マシュー・イアニエロ（IANNIELLO, Matthew）（通称、マティ・ザ・ホース［Matty the Horse］馬のマティ）（1920年ニューヨーク市にて生誕―拘禁中）悪徳並びに性産業におけるジェノヴェーゼ犯罪ファミリーの副頭領。

　1972年4月17日にジョゼフ・ギャロ*は、リトルイタリーにあるウンベルト・クラム・ハウスに立ち寄ったとき、彼の家族とともに自らの誕生日を祝っていた。そのレストランは、ジェノヴェーゼ*、及びコロンボの犯罪ファミリー*の構成員が頻繁に出入りしており、非公式にはジェノヴェーゼ犯罪ファミリーの副頭領である「マティ・ザ・ホース」によって所有されていた。ギャロは、そのレストランで3人の銃を持ったコロンボ犯罪ファミリーの男たちによって殺害され、そしてたとえマティがその場に居合わせたとしても、その暗殺計画に彼を巻き込む者はいなかったであろう。

　彼の本来の事業は、殺人ではなく性産業であった。彼は、マンハッタン中間地区における同性愛、トップレスダンサー、あるいは男装あるいは女装バーといった性産業店舗（establishment）の広範なネットワークを監視していた。また、彼は、大規模なポルノグラフィ産業における立役者であり、タイムズ・スクエア（Times Square）地区におけるポルノ・ショップやマッサージ・パーラーの多くを支配していると信じられていた。

　彼の唯一の有罪判決は、警察による汚職を捜査するマンハッタン大陪審での質問への回答拒否に対する罰金刑と執行猶予つきの1年間のジェイルへの拘禁を言い渡された1971年に訪れた。1985年において、「ザ・ホース」（彼は若いとき220ポンドもの巨体であった）は、ゆすりたかりの容疑で逮捕され、彼のニューヨークでの性産業及びレストラン事業による利益の不正申告によって訴追さ

れた。1986年において彼は、ゆすりたかり及び恐喝によって有罪判決を言い渡され、現在、連邦矯正施設において言い渡された刑期を務めている。

参照文献：Peter Diapoulos and Steven Linakis, *The Sixth Family*. 1976.

違法事業（Illegal enterprise）その物品またはサーヴィスが違法なものであることを認識している購入者に違法な物品あるいはサーヴィスを売却することと定義づけられる違法事業は、長くアメリカの暗黒街の中心部分を構成していたが、独立した犯罪の範疇としてほとんど注目されてこなかった。たとえそれらの活動が適法な事業と比較して比較的短期間かつ小規模なものであったとしても、3つの主要な要因が違法事業主の間で生じる協同について説明している。第1が体系的・組織的な腐敗である。そしてそれは、特定の政治的管轄区域における違法活動を支配することを警察及び政治家に許容する。警察は、「仲裁人」として機能すると共に、違法な物品又はサーヴィスの御用商人を統制している。第2の要因は、違法事業者が違法事業を開始しそして維持する部分的共同である。ハイジャックする者は、自動車あるいはその他の利用可能な物品である盗品について盗品販売者と共同しているのであり、その物品を盗品販売者は、そうした物品に関する市場が存在するがゆえに、直ちに売却することができる。第3の要因は、違法事業の内部経済特性と関連しているのであり、そしてそれは違法事業が扱う様式を形成している。従って、マフィア構成員あるいはドミニカ系の薬物を取扱うギャング団が薬物の小売流通ネットワークを運営していたとしても、それはほとんど問題にならない。すなわち、物品の性格、法執行政策、及び製品の価格構造が違法な運営を形成する動因を保有しているのである。さらに、違法な物品（禁酒法時代における違法なアルコール〔禁酒法と組織犯罪＊参照〕あるいは現代におけるコカイン・ヘロインの密輸など）を含む事業活動は、少なくとも3つの運営に関する段階を有している。第1に、物品は生産されあるいは輸入されなければならず、第2にそれらの製品は加工処理されて卸売される必要があり、そして第3に最終的にそれらの物品は消費者に小売される必要がある。1920年代における密造酒の流通とより現代的な違

法薬物の流通との両者も、それぞれの段階に特化した事業家（その者は事業活動のために組織を作り、運営をなし、そして危険を引き受けている）を内包しているのが一般である。事実、シンジケート（違法事業における事業者の連合体である）が違法なアルコールあるいは薬物において3段階すべてに従事する単独の集団を含むことはまれである。違法事業者が一般に異なる段階を運営しているという事実は、生産、輸送、保安、流通等に様々に特化した者相互間での継続的な事業活動的取引を要求するのである。

参照文献：Mark H. Moore, "Organized Crime as a Business Enterprise," in *Major Issues in Organized Crime Control,* ed., H. Edelhertz. 1987.

違法賭博（Illegal gambling）薬物に次いで、賭博は組織的犯罪にとって莫大な金の卵であり続けている。賭博には、運がものをいう数々のゲーム及び賭けがなされるスポーツイベントが含まれる。国家が免許を与えている馬あるいは犬による競争場での、あるいは国家が後援する宝くじにおける賭けもしくは特定の国家によって免許を与えられた賭博施設としてのカジノでの運がものをいうゲームにおける賭けのように、これらの賭けの多くは適法である。同時に他方で、正当な権限を与えられていない（違法な）賭博が営まれているのであり、これらは、賭けられている金額あるいは地域のノミ屋で賭けをしている人間の数に関しては、適法で正当な権限を与えられた賭博に匹敵している。

違法賭博は、顧客にとって魅力的である。というのも、信用貸付が通常参加者に及び、かけ率がその合法な競業者よりも良く、参加者がスポーツや国際的なイベントに賭けることができ、そして幸運にも賭けに勝った者がいたとして、内国歳入庁（IRS）は勝者の納税義務について知らされることはないからである。また、賭博の取締りに対する優先順位が低いことも、犯罪組織にとってその魅力を増大させている。薬物の密輸からの利益が非常に重大であるが、その刑罰が違法賭博に対する軽微な刑期と罰金と比較される。事実、違法賭博に対する刑罰は1990年代に大幅に減退している。その他の領域における警察力の需要による取締り資源の不足が、例えば携帯電話のようなより洗練された電信通

話技術と結びつくことによって、規制の減退の理由を説明する助けとなっている。さらに、賭博を鎮圧するべきとする公衆の圧力は極めて小さいものとなっている。というのも、賭け元の支援者・常連は、より悪意があり有害な組織犯罪活動を支援するものとして自らの賭けを考えることはほとんどないからである。賭け手は、彼ら自身の損失(すなわち賭け元の利益)が最終的にマネー・ローンダリング、ポルノグラフィ、あるいは薬物に最終的にたどり着くことを理解していないかあるいはほとんど無視しているかである。ほとんどの顧客は違法賭博を悪いこととみなしていないのであり、結局、賭け手ではなく賭け元が時々ジェイルに送られるのである。しかし賭博という事業は、それほど単純なものでもないし、一般に主張されているように無害なものでもない。

　違法に賭けに費やされる金額、及びこの行為を通して犯罪組織によって得られる利益の割合の見積もりは、違法に賭け事に費やされる金銭の総額の測定が不確実であるために、行うことが困難である。合法的な賭博事業から得られた統計との比較が、違法に費やされた金銭の総量を測定するための大まかな枠組みを提供している。1993年までに、複数の形態における賭博が、47州及びコロンビア特別区において合法化された。これらの合法的な出口のみを通して、1992年にはおよそ300億ドルが賭博に費やされている。

　参照文献：S. Walker, *Sense and Nonsense About Crime and Drugs : A Policy Guide.* 1994.

免責(**Immunity**)　合衆国憲法第5修正は、何人も刑事事件において自己に不利な供述を強制されない、と規定することで、国家による強制権力に対して個人に重大な保護を提供している。しかし、この保護条項さえも、免責の付与によって部分的に中和化され得る。そこには2種類の免責が存在する。すなわち、(1)個人が証言を強制され得る犯罪について全面的な保護を提供する取引免責(transactional immunity)、及び(2)ある個人によって得られた情報をその個人に対する訴追のために使用されることを禁じるが、しかしその個人は自らが強制された証言とは別に獲得された証拠によってなお訴追される可能性が存する使用免責(use immunity)である。

連邦及び多数の州の刑事司法システムにおいて、裁判所及び訴追官は、証言を回避しようとしている証人に対しても上述の2種類の免責を付与することができる。議会の委員会、州あるいは連邦の対策委員会（task force）、あるいは一般の委員会（commission）といった立法府あるいは行政府内に構成される組織体も、免責の付与を申請し得る。免責を付与された後に証言を拒否した証人は、民事上あるいは刑事上の侮辱の対象とされ、大陪審による審査期間中、拘禁され得るのである。

　手続は、本質において、略式手続であり、そして、相対的に単純である。大陪審あるいはその他の権限を有する審問組織において回答を拒否した場合には、証人は裁判所に出廷する。検察官が申立てを行い、裁判所が証人に証言を命じる。頑なに証言を拒否する場合、証人は裁判所に出廷する。そうして、検察官は証人がいかに裁判所の命令に従わないかを説明する。証人は聴聞を受ける機会を与えられ、その後に裁判所は証人が侮辱を行ったか、そして身柄を拘禁されるべきかを決定する。拘禁命令は、通常、証人が自らの意思により証言をなすことに同意することによって裁判所の命令に従うことを明示するまで制限されるか、あるいは大陪審が開催されている間ジェイルに拘禁されるかを特定している。1970年において、自らの証言拒否の結果としてジェリー・カテナ（Jerry Catena）（ジェノヴェーゼ犯罪ファミリー*のニュージャージー州にある分派の頭領*）は、侮辱によって刑務所に収容されたが、彼は5年間も収容されながらも、証言しなかった。刑事上の侮辱（侮辱罪）を処理することは、その侮辱が正式起訴法廷及び通常の刑事被告人によって享受される適正手続の保障に関する諸原理の完全な充足を要求する犯罪であるがゆえに、拘禁命令とは異なっているということは明記されるべきである。刑事上の侮辱罪で有罪が言い渡された場合には、相当期間の刑務所への収容を導き得る。

　刑事訴追からの免除を付与された場合、その結果は、大陪審に対する好意的な影響を持つ。刑事訴追からの免除の付与は、検察官が凶悪な犯罪経歴を有する「サミー・ザ・ブル」・グラヴァーノのような証人を指し示し、その証人が免責を保証されているがゆえに偽証をする理由は存在せずかつもし彼が偽証をし

たのなら、彼は免責が付与されているそれぞれの訴追について偽証罪によって訴追されることとなると陪審に申し述べることができる場合において、より信頼に足るものとなる。

　免責は、沈黙の掟を誓っている多くのマフィア構成員の証言を取りやすくしている。長期にわたる刑務所への収容あるいは免責と保護された自由とに直面したとき、協力することへの誘惑には、しばしば抵抗できないものがある。協力を得るためのギャングスターへの説得の政府による成功は、多くギャング団の屋台骨を壊滅に追いやったのである。

国際チームスター同業者組合（International Brotherhood of Teamsters）組織犯罪は、港湾労働者から構成される国際港湾労働者協会（International Longshremen's Association）及び全米のトラック運転者から構成されるチームスターという2つの労働組合に自ら関与することによって、アメリカ人労働者に好ましくない影響を及ぼしてきた。1940年代において50万人もの構成員を有したチームスターは、あらゆる労働者組織の中で産業別労働組合会議（Congress of Industrial Organizations：CIO）並びに炭鉱労働者連合（United Mine Workers）に次いで、アメリカ労働総同盟（American Federation of Labor：AFL）内の最大規模の組織を構成していた。労働組合の権力と犯罪者の影響力との結びつきは、この国にとって深刻な問題であった。

　ほとんどすべての産業がトラックを利用していたために、チームスターは、畜産業、建設業、洗濯業、タクシー運転手、貨物輸送駅等における労働者を組織化した。湾岸部において、トラック運送は、ストライキの可能性に耐えられないような、石炭、小麦、油のように貯蔵され得ないか、あるいは貯蔵され得る鉄鋼のような、流動的な物品なのである。トラックは稼動し続けなければならないのであり、さもなくば製品も生産性も劣化するのである。そうした場合、ストライキは小規模な産業を全滅させる可能性があり、そして事実全滅させたことがあるのであり、その事実はチームスターに強大な権力をもたらした。

　チームスターは、1903年に結成され、最底部から組織化されていった。地方

組織は地方において組織化されたのであり、いわば、地域の人々によって組織化されていた。1930年代の大恐慌のとき、労働組合は、その評判が暴力とストライキとに関するものであったが、しばしば大義名分を伴っていたチームスターを含め、その規模と好戦的性格において拡大していった。フランクリン・ルーズベルト（Franklin Roosevelt）大統領によるニューディール政策期におけるチームスターの拡大の期間において、ギャングスターたちは、自分たちが、ニューヨークの被服労働者、中西部の製鉄労働者、及び東西の湾岸部の港湾労働者と対立していたがゆえに、チームスターと闘争していた。しかし組織犯罪構成員は、チームスターと共闘してもいた。マフィアの一員である、ジミー・「ジ・ウィーゼル」・フラティアーノ*及びクリーヴランドのマフィアであるベイブ・トリスカロ（Babe Triscaro）はスト破りであり、かつ労働組合の用心棒であって、しばしば同時に同一の企業の労働組合地方支部とその労働者組合を組織化することに抵抗していた企業の両者に味方していた。彼らの役務の提供は、最も高額な入札者であって、そして彼ら自身が勝利すると判断した側についていた。

　その暴力の歴史によって、チームスターは、暗黒街と同化していった。犯罪者組織の構成員が汚れ役を演じれば、スト破り、被用者、そして警察官がそれに倣った。全米において、ギャングスターたちとチームスターは、刺客がストライキ期間中、チームスターを支援し、あるいは彼らが闘争に全く関与しないかいずれかの体制を確立した。公式には、チームスターは、労働組合地方支部に入り込んだ犯罪者組織の構成員を公然と非難していた。すなわち、シカゴのジョーイ・グリムコ（Joey Glimco）（第777支部）及びジョゼフ・ジョン・アユッパ*（第450支部）、あるいはニュージャージー州のアンソニー・プロヴェンツァーノ*（第560支部）はみな大物であった。チームスター及びその他の労働組合に対する犯罪的な影響について説明する場合に無視されるべきでない要因には、労働者組合が支持されていた当時に共産主義者の組織への浸透がほとんど生じなかったことがある。2つの組織の共謀は同時に存在し得なかった。

　チームスターの歴史において最も動揺した時期は、その経歴をデトロイトの

地方支部で開始したジミー・ホッファ*委員長の時代に生じた。労働者に対するゆすりたかりに関する連邦上院調査委員会は、ホッファとチームスターを最大の悪者にした。主席評議員がホッファの重要な敵対者であったロバート・F・ケネディ*をその首席委員としたマックレルランド委員会*における証言は、組織資金の紛失あるいは着服、労働組合幹部に金を支払った雇用者との「スウィートハート」協約、組合内の選挙における民主的手続の拒絶、そして暗殺者による組合員への脅迫の類型を示していた。委員会はホッファの身内に責任を負わせたが、しかし真実はジミーが命じたのではなくギャングスターたちに倣っていたのであった。議会における公聴は、デトロイトのウィリアム・バファリーノ（William Bufalino）及びピーター・リカヴォリ（Peter Licavoli）、クリーヴランドのベイブ・トリスカロ（Babe Triscaro）、ニューヨーク州のジョニー・ディオ*、トニー・ダックス・コラーロ*、及びヴィンセント・スクイランテ*、さらにはニュージャージー州のアンソニー・プロヴェンツァーノ*とアンジェロ・デ・カーロ*といった暗黒街の重要人物とのホッファの交友関係及び結びつきを明らかにした。これらの人物のほとんどが、マフィアの一員であるか労働組合の幹部であった。

　ホッファは最終的に刑務所に収容されたが、チームスターは、主にその組合とギャング団構成員とがお互いを必要としていたがゆえに、彼らの汚れた関係を維持していた。労働組合はギャング団の腕力を必要としていたし、ギャング団は労働組合の年金基金を必要としていた。この秘密の慣習が、何らかの伝説と伝統になっていたのである。

　参照文献：Victor S. Nacasky, *Kennedy Justice*. 1977.

ヴィアチェスラフ・イワンコフ（IVANKOV, Vyacheslav）（ヤポンチク[Yaponchik]）、(1938年ロシアはウラジオストクにて生誕—)「シーヴズ・イン・ロー［thieves-in-law］法の下における窃盗」というロシアの犯罪者首領。

　「リトル・ジャパニーズ」としてロシア警察には知られており、彼は前ソビエト連邦での長い犯罪経歴の後、1993年1月にアメリカに密入国したと信じられ

ている。1980年代において、彼は、モスクワでソロントセブスカヤ（Solontsevskaya）というギャング団を創始し、そしてその構成員はしばしば警察官を装いロシア富裕層の住宅で強盗を働いていた。3つの犯罪のうちの1つについて有罪判決を受けて14年間ソビエトの刑務所に収容された後、彼は裁判官を買収し1991年にはシベリアのトゥラ（Tula）刑務所から釈放された。2年後、彼は国外に逃亡しアメリカに向かった。明らかにその戦略は、以前のソビエト帝国における自分の名声を利用して、アメリカにおいて緩く組織化されていたロシア系ギャングたちを、1つの犯罪シンジケートへと纏め上げるというものであった。イワンコフは、ロシア人居住者が集中しているがゆえに「リトル・オデッサ」として知られたニューヨーク市内の一区画であるブライトン・ビーチに土台を築いた。1995年までに、彼のギャング団は、およそ100人の構成員を有し、ニューヨーク市における最強のロシア人犯罪グループとして認められるようになった。

　1995年6月において、イワンコフは、8つの異なる共犯によって逮捕され、そして恐喝未遂によって訴追された。通信傍受によって得られた情報は、彼がマンハッタンの投資会社を所有していた2人のロシア生まれの事業家から350万ドルを引出す試みにおいて主要な役割を演じていたことを明らかにした。その計画は失敗に終わったが、ロシア系ギャング団がロシアの民族文化的飛び地を超えて、国際的な領域にまで達する能力を有していることを示した。恐喝計画は殺害という脅迫を含んでいたが、その脅迫は、あるニューヨーク州在住の被害者の父親に対して実行されていた。その父親は、脅迫及び恐喝の一部としてモスクワの地下鉄のプラットホームで殺害されていた。**エフセイ・アグロン、ロシア系組織犯罪**をも参照。

　参照文献：Stephen Handelman, *Comrade Criminal : Russia's New Mafia*. 1995.

J

ジャマイカ系パシ集団(Jamaican Posse Groups)「パシ」(posse)という用語は、ハリウッド西部出身のジャマイカ系集団によって採用された。その集団は、地域社会の支配権の獲得における非公式な機構として発展した。ジャマイカにおけるパシの成熟は、政治的な民族主義と1950年代後半から1960年代にかけて現れたラスタファリアン運動(Rastafarian movement)の両者をその基盤としていた。近隣のストリート・ギャングズは、ジャマイカ労働党(Jamaica Labor Party: JLP)及び人民国家党(People's National Party: PNP)という2つの主要な政党のいずれかと提携していた。これらの集団は、多様な暴力的活動並びに薬物と武器の密輸において行動主義的なラスタリズム主義者と密接に相互に影響を及ぼしあっていた。アメリカにおいて犯罪的な「パシ」として認識されるようになった集団は、ジャマイカ系ストリート・ギャングズを組織化していたのであり、アメリカにおける多くの活動的な組織は、ジャマイカの様々な都市における通りや近隣社会の名称をなお用いていた。アメリカにおける最初のパシは、キングストンのレースタウン地区にあるテックスレイン(TecksLane)で生まれたアンタッチャブルズ(Untouchables)とキングストンのフランクリン(Franklin)の都市部で生まれたダンカーク・ボーイズ(Dunkirk Boys)であった。シャワー(Shower)、及びスパングラー(Spangler)というパシは、アメリカにおける最大規模かつ最もよく組織化されたパシのうちの2つであった。

　ジャマイカ系犯罪者は、地域社会に侵入するために様々な方法を使用する。共通した方法は、アフリカ系アメリカ人の女性を選び出し、贈り物、金銭、コカイン、あるいはクラック(高純度コカイン)を気前良く与えるものである。

彼女は結果として、ジャマイカ系犯罪者に自らの自宅を彼らによる薬物密輸の実行のために使用することを許すこととなる。別の方法は、そこからパシが犯罪の拠点としているアパートメントを貸し出している選択された個人に金銭を与えるものである。ジャマイカ系パシは、彼らの薬物の分配のために「ゲートハウス」(gatehouse：見張り小屋）を作り上げもする。ゲートハウスは、通常、警察による手入れや競争者による強襲にとって脆弱とならないように防御を固められた空のあるいは放棄された建物である。彼らの違法な薬物の組織的な処理は、卸売、薬物の梱包、小売、見張、及び営繕係として機能する個人から構成される。そして彼らの働きがゲートハウスを機能させそして保護するのである。

　たとえアメリカにおけるジャマイカ系犯罪組織の活動が1970年代まで遡られるとしても、ジャマイカ系パシがアメリカにおける重大な犯罪という脅威として現れるのは1980年代以降のことである。これらの集団は、当初薬物、特にコカイン及びマリファナの密輸に関与していたが、徐々に違法な武器密輸及びその他の武器を用いた暴力に関与していった。ジャマイカ系パシは他の薬物を取扱う集団よりも組織化及び競争において成功していた。強力な上下構造が、費用の統制及び既存の地域のギャング団よりも低い価格の提示をジャマイカ系パシに可能としていた。彼らによる積極的な市場戦略が急速な拡大を可能とした。パシには強い暴力的傾向があり、領域を獲得し維持するためにそれを用いた。一部の組織は多層性のものであったが、しかしながら、多くの家族を基礎とした集団を含め、そうした構造を有しないジャマイカ系の集団も存在した。1991年において、ある推計において2万人の構成員を擁する40のパシが、アメリカにおける違法な薬物不正取引に関与していると主張されている。

　スパングラー及びシャワーという2つの最大規模のパシは、ニューヨーク州及びフロリダ州における成功裏に完了した刑事訴追によって減退させられている。しかしそれらの組織による街路での活動は、直ちに他の集団によって代位されている。ニューヨーク州クイーンズ（Queens）においてダンカーク・ボーイズは、2,000人を超える構成員を擁し、ブルックリンの東ニューヨーク地区の

ジャングル・パシ (Jungle Posse) は2,500人の構成員を擁し、そしてブルックリンのサモカン・パシ (Samokan Passe) は1,000人の構成員を擁している。

ガリーメン (Gulleymen) として知られるジャマイカ出身の違法外国人によって構成されるギャングは、南部諸州において購入した拳銃を北部に違法に輸送していた一方で、麻薬取引店及びヘロインの小売に関するネットワークを運営していた。連邦の捜査官は、そのギャングが1日当たり6万ドルの利益を上げていたと主張し、そしてガリーメンという名をマグレガーズ・ガリー (McGregor's Gully) と呼ばれるジャマイカのキングストンにある地域社会から取ったと確信していた。連邦の捜査官は、そのギャングが街路で実際に小売している小売人に一定額の手数料と引き換えに麻薬と保護を与えることでフランチャイズ権を売却していたとも主張していた。彼らによる殺人の被害者のほとんどは、敵対する薬物取扱人とかつてのギャング構成員であった。薬物と銃の売却による利益は、ブルックリン及びロング・アイランドの不動産に回されるか、あるいはジャマイカの政治家による政治活動資金を高めるためにジャマイカに送金された。

ジャマイカ生まれのパシの将来はどうなるのか。多様な法執行機関による捜査は、彼らが現在アメリカで活動しているその他の組織犯罪集団よりも急激に台頭したと評価している。彼らがコロンビア系の麻薬カルテルと密接に結びついており、そしてクリップスのようなアフリカ系アメリカ人によって構成されるギャングとの接触を拡大させているという事実は、パシが継続的な問題であることを示している。**クリップスとブラッズ、コロンビア薬物カルテル**をも参照。

参照文献：U. S. Department of Justice, *Attacking Organized Crime — National Strategy*. 1991.

ジェリ・カール・ギャング (Jheri-Curl Gang) ドミニカ人薬物密輸業者。

ニューヨーク市ワシントンハイツ地区 (Washington Heights section) におけるドミニカ人による薬物不正取引の先駆けは、街路で「ヤヨ」(Yayo) として

知られていたルイス・ポランコ＝ロドリゲス（Luis Polanco-Rodriguez）と名乗ったドミニカ共和国サンティアゴ（Santiao）出身の若いドミニカ人であった。ヤヨのその名声を得るための主張は、麻薬の売却を促す彼の技術と関連した。彼のギャングは、ニューヨーク市及びその周辺の都市地域における大量の薬物の輸送を初めて行った。彼は、「ベースド・ボールズ」（Based balls）という名で薬物を売却し、一時期、彼のネットワークは、ニューヨークで最大規模となった。しかしその後、麻薬取締局（DEA）が彼を逮捕し、そのことが彼のドミニカ共和国への帰国を促した。ヤヨは奇跡的な働きをする薬物の小売における販売技術を導入した。人気のある抱合せ販売（two-for-one sale：2つの製品を購入すると1つの安価な製品が無料になる）、もしくは女性優待日の特別な商品の設定といった大量市場販売調査に由来する仕掛けが存在した。高純度コカインは、香水やオーディコロンのように売れた。

　ヤヨのグループは、その商品を売却するための販売のために創造力以上に暴力に依存していた組織によって1990年代まで存続した。特に悪名高かったのは、ジェリ・カール・ギャングであった。マルティネス（Martinez）5人兄弟に率いられて、そのギャング団はほぼ3年にわたり、アッパー・マンハッタンにおいて年間500万ドルの薬物ビジネスを維持していた。そのギャング団の創始者であるラファエル・マルティネス（Rafael Martinez）は、住人を脅し競争者を阻害するためにわざとその組織の構成員に目立つ格好をさせていた。ギャング構成員は、頭頂部に大量のジェリ・カール・ヘア（jheri-curls）を残して側頭部を短く刈り込むことで独特のヘアスタイルをし、彼らの自動車を輝くような金色で塗装することが要求された。

　ジェリ・カールたちは、西157番街の住人をあからさまに脅す悪名高いギャングであった。女性が路上で襲われ、武器は空に向けて発砲され、そして人々は自らの子供を街路に出さないようにした。ギャングによる横暴に抵抗した誰もが自らの生命を危険にさらした。最終的に、恐怖に屈服することを拒絶した地域社会は、ギャング構成員の大多数を刑務所に収容するために州及び連邦の法執行機関による犯罪対策委員会（criminal task force）と協力した。**ドミニカ系**

薬物不正取引、ワイルド・カウボーイズをも参照。

参照文献：William Kleinknecht, *The New Ethnic Mobs*. 1996.

エルスワース・ジョンソン（JOHNSON, Ellsworth）（バンピー［Bumpy］でこぼこ）（1906年サウスカロライナ州にて生誕—1968年7月死亡）アフリカ系アメリカ人薬物不正取引商人かつ賭博のゆすりたかり者。

　ハーレム地区の暗黒街の人物である（彼の後頭部のこぶがそのあだ名の由来となった）エルスワース・レイモンド・「バンピー」・ジョンソンは、1940年から1968年までイタリア系シンジケート*（ジェノヴェーゼ犯罪ファミリー*）とハーレム地区で活動していたアフリカ系アメリカ人ギャング団との間の仲介人及び暗黒街の掟を押付ける実行役として活動していた。アフリカ系アメリカ人の薬物小売人が大量の薬物を購入しようと望んでいれば、ジョンソンがその売買を調整した。イタリア系ギャングスターたちは、彼を、暗黒街における争いごとを抗争に発展する前に調停することができる「説得役」として認識していた。それゆえジョンソンは、当時のアフリカ系アメリカ人にとって組織犯罪を統制する側の高位に位置づけられていた。彼が（その成人後の25年間を過ごした）ジェイルを出た際、数百万ドルのシンジケートの資金が彼の手から離れていった。彼は1968年7月に死亡したが、ハーレム地区において売却することを意図してペルーから麻薬を密輸したとしてなされた、連邦大陪審による1967年の起訴を受けてなされた5万ドルの保釈金によって保釈されていた。

　ジョンソンは、1970年代の『シャフト』（*Shaft*）という映画において描写されたハーレムの中心人物のモデルであり、そしてステファニー・セント・クレア*と共に『奴らに深き眠りを』（*Hoodlum*）という題名の映画において恐喝で荒稼ぎをしていたハーレムの重要人物として存在していた。彼は歯切れよく、着飾った、そして紳士的な人物であり、より大規模な白人犯罪シンジケートとハーレム地区の犯罪ネットワークとの間の橋渡しとして機能し得る存在であった。

　彼のラ・コーザ・ノストラ*のリーダーとの密接な協力関係及びそれらの者

たちがジョンソンに意図していた権力は、イタリア系アメリカ人暗黒街の配下のみならず黒人社会における資力のある有力な仲介商人として機能することを可能とした。**キャスパー・ホルスタイン、ステファニー・セント・クレア**をも参照。

参照文献：Francis, A. J. Ianni, *Black Mafia*. 1975.

ジュニア・ブラック・マフィア（Junior Black Mafia） 1980年代において暴力的なアフリカ系アメリカ人ギャングによって薬物売買が支配されたことにより、フィラデルフィアはジュニア・ブラック・マフィア（JBM）の隆盛を目の当たりにした。西フィラデルフィアで1985年にマリファナ及びコカインを密売することでそのギャングが活動を開始すると、アーロン・ジョーンズ（Aaron Jones）と彼の仲間は、アメリカ系マフィア*を手本としたシンジケート*を創り上げる計画を策定していた。

　フィラデルフィアのゲトーにおいて恐怖による支配を及ぼしながら、2年間そのギャングは拡大し続けた。無意味な脅迫などではないそのスローガンは、「跪くかさもなくば犠牲を払うか」（get down or lay down）、すなわちギャングに加わるかさもなくば死であった。独立した薬物密売人を含む殺人の被害者は、JBMに対して不実な構成員であったか、あるいはしばしば無実の傍観者であった。

　このギャングの目的は、市内の薬物密売のすべてを支配することにあった。JBMは、自らがフィラデルフィアの様々な領域に広まっていくに従って、その恐ろしい評判を高めていった。結びつきは、メキシコ系の供給者との間で形成され、JBMがその権力と規模とを拡大させていくに従って、その構成員は、「JBM」の頭文字を彫りこんだダイヤモンドをちりばめた指輪を見せびらかし始めた。

　1988年において、JBMは、JBMに跪くことを拒否したジョン・クレイグ・ヘインズ（John Craig Haynes）によって率いられた大規模な南フィラデルフィアの薬物組織とかかわりあうようになった。ヘインズの組織は、南フィラデル

フィアの貧しい下層階級の地域社会から現れた数百万ドル規模の薬物売買ネットワークであり、銃による打ち合いによって容易に脅迫されるような存在ではなかった。両組織の構成員と無実の人々が殺害されあるいは負傷させられたヘインズの生命を狙った様々な試みの後、その闘争は、公権力が捜査による圧力をかけたことによって鎮静化した。JBM にとって、1991年における連邦による、ゆすりたかりに対する告発は、JBM のリーダー及び25人の構成員の逮捕並びに有罪判決を導いた。

参照文献：Pennsylvania Crime Commission, *Organized Crime in Pennsylvania : A Decade of Change.* 1990.

K

キーファーヴァー委員会（Kefauver Committee）組織犯罪に関する上院調査（1950年5月〜1951年5月）。

州際通商における組織犯罪を調査するための特別委員会（The Special Committee to invesitigate Organized Crime in Interstate Commerce）は、一般的には、キーファーヴァー犯罪委員会として知られており、1950年5月、テネシー州上院議員エステス・キーファーヴァー（Estes Kefauver）を議長として、その職務を開始したのであった。この委員会は次第に活気を帯び、そして、その刺激を、いくつかの都市犯罪委員会の大々的に公表されたものから受けており、その諸委員会は、政府機関はもちろんのこと、民間によっても編成されていたのである。シカゴ犯罪委員会調査の不穏な結果や、チャールズ・ビナッジオ*という、ミズーリ州の政治的上層階級と密接に繋がっていたギャングスターの殺人が、委員会の職務のために、国家権力を強引に及ぼすのに役立ったのであった。当然、大都市の政治機構の首領たち*は、調査が自分たちの諸活動に及ぶかもしれないと、気が気でならなかった。ネヴァダ州上院議員パット・マッカレン（Pat McCarren）と、ウィスコンシン州上院議員ジョゼフ・マッカーシー（Joseph McCarthy）は、自分たち独自の理由から、特別調査委員会に反対したけれども、国民の圧力が、委員会の予算と調査活動を確保したのであった。

キーファーヴァー委員会は、組織犯罪が、連邦あるいは州の諸法律に違反して、州際通商を搾取したか否かを調査することに関し、大役を任され、そして、この委員会は、そのような犯罪活動の性質と範囲を調査する権限を授与されていたのである。公聴会は、大規模なテレビ放送によって、ますます劇的に開催され、そのことが、意外なことに、公衆の耳目を集めたのであった。最初は、

何百人ものアメリカ人たち（ある推計によれば約2,000万人）が、公聴会が公開されたとき、議会の公聴会のドラマ（それは退屈なもの）を、目に焼き付けたのであった。ノミ屋、犯罪の首領たち、ギャングの情婦、ポン引き、警察署長たち、ふしだらな法律家たちの面々が、テレビ画面にずらっと並んで、すっかり心を奪われたテレビ視聴者を楽しませ、そして、仰天させたのであった。

キーファーヴァー委員会の議長の任期が1951年5月に終了する前に、件の委員会は、ニューヨーク市、シカゴ、マイアミ、タンパ、ニューオーリンズ、クリーヴランド、カンザス市、デトロイト、セントルイス、ラスヴェガス、ロサンジェルス、サンフランシスコ、フィアラデルフィア、ボストン、首都ワシントンにおいて、600人以上もの証人たちを聴聞したのであった。

委員会の報告によると、その調査結果において、多くの犯罪、とりわけ売春活動は、アメリカ中の多くの大都市において、相当程度にまで組織化されているということであった。委員会は、2つの主要な犯罪シンジケートを確認しており、それは、アンソニー・ジョゼフ・ジェイク・アッカード*―チャールズ・グージック*―フィスチェッティ（Fischetti）のシカゴの犯罪組織と、フランク・コステロ*―ジョゼフ・アドニス*―メイヤー・ランスキー*のニューヨーク市のシンジケートの2つである。委員会の最大の世間をアッといわせた主張は、マフィア*として知られる邪悪な犯罪組織が、諸外国と連携しつつ、アメリカの隅から隅まで活動していたということであった。最終的に、委員会が当然のごとく突き止めたのは、政治的腐敗の蔓延が、シンジケートを図に上らせたということであった。

委員会の最大の建設的な働きといえば、地方と州のレベルで蔓延する汚職を、証拠資料によって裏付けたこと、そして、法執行官僚らによる、自分たちの背任行為、無能さ、あるいは、犯罪活動における共謀などの隠匿の試みを、暴露したことであった。

参照文献：Estes Kefauver, *Crime in America*. 1951.

ポール・ケリー（KELLY, Paul）（アントニオ・パオロ・ヴァッカレッリとし

て、1859年イタリアはナポリにて生誕―ニューヨーク州にて死亡、日時不明）ファイブ・ポインツ（Five Points）・ギャング首領。

　20世紀初頭における最も不忠義かつ計略に富むギャング・リーダーの1人、ポール・ケリーは、一介の移民のボクサーであった男で、ワイオス（Whyos）という、ニューヨーク州ロウアー・イーストサイドのスラム街の巨大なストリート・ギャングを率いていた。ケリーはナポリ人で、数か国語を流暢に話し、第一次世界大戦以前、タマニーホールと呼ばれた強力な政治機構の政治的領袖たちとのかかわりがあった。

　多数の現代のギャング・リーダーは、「ファイブ・ポインツ・ギャング」（Five Points gang）や、それが縁組したところの、ジョニー・トーリオ*、アルフォンス・カポネ*、チャールズ・「ラッキー」・ルチアーノ*、チロ・テラノヴァ（Ciro Terranova）（通称、売春王［the artichoke king］）たちの組から現れたのであった。

　ファイブ・ポインターズ（Five Pointers）は、デッド・ラビッツ（Dead Rabbits：死せるウサギたち）、プラグ・アグリーズ（Plug Uglies：厄介者たち）、そしてワイオスを受け継ぎ、縄張り争いや選挙運動のために必要とあらば、1,500人の構成員を招集することができた。このギャングが「ファイブ・ポインツ」と名付けられたのは、その縄張りが、マンハッタンにある、ブロードウェイ、バワリー、キャナル・ストリート、14番街、そしてシティ・ホール公園の交差点によって確定されたからである。

　その構成員は、アイルランド人、イタリア人、そしてユダヤ人を含むものとなっている。唯一要求されていることは、構成員がケリーに対して忠誠を守る、ということのみであった。この垢抜けしたギャングスターは、第一次世界大戦前の10年間において、ニューヨーク市を一掃した改革の時代を、辛くも生き延びた。ケリーは、湾岸地区の組合を組織し、ニューヨーク市の民主党幹部たちに対する自分の政治的影響力を強化した。ケリーは、ニューヨーク市の暗黒街の要となるリーダーであったのであり、そして、政府機関との頑丈なコネと仕事上の繋がりを形成した、最初の犯罪者の首領の1人であった。**モンク・イー**

ストマン、アーノルド・「ザ・ブレイン」・ロススタインをも参照。

参照文献：Herbert Asbury, *The Gangs of New York*, 1927；William Balsamo and George Carpozi, *Under the Clock : The True Story of the First Godfather*. 1988.

ジョン・F・ケネディ（KENNEDY, John F.） ロバート・F・ケネディ、マフィアとケネディ暗殺を参照。

ロバート・F・ケネディ（KENNEDY, Robert F.）（1925年11月20日マサチューセッツ州ブルックラインにて生誕―1968年6月6日カリフォルニア州ロサンジェルスにて死亡）アメリカ司法長官であった人物で、組織犯罪のゆすりたかりを撲滅した男。

アメリカ司法長官として、ロバート・ケネディは、彼の前任者たちすべてを足し合わせたよりも多くの時間と資源とを、組織犯罪の追跡に費やした。ギャングたちの訴追にかける彼の熱意のために、多くの人々は、ロバートも、彼の兄であるところの、アメリカ大統領ジョン・F・ケネディ（John F. Kennedy）も、2人とも、地下組織によって暗殺されたのではないかと思っていた。ロバートの弁護士、フランク・ラガーノ（Frank Ragano）に対するいまわの際の告白によれば、サントス・トラフィカンテ・ジュニア*という、タンパ・コーザ・ノストラ首領は、カーロス・マルチェロ*、ジミー・ホッファ*、そして、シカゴ・アウトフィット*の首領、サム・ジャンカーナ*の部下たちを、ジョン・ケネディ大統領殺害の咎で告発していたようであり、その殺害は、ボビー・ケネディ（Bobby Kennedy）の権力基盤を沈黙させ、破壊することを願ってのことであったようで、ボビーは、ギャングたちを悩ませ、アメリカ全域にわたるギャングの暗躍を邪魔していたようであった。ギャングたちが、大統領を暗殺しようと試みたかどうかは、定かではない。

反犯罪改革運動家としてのボビー・ケネディの役割は、自分の兄の政治的職業と、自分の父親がギャングに関わっていたという暗い過去によって、複雑なものとなっている。一家の家長としてのジョゼフ・ケネディ（Joseph Kennedy）

には、密売、賭博、芸能界、そしてハリウッドを通じて、暗黒街と無数の絆があったと信じられている。ジョゼフはまた、マサチューセッツの政治における主力でもあったのであり、そして、第二次世界大戦前のルーズベルト政権における駐英大使を務めてもいた。

　自分の父親の七光りによって、ボビー・ケネディは、労働者に対するゆすりたかりを調査する、マックレルランド委員会*の局員に加わった。1956年、自分の父親（と兄のジャック）の反対を押し切って、ボビーは、上院議員マックレルランドのために、連邦議会がキーファーヴァー委員会*の公聴会以来着手してきた、最も徹底的な組織犯罪の摘発に乗り出した。ケネディは、チームスターが、組織犯罪の主要な後援者であり、その組合長デイヴ・ベック（Dave Beck）とジェイムズ・ホッファ（James Hoffa）が、労働のゆすりたかりの後援者であると見なした。

　ジョン・ケネディの1960年選挙で、ロバート・ケネディは、司法省の長たる司法長官に任命された。1960年の大統領選挙運動は、明らかに、鍵となる州、とりわけイリノイ州において、ギャングの威光を利用して、勝利を確たるものとした。組織犯罪組員たちは、ケネディの勝利のために、投票するよう影響を及ぼしたと考えられていたのであり、だからこそ、ボビーが国家を挙げて主要な反犯罪組織運動に着手したとき、その勝利は、ショックとなって跳ね返ったのであった。はっきりと、多くのギャングたちは、裏切りを感じた。そして、ケネディの司法省（それは、気の進まないJ・エドガー・フーヴァー*に無理やりFBIを出動させた）によって、激しく追い詰められたギャングたちは、復讐を誓ったのである。ジェイムズ・ホッファという、チームスターの組合長は、厳しい監視下に置かれ、シカゴ・アウトフィットの首領、サム・ジャンカーナや、ルイジアナ・コーザ・ノストラ首領、カーロス・マルチェロも同様に監視下に置かれたのであった。暗黒街の言葉でいうなら、「ダブル・クロス」（double cross：裏切り）であった。

　ケネディ政権から最後の挑発がなされたのは、ジョゼフ・ヴァラキ*という、ジェノヴェーゼ犯罪ファミリー*のソルジャー*が、1963年の秋、マックレルラ

ンド調査小委員会の面前で、公的に発言したときのことであり、それは、11月22日のダラスにおける恐ろしい事件、すなわち、ケネディ大統領暗殺の数か月前のことであった。

ロバート・ケネディは、1964年の夏、司法長官を辞職した。1963年中、司法省（DOJ）は、彼の統率の下、615件の告発と、288件のギャングたちの有罪判決を記録した。ヴァラキの証言が、連邦議会を、その無気力さから揺り動かすであろうというケネディの願いは叶った。例えば、4年のうちに、大統領対策委員会（Presidential Task Force）は、コーザ・ノストラが永久に敗走するであろう諸法律と諸戦略とを勧告しているのである。

参照文献：C. David Heymann, *RFK : A Candid Biography of Robert F. Kennedy*. 1998 ; Robert F. Kennedy, *The Enemy Within*. 1960.

キッド・ドロッパー（DROPPER, Kid）（ネイサン・カプラン［Nathan Kaplan］として、1891年あるいは1895年にニューヨーク市にて生誕─1923年8月28日ニューヨーク州にて死亡）ギャング・リーダーかつ労働者に対するゆすりたかり者。

「活気ある20年代」の幕開けで、キッド・ドロッパーは、ニューヨーク市のトップのギャングスターの仲間入りをした。第一次世界大戦以前には、彼は、ポール・ケリー*によって率いられるファイブ・ポインツ・ギャング（Five Points gang）の一組員であったことがある。カプランは、自分の犯罪歴を、遺失された札入れ詐欺を用いたこそ泥からスタートさせたが、その手口は、偽造された現金の詰まった札入れが発見され、そして、発見者（こそ泥）には、報酬をもらうために落とし主を突き止めるような時間的余裕はないという理由で、その場で当該詐欺の被害者に札入れが売りつけられる、というものである。

1911年において、キッドは強盗罪で7年間、刑務所に行った。釈放されたとき、彼は労働に打撃を与えるギャングを結成した。労働組合の扇動に応じて登場した、この新しい犯罪領域における彼の主要なライバルは、「リトル・オーギー」・オーゲン*であった。ギャング抗争が、キッドとリトル・オーギーとの間

で激化した。それに先立ち、キッド・ドロッパーのギャングは、ニューヨーク市の労働者に対するゆすりたかりを支配し、あるときは労働組合のため、またあるときは使用者のために活動していた。1920年と1923年の間において、キッド・ドロッパーは、少なくとも20件の殺人の責任を問われてしかるべきであったと思われている。

　キッド・ドロッパーの成功によって勇気づけられて、リトル・オーギーは、小さなギャング団を組織したが、それは、「リトル・オーギーズ」(Little Augies)として知られ、ルイス・バカルター*、ジャック・ダイヤモンド*、ジェイコブ・「グラー」・シャピロ*を含むものであった。

　まもなく、戦争は、濡れた洗濯物を乾かすクリーニング屋の労働者の統制をめぐって、2つのギャングの間で激化した。オーゲンは、ルイス・「レプケ」・バカルターと、「グラー」・シャピロに命じて、キッドを捕らえさせた。1923年8月、キッド・ドロッパーは、凶器の不法所持の罪で逮捕され、裁判所へ移送中に、ルイス・コーエン (Louis Cohen) という名のヤクザが、彼を撃ち殺したのであった。カシュナー (Kushner) ことコーエンは、ジェームズ・ウォーカー (James Walker)（通称、ダンディ・ジム [Dandy Jim] 伊達男ジム）（後のニューヨーク市長）によって弁護され、ジムは、辛くも、故殺に減軽された罪と、軽い量刑とを勝ち取ったのであった。リトル・オーギーといえば、自らキッド・ドロッパーを破滅させるよう委任した男たちの手に掛かって、同じような運命を辿ったのである。

　参照文献：Albert Fried, *The Rise and Fall of the Jewish Gangster in America*. 1980.

死のキス（Kiss of Death） マフィアの文化的習慣で、敵は、死が運命づけられるキスによって告知されるのである。その習慣は、可能な限り、衆人環視から、自分たちの諸活動を隠し保護するという、暗黒街の通常の習慣に逆らうものではある。しかしながら、このキスはまた、警告として解釈され得るものなのである。例えば、高利貸し業に借金して、それを踏み倒そうとする者は、完済するように思い出してもらい、また、刑事手続における目撃者は、その証言にお

いて、決定的な詳細を忘れてもらうためのキスなのである。

チャールズ・「ラッキー」・ルチアーノ*は、このシチリアのマフィアの儀式を重んじなかったが、それは、彼がひどくアメリカナイズされていたからではなく、そのキスが、アメリカにおいては逆効果であったからなのであった。つまり、キスというものは、組織が秘密を維持し、個人の身元を保護するために考えられ得るありとあらゆることをなす場合に、個々人に公的に注意を喚起し、彼らをマフィアの一員として確認するためのものなのであった。

時折、マフィアの中には、死のキスが裏目に出て、被害者を脅かし、その口を閉ざさせることに失敗した者もいる。ヴィトー・ジェノヴェーゼ*とジョゼフ・ヴァラキ*の2人が、ジョージア州アトランタ連邦刑務所に拘禁されていたとき、ヴィトー・ジェノヴェーゼがジョゼフ・ヴァラキにキスをした。恐怖にすくみ上がって命乞いをするどころか、ヴァラキは、秘密を漏らして、暗黒街の歴史において、最も重要な密告者の1人となったのである。

参照文献：Peter Maas, *The Valachi Papers*. 1968.

L

労働者に対するゆすりたかり（Labor Racketeering）労働者に対するゆすりたかりとは、労働組合内の権威や権力のある地位への犯罪集団の構成員の介入をいう。いったん組合に侵入すると、犯罪集団の構成員は、ハイリスクな投機への不法な投資によって年金や健康基金（health funds）を悪用したり、あるいは、決して返済されることのない融資を得る。国際チームスター同業者組合*年金基金は、その過程がどのように進行したかの典型的な例である。

　組合は様々な理由でゆすりたかり者を引きつけ、建設分野、輸送業、ビルメンテナンス、電気、木工、服飾、セメント及び基礎工学における多数の組合が、組合構成員を食い物にした、あるいは、雇用主を脅迫し、商社を合法化した犯罪者によって侵入されるか、または支配された。

　明らかに、すべての組合が、犯罪者に同一の機会を提供したわけではない。職業構造、構成員の性質、そして雇用者が重要な役割を果たすのである。自分の権利にほとんど気付いておらず、ひょっとしたら権利を行使させる能力がほとんどない低熟練労働者を伴う組合が、最もよい標的である。同様に、本質的に同種の商品やサービスを扱い、同じ技術を使用している多数の小さな会社から成る産業は、特に労働者に対するゆすりたかりを受けやすい。それぞれの会社は、ストライキにより、より重大な影響を受け、代替供給の有用性を与えられている。

　ニューヨーク市の建設業界に潜入する犯罪上の利益を作るための能力は、これらの要因の結合によって促進された。多くの産業とは異なり、建設労働者の雇用は、雇用者よりもむしろ組合の手中にある。建設市場それ自体において、激しい競争に関与した会社間に、多くの小さな会社と共に多くの請負業者と下

請業者がいる。これは、合法的な事業が恐喝を受けやすくする。ゆすりたかり者は、労働者の損失または供給の損失、配達の遅延、あるいは設備または建物に対する財産上の損害を脅かすことによって、支払いを強制することができる。同様に、カルテル及び有利な構成員が小さな分け前のために有利な建築契約を得る「クラブ」の建築業者も組織する強大なゆすりたかり者集団によって得られた仕事の入札において、競争上有利な立場を提供するとき、事業は容易に買収され得る。要するに、契約を有利な会社に割り当てることは、建築労働組合を支配するゆすりたかり者の能力によるのである。**「サミー・ザ・ブル」・グラヴァーノ、ゆすりたかり**をも参照。

参照文献：New York State Organized Crime Task Force, *Corruption and Racketeering in the New York City Construction Industry, Final report*. 1988.

ラ・コーザ・ノストラ（La Cosa Nostra）（アメリカン・マフィア）(1931-)

1931年、イタリア暗黒街の相争っている党派、主として、シチリア人とナポリ人は、アメリカン・マフィアの通称であるラ・コーザ・ノストラ（逐語的に、英語で「我々のもの」）を結成するために一緒になった。この連合組織は、血のカステランマレーゼ戦争＊から現れ、それに続く20年間国中至る所で、少数民族系市民及び土着の多様なアメリカ人種の両方の組織犯罪を支配するようになった。1945年の第二次世界大戦の終わりまでに、ラ・コーザ・ノストラ（LCN）は、東海岸から西海岸まで24の犯罪ファミリー＊から成っており、それぞれが、首領＊、副首領＊、顧問＊、副頭領、ソルジャー＊、そして、ピラミッドのような構造における準構成員という類似の組織構造をもっていた。上記の犯罪ファミリーには、方針を決定し、ルールの実施及びファミリー間の紛争を処理する最も重要なLCNの首領たちの全米コミッション＊がある。LCNは、牧畜地域の小さな町であるカンザス市だけでなく、都会的なニューヨーク市でも繁栄した。2つのリゾート市は、ネヴァダ州ラスヴェガス＊やフロリダ州マイアミのようなあらゆるファミリーの活動のために「開く」よう命令された。

1957年、LCNは、一連の内乱によって破壊された。その最初の立案者の1人

であるチャールズ・「ラッキー」・ルチアーノ*がイタリアへ国外追放された後、ファミリーに重要な影響力をもち野心のある首領であるヴィトー・ジェノヴェーゼ*が、首領代行フランク・コステロ*を暗殺するための企てによって支配しようとした。

コステロは引退を決め、ルチアーノ犯罪ファミリー*は、今日知られている名称であるジェノヴェーゼ犯罪ファミリー*になった。それでも、ジェノヴェーゼは、別のファミリーの首領やコステロの同盟者であり、LCNのすべての人間の中で最も悪名高い仲間の1人であるアルバート・アナスタシア*からの報復を恐れた。ジェノヴェーゼは、アナスタシアを追放するためにアナスタシアの首領であるカルロ・ガンビーノ*と共謀した。1957年10月に、アナスタシアはマンハッタンの理髪店で殺害された。アナスタシア・ファミリーは、その時、ガンビーノ・ファミリー*になった。

暴力や破壊行為及びもっぱら自虐的になりうる内部闘争の脅威すべてを扱うために、コーザ・ノストラ・リーダーの全米秘密会議が、ニューヨーク州バッファローのマガディーノ犯罪ファミリーの首領が住んでいたアパラチン（アパラチン会議*参照）のわずかに州北西部のニューヨークヴィレッジで1957年11月に予定されていた。その意図するところは、そのような人里離れた地域での会議は、気付かれないだろうということにあった。全く正反対のことが起きた。敏感なニューヨーク州警察が、ジョゼフ・ラ・バーベラ（Joseph LaBarbera）の邸宅に集まっていた約100人の訪問客を発見し、街路バリケードをセットした。すぐに、多数の全米トップのギャングスターたちは、発見を避けるために森を通ってあわてて走り去っていった。彼らの多くが逮捕され、アパラチンに自分がいたことを説明することを拒絶したことにより、裁判を妨害したということで有罪判決が下された。これらの有罪判決はのちに、彼らが行ったような単なる会議はそれ自体犯罪ではないと意見を覆した。しかしながら、新聞の暴露は、事実上、全米コーザ・ノストラ・コミッションの集まりを収束させた。もし、国内の犯罪ファミリーがお互いに情報を伝えあわなければならない場合には、使者が派遣されることになった。5つの犯罪ファミリーが、独自に接触してい

るニューヨーク市においてのみ、コミッション制度が機能し続けたのである。

アパラチン犯罪会議では、ヴィトー・ジェノヴェーゼとカルロ・ガンビーノの双方は、正式にファミリーの首領として認識された。そして、アナスタシアによる構成員名簿の売り渡しを受けて、ある程度の安定性を取り戻すために、ニューヨーク犯罪ファミリー会員名簿が閉鎖された。

上院委員会前の証言において、クリーヴランドの犯罪ファミリーの副首領であるアンジェロ・ロナルドは、2つのコミッションが、アパラチン以降運営を行っていると主張した。すなわち、ミシシッピ州東部のファミリーの大半を表すイーストコーストのコミッションと西の関係者を代表するシカゴにおけるコミッションである。

1963年の秋に、労働者に対するゆすりたかりを調査しているマックレルランド委員会*は、ジェノヴェーゼ犯罪ファミリーの下位の構成員であった有罪判決を下された犯罪者から証言を得た。ジョゼフ・ヴァラキ*は、全国のテレビ視聴者にラ・コーザ・ノストラの構造と運営を概説した。ヴァラキの告白と暴露は、ひょっとするとそれに匹敵するものとしては、1990年代、強力なニューヨーク・ファミリー間で「サミー・ザ・ブル」・グラヴァーノ*の犯罪行為の摘発というアメリカ組織犯罪にかつて加えられた最も大きな一撃として、アパラチンの次に位置づけられるものである。

ヴァラキとグラヴァーノの両者は、いくつかのレベルにおいて、LCNの脅威であった。ヴァラキの場合には、テレビ出演と討論が新鮮で驚くべきものであったので、彼のテレビ出演及び討論は、衝撃的であった。議会の委員会前に、グラヴァーノの審理での証言及び出廷は、1人の男性の影響力のあるショーを作り出した。その男とは、合衆国憲法第5修正（人が自己負罪のためにすべての質問に答えることを拒否する憲法による保護）に応じず、自分自身と他人を幾多の犯罪、すなわち、生活様式としての犯罪を関係づけた。もし、多くの資料と暴露とが、法執行の専門家にとっては新しいものではなかったとすれば、その生活様式は、何百万人の若者にとって奇抜なものであり、衝撃的なものであった。もし、その生活様式に、他の衝撃がなかったとすれば、その当時のヴ

ァラキとグラヴァーノは、人々に「ゴッドファーザー」以上の組織犯罪があったということを思い出させた。つまり、麻薬密売、強盗、そして街路での殺害に関する悪意のあるビジネスがあったのである。

別のレベルで、離反者は、沈黙の掟(オメルタ*の掟)を破ったり、そのために殺害されることもないことによって、LCNの規律を徐々に衰えさせた。ヴァラキにとって、おのれの運命は、生命の保護と孤独な監禁にあった。グラヴァーノにとっては、5年の拘禁、証人保護プログラム(WITSEC)*での生活、そして、その結果として生じる自由ではあるが、要注意人物の生活様式であった。両方の男たちは殺されるべきであったであろうし、または、脅しによって沈黙させられるべきであったであろうけれども、公開「コントラクト」(殺人命令)(彼らの殺害のために支払われた料金)が両者の命にかけられていたという事実にもかかわらず、そうはならなかった。今までのところ、グラヴァーノの命に提示された50万ドルを受け取った者は誰もいない。

LCNに何よりも危険なことは、法執行諜報機関が今、ヴァラキとグラヴァーノは、彼らの犯罪仲間や首領たちによって扱われている方法は自分たちが攻撃されやすいと理解しているということであり、逃走のための準備をしている。RICO法*は、沈黙の掟を破るマフィアの構成員の場合を意味している離脱を助長するために正確に計画されており、LCNのリーダーたち独裁者の特徴を連想させた。仮釈放の可能性のない長期刑は、明らかに話すことの危険性に直面しようとする不満のある構成員を生み出す。今日、LCNの指導者の地位、すなわち、首領であることの名声もまた、ちょっとした災いを含んだ言葉である。それは、厳重な監視、逮捕、及び長期刑を意味するのである。

参照文献:Donald Cressey, *Theft of the Nation : The Structure and Operations of Organized Crime in America.* 1969 ; Peter Maas, *Underboss : Sammy the Bull Gravano's Story of Life in the Mafia* 1997 ; Peter Maas, *The Valachi Papers.* 1968.

フィオレロ・ラ・ガーディア (LA GUARDIA, Fiorello) (通称、ザ・リトル・フラワー [The little Flower] 小さな花) (1882年ニューヨーク市にて生誕—1947

年ニューヨーク市にて死亡）改革派ニューヨーク市長であり、ゆすりたかり者撲滅運動者。

　1993年、市の政治に何十年も強い犯罪の影響が続いているので、フィオレロ・ラ・ガーディアは、市で巨大な存在になった。彼は、低くてずんぐりした「リトル・フラワー」(Little Flower：小さな花) であり、彼の政治的立場は、ギャングスター、ゆすりたかり者、そして彼らを保護する人々に対して妥協せずに戦うことにあった。つまり、リトル・フラワーが、市長に就いたまさにその日、彼は暗黒街に対して公然たる戦いを宣言した。1934年1月の最初1週間、ラ・ガーディアは、警察署で2番目に高い地位である警視正になる予定であったルイス・J・ヴァレンタイン (Lewis J. Valentine) へ「良くなるか、過ぎ去るか」という言葉を送った。清掃、汚職なき局及びリーダーシップを要求したリトル・フラワーは、暗黒街を撲滅することを決定した。ヴァレンタインは、警視総監になり、市長としてのラ・ガーディアの3期間である11年間務めた。

　ラ・ガーディアの第1の標的は、フランク・コステロ*によって支配されていたスロットマシーン産業だった。彼の撲滅運動に必要な宣伝を与えるために、市長は、スロットマシーンがイーストリバーに投げ捨てられる前に大ハンマーでスロットマシーンを粉々にした際、新聞カメラマンのためにポーズを取った。この「クリーン・アップ (clean up：大掃除) キャンペーンはまた、小火器の一斉検挙も付け加えた。5,000の小火器が1934年に犯罪者から徴収され、全種類の賭博装置と一緒にロングアイランド湾に投げ捨てられた。1935年、ラ・ガーディアは、ニューヨーク市には、ダッチ・シュルツ*、暴力、禁酒法（禁酒法と組織犯罪*参照）の悪名高いブロンクス・ビール男爵 (Bronx beer baron) 及びハーレム数当て賭博*のゆすりたかり王 (Harlem numbers racket king) の余地はないと先例のない公的な警告を発した。

　特別検察官のトーマス・E・デューイ*と共に、ラ・ガーディアは、犯罪戦士と誠実な政治家としてすぐれた記録を確立した。ある堕落した都市の管理者が、相次いでだまされることに慣れていたので、政府のほとんどすべての支部がラ・ガーディアの下で改善された。3回の選挙運動で、民衆はリトル・フラワーに

レールを敷き、彼を職に戻した。

ラ・ガーディアは、演説のうまいニューヨーカーだった。市長の任期に先立って、彼は、出入国管理事務所の通訳として、オーストリア＝ハンガリー、イタリア、そしてエリス島のアメリカ領事館で働いた。1916年には、彼は進歩的な共和党員として国会議員に選出され、年少者労働、労働組合の保護（労働争議における差止命令の使用を禁じたノリス・ラ・ガーディア法 [the Norris-La Guardia Act]）、及び女性の権利の大改革のために戦った。ニューヨーク市長としての彼の華やかなキャリアは、アメリカの深刻な社会不安及び政治不安のときに生じた。禁酒法の余波や、禁酒法が創設を助けた巨大な暗黒街の構造が、経済のあらゆる領域で感じられた。不景気が何百万もの人を失業させ絶望的なものにし、繁栄する暗黒街は、ルイス・バカルター*、フランク・コステロ、チャールズ・「ラッキー」・ルチアーノ*、メイヤー・ランスキー*、及びダッチ・シュルツによって導かれた。ラ・ガーディアは、ギャングスターに公然と恐れずに抵抗した点で珍しかった。彼の市当局は、政治腐敗を帳消しにし、他の政治家を促して犯罪防止問題を奨励させるために協力したシーベリ*調査のような重大な調査にいつも変わらずに協力した。

参照文献：Fiorello H. La Guardia, *The Making of an Insurgent : An Autobiography, 1882–1919*. 1948.

メイヤー・ランスキー（**LANSKY, Meyer**）（マイエル・スコウリャンスキーとして、1902年7月4日ベラルーシのグラドノにて生誕—1983年1月15日フロリダ州マイアミにて死亡）国際的なマネー・ローンダリング*及び賭博事業における資金調達の技術で最もよく知られた暗黒街の主要人物。

ランスキー、兄弟のヤコブ及び姉妹は、1911年にアメリカへ連れてこられた。若い頃、彼は良い学生とみなされていた公立学校のあるニューヨーク市のロウアー・イーストサイドに住んでいた。

1918年、彼が暴行の罪によって初めて逮捕されるまで、ランスキーは誠実な職人であった。彼の攻撃の被害者は、数年後には、チャールズ・「ラッキー」・

ルチアーノ*として、キューバやバハマにおける海外の賭博カジノを含む数多くの犯罪事業のランスキーの友人かつ仲間においてリーダーとなった、サルヴァトーレ・ルカニーアであった。

　ランスキーを犯罪に誘い込んだのは、ロウアー・イーストサイドの一触即発の状態にある街路だった。彼は数当て賭博に精通し、16歳の時に学校をやめた後、労働組合の用心棒になり、スト破りに残忍な仕打ちをした。この頃になると、彼は別のユダヤ人無法者である「バグジー」・シーゲル*との友情を結び、車両強盗、強盗、住居侵入窃盗、そして恐喝に従事した「バグとメイヤーのギャング団」(Bug and Meyer Mob) を創設した。

　1921年、ランスキーは、多くの有名な犯罪者やゆすりたかり屋に助言していたアーノルド・「ザ・ブレイン」・ロススタイン*に会った。ロススタインの成功は、彼がゆすりたかりと悪徳産業にもたらした非常に洗練された合法的な商売技術に大きく依存していた。ランスキーは、ロススタイン方式の学生であり、多くの重要な教訓をとりいれた。彼はまた、彼のトレードマークになったマナーという悪意あるもの柔らかさを身につけた。

　悪徳産業に対するゆすりたかり屋の助言者であったロススタインとの7年の間、ランスキーは、後に全米犯罪シンジケートの「創始者」(Founding Father) として出現する重要なギャングスターに会った。ロススタインは、ニューヨーク市の政治機構タマニーホール及び賭博師と密売人*間だけでなく、2つのニューヨークの強大な政治犯派閥間の「ブローカー」(broker) の役割を演じた。一方は、ダッチ・シュルツ*との関係でジミー・ハインズ*によって率いられている。他方もまた、「ジョー・ザ・ボス」・マッセリア*、フランク・コステロ*、ラッキー・ルチアーノ、及びサルヴァトーレ・マランツァーノ*のようなイタリア系ギャングスターと関係しているタマニーとのつながりと共に率いられている。ロススタインは、両方のグループに関係があり、拳銃所持許可、仮釈放保証書、盗品売買業及び贈賄それぞれを支持した。

　1928年の賭博の借金に関するロススタインの暗殺と共に、ランスキーと彼の仲間は、彼の業務と取引先を引き継いだ。ランスキーの本職は、賭博であった。

ロススタイン殺害の同年、ランスキーは、帰化した市民になり、フランク・コステロとラッキー・ルチアーノと新しい犯罪事業を開始した。「レイクハウジズ」(lakehouses) として知られたフロリダ州、ハバナ及びネヴァダ州ラスヴェガス＊におけるこれらのホテルやカジノの先駆けは、有名な競馬場を呼びものにしていた高級なレイク・リゾート・エリアにあるニューヨーク州サラトガに建設された賭博施設であった。サラトガにあるパイピング・ロック・カジノ (The Piping Rock Casino) やカフェは、ただちに成功し、トリックあるいは八百長賭博のない公平な施設を運営しているとの評判をランスキーにもたらした。

1929年5月9日、ランスキーは、アンナ・シトロン (Anna Citron) と結婚した。彼女は、自分の夫の極悪非道な評判や影の職業について何の関係もなく、ほとんど限られた知識しかもたない信心深い女性であった。彼らは3人の子供をもつことができ、そのうちの1人であるポールは、ウエストポイントでの任用と経歴をもつ成功したビジネスマンとして有名であり続けた。その結婚は続かなかった。すなわち、1947年にランスキーは離婚し、妻は、その後一生とどまることとなった精神病院に入院した。

1930年まで、イタリア人暗黒街は混乱状態にあった。ランスキーは、シチリア系マフィアの2つの派閥間の闘争に関係していた血のカステランマレーゼ戦争＊中、彼の仲間であるルチアーノとコステロに援助を申し出た。ルチアーノは、平和を成し遂げるために自分の首領を裏切り、新しい雇用主であるサルヴァトーレ・マランツァーノが自分を疑っていることを恐れた。マランツァーノは、別の裏切りに対する予防措置として、ルチアーノを暗殺することを計画した。しかし、裏切り行為に参加しているランスキーは、マランツァーノの殺害を準備した。その陰謀は、ルチアーノがニューヨークの最も強大なマフィアの一員として出現したので、成功した。ランスキーはイタリア人ではなかったので、決してラ・コーザ・ノストラ＊の一員になることはできなかったが、彼は、多数の強大な犯罪組織におけるルチアーノや他の人々の仲間としての地位を確立した。

1930年代は、ランスキーにとって忙しい時期であった。つまり、彼は、融通のきく犯罪同盟の中にある分裂した暗黒街帝国を統一した全米犯罪シンジケートの創設における中心人物であった。犯罪同盟のより恐ろしい面の1つは、マーダー・インク*すなわち、シンジケートの首領たちの命令で全米中どこでも殺人を犯す準備をした給与支払い係の上にいるプロの暗殺者の一団であった。ランスキーはまた、キューバやフロリダ州ヘレンデールにもカジノ賭博を準備した。1930年代半ばまでに、彼はニューヨーク州から自分のビジネスを移転させるための良い理由をもっていた。すなわち、ルチアーノと他の暗黒街の首領たちは、犯罪シンジケート壊滅に専念し、撲滅運動をする地区検事トーマス・E・デューイ*によって起訴され、有罪判決が下された。ランスキーは、自分の兄弟のヤコブ（Jacob）と彼の仕事を保護するコーザ・ノストラ構成員のヴィンセント・アロイ（Vincent Aloi）（通称、ジミー・ブルー・アイズ［Jimmy Blue Eyes］青い眼のジミー）によって加入されていた南部を率いた。

　第二次世界大戦が始まった時、ランスキーは、忠実に徴兵登録をしたが、招集されなかった。しかしながら、彼の戦争努力への貢献は、海軍諜報機関との秘密の駆引きと交渉、及びナチの破壊工作とスパイが東の港町のドックを片付けるであろうということを確実にするために、ラッキー・ルチアーノと湾岸のゆすりたかり者の手助けに関わったことである。戦争から数年後、ランスキーは、彼の昔の仲間である「バグジー」・シーゲルがカジノ賭博を切り開いたキューバとネヴァダ州に投資を集中した。

　1950年と1951年のキーファーヴァー委員会*の公聴会は、ランスキー、コステロ、そして多くのゆすりたかり者を、何百万ものアメリカ人の居間の中へと連れ込んだ。その先例のないテレビ公聴会は、いつも静かに暮らし、地味な服を身に着け、他のギャングスターがもっているような世間の注目を決して求めないランスキーにある種の名声を与えた。ランスキーは予想通り、合衆国憲法第5修正を受け入れ、何も話さなかった。1953年、彼はニューヨーク州において、違法賭博*で起訴され、3か月服役した。

　1950年代を通して、ランスキーは、カストロが1959年に政権を握って変化し

たキューバにおいて、自分の利益に集中した。ハバナにあるランスキーの派手で豪華なカジノであるザ・ナショナル（The Nacional）は、革命の指導者たちが賭博を禁止した際、相当な資財と共に差し押さえられた。

1960年代は、メイヤー・ランスキーにとって、いいことづくめではなかった。法執行の情報源によると、ラスヴェガスにおける彼の賭博売上金ごまかし操作は、彼自身と仲間たちに莫大な利益をもたらした。彼は、もっぱら自分の言葉、公正さ、そして誠実さに基づき、大きな事業、ハイリスクな事業ですら築いたので、彼は仲間、すなわち合法的な投資者ですら引きつけることができた。実際、彼は非常に成功しているので、自分の預金口座に気を付けるためにスイスで常勤の資金管理者を保持しなければならなかったということが噂された。司法省は、ランスキーの莫大な犯罪による富の噂を真剣に受け止め、彼の活動を監視するために1962年に「ランスキー特捜班」（Lansky Strike Force）を立ち上げた。FBIが、ランスキーが電話の会話で共謀者に述べた最も広く引用された見解の1つをふと耳にしたのが、この時であった。すなわち、「組織犯罪は、アメリカ鉄鋼産業よりも大きくなる」という見解である。この見解は、組織犯罪が引き起こすであろう潜在的な恐怖の徴候として、法執行者によって広く流布された。

情け容赦ない政府の監視はついに、ランスキーを悩ませ、1970年6月、脱税での起訴を恐れて、彼はイスラエルの「帰還法」（Law of Return）のもとにユダヤ人として市民権を請求したイスラエルへ逃亡した。アメリカは、彼の引渡しを要求し、退屈な法廷闘争の後、イスラエルはランスキーを「国家に対する脅威」と断言し、彼の市民権の申請を拒否した。

滞在許可を否定されたので、1972年にランスキーはパラグアイへ出発したが、飛行機を離陸することの許可すら拒絶された。7か国が避難所のために100万ドル支払うという彼の驚くべき申し出を断った。アメリカに戻ると、年老いた犯罪者は、所得税の脱税及び法定侮辱罪のために、1972年にマイアミで逮捕された。皮肉にも、彼の有罪判決のみが、違法賭博であまり重要でない犯罪であったが、彼の大犯罪者としての名声は、墓まで彼と共にあった。

アメリカに戻り、ランスキーはマイアミで隠遁し、あるいは少なくとも隠遁しようと試みた。1973年、ニューイングランドの賭博師であり、コーザ・ノストラの仲間であるヴィンセント・テレサ（Vincent Teresa）は、自分がロンドンやラスヴェガスの施設からカジノの隠し所得金をランスキーへ定期的に届けたと主張した。ランスキーはその罪で裁判にかけられたが、再び無罪を宣告された。1973年以降、彼が主張したように引退したことが明らかになった。今なお、ランスキーの名前は、ニュージャージー州アトランティック市*におけるギャングの影響に関する政府の公聴会、そして他の賭博事業あるいはチームスター年金基金からの不正な貸し付けに関連して、日常的に表に出るのである。彼が亡くなったとき、何百人もの人が、表面化したものだけが銀行に預けられていたとは誰も信じなかった。死ぬ間際に、彼は取引をした人を決して殺さなかったと誇らしげに語った。しかし、彼は殺害した人間たちを通して生計を立てていたという事実が残っている。

参照文献：Robert Lacey, *Little Man : Meyer Lansky and the Gangster Life*. 1991 ; Hank Messick, *Lansky*. 1973.

ジョゼフ・ランツァ（LANZA, Joseph）（通称、ソックス［Socks］靴下）（1904年シチリアはパレルモにて生誕—1968年10月11日ニューヨーク市にて死亡）ニューヨーク・フルトン・フィッシュ・マーケット*の組織犯罪首領。

釣り船とニューヨークのドック間のせいぜい3フィートの空間を支配することによって、ジョーイ・「ソックス」・ランツァは、国全体の最も利益のある魚介類や海運市場の1つに厳しい管理を与えていた。

若い頃、ランツァはアドバイザーとしてロウアー・マンハッタンにあるフルトン・フィッシュ・マーケットで働き、1923年までには、彼は全米シーフード労働者組合（the Unites Seafood Workers : USW）の組織者になった。この間に、彼はルチアーノ犯罪ファミリー*（のちのジェノヴェーゼ犯罪ファミリー*）の一員として認められ、組合の第359支部（Local 359）の支配権を得た。卸売業者は、腐りやすい商品の荷降ろしと納品のスピードに依存していたので、手間

取るのに弱い。この方法で、ランツァは、自身が値段に関して与えうる自由競争による利益を欲した卸業者から金をゆすり取ることができた。「ソックス」・ランツァを通して、フルトン・フィッシュ・マーケットと最も密接に関係していた犯罪ファミリーは年間20万ドルを絞り取ることができたと概算される。

　ランツァは、フィッシュ・マーケットの周りで厚くカラフルな靴下を履いていたことから、このニックネームを得た。彼は肉体的にタフで大きく、ほとんどの人があえて彼に挑戦することはなかった。1938年、彼は、労働者に対するゆすりたかり*で有罪を宣告され、その後、敵のスパイ活動から湾岸を守る政府の戦時計画の重要人物として、第二次世界大戦初期の局面ににおいて現れた。1942年には、海軍諜報機関局（Office of Naval Intelligence）は、ニューヨーク州及びニュージャージー州の港と湾岸地区を含んだ第3海軍地区が破壊工作とスパイ活動に弱いかもしれないと判断した。海軍諜報機関は、護衛艦の戦争資材と船舶の出入りを扱っている情報がもらされているということと、商業としての漁船団のいくつかの船は、燃料、必需品及びその地域に忍び寄っていると知られている敵の潜水艦に情報を与えているかもしれないということを疑っていた。

　ランツァは、助けを求めて連絡を取った。彼は、港湾労働者を説得して海軍を助けるということと、漁業の小型漁船が潜水艦の目撃例を報告するための特別な情報伝達装置を準備するかもしれないということを示唆するよう頼まれた。地区検事と裁判官が彼に対する刑事告発を考えているけれども、これから先は海軍が彼に代わって慎重に仲裁をするだろうということになっていた。ランツァは、チャールズ・「ラッキー」・ルチアーノ*の仕事、つまり、海軍と組織犯罪との協力をますます高める出来事に参加させるための道具となった。結局、ルチアーノの影響は、とりわけイタリアで生まれた港湾労働者と漁師に関して、ランツァの影響よりもはるかに大きかった。ランツァの努力の結果、海軍諜報員は、主要な湾岸軍事施設の戦略上重要な地点を得ることができ、効果的に諜報活動の監視や反撃をすることができた。湾岸のゆすりたかり者は、国の戦争努力のために船とドックを守る手伝いをした。

1943年、ランツァは恐喝罪で有罪を宣告され、7年6月から15年の判決を下されたが、1950年に釈放され、繁盛している市場に自分の場所を取り戻した。仮釈放違反で1957年に再び逮捕されたが、政治的圧力が仮釈放委員会にかけられたがために彼は釈放された。彼は再び市場に戻り、1968年に亡くなるまで、その仕事をしっかり支配し続けた。

参照文献：Alan A. Block, "A Modern Marriage of Convenience : Organized Crime and U. S. Intelligence," in *Organized Crime : A Grobal Perspective*, ed. Robert J. Kelly. 1986.

「ラリー・ファブ」（**"Larry Fab"**）（すばらしいラリー）（ローレンス・J・デンティコ［Laurence J. Dentico］として、1923年ニューヨーク市ブルックリンにて生誕—）及びイリアーノ・「パンチー」（**Illiano, "Punchy"**）（力強い）（本名、フランク・J・イリアーノ［Frank J. Illiano］として、1928年ニューヨーク市ブルックリンにて生誕—）ジェノヴェーゼ犯罪ファミリーの街路を仕切る首領。

彼には責任能力があると宣言するための長い闘争後の1998年に、ヴィンセント・「ザ・チン」・ギガンテ＊が拘禁されたので、ジェノヴェーゼ犯罪ファミリー＊にはリーダーがいなくなった。ギガンテの代理人であり、この1年間犯罪ファミリーを動かしていたドミニク・V・チリロ（Dominick V. Cirillo）は、1998年5月に心臓発作に襲われた。

犯罪ファミリーの2人の構成員であるローレンス・デンティコとフランク・イリアーノがしばらくの間、街路を仕切る首領として頭角を現した。70代後半のデンティコと同じく70代であるイリアーノは、30年以上もの間、マフィア＊の活動に関係していた。ラ・コーザ・ノストラ＊でソルジャーたち＊を鍛えさせられていた両人は、違法賭博＊、高利貸し業＊、盗品売買、ポルノ及び労働者に対するゆすりたかり＊に関係した250人のソルジャーたちと1,000人以上の準構成員の犯罪活動を支配する20人の頭領＊の指揮を取ったのである。ジェノヴェーゼ犯罪ファミリーの長老の立派な指導者として、デンティコとイリアーノは、首領＊が選ばれるまで、物事を管理し続ける責任があった。他方、シカゴ・ア

ウトフィット*とシチリアのコーザ・ノストラに類似したすべての組織を率いたリーダーシップは、ニューヨーク・コーザ・ノストラの将来の傾向となるかもしれない。近年、連邦政府は、個々の首領たちに対して統制をする努力を集中し、その結果、犯罪ファミリーの活動を撲滅することに成功した。

デンティコには、40年を回顧すると犯罪歴がある。1950年代、彼はヴィトー・ジェノヴェーゼ*のために働き、ヘロイン売買で1949年と1952年の間、刑に服していた。1981年に至ってようやく、彼は、公共建設契約に関して、ニュージャージー州ユニオン市の公務員を買収しようとしたことで有罪を宣告され、6年の刑に服した。

イリアーノは、ジョゼフ・プロファチ*とジョゼフ・ギャロ間及びその後のジョゼフ・コロンボ・ジュニア*とジョゼフ・ギャロ間の戦争の間、悪名高いジョゼフ・ギャロ*ギャングの構成員であった。1970年代半ば、イリアーノは、内部のギャング抗争で負傷した後、ジェノヴェーゼ犯罪ファミリーに参加した。彼は、強姦、暴行、そしてノミ屋業を含めた犯罪で何度も逮捕されたが、それらの多くで無罪を宣告された。彼の経歴を通して、彼は賭博と高利貸し業のゆすりたかりにおいて活動的であり、ジェノヴェーゼ犯罪ファミリーによって支配されたブルックリンのイタリア人街路市から資金を絞り取っていたと信じられている。

参照文献：Donald Goddard, *Joey*. 1974.

ネヴァダ州ラスヴェガス（Las Vegas, Nevada）カジノ賭博複合施設と組織犯罪。

「バグジー」・シーゲル*が、砂漠にある賭博のメッカとしてのラスヴェガスに「未来図」をもたなければ、カリフォルニアとミッドウエスト間の鉄道には、水の供給所しかなかったであろうという伝説がある。第二次世界大戦後、ネヴァダ州の砂漠街は、ギャング団の「利益センター」であると、ある人々には思われていた。ネヴァダ州は、州が早急の発展を必要としたため、賭博及び売春ですら許可することを不景気と戦うための手段として認めている。多くのカウ

ンティの中でも規制の緩い法律を持っていたので、ラスヴェガスは、ギャング・ビジネスのための完璧な環境であり得た。投資金を熱望している多くのラスヴェガスの政治家たちは、取るに足らない資金源でも、ラスヴェガスを建て直すためには見て見ぬふりをするかもしれないと予想され得た。メイヤー・ランスキー*や他の強大な暗黒街の人物と関係していたニューヨーク州のギャングスターである「バグジー」・シーゲルは、砂漠街に賭博カジノを建設する権限を与えられていた。シーゲルは、ギャングの利害関係を組織するための闘争前にカリフォルニアへ移住しており、全く偶然にラスヴェガスを見つけた。その計画への熱意は、彼がカジノやホテルを建設するためにギャングの金600万ドルを手に入れることを可能にした。フラミンゴ（Flamingo）は、破産することが分かっていた。シーゲルは、カジノ建設から大金をくすねていたので、1949年に殺害された。一般で認識されている通り、スターダスト（Stardust）は活気づいた。そうして、デザート・イン（Desert Inn）（提供は「モー」・ダリッツ*とクリーヴランド・シンジケート）、サンダーバード（Thunderbird）（提供はランスキー）、そしてサンズ（Sands）（提供はアブナー・ツヴィルマン*とジョゼフ・スタッチャー*）も活気づいた。これらの成功に関してカジノへの別の波が、国際チームスター同業者組合*の中央の州年金基金（Central States Pension Fund）から引き出された金とギャングによって資金が提供されたので、押し寄せた。リヴェリア（Rivera）（提供は、アルフォンス・カポネ*・アウトフィット）、デューンズ（Dunes）（提供は、レイモンド・L・S・パトリアルカ*とニューイングランド・マフィア）、スターダスト（Stardust）（提供は、トニー・コルネロとシカゴ）、そしてトロピカーナ（Tropicana）（提供は、フランク・コステロ*、フィル・カステルとニューヨーク・コーザ・ノストラ）は、すべてギャングが融資した。カジノは、暗黒街に非常に利益をもたらす。すなわち、無申告の賭博収益（skim）（賭博収益が計算される前に賭博収益を盗むこと）は、違法収入の主要源になった。

　1955年までに、ラスヴェガスは「開かれた町」となり、たった1つの犯罪グループによって支配されることはなかった。ランスキーが、事業の非公式な監

督者としての役割を引き受けるまで、カジノは不正をしていたが、その後、カジノ事業は事務的なものとされ、すぐに利益がもたらされた。フランク・シナトラ（Frank Sinatra）、ディーン・マーティン（Dean Martin）、ジョージ・ラフト（George Raft）やエルビス・プレスリー（Elvis Presley）のようなハリウッドスターや芸能人たちが、賭場の魅力とアピールに加えて紹介された。

　ラスヴェガスでの経験がアメリカの組織化された暗黒街で意味することは、ひょっとしたら禁酒法（禁酒法と組織犯罪*参照）と同じくらい重要であった。暗黒街は、国と地方間及び様々な民族集団間の境界線を金の魅力によって完全に見えなくした状態でさらに組織化された。同時に、街路と縄張りの問題がより複雑化した。犯罪者侵入への恐怖は、ネヴァダ州の公務員に本当にマフィアを排除することを目指したカジノ事業の許可と参入を管理する厳しいルールを設置するよう促した。それは機能しなかったが、ボーイ（Fronts）や脇役（straight men）が秘密のギャングとの関わり合いを隠すことに利用され、シンジケートが引き継いだ。

　1960年代までに、合法的な実業家たちがラスヴェガスに興味を示した。億万長者のハワード・ヒューズ（Howard Hughes）は、ホテルを買い占め始め、ネヴァダ州だけでも17ものホテルを束ねた。しかし、1970年代までに、おそらく多くのギャング従業員が、経験と専門的知識を与えられ、収益をくすねているため、自分の地位を維持し続けられたので、ヒューズは追い込まれていった。ついに、ヒューズは出て行ったが、彼の遺産は重大な影響をもつものであった。彼は、もし「スキミング」の操作に関する暗黒街の影響が除去され得るならば、合法的な人々がカジノを経営することができ、有益に経営することができるということを示した。

　過去20年間、ネヴァダの娯楽に関して官僚たちが、カジノを詳しく調べた限りでは、カジノ産業における合法的な人々と投資者の参入が、事業で利益を回復させていた。ギャングの影響が調査されたので、州で合法化された賭博は、新しい増税に対する主要な仕組みになっており、経済発展を強化する方策として利用できるものである。

参照文献：John Dombrink and William Y. Thompson, *The Last Resort*. 1990 ; Ed Reid and Ovid Demaris, *The Green Felt Jungle*. 1964.

ラテン・キングズ（Latin Kings）（ラテンアメリカ系ストリート・ギャング及びゆすりたかり事業）

　その始まりはイリノイ州シカゴの1940年にまで遡るので、ラテン・キングズは最も古く、ひょっとするとアメリカで最も大きなラテンアメリカ系ストリート・ギャングかもしれない。このギャングは、非ヒスパニックの敵からの略奪を目的とする攻撃に対して自己防衛を形成するものである。自己防衛から、このギャングは、街路で尊敬を勝ち得たという暴力の噂が広まったので、拡大し、成長していった。

　公式に、「全能のラテン・キングズとクイーンズ・ネイション」(The Almighty Latin Kings and Queens Nation) として知られ、このギャングは、イリノイ州、ニューヨーク州、コネティカット州、フロリダ州、ニューメキシコ州及びカリフォルニア州に国を横切って支部を持っており、スペイン語を話す住民が密集して住みついている地域に拡大しているようにみえる。

　このギャングは、ギャング構成員の入会、行動及び礼儀を管理する詳細なルールの宣言を厳守させる階級制と指揮系統を確立していた。他のギャングの場合と同様に、ラテン・キングズは「カラーズ」(colors)、すなわち、死を象徴する黒と生を表す金をもっている。リーダーたちは、ぶっきらぼうなストリート・トークと少数の人だけが知っている語彙を混ぜた言語によって付け加えられ、苦心して作り上げたタイトル、すなわち、「王の血」(King Blood)、「最初の最高の王冠」(First Supreme Crown)、「王の風格」(King Tone)、及び形式によって知られている。

　1980年代、このギャングは、構成員の多くが麻薬不正取引、恐喝、武器の密輸などで刑に服しているいくつかの州の刑事施設で確立した。1980年代の絶頂期には、ギャングは2,000人以上の構成員を持ち、規模が大きくなるにつれ、以下のような規律に関する問題が生じた。すなわち、1990年代初期、コネティカ

ットの連邦矯正施設で終身刑に服しているフィデル・カストロによって行われたキューバのマリエル亡命からのキューバ難民であり、当時の「王の血」であるルイス・フェリペは、ギャングの金を盗んだことやその他規則を破ることで有罪になったメンバーの処刑を命令したために規律に関する問題が生じた。街路の副頭領は、「T・O・S」（1日で終わらせる）を何人かの構成員に指示し、あるいは、さほどひどくない犯罪者には「B・O・S」（1日で打ち負かせ）を指示した。

　いまだギャングを定義するのは暴力にもかかわらず、洗練された犯罪事業に発展させたラテン・キングズのように、彼らは、ある少数派にとって、犯罪は最終的に中層階級の地位へ社会階層を登ることを意味する、組織犯罪に関する民族的連続性*の理論を実証するように思える兆候すらあるのである。

　参照文献：C. Ronald Huff, ed., *Gangs in America*. 1990.

ラテンアメリカ系組織犯罪（Latino Organized Crime）アメリカにおけるラテンアメリカ系あるいはヒスパニック系犯罪組織は、過去30年間で著しく成長している。アメリカでスペイン語を話す人々の人口が増加するにつれ、その組織犯罪はアメリカの都市の至る所に広がっている。多くの犯罪者集団が歴史的に、暗黒街での足場を得るために密造酒のような伝統的悪行に依存する場所で、ラテンアメリカ系集団は、主に薬物のおかげで成功していた。1980年代と1990年代の間、コカインの流通は、たいていの組織犯罪集団にとって最も大きい収入源の1つであり、ラテンアメリカ系集団が扱う最も重要な商品の1つであった。典型的に、コロンビアの製品は、アフリカ系アメリカ人や地方の売人に売る街路販売や小売に委ねるため、アメリカにコカインを輸送し、流通させるメキシコとカリブ海のグループと取引する。キューバ人、ドミニカ人及びジャマイカ人は、コロンビア輸入業者とコカイン及びコカインの効果から派生したクラックを扱うストリートギャングとの間のブローカーとして仕えるのである。

　すべてのラテン系アメリカ人犯罪組織が、同様の方法で発展しているわけではない。ドミニカ人は、ニューヨーク州、ニュージャージー州、ペンシルヴァ

ニア州及びコネティカット州において密売を牛耳っているのに対して、キューバ人は、サウスイーストで麻薬密売に集中し、巨大な賭博シンジケートを発展させた。メキシコ人は、ウエストコーストや南東部で事実上麻薬密売を独占し、シカゴ首都圏に影響を与えている。これらを比べると、アメリカの中東エリアに長い歴史をもつプエルトリコ人は、組織犯罪において比較的小さなプレーヤーにとどまっている。いまだ、ラテン・キングズ*のようなストリート・ギャングたちは、ニューヨーク州やコネティカット州のメンバーに何千もの若いプエルトリコ人を招いている。**ホセ・ミゲル・バトル、コロンビア薬物カルテル、ドミニカ系薬物不正取引、ラテン・キングズ**をも参照。

　参照文献：Rensslaer W. Lee Ⅲ, *The White Labyrinth*. 1990.

カーロス・レーダー゠リヴァス（LEHDER-RIVAS, Carlos）（1949年コロンビアにて生誕─拘禁中）メデリン・カルテル薬物王。

　カーロス・レーダー゠リヴァスは、コロンビアで誕生したが、ミシガン州デトロイトに約10年間住み、そこで彼は英語とアメリカ文化の知識を取得した。1973年、彼は車泥棒とかかわるようになり、逮捕された。彼は保釈中に失踪したが、後に麻薬所持の罪でマイアミで逮捕された。彼が1975年に釈放されたとき、彼は国外追放された。1980年まで、彼はアメリカにコカインを密輸していた。商売はとても利益をもたらしたので、飛行機1機分のコカインがアメリカに輸送され、メデリン・カルテルのリーダー、パブロ・エミリオ・ガボロア・エスコバー*によってある程度供給されていた。

　麻薬密売の成功は、レーダーを、バハマにあるノルマン小島に移転させる結果になり、そこで彼は豪華な家を買い、アメリカで麻薬密売事業を容易にするために飛行場を建設した。レーダーは、バハマの首相、リンデン・O・ピンドリング（Lynden O. Pindling）を買収して、密輸活動を見ないふりをさせたといわれている。メデリン・カルテルの他の構成員、すなわち、パブロ・エスコバーと、ホーゲ・ルイス・ヴァスケス・オチョア*は、アメリカへのコカイン出荷のために滑走路を利用した。レーダー、エスコバー及びオチョアとの密接な

関係は、最も拡大した時期においてコカイン取引を支配し、組織の条件を定めたシンジケートから進展した。

1981年、レーダーは、麻薬密売と所得税の脱税でフロリダ州ジャクソンビルの大陪審によって起訴された。彼の引渡しが要求されたが、その前に彼は発見され、逮捕されなければならなかった。

レーダーは、政治権力の幻想に取りつかれ、激しい反米主義者になった。彼は、成年運動を設立し、コロンビアにある行政官庁の志願者を支援した。彼は、裁判のためにアメリカへの逮捕及び引渡しへのアメリカ法執行の圧力によって追い詰められたと感じたのか、1985年の逃亡中に、レーダーは、アメリカ帝国主義に抵抗しようとして「コカインの大儲け」に参加するために、M-19として知られているマルクス主義者集団のようなコロンビア革命組織に訴えているコロンビアのテレビに出演した。レーダーは、唖然とした聴衆に、マリファナとコカインは、北米大国の権力に対する革命の武器となりうると説明した。彼の党新聞は、DEA（麻薬取締局）を非難する記事を印刷し、彼の麻薬組織は、農民にゲリラ兵や売人に参加するよう説得するために地方にチラシを配布した。

1987年の対決で、レーダーはついに逮捕され、アメリカに引き渡された。レーダーは、自分の愚行で引き寄せた世間の注目を恐れた薬物カルテルの人々によって裏切られたのかもしれない。翌年、彼はコカイン密売で有罪判決を下され、連邦矯正施設で仮釈放のない終身刑に処せられた。

参照文献：Paul Eddy, Hugo Sabogal, and Sara Walden, *The Cocaine Wars*. 1988.

ジェイムズ・T・リカヴォリ（LICAVOLI, James T.）（通称、ブラッキー［Blackie］黒んぼ、ジャック・ホワイト［Jack White］白んぼジャック）（1904年ミズーリ州セントルイスにて生誕—1985年ウィスコンシン州オックスフォードの連邦矯正施設にて死亡）1970年代と1980年代のクリーヴランド・コーザ・ノストラ犯罪ファミリー首領。

ジェイムズ・リカヴォリは、デトロイト、セントルイス及びクリーヴランドにある組織犯罪の有名なファミリー出身であった。リカヴォリは、1938年にク

リーヴランドからやってきて、オハイオ州のヤングスタウンとウォーレンに賭博に対するゆすりたかりを確立した。禁酒法時代、最上位の密売人*であり、クリーヴランドのメイフィールド・ロード・ギャングのリーダーであった「モー」・ダリッツ*は、デトロイトとセントルイスでリカヴォリと提携した。ダリッツと彼の仲間達がハバナ、マイアミ、そしてネヴァダ州ラスヴェガス*に移ったとき、デトロイトとクリーヴランドの都市は、マフィア*に委ねられた。

1976年のクリーヴランド・コーザ・ノストラのジョン・スカリーシュ（John Scalish）の死と共に、リカヴォリが首領*になると思われていたが、別の野心のあるマフィアの一員のジョン・ナルディ（John Nardi）によって挑まれた。クリーヴランド・チームスターにおけるリカヴォリの地位の権力とダニー・グリーンのアイルランド系ギャングとの協力関係を結合し、ナルディは、リカヴォリを押しのけて、熱望した首領の地位に就こうとした。マフィア抗争が、クリーヴランドで始まった。両者のソルジャーたち*は、殺害されて発見されたり、あるいは、車の爆発で吹き飛ばされて消え始めていた。

ギャングスターの集団がアクロンやその他のオハイオ州の都市で街路や車道から発見されたとき、他の犯罪ファミリーは不安になり、我慢できなくなっていた。ニューヨーク州におけるジェノヴェーゼ犯罪ファミリー*の総長であるフランク・ティエリ*は、外部の援助を断ったリカヴォリに援助を申し出た。シカゴ・アウトフィット*のジョゼフ・ジョン・アユッパ*が、不安の原因であった。彼は、戦いにかかわらないためにリカヴォリに共感するかもしれないシカゴ・アウトフィットのメンバーに命令した。リカヴォリは、クリーヴランド以外のより大きな犯罪ファミリーの脅迫にもかかわらず、効果的に首尾よく戦った。

リカヴォリは、良い街路の戦略家だけではなく、悪賢い首領であることを証明した。彼は、情報提供者に情報を提供するために、女性を事務職に潜入させることによって、地方FBIの形勢をどうにか一変させようとした。その後もなお、1982年に彼はRICO法*の罪で有罪判決を下されたが、彼はその栄誉の印をもった最初のマフィアの首領であった。彼は3年後、拘留中に亡くなった。

参照文献：Hank Messick, *The Silent Syndicate*. 1967.

アルフレッド・リングル（LINGLE, Alfred）（通称、ジェイク［Jake］）（1892年イリノイ州シカゴにて生誕—1930年6月9日シカゴにて死亡）警察詰め記者かつギャング団構成員。

　ジェイク・リングルは、1920年代にシカゴ・トリビューンで普通の警察詰め記者として少ない給料を得ていた。彼は裕福な家には生まれなかったが、シカゴの家とインディアナ州にある夏の別荘を所有していた。彼はフロリダ州で冬期休暇を取り、過度な賭け事をし、しばしば、競馬に1,000ドルを賭けた。

　リングルは、シカゴ犯罪首領のアルフォンス・カポネ*の給与支払係であり、シカゴ・ギャング団と警視総監の仲介者の役目を果たし、警察からの援助を暗黒街の金及び影響力と交換した。

　混雑した鉄道駅で白昼に起った殺害の余波で、ジェイク・リングルは、公衆に知らせるために命を危険にさらしたジャーナリストとして、そして撲滅運動をする専門家として、国民の英雄の象徴になった。しかしながら、ギャング団と頽廃した法執行機関との怪しげな密通が明らかにされると、犯人逮捕を導く情報のための総計約6万ドルの報償金は素早く静かに打ち切られた。明らかに、リングルは、アメリカ新聞出版社協会が彼を褒めたたえたように、彼が「第一線の戦士」だったからでなく、彼は決して現れない政治的領袖たちからたくさんの賄賂の代わりに支援を約束することによって、厚かましくもカポネを裏切ったので、殺害されたのである。彼、つまりリングルは、堕落した「プレーヤー」だったので、リングルは、犯罪者たちが尊重したほとんどのジャーナリストたちが持っていた「外交官免責特権」を享受していなかった。**ヴィクター・リーゼル、デイモン・ランヨン、ウォルター・ウィンチェル**をも参照。

　参照文献：Laurence Bergreen, *Capone : The Man and the Era*. 1994.

高利貸し業（Loansharking）　高利貸し業とは、「高利貸し」（usury）とも呼ばれ、法定制限を超過する利益率でお金を貸すことである。かつて、そして今な

お多くの状況で、高利貸し業と賭博とは、堅く結びつけられている。賭博の場面での敗者は、高利貸したちに依存することによって、自分たちの問題を解決する。すなわち、略奪者は、瞬時のローンに高い利子を付け加えるのである。

高利貸し法（Usury Laws）は、年間約25％の利率制限を設けている。しかし、高利貸したちは、週20％も請求するかもしれない。典型的に使用者は、ローンのための銀行のような合法の貸付機関に頼ることができない高信用リスクの顧客である。リスクの代わりに、高利貸しは「5対6」——つまり、5ドル借りる毎に、6ドルが毎週返金されなければならず、それは年間利率が1,004％に達する——を請求する。暗黒街の隠語あるいは俗語で元金（借りた額）は「ザ・ナット」(the nut) と呼ばれ、利子は「ザ・ヴィグ」(the vig) と呼ばれる。

いくつかのビジネスの基準からみれば、高利貸したちは組織犯罪に最適な仕事である。高利貸しは、運営費がほとんどかからない。すなわち、事務所、文書の告発する記録、正社員あるいは運営費、そして特別な知識技術も必要ないということである。単に、顧客を脅かして支払いをさせる能力だけあれば良い。高利貸したちは、人の問題を札入れからやひどい記憶から追い出す。他の犯罪の種類と異なり、高利貸したちは、特別な道具も所有せず、あるいは、人が扱う印のない現金を超えた有罪の証拠を残すこともない。めったに警察に悩まされることがないので、高利貸したちは、警察に賄賂を贈る理由がほとんどない。非公式にけた外れに大きい利率でお金を貸すことは、ドルの量あるいは損得勘定の点から賭博にははるかに匹敵しないが、高利貸し業は、違法賭博＊よりもはるかに良いビジネスである。

高利貸したちは、時々「シャイロックス［shylocks］シャイロックたち」として言及されており、それすなわち、シェイクスピアの『ヴェニスの商人』(*The Merchant of Venice*) におけるユダヤ人の金貸しのことなのである。つまり、「シャーク（shark）」は、「シャイロック」(shylock) の通称名の転訛なのであり、「シャーク」は、その慣行（practice）を正確に記述する「ローンシャーク」(loanshark：高利貸し) になったのである。

今日、高利貸しは、利益をもたらすだけでなく、その上に他の機会への手段

でもある事業を経営する。誰もが自分自身で非公式の金貸し事業ができるということは真実だが、ねばり強いという評判がなければ、人はすぐに金を回収できなくなるだろう。しかしながら、組織犯罪集団と結びついた個人は、無理に返済させるための多様な脅しをもっているのである。

　高利貸し業ビジネスは、典型的に階層制である。すなわち、最高位には、貸すための金を提供する出資者がいる。これは、「ストリート・マネー」として流通する何千ドルを委ねられる主要な組織の人物であるかもしれない。2番目の地位には、貸す仕事を任せられた仲介人である。彼らの役割に関して、仲介者は「ザ・ヴィグ」または利息、あるいは彼らが配当で受け取る金の週に約1％を支払う。その代りに、自分が決めた通りに金を貸す自由をもっている。しばしば、中間の貸主は、実際に金を貸す3つのレベルに分けられた貸主に金を分配する。彼らは順番に金の使用のために2.25％につき1％を支払い、彼らは市場が我慢するであろうどんな利率でも金を貸すことができる。

　借り手は、様々な必要性で高利貸しのもとへやって来る。すなわち、購入や迅速な取引のために多額の現金を必要とする薬物の売人、かなり履行遅滞した賭博の借金を支払いたくてたまらない人々、そして、別の状況では、供給者のやむを得ざる出費あるいは給与支払係に応じるために多数の現金を必要とするビジネスマンのような、合法なクレジットや貸付機関から孤立した誠実な市民たちである。衣服製造産業は、しばしば現金流出問題で苦しめられ、多くの製造業者が、景気と不景気の転換期あるいは周期的サイクルを通して自分たちを助けるために高利貸しに手を伸ばす。

　暴力は法執行を引きつけ、「理性的な人々」としての評判を傷つけるので、暴力を使用したいとは思わない。実際、高利貸しは、「ザ・ヴィグ」に興味があり、もしそれが手に入らないならば、借金がビジネス（マネー・ローンダリングのため）あるいは他の金融資産を得るための方法として資金が融資される。

　しかしながら、貸付金は返還させ、そして不確定な手数料の支払いの条件は、非常に多く、高利貸し業は、利益をもたらす事業である。その利益性の概算は、確立した犯罪ファミリー間で年2億ドルにまで達するのである。

参照文献：M. Haller and J. Alvitti, "Loansharking in American Cities : Historical Analysis of a Marginal Enterprise," in *Prostitution, Drugs, Gambling and Organaized Crime-Part I*, ed. E. Mankkomen. 1992.

カーマイン・ロンバルドッツィ（LOMBARDOZZI, Carmine）（通称、ザ・ドクター［The Doctor］医者、ザ・キング・オブ・ウォール・ストリート［The King of Wall Street］ウォール街の王、ザ・イタリアン・メイヤー・ランスキー［The Italian Meyer Lansky］イタリアのメイヤー・ランスキー）（1919年シチリアにて生誕―1992年5月10日ニューヨーク州ブルックリンにて死亡）ガンビーノ犯罪ファミリー*頭領*かつ有価証券の専門家。

　カーマイン・ロンバルドッツィが、車道にロールス＝ロイスを止め、船のドックにヨットを持つニューヨーク州ブルックリンにあるマンションで、1992年の5月に心臓発作で亡くなったとき、「ザ・ドクター」は、ガンビーノ犯罪ファミリーの金融界の鬼才として知られていた。数年間にわたり、上品な服装をし、小奇麗な頭領は、ニューヨーク州の金融地区で最も大きな高利貸しとなり、株式市場に投機する資金を必要とする多数のブローカーや何百万人ものウォール街事務処理部門の職員に法外な貸し付けをしていた。カーマイン・ロンバルドッツィは、最終的にガンビーノ・ファミリーにおいて大いなる稼ぎ手になった。

　彼の高利貸し業*は、ウォール街への参入を可能にした。ロンバルドッツィの仲間は、有価証券詐欺、窃盗及び株式市場詐欺を専門にした。ガンビーノ・ファミリーにおける彼の重要性は、アメリカの主要なラ・コーザ・ノストラ*・ファミリーからの代表者が、全米にとって重要な問題や方針すべてを議論するために開いた1957年のアパラチン会議*への出席から明白である。

　1960年、ロンバルドッツィと彼の仲間であり「アーティー・トッド」（Artie Todd）あるいは「ジョーイ・グラッソ」（Joey Grasso）としても知られていた「アルトゥーロ・トートレッロ」（Arturo Tortorello）は、いくつかの株式詐欺で起訴された。1963年、両者は有罪判決を宣告され、以前の有罪判決と関連した保護観察違反で刑に服した。1962年のはじめ、金融界は有名な仲介業務会社

であるバチェ・アンド・カンパニー（Bache and Company）からの譲渡できる有価証券130万ドルが盗まれたことにより揺さぶられた。窃盗に関与した従業員の逮捕は、シャツの下に盗んだ株を隠し、会社のオフィスを単に抗議して立ち去った、会社の株式記録係も含まれていた。盗まれた有価証券を回収しようとして逮捕された人々の中には、カーマインの兄弟であるジョン・ロンバルドッツィ（John Lombardozzi）がいた。その後の情報は、カーマインが、盗んだいくつかの有価証券を分配してしまっていたことを暴露したが、そのことが、スイス銀行へそれらの有価証券がわたった経路を見つけ出すことになったのであった。

　アメリカ上院調査小委員会の証言で、証人は、賭博の借金あるいは他の金融問題によって追い込まれており、ウォール街事務員に対して影響力を持っていた者として、ロンバルドッツィを指し示した。ロンバルドッツィは、薬物の売人がコカインやヘロインを扱う方法で盗まれた有価証券と株の売買をした。盗まれた株を売買した前科者が、1958年と1963年の間に、盗まれた有価証券の5,000万ドルに対して4,000万ドルが、カーマイン・ロンバルドッツィを通してやってきたと指摘した。株は彼の主要な犯罪上の利益だったが、ロンバルドッツィはまた、その助言が広く求められたガンビーノ・ファミリーにおける強力な高利貸しとしても知られていた。

　　参照文献：Humbert Nelli, *The Business of Crime*. 1976.

ニッキー・ルーイ（LOUIE, Nicky）（イン・ポイ・ルーイとして、1951年香港の九竜にて生誕—）ゴースト・シャドウズ（[Ghost Shadows] 鬼影）・チャイナタウン・ギャングの創設者。
　ニッキー・ルーイは、1920年の堂（Tong：トンまたは堂あるいは党）戦争以来、チャイナタウン初の暴力犯罪の首領である。彼がその地位に到達する前、チャイナタウンのギャングたちは、悪漢、歩行者からの強盗に従事した迷惑行為及び商人へのひどいゆすりにすぎなかった。ルーイは、アイルランド、ユダヤ及びイタリア移民が無一文、無知、そしておびえながら到着した19世紀の初

期に行ったように、ストリート・ギャングを犯罪事業に変更させたことによって、これを大きく変えた。彼のギャングでもある鬼影（ゴースト・シャドウズ）は、コミュニティの堂やファミリー連合のどれにも劣らず、チャイナタウンで有力になった。

彼の物語は、典型的であった。すなわち、香港の九竜のスラムで生まれたので、彼は15歳で家族と共にニューヨーク市へ出稼ぎに行った。ルーイと家族は、ヨーロッパの年間移民割当数より、アジア、アフリカ、そしてラテンアメリカ人の移民に優先権を与えた1965年移民法の大改正に伴う、中国移民の第一波の一員であった。彼の両親はよく働いたが、ニッキーは、チャイナタウンのヘスター・ストリートの近隣ギャングに感銘を受けた。

1970年、彼は、後に鬼影に改名されるシン・イー・オン（Sing Yee On）と呼ばれたギャングを結成した。堂の構造に沿って形作られたので、そのギャングには、議長、会計係、そしてイギリス人と中国人の書記官がいた。ルーイは、決して、アルフォンス・カポネ*のようなタフ・ガイの一員ではなかった。彼はきゃしゃな体つきをし、少年のように見えるが、悪賢さと進んで暴力を用いることで有名になった。

1975年までに、鬼影が、自分たちの領域を拡大し、他のギャングの縄張りを侵略したとき、抗争が勃発した。1976年までに、恐喝の領域や賭場を越えた中国人ギャングズ間のギャング間抗争がクィーンズやブルックリンの、中国人コミュニティが定着した場所ならどこであろうと、チャイナタウンの街路に波及した。その主要なリーダーたちは、ライバルのヒップ・シン・トン（Hip Sing Tong：協勝堂）と結合したフライング・ドラゴンズと、中華公所（Chinese Consolidated Benevolent Association）と結びついたホワイト・イーグルスであった。ライバルギャング構成員によるものと、自分自身のギャング内からのルーイに対する幾度かの暗殺の試みは失敗した。彼は逃走して、シカゴとトロントで新しい関係を確立しようとした。1985年までに、ルーイの鬼影の25人の構成員は、RICO法*におけるゆすりたかり*の罪で有罪判決を下された。彼の政府への協力は、自分の刑期を9年減らした。1994年に彼は釈放され、映画製作

において、利益を追求している。**中国人ストリート・ギャングズ、中国人三合会**をも参照。

参照文献：Ko-lin Chin, *Chinese Subculture and Criminality.* 1990.

ウィリアム・ロヴェット（LOVETT, William）（通称、ワイルド・ビル［Wild Bill］野生のビル）（1892年ニューヨーク市にて生誕—1923年10月31日ニューヨーク市にて死亡）アイルランド人の湾岸のゆすりたかり者であり、白手団＊のリーダー。

「ワイルド・ビル」・ロヴェットは、20世紀初期の数十年、ニューヨーク州湾岸におけるアイルランド人の無法者やギャングスターたちを率いた。彼は、相当な悪賢さと勇気を持つきゃしゃな体つきをした男であった。第一次世界大戦中、第11歩兵師団の軍務に服し、十字章を獲得した。国内戦線、すなわち、ブルックリン橋やレッドフックの周りのブルックリン・ドックスでは、フランスの北フランス・ベルギー戦線と同じくらいに危険であった。ロヴェットは、内密の行為や巧妙さを通して白手団＊、すなわち、埠頭のアイルランド支配を脅かしたイタリアの犯罪者たちである黒手団（ラ・マーノ・ネーラ）＊と対決するため集まった、湾岸の窃盗団とアイルランドの恐喝ギャングの支配権をどうにか掌握した。

ワイルド・ビルの湾岸のゆすりたかり＊への接近方法は、直接的でかつ単純であった。すなわち、ギャングへ貢物をすることを拒んだ船荷主、ドックのオーナー、あるいは港湾労働者は、時として弾丸による負傷によって警告される。もし、彼らがそれでもなおギャングを拒絶し、あるいは抵抗したならば、殺されるであろう。これらの残酷で分かりやすい戦略に対して、ロヴェットは、一時的にドックからマフィアを立ち退かせた。彼の暴力的な小競り合いにもかかわらず、ロヴェットは拘置所で約7か月を費やした。彼はまた、銃創に耐えるための能力も持っていた。彼は、1923年1月、胸、すなわち、心臓の真上を2回撃たれたが回復した。彼が回復しなかったのは、彼が酔っぱらっていた間に幾人かのマフィアの一員が攻撃した1923年の10月の攻撃によるものであった。

彼は、3度撃たれ、頭蓋骨を手斧で割られて殺された。

ロヴェットの暗殺と共に、ジョゼフ・アドニス*、ヴィンセント・マンガーノ*、そして、アルバート・アナスタシア*のようなイタリア系ギャングスターたちは、湾岸を引き継ぐために移動した。

　参照文献：Richard Hammer, Playboy's *Illustrated History of Organized Crime*. 1975.

ガエターノ・ルチーズ（LUCHESE, Gaetano）（通称、スリー・フィンガー・ブラウン［Three-Finger Brown］3本指のブラウン、トーマス［Thomas］、トミー・ブラウン［Tommy Brown］）（1899年12月1日シチリアのパレルモにて生誕―1967年7月14日ニューヨーク州リド・ビーチにて死亡）コーザ・ノストラ犯罪ファミリー*首領。

　トーマス・ルチーズは、1911年にアメリカへ移住したが、1943年まで帰化市民になれなかった。1921年、彼は重窃盗罪（自動車窃盗）で有罪判決を宣言され、短期刑に服した。1920年代後半、ルチーズは、実業家たちを脅して恐喝の支払いをさせるために労働組合の暴力団員を雇い、衣服センターに移動した。彼はまた、イタリアの宝くじに熱中するための時間をみつけた。彼は活動分野を広げ続け、非合法的利益と合法的利益とを混ぜ合わせた。彼のカリフォルニア・ドライフルーツ輸入業会社もまた、違法アルコール製造業の前身として機能した。

　1930年代の間に、ルチーズは、衣服産業における強大な勢力となった。彼はマフィアの一員として能力を示したことによって、労働組合のコンサルタントとして働き、そして、ニューヨーク市の7番街にある「スウェット・ショップ」が労働組合を結成するのを防止した。第二次世界大戦中、その当時ルチーズが副首領*であったコーザ・ノストラのガリアーノ犯罪ファミリーは、砂糖、ガソリンの配給スタンプ及び食肉の闇市場（違法な販売、製造及び配給）に大いにかかわっていた。その当時、ヴィンセント・マンガーノ*とアルバート・アナスタシア*の犯罪ファミリーの頭領であるカルロ・ガンビーノ*と協力して、ルチーズの衣服事業を通して、ルチーズは、軍隊の制服を作る政府との契約を

手に入れることができただけでなく、彼が創設を手伝った巨大な闇市場で製造された民間人の服を売ることもできた。

ルチーズは、戦後、ラ・コーザ・ノストラでの地位が上がった。彼は衣服産業により打ち込むようになり、退役軍人の住宅団地を作るために建設会社を始めた。建設産業の労働組合における彼のかなりの影響力は、彼が合法的な競争相手を挫折させることを可能にした。

1953年、ガエターノ・ガグリアーノ（Gaetano Gagliano）が自然死し、ルチーズが犯罪ファミリーの首領＊として彼の後を継いだ。彼の権力と富のために、彼は自分の過去の犯罪を事実上どうにか一掃しようとした。彼の息子は、ウエストポイントにあるアメリカ空軍士官学校への議会の推薦による任命を受けることができたが、彼の娘は、カルロ・ガンビーノの息子と結婚した。

1960年代までに、彼は億万長者になったと信じられている。その頃、政府は、1947年と1951年の間の未納税のために、彼に対して16万2,000ドルを徴収した。彼は、ニューヨーク州犯罪委員会、湾岸委員会、そして労働者に対するゆすりたかり＊に関するマックレルランド委員会＊によって調査された。1970年代、彼の犯罪ファミリーの構成員は、ケネディ国際空港での大規模なハイジャックと窃盗に関与していた。

ルチーズは、1921年に彼の指紋を採取した警官から「スリー・フィンガー・ブラウン」とあだ名を付けられた。彼は1919年に機械工場で右の人差し指を失い、1921年の逮捕後、シカゴ＝カブス野球チームのピッチャーであったモルデチャイ（Mordechai）（スリー・フィンガー）・ブラウンのファンであった警官が、逮捕記録の別名項目の下にその名前を書いたのである。ラ・コーザ・ノストラの組織における彼の役割は、極めて重要であり、何にもまして、彼の犯罪歴からはかなりの配慮は当然のことであるというのがその理由である。**ジョゼフ・ギャロ**をも参照。

参照文献：Howard Abadinsky, *Organized Crime*, 5th ed. 1997 ; Joseph Bonanno, with S. Lalli, *A Man of Honor : The Autobiography of Joseph Bonanno*. 1983.

ルチーズ犯罪ファミリー（Luchese Crime Family） この犯罪ファミリーは、「トミー・ブラウン」や「スリー・フィンガー・ブラウン」（Three-Finger Brown：3本指のブラウン）としても知られていたガエターノ・ルチーズ*によって率いられ、1930-31年のカステランマレーゼ戦争*で、「ジョー・ザ・ボス」・マッセリア*のギャングと戦っていたサルヴァトーレ・マランツァーノ*・マフィア・ネットワークと共に始まった。1953年までファミリーのボスだったトム・ガグリアーノ（Tom Gagliano）が死亡したとき、副首領*であったルチーズが首領*になった。

法執行機関の情報によれば、ルチーズの命令の下に、犯罪ファミリーは、多くの利益が上がる不正取引（薬物、賭博、高利貸し業*、車両強盗）と、合法的事業、とりわけ、建設、衣料、契約廃品回収で繁栄した。ルチーズは、カルロ・ガンビーノ*のように冷淡ではなく隠し立てもしなかった。1959年代に、ギャングの関係と隠蔽工作の責任に直面して無理やりやめさせられ、信用を失ったウィリアム・オドワイヤー（William O'Dwyer）に取って代わって、市長ヴィンセント・インペリテリ（Vincent Impellitteri）が主要な支援者になった。

1967年、ルチーズは自然死した。犯罪ファミリーのリーダーは、イースト・ハーレムにおける麻薬密売及びゆすりたかりが1974年の長期刑を導いたカーマイン・トラムンティ（Carmine Tramunti）に変わった。より機知に富み狡猾なボスである「トニー・ダックス」・コラーロ*は、それぞれ、副首領と顧問*として、サルヴァトーレ・サントロ（Salvatore Santoro）（通称、トム・ミックス[Tom Mix]）とクリスティー・フルナリ（Christy Furnari）（通称、クリスティー・ティック［Christy Tick］かちかち時計のクリスティー）と共に支配権を握った。彼は1978年にラ・コーザ・ノストラ*・コミッション*によって首領として承認された。

ルチーズ犯罪ファミリーは、5つのニューヨーク州にあるファミリーの中で最も小規模だった。法執行の推計（1992年）によると、犯罪ファミリーは、100人から115人の構成員から成り、およそ500人の準構成員の支援集団をもっている。

LCNコミッションのメンバーであるとして、1986年に100年の刑期を宣告されたコラーロの下に、洗練され、平和なという噂をもった犯罪ファミリーは、水道、ガス及び電気に関する、ジョン・V・リンゼイ（John V. Lindsay）市長の理事、ジェームズ・マーカス（James Marcus）と共に、ニューヨークの主要な政治的スキャンダルに巻き込まれていた。もし、マーカスが優先会社のためにニューヨーク市貯水池の清掃契約を取り決めることができたならば、マーカスは、コラーロが除去することに賛成した巨大な賭場を持っていただろう。その陰謀は気付かれ、すべての支配者が罰せられた。コラーロは、1967年の事件で2年服役した。

近年、他の犯罪ファミリーのように、ルチーズ集団が、暴動、裏切り、そして起訴で苦しんでいた。内部抗争と政府の証人保護プログラム*への寝返りで、暴力的で精神病のアンソニー・「ガスパイプ」・カッソー*が1991年に首領を引き受けた時点で、リーダーとしての地位を破壊した。1994年、ラ・コーザ・ノストラ犯罪ファミリーにおける弱点の目安としては、カッソー自身が政府の証人になったことを認めたことにある。

参照文献：Ernest Volkman, *Gangbusters*. 1998.

チャールズ・ルチアーノ（LUCIANO, Charles）（通称、ラッキー［Luchy］幸運な、チャーリー・ラッキー［Charley Lucky］、チャールズ・ロス［Charles Ross］）（サルヴァトーレ・ルカニーアとして、1897年11月24日シチリアにて生誕―1962年ナポリにて死亡）主要な犯罪シンジケート*の創設者であり、ラ・コーザ・ノストラ*の首領*。

チャールズ・「ラッキー」・ルチアーノは、騒々しい暴漢のギャングから、円滑に動く犯罪シンジケートに変化させたことで最もよく知られている。彼は、アルフォンス・カポネ*あるいはジョン・ゴッティ*のように不作法ではなく、ニューヨーク暗黒街において最初の「小粋な身なりの首領」（dapper don）であった。

アル・カポネだけは例外だが、「チャーリー・ラッキー」（Charley Lucky）、あ

るいは「チャールズ・ロス」(Charles Ross) として知られたチャールズ・「ラッキー」・ルチアーノは、20世紀に最もイタリア系アメリカン・ギャングスターに影響力があった。1931年、ルチアーノは、「アメリカナイズされている」組織犯罪において、重要な役割を果たした。メイヤー・ランスキー*、オウニー・マドゥン*、「モー」・ダリッツ*及び国中の他の暗黒街の人物と共に、ルチアーノは、全米賭博シンジケートとマフィアの一員間での論争や紛争を解決するためのマフィア*・コミッション*の創設を手伝った。

　サルヴァトーレ・ルカニーアは、この世紀の初めにシチリアで誕生した。1906年、彼の家族はアメリカに移住した。ルチアーノは、合法的な帽子工場で働き始めたが、マンハッタンのロウアー・イーストサイドのスラムにおける生活はまた、彼の家族や多くの他の移民が義務づけられてきた少数民族の重労働を押しのけた一連の犯罪技術や価値を彼に身につけさせた。

　18歳になる前に、ラッキーは、ヘロイン所持で起訴され有罪判決を下され、6か月服役した。1916年までに、彼は悪名高い「ファイブ・ポインツ・ギャング」(Five Points gang) の先頭に立つ構成員だった。日常の犯罪活動を除いては、ファイブ・ポインツの者は、政治機構のタマニーホールで働き、その保護を楽しんだ。

　1920年までに、ルチアーノは、密売の組織犯罪における権力者として台頭し、メイヤー・ランスキーと「バグジー」・シーゲル*と密接に結びついていた。ランスキーやシーゲルを通して、ルチアーノは、彼のユダヤ人や他の非イタリア人との友好関係のおかげで、多くの伝統的に結びついたマフィアの一員が「汚いカラブリア人 [the dirty Calabrin]」と呼ばれたダッチ・シュルツ*、ビッグ・ビル・ドワイヤー、アーノルド・「ザ・ブレイン」・ロススタイン*、ダンディ・フィル・カステル、フランク・エリクソン、そしてフランク・コステロ*のような他の少数民族のギャングスターを含む彼の友人仲間のネットワークを拡大した。ラッキーは、市職員から身の安全を買うコステロの能力に感心した。その能力とは一流のゆすりたかりや悪徳の成功における重要な要素であった。

　非イタリア人との結合に関し、昔のマフィアの一員の警告を無視したので、

ルチアーノは、「口髭のピートたち（Mustache Petes）」（古い世界のギャングスター）*は問題であるという代わりに、信じているこれらの結びつきを維持した。彼は、「ジョー・ザ・ボス」・マッセリア*によって率いられたニューヨークで最も巨大なマフィア犯罪ファミリーの首領になった。マッセリアにとって、ルチアーノは、軽蔑を感じていたが、彼は、少なくとも、ジョー・ザ・ボスと彼のシチリア移民のライバルであるサルヴァトーレ・マランツァーノ間で勃発したカステランマレーゼ戦争*までは、マッセリアに恐怖を感じていた。ルチアーノは、マランツァーノのリーダーシップにおける独裁者スタイルに魅了されなかったし、マランツァーノがルチアーノとアメリカナイズ、すなわち、イタリア人と非イタリア人の少数民族ギャングスター間とのさらなる協力に賛成した仲間を恐れるまで、我慢もしなかった。

　マッセリアは主要な障害であったが、ルチアーノが中心的役割を果たした陰謀によって抹殺された。すなわち、ラッキーがわざと男性用トイレに入っている間に、マッセリアが暗殺された場所であるブルックリンの沿岸線に沿ったコニー・アイランド・レストランへ、マッセリアをおびき出していたのであった。カステランマレーゼ戦争を終結させたこの決断力のある行動によって、マランツァーノは、ルチアーノを自分のマフィア帝国の2番目の男として選んだ。マランツァーノは、自分自身を「カーポ・ディ・テュッティ・カピ」（ボス中のボス）と正式に指名し、この日までもちこたえたラ・コーザ・ノストラの犯罪ファミリー組織を創設した。しかし、マランツァーノの計画は、必要以上に複雑だったが、ルチアーノとマッセリアを裏切った他の人々にも決定力があった。新しい「ボス中のボス」は偏執病ではなかったが、しかし、性格のゆがみが人の命にかかわるビジネスにおいては、そつなく考えなければならない。もし、ルチアーノと彼の支援者がわずかなビジネスの優越のためにマッセリアをだますことができたならば、その場合は、彼らの忠誠心と信頼が疑わしいとみなされなければならない。ルチアーノと彼の仲間たちは、マランツァーノが構想したマフィア王国にとっての脅威としてみられた。マランツァーノは、他の潜在的ライバルであるアル・カポネの死だけでなく、ルチアーノの死も計画し始め

た。しかし、マランツァーノは即座に実行できなかったので、ルチアーノは自分の殺害計画を耳にするところとなった。ランスキーの助けを得て、マランツァーノ自身が自分を殺すためにルチアーノの到着を待っている間、ルチアーノは自分の事務所でマランツァーノの殺害の手はずを整えていた。

　マランツァーノの処刑は、シチリア派閥抗争を終わらせ、アメリカにおけるイタリア系マフィアのリーダーシップの空白をもたらした。実際、「古い世界」のマフィアは、カステランマレーゼ戦争の終わりにアメリカでの足場を失った。非イタリア人集団と共にルチアーノは、フランク・コステロ、ガエターノ・ルチーズ*、アルバート・アナスタシア*及びジョゼフ・アドニス*のようなルチアーノのマフィア仲間だけでなく、メイヤー・ランスキー、ダッチ・シュルツ、そしてルイス・バカルター*を含んだ全米犯罪シンジケートを結成した。

　その犯罪シンジケートの再編成は、マフィアにおける「ボス中のボス」の地位の除去を意味した。アメリカ中の犯罪ファミリー機構というマランツァーノの考えは、維持された。そして、コミッションが終わりのない闘争を避け、事務的な方法で犯罪ファミリーの紛争を解決するために設置された。よく組織化されたマフィアと他民族のより大きなシンジケートが、国中の多くの主要都市部で悪徳活動に従事するにつれ、暗黒街は耐久力があり、利益をもたらす企業になった。

　ルチアーノは、犯罪勢力の絶頂にいた。彼は、ラ・コーザ・ノストラの犯罪ファミリー（ニューヨークにおいていくつかあるうちの1つを率いている）の保護と支援を楽しんだだけでなく、ユダヤ人、アイルランド人、そして他の民族との提携が、彼がアメリカ犯罪組織における事実上の支配を確保する付与された権力を集めることも可能にした。

　ラッキーは、犯罪の親玉として裕福な生活を送った。彼は、ニューヨークのウォルドーフ＝アストリアで「チャールズ・ロス」の名の下に豪華に暮らし、将軍であったダグラス・マッカーサー（Douglas MacArthur）とアメリカ合衆国の前大統領であったハーバート・フーヴァー（Harbert Hoover）のような有名人の隣人であった。

1935年、ゆすりたかり者を逮捕する特別捜査官のトーマス・E・デューイ*は、ダッチ・シュルツ、レプケ・バカルター、ワクシー・ゴードン*、そしてルチアーノを含むニューヨーク州の重要な犯罪のボスに対するキャンペーンを開始した。1年後、ルチアーノは、強制売春で有罪判決を宣告され、50年の拘禁刑に処せられた。その宣告は、ルチアーノに対する残酷な運命のいたずらであった。なぜならば、検察官は、自分の命がおびやかされたが、ルチアーノの介入によって救われたということを知ることはなかった。ルチアーノはデューイの支援者だったのである。ダッチ・シュルツは、デューイによって脅やかされた。彼はちょうど脱税した金をどうにかしようとしており、デューイが殺されることを要求する嫌な雰囲気があった。ルチアーノは、シカゴのカポネに生じたことと類似した民衆の憤慨を恐れ、介入した。シュルツは、デューイを殺すことに反対するシンジケートの決定を拒絶し、シンジケートの認可なく、突き進む虞があった。ルチアーノは、シュルツに対する殺人命令を得てシュルツを止めたが、殺人命令は、そのまま実行された。ルチアーノが刑務所にいるので、ランスキーはフロリダ州マイアミへ移住し、「バグジー」・シーゲルはカリフォルニア州へ行き、その後、ギャングを支配したカジノ賭博経営を確立するために、ネヴァダ州ラスヴェガス*へ渡った。ルチアーノは拘禁されていたが、フランク・コステロを通して、自分の犯罪ファミリーの積極的な指揮を遂行し続け、また、シンジケートの問題でも役割を果たし続けた。

　第二次世界大戦中、ドイツのUボートとスパイは、アメリカのイーストコーストにおける湾岸施設に対する脅威となった。イギリスやロシアへの軍需品の輸送は連合国にとって不可欠だったので、ドイツ潜水艦活動とスパイ活動は、ニューファンドランド島からカリブ海域諸島までの極めて重要な港湾エリアにおいてとても活動的であった。アメリカ海軍諜報機関が、ルチアーノに助けを求めて接近してきた。メイヤー・ランスキーは、ジョゼフ・「ソックス」・ランツァ*を通して接触し、ルチアーノは、破壊工作の出来事を報告することや疑われた敵のスパイに関する情報を提供することによって、米国海軍と協力するために、全米港湾労働者組合における彼の仲間に指示をした。

1943年に、彼が帰化した国を助けようとしたもう1つの努力は、ルチアーノが、副首領であるヴィトー・ジェノヴェーゼ*（殺人罪の起訴を避けるための争いの前にアメリカを去った人）を通して、国連軍のシチリア介入を手伝うために、シチリアのマフィアの首領たちに注意を喚起したことである。戦時中のアメリカへの彼の奉仕の結果として、1946年、ルチアーノは、州知事のトーマス・E・デューイによって赦免されたが、彼はアメリカに戻ることはできないという条項によってイタリアへ国外追放された。彼がナポリへ出発して8か月後、ルチアーノは、キューバのハバナへ行き、1947年において重大なシンジケート会議を設置した。そこでは、麻薬密売とラスベガスのフラミンゴ・ホテル建設（「バグジー」・シーゲルによって着手された）におけるギャングの投資の重要性が議事日程であった。1947年6月に、シーゲルは、シンジケートの金を略奪したために殺害された。ルチアーノの存在が、アメリカ政府の諜報員によって発見された際、彼は命令を出し続けていたイタリアへ戻ることを強制された。連邦麻薬局からの抗議に従い、イタリア政府は、ルチアーノがシチリアのパレルモに居を定めることを強要したが、アメリカへのヘロイン流通ルート設置に対する彼の努力を止めることはできなかった。

　いくつかの事件が、アメリカと国際的な暗黒街の力としてのルチアーノの衰退をもたらした。1957年におけるアルバート・アナスタシアの暗殺、ヴィトー・ジェノヴェーゼの殺し屋によるフランク・コステロの企てられた殺害、そして、ニューヨーク州北部におけるコーザ・ノストラの首領たちによるアパラチン会議*の完全な失敗と共に、ルチアーノの影響力が次第に失われ始めた。彼は、犯罪ファミリーの支配力（彼が後に成し遂げた）を欲したジェノヴェーゼによって死が計画されたと信じていた。彼の衰退前に、ルチアーノは、カルロ・ガンビーノ*、メイヤー・ランスキー、そしてフランク・コステロと共に、ジェノヴェーゼが亡くなったアトランタにおいて拘禁を先導しようと、麻薬の罪で血に飢えていたジェノヴェーゼを何とか陥れようとした。1959年まで、ルチアーノは、心臓病で身体的な痛みに苦しみ、アメリカのギャングからの収入源が著しく減少した際に、組織について悩んだようである。残りの時間がほとんどな

いと悟ったので、ルチアーノは、自分に関する映画を作りたいと思い、ジャーナリストや映画のプロデューサーに話を始めた。ニューヨークのギャングはその計画を拒絶し、ラッキーに協力するなと通告した。

1962年1月、ルチアーノは、ナポリの空港で何人かの映画の製作者と打ち合わせをしているときに、心臓発作で亡くなった。彼はいくつかのインタビューを何とかやり遂げたが、彼のインタビューをもとにした物議をかもす著書を除いて、何の計画もなかった。

参照文献：Martin Gosch and Richard Hammer, *The Last Testament of Lucky Luciano*. 1974.

ルチアーノ犯罪ファミリー（Luciano Crime Family） チャールズ・「ラッキー」・ルチアーノを参照。

M

オウニー・マドゥン（MADDEN, Ownwy）（通称、ザ・キラー［The Killer］殺し屋）（1892年イングランドはリバプールにて生誕―1965年4月24日アーカンソー州ホットスプリングスにて死亡）ニューヨークのゆすりたかり者で密売人。

　マドゥンは、ニューヨークのウエストサイドにおけるヘルズキッチンのギャングであり、地下室や住居の地下倉から活動し、ゴファーズ（Gophers）の首領としての道を踏み出した。ギャング構成員の暴力のために、ゴファーズは広く恐れられた。1915年に、マドゥンは、謀殺罪でシンシン刑務所において刑に服した。1923年に仮釈放された頃から、彼は、アルコールを積んだトラックを乗っ取り始め、そして主要な密売人であるヴィンセント・ドワイヤー（Vincent Dwyer）（通称、ビル［Bill］）と、ハーレムの有名なコットン・クラブでマドゥンと仲間になった密売人であり、簡単にいえば、クラブ経営者であるジョージ・ジーン・デ・マンジ（George Jean de Mange）（通称、ビッグ・フレンチー［Big Frenchy］大きなフランス人）と仲間になった。23歳までに、マドゥンは自分で、5人の男を殺害し、他の多くの者の殺害の共謀に加わってきた。「殺し屋オウニー」とは、ふさわしいニックネームであった。しかしながら、彼のビッグ・フレンチー、ビル・ドワイヤー、さらにはダッチ・シュルツ＊との親密な関係が、彼を成熟させたのである。すなわち、彼の荒々しい、強靭な男のイメージは、彼が、ニューヨーク社交界の上層階級からなる裕福な後見者を相手にするナイトクラブの仕出し業の支配人としての、彼らの上品さと手腕、尊敬を手に入れるにつれて、変貌を遂げたのである。

　禁酒法（禁酒法と組織犯罪＊参照）の間、マドゥンの密売事業は成功し、彼がニューヨーク暗黒街のより高い地位へと上りつめるにつれて、彼は、チャー

ルズ・「ラッキー」・ルチアーノ＊、フランク・コステロ＊、ルイス・バカルター＊、「バグジー」・シーゲル＊、メイヤー・ランスキー＊を含む、主要なゆすりたかり者との交際を行った。マドゥンは、クリーニング業、石炭配達を含む合法的な仕事と関係するようになり、警察局における影響力をもつことで主要なタマニーホールの政治的領袖であるジミー・ハインズ＊の保護を保証された。彼は、仮釈放違反で逮捕され、刑務所に戻された1932年まで、密売活動を続けた。1933年に禁酒法が廃止され、マドゥンは、仮釈放を受け、違法賭博＊と汚職で悪名高いと評判の街である、アーカンソー州ホットスプリングスへと南へ向かった。マドゥンは、密売で儲けた何百万もの金を用いて、ホテル・アーカンソー、温泉、カジノを購入し、それらはギャングスターの隠れ家と逃げ場所となった。逃走中のギャングスターは、ホットスプリングスまで列車に乗り、大きく手入れの行き届いた部屋に泊まり、温泉に入り、マドゥンのカジノで財産を失うのであった。

　1935年に、「ラッキー」・ルチアーノは、トーマス・E・デューイ＊の追跡から逃れるための一時的な隠れ家を、ホットスプリングスで見つけた。最終的に、警察はラッキーの隠れ家を発見し、彼をニューヨーク市に連れ戻して引き渡し、彼は売春の罪で長期の刑罰を受けた。

　マドゥンは、彼の過去と危険な仲間についての悪名高さにもかかわらず、ホットスプリングスに居を構えた。彼は郵便局長の娘と結婚し、1943年に帰化した。マドゥンは、1965年に自然死した。

メイド・マン（[**Made Man**] 宣誓したマフィア構成員）入会のための殺し、ソルジャーたちを参照。

マフィア（**Mafia**）マフィアという用語には、2つの意味がある。その2つの意味は、互いに関連し、従属し合っているものであるが、異なってもいるのである。1つの意味において、「マフィア」は、国内や外国による圧政の間に、イタリア、とりわけシチリアで起こった秘密犯罪組織のことを指す。もう1つの

意味において、「マフィア」は、シチリア人や他の南イタリア人の間の個人と公共の生活に浸透している、不信や疑いの心境と精神を指すのである。マフィア（組織）は、マフィアの文化的・歴史的エネルギー（血縁関係に基づく連帯と保護の心理学）なしでは、繁栄することができなかった。シチリア人と南イタリア移民の流入と共にアメリカへと流れ、前者のマフィアと後者のマフィアに修正を加えたものである、ラ・コーザ・ノストラ*が、アメリカ都市内のゲトーや「リトルイタリー」で生活するイタリア人の間で現れた。

　ニューヨーク市は、アメリカのマフィアの発祥の地であった。1930年代のカステランマレーゼ戦争*が、マフィアと、非イタリア人の構成員の手による組織犯罪の支配を固めてから、全米に20余りある犯罪ファミリーの中でも、最も強大な5大犯罪ファミリーが、ニューヨーク市を本拠地とし、そこで活動が行われたのであった。

　一組織として、マフィアもしくはラ・コーザ・ノストラは、チョウセンアザミの葉を表す、コスカ（cosca）周辺で形成されている。チョウセンアザミの中央にある心臓部には、「カーポマフィオーゾ」（マフィアの頭領）や「親分」（padrino）といった首領がいる。組織の構造は、有限会社やピラミッドに似ているともいえるのであり、そして、そこでの組織の活動には、集中化した、同調型の経営を要求する、悪徳行為を伴うのである。他の点では、人間関係は、多かれ少なかれ、血縁関係、友情、助け合いに基づく後見人と依頼人の絆である。イタリアでは、典型的なコスカは、15もしくは20の構成員に過ぎない。中央にいるマフィア構成員は、これらの「ネットワーク」に命令し、彼らは、政治経済の権力者、仲介者のために行動し、サービスや入場権を提供し、あるいは間接的脅迫を行うのであるが、そのことがマフィア権力の本質なのである。尽くされたサービスの見返りに、マフィア構成員は、同程度の相互の恩恵、もしくは金銭、仕事、政治的影響力、警察での影響力、売春やゆすりたかりなどの保護を期待するかもしれず、それらすべてが「敬意」という呼び名の下で、適切なものとなる。カルロ・ガンビーノ*という、アメリカで最も強大なマフィア犯罪ファミリーの頂点もしくは心臓部にいた、気取らない「マフィアの頭

領」は、しばしば近隣のカフェに崇拝者を集め、子どもに仕事を与えたり、問題を抱えた青少年に弁護士を付けたり、妊娠した娘を助けたりなどといった恩恵を与えたのであった。その見返りとして、その者が街路で何かを目撃したならば、情報を与えたり、沈黙を守ったりするのである。**カモラ、コミッション、犯罪ファミリー、ラ・コーザ・ノストラ、オメルタ**をも参照。

参照文献：Jay S. Albanese, *Organized Crime in America*, 3rd ed. 1996.

マフィアとケネディ暗殺（Mafia and the Kennedy Assassination） ケネディ家とマフィア*の間の関係性とは何か。1963年11月22日のジョン・F・ケネディ（John F. Kennedy）の暗殺の後、ある推測が浮上したのであるが、それはジョン・F・ケネディとマーティン・ルーサー・キング（Martin Luther King）の暗殺を調査していた連邦委員会が、不穏な結論に至った1979年になって初めてのことであった。連邦委員会は、ケネディの死の関与者に、ギャング団の密告者を示したのである。

家長であるジョゼフ・P・ケネディ（Joseph P. Kennedy）は、禁酒法（禁酒法と組織犯罪*参照）の間に、ギャングスターと共に金を儲けた。フランク・コステロ*は、自分とジョー・ケネディ（Joe Kennedy）は密売仲間であったが、彼の父親のジョゼフ・P・ケネディは、1938年に、フランクリン・D・ルーズベルト大統領（Franklin D. Roosevelt）によって英国宮廷（イングランド）大使に任命されたように清廉なイメージを何とか保とうとしたと主張した。

1960年に、ジョン・F・ケネディは、リチャード・ニクソン（Richard Nixon）と大差なく争われた選挙で、大統領職を勝ち取った。1957年から1960年までの初期の時代には、ジョン・F・ケネディと彼の弟であるロバート・F・ケネディ*（Robert F. Kennedy）は、マックレルランド委員会*の委員を務め、その委員会はチームスターと暗黒街との関係を調査したのであった。調査された者の中には、ニューオーリンズ州のカーロス・マルチェロ*やシカゴ・アウトフィットのサム・ジャンカーナ*がいた。

しかし、ジョン・F・ケネディは、彼の反犯罪運動的なイメージにもかかわ

らず、彼がマフィアを使って被った政治的負債によって危うくされたのである。ウエストヴァージニア州では、マフィアは、伝えられるところによると、票と引き換えに、ジョゼフ・アドニス*をアメリカに戻すように手配したとのことであった。そして、シカゴの選挙区では、マフィアは、ケネディがイリノイ州で勝つのに必要とされる票をもたらしたと、広く信じられている。

1960年2月に、ジョン・F・ケネディは、サム・ジャンカーナ (Sam Giancana) と関係があった、ジュディス・キャンベル (Judith Cambell) との情事が明らかとなった。彼女は、選挙人の買収のために、ジャンカーナに現金を持っていくジョン・F・ケネディの運び屋として活動したと主張されている。

公務において、ジョン・F・ケネディは、もう1つの政治的負債を被った。3人のマフィアの首領である、サントス・トラフィカンテ・ジュニア*、ジョン・ロゼリ*、サム・ジャンカーナは、カストロ (Castro) を殺害するためにCIAに雇われた (マングース作戦参照)。CIAとマフィアの策略は、コチノス湾侵略の失敗まで、ジョン・F・ケネディの下で続いた。もっともなことだが、キューバの反体制派は、ジョン・F・ケネディによって激怒させられたのである。

次いで、1960年に、ロバート・ケネディが司法長官になり、組織犯罪との闘いを宣言した。それは、司法省の最優先事項であった。矛盾したことに、ケネディ家は、伝えられるところでは、公務で自分たちを助けた人物を追い回していたのである。

1961年FBIのロゼリとジャンカーナの記録が暴露するところによると、ギャング団は、ケネディ家が自分たちを裏切ったと信じていたとのことであった。ギャング団は、自分たちが助けてきた人物に追い回されていると感じたのである。

ロバート・F・ケネディは、マフィアの「対象人物リスト」を作り、起訴しようと試みた。カーロス・マルチェロ*、サム・ジャンカーナ、ジミー・ホッファ*は、そのリストの頂点にあった。

1978年に、下院暗殺委員会 (House Assassination Committee) に先立つ証言で、ラ・コーザ・ノストラは、ボビー・ケネディの嫌がらせのために、大統領

を殺す＊（殺害する）計画を立てたことをほのめかしている。

　幾人かの批判的論者が主張するところによると、リー・ハーヴェイ・オズワルド（Lee Harvey Oswald）は、ジョン・F・ケネディの暗殺者と主張された者であるが、彼は、昔ながらの殺害の伝統の下に、マフィアの替え玉になった可能性があるとのことである。すなわち、実際の殺害犯は、ギャング団とは直接的には何らの関係もなかったのであろう。

　怒った挑戦的なオズワルドは、逮捕後、自分の無罪を主張し、自分は「騙されやすい者」であると述べ、一貫して否認した。オズワルドは、暗殺に巻き込まれたのだというヒントを与えた。仮に彼が騙されやすい者であるならば、誰が彼を利用したのであろうか。オズワルドの周辺にいたデイヴィッド・フェリー（David Ferrie）とガイ・バニスター（Guy Banister）は、取るに足らない犯罪行動と悪徳行為で、カーロス・マルチェロと関係してもいたのであった。

　1963年11月22日、ジョン・F・ケネディが銃撃されたときに、マルチェロは法廷にいた。オズワルドは、その後すぐに逮捕された。しかしながら、48時間以内に、かつての下位のシカゴの無法者である、ジャック・ルビー（Jack Ruby）は、オズワルドを殺害した。後に、ルビーは、ダラスの暗黒街とアル・カポネ＊のシカゴに結びついていたという疑惑が生じた。ルビーは、伝えられるところによると、トラフィカンテと最重要人物を手助けするために、ギャング団と関係したキューバ旅行をしたとされており、最も重要であるのは、ルビーは警察とコンタクトを取ったと主張したことであった。ジャック・ルビーは、1967年に拘禁中に死亡し、彼は死の床で、誰も真実を知ることはないであろうとほのめかした。

　その後、ロバート・ケネディは、司法省を去り、マフィアとの闘いは停止するに至った。

　参照文献：William Breuers, *Vendetta : Castro and the Kennedy Brothers*. 1997 ; Seymour Hersh, *The Dark Side of Camelot*. 1997.

**ステファノ・マガディーノ（MAGADDINO, Stefano）（通称、スティーブ

[Steve]）（1891年シチリアはカステランマーレにて生誕—1974年ニューヨーク州バッファローにて死亡）バッファローのコーザ・ノストラの犯罪の首領。

マガディーノは、まさに、貪欲かつ自己中心的な古いマフィアのボスの例となったのであり、そしてアメリカ人に帰化することへの拒絶が、若いギャングたちに、彼を母国にいたときからの愛称である「口髭のピートたち」*と呼ぶように促した。マガディーノは、1903年にアメリカに入国し、シチリア人の確執に始まるマフィアの復讐で退去せざるを得なくなってバッファローに向かうまで、ブルックリンに定住してきたのであるが、バッファローには、彼は82歳で自然死するまでいたのである。

彼の犯罪ファミリーは、ニューヨーク西部、オハイオ州、ペンシルヴァニア州、そしてカナダの地域を通じて活動した。密売、恐喝、ゆすりたかり、賭博、労働者に対するゆすりたかりは、主な不法収入源であり、その収入について、マガディーノはかなりの分け前をソルジャー*から取ったのであった。1970年代における最初の司法省の特捜隊では、マガディーノのファミリーに潜入し、首領のけちで貪欲なことに起因するソルジャーの士気喪失で、彼が死亡した後、ファミリーは分裂した。

マガディーノとジョゼフ・ボナノ*は、いとこ同士であった。彼らの関係は心が通い合っておらず、ニューヨーク市のラ・コーザ・ノストラ*犯罪ファミリーのゴッドファーザーたちの間で生じた「バナナ戦争」の危機の間、マガディーノは、全米コミッション*の命令通りに、ボナノ誘拐の手先となった。ボナノが首領として引退を表明し、アリゾナ州に隠居するまで、約2年間、マガディーノはボナノを意のままに統制したのである。

参照文献：Joseph Bonanno (with Sergio Lalli), *A Man of Honor : The Autobiography of Joseph Bonanno*. 1983.

「入会のための殺し」（"Making Your Bones"）（犯罪ファミリーの入会要件）

ラ・コーザ・ノストラ*の入会の前提条件と考えられる、殺人を行うこと、すなわち「入会のための殺し」は、もはや入会に関する画一的な規則ではない。

メイド・マン（made man：宣誓したマフィア構成員）の命令通りに、要求があり次第、殺害を行うことは、——権力を得て、それを維持するための統制と規律として——コーザ・ノストラの要であった。マフィア構成員と準構成員にとって、それは日常的なことであり、また容認された避けがたい現実なのである。「殺し」*の引き金を引くことができる掟は、非常に明快であった。仮に誰かが規則を破ったのならば、その者は「消される」（殺される）であろう。殺害は、その者がコーザ・ノストラの一員となる勇気と決意があるという証明の意味をなし、またそれは、無秩序となることがある組織に、何らかの秩序の外観をもたらすという意味をなしていた。

　理論においては、コーザ・ノストラの「殺し」（殺害）は、精密な手続を要求した。事件は、殺しを正当化するために行われなければならなかった。そして、それはファミリーの首領*によって制裁されなければならなかった。それほどの権限が与えられていない殺人は、さしあたっての応報を招いた。しかし何度も、恐怖、ねたみ、貪欲、あるいは絶望のために、規則を破ることが起こったのである。

　「入会のための殺し」をすることは、志願者が、疑いもなく、ためらいもなく、ましてやその危険性を個人的に考慮することもなく、ファミリーの権威を受け入れる準備があることを示す。また「入会のための殺し」を行うことは、弱い者を遮断し、そして警察官として宣誓しているために、そのような状況の下では殺害を行うことができない法執行機関の潜入捜査官を遮断するためである。

　今日では、ラ・コーザ・ノストラもしくは他の犯罪組織で募集されるすべての者が、この勇気と服従の最大のテストを満たさなければならないわけではない。ポール・カステラーノ*、ヴィンセント・チャールズ・テレサ*やその他の者は、例外であった。彼らは、他の理由でマフィアに入会したのであった。カステラーノはファミリーの高い地位にある者と血縁関係にあり、テレサは金を稼ぐ能力があり、ジョゼフ・ヴァラキ*は人質になる現実的な必要性があったのである。

参照文献：Joseph Pistone, *The Ceremony : Mafia Initiation Tapes.* 1992.

ヴィンセント・マンガーノ（MANGANO, Vincent）（1888年シチリアはトラパニにて生誕―1951年行方不明、死亡推定）1940年代ニューヨーク市のコーザ・ノストラ*犯罪ファミリー*の首領。

　カステランマレーゼ戦争*の無秩序的な余波で、ギャングの頂点にあったヴィンセント・マンガーノとフィリップ・マンガーノ（Philip Mangano）がブルックリンの湾岸地区のゆすりたかりに密接に関係すると共に、5大犯罪ファミリーが形成された。やがて戦争や暴力によって、犯罪ファミリーが発展しあるいは変化するにつれて、マンガーノ犯罪ファミリーが、最終的に最も悪名高い首領であるガンビーノ犯罪ファミリーとなった。

　ヴィンセント・マンガーノや彼の兄弟であるフィリップが湾岸地区に集結した一方で、彼らの副頭領*であるアルバート・アナスタシア*は、他の犯罪ファミリーの首領であるチャールズ・「ラッキー」・ルチアーノ*やルイス・バカルター*と接近し、ルチアーノやバカルターの犯罪事業は、多数の産業における多くの悪徳行為やゆすりたかりへと拡大していった。このアナスタシアの不実は、マンガーノ・ファミリーとの争いをもたらした。彼らの間にある憎しみは積み重ねられ、最終的には身体的暴行に至ることもあった。

　1951年4月19日に、フィリップ・マンガーノの死体が、ブルックリンの湿地帯で発見された――これは明らかにギャング団の殺し*であった。アナスタシアに容疑がかけられたが、彼には疑う余地のないアリバイがあった。ニューヨーク犯罪ファミリーの首領会議において、アナスタシアはファミリーの新しい首領として認められた。首領たちは、アナスタシアに反旗を翻そうと決意し、アナスタシアも「行方不明者」と「死亡推定者」リストに挙げられたのであった。

　参照文献：Stephen Fox, *Blood and Power : Organized Crime in Twentieth Century America.* 1989.

サルヴァトーレ・マランツァーノ（MARANZANO, Salvatore）（通称、リトル・シーザー［Little Caesar］小さなシーザー）（1868年シチリアはカステランマーレ・デル・ゴルフォにて生誕―1931年9月10日ニューヨーク市にて死亡）1931年のアメリカのマフィアのボス中のボス。

カステランマレーゼ戦争が、1931年に「ジョー・ザ・ボス」マッセリア*の殺害により終結したとき、サルヴァトーレ・マランツァーノは、かつては聖職者になろうと考えた移民のマフィア構成員であったが、彼はブロンクスでの会議を取り仕切り、それはアメリカにおける数十年間の組織犯罪の方向性についての深い帰結をもたらしたのである。会議に出席している400人から500人のマフィア構成員に、マランツァーノは、自分が計画する新たな組の形態を説明した。そして、彼は「ボス中のボス」となり、「名誉の男」（マフィア構成員）は、首領たちや最終的には首領であるサルヴァトーレ自身に応えられる頭領*として「ファミリー」（ギャング）に再構成された。組は、その後、「コーザ・ノストラ」（我々のもの）として知られるようになり、入会の儀式やその構成員資格（オメルタ*）は、厳格に行われるようになった。こうして5大ファミリーは創設されたのである。

しかし、マランツァーノは、チャールズ・「ラッキー」・ルチアーノ*、ヴィトー・ジェノヴェーゼ*、アルフォンス・カポネ*、マランツァーノの痛烈なライバルであったマッセリアを退陣させる手先であった他の者を信頼しなかった。衝動が付きまとい、恐怖心が働きながら、彼は、専門的な殺し屋であるヴィンセント・「マッド・ドッグ」・コール*を通じて、これらの者を殺す殺し屋を配置した。しかし、ルチアーノと彼のパートナーが、マランツァーノを抹殺しようと決意したとき、その策略は失敗した。彼は、彼の著書の検閲を要求した連邦税取締官になりすました殺し屋によって殺された。マランツァーノは、マッセリアが殺されたたった数か月の後、ミッドタウン・マンハッタンの事務所で、銃とナイフで殺された。

マランツァーノは、1927年にアメリカに入国し、定住した。彼は、おそらく、大学教育を受けた唯一のマフィアの首領であった。彼は、シチリアのマフィア

の頭領であった、ヴィトー・カスシオ・フェッロ*の被後見人であり、ジュリアス・シーザー（Julius Caesar）の軍事行動について熱心な学生であった。アメリカにおける彼の任務は、地方のマフィアの構成員を、カスシオ・フェッロの下でのシチリアのマフィアの分派に組織化することであった。しかし、それらの者は既にアメリカ人に「帰化」していたため、遠方からの外国人を下位に組み込まない他の計画を立てた。

参照文献：John H. Davis, *Mafia Dynasty: The Rise and Fall of the Gambino Crime Family.* 1993.

カーロス・マルチェロ（MARCELLO, Carlos）（カラジェロ・ミナコーレとして、1910年2月6日北アフリカはチュニスにて生誕―1993年3月2日ロサンジェルスのニューオーリンズにて死亡）ニューオーリンズ・コーザ・ノストラの首領。

ジョン・F・ケネディ（John F. Kennedy）大統領の暗殺の後ずっと、組織犯罪の関与――とりわけ、ルイジアナ犯罪ファミリーの首領であり、ラ・コーザ・ノストラ*の長年の構成員であった、カーロス・マルチェロによる計画によって果たされた役割――についての一定不変の推測があった。時折、マルチェロと、フロリダ州タンパの犯罪ファミリーの首領であったサントス・トラフィカンテ・ジュニア、有罪宣告を受けたチームスターの首領であったジミー・ホッファ*が、暗殺の第1立案者として、共謀したという筋立が存在する。マルチェロとホッファは、アメリカ大統領の弟で司法長官であり、暗黒街に対する闘いを宣言したロバート・F・ケネディ（Robert F. Kennedy）に怨恨を抱いていた。ケネディのホッファとの闘いは、労働者に対するゆすりたかりについてのマックレルランド委員会*の最高顧問としての頃に遡り、そのとき、ケネディはジミー・ホッファを苦しめ、ギャング団の「最前線」であった国際チームスター同業者組合*の会長を起訴した。ケネディは、司法長官になったときに、ホッファは、チームスターの中央都市の年金基金から利用可能な莫大な貸付をカーロス・マルチェロやサントス・トラフィカンテ・ジュニアを加えたシカゴの

ギャングスターに行ったと公表し、ホッファとマルチェロを逮捕するための特捜隊を創設した。

マルチェロは、短気であり、彼を裏切れば復讐することで知られていた。彼はまた、自分の縄張りで殺人命令を実行するために、ルイジアナからはるかに遠く離れた他のマフィアファミリーから、殺し*のチームを雇うことで知られている。ヴィンセント・テレサ（Vincent Teresa）は自著である『マイ・ライフ・イン・ザ・マフィア』（*My Life in the Mafia*：マフィアにおける我が人生）において、マルチェロはテレサ自身の犯罪ファミリーである、ロードアイランドのプロヴィデンスのパトリアーカ・ファミリーから殺し屋集団を募ったときのエピソードを描いている。

カーロス・マルチェロの大統領暗殺事件への関与については、表面上は、有力に思われるが、大部分において状況的なものである。ある疑問が提起され得るのだが、それは、ケネディ大統領の暗殺は、マフィアの殺害実行の伝統的な方法と適合するのかということである。仮に適合したとしても、勢力のあるマフィアのリーダーが重大な殺害実行を成し遂げるために組員を選ぶであろうか。答えは、イエスである。ケネディの殺害は、公然と実行されたため、決して自然発生的に起こったものではないことは明らかであり、殺害は計画されたに違いなかった。マフィアは、時折「他者を驚かせる」ために、人前で、よく見えるところで殺害を行う。しかし、なぜ、彼はそのような危険を犯したのか。この疑問については、彼の長年にわたる仲間であったサントス・トラフィカンテ・ジュニアの回想録が有益である。トラフィカンテの長年の弁護士であったフランク・ラガーノ（Frank Ragano）は、死亡するちょうど数か月前に出版された、過去についての告白本『モブ・ローヤー』（*Mob Lawyer*：ギャング団の弁護士）において、トラフィカンテと行った会話を記録している。トラフィカンテは、「カーロス（・マルチェロ）は、へまをやらかした。我々はジョヴァンニ（Geovanni：ジョン・F・ケネディ）を殺すべきではなかった。我々はボビー（ロバート・ケネディ）を殺すべきだった」と述べた。ラガーノは、これらの不可解なコメントについて、トラフィカンテとマルチェロがコーザ・ノストラの

共謀の一味となり、ジョン・ケネディ大統領を暗殺したこと以上の意味をなすと解釈した。トラフィカンテは、死亡する数か月前の1987年に、このことをラガーノに告げた。トラフィカンテは心臓病と宣告され、マルチェロは刑務所に入り、アルツハイマー病と脳卒中を患っていた。マルチェロは1989年に仮釈放されたが、話すことができなかった。彼は、決して再び人前に現れなかった。

　死亡した1993年までに、カーロス・マルチェロは、全米で一番強靭な犯罪ファミリーの1人となった。ニューオーリンズとルイジアナ州は、マルチェロの組織によって支配され、あたかも彼らが独立した国家、州であるかのようであった。わずかながらのマフィアの構成員は、最初に許可を得ることもせずに、ルイジアナ州に入った。

　マルチェロは、1910年に北アフリカのチュニスで、カラジェロ・ミナコーレ（Calagero Menacore）として生まれ、両親はシチリア人であった。彼は、移民の両親によって、幼児の頃にアメリカに連れて来られた。まだ20歳であったときに、彼は最初に逮捕された。罪状は、銀行強盗であったが、それは却下された。何年にもわたって、警察記録には、違法賭博＊、薬物不正取引、強盗、恐喝、所得税法違反を含む罪状が示され、これらの犯罪のうち、どれも拘禁には至らなかった。明らかに、ニューオーリンズの犯罪ファミリーは、ルイジアナ州の多くの地方と州の役人と居心地のよい関係を享受していた。

　1930年代において、首領であったサム・カローラ（Sam Carrola）が拘禁されたとき、マルチェロは、ニューオーリンズ犯罪ファミリーの手綱を引き締めた。彼は、チャールズ・「ラッキー」・ルチアーノ＊、メイヤー・ランスキー＊、フランク・コステロ＊のような、ニューヨークの勢力的なギャングスターと交渉した後、命令を引き受け、ニューヨークからニューオーリンズまでのスロットマシーンの出荷の手配の手助けを行った。賭博機器を出荷するために、ニューヨーク暗黒街に招き入れた政治家は、ヒューイ・「キングフィッシュ」・ロング（Huey "Kingfish" Long）上院議員であった。マルチェロは資金をもたらすために、器用にニューヨーク・シンジケート＊を手配し、ロングは政治的保護を与え、ニューオーリンズのコーザ・ノストラ犯罪ファミリーは運営を監督し、充

分な割合の利益を吸い上げた。

　マルチェロはアメリカ国民ではなかったため、移民帰化局の注意を引き、国外追放手続を受けたが、彼は政治的コネクションがあったため、それらについての証明を確実にする者は誰もいなかった。度々、アメリカ政府はイタリア、フランス、チュニジアにマルチェロを移送させようとしたが、彼は、当時、自分をアメリカ国民でないと宣言したそれぞれの国の役人に賄賂を贈った。

　1959年のマックレルランド委員会の公聴会において、当時、委員会の最高顧問であったロバート・F・ケネディは、マルチェロを、アメリカ南東部の暗黒街の頂点に立つ者と評した。1年後、ボビー・ケネディは、民主党全米大会のルイジアナ州代表任命の際に、マルチェロの援助を懇願した。しかしながら、マルチェロはリンドン・ジョンソン（Lyndon Jonson）と関係をもった。

　ケネディは、借りを返すことを約束した。ケネディ家が1960年代にホワイト・ハウスを手に入れたとき、司法長官であったボビー・ケネディは、1950年代のキーファーヴァー委員会＊の公聴会以来、マルチェロに差し迫っていた国外追放手続の発布のために、素早い処置を講じた。アメリカ国民ではないマルチェロは、誕生歴を偽った疑わしいグアテマラのパスポートしか持っていなかった。1961年に、彼は、アメリカ政府機関によって逮捕され、空港に急送され、グアテマラに放り出された。それに不満なグアテマラ政府は、マルチェロをエルサルバトルのジャングルの村に置いた。それから彼は、グアテマラから離れ、ホンジュラスへと向かった。ルイジアナ州で最も恐れられた男は、自分自身がどうしようもなくなっていることに気づいたのであり、最終的には、（不法に）ニューオーリンズに飛行機で戻った。しかしそこで彼は、80万ドル以上もの租税先取特権が自分に待ち受けていることがわかった。激怒した彼は、フランク・シナトラ（Frank Sinatra）を組み込むシカゴ・アウトフィット＊（シンジケート）の頂点に立つ首領であり、ケネディ政権と密接な関係をもったサム・ジャンカーナ＊と接触を図った。しかし、それは助けとはならなかった。

　ケネディ暗殺に関する1つの主張によると、ギャング団の本当の標的は、ボビー・ケネディであり、彼を飼いならす最善の方法は大統領を抹殺することで

あった。暗殺があった年以降、一貫して、マルチェロはその罪を否定した。

参照文献：John H. Davis, *Mafia Kingfish*. 1989 ; Frank Ragano, *Mob Lawyer*. 1994 ; Gino Russo, *Live by the Sword : The Secret War Against Castro and the Death of JFK*. 1998 ; Vincent Teresa and Thomas Renner, *My Life in the Mafia*. 1973.

「ジョー・ザ・ボス」・マッセリア（MASSERIA, "Joe the Boss"）（通称、ジョー・ザ・ボス［Joe the Boss］首領のジョー）（ジョゼッペ・マッセリアとして、1880年シチリアはパレルモにて誕生―1931年4月15日ニューヨーク州ブルックリンにて死亡）1920年から1930年にかけてのニューヨークのマフィアのリーダー。

　1920年代において、「ジョー・ザ・ボス」は、ニューヨークの増大した違法アルコール取引の支配者となり、その過程で莫大な富を蓄えた。ずんぐりとした、5フィート2インチの殺し屋である彼は、1903年にシチリアにおける謀殺罪を逃れた。2、3年のうちにニューヨークで、彼はその都市の最初の有力なマフィア集団あったモレロ・ギャング（Morello gang）に加わった。モレロ・ギャングの犠牲となって、殺人と拘禁を伴いながらも、マッセリアは1913年にモレロ・ギャングを掌握した。1920年代にマッセリアのために活動したのは、カルロ・ガンビーノ*、ジョゼフ・アドニス*、アルバート・アナスタシア*であり、これらは将来ギャングスターとなる者たちであった。

　マッセリアは、大食家であり、下品で、だらしのない者として評判であった。彼の1番の才能は、殺害の試みをはぐらかすことであり、また屈強で、機略に富んだストリート・ファイターになることであった。マッセリアの支配に挑戦する力強いライバルが現れるまで、そう長くはかからなかった。シチリアのマフィア構成員であったサルヴァトーレ・マランツァーノ*はニューヨークに辿り着き、シチリアのマフィアの長であったヴィトー・カスシオ・フェッロ*の旗の下に、親戚の男やカステランマレーゼの者を再結集させた。このようにして、カステランマレーゼ戦争*が始まったのである。

　ニューヨークのマフィア構成員がその闘争に加担するにつれて、闘いが勃発

した。1928年までに、マッセリアはカステランマレーゼの者から貢物を要求し、もし貢物を捧げることを拒むのであれば、その者は殺害された。戦争は、だらだらと長びき、大量の死傷者と金になる密売のゆすりたかりの総収入の損失をもたらした。

　この頃から、チャールズ・「ラッキー」・ルチアーノ*、メイヤー・ランスキー*、「バグジー」・シーゲル*、フランク・コステロ*、ヴィトー・ジェノヴェーゼ*は、マッセリアに加わったが、これらの同盟は、非常に不安定なものであったことが判明した。まもなく、マッセリアは戦術で勝利し、戦争が進行するにつれて、ルチアーノとジェノヴェーゼは、「ジョー・ザ・ボス」が抹殺された後、マランツァーノが自分たちの保護を保証する場合には、マッセリアを壊滅させようと決心した。

　1931年4月、ルチアーノは、マッセリアを誘い出し、コニー・アイランド（ブルックリン）で昼食をとった。たっぷりとした食事の後、ルチアーノは「失礼」と言って席を立ち、トイレに行った。彼がトイレから戻ると、おびえたウェイトレスと客に囲まれ床に横たわった、マッセリアの血だらけの体を見つけた。4人の殺し屋が「ジョー・ザ・ボス」を銃殺したのだ。「バグジー」・シーゲル、ジョー・アドニス、ヴィトー・ジェノヴェーゼ、アルバート・アナスタシアのこれらすべての者は、「ラッキー」・ルチアーノの友人であり、彼らの後見人であるマランツァーノの将来の標的となる者であった。

フランク・マシューズ（MATTHEWS, Frank）（通称、ブラック・ルチアーノ［Black Luciano］黒人のルチアーノ）（1944年2月13日ノース・カロライナ州ダラムにて生誕―行方不明、死亡推定）アフリカ系アメリカ人薬物不正取引商人。

　フランク・マシューズは、若かりし頃、ノース・カロライナ州のダラムからニューヨークへと移住した。1960年代には、彼は、薬物不正取引商人になる前に、イタリア人が所有していた数当て賭博*の集金人として、ベッドフォード・ストイフェサントで働いていた。ニューヨークのアフリカ系アメリカ人の近隣地域でのマフィアの支配力が緩和するにつれて、ブルックリンの少数民族地域

における麻薬の流通が、そこに住んでいた人々に引き継がれた。これらの者は、もはや、ラ・コーザ・ノストラ*の持ち込み屋や卸売業者に支払いし続けることに満足しなかった。多くの者が、当時、以前の雇い主に供給物ばかりでなく、運営資本や経営の専門技術をも頼っていた顧客であった。イタリア系アメリカ人のギャングが、1920年代と1930年代に、お互いの縄張り主張と利益範囲を認め、競争をなくすために行われたことと同様に、アフリカ系アメリカ人の薬物売人が組織化されたのであった。

　手早く数百万のドル箱をもたらす、賭博と売春におけるより控え目なゆすりたかりを行うことよりも、むしろ麻薬を探求したフランク・マシューズは、ブルックリンの薬物市場を調べ、町の中心から離れたネットワークで、基材供給の役目を果たすことができるいくつかの縄張り支配を獲得するためには、何が要求されるのかについての目録を作成し、供給と融資を行うコーザ・ノストラの薬物売人に近づいた。標準的なコーザ・ノストラの薬物売人の条件は30％の即金であり、ヘロインの引渡しが優勢で、これも現金払いである。一握りのアフリカ系アメリカ人だけが、融資委託販売について、マフィアとビジネスを行う資源を所有しており、彼らの生活にあるのは、もっぱら危険性のみである。マシューズは、ボナンノ*とガンビーノの犯罪ファミリー*と接触を図ったが、彼らは援助するのを断った。

　マフィア犯罪ファミリーは、――さしあたっての――ヘロイン独占販売権をもっていたのかもしれないが、彼らは、コカインあるいはコカインをアメリカに持ち込むキューバ人に対して、それほど大きな支配力をもってはいなかった。勇敢なマシューズは、自己の戦術を変更し、そして数当て賭博ビジネスの「スパニッシュ・レイモンド」・マルケス（"Spanish Raymond" Marquez）（通称、スペイン男レイモンド）と交渉し、マルケスは、マシューズに、数人のニューヨークの有力なコカイン不正取引商人を紹介した。

　１年のうちに、マシューズは、12の東部と南部の都市とコネクションをもち、主に「同郷人」からなる組織を構築した。ノース・カロライナ州出身の元鶏泥棒であったマシューズは、すぐにコーザ・ノストラを説得し、コーザ・ノスト

ラは、一方においてはコルシカ島マフィアとの直接的取引やアメリカのマフィアの主な供給を妨げるために、他方においてはマシューズのむしろ向こう見ずなビジネス手法に対するある種の影響力を保持するために、マシューズにヘロインを売ることを考え直した。その直後、マシューズは、薬物加工のための製造工場を創設し、ビジネスの繁栄を保つために、数キロの供給に対して謝礼金を支払った。マシューズの組織の多くの原理が、警察の監視から守る合法的事業の名の下で行われた。

 1969年から1971年まで、マシューズは、あらゆる市や州の麻薬ビジネスを拡大させた。売人が全くいない場所では、マシューズはビジネスを創設し、何らかの売人がいる場所では、それと合併したのであり、拒絶する地方の売人などいないような申出を行った。彼は、ジョージア州アトランタで本部を創設し、地方の不動産に何百万もの金銭を投資したが、彼の流通の本拠地であるニューヨークを保持し、それによって、コネティカット州、ロードアイランド州、マサチューセッツ州といった北東で、扇状に広がることを可能にした。パートナーを通じて、彼は、デトロイト、シカゴ、ロサンジェルスの薬物卸売販売を提供した。1972年までに、マシューズは、競争者との多くの犠牲を払う闘いを防止するために、同盟を形成した。

 1971年の終わり頃になると、時折、マシューズは、アフリカ系アメリカ人とヒスパニック系の薬物の売人の最高位の者からなる、アトランタでの全米会議を行った。会議の主な議事項目は、ヘロイン輸入でマフィアの自由な発展を妨げるものを打ち破る方法と手段を論じることであった。現存のヘロイン供給の手配は、妨害されたりあるいは危険にさらされたりしなかったので、むしろ、ヘロイン輸入は平和に行われるはずであった。しかし独立した供給源の必要性が危機に瀕していたのであり、というのも、これらの麻薬のゆすりたかり者の精神においては、コーザ・ノストラの薬物供給に対して競合する代替手段が、いくつかの望ましい目標を達成する可能性があったのである。その代替手段は、拡大に歯止めをかけず、コーザ・ノストラの卸売販売価格を手頃なものにした。またそれは、コーザ・ノストラの不正取引商人が逮捕されたという出来事によ

って、薬物乱用に対する全米の恐怖と関心による、政府に不正取引を取り締まるために何らかのことを行うよう圧力をかける現実的危険性が、絶えずじわじわ迫っていたので、安全といった利益をも提供した。

　議論は、マシューズが、キューバ人のネットワークではあるが、コルシカ島の薬物供給源を探求することで終結した。コーザ・ノストラは、マシューズにとって未だ第1の供給源であったが、アフリカ系アメリカ人の不正取引商人が多様な卸売販売源を探し求めていたという事実に、寛大であった。コルシカ島の組織は、一時的に、薬物の卸売販売取引を買手市場へと転向した。アフリカ系アメリカ人が、流通領域と流通源に対する支配を結合していくにつれて、コーザ・ノストラ犯罪ファミリーは、機敏にも、投資者や顧問としての薬物ネットワークを拡大することに関係していった。

　2つの暗黒街の間にある人種的緊張緩和と脆弱な同盟は、容易に破滅したのであり、マシューズの感受性とギャングの暴力を用いた脅威のために、コーザ・ノストラのソルジャー＊は、マシューズの従者を侮辱し続けたのはもっともなことであった。脅迫は、コーザ・ノストラ、警察、他の麻薬取締局からだけでなく、アフリカ系アメリカ人の麻薬競争者や敵対者からもなされた。マシューズは、自分の構成員の邪魔になるコーザ・ノストラのソルジャーに対して確かな恐怖をもたらすことがあり、また実際にそれを行ったのであるが、アフリカ系アメリカ人の恐喝者が伴うにつれて、対抗戦術は複雑化した。

　ニューヨーク、フィラデルフィア、その他のいくつかの都市では、マシューズの組織は――実際のところは、全体的に薬物取引であるが――、販売に対して10から15％の「税」の徴収を要求する、自称ブラック・ムスリム（Black Muslim）指揮下の集団による攻撃にさらされていた。誘拐や恐喝によって被害を受けた場合、「警察」に密告することができない立場にある売人を餌食にすることによって、これらのいわばムスリム集団は、麻薬を取り扱うことをせずに、また、薬物問題によって弱められ、警察が麻薬ギャングの交戦に対して極悪な行為で攻めることで傾いてしまった黒人コミュニティの友好を喪失することもせずに、麻薬で裕福になろうと努めたのである。

しかし、ブラック・ムスリムの司令部も、警察の保護に頼ることができなかった。マシューズは、フィラデルフィアのムスリムと「黒人マフィア」を攻撃することを宣言した。この後者の集団は、1990年のペンシルヴァニア犯罪委員会報告書によると、フィラデルフィアの質の低下したアフリカ系アメリカ人の近隣地域において、1960年代に発生したストリート・ギャングであった。彼らは、麻薬の販売と流通を統制し、恐喝に従事した。

最も悪名高い事件が、1972年の復活祭のときに発生したのであるが、そのとき、フィラデルフィアのアフリカ系アメリカ人暗黒街のエリートが、ニュージャージー州アトランティック市＊の騒々しいナイトクラブである、クラブ・ハーレムに集まった。フィラデルフィアのフランク・マシューズの組織の中心人物の数人が、他の5人と共に、600人が詰め込まれた聴衆席で暗殺された。大虐殺をもたらしたその大胆な行為についての公式的な説明では、マシューズの従者の1人であったタイロン・パーマー（Tyrone Palmer）が、パーマーの副首領＊下の構成員によって出された1万5,000ドルの価値の「殺人命令」の実行で殺害されたのであるが、そのパーマーの副首領は、パーマーの命令で、幾分、冷酷あるいは無分別さをもって、殺害されていたのである。

ニューヨークでは、マシューズや他の者にとっての主な脅威とは、金を与えて追い払うことができず、暴力的な報復手段に動じない街路レベルの自警団であった。しばしば、これらの独善的な者たちは、コミュニティによる法執行活動の欠如により、また警察の汚職により欲求不満となっており、近隣地域を浄化すること以外の動機をもたなかった。黒豹党（Black Panther）や純粋なブラック・ムスリムが行ったと同様に、彼らは麻薬の売人を見るとすぐに、銃撃した。しかし、売人は拡大することができたのである。他の誠実な市民によって扇動された闘いは、険しい消耗から疲労をもたらした。

1973年7月、暗黒街は、フランク・マシューズについての失敗をもたらした。彼は、ブルックリンの連邦裁判所で、既に言い渡されていた6つの麻薬不正取引のうち、1つをそれらに代えて起訴するための申立てがなされる予定であった。彼は、裁判所に姿を現さなかったのであり、またそれ以来、発見されるこ

ともなく、推計2,000万ドルもの現金もなかった。

　全世界の警察が、彼を捜索中である。**アフリカ系アメリカ人組織犯罪、リロイ・「ニッキー」・バーンズをも参照。**

　参照文献：Donald Goddard, *Easy Money*. 1989.

マックレルランド委員会（McClelland Committee） 上院議員のジョン・マックレルランド（John McClelland）（アーカンソー州の民主党）は、全米の労働組合における労働者に対するゆすりたかりを調査する、常設調査小委員会（Permanent Subcommittee on Investigation）の議長に指名された。その最高顧問は、ロバート・F・ケネディ*であり、彼はチームスターとその会長のジミー・ホッファ*に焦点を当て、組織犯罪者に対する年金基金の支払いの役割や、労働組合の地方支部へのラ・コーザ・ノストラ*の浸透を調査した。

　1963年に、マックレルランド委員会は、かつてのジェノヴェーゼ犯罪ファミリー*の構成員であったジョゼフ・ヴァラキ*をスター的な証人とした、テレビ放映の組織犯罪に関する公聴会を開いた。ヴァラキの出現は、歴史に残るものであった。彼は、ラ・コーザ・ノストラの内部構造、組織原理、全米における犯罪勢力と影響力の範囲について暴露した。ヴァラキとマックレルランド委員会によって、マフィア*の奥義が永久に打ち砕かれたのである。ヴァラキがラ・コーザ・ノストラの秘密を暴露した後、彼に密告することで生活する機会を与えたのであり、ヴァラキとマックレルランド委員会が手本を示してからは、それによって密告を志願する者は勇気づけられたのであった。

　参照文献：John McClellan, *Crime without Punishment*. 1962.

メデリン（Medellín）カリ・コカイン・カルテル、コロンビア薬物カルテル、パブロ・エミリオ・ガボロア・エスコバー、ホーゲ・ルイス・ヴァスケス・オチョアを参照。

メディア（Media）組織犯罪とメディアを参照。

アメリカにおけるメキシコ系組織犯罪（Mexican Organized Crime in the United States）組織犯罪に関する大統領委員会（PCOC）によると、約12の主要なメキシコ系犯罪組織が、ヘロインとコカインをアメリカに供給している。概して、その集団は血縁関係や結婚によって関係した多くの構成員によって、ファミリー組織を拡大してきた。アヘン栽培に関係したその組織は、村の媒介者、仲買人、販売業者で編成されている。アメリカでは、もう片方のコロンビア系組織は卸売販売を支配しているが、あまりにも高度の危険性を伴い、しばしば大きな暴力をもたらす街路での活動には関係していない。

何年もの間、ヘレラ・ファミリー（Herrera family）がメキシコのヘロイン不正取引を支配してきた。第二次世界大戦直後に、メキシコで最初の製造工場を設立してから、ヘレラ・ファミリーは、船でヘロインをシカゴで生活している親類に運搬した。ファミリーはいくつかの下位のファミリー集団で構成されており、コロンビア人がその舞台に現れた直後の、カルテル形態の薬物不正取引組織であった。

ヘレラ・ファミリーの首領は、ジェイミー・ヘレラ（Jamie Herrera）（通称、ドン・ジェイミー［Don Jamie］首領のジェイミー）であり、彼は1924年あるいは1927年に誕生した。一時期、彼はドゥランゴの市と州の警察官を務めた。組織は、推計約5,000人いるとされており、そのうち2,000人が血縁関係あるいは結婚による関係者である。

アメリカでは、ヘレラ・ファミリーは、シカゴを全米本部として用いている。シカゴには非常に多くのメキシコ人が存在し、その都市から、メキシコのヘロインがニューヨーク、フィラデルフィア、ボストン、デトロイト、その他の地方における売人に船で運ばれる。全般的な経営は、様々なアメリカの諸都市における数人の責任者や代表者の手に委ねられている。首領のジェイミーは、母国であるドゥランゴに留まっている。

ヘレラ・ファミリーがラテンアメリカ中のコカイン・コネクションを確立したとき、そのビジネス技術が、1980年代に明白なものとなった。しかし、1990年代には、ファン・ゲルラ（Juan Guerra）とファン・ガルシア・アブレゴ*の

ような他のメキシコ系薬物男爵が登場した。そのメキシコ系不正取引商人はまた、薬物のポートフォリオを刷新し、拡大したのである。コカイン取引では新参者である一方で、彼らは「スピード」（メタンフェタミン）の製造と販売においては支配的であった。彼らはアジアやヨーロッパから前段階の薬物を輸入し、それを、メキシコを本拠地とする製造工場で「スピード」や「クラック」に変える。その薬物にメキシコ人が関与したのは、明らかに、アメリカを本拠地とするヘルズ・エンジェルズ＊が製造過程に関係した問題を避けるために、それらの薬物に転向したときに始まった。

「スピード」はかつて、アウトロー・モーターサイクル・ギャング＊が支配していたものであったが、メキシコ人が製造手法を改善してからというもの、現在は、バイカーたちは、サンディエゴ郡周辺の田舎地帯のメキシコ系薬物ファミリーからスピードを購入している。**ファン・ガルシア・アブレゴ、ラテン系組織犯罪**をも参照。

参照文献：President's Commission on Organized Crime, *America's Habit: Drug Abuse, Drug Trafficking, and Organized Crime.* 1986.

ギャング団のニックネーム（Mob Nickname）多くのギャングスターは時折、本名以外の特別の識別名称によって認識されている。これらの記述的な別名は、しばしばその者の公的アイデンティティとして、犯罪者の実名に取って代わるのである。新聞社は、これらのニックネームを愛した。なぜならそのニックネームは派手な見出しを構成するからである。「レッグズ・ダイヤモンド」や「ダッチ・シュルツ」＊というニックネームは、ジョン・T・ノーラン（John T. Nolan：レッグズ・ダイヤモンドの実名）やアーサー・フレーゲンハイマー（Arthur Flegenheimer：ダッチ・シュルツの実名）よりも、ギャングスターの名前のように聞こえる。そして場合によっては、ジャーナリストの想像力が、時々、ギャングスターのアイデンティティを作るのである。ヴィンセント・「マッド・ミック」（狂ったミック）・コールが、図らずも無辜の見物人であった子どもを殺害したとき、彼は新聞紙上でヴィンセント・「マッド・ドッグ」（狂犬）・コー

ル*となり、その名前が固定した。ラ・コーザ・ノストラ*のゴッドファーザーであるガエターノ・ルチーズ*は、別名トミー・ブラウンとしても知られているが、野球のピッチャーが数本の指を失ってからは、「スリー・フィンガー・ブラウン」（3本指のブラウン）と呼ばれた。ルチーズは、自分を「スリー・フィンガー」と呼んだ者は、未だかつて誰もいないと主張した。

　いくつかの例では、子ども時代のニックネームが、大人の生活において続いているものがある。「レプケ」は「ルイス」のイディッシュの派生語であり、ルイス・バカルター*が近隣地域で思春期に得たものであり、それが彼に残っているのである。ニュージャージー州の勢力的なゆすりたかり者であるアブナー・ツヴィルマン*は、子ども時代は、年齢の割には常に背が高く、そのため、彼のニックネームは「ロンギー」（背高のっぽ）である。

　ニックネームは少数民族であることをごまかすためにも用いられる。ユダヤ系の無法者は、イタリア系あるいはアイルランド系の名前を採用することがある。ヴィンセンツォ・デモラ（Vincenzo Demora）は、「マシンガン」（機関銃）・ジャック・マクガーン（"Machine Gun" Jack McGurn）となり、フランチェスコ・カスティーリア（Francesco Castiglia）は、フランク・コステロ*となった。ジョン・ディオガルディ（John Dioguardi）は、発音しやすくするためにジョニー・ディオ*と自分の名前を省略した。取るに足らないことであるが、多くのユダヤ人が他の名前を採用する一方で、ユダヤ人でない者はかつてユダヤ系の名前を採用することはなかった。

　ギャング団のニックネームは、最も典型的には、一定の身体的あるいは人格的特徴を描いている。「サミー・ザ・ブル」（雄牛のサミー）・グラヴァーノ*は、短気で、ずんぐりしていて、身体的に粘り強さがあった。「スカーフェイス」（傷跡のある顔）・アルフォンス・カポネ*は、街路のけんかで負った顔の傷があった。アーネスト・「ザ・ホーク」（鷹）・ルポロ*は、銃撃戦で破壊された目を隠すためにアイパッチを付けていた。ヴィンセント・「ザ・チン」（顎）・ギガンテ*は、やや突起した顎をもっていた。人格的なものを表したニックネームは、以下の通りである。チャールズ・「ラッキー」（幸運な）・ルチアーノ*（ギャン

グ団の鞭打ちやめった切りの中、奇蹟的に生き延びた者）、粗暴で破天荒な国際港湾労働者協会（ILA）の湾岸地域の首領であるアンソニー・アナスターシオ*（「タフ・トニー」［頑丈なトニー］）、プロファチ犯罪ファミリーにおける一風変わった謀反人であるジョゼフ・ギャロ（「クレイジー・ジョー」［いかれたジョー］）、激情的で、予測不可能で強靱な男である「バグジー」（気狂い）・シーゲル*、カーマイン・「ザ・シガー」（葉巻）・ガランテ*は、殺害を行うときでさえも、いつも口に葉巻をくわえていた。ルチアーノ犯罪ファミリー*のアンソニー・デ・マーティノ（Anthony DeMartino）、ベンジャミン・デ・マーティノ（Benjamin Demartino）、セオドア・デ・マーティノ（Theodore DeMartino）は、恥ずかしくも「トニー・ザ・バム」、「ベニー・ザ・バム」、「テディ・ザ・バム」（バム：役立たず）として知られていた。

　ニックネームは、その者の犯罪的特色あるいは地位を伝えることもある。「ジョー・ザ・ボス」（首領のジョー）・マッセリア*はマフィアの首領であった。「キラー」（殺し屋）・バークは、血に飢えた殺し屋*であった。トリガー（引き金）・マイク・コッポラ*は、銃にたけており、それを使うのが好きであった。何とかよい自己像を保とうと試みたにもかかわらず、「ザ・キラー」（殺し屋）・オウニー・マドゥン*は、無謀な生活をしていた若い頃に得た悪評を晴らせなかった。

　ニックネームは、犯罪ギャング、大学のフラターニティ、軍事部隊のような閉鎖社会において共通したものである。ニックネームは、第1に、信頼と友愛の象徴として、機能するのである。

　法を順守する市民の存在する一般社会にとっては、ギャングスターのニックネームは、まさに面白くて、派手なものに思われるのであり、不運にも、これらのギャングスターは、あまりにも面白いので、危険な者ではないという思い違いをもたらすかもしれない。

マネー・ローンダリング（Money Laundering）資金洗浄。
　マネー・ローンダリングは、違法活動を通じて得られた資源あるいは資金の

行き先の隠匿である。その活動は、一般的に、4つの手法を通じて生じるのであり、その4つの手法とは、貨幣密輸、銀行と企業の取引、非銀行系金融機関の取引、商品の獲得である。

　貨幣密輸は、厳格な船荷検査や手荷物検査のない国境の場所で行われる。運び屋はその貨幣を運搬し、その貨幣は、多くの場合、薬品のように船積みされた商品の中に合法的に隠されることがある。一部の統計が示すところによると、アメリカでもたらされた合法的貨幣の約80％は、最初の段階のみで、資金を「クリーン」あるいは「洗浄」しているのである。最初の段階が進むと、現金と他の貨幣手段は、その次にキャッシュフローの部分として、金融機関か合法的ビジネス業に転送されなければならない。その貨幣は、商品の購入のためにあてがわれるか、より高価で「クリーン」な額面金額の貨幣に交換される。1991年に、レバノンとアルゼンチンから来た数人が、マイアミ、ニューヨーク市、ヒューストン、ロサンジェルスのフロント企業の宝石会社を用いた金の購入と販売を通じて、コロンビアでの薬物利益で得た10億ドルもの資金洗浄を行い、有罪を宣告された。

　大量の貨幣を伴う資金洗浄計画においては、最初の段階で、多額の貨幣を銀行小切手に両替することを行う。そのような銀行小切手は、追跡が困難なため、魅力的なのである。銀行小切手は、受取人の氏名もしくは住所の記載がないのである。小額の額面金額の現金が大量にある場合の薬物不正取引においては、小額の額面金額の貨幣を多額の額面金額の貨幣に両替するといったアイディアがある。20ドル紙幣を用いた100万ドルは110ポンドの重さがあるが、100ドル紙幣を用いた100万ドルは、たったの22ポンドの重さである。銀行秘密厳守法*の下での内国歳入庁（IRS）の報告要求を避けるためには、現金振込みは1万ドル以下でなければならず、また現金振込みは、1万ドルを超える個々の預金、引き出し、金銭上の決済手段（銀行小切手など）に対して要求される通貨取引報告（CTR）を行わないことに同意する銀行員を通じて行われなければならない。同様に、通貨及び証券・小切手等報告（CMIR）によって、アメリカで出入国する場合の1万ドルを超える現金あるいは特定の証券・小切手等については、

文書提出がなされなければならない。

　1985年に、ボストンの最も古く、最も評判の良い金融機関の１つであるボストン銀行（Bank of Boston）は、知らず知らず、ニューイングランドのラ・コーザ・ノストラ*犯罪ファミリーの副首領であるレイモンド・L・S・パトリアルカに対して、資金洗浄の手助けをしてしまった。1979年から1983年まで、ジェナロ・アンジューロ*とその兄弟は、紙袋一杯ほどの小額貨幣の１万ドルを、100ドル紙幣と700万ドル以上の銀行小切手に換えた。法的に要求されている何らの内国歳入庁への取引報告も、なされなかった。ボストンのイタリア人地区において、アンジューロたちによって支配されている２つの不動産会社であるノース・エンド（North End）は、銀行が免責を行う選定された会社のリスト（その多くは日常的に、小額の額面金額の現金を大量に扱う食料品スーパーマーケット）に位置づけられており、リストに位置づけられた場合、１万ドルを超える現金取引は、内国歳入庁への報告義務は必要ないのである。

　テキサス州とメキシコの境界線沿いに、金銭交換（カサス・デ・ガンビオ）が、薬物不正取引商人、密輸者、消費者商品の取引者に跳び上がるほどの事業をもたらしている。金銭交換ビジネスは、国境で行われており、また政府の規制あるいは監視がなく、日常的に大量の違法な現金の受け取りが行われているといった２つの側面によって、規制が不充分なのである。典型的には、貨幣の取引者は、貨幣をプールし、そしてその貨幣を国内や外国の銀行に預金するための、大量の預金口座をもっているのであろう。薬物不正取引商人が自国に送金する場合は、カーサ・オペレーター（casa operator）が、その資金をその銀行から不正取引商人の外国の預金口座に電子機器で送金する。そして、アメリカの銀行が通貨取引報告を完了している場合でも、報告書では実際の所有者名ではなく、カーサ（casa）と示す。

　他の計画では、資金洗浄者は、現金を、受取人を明らかにしない為替や銀行小切手に換える者（smurf：スマーフ）を多く用いている。

　1986年マネー・ローンダリング規制法（Money Laundering Control Act of 1986）（合衆国法律集18篇1956条、1957条）の可決以前は、マネー・ローンダリングは

それ自体、連邦犯罪ではなかった。司法省は、マネー・ローンダリング事案を起訴するために、様々な他の法律——RICO法*、銀行秘密厳守法、違法送金事業法など——を用いた。マネー・ローンダリングは、50万ドルあるいは関係する財産価値の2倍の罰金と20年の拘禁刑によって処罰可能な独立した連邦犯罪となった。政府が、違法な資源を隠す意図をもって金融機関や銀行機関を通じて集められたすべての現金についての所有権の主張に関する訴訟を提起することを認めた、1986年マネー・ローンダリング規制法の条項を強化した、1988年法が制定された。また、裁判所は、事件について司法判断（司法手続によって事件が終了されるあるいは決定が下される）が下されず、あるいは司法判断が下されるまでは、すべての合法性が疑われている資金を凍結させる命令を出す権限が与えられている。同様に、組織犯罪の活力源である金銭上の結びつきに対する法執行上の対応としては、1988年薬物乱用法（Drug Abuse Act of 1988）の修正が含まれ、本法は、「在外出先」銀行（"offshore" banks）（アメリカ合衆国の領域外にある銀行）が1万ドルを超える何らかのアメリカドルの現金取引を記録し、そのような記録に連邦職員がアクセスすることを許可することを要求している。それに従うことができない在外出先銀行は、アメリカの銀行で預金口座を持つことが禁じられ、アメリカドルの利用——手形交換と金銭振込みシステム——が拒絶されることがある。さらに犯罪事業の現金巡回に対する防衛を硬化させるために、1995年に、アメリカ合衆国大統領は、政府の協力によって決定された人物あるいは会社の名で開かれた預金口座を調べ、それを凍結し、そして国際薬物取引における重要な役割を果たすように金融機関に要求している、国際緊急経済権限法（International Emergency Economic Powers Act）の下での指令を出した。大統領の指令はまた、アメリカの企業と職員が、薬物不正取引商人やそれらのフロント企業として指定された者と取引を行うことを禁止している。**銀行秘密厳守法**をも参照。

　参照文献：Barbara Webster and Michael S. McCampbell, *International Money Laundering : Research and Investigation Join Forces.* 1992.

ジョン・C・モンタナ（MONTANA, John C.）（1893年シチリアはモンテドロにて生誕—1964年ニューヨーク州バッファローにて死亡）マガディーノ犯罪ファミリーのマフィア・リーダー。

　1957年のアパラチン会議*での大失敗とマックレルランド委員会*の公聴会までは、ジョン・モンタナは、バッファロー市の模範となる市民であり、そこでは尊敬されていた。彼は、ニューヨーク西部において多くのタクシーを所有し、彼のタクシーは、事実上、空港、駅、一流ホテルを独占していた。1956年に、彼は、バッファローの地方の市民グループによって「マン・オブ・ザ・イヤー」に指名された。

　しかしその後、1957年に、他の多くのゴッドファーザーと暗黒街の首領と共に、ニューヨーク州アパラチンで逮捕されたとき、彼の注意深くもくろまれた隠れ蓑がはがされたのである。何十年もの間、彼は、ステファノ・マガディーノ*によって率いられたラ・コーザ・ノストラ*犯罪ファミリーの行為の構成員であった。彼は、シチリアで生まれ、1907年にアメリカはモンタナに入国し、1920年代に密売人となり、後に昔ながらのマフィアと共に、酒類流通ビジネスを所有した。彼がシカゴにおけるマフィア構成員からなる全米会議に出席した1931年に、コーザ・ノストラにおける彼の出世が明白なものとなった。

　労働者に対するゆすりたかり*についてのマックレルランド委員会の面前に彼が出現したことで、モンタナ州は当惑し、またそのことは、よく働き、誠実で、コミュニティに思いやりのあるアメリカ移民であり、誠実さと勤労で成功した者と信じていた多くの者にとって、意外な新事実であった。

　足の不自由な彼は、1957年11月のニューヨーク州北部の犯罪会議への出席について述べた。彼は、フィラデルフィアでのビジネス会議に行く途中で、車のトラブルにあったため、友人であるジョゼフ・バーバラ（Joseph Barbara）の家で停車し、自分の車を修理してもらったと述べた。より恥をかかされたこととしては、彼は、マガディーノ犯罪ファミリーで単なるソルジャー*の地位に降格させられたことであった。公衆の面前での恥辱とマフィアでの威信の喪失によって、かつての勢力的で、有力な労働者に対するゆすりたかり者であり、

かつ政治的フィクサーは崩壊した。

参照文献：William Brashler, *The Don : The Life and Death of Sam Giancana*. 1977.

ジョージ・モラン（**MORAN, George**）（通称、バグズ［Bugs］虫）（1883年ミネソタ州にて生誕—1957年カンザス州レヴンワース刑務所にて死亡）シカゴ・ノースサイド・ギャングの首領。

チャールズ・ダイオン・オバニオン*のノースサイド・ギャングにおけるすべての無法者のうち、ジョージ・バグズ・モランは、最も暴力的で、落ち着かない者であった。彼は、面と向かって「バグズ」と呼ばれた。それというのも、彼は、凶暴な気性と理性のない爆発をもたらすからであった。モランは、シカゴのノースサイドでの青少年時代において犯罪的な生活を送り、21歳になるまでに、彼は26のよく知られた強盗に加わり、いくつかのジェイル収容に服した。ビール戦争で殺害があった場合にはいつでも、警察は日常的に、職務質問のために「バグズ」を停止させた。

彼は、アルフォンス・カポネ*との闘争のために、オバニオン・ギャングでの権力が高まった。1924年に、カポネはオバニオンを殺害し、1926年に、彼はアール・「ハイミー」・ヴァイス*を殺害した。そして次に、もう1人のノースサイド・ギャングの首領であるスキーマー・ドルッチ（Schemer Drucci）は、1927年に、警察に殺害された。これらすべての出来事が、モランを、1927年に頂点へと駆り立てたのである。

カポネの殺害は、翌2、3年の間、モランの心を奪った任務であり、1929年についに、おそろしい聖ヴァレンタイン・デイの大虐殺*となったのである。

ハイミー・ヴァイス、ダイオン・オバニオン、モランは、たとえ冷血な殺人を成し遂げたとしても、彼らは規則正しく教会に通う者であり、売春に関して道徳的なためらいをもつ者であった。モランのカポネに対する憎しみは、病気といえるほどであった。彼がカポネとの平和な交渉を行ったとき、故意にその交渉を中断し、カポネ（Big Fellow：親分）をまさしく敵に回した。

モランは辛うじて、聖ヴァレンタイン・デイの大虐殺における殺害の指名を

逃れ、生き延びたが、しかしながら彼の経歴は、よりずっと小さくなった。民衆の殺害についてリポーターに質問されたとき、彼はあるコメントを述べて、有名になった。彼は、そこで、「あんな殺し方をするのは、カポネしかいない」と述べた。殺害後、彼はカポネの敵と勢力を共にしたが、それらの計画すべてが失敗に終わった。結局のところ、彼のギャング団が壊滅したことに伴い、彼は、若い頃に逆戻りして軽い不法目的侵入を行い、1956年に、FBI（連邦捜査局）は、最終的に彼を、何年も前に行った銀行強盗で逮捕した。モランは、1957年に、レヴンワース刑務所にて肺がんで死亡し、刑務所の墓地に埋められた。彼は、強敵であったアル・カポネより10年長生きした。

参照文献：Robert J. Schoenberg, *Mr. Capone*. 1992.

ウィリー・モレッティ（MORETTI, Willie）（1894年シチリアにて生誕—1951年4月16日ニュージャージー州バーゲンにて死亡） 1940年代から1950年代のギャング団の実行役かつゆすりたかり者。

ウィリー・モレッティは、強靭なギャングスターであり、ナイトクラブでの生活や娯楽も楽しむ者であると評判であった。彼は、ニュージャージー州北部で活動し、恐喝、賭博、薬物に関与し、アブナー・ツヴィルマン*の悪徳行為とゆすりたかりの利益を保護する60人の実行役集団の首領としての職分を果たした。モレッティの利益は、ニューヨーク州のチャールズ・ラッキー・ルチアーノ*、フランク・コステロ*、ジョゼフ・アドニス*とも関係していた。

1940年代後半に、モレッティは、おそらく梅毒に感染して、治療を行わなかったことによってもたらされた、初期の精神病の徴候を示した。これによって、ギャングの首領たちは、モレッティが無意識にあるいは知らず知らず、ギャング団の秘密を暴露するかもしれないと不安に思った。そして1950年に、モレッティはキーファーヴァー委員会*に召喚されたが、彼はニュージャージー州とニューヨーク州における犯罪活動についての委員会の質問に対して、不敬で、支離滅裂の、ユーモアのある回答をすることで、彼の委員会の出席はサーカス場へと一変した。あるとき、マフィアに関する質問への答えで、彼は、自分は

メンバーズ・カードをもっていないから、マフィアの一員ではないと述べた。彼は、果てしなくぺちゃくちゃと話した。彼の出席は、犯罪のパートナーにとっては無害のものとなったが、彼の精神病は1951年にひどくなり、彼はジャーナリストや警察官に密告するようになった。ある決定がなされた。「安楽死」が問題を解決したのである。1951年10月4日、モレッティは、ニュージャージー州パリセーズにある、彼のリベリア・ナイトクラブ・カジノの側にあるニュージャージー・レストランで4人の男と出会った。4発の銃弾が放たれ、モレッティは横に倒れて死亡した。ギャング団にとって、彼を殺害することは、敬意のしるしだったのである。

参照文献：Robert Rudolph, *The Boys from New Jersey*. 1992.

モーターサイクル・ギャングズ（Motorcycle Gangs）ヘルズ・エンジェルズ、アウトロー・モーターサイクル・ギャングズを参照。

マーダー・インク（Murder Inc.）犯罪シンジケートによって組織化されたプロの暗殺者。

　1930年代における悪徳行為とゆすりたかり事業周辺で拡大している主要なギャングが結合するにつれて、一部の頂点に立つ犯罪シンジケート*の首領は、暴力あるいは「腕力」における専門家が、絶えず、秩序や規律を保つために必要とされると信じていた。1930年代における組織犯罪のビジネス上の雰囲気としては、禁酒法（禁酒法と組織犯罪*参照）と経済的不況が、何百万人もの労働者とその家族に影響を与え、無法状態と社会的不安が、全米を包み込んでいるように思われたのであり、それは危険な犯罪シンジケートにおいても同様なことであったのである。「抹殺」（Rubouts：殺人命令）が、全米中の犯罪集団によって直接的に、あるいは手配された有給のプロの「殺し屋」を用いて念入りに計画される。乱暴と殺害に特化している犯罪事業部隊あるいは犯罪事業部門の考えは、「冷血」であるということに集約している。

　シンジケートの殺し屋は、殺人を行うために、もしくは叩きのめすために、

町の外からやって来ることがあり、そのため、法執行機関は、殺し屋をほとんど疑うことなく、ましてや少しの動機ももたずに殺し屋を放置した。仮にいたとしても、目撃者には、身元確認を行うことがほとんど期待されていなかった。

マーダー・インクの恐ろしい事実が1940年代に暴露されたとき、犯罪行動を述べる新しい言葉が、民衆と法執行共同体を仰天させた。プロの殺し屋は、「バムズ」(bums：役立たず)、「マッツ」(mutts：まぬけ)、「カナリーズ」(canaries：密告者)、「ストゥーリーズ」(Stoolies：タレこみ屋)、「ラッツ」(rats：裏切り者)（これらの者は、警察に犯罪者を密告したり、貸付金の支払いや暗黒街のパートナーとしてのサーヴィス提供の約束を満たすことができないことで被害にあった者）の殺し*（殺害するあるいは廃人にする）を行うために、「殺人命令」（殺人あるいは暴力を行う命令）を実行した。ビジネス用語は、暴力を覆い隠し、何らかの方法で、犯罪をビジネス活動レベルに置いた。殺人は、日常的なビジネスの一局面となっていた。しかしながら、被害にあった者を定義し、描くために用いた用語は、心理学的特徴をもっており、ナチスが強制収容所の犠牲者を、死に値する「人間以下の者」、「社会の害虫」と描いたのと多くの点で、同様の方法によって被害にあった者を侮辱し、その品位を下げている。

この暗黒面や殺人の非人間的技術はさておき、他民族のシンジケートからなる実行部門は秩序維持の様式で活動し、そのことは、実行部門が一連のあらかじめ規定された規則内で機能することを意味している。ある者は、厳格にビジネス上の理由のために——個人的なことは何も包含されていない——殺害されたのであり、あるいはそのように主張されていた。すなわち、政治家、ジャーナリスト、検察官、警察官は、筋を通し、暗黒街との関係を壊さなければ、攻撃が及ばないのであり、また、一般市民にも攻撃が及ばない。非犯罪者の市民と称されている「民間人」を殺すことは、(カポネのシカゴのビール戦争において行われたような) 逆火をもたらすことがあり、公衆を駆り立て、「暗黒街に対する捜査」をもたらす等である。また、すべてのシンジケートの運営において必要不可欠の要素——買収した警察官からの協力——が危険にさらされ得るのであり、流血は無差別的なものとなり、無辜の公衆に害を与えるであろうとい

うのである。

　いくつかの合法的事業のように、マーダー・インクは、社長と従業員からなる構造をもつ。犯罪シンジケートの実行役集団の首領かつ上級参謀には、「ロード・ハイ・エグゼキューショナー」として知られていた悪名高いアルバート・アナスタシア*がいた。アナスタシアは、衣類産業と労働組合に関係した、主要な労働者に対するゆすりたかり者であった、ルイス・バカルター*と、湾岸地区のゆすりたかり者であり、ギャンブラーであり、頂点となるシンジケートの首領の構成員であった、ジョゼフ・アドニス*から命令を受けた。マーダー・インクの構成員によって行われた数百もの殺人のうち、他の鍵となる首領の承諾なくして行われたものは、何一つない。

　「殺し」の手配を行い、それを実行する者を選んだアナスタシア以下のマーダー・インクの著名な構成員としては、衣類産業のゆすりたかりにおけるバカルターの構成員であったメンディ・ワイス（Mendy Weiss）、ルイス・カポネ（Louis Capone）（シカゴのアルフォンス・カポネ*とは何ら関係ない）、アイスピックで殺人を行う暗殺者である、「キッド・ツイスト」・レルズ*が含まれた。処刑執行のギャングは、集合し、新しい仕事や殺害命令の指図を受ける場所として、ブルックリンのブラウンズヴィルの郊外近隣地域におけるコンビニエンス・ストア、コーヒーショップを用いた。「ピッツバーグ・フィル」・シュトラウス*、ヴィトー・ガリーノ（Vito Gurino）（通称、チキン・ヘッド［Chicken Head］鶏頭）、「ハッピー」・メイオン（"Happy" Maione）（通称、ハッピー［Happy］幸福な）、バグジー・ゴールドスタイン（Bugsy Goldstein）、「ブルー・ジョー」・マグーン（"Blue Jaw" Magoon）（通称、ブルー・ジョー［Blue Jaw］青髭）、フランク・アブバンダンド（通称、ザ・ダッシャー［The Dasher］突進者）といった取り揃えられた犯罪者の多くは、シンジケートの殺人マシーンの馬車馬であった。

　ブルックリンの地区検事事務所は、最終的に、マーダー・インクの構成員の１人であった「キッド・ツイスト」・レルズが密告することを決意した1940年代に、マーダー・インクの存在とその恐ろしい活動の証拠を得た。自分の人生に

ついて恐れたレルズは、彼が加わったり、知識を共有したりした約200もの殺人についての詳細を暴露した。「ピッツバーグ・フィル」・シュトラウスとフランク・「ザ・ダッシャー」・アブバンダンドに対する起訴だけでも、108の殺人を含んだ。

　最も悪名高いことの1つとして、ブロンクスとマンハッタンにおける主要な犯罪ファミリーの首領であったダッチ・シュルツ*の暗殺と、ニューヨーク州の民主党における勢力的な政治コネクションとが、関係していたことがある。シュルツが、ゆすりたかり者摘発運動家であった特別検察官のトーマス・E・デューイ*の第1の標的となった後、シュルツはデューイの殺害を望んだ。しかし、この犯罪組織の暴力的な運営規則は、清廉な法執行機関の職員を殺すためのものではなかった。シュルツは、自分の構成員が殺しに反対する票を投じた後もずっと、自分はデューイの体を気遣っていたと主張した。シュルツの運命は、決定された。マーダー・インク・ギャングからなる数人の殺し屋が、ニュージャージー州ニューアークにあるシュルツの本部と、レストランを攻撃し、彼と数人の部下を殺害した。

　レルズによって提供されたマーダー・インクの情報によって、ピッツバーグ・フィル、メンディ・ワイス、バグジー・ゴールドシュタイン、ハッピー・メイオン、ダッシャー・アブバンダンドの有罪判決と死刑を導いた。シンジケートの首領であるレプケ・バカルター（Lepke Buchalter）——かつて電気椅子に処せられた唯一の者——は、1944年にシンシン刑務所で処刑された。

　レルズの証言の効果で、アルバート・アナスタシア、メイヤー・ランスキー*、チャールズ・「ラッキー」・ルチアーノ*、バグジー・シーゲル*及びその他の者といった、他のギャング団の首領を脅かした。1941年11月、レルズは、ブルックリンのホテルに保護拘束中に、落下して死亡した。キッド・ツイストが、誤って、6階の窓から落ちたと信じる者は誰もいなかった。彼の死は自殺あるいは殺害のどちらかであったが、立証はされなかった。当時の噂によると、重要な政治家や法執行官が、キッド・ツイストの暴露によって脅かされ、ギャング団の首領と協力して死の手配を行ったとされた。

参照文献：Burton Turkus and Sid Feder, *Muder. Inc. : The Story of the Syndicate*. 1951.

口髭のピートたち（**Mustache Pites**）　禁酒法時代（禁酒法と組織犯罪＊参照）にアメリカで活躍した、旧式のシチリアのマフィア＊の構成員たち。彼らはイタリア（シチリア）の文化的規範に従って大きな口髭を生やしたことによって、そのニックネームが付けられた。彼らは、時折、皮肉にも今日では、ジップス＊あるいは「ギークス」（geeks：マフィアの優等生）と呼ばれる。

それは、シチリア人だけが秘密結社に入会することが認められるといった、マフィアの排他性を保持することを求めたシチリアのマフィア構成員からなる、一部の移民一族のものであった。若い、アメリカナイズされたイタリア人のギャングスターは、この少数民族の区別を不合理であると考え、それに抵抗した。例えば、チャールズ・「ラッキー」・ルチアーノ＊は、ユダヤ人のパートナーであるメイヤー・ランスキー＊とバグジー・シーゲル＊との関係を断つようにという「ジョー・ザ・ボス」・マッセリア＊とサルヴァトーレ・マランツァーノ＊の要求に憤った。事実、シカゴのアルフォンス・カポネ＊の組織と、デトロイトとクリーヴランドのマフィアは、他の少数民族の者、とりわけデトロイトのパープル・ギャング＊、ニューヨーク市のマーダー・インク＊、クリーヴランドのメイフィールド・ロード・ギャングにおいて高度に組織化されたユダヤ人のギャングスターと協力し合った。

ニューヨーク市や他の市においては、口髭のピートたちは、暴力的に除去されなければならなかった。ジョゼフ・ボナンノ＊のような男でさえも、長老界の伝統につかり、アメリカでは通用しないような古いシチリアの首領の手法を現実化させた。アメリカにおける勢力としての長老マフィアの終焉を迎えたカステランマレーゼ戦争後、より勢力的な新しいマフィアが、リトルイタリーの境界を越えた勢力範囲で保たれたより広い同盟によって登場した。

参照文献：Raimondo Catanzaro, *Men of Respect : A Social History of the Sicilian Mafia*. 1992.

N

エリオット・ネス（NESS, Eliot）（1903年4月19日イリノイ州シカゴにて生誕—1957年5月16日ペンシルヴァニア州クラウダースポートにて死亡）「アンタッチャブル［Untouchables］」法執行部隊責任者。

　今や禁酒法（禁酒法と組織犯罪*参照）と他を圧倒するアルフォンス・カポネ*のようなギャングスターに関するアメリカ民俗学の一部となった感さえある、エリオット・ネスは、1928年にシカゴ大学を26歳で卒業し法執行官としての名声を得たが、彼は、カポネを苦しめるための特別連邦部隊の職務に配置されたのであった。その部隊——それは、伝えられるところでは、買収されないために「アンタッチャブル」と呼ばれた——の英雄的な行為は、非常に成功したテレビシリーズ、著作、数本の映画においてうまく再現されている。ネスとその部隊についてメディアで描写された英雄的な行為の多くは、作り話でないとはいえ、カポネを滅ぼす彼らの役割について、はなはだしい誇張的表現をなすものであった。

　彼の最も印象的な法執行における功績は、シカゴでのカポネの時代の後に生じた。1935年に、ネスは、クリーヴランド——ギャング団、警察、政治的買収によって荒廃した都市——の公共安全長官（public safety director）に任命された。そこでは、ギャングの縄張り争いの際に街路で生じる暴力は、日常茶飯事であった。彼が行った第1段階は、警察局を改革することであったが、彼はそれを、賄賂を収受する職員や、職務怠慢の職員の異動や解雇を通じて行ったのである。

　悪名高いメイフィールド・ロード・ギャング（Mayfield Road Gang）は1941年までに壊滅したが、そのときそのリーダーである「モー」・ダリッツと他の者

は、ケンタッキー州北部の他の都市や郡は、シェリフがそれほど職務に熱心ではなかったために、あまり危険ではないと考えていた。

　第二次世界大戦中、ネスは、国防省連邦長官を務め、軍事基地や戦時工場周辺の売春のゆすりたかりを取り締まるよう努めた。戦後、彼は、オハイオ州カントンのダイボールド・セイフ会社（Diebold Safe Company）に働きに行ったのであるが、次第にひどいアルコール中毒になった。1950年代初期には、彼は、テレビ・プロデューサーや編集者と自分の過去を回想することに生涯を捧げた。1957年に、彼は、長年のアルコール中毒がたたり、心臓発作で死亡した。

　参照文献：Oscar Farley and Paul Robsky, *The Last of the Untouchables*. 1988.

ニックネーム（Nicknames） ギャング団のニックネームを参照。

フランク・ニッティ（NITTI, Frank）（通称、ジ・エンフォーサー［The Enforcer］実行役）（フランシスコ・ニットーとして、1884年イタリアはナポリにて生誕―1943年3月19日イリノイ州シカゴにて死亡）1940年代のアルフォンス・カポネ*ギャング団の首領。

　ニッティは、「親分」（Big Fellow）である多数の他の構成員と同様、アル・カポネのいとこであった。ニッティは、床屋という合法的な職業としての道を踏み出したが、すぐに、禁酒法の間に、盗品売買者*として、カポネのギャングスターと関係をもった（禁酒法と組織犯罪*参照）。彼は、おそろしい力をもってアルコールの密売も行い、やがてカポネ組の幹部としてバラ色の人生を送ったのであった。

　「ビッグ・アル」が脱税の罪で刑務所へと消え去った後、ニッティはシカゴ・アウトフィット*の最高位にある首領の1人として認定された。ギャング団が、その活動を映画産業のような合法的なビジネスへと拡大し始めたとき、ニッティは、ハリウッド・スタジオのゆすりたかりに加わり、ウィリー・モリス・ビオフ*やジョージ・ブラウンを後見した。しかしながら、ビオフが、恐喝とゆすりたかりの罪で長期の刑罰が科されることを逃れるために密告し始めたとき

に、ニッティはそれに巻き込まれた。シカゴのギャング団の首領であるポール・「ジ・ウェイター」・リッカ*、アンソニー・ジョゼフ・アッカード*、ジョゼフ・ジョン・アユッパ*は、ニッティに罪を認め、彼への捜査が厳しくならないように命じた。しかしその考えは、1932年に所得税法違反の罪で刑務所に入れられてつらい経験をしたニッティにとって、心が惹きつけられるものではなかった。ギャング団の首領たちは、ニッティは刑務所収容を受け入れるよりも、むしろ密告するに違いないと疑った。ギャング団の構成員からの敵対反応に先手を打つ正式事実審理を待ちながら、彼は失意のあまり、シカゴの家畜農場にて銃で自殺した。

参照文献：John Kobler, *Capone : The Life and World of Al Capone.* 1971.

数当て賭博（**Numbers**）　数当て賭博のゆすりたかりは、「貧乏人の保険証券」と呼ばれている。その「証券」（Policy）という用語は、数当て賭博の同義語として用いられるのである。数当て賭博では、賭け手は0から9までの数字の組み合わせで、1けた、2けた、あるいは3けたの数字を選ぶ。もし賭け手が当たりの数字と順序を選べば、その報酬は1倍から600倍となる。

この違法なくじの構造は、アフリカ系アメリカ人ギャンブラーが、見事にゲームにおいて詐欺とごまかしを除去したことによって劇的に変化したのであるが、そこでは数当て賭博は、買収され得る、ある競争場の賭け率表示器の賭け事の結果から選ばれた。キャスパー・ホルスタイン*は、ニューヨーク証券取引所の手形交換所全体を操ろうとしたが、証券取引所はギャングスターによって不正取引されなかったのであり、結果の誠実性を保証したのである。**賭博、キャスパー・ホルスタイン、違法賭博、ステファニー・セント・クレア**をも参照。

参照文献：Rufus Schatzberg and Robert J. Kelly, *African-American Organized Crime : A Social History.* 1997.

O

チャールズ・ダイオン=オバニオン（O'BANION, Charles Dion）（通称、ディーニー［Deanie］）（1892年イリノイ州シカゴにて生誕—1924年11月10日シカゴにて死亡）シカゴのギャングの首領かつアルフォンス・カポネ*の敵。

　最初の時期に、シカゴの主要な密売人であった者は、ダイオン=オバニオンとロジャー・タフィー*の2人であった。オバニオンは、シカゴのノースサイドにおける、荒れたアイルランドの移民地域で成長した。彼は牧師の従者として、4年の時を過ごしたが、少年ギャングであるマーケット・ストリーターズ（Market Streeters）に加わった。彼らは、シカゴのヘラルド－イグザミナー紙による新聞購買部数戦争のスラッガーとして雇われた。10代の終わりには、彼は暴行と不法目的侵入で2つの短い刑を務め、彼がもっぱら過ごした場所は、ジェイルの中であった。

　禁酒法（禁酒法と組織犯罪*参照）の最初の時期（1920年）において、「ディーニー」として知られていたオバニオンは、首尾よくシカゴにおける勢力的な無法者となった。彼のギャングは、（「スキーマー」・ドルッチのような）わずかなイタリア人と、数人のユダヤ人（グーゼンバーグ兄弟）、ポーランド人（アール・「ハイミー」・ヴァイス*）、それに加えてアイルランド人（ジョージ・「バグズ」・モラン*）を含むものであった。彼らは、少数のギャングの密売船を強奪し、楽に金儲けを行い、そして多くの敵を作った。趣味として、オバニオンは花屋を経営し、ギャングの葬儀で手の込んだ装飾を行うために花を生けることに目が肥えていた。彼の政治的コネクションは、細かく調整されており、それによって彼は生き延びることができた。1924年においては、彼は、上位の警察局職員が出席した記念夕食会の招待客であった。

禁酒法がフル稼働するにつれて、オバニオンとアル・カポネ＝ジョニー・トーリオの密売シンジケートの間で闘争が展開し、そのことで、ビールトラックや密輸された酒類の車両強盗や窃盗が寛大に扱われなくなった。休戦とパートナーシップが整えられたことで、シカゴがいくつかの縄張りに分割され、そこでの暴力は他のシンジケート構成員からの素早く、致命的な報復を意味した。しかしながら、トーリオの計画は機能しなかった。オバニオンは、トーリオの違法なビール醸造所の購入について、連邦機関に情報を与えた。トーリオがオバニオンの裏切りに気付いたとき、戦争が勃発した。3人の男が、地方の政治的領袖とマフィア構成員であるマイク・メルロ（Mike Merlo）の葬儀の花を買うために、花屋に現れた。花を買う代わりに、彼らは、オバニオンの花屋で「ディーニー」を正確に殺害した。彼は、シカゴでかつて見られた、最も大きな葬儀のうちの1つを行った。オバニオン・ギャングとトーリオ＝カポネの間の戦争は、そこで幕を閉じなかった。戦争はハイミー・ヴァイスとバグズ・モランによって先導され、その戦争で結局、ハイミー・ヴァイスの死亡、トーリオの引退、そして悲劇の聖ヴァレンタイン・デイの大虐殺をもたらしたのであった。

参照文献：Robert M. Lombardo, "The Organized Crime Neghborhoods of Chicago," in *Handbook of Organized Crime in the United States*, ed. Robert J. Kelly et al. 1994.

ホーゲ・ルイス・ヴァスケス・オチョア（OCHOA, Jorge Luis Vasquez）（通称、エル・ゴルド［El Gordo］、ザ・ファット・マン［The Fat Man］太っちょの男）（1949年コロンビアはメデリンにて生誕―）メデリン・コカイン・カルテルの主要なリーダー。

パブロ・エミリオ・ガボロア・エスコバー*と共に、「ザ・ファット・マン」として知られたホーゲ・ルイス・ヴァスケス・オチョアは、メデリン・カルテルの最初の構成員の1人であった。オチョアは、何年もの間逃走し続けた後、彼の兄弟であるファビオ（Fabio）とファン・デイヴィッド（Juan David）が自首した1991年1月に、コロンビア当局に自首した。全員が有罪を認め、わずかの麻薬犯罪について自白し、ほんのわずかな罰金の支払いに同意し、ジェイル

に行った。オチョアは、5か月半の拘禁の後、1996年7月に釈放された。彼は、おそらく100億ドル以上もの財産をもっている、世界で最も裕福な者の1人であると信じられている。

　逮捕される何年も前は、オチョアは、コロンビア版ラ・コーザ・ノストラである、ラ・マフィア・クリオウラ（la mafia criolla）を統括していた。メデリンは、国際的なコカイン取引のボイラー室であり、オチョアと彼の家族は、それを支配する一握りの家族の1つであった。

　ホーゲ・オチョアと、パブロ・エスコバー、ホセ・ゴンザロ・ロドリゲス・ガチャ*を含む彼の親類や友人は、彼らが「ラ・カンパニア」（la campania：ザ・カンパニー）と呼び、一般社会ではカルテルとして知られている、緩い暗黒街の企業連合を支配した。それは首尾よく構造化され、また高度に組織化されている。それに加えて、カルテルは、コカイン生産に必要とされる原料の獲得と、その原料をコロンビア、パナマ、ベネズエラ、ブラジル、アルゼンチン、そしてアメリカをも含むそれらの国の全域の秘密製造工場に配送することに、特化している集団であった。安全に対して責任をもち、そして必要とあれば、法執行機関、軍隊、政治家、裁判官、そして大統領さえも覆すことに責任をもった集団であった。世界中の市場へのコカイン輸送を取り扱う他の集団も存在した。

　富と権力の点において、カルテルが成長するにつれて、オチョアは、アメリカでの流通関係を含む、より多くのことを望んだ。不正取引の初期の段階においては、カルテルは、アメリカにおける小売販売業にコカインの卸売りを行った。1980年代後半に、オチョアの組織は、何千ものコロンビア人からなる「セルズ」（cells）を立ち上げ、それはアメリカと、マドリード、パリ、ロンドン、ローマ、ハンブルク、ロッテルダムを含むヨーロッパの都市の中心的な市場における、小規模な販売集団であった。セルズは、メデリンからの特命によって組織化され、厳格な掟の下で活動した。オチョアの指導権の下で、メデリン・カルテルが、麻薬を取り扱う悪擦れした、無情な多国籍のコングロマリットとして登場した。オチョアは、暴力と買収を通じてコロンビアを屈服させ、コロ

ンビアの国境をはるかに越えて他国に影響を及ぼした。

　1984年にオチョアは、スペインで、コカイン販売の共謀の罪で逮捕された。麻薬取締局（DEA）は、彼をアメリカに引き渡すようスペイン政府に強要した。法的な争いの1年後、オチョアは、違法な雄牛密輸の罪で、コロンビアに送り戻された。——アメリカ政府の引渡し請求は拒否され続けた。オチョアに反対する主要な証人であり、メデリン・カルテルに雇われていた元空輸密輸者のバリー・シール（Barry Seal）がニューオーリンズで暗殺されると、その請求は、アメリカ政府によって取り下げられた。

　オチョアは、弁護士の巧みな操作を通じて、雄牛密輸の罪でコロンビアにどうにかしてとどまろうとした。1987年11月21日、彼は、カリからそれほど離れていない場所で交通課の警察官に逮捕された。ザ・ファット・マンは警察署に賄賂を渡そうと試み、1.1億ペソ（40万ドル）を申し出たが、警察署は一銭も受け取ろうとしなかった。政府は、雄牛密輸の罪で彼を拘束することを決意し、そしてアメリカへの引渡しを考えようとしたが、カルテルは、即座にオチョアの逮捕に反発した。24時間以内に、12人の殺し屋が、彼の家で、ボゴダ最大の日刊紙の編集者であるゴメス・マルティネス（Gomez Martinez）の暗殺を試みた。その試みは失敗したが、カルテルは、オチョアのアメリカへの引渡しを望まず、アメリカの政治的領袖に対する総力戦を恐れたことを明らかにした。1988年1月18日、ボゴダ市長選の候補者が暗殺された。1週間後、コロンビア地区検事であったカーロス・モーロ・ホヨス（Carlos Mauro Hayos）が攻撃され、誘拐され、殺害された。

　コロンビア当局とカルテルとの闘いが続く間、潜伏していたオチョアはその後自首し、コロンビアで刑に服した。彼は、引き渡されなかった。

　　参照文献：Paul Eddy, Hugo Sabogal, and Sara Walden, *The Cocaine Wars*. 1988.

オメルタ（Omerta） マフィアの沈黙の掟。

　マフィアとアメリカのラ・コーザ・ノストラ＊の保護戦略としての沈黙の掟は、かなり単純で、残忍なものである。組織に害を与えるようなことについて

法執行機関に密告することは、重大な過ちである。仮にライバルのギャングが父親の面前で殺害されたとしても、その父親は警察に密告することが禁じられる。仮にある者の財産が盗まれ、そしてある子どもがいじめられていたとしても、法執行機関にそのことを打ち明けることはできない。マフィアと犯罪ファミリーが、唯一の復讐者なのである。

沈黙の掟は、マフィアが構成員を統制するために用いる、紀律的なメカニズムである。その掟を破ると殺されることを恐れることによって、マフィアのリーダーは、忠誠を保つことができ、また起訴を避けることができるのである。このことがオメルタを強制する主な理由であるが、オメルタはまた、もう1つの予防的機能を担っている。マフィア構成員と準構成員が、知っていることを暴露することを拒絶するとき、それは、犯罪行為の被害者や目撃者に、彼らもまたオメルタによって束縛されることを知らせる手段となるのである。仮に被害者や目撃者が密告するならば、裏切りに対する厳格な罰が行われるであろう。このようにして、オメルタは、マフィアを束縛すると共に、目撃者や被害者の口封じもするのである。

法執行機関によって計画された反犯罪戦略では、オメルタの基盤を崩して、組織犯罪者が、犯罪者の仲間集団に反対して国家のために証言する準備を行い、また進んで証言するように試みている。証人保護プログラム*や法の免責条項によって、多くのマフィア構成員に、政府に協力するよう奨励している。**ジョゼフ・ヴァラキ、証人保護プログラム**をも参照。

　参照文献：Raimando Catanzano, *Man of Respect : A Social History of the Sicillian Mafia*. 1992.

ベニー・オン（ONG, Benny）（通称、エン［Eng］、アンクル・セブン［Uncle Seven］）（1907年香港にて生誕—1994年ニューヨーク市にて死亡）協勝堂（ヒップ・シン・トン）の首領。チャイナタウンのゴッドファーザー。

　ベニー・オンは、全米中のチャイナタウンの生活の2つの側面を体現した者である。彼は、暗黒街と一般社会の両側、すなわち合法と非合法の間、旅行者

が華やかな通りで目にするものとチャイナタウンの店の裏側に行ったところにあるものとの間の、目に見えないライン上で生活していたのである。多くの堂のリーダーは、コミュニティのリーダー、商人協会、地域の家族協会からなる合法的な権力を構成し、埋葬費を提供する保険組合はまた、違法賭博*ホールや売春事業の後見人となっている。

　ベニー・オンが1994年に死亡したとき、ニューヨークのチャイナタウンの街路で、葬儀の行進が行われた。120台の車の葬儀の行進が、湿気のある狭い通りに沿って進んだとき、何千もの人々が歩道に一列に並んだ。白いカーネーションと赤いバラで飾られた、大きな笑顔の写真が、花のリムジンに乗せられていた。死者の死後の繁栄を願う中国の伝統を守り、「偉大な男、ベニー・オン」（Big Bucks, Benny Ong）という言葉が、植木鉢で表されていた。

　チャイナタウンで「アンクル・セブン」として知られていた彼は、高齢になっても、短気でエネルギーがあることで、よく知られていた。勢力的なチャイナタウンの堂（友愛とビジネスの協会）である協勝堂の「常任相談役」（adviser for life）として、オンは、チャイナタウンの最も重要な長老者の1人と考えられていた。彼の影響力は、巨大であった。アンクル・セブンは、移民に職を与える手助けを行い、ビジネスマンの間の争いを調停し、商人のための貸付金の保証などを行うことがあった。1991年に、連邦上院小委員会は、ベニー・オンをチャイナタウンにおける組織犯罪の「ゴッドファーザー」と認定した。彼は、伝えられるところでは、協勝堂の縄張りにおいては、一定の割合の賭博*料、高利貸し業料*、みかじめ料をとり、それらは、バワリー通り、ペル通り、ヘスター通り沿いのレストランと小売業の売り上げを覆うものであった。彼の実際の権利主張は、20年以上もの間、協勝堂と関係している邪悪なストリート・ギャングである、飛龍（フライング・ドラゴンズ）内での影響力の中にあった。飛龍は、堂の賭博施設を保護し、堂の縄張りにおける事業からみかじめ料を厳しく取り立てた。——そのみかじめ料は、アンクル・セブンと密接な絆をもつ者だけが免除されていた。オンの権力に大胆にも異議を唱えた者は、大きな危険にさらされた。

ある者が、1980年代初期に、教訓をたたきこまれた。元協勝堂の構成員であったハーバート・リュー（Hebert Liu）は、自分の協会を形成するために堂を去った。その協会は、賭博の隠れ家を開設し、チャイニーズ・フリーメーソン（Chinese Freemasons）という、もう1つの堂の支部となるはずであった。リューはまた、自分の賭博事業を保護するために飛龍の元構成員を募集したことで、過ちを犯した。オンは、それを自分の権威に対する公然たる挑戦と捉えた。1982年12月23日、フリーメーソンと白虎（ホワイト・タイガース）の数人の構成員が、イースト・ブロードウェイのゴールデン・スター酒場にいたとき、数人のマスクをつけた殺し屋が歩み寄り、砲撃を加えた。3人のギャング構成員が公然と殺害され、他の8人はけがを負った。オンは、表向きには、決してその殺害との繋がりはないが、新聞記事において引き合いに出されており、そこでは、彼は尊敬を築き上げるのに60年の年月を費やしたのであり、一夜にして、彼を権力から引きずりおろすことができるなんて誰も考えるべきではないと記してあった。**アジア系組織犯罪、中国人三合会、堂をも参照。**

参照文献：Martin Booth, *The Triads*. 1990.

マングース作戦（Operation Mongoose）フィデル・カストロ（Fidel Castro）を殺害するためのCIAとマフィアの共謀。

「マングース作戦」とは、キューバのフィデル・カストロに対するCIAとマフィアの暗殺計画の暗号名であった。CIAは1959年に、カストロ殺害を擁護し、メイヤー・ランスキー*は、ギャング団がキューバで賭博事業を再開するためには、カストロは殺されねばならないと考えた。その間、元クリーヴランドのシンジケート*の首領*であり、ネヴァダ州ラスヴェガスの無申告のカジノ経営におけるランスキーのパートナーであった、「モー」・ダリッツ*は、ハワード・ヒューズ（Howard Hughes）にこの提案を持ち出し、ヒューズは仲間であり、元CIA職員であったロバート・マヒュー（Robert Maheu）に、この殺害計画を進めるよう促した。ジョン・ロゼリ*とサム・ジャンカーナ*は共謀のために雇われ、彼らはサントス・トラフィカンテ・ジュニア*を説得して加わらせた。

様々な滑稽な殺害計画がCIAによって提案され（CIAは公式上、その計画の共謀を決して認めていない）、それには、毒の入った錠剤をカストロのスープに入れる、待ち伏せてマシンガン攻撃を行う、彼の服に危険な菌をつけて感染させる、幻覚作用を及ぼす薬物を彼の葉巻に注入するなどが含まれている。それらのどれも起こらなかった。どうやら、トラフィカンテはCIAを欺いて、彼はマングース作戦を成功させるための実際的なことを何も行っていなかったのに、キューバのカストロの従者はカストロの死を覚悟することで手がふさがっているとCIAを信じさせた。

秘密上院委員会（secret Senate Committees）の面前でのロゼリの証言によると、ジャンカーナはトラフィカンテに怒っており、それはなぜなら、ジャンカーナは、もしギャング団がカストロを壊滅させ、退陣させたならば、アメリカにおいてその勢力と影響力はこれまでにないものとなり、阻止できないものとなると信じていたからであった。政府は、違法な国際政治行為を犯罪者と共謀したことについて、民衆の情報公開の脅威によって危うくされたのであり、そのスキャンダルに対処する余裕がなかった。

CIAとマフィアの不浄な同盟を伴ったカストロ殺害計画は、サム・ジャンカーナとジョン・ロゼリがそれぞれ1975年と1976年の1年の間に殺害されるまで、秘密が守られた。2人は、CIAの海外での活動役割について上院委員会の面前で証言することが予定されていた直前に、会っていたのであった。

　参照文献：Charles Rappleye and Ed Becker, *All-American Mafioso : The Johnny Roselli Story*. 1991.

組織犯罪とメディア（Organize Crime and the Media） 1930年代と1940年代において、イタリアのギャングスターは、アイルランド人とユダヤ人のギャングスターと共にハリウッドの映画界の仲間入りをしなければならなかった。後の10年間において、テレビとビデオの技術がより洗練化され、何百万人の視聴者がザ・アンタッチャブル（The Untouchables）のようなテレビシリーズや、ゴッドファーザー（The Godfather）三部作のような映画を観ることが可能とな

り、イタリアのギャングスターは固定観念化されたイメージとなった。

　組織犯罪は、大都市や皮膚が浅黒い外国人を連想させた。メディアの力添えで、ほんのわずかなイタリア系アメリカ人を代表する、イタリア出身者からなる組織的なゆすりたかり者の数千人ほどの無法者が、少数民族集団の代表格として目に触れるようになった。アメリカの歴史においては、アイルランド人、ユダヤ人、アフリカ系アメリカ人、ラテン系イタリア人、アングロ系プロテスタントのギャングスターまでもが存在しているのである。しかし、これらのギャングスターはどれも、折よくそれらの者に起源があるとして、大規模な少数民族集団組織の代表格と考えられているのではない。いうまでもなく、そのような人物を扱っている映画はほとんど、これらの集団の文化的遺産と労働者階級の歴史について真正なる演出を提供していないのである。

　ギャングの世界がショーになっていることに対して展開された抗議に対応して、イタリア人の名字が、ギャングスターや暴漢ではなく登場人物に愛着をもたせるような映画やテレビの中で登場し始めた。その登場人物とは、たいてい「コロンボ」(Colombo)、「バレッタ」(Baretta)、「ペトロセリ」(Petrocelli) といった警察、刑事弁護士、私立探偵である。しかしながら、イタリア人の犯罪摘発者は未だに犯罪と暴力に密接に関係しており、あらゆるメディアで表されているように、法執行官の活動手法は、時折、その者が戦っている相手である犯罪者の活動手法と区別することが困難である。

　メディアにおける様々なイタリア人の固定観念のうち、マフィア*のイメージは最も長く続いている。1985年の『女と男の名誉』(*Prizzi's Honor*) といった有名な映画は、ギャングスターの悪行と、マフィア構成員と有能なギャングの女性「殺し屋」*――雇われ殺し屋――へと転向した女性とのロマンスという点で、新たな進展をもたらしている。テレビがザ・アンタッチャブルで、最初にイタリア人のギャングスターを特集した後の約40年間において、マフィアの主人公は、映画やテレビで多く存在し続けている。1990年だけが何らの進展もなかったことを証明するかのように、ハリウッドは民衆に、以下の映画をもたらしたのであった。『ドン・サバティーニ』(*The Freshman*) ――映画ゴッドファ

ーザーの喜劇──、『マイ・ブルー・ヘブン』（*My Blue Heaven*）──証人保護プログラム＊におけるマフィアのギャングスターのうぬぼれについての映画──、『キング・オブ・ニューヨーク』（*King of New York*）──大都市における薬物取引と暴力の話──、『ミラーズ・クロッシング』（*Miller's Crossing*）──1930年代の少数民族のギャング団の闘いの歴史年代記──、『ゴッドファーザーⅢ』（*Godfather III*）──高度な財政状態と政治的陰謀、偽善に関する国際的な場面でのコルレオーネ犯罪ファミリーの後の歴史、『グッドフェローズ』（*Goodfellas*）──イタリア系アメリカ人のコミュニティにおける小さな窃盗団とそれらの過剰な暴力の描写の映画──。これらのすべての映画において、イタリア系のギャング団は、中心人物であるか、重要なわき役的役割を果たしているかのどちらかである。『キング・オブ・ニューヨーク』では、一定不変の暴力と殺人の最中に、イタリア人に加えて、女性、アフリカ系アメリカ人、中国人、ラテン系、アイルランド人に対する犯罪を取り扱っている。『ゴッドファーザーⅢ』は、過去の2作品の物寂しい模造作品であるが、そこにおいては、マフィアの首領が自分の兄弟、多数のマフィアの構成員、買収した政治家、事業家、聖職者の殺害を手配した後に、賞賛すべき家父長制的天帝に類する地位へと昇りつめている。

　ギャングスターとしてのイタリア人のイメージは、他の集団についての映画にも浸透している。『ワンス・アポン・ア・タイム・イン・アメリカ』（*Once Upon a Time in America*）（1984年）は、ユダヤ人のギャングスターに関する映画であり、『イヤー・オブ・ザ・ドラゴン』（*Year of the Dragon*）』（1985年）では、中国人のゆすりたかり者と薬物不正取引商人が、これらのそれぞれの集団に対して十二分に攻撃的であった。それぞれの映画には、ユダヤ人と中国人のギャングスターと競合する基本的な犯罪要素の一集団として、イタリア人のゆすりたかり者も含まれている。リメイク作品である『スカーフェイス』（*Scarface*）（1983年）だけは、軽罪の犯罪歴をもった皿洗いからマイアミのコカインの不正取引者の頂点に立ち、イタリア人を締め出したキューバ人の流れ者の栄枯盛衰を表しているが、1932年に製作されたオリジナルの映画は、シカゴのアルフォ

ンス・カポネ*の犯罪歴についてまばらに覆い隠された描写となっていた。

『イヤー・オブ・ザ・ドラゴン』のヒーローは、取りつかれたような、ポーランド系アメリカ人の警部で、かつヴェトナム帰りの退役軍人であり、彼を「ポーランド系」として描写している。その映画で、彼は中国の遺産である、犯罪の「千年の歴史」——中国人がそれをアメリカにもってきた——について言及している。その映画では同様に、他の固定観念について取り扱っている。中国人ギャングスターは自分たちのグループにとりわけ野蛮であり、「白人の悪魔」に対しては軽蔑以外何もしないのである。

このようなメディアによる否定的イメージの猛攻撃に直面すると、すべてのイタリア人がギャングスターなのではないし、すべてのギャングスターがイタリア人で、マフィアのスタイルを真似ているのではないということに気づかされる。

メディア権力のよい例として、ジョン・ゴッティ*の経歴があるが、彼はガンビーノ犯罪ファミリー*の首領であったポール・カステラーノ*の暗殺後、1985年にラ・コーザ・ノストラの頂点に上りつめ、現在、終身刑に服している。1984年の最近まで、自称ギャング団の首領が、街路の暴漢の特徴の多くをもち続けていた。その年に、彼は、歩道際に駐車中に自分の車の横に並べて駐車されたことに対して、重罪となる暴行を行ってしまった。カステラーノの殺害後、ゴッティは首領となり、劇的にその行為を洗練化させたのであった。

ハリウッドは、神話を作る。10年もの間、ゴッドファーザー作品の叙事詩とそのマフィアが、アメリカの神話的要求を満たしている大衆文化において、西洋人の名声を失わせたのである。フィクションであるゴッドファーザーは、ほぼ賞賛せずにはいられないほどの神話を作った。それは複雑に構造化された「裏」社会を取り上げ、その「裏」社会は社会的救済のわずかの手がかりもなかったのに、社会的救済を再び形成したことになったのだが、人々に関していえば、視聴者は「裏」社会を応援することもあったし、反対することもあった。その主人公は、神業のように善悪を考えないという欠点があり、自ら行わなくても運命の罠にひっかかる。実際のコーザ・ノストラにおいては、忠誠と敬意

はあまり重要でなく、ドラマ上の効果では、無視されるべき、単にいらいらする事実である。認識されている現実が、重要なものなのである。ゴッドファーザーの武勇伝には、一般民衆の視聴者と関わりがあって楽しませるすべての要素、すなわち家族、ロマンス、権力、欲望、裏切り、貪欲、救済までもが含まれていた。そして、まさにゴッドファーザーの死の叙事詩の段階では、必然的かつ頻繁に派閥に待ち受けている暴力を展開した。

問題は、ノンフィクションに等しいものがなかったということであった。すべてのメディアは、元事業幹部であったポール・カステラーノの暗い企業イメージ、「トニー・ダックス」・コラーロ*のむっつりした顔、葉巻をかむラニヤン風のアンソニー・サレルノ*、気の狂ったヴィンセント・「ザ・チン」・ギガンテ*、そして最後に脂ぎっていて、食欲をそそらないカーマイン・「ザ・スネイク」・パーシコ*を強調したままなのである。

参照文献：Randall Miller, *Ethnic Images in American Film and Television*. 1978. Michael Parenti, "The Media and the Mafia," *Monthly Review. March*. 1979 ; pp. 20-26.

ジェイコブ・オーゲン（ORGEN, Jacob）（通称、リトル・オーギー［Little Augie］小さなオーギー）（1894年ニューヨーク州にて生誕—1927年10月15日ニューヨーク州にて死亡）

「リトル・オーギー」・オーゲンは、ニューヨークのシンジケート*の形成直前においては、衣服産業のゆすりたかり者であった。彼は、第一次世界大戦前における第1の労働者に対するゆすりたかりのギャングスターであった、ベニー・フェイン（Benny Fein）（通称、ドゥピー［Dopey］鈍い）のギャングの構成員だった。フェインが法執行によって活動できなくなったことに伴い、オーゲンは自己の組織を形成し、ライバルであったキッド・ドロッパー*を殺害した。その組織はリトル・オーギーズとして認識されるようになり、それにはルイス・バカルター*、ジェイコブ・「グラー」・シャピロ*、ジャック・ダイヤモンド*が含まれた。

やがて、リトル・オーギーの戦術は、もはや機能しなくなった。衣服産業の

製造業者や支配人に従うよう組合の労働者をたたきのめすことが、逮捕とジェイル収容を招いたのである。レプケ、シャピロ、その他の者は、服従させるために組合を脅迫し、打ちのめすことよりもむしろ、組合に容喙することを好んだ。しかし、オーゲンは古い手法で、組合を攻撃することを主張した。彼はまた、独力で麻薬に没頭し、労働者に対するゆすりたかりから離脱した。しかしながら、塗装工組合（Painter's union）が行うより高い賃金を求めるストライキを阻止するために、塗装工協会（Painter's association）がオーギーに5万ドルを申し出たとき、彼は労働者に対するゆすりたかりに戻る気になった。塗装工の争議について透明関係を築くことを望んだレプケとの密約を認めることをせず、リトル・オーギーは現金を返すことを拒絶し、塗装工組合がストライキを行わないことを確実にする命令を実行する、用心棒兼実行役のジャック・「レッグズ」・ダイヤモンドを使って労使間の争議の仲裁に入った。レプケとシャピロは1927年10月15日、ある行動の決意を行い、彼らはマンハッタンの通りでオーゲンを殺害した。ダイヤモンドの人生は引き裂かれた。その後、レプケとシャピロは衣服産業のゆすりたかりを支配し続けた。

　信心深いユダヤ人一家の出身であったリトル・オーギーの棺には25歳と記載されたが、実際には、死亡年齢は33歳であった。家族は、犯罪的な生活を受け入れていた1919年に、オーギーが死んでいたものと思っていたのである。

　　参照文献：Robert A. Rockaway, *But — He Was Good to His Mother: The Lives and Crimes of Jewish Gangsters*. 1993.

アウトロー・モーターサイクル・ギャングズ（Outolaw Motorcycle Gangs）

アウトロー・モーターサイクル・ギャングズは、何百万人もの若者が軍隊を去り、不安定な民間の生活に戻った第二次世界大戦後に現れた。多くの者は反抗的であり、守るべき社会から深く遠ざかっていたが、戦後における多くの者は社会への再適応に無関心であり、それに反対していた。

　ギャングあるいはクラブが、カリフォルニア州で形成され、全米中に広がった。今日、ヘルズ・エンジェルズ*やアウトロー・モーターサイクル・ギャン

グズのような一部のギャングが、ヨーロッパ、オーストラリア、ラテンアメリカに支部をもち、国際的なものとなった。一時期、モーターサイクル・クラブは、1950年代の息苦しい同調に反対した、ロマンティックな反抗を象徴した。マーロン・ブランド (Marlon Brando) の『エンジェルズ・オン・ウィールズ』 (*Angels on Wheels*)、『乱暴者』 (*The Wild One*)、1960年のピーター・フォンダ (Peter Fonda) の『イージー・ライダー』 (*Easy Rider*) のような一般大衆映画が、自由と個人主義を象徴していたのであり、それが、その独特ないでたちと生活様式をもったモーターサイクル集団の副次文化を表すようになった。しかしながら、最後の25年を経過すると、これらのクラブに加入したバイカーたちが、路上の放浪の反逆者としてよりも、むしろ一般の犯罪者として認識された現実的なギャングとなるにつれて、この認識は変わってきたのである。

今日、推計されるところによると、800から900のモーターサイクル・ギャングズが全米に存在し、それらは少数の冒険好きなライダーから構成される小規模で、緩い組織集団から、多くの州、都市、他国においてまで支部をもった精巧で、多様な組織に及んでいる。最も大規模なギャングは、殺人、恐喝、放火、薬物製造、車両窃盗、薬物不正取引に従事している。薬物は、それらのギャングの第1の収入源であり、この活動で、それらのギャングは他の組織犯罪集団と協力していることが知られている。

モーターサイクル・ギャングズは、それぞれの地位に定められた特定の役割が備わっており、官僚主義的な組織構造をもっている。例えば、ヘルズ・エンジェルズやそれを真似た集団は、成文化された憲法、条例、総長、地区副総長 (regional vice president)、親衛隊長、特攻隊長 (road captain)、「走り」(runs：公道でのクラブの旅) の実行役が存在する。

構成員であることの象徴は、ギャングの「記章」(colors) である。典型的にはデニム、あるいは背中にアイデンティティを表す刺繍布が縫い付けられた革のジャケットである。その刺繍布は、ギャングのロゴや時折、スローガン、ギャングの支部あるいは生まれ故郷の都市を表す頭文字を表している。最も有名な「記章」は、ヘルズ・エンジェルズのもの——革のパイロットのヘルメット

を身にまとい、翼を広げた骸骨――である。入会儀式は、マフィアの入会技法のように厳格なものではなく、見込みのある構成員は見習い期間を務め、票決されて求められるならば、殺害を行う。

　法執行機関は、アウトロー・モーターサイクル・ギャングズが一定の根拠により、従事している犯罪事業の形態を特定している。これらには、カリフォルニア州、アリゾナ州、テキサス州、ニューメキシコ州のような西部の諸州における大規模なバイク・自動車窃盗が含まれ、そのギャングによって運営される修理店は、盗んだ車両や部品を船積みして売る隠れ蓑の役割を果たしている。またそのギャングは、ギャングが支配する売春宿、バー、ナイトクラブで働いている女性組員を利用して売春に加わっている。それらの者は、盗んだ火器を輸送し、売った罪で起訴されている。殺人命令や恐喝のような犯罪は、ラ・コーザ・ノストラ*犯罪ファミリーで実行されているのである。

　そのギャングにとって、最も大きな違法収入源とは、薬物である。それらの者は、LSD、PCP（エンジェルダスト）、クランク（メタンフェタミン）を製造している。ヘロイン、コカイン、マリファナに加えて、そのギャングは自己の製品を製造業から街路での販売まで売りに出している。ギャングの構成員の中には、その薬物事業のために百万長者も存在するが、取引と大量の買収に関連した多くの暴力もあるのであり、それによってモーターサイクル・ギャングズは、より伝統的な組織犯罪集団の仲間入りをしている。1905年の組織犯罪に関する大統領委員会（PCOC）によると、アウトロー・モーターサイクル・ギャングズは全米の脅威を表すものであり、その数が将来において減少する兆しはないとのことである。

　参照文献：Yves Lavigne, *Hell's Angels : Taking Care of Business.* 1987 ; Hunter S. Thompson, *Hell's Angels : A Strange and Terrible Saga.* 1966.

P

レイモンド・L・S・パトリアルカ（PATRIARCA, Raymond L. S.）（1908年5月17日マサチューセッツ州ウースターにて生誕—1984年7月11日ロードアイランド州プロヴィデンスにて死亡）組織犯罪の大物かつ、25年間以上ものニューイングランド・コーザ・ノストラ・ファミリーの頭。

　レイモンド・パトリアルカは、イタリア系移民の息子として生まれた。成人後はずっと、ロードアイランド州プロヴィデンスで生涯を送ったが、その影響力はニューイングランド中の組織犯罪活動に及ぶと同時に、アメリカにおけるマフィアの犯罪活動にも一役買っていた。

　8歳で小学校を退学し、靴磨きやボーイとして働いたが、やがて犯罪活動に引き寄せられ、奉公人として働くよりも、武装強盗や、禁酒法時代（禁酒法と組織犯罪＊参照）のアルコール密売の方が、もっとずっと儲かることに気がついた。1930年代、プロヴィデンス公共安全委員会（Providence Board of Public Safety）は、パトリアルカを「社会の敵ナンバー1」（Public Enemy Number 1）と呼び、見つけ次第逮捕するよう警察に命令した。1938年までには、明らかに大物政治家とのコネクションを開拓したようであり、例えば、武装強盗の結果、パトリアルカに科された刑罰が6か月未満の拘禁刑だったという、あまりの州職員の無法ぶりに対して、マサチューセッツ州議会議員が、チャールズ・F・ハーレー（Charles F. Hurley）知事が与えた恩赦について、調査を要求したほどであった。

　アメリカが第二次世界大戦に突入する直前、パトリアルカは、自らの権力を強化し、賭博場を開帳していた数多くのギャングたちを纏め上げた。1963年の労働者に対するゆすりたかりに関する上院小委員会（Senate Subcommittee on

Labor Racketeering in 1963)の聴聞において、「ラ・コーザ・ノストラ」*という用語をアメリカ国民全体に紹介した、マフィア*の裏切り者のジョゼフ・ヴァラキ*は、全米シンジケート*の組織に関する証言の中で、アメリカ暗黒街におけるパトリアルカ台頭のあらましを認めていた。

　1972年には一層悪名高くなり、ニューイングランドの「ゴッドファーザー」と称されるようになった。アトランタ州において、殺人罪で刑務所に服役していたときに、彼は、犯罪人による侵入の容疑で、フランク・シナトラ（Frank Sinatra）が疑わしい投資を行ったマサチューセッツ州ハノーバーの競馬場に関する証言を、犯罪に関する下院特別委員会（the House Select Committee）の面前で行うよう召喚された。パトリアルカは、競馬場についても、その所有者についても、一切知らないと否定した。その上、たとえシナトラが投機目的で5万ドル以上の投資をしていたとしても、彼とは一度も会ったことがないと主張した。ロバート・F・ケネディ*は、何年も前から、チームスター*における、ギャング団の侵入や汚職の横行を調査している、上院委員会の若き法律顧問だったが、ジュークボックス・ビジネスに対するチームスターと暗黒街との繋がりは信じるに足ると、非常に攻撃的に質問した。これに対しパトリアルカは、不誠実かつ冷淡に、母親の遺産を元手に起業したものだと主張した。

　およそ半世紀にわたる犯罪者としての経歴の中で、30回以上逮捕され、1920年代の酒の密売から1960年代末の殺人の共同謀議に至るまで、数回の服役経験がある。しかしながら、刑務所の中にあってさえ、ニューイングランドの犯罪組織の首領として、組織をしっかりと束ね続けていた。彼は、自らの犯罪事業にかかわる出来事を監督し続けたのと同じくらいうまく、「オフィス」を離れた後の生活を知られることはほとんどなかった。彼のビジネスは、合法と非合法の活動の上に、くもの巣のように張りめぐらされており、法執行機関の捜査を混乱させ、思いとどまらせるために、その両者を抜け目なく混在させていた。彼の権力と悪名が絶頂にあった後半生において、パトリアルカは自らを、プロヴィデンスの法にかなったビジネスマンであると強く主張していたのだった。彼の死の3年前にあたる1981年、フロリダ州マイアミにおいて、労働に対する

ゆすりたかりの罪で、大陪審により起訴された。すなわち、彼を厳しく監視した、政府のハラスメントが彼を墓場に引きずり込んだのであろう。連邦及び州の法執行機関は、パトリアルカに、高利貸し業、違法な数当て賭博の富くじ統制、マリファナとコカインの不正取引、そしてアメリカへの密入国の手引きの容疑をかけていた。

これまでに出版された犯罪絡みの本の中で最も売れた小説は1969年に出版された『ゴッド・ファーザー』(*Godfather*)であるが、その真実を問う質問を受けたとき、パトリアルカは、下院委員会の構成員に対して、自分はいい本だと思うが、作り話以上のなにものでもないと答えた。委員会の形勢は逆転し、彼は、国民一般の犯罪社会に対するスキャンダラスな興味は、組織犯罪を宣伝し、際立たせる、政府の戸口にまで繋がっているに違いないと、厚かましくも断言したのである。

FBIの盗聴は、アメリカ系マフィア*の首脳会議において、彼の重要な役割がしばしば言及されていたことを明らかにしているにもかかわらず、彼がマフィアの一員であると認めたことは1度もなかった。再三再四、パトリアルカ（政府がモニターしていた通話では「レイモンド」と言及されていた）は、コーザ・ノストラのメンバーや、ファミリー間の有名な論争を解決する際に、重要な役割を演じていた。1963年に、パトリアルカは、ジョゼフ・ギャロ*対ジョゼフ・プロファチ*の犯罪ファミリー抗争に対して、満足のいく終結をもたらす手助けをし、そして1964年に再び、コーザ・ノストラ・コミッション*の代理人として、マフィアの他の2人のリーダーたちの命を脅かしたジョゼフ・ボナノ*が首領となって作り上げた、ボナノ犯罪ファミリー*の解散を処理する仲裁を行った。

パトリアルカの影響力は、イタリア系アメリカ人の犯罪社会の枠を超えて広がっていった。1961年、ボストンにおいて、マクリーンズ (McCleans) とマクロウリンズ (McLaughlins) という、2つのアイルランド系アメリカ人グループの間で抗争が勃発した。パトリアルカは、仲裁に入り、平和協定を取りまとめ、そして、停戦が破られた暁には、彼がマクロウリンズに対して「宣戦布告」

を行うという措置を執ることによって、抗争は即座に終結したのであった。

　首領としてのパトリアルカは、ニューイングランド・コーザ・ノストラの中心人物だった。代表的なものに、全米タバコサーヴィス（National Cigarette Service）の自動販売機ビジネスがあり、ロードアイランド州プロヴィデンス「リトルイタリー」に居を定めてから、1984年に76歳で自然死するまで続いた。パトリアルカの本部を囲む地域全体が武装キャンプであり、気づかれずに近隣を移動することは不可能だった。そのような評判のため、彼を追い出そうと挑戦するような冒険を試みる成り上がり者ギャングスターは、1人もいなかったのである。

　参照文献：Gerard O'Neil and Dick Lehr, *The Underboss : The Rise and Fall of a Mafia Family*. 1989 ; Vincent Teresa, with Thomas C. Renner, *My Life in the Mafia*. 1973.

レオナルド・パトリック（PATRICK, Leonard）（1913年10月13日イギリスにて生誕―死亡日不明）シカゴ・ギャング団の大物かつ密告者。

　レオナルド・パトリックは、シカゴ・アウトフィット＊と提携して、恐喝者やノミ屋をしていた。シカゴ西部のユダヤ人コミュニティ（彼の両親はイギリス系ユダヤ人で、アイルランド系の姓を使用していた）で育ち、その後、シカゴの北部とその郊外を縄張りに高利貸し業＊とゆすりたかりをしていたガス・アレックス＊の仲間になった。1930年代、パトリックは、インディアナの銀行強盗や、少なくとも6件の殺人事件に関与していたことを、後に認めている。1950年代から60年代を通して、彼のウエストサイド・レストランは、ノミ行為の中心地だった。そして彼はまた、主に洗濯屋のような合法的なビジネスも支配しており、それが、彼の賭博＊や高利貸し業や恐喝にとって、使い勝手のいい窓口を提供していたのである。

　1952年、パトリックはゆすりたかりの罪で有罪の答弁をし、政府側の証人となった。彼の証言の結果、ガス・アレックス以下、グループの数名のアウトフィットの恐喝のゆすりたかり者に有罪判決が下された。パトリックが連邦当局に証言したのは、自分の残りの人生を刑務所の中で終えることを恐れたためだ

と考えられている。

参照文献：Howard Abadinsky, Organized Crime, 5th ed. 1997.

カーマイン・パーシコ（PERCICO, Carmine）（通称、ザ・スネーク［The Snake］蛇）（1937年ニューヨーク州ブルックリンにて生誕―拘禁中）コロンボ犯罪ファミリー首領*。

1960年代初頭、ラリー・ギャロとジョゼフ・ギャロ*が自分の権力と富に不満を言い続けていたプロファチ犯罪ファミリーは、ジョゼフ・コロンボ・ジュニア*が首領になるまで、立ち直ることができなかった。ギャロたちが提供してきた、殺人・恐喝・暴力全般を含むあらゆる仕事に対する補償金を、コロンボは拒絶した。しかしギャロの脅しに共感する者も、犯罪ファミリー内にいた。ギャロに共感した大物頭領*の1人が、カーマイン・「ザ・スネーク」・パーシコであり、それを好機と考えてもいたはずだった。しかしながら、プロファチは巧妙にもパーシコに、より多くの権力を約束することで誘惑し、ギャロの派閥から引き離したのだった。パーシコのラリー・ギャロ殺害計画の失敗は、ファミリー内の、より激しい抗争を引き起こした。コロンボが権力を掌握したとき、彼の心は、1972年の銃撃事件に辿り着いたFBIとの対決にかかりきりになっていた。その後3年を待たずに、パーシコは首領として台頭した。しかしながら、ファミリーの首領として君臨する年月のほとんどを、車両強盗とゆすりたかり*の罪により、刑務所の中で過ごさなければならなかった。1987年に、パーシコは、「コミッション」*事件で、100年の刑期を言い渡された。彼の権力は、刑務所内にあっても完全に減少したわけではなかった。息子のアルフォンスがメッセンジャーとなって、ことづけや指令を「ソルジャーたち」*に届けたからである。

参照文献：Peter Diapoulos, *The Sixth Family*. 1981; Donald Goddard, *Joey: The Life of "Crazy Joe" Gallo*. 1974.

ジョゼフ・ペトロシーノ（PETROSINO, Joseph）（1860年イタリアはパドゥ

アにて生誕—1909年5月12日シチリアはパレルモにて死亡）ニューヨーク市警察巡査部長かつ、「イタリア人支部」長。

「支払うか、さもなくば死を」（"Pay or die"）という表現は、ニューヨーク、フィラデルフィア、ニューオーリンズ、サンフランシスコのイタリア系が集まるゲトーで噂になり、「ラ・マーノ・ネーラ」（La Mano Nera：黒手団）*というマフィアの殺人や略奪の恐ろしさを忘れ去っていた移民たちを、恐怖に陥れた。シチリアやイタリア南部からアメリカに流入してきた移民と共に、20世紀を迎えると、彼らのコミュニティ内では恐喝、殺人、強盗が劇的に増加した。警察は、英語をほとんど話せず、そして、アイルランド系警察官を黒手団の暴漢のように恐れる新参者たちに困惑していた。

ジョゼフ・ペトロシーノがニューヨーク市警察に配属された1883年は、市内に50万人いる新入移民と意思疎通が図れる、イタリア語の話せる警察官が切望されていた。彼の任務は、黒手団を摘発・壊滅し、その結果、イタリア人コミュニティが警察を信頼し、彼らが犯罪を抑制できるよう手助けをすることだった。ペトロシーノは、1905年に「イタリア人支部」長に任命された。それは、27人の、黒手団の犯罪を捜査するために訓練された一団だった。ペトロシーノが率いる一団は、4年間で、爆破、誘拐、殺人、強姦、放火事件を含む、黒手団の犯罪を半減させた。ペトロシーノが扱った最も有名な事件の1つが、ニューヨーク市にあるメトロポリタン・オペラ・ハウスで公演中だった、オペラ歌手のエンリコ・カルーソー（Enrico Caruso）の命を狙った黒手団を逮捕したことであった。

1909年、ペトロシーノは、アメリカに移住したと思われる犯罪者に関する情報を集めるために、シチリアのパレルモに行った。ガリバルディ・ガーデンで路面電車を待つ間に、射殺されたのだった。当時、シチリアで最高位の頭領のマフィアであったヴィトー・カスシオ・フェッロ*が、ペトロシーノを殺害したのであろうという噂が広まった。しかしながら、カスシオ・フェッロのアリバイは完璧だった。

ニューヨーク市の街路は哀悼者で溢れていた。不運なことに、ペトロシーノ

の死が、多くのマフィアを国外追放から守ったのであり、その運命は、来るべき数年間において、アメリカの法執行機関にまとわりつくようになるものであった。

参照文献：Arrigo Petacco, *Joe Petrosino*. 1974.

ジョゼフ・D・ピストーネ (PISTONE, Joseph D.)（ドニー・ブラスコ [Donnie Brasco]）（1938年ペンシルヴェニア州フィラデルフィアにて生誕―） FBI潜入捜査官かつマフィアの潜入者。

6年の間、FBI捜査員ジョゼフ・D・ピストーネは、（暗黒街の犯罪者仲間の間で）宝石泥棒の「ワイズ・ガイ」（Wise Guy）と、身分を偽っていた。彼は、うまく入り込み、いくつかの犯罪ファミリー*の中でも目立っていたラ・コーザ・ノストラのソルジャーたち*や首領*たちの信頼を手に入れた。正体の露見は、即座に死を意味していた。

1976年から潜入捜査に入り、その後、フィラデルフィアやフロリダ州ジャクソンヴィルで組織犯罪捜査の経験を積んだ。諜報の知識とギャングとしての街路生活で、彼は宝石泥棒となり、ボナンノ犯罪ファミリー*首領、「成功者」ボナンノに紹介してくれた「レフティ・ガンズ」（Lefty Guns：左利き銃）・ルギエーロ（Ruggiero）とうまく知り合うことができた。

ほとんどの時間を、機転を利かせて生活する「ワイズ・ガイ」になるということは、オフィスで9時から5時まで決まりきった仕事をすることとは異なる。ピストーネでありブラスコである彼には、週末や休日や時間を問わず、マフィア仲間たちから電話がかかってきた。実際、彼は娘の成長を見逃し、結婚生活はほとんど破綻し、そして、ブラスコの、マフィア仲間との関係を深めようとして「自然に振る舞う」姿を見たFBIの多くの同僚たちは、彼は刷り込まれ、人格が影響され始めたとみなし、疎遠になっていった。

ピストーネは、コーザ・ノストラの一人前のメンバーとして就任する間際の1981年7月に、ドニー・ブラスコとしての秘密捜査を終了した。彼の、ピザ・コネクション*と「マフィア・コミッション」*事件に関する証言の結果、全米

の組織犯罪による100以上の罪が明らかになった。

彼の情報と証言はあまりに効力があったため、50万ドルの殺人命令が、彼の命に懸けられた。ニューヨーク州の連邦捜査局（FBI）捜査官は、ガンビーノ犯罪ファミリー*の頭であるポール・カステラーノ*を、力ずくで納得させ、それを取り消させなければならなかった。皮肉にも、ピストーネと家族は、もともと犯罪から離脱した者の安全を保証するために作られた、証人保護プログラム（WITSEC）*に入らなければならなかった。この、ピストーネ捜査官の信じられないような経歴を1995年に映画化したのが、『フェイク』（Donnie Brasco）という、優れた映画なのである。

参照文献：Joseph D. Pistone, with Richard Woodley, *Donnie Brasco : My Undercover Life in the Mafia*. 1987.

ピザ・コネクション（Pizza Connection） 国際的マフィア薬物不正取引。

1987年、ニューヨーク市でセンセーショナルな裁判が終わった。それは、シチリアはシニシ（Cinisi）から追放されたマフィア頭領*、ガエターノ・バダラメンティ（Gaetano Badalamenti）を頭とする被告人番号22番グループのマフィアによる薬物の密売に関係し、ボナンノ犯罪ファミリー*頭領サルヴァトーレ・カタラーノを頭とするグループに、16億ドルのヘロインを供給したというものであった。カタラーノは、1961年にアメリカに入国し、ブルックリンのニッカボッカ通りで、ジップス*の頭を務め、アメリカ系マフィア（ラ・コーザ・ノストラ）*の末端として、合法や非合法の活動を行った。

その活動は、まさに国際的な規模で行われた。すなわち、モルヒネ基材をトルコで購入し、マフィア・ファミリーが統制するシチリアの研究所で加工した。バダラメンティは南米で、そしてカタラーノはニューヨークで、マフィアのメンバーが経営するピザ屋に、トラック便や船便で手配した。ピザ屋は、薬物の流通センターと代金回収業として役立っていた。ピザ・コネクションの裁判は、これまでにアメリカの裁判官や陪審員が扱った薬物事件の内でも、最大のものとなった。

重要なジップス薬物組織の中の1つが、ガンビーノの従兄弟たちが率いてきた、ニュージャージー州チェリーヒルの本部であった。ニューヨーク州のカルロ・ガンビーノと関係があったにもかかわらず、「チェリーヒルのガンビーノ」は、ニューヨーク州の犯罪ファミリーから独立した経営をしていた。最終的に政府の捜査が進んだ結果、彼らのほとんどが逮捕され、ヘロインとコカインの密売で、長期刑を言い渡されることとなったのである。

参照文献：Shana Alexander, *The Pizza Connection : Lawyers, Money, Drugs, and Mafia.* 1988.

政治腐敗（Political Corruption）賄賂を使って政党・公務員・官僚などを操作した最もよい例が、禁酒法時代（禁酒法と組織犯罪＊参照）以降のシカゴにおける、アルフォンス・カポネ＊の犯罪シンジケート＊活動である。カポネは、自らの手腕と手際よさと耐え難いほどの残酷さをもって、犯罪事業の経営を容易にするため、政府機能を腐敗させたのであった。

アメリカの都市には、違法事業＊と、地元警察や政治家との腐敗した関係の、長い歴史がある。組織犯罪は、政治家や警察への賄賂は、事業に対するサーヴィスという見返りを得るための通常経費として、あるいは、事業の利益を奪う法外な要求として、みているのかもしれない。警察や政治家は、違法事業に正規のアセスメントを課すことで、余剰収入の源泉と同時に、合法的にコントロールできない隣人の企業を監督する方法を規定してきた。アメリカの諸都市における、地方の政治組織（あるいは警察）による監視は、違法企業にとって、最も重要な調整役となってきたのである。

20世紀になると、腐敗を助長する数多くの要因が結合するようになった。まず、都市部の政治組織（彼らに反対する人々は「政治機構」と呼ぶ）は、逮捕や有権者の仕事探しに至るまで、様々な利益や個人からの願い事の対価を取った。次に、市政府の、信頼できる構造上の特質が、地元政治家たちの役割を高めた。19世紀を通して、そして20世紀になっても、アメリカの都市生活の主要な政治的単位は、地方区あるいは行政区であった。区は、単に選挙区であるの

みならず、行政単位でもあった。区の境界線と警察管区が重なり合い、各区に警察裁判所があるのは普通のことであった。なぜならば、区の政治家（ついでに地元の酒場の主人やギャンブラーであることもしばしばであった）は、地元警察署長を選び、そして警察裁判所治安判事（裁判官）は、区の政治的機械の歯車であったがために、刑事司法システムは、好きなように政治組織を増強したい政治家にとって、大いに利用可能な資源だったのである。

時が経つにつれ、特に大都市における地元政治家による統制は、弱まっていった。すなわち、汚職が、大規模な政治的単位や取締り機関に、より集中するようになったからである。一方で、地元警察や公務員に対する贈賄や献金は続いていたが、より多額の資金の流れや選挙応援が、政治家と犯罪者を結ぶ重要な組織要因として、勢いを増すようになった

このことが、「汚職を一掃する」機縁となったが、その汚職においては、1つの警察のユニットである一警察管区は「警察官が共同で受け取る賄賂」（pad）を生み出し、その賄賂とは、巡査、巡査部長、警部補、刑事、警部、警視正、署長、そして一層大規模に、都市部、管区、行政区に至るまでの警察管区の全メンバー宛の、ゆすりたかり者たちから支払われる月極定額報酬というものなのである。さらに、贈賄は、取引規制、商業上の許認可、建築や防火関係法令、労働組合活動、開業を規制するその他の公務員にまで伝播しうるものなのである。

さらにもう一段階として、大きな犯罪シンジケートは、意味ありげな多額の資金や資産を、より高い地位にいる政界の大物、例えば、州知事選挙のキャンペーンや、連邦議会議員のオフィスや、あるいは、法執行機関に影響力を及ぼせる部局の長の被任命者などに、寄付をしていたようである。ニューオーリンズのコーザ・ノストラの頭だったカーロス・マルチェロ*は、内密に、ルイジアナ州中のオフィスを候補者に提供するという、多額の寄付をしていた。すなわち、1960年のジョン・F・ケネディの大統領選挙キャンペーンでは、シカゴ・アウトフィット*のギャング団から支援を受けていたという噂が物議を醸した。また、シカゴのカポネや、ニューヨークのガエターノ・ルチーズ*とフランク・

コステロ*は、生涯にわたって、市長選に何百万もの大金を注ぎ込んだ。

　多くの組織犯罪者にとって、ビジネスにおける合法と非合法の境界は曖昧なものである。彼らの経歴自体が、一方から他方へと動くものであり、また、彼らのベンチャーは、その両方の世界の橋渡しをするものであった。多数の小売業者が盗品を買い、盗まれた担保を担保物権として貸し付ける銀行員がおり、服飾産業からアンティークの仲買人に至るまでのビジネスが、高利貸し業から金を借り、このような多数のビジネスに携わる人々が、熱心に違法企業から得た資金を洗浄していることを、彼らは知っているのである。

　ギャングは、不正な金儲けや取引や贈り物の世界の中で影響を与えている。すなわち、あらゆる「ワイズ・ガイたち」(wise guys) は、ゆすりたかりをし、そして彼らは、自分たちのゆすりたかりと、自分たちを軽蔑する「堅気」の社会のゆすりたかりとの間に、ほとんど違いがないことも理解しているのである。

　最後に言うならば、政治腐敗なしに、組織犯罪がこれほど長い間、影響を及ぼすことはできなかったであろう。政治腐敗は、犯罪活動の生命維持に不可欠な、構成要素なのである。

　　参照文献：William Chambliss, *On the Take : From Petty Crooks to Presidents*. 1978.

ジョゼフ・プロファチ（PROFACI, Joseph）（通称、ジ・オールド・マン [The Old Man] 親方）（1897年10月2日シチリアにて生誕—1962年6月7日ニューヨーク州にて死亡）コーザ・ノストラ犯罪ファミリー首領。

　ラ・コーザ・ノストラ*の「草創期のファーザーたち」（チャールズ・「ラッキー」・ルチアーノ*、ガエターノ・ルチーズ*、ジョゼフ・ボナンノ*、ヴィンセント・マンガーノ*、フランク・コステロ*、ヴィトー・ジェノベーゼ*、ガエターノ・ガリアーノ）同様、プロファチはイタリアで生まれ、1922年の青年期に、アメリカ合衆国に入国した。彼には重罪犯として受刑した経験が一度もなく、それは、彼の後に名を挙げる犯罪ファミリーの男たちにとっては、むしろ驚くべきことであった。プロファチは、カステランマレーゼ戦争*が終結した1931年に、ジョゼフ・マランツァーノ*から犯罪ファミリーの首領として指

名された。プロファチが、俗に「親方」と呼ばれるようになるのは、首領になって30年以上経ってから1962年に自然死するまでのことであった。もう1人のマフィアの首領であるジョゼフ・ボナンノによれば、「ジョー・ザ・ボス」・マッセリアとサルバトーレ・マランツァーノによるカステランマレーゼ戦争の直後、プロファチは最終的な勝利者となったマランツァーノ側にいたが、彼のファミリーが抗争に参戦することはなかった。事実、「マランツァーノは、プロファチが中立の立場のまま、その他のグループとの仲介者として行動するように説得していた」(Bonanno 1983, 85) というのである。

プロファチの娘は、後に、ボナンノの長子と結婚しており、結婚が、ルチーズとカルロ・ガンビーノの間を強く結びつけたように、両家の間を強力に結びつけた。

プロファチが、より年若く現代的なコーザ・ノストラのメンバーの間で「口髭のピート」(Mustache Pete)＊と呼ばれたのは、彼が無口で、かつ、親族や古くから付合いのある同郷の犯罪者仲間といった閉鎖的な交際を好むからであった。彼は家庭を大切にし、多くの犯罪者仲間とは異なり、婚外交渉は全くなかった。もう1つの長所は教会通いだったが、ベンソンハーストの教会から高価な宝石で飾られた彫像が盗まれたときに、プロファチが再建を手助けしたことが、結果的に、怖い約束や多少の狼狽として、受け取られることにもなった。彼の窃盗犯への対応は、速やかかつ致命的なものだった。宝石は戻され、そして泥棒は、他の者へのみせしめとして、首にロザリオを巻いた死体で発見された。

プロファチは、数多くの合法ビジネスを営んでおり、その1つが、オリーブオイルをアメリカに輸入する最大かつ唯一の貿易業だった。彼は犯罪ファミリーを冷厳に支配しており、ついには、その冷淡さが犯罪者たるソルジャーたち＊に向かったり、親族や個人的な友人などに犯罪の果実を享受させる彼の身内びいきの悪習が、ファミリー内の暴動に発展することもあった。プロファチは、全メンバーから毎月25ドルの税金を徴収する、アメリカのコーザ・ノストラで唯一の首領だった。伝えられるところでは、その税金は、ソルジャーの法的防

御権のための基金を設立する意味があったという。しかし欲深いプロファチは、わずかな「ソルジャーの税金」を懐に入れ、その卑しさがさらにソルジャーたちとの間を疎遠にした。ファミリー内のジョゼフ・ギャロ*の派閥が、首領のための危険な処刑を成功裏に成し遂げたときも、プロファチは、彼らを適切に報いることに失敗した。そのかわりに、情け容赦なく、警告として「殺し」*のチームのメンバーを殺害したのであった。

1961年、ギャロたちは行動を決意した。ジョゼフ・ギャロと兄弟のジョー(「クレイジー・ジョー」)*とアルバート(Albert)(Kid Blast:キッド・ブラスト)は、ファミリー内の副頭領、ニコラス(Jiggs:ジッグズ)・フォラーノ(Nicholas Forlano)と共に、プロファチとの戦争を開始した。ジョゼフ・プロファチの本当の家族5人を誘拐したのである。

交渉の後、プロファチは、ギャロ一派に対して、犯罪の利権を気前よく分配することに合意した。だが、彼はギャロを裏切り、そしてラリー・ギャロの殺害計画は、全くの幸運で、警察の捜査により中断された。ラリー・ギャロ殺害計画は、ファミリー内で、抗争を勃発させたのであった。

ギャロ対プロファチ戦争は、おびただしい死傷者を出した。1961年から63年の間に9人が殺害され、3人は行方不明と報告されるが、死亡と推定されている。死傷したギャングや無辜の被害者の傷跡は、銃によるものであった。抗争がたけなわだった1962年に、プロファチが死亡した。プロファチの妻の兄弟にあたるジョゼフ・マグリオッコが、首領となった。彼は、抗争時のリーダーとしては優柔不断であり、その気の弱さが心臓発作を引き起こし、1963年に死亡した。マグリオッコがファミリーを率いていたとき、彼はジョゼフ・ボナンノに助けを求めていた。ボナンノは、ルチーズとガンビーノが、プロファチ犯罪ファミリーを吸収することで、権力を拡大しようとしているのではないかと疑っていた。ルチーズとガンビーノを暗殺する陰謀が目論まれたが、殺害を契約したジョゼフ・コロンボ*が、ガンビーノとルチーズに陰謀を漏らした結果、その計画は失敗した。コロンボが、プロファチ・ファミリーの頭として出現した。ギャロ一派とプロファチ首脳部との間の戦争は、一時的に解決し、数年後、ジ

ョー・ギャロとジョゼフ・コロンボの間で再燃するのである。

参照文献：Joseph Bonanno, with S. Lalli, *A Man of Honor*. 1983 ; Peter Diapoulos and Steven Linakis, *The Sixth Family*. 1981 ; Raymond V. Martin, *Revolt in the Mafia*. 1973 ; Virgil W. Peterson, *The Mob : 200 Years of Organized Crime in New York*. 1983 ; Gay Talese, *Honor Thy Father*. 1971.

禁酒法と組織犯罪（Prohibition and Organized Crime）（1920年1月から1933年12月まで）1919年に連邦議会を通過した合衆国憲法第18修正の概要のように、アルコール禁止政策は、アメリカにおけるアルコール飲料の輸出入・製造・販売を禁止した。

急速な都市化と産業の近代化と大規模な移民によって、世界中が不安定な状況にあった1920年以前から、アルコール反対キャンペーンは始まっていた。実際に、それは、主にアングロサクソン系のプロテスタントからなる素朴な白人の国アメリカという伝統に突きつけられた、巨大な驚くべき異議申し立てに対する応酬であった。「新しいアメリカ人」は、ウィスキーを飲むアイルランド系や、ビールを飲むドイツ系、ワインを飲むイタリア系、そしてウオツカを飲むポーランド系やスラブ系を含んでいた。第一次世界大戦の頃の、まじめな田舎の開拓者たちの理想郷という全く架空の郷愁に立ち戻った、保守的でロマンティックな一時的な感情は、禁酒法の通過と確実に結びついていた。広く大衆の支持を集めた法案が、明白な分析による現実的な政策よりも、感情的な理由から成立したという事実は、疑いなく、その無駄な施行に寄与していた。

女性によるキリスト教禁酒運動（The Women's Christian Temperance Movement）は、反酒場連盟（Anti-Saloon League）と共に、「酒の売買は、汚らわしいむくんだ魔王のできそこないだ」と叫ぶ活動家に率いられて、反対運動を展開した。禁酒運動に対する特筆すべき支援は、並外れて活動的な女性たちから寄せられた。初期のキャンペーンでは、酒の樽呑みや、全酒場の営業の中止を求め、「潰せ！　潰せ！　神のために潰せ！」というスローガンで鼓舞しながら、20世紀初頭にカンザス州を巡回したキャリー・ネーション（Carrie Nation）

が有名である。法外な禁酒運動や禁酒法時代の陽気な日々は、説明するよりも描写する方が容易である。

禁酒法の見過ごされがちな結果の1つに、アメリカの政治生命を害したという難点があろう。支持者にとって禁酒法とは、アメリカのすべての社会的害悪を治療するものだった。しかし禁酒法は、古い問題を除去することなく、新しい問題を生み出した。そしてついに、禁酒法は、我々も知っているように、アメリカの組織犯罪を基礎づける大きな力となったのである。

消費目的でアルコールを製造・流通・販売することを禁じた、合衆国憲法第18修正の施行を規定した、1920年のヴォルステッド法（Volstead Act）の通過と共に、非合法に酒類を密売する20万店のナイトクラブが、全米にあっという間に開店し、それと同時に、大規模な密売組織が、密造酒産業の必要性を満たしていた。ニューヨークでは、禁酒法時代に1万5,000店の酒場が閉店したが、それに代わって3万店以上のナイトクラブが開店した。

ナイトクラブは非合法であり、そのためニューヨークのような都市は、汚職と賄賂に巻き込まれていった。そしてもし、警察や政治家に賄賂が利かなければ、密売人たち*は、暴力を使って自分たちの思い通りにした。密売人たちは、複雑な密輸ルートを使って、ヨーロッパやカナダから酒を密輸し、そして渇望する国民の満たされない欲求をさらに満たすために、大きなコテージ型の製造所を出現させ、国内でのアルコール製造を開始した。

1920年の合衆国憲法第18修正の発効が、アメリカにおいて、近代的な組織犯罪の構造が形成される主な要因となり、そしてそれは1933年に同法が廃止されるまで続いた。利益のために、しばしば互いに協力していた、ユダヤ系、イタリア系、ポーランド系、WASP、そしてその他の少数民族のギャングたちにも、数多くの犯罪の機会が生み出された。しかしながら、初めは、「狂乱の1920年代」の間、違法アルコールビジネスを支配しようとするギャングの闘争となって、物騒な競争が出現した。巨大な消費者市場が決まった場所にあり、また、酒の消費を非難する大衆は実際にはいなかったために、禁酒法は、犯罪グループに力を奮い起こさせる、絶好の犯罪の機会だったのである。

デトロイトでは、強盗と殺人に特化したパープル・ギャング*が、カナダからの酒類製品の密輸を支配し始めると、禁酒法時代で最も勢力のあるギャング団の仲間入りを果たすこととなった。クリーヴランド、シカゴ、ニューヨーク、ボストン、フィラデルフィア、その他の全米多数の都市において、様々な種類の悪徳や暴力犯罪（強盗・侵盗・殺人・賭博・強姦等）を制限したり、あるいは、政治機構として遵法的に働いてきたような犯罪グループが、禁酒法によって一変した。彼らが暴力性や残忍性を減少させたというよりも、むしろ、彼らの暴力や汚職に必要な邪悪な技術が、大衆が望んでいるという事実にもかかわらず非合法と宣言されたアルコールを、製造・運搬する組織に精力的に雇用されたのである。禁酒法の時代によって、アルフォンス・カポネ*は、全米で一番有名なギャングとなった。違法アルコール製品を売る密売業から、彼が得た収入は数百万ドルに達したといわれる。

ニューヨークの、移住してきた住民でごった返す、都市のスラムや少数民族のゲトーの中に出現した犯罪者の一団は、禁酒法時代に大金持ちになった。1920年代から50年代にかけて、有名なギャングの首領として、チャールズ・「ラッキー」・ルチアーノ*、フランク・コステロ*、メイヤー・ランスキー*、「バグジー」・シーゲル*がいるが、彼らがスタートを切ったのは、禁酒法の時代であった。禁酒法時代以前の彼らは、街路で商店主を恐怖に陥れたり、薬物を扱ったり、サイコロやカードを使用した非合法の賭博を行ったりする無法者だったが、窃盗や強盗には関係していなかった。酒が、彼らと彼らが犯してきた犯罪の本質を変化させたのであった。犯罪は能率的になり、ギャングは、地域を基盤に組織された「犯罪シンジケート」*となり、運転手、簿記係、警備員、実行役、セールスマンとして雇用されるようになった。このことはまた、警察、政治家、公務員などすべての階級にわたる、大規模な汚職があったことを意味していた。禁酒法以前の政治家は、ストリートにいる無法者たちを、選挙を手伝わせるために雇ったり、些細な仕事やならず者の活動を目こぼしさせるような法執行政策によって、犯罪者に報いてきたが、現在では立場が逆転し、ギャングが政治家を巨額の賄賂で買収するようになったのである。

社会全体の無法状態は禁酒法の結果であり、同法の唱導者や支持者は予想を誤ったのであった。ナイトクラブは代金を支払えば誰にでも酒を売った。アメリカ合衆国大統領ウォーレン・G・ハーディング（Warren G. Harding）さえ、法を無視して、ホワイトハウスで酒を振る舞ったと噂された。

法執行機関の汚職は、全米に広まった。街中での銃撃戦があたりまえになり、「ビール戦争」や密輸で何百人ものギャングが殺害される時代が、ほぼ15年間続いた。禁酒法を担当する捜査官のほとんどが、簡単に賄賂を受け取り、そしてしばしば密売人や密輸業者と協働した。

1932年の大統領選挙に勝利したフランクリン・デラーノ・ルーズヴェルト（Franklin Delano Roosevelt）は、当時、誰もが実行不可能と認識していた禁酒法を、終焉させた。合衆国憲法第21修正は、1933年に第18修正を撤回し、禁酒法を廃止した。しかし、失敗に終わった「偉大なる実験」の子孫である、犯罪シンジケートは存続した。禁酒法時代に共存していた密売ギャングとマフィアの犯罪ファミリーは、労働者に対するゆすりたかり、薬物不正取引、賭博、高利貸し業・合法ビジネスへの浸透といった新しいビジネスを、大規模に始めたのである。**フランク・コステロ、メイヤー・ランスキー、チャールズ・「ラッキー」・ルチアーノ**をも参照。

参照文献：Joseph R. Gusfield, *Symbolic Crusade : Status Politics and The American Temperance Movement.* 1963 ; Martin Lender and J. Martin, *Drinking in America : A History.* 1982.

アンソニー・プロヴェンツァーノ（PROVENZANO, Anthony）（通称、トニー・プロ［Tony Pro］）（1917年5月7日ニューヨーク市にて生誕―1988年12月12日連邦刑務所近くのカリフォルニア州ロンパックにて死亡）チームスターにおける労働者に対するゆすりたかりの主要人物で、ジミー・ホッファ*の失踪と殺害に手を貸したと信じられている、アメリカで最も影響力のある労働組合のリーダーの1人。

アンソニー・プロヴェンツァーノは、ニューヨーク市ロウアー・イーストサ

イドに住む、シチリア移民の6人息子の1人として生まれた。15歳で学校を退学し、その後、ニュージャージー州ハッケンサック（Hackensack）でトラックの運転手になった。彼はプロボクサーになりたいと熱望し、アマチュア時代に負った傷跡が残っていた。

　彼が乱暴者だという噂を、ラ・コーザ・ノストラに所属するジェノヴェーゼ・ファミリー*の副頭領であり、「トニー・ベンダー」として知られたアンソニー・ストロッロ（Anthony Strollo）が聞きつけた。トニー・ベンダーの後押しで、友人同様敵からも「トニー・プロ」として知られたジェノヴェーゼ犯罪ファミリーの一員となった。狡猾で冷酷な性格のおかげで、彼は、ニュージャージー州北部の国際チームスター同業者組合*第560支部のリーダーになった。1941年までに、プロヴェンツァーノは組合代表委員になり、1959年にはジミー・ホッファの助力を得て支部長に選出された。そして1957年、ホッファが国際チームスター同業者組合の組合長に就任する手助けをした報酬として、副組合長に任命された。時を同じくして、彼は、コーザ・ノストラ内での地位を急速に高め、ジェノヴェーゼ犯罪ファミリーの副頭領になった。

　この数年間に、トニー・プロは、暴力的な協会選挙キャンペーンや、連邦及び州当局の捜査や、協会に敵対する人々の失踪や不可思議な死に関与していた。彼の影響力は、彼に対する、法執行機関職員の敵意と、一般の協会員の敬意と忠誠をもたらした。

　プロヴェンツァーノの第560支部におけるリーダーシップと、ホッファや協会執行部との戦略的な関係が、彼の基金の横領や、トラック運送会社との「スウィートハート協約」の締結を可能にした。プロヴェンツァーノの兄弟3人同様彼の娘も、第560支部に所属していた。

　1963年、トニー・プロは、世界中の協会職員中でも最高額の給料にあたる、13万3,000ドルを受け取っていた。しかしながら、同年、彼は、恐喝の罪で、7年の実刑を言い渡された。服役中は、兄弟のサルヴァトーレ（Salvatore）とナンツィーオ（Nunzio）が、彼の代わりに影響を及ぼし続けていた。彼が刑務所で服役していた4年半と、協会の要職に就けない5年間の欠格期間の間は、プ

ロヴェンツァーノの兄弟たちが、ニュージャージー州ユニオン市に本部がある、1万3,000人の協会員を抱えるチームスターの協会事務を管理していた。

　彼の出世と凋落の陰で、犯罪者仲間の暗黒街は、殺人や傷害や汚職とかかわっていた。1961年の初め、彼の指揮に挑戦したライバルが、ギャングの暗殺者に、ピアノ線で首を絞められて殺害された。1978年、プロヴェンツァーノは殺人罪で25年の有罪判決を受けた。服役中に、2つの有罪判決が追加された。その1つが1978年の、230万ドルの年金基金貸付に関する口きき料を計画した罪であり、4年の有罪判決を受けた。その1年後、ニュージャージー州の連邦裁判所裁判官から、労働に対するゆすりたかりの罪で、20年の判決を受けることとなったのである。

　おそらく、プロヴェンツァーノの生涯で最も悪名高い犯罪は、ゆすりたかりと、かつて親しい仲間だったジミー・ホッファの失踪を含む殺人であろう。ホッファとプロヴェンツァーノの同盟は、ホッファが全米中のギャングと交わした契約の典型例だった。ホッファは、自分を協会長にする手助けの見返りに、複数のギャングに対して、年金詐欺・高利貸し業・ゆすりたかりによる雇用者の恐喝を含む蓄財を目論むことが可能な、組合の有力な地位を提供することを取り決めていた。

　2人の旧友が憎悪を募らせていたとき、ホッファもプロヴェンツァーノも共に、ペンシルヴァニア州ルイスバラの連邦矯正施設で服役していた。ホッファは、実刑を受け、リチャード・ニクソン（Richard Nixon）大統領の恩赦によって釈放された直後、自分は、暗黒街の仲間たちの抵抗にもかかわらず、チームスターの組合長になろうとしていたと発表した。1975年7月30日、ホッファはデトロイトから突然姿を消し、彼の復帰を恐れるコーザ・ノストラのメンバーによって殺害されたとみなされている。ホッファが失踪したと伝えられる日に、彼が道すがら考えていたのは、当時、デトロイトにはいなかったものの、ホッファ失踪の鍵を握る容疑者となったプロヴェンツァーノに会うことだった。だが、プロヴェンツァーノの仲間がジミー・ホッファを誘拐、殺害し、死体を廃品処理用のシュレッダーで処分したと推測されている。

プロヴェンツァーノの長い刑務所生活も、チームスターにおける彼の権力を阻むことはなかった。親族を通して、刑務所の中からも、支配していたからである。

1984年に連邦裁判所裁判官は、第560支部の執行委員会を解任し、会員の自由な立候補や、新委員の選挙ができるようになるまで、「管財人の手に」移すことにした。2年以上の後に、第560支部は、四半世紀以上の間を置いて、初めて支部選挙が行われることとなった。だがそれでも、FBIが明らかにした、プロヴェンツァーノの仲間をジェノヴェーゼ犯罪ファミリー首領が熱心に宣伝していたというスキャンダルが、選挙結果を無効にしてしまった。第560支部は、ギャングの支配下から救い出されたかもしれないが、プロヴェンツァーノは、ニュージャージー州の第84支部とニューヨーク州の第522支部は、そっくりそのまま握り締めていたのであった。

参照文献：Steven Brill, *The Teamsters*. 1984；President's Commission on Organized Crime, *The Edge : Organized Crime, Business and Labor Unions*. 1986；President's Commission on Organized Crime, *Organized Crime and Labor-Management Racketeering in the United States*. 1985.

パープル・ギャング（Purple Gang） デトロイトのユダヤ系密売ギャング。

デトロイトにあるユダヤ系のゲトーである「リトル・エルサレム」は、第一次世界大戦以前から、10代のストリート・ギャングスターたちを大量に生み出していた。ギャング名の由来は不明だが、初期のリーダーの1人に、サミュエル・「サミー・パープル」・コーエンがいる。

禁酒法時代（禁酒法と組織犯罪＊参照）になると、パープルズ（Purples）に、組織化の萌芽とネットワークの先行（preestablished）がみられるようになった。彼らの基地である、デトロイトのダウンタウンにあるゲトーから、彼らは、統制と支配の弧を放射状に広げていった。ベニー（Benny）とジョー・バーンスタイン（Joe Bernstein）兄弟と、ハリー（Harry）とルイス・フレイシャー（Louis Fleisher）兄弟は、クリーヴランド・シンジケート＊や、そのリーダーの

「モー」・ダリッツ*や、チャック・ポリッツィとの固い結びつきを維持していた。デトロイトは、カナダとの国境を越えて、船積みされてきた、非合法酒類の入り口となっていたため、禁酒法時代の重要な舞台であった。大多数の密売組織と同様、パープル・ギャングは、自分たちの縄張りの中で、賭博*や恐喝、高利貸し業、売春を含む、不法行為に従事していた。

犯罪シンジケートの体を成してきたとき、チャールズ・「ラッキー」・ルチアーノ*とメイヤー・ランスキー*が、彼らに、自分たちの傘下に入るよう強く求め、そのようになった。彼らは、自ら組織を解体し、シンジケートの決定と活動を押し付けるための「腕力」を提供することで、犯罪カルテルの中で、賭博行為を行うという役割を担ったのであった。

参照文献：Richard Cohen, *Tough Jews*. 1998.

モダン・パープル・ギャング（Purple Gang, Modern） 薬物が最も流行した1970年代に、コーザ・ノストラ内部で新しいギャング団が形成され、禁酒法時代（禁酒法と組織犯罪*参照）に現れた悪名高いデトロイトの一団にちなんで、パープル・ギャング*という名前が採用された。しかしながら、この場合のモダン・「パープルズ」は、ユダヤ系よりも、むしろイタリア系アメリカ人の背景をもっていた。彼らは若く、そして、ハーレム内にある、ニューヨーク市のイタリア系アメリカ人の民族集団が住む、110番街から117番街の間のプレゼント・アベニュー辺りに引き寄せられたニューヨークの暗黒街の中で、取るに足らない仕事から卒業した者たちだった。

このギャングは、サウス・ブロンクスとハーレムの中でも群を抜いて大規模な薬物販売網となり、ニューヨーク市にコーザ・ノストラが築いた5つのファミリーの間では、「6番目のファミリー」のようなものとして、管理（operate）されていた。薬物活動を補おうと、パープルズは、銃の密売や、ヒスパニック系の薬物犯罪の大物たちと、結束するようになった

マフィアの首領たちは、ファミリーに敬意を払わず、そして、非イタリア系との薬物に関わるパートナーシップの構築を選択したことから、若い反逆者た

ちを心配するようになった。パープルズはかなり暴力的で、そして、何よりも重要な協定を無視し、無鉄砲にも、東海岸のすべての薬物犯罪活動を支配しようと話すようになった。ついに、逮捕と殺人が、彼らの数を減少させ、このギャングは、1980年代に解散した。

 参照文献：David Durk and Ira Silverman, *The Pleasant Avenue Connection*. 1976.

R

事業への犯罪組織等の浸透の取締りに関する法律（Racketeer Influenced and Corrupted Organization Act）RICO 法を参照。

ゆすりたかり（**Racketeering**）ゆすりたかりとは、暴力的な脅しによって恐喝を行う犯罪行為をいう。組織犯罪活動に対して連邦政府が適用する、主要な法的手段であるRICO*法の犯罪の定義は、殺人・誘拐・放火・労働組合を含む合法ビジネスへの侵入・贈賄・横領・高利貸し業*・通信を利用した詐欺にかかわる、あらゆる行為や脅迫と定めている。

　ゆすりたかり者には、ラ・コーザ・ノストラ犯罪ファミリーに所属する者のみならず、恐喝や広範囲にわたる犯罪活動の共謀罪にかかわる人々もいる。ゆすりたかり者は、被害者を脅して従わせるために、一般に暴力的な噂がついてまわるが、事実、そのような犯罪者たちである。例えば、労働者に対するゆすりたかり者は、恐怖を与えて組合支部を支配したり、また、自分たちの能力を使って、建築作業を妨害されたいか、あるいは、順調に、つつがなく建築作業が進められるよう守ってほしいかと迫り、建築業者から強引に金を引き出すことができるのである。

　どうして、すべての産業が、ゆすりたかり者の支配に抑制されるのだろうか。なぜ、ゆすりたかり者は、政府の注目を集めるほど、深刻な問題を抱えているとみなされる合法企業に、投資をするのであろうか。これらの質問の答えになりそうなものは、たくさんある。まず第1に、犯罪者は、薬物不正取引よりも不動産に投資する方が望ましい一方で、彼らの長い歴史的経験を踏まえると、ゆすりたかり者たちが、彼らの合法的な利害関係の中に、違法事業*の中で利

用してきた、汚職や詐欺や脅迫と同様の手口を持ち込むことが想定されるに違いないのである。事実、彼らは合法的な市場を汚染しているのである。第2に、彼らが非合法的活動に従事する熱意は、ごくわずかながら減少している。だが、ワインの輸入に投資する、ヘロイン輸入業者が、そうすることによって、重要な機会を見送っているわけではないのである。第3に、合法事業に対する投資が、現実に、非合法的活動を容易にしたり増進させたりしているかもしれない。例えば、酒場やレストランの経営は、犯罪者たちに、合法的な隠れ蓑や、仲間や、その上、ビジネスや、ゆすりたかりの悪行から得た大量の小額紙幣を洗浄する手段を管理するために守られた場所を提供しているのである。第4に、ゆすりたかり者は、暴力や汚職といった犯罪者の強みを生かして、彼らの合法事業を支援したり、彼らの合法事業の競争相手を挫折させるような不利益を生み出しかねないのである。

参照文献：Peter Reuter, "Racketeers as Cartel Organizers," in *The Politics and Economics of Organized Crime*, ed. H. Alexander and G. Caiden. 1985.

ジェームズ・M・ラーゲン（RAGEN, James M.）（1881年イリノイ州シカゴにて生誕—1946年シカゴにて死亡）1930年代のシカゴ賭博の大物。

　ジェームズ・ラーゲンは、モーゼス・アンネンバーグ＊が1930年代に設立した、シカゴ・コンチネンタル通信サービス（Chicago Continental wire service）の経営を任された男であった。アイルランド系移民の息子で、たくましいストリート・ギャングに成長し、シカゴの新聞販売戦争のつわものとなったラーゲンは、1906年に、1人の男を射殺した。30州223市にある競馬場の最新情報を盛り込んだ、ギャンブル通信の下で、ラーゲンは、アブナー・ツヴィルマン＊、メイヤー・ランスキー＊等の大物ギャングたちとビジネスをした。

　ラーゲンは、シカゴ暗黒街に登場し、チャールズ・ダイオン＝オバニオンの後見の下で、犯罪者としての技能を習得した。彼の、コンチネンタル出版サービス（Continental Press Service）は、あまりにも効果的にノミ屋たちの必要性を満たしていたために、ギャング団は、ラーゲンに、パートナーシップを結ぶ

よう圧力を加えた。彼が抵抗したため、ギャングは、「バグジー」・シーゲル*の下、トランス・アメリカン・パブリッシング（Trans-American Publishing）を立ち上げ、カリフォルニアの賭博*市場を乗っ取ったのであった。1946年6月に街路で銃撃されるまで、ラーゲンは、残りの、カリフォルニア以外の全米をしっかり統制し続けた。ラーゲンはギャングを非難し、数人の最高位のリーダーたちに対して疑いをもっていた。1946年9月、ラーゲンは、傷のせいではなく、水銀で毒殺された。どうも、「キッド・ツイスト」レルズ*と同様、ギャングは、警察の保護の後ろに隠れた敵でさえ、捕らえることができるようである。

ラスタファリー教徒（Rastafarians）アフリカ系アメリカ人組織犯罪を参照。

フィリップ・ラステリ（RASTELLI, Philip）（通称、ラスティ［Rusty］）（1918年ニューヨーク州ブルックリンにて生誕—1991年12月27日ニューヨーク州にて死亡）ボナンノ犯罪ファミリー*首領*。

　マフィアの男を、夫や父や兄弟にもつ女たちは一般に、彼らの活動には近づかないものである。だが時折、マフィアの妻や娘（princess）が包絡され、犯罪活動の秘密を明らかにする虞があるのである。ラステリの妻コニーは、夫の犯罪活動について、口を閉ざし、見て見ぬふりをし、耳を貸そうとしないでいられるような、静かな女ではなかった。彼女は夫の情報を流したのだった。

　1970年代の初頭、ラステリはボナンノ犯罪ファミリー首領だったが、カーマイン・「ザ・シガー」・ガランテ*が刑務所から釈放されると、引退させられた。1979年にガランテが暗殺されると、ラステリは再び権力を握ったが、警察は、彼が、ガランテの死に一役買っていると疑っていた。ガランテ同様、彼の犯罪活動には薬物不正取引が含まれており、これらの活動が、1962年に、彼の妻を死に至らしめたのだった。夫に関する情報を流したことで、コニー・ラステリはオメルタ*の掟（沈黙の掟）に違反することとなり、その罰が、死だったのである。女性が犯罪に巻き込まれることは稀だったが、ラステリ夫人は、強盗に入る際に、逃走用の車を運転したり、非合法な貸付の跡を辿ったり、夫が広

範囲にわたって支配している賭博*場の帳簿を維持したり、1960年代に新しく始めたゆすりたかりでもある、貧しい隣人のための中絶小屋の経営など、ラステリにとっては、主要な財産だったのである。

マフィアの男としての流儀に忠実に、フィル・ラステリは情婦を囲った。ラステリ夫人は、その古いマフィアの伝統に我慢ができず、夫と情婦との、カナダでのロマンティックな出来事を知ったとき、彼を街路で殺害する計画を立てた。彼女は、夫の護身用の銃から、弾丸を抜いたのだった。夫が家に帰らなかったときは、彼の犯罪活動を法執行機関に話すと脅した。通常の状況下であれば、ラステリは、妻を犯罪活動に参加させたことで、仲間のマフィアに殺されたであろうが、当時のボナンノ・ファミリーの内部抗争が、首領とその家庭内問題から、目をそらさせたのであった。コニー・ラステリは、連邦職員を説得し、ギャング団が殺害を計画する、ニュージャージー州に保護されている証人の正しい住所を教えたときに、貴重な情報提供者となったのである。ビッグ・ジョン・オーメント（Big John Ormento）などが有罪となったが、事件がラステリに及ぶ前に、彼の妻はギャングに銃で暗殺されたが、どうやら夫の承認を得てのことだったようである。

1970年代半ばまで、ラステリは、恐喝や労働に対するゆすりたかりを含む様々な罪で、刑務所を出たり入ったりしていた。彼の頻繁な拘禁を理由に、ボナンノ犯罪ファミリーの急進派の若者たちが（Young Turks）、刑務所内にいる彼を倒して、ファミリーの首領の座に干渉しようとした。1985年のポール・カステラーノ*暗殺に伴い、ラステリは、アメリカ合衆国連邦裁判所裁判官（U.S. marshals）の保護下に入り、安全な場所に移されたことから、彼が協力者になったという推測が支持されている。1986年のRICO*法に基づく有罪判決が、ファミリー内の反乱を鎮圧したが、それは同時に彼がもはや首領として役割を果たせないことを意味していた。その後5年を待たずに、彼は自然死したのであった。

参照文献：Joe Pistone, *Donnie Brasco : My Undercover Life in the Mafia*. 1989.

ガエターノ・レイナ(REINA, Gaetano)(通称、トミー[Tommy])(1889年シチリアはカステランマレーゼにて生誕—1930年2月26日ニューヨーク市にて死亡)コーザ・ノストラ初期5大犯罪ファミリーにおける首領の1人。

「トミー」・レイナは、彼を敬服するギャングの、無節操な謀略の被害者だった。彼が殺害された1930年2月は、ニューヨーク市におけるマフィアの派閥抗争、カステランマレーゼ戦争*の発端として注目されている。実際のところ、抗争の戦線は、個人やグループの間で、互いに、敵味方の入れ替わりや裏切りがあり、わかりにくいものがあった。レイナは、その中で板ばさみになっていた。「ジョー・ザ・ボス」・マッセリアのマフィア一門の頭領*として、マンハッタンやブロンクスの、ゆすりたかりや密売の悪行で、重要な役割を果たしてきた。しかし、彼は同時に、大勢のソルジャーたち*や、ジョゼフ・プロファチ*やジョゼフ・ボナンノ*のような支持者を集める、マッセリアのライバルであるサルヴァトーレ・マランツァーノ*と、個人的な友人だったため、抗争にはあまり乗り気でなかった。そこに、チャールズ・「ラッキー」・ルチアーノ*を頭とする第三勢力が、マッセリアとマランツァーノに反感を抱く同世代を率いて登場した。ルチアーノは、マフィア*の「アメリカ化」を象徴していた。フランク・コステロ*やガエターノ・ルチーズ*と共に、彼は、自らの犯罪事業にユダヤ系のパートナー(メイヤー・ランスキー*と「バグジー」・シーゲル*)をもち、そして、マッセリアやマランツァーノが頼みにしていた、「口髭のピートたち」の民族的同質性のために、彼らを捨て去るつもりはなかった。ルチアーノは、レイナの影響が、抗争を、マランツァーノの好きに振り回すことができるのではないか、そして、それによって、自分たちの伝統的な流儀を変化させることを拒絶する、すべての「口髭のピートたち」を排除しようとの、ラッキーの計画が覆されてしまうのではないかとおそれたため、レイナは殺されなければならなかったのであった。ヴィトー・ジェノヴェーゼ*が、彼を、ブロンクスの自宅の私設私道で射殺し、後に、マランツァーノやマッセリアやその他大勢の者が殺されることになる、19か月間に及ぶギャング抗争という、殺人行為の口火を切ったのだった。そして、新しく、より若く、故国の習俗とのかかわ

りが少ない、よりアメリカ的な世代の首領たちが、ラ・コーザ・ノストラ*を形成するために現れたのである。

参照文献：Martin Gosch and Richard Hammer, *The Last Testament of Lucky Luciano*. 1974.

エイブラハム・レルズ（RELES, Abraham）（通称、キッド・ツイスト［Kid Twist］、ザ・キッド［The Kid］ガキ）（1907年ニューヨーク市にて生誕─1941年11月12日ニューヨーク州ブルックリンにて死亡）マーダー・インク*の殺人命令の殺し屋かつギャング団の密告者。

　キッド・ツイストが、自分とその仲間が犯した、恐ろしい数々の殺人事件を撤回した審問において、バートン・タルカス（Burton Turkus）地区検事補は、彼に、どうしたら人間の生命をそんなに簡単かつ無頓着に奪えるのかと訊ねた。「最初の事件の裁判のとき、君はどう感じた。」レルズは答えた。「私は幾分緊張していた。」とタルカスは言った。「では2番目の事件は。」「それほど悪くなかったが、私はまだ少し緊張していた。」「その後は。」「その後は大丈夫だ。慣れてきたからね。」「君は、自問自答したぞ。」「それは、殺人の場合も一緒だ。私もそれに慣れたんだ。」とレルズは言った。

　レルズが地区検事に対して自白を決断したとき、彼は強迫観念に駆られて、名前、日付、詳細、発見場所、依頼人について話した。レルズは検事に、何が起きたかだけでなく、どうやってその事件を実行したのかも自白した。そして指令についてレルズが漏らしたとき、キッド・ツイストを使った心当たりのあるギャングたちと共に、暗黒街はパニックに陥った。これまで、高い地位にいるギャングが裏切り者になったことはなかった。キッド・ツイストは、多くの秘密を知っていた。すなわち、彼は、ダッチ・シュルツ*の殺人や、殴打、暴行、銃撃、刃物での攻撃、砲撃、強盗について自白したのである。彼の、80人以上の殺害事件に関わる詳細な自白は、75冊のノートを埋め尽くした。レルズが話し始めると、連鎖反応が起こり、1つの自白が次へと繋がり、その場の空気がその声で充満するまで途切れることなく続いたのだった。これまでにも、

エイブラハム・レルズ　　　　397

密告者となったギャングは数人いた。すなわち、ダッキー・マフィートーレ (Dukey Maffeatore)、ショーレム・バーンスタイン (Sholem Bernstein)、アルバート・タンネンバウム (Albert Tannenbaum)、プリティ・レヴィーン (Pretty Levine)、そして、ミッキー・シコフ (Mickey Sycoff) であり、その中の数人は、ニューヨーク州のユダヤ人暗黒街で、最もタフな暗殺者やギャングたちであり、ルイス・バカルター*やアルバート・アナスタシア*のために、殺人や障害が残るような傷を負わせる、マーダー・インクとして知られた、殺人請負人集団の構成員だった。

エイブ・レルズは、ニューヨーク市ブロンクス区のユダヤ人ゲトーである、ブラウンズビルやイースト・ニューヨークの物騒なストリートで育った。レルズは、8年生の終わりで学校を退学し、ブラウンズビルの小さな店の経営者を餌食にする、窃盗犯や恐喝犯としてキャリアを積み始めた。世界恐慌が始まるまでに、彼と、「ピッツバーグ・フィル」シュトラウス*、「バグジー」・ゴールドシュタインなどは、縄張りを巡って、ライバルのシュトラウス・ギャングのメンバーを殺し続けていた。その後、レルズと、彼の「ブラウンズビル出の少年たち」(Boys from Brownsville) は、バカルターとアナスタシアのための殺人を始めるようになるのである。

キッド・ツイスト（この自分でつけた通称は、ニューヨークのロウアー・イーストサイドから来た暴漢に、ちなんでいる。）は、ニューヨークのシンジケート*や、悪徳産業や労働者に対するゆすりたかり*にかかわる、イタリア系とユダヤ系のゆるいシンジケートである「コンビネーション」(combination) からの、殺人命令を遂行する、殺人団のリーダーであった。

1940年、レルズは、殺人罪で検挙されると、法の適用を免除されるために、自白を決断した。彼は、マーダー・インクの恐ろしい詳細や、多くの殺人に仲間を巻き込んだことを話した。最も重要なことは、彼の大陪審での証言が、主要なシンジケートの首領である、レプケ・バカルターを1944年に、有罪判決と死刑執行に導いたことであろう。

いくつかの裁判に貢献している間、レルズは、ブルックリンの海辺のコニー・

アイランド沿いにある、ハーフ・ムーン・ホテルで、保護拘禁下にあった。1941年11月12日の早朝、キッド・ツイストが、彼の部屋だったホテルの6階の窓から、飛び降りたか、過って落ちたか、あるいは、投げ落とされたかしたときに、彼は、アルバート・アナスタシアと「バグジー」・シーゲルに関する、彼らとマーダー・インクとの結び付きについての、証言を準備していた。ギャングの中心人物に関する事件は、レルズと共に窓の外に投げ落とされてしまったのであった。この殺人事件が解決されることはなかったが、チャールズ・「ラッキー」・ルチアーノ*が、死の直前に語ったところによれば、フランク・コステロ*が、警察官に10万ドルを支払って、レルズを殺害させたということである。そしてその数年後に、メイヤー・ランスキー*は、ルチアーノの言葉を承認したのだった。

参照文献：Rich Cohen, *Tough Jews : Fathers, Sons and Gangster Dreams*. 1998.

ポール・リッカ（RICCA, Paul）（通称、ジ・ウェイター［The Waiter］給仕）（パオロ・デ・ルーシアとして、1897年イタリアはナポリにて生誕—1972年10月イリノイ州シカゴにて死亡）1940年代と50年代の、シカゴ・アウトフィット首領。

エレガントな物腰と上品な外見の陰で、ポール・「ウェイター」・リッカは、冷酷な殺人者だった。1944年、フランク・「ジ・エンフォーサー」・ニッティ*が自殺を図ると、彼が、シカゴ・アウトフィットの頭になった。シカゴ・アウトフィットの中で、首領*として認められた者（アンソニー・ジョゼフ・アッカード*、サム・ジャンカーナ*、ジョゼフ・ジョン・アユッパ*）たち全員の中で、リッカは常に、統率力を形成した意思決定過程の役割の一部分であった。

1920年、数件の殺人事件を彼と関係づけようとするイタリア当局から逃れて、彼は、アメリカに入国した。ある歴史家は、「リッカ」は、彼がファミリー間の争いで殺した男の名前を騙っていると信じている。ついに、彼はシカゴのレストランで、うまく仕事を手に入れ、また、ポール・「ジ・ウェイター」の名を得ることとなった。彼と、アルフォンス・カポネ*とのかかわりは、彼が、ビッ

グ・アルが所有する劇場を経営したことから始まっている。後に、ウィリー・モリス・ビオフ*を通じて、映画産業への侵入を確立する際に必要となった、非常に貴重な知識が、劇場の影で用意されていた。ついに、リッカは、ビオフの証言をもとに、映画産業に対する恐喝の罪で、大陪審と検察当局の起訴によって排除されたが、アメリカ司法長官のトム・クラーク（Tom Clark）の介入によって、10年の有罪判決を短縮させたのだった。暴力的な男だったにもかかわらず、リッカが、汚職や賄賂の価値を正しく認識していたのは、彼の助言者だったカポネから、習ったからである。

リッカの釈放と同時に、シカゴ・アウトフィットのリーダーとして、リッカとアッカードが登場した。1950年、キーファーヴァー委員会*は、リッカを、「全米犯罪シンジケートの頭」と認定し、そして1958年、マックレルランド委員会*は、彼を、全米の犯罪者中の「最重要人物」と、言及した。

1957年、リッカの国外追放が検討されたが、イタリア政府が彼の帰国を許可しなかった。実際、その後10年以上もの間、60以上の国に対して、彼の入国許可を要請したが、ことごとく失敗していた。それでもなお彼の国外追放先を政府が探していた1972年に、彼は死亡したのである。

参照文献：William F. Roemer, Jr., *Accardo*: *The Genuine Godfather*. 1995.

RICO法（RICO）（事業への犯罪組織等の浸透の取締りに関する法律［The Racketeer Influenced and Corrupt Organization Act］リコウ）

RICO法は、組織犯罪規制法（Organized Crime Control Act）の一部として、1970年にアメリカ連邦議会において成立した。本法を司法省が利用することによって、組織犯罪に対する起訴は、大改革された。RICO法の目的は、組織犯罪グループにかかわる数多くの被告人を完全に、そして、その犯罪活動すべてについて、起訴する手段を提供することにある。RICO法には、違法事業*から得た収入や利益を没収する権限も与えられている。RICO法で最もよく使われる条文である第18条（Sec. 18, 1962）は、ゆすりたかりにかかわった、いかなる被雇用者や関係者、そしていかなる事業に対しても、非合法とすることができ

るのである。

　事実上、RICO法は、新しい犯罪を造り出したのであり、ゆすりたかりにかかわる事業に所属するものを対象にしている。同法は、被告人が実際に犯罪に関与することを必要としていない。ただ、彼あるいは彼女が、違法事業に所属あるいは関係しているかどうかだけなのである。要するに、RICO法は、ゆすりたかりからの収入を、獲得し、取引し、受領することを違法としているのである。

　実際問題、RICO法は検事に対して、1件のゆすりたかりを一掃するための起訴に際して、数年以上を要するような、多数の犯罪行為を利用することを許可している。マフィア*のファミリーに対する、このような訴追の方法は、連邦政府によって、広く利用されている。組織犯罪がRICO法を恐れる理由は他にもある。刑罰が非常に重いのである。すなわち、いかなる個人も団体も、10年以内に2つ以上の起訴されるべき犯罪を犯した場合、20年の拘禁刑と、2万5,000ドル以下の罰金と、事業に関係する全利益の没収によって、損害賠償はもちろん、事業自体の消滅も、なされるのである。

　今日では、RICO法による有罪判決に終身刑が規定された結果、ギャング団のオンパレードは、刑務所の中へと去っていった。実際、RICO法下の拘禁刑の長期化によって、かつてのように、被告人同士の間で、効果的な協力を得ることが、非常に難しくなった。1992年、ガンビーノ犯罪ファミリー*の副首領*だった、「サミー・ザ・ブル」・グラヴァーノ*の証言を主として、同ファミリーの頭である、ジョン・ゴッティ*は、マフィアの頭領*のポール・カステラーノ*殺害事件とその他の罪により、有罪となった。ゴッティは、仮釈放の可能性のない終身刑を言い渡された。グラヴァーノが、自分の罪を計算するのは、ありそうなことである。もし、彼が検事と協力したのであるならば、彼はいずれ釈放されるであろう。あるいは、もし、そうでないのならば、RICO法に基づく、あり得そうな有罪判決は、残りの人生を刑務所内で過ごさなければならない点では同様の、死刑判決であったであろう。

　RICO法に対する3点の重大な批判が、被告人側弁護士から提起されてきて

いる。第1に、RICO 法は、たとえ、直接的に犯罪行為に参加していなかったとしても、大陪審による起訴をするような組織犯罪と関係があった者を、検事当局側に包絡させている。第2に、RICO 法の発動は、裁判前の段階でさえ、資産の凍結を行うという結果を招く可能性があるが、それは事実上、企業の経済活動を差し止めかねないか、あるいは、RICO 法の適用が、被告人たちが自らの無実を信じる場合に、被告人たちから、有罪の申し立てを引き出しかねないのである。第3に、RICO 法による訴訟は、組織犯罪と連携した「ゆすりたかり者」であるというスティグマをその訴訟にもたらすのである。

これに反して、検事や法執行官僚は、RICO 法を、効果的な犯罪統制機構であると認識している。また、組織犯罪に関する1967年の対策委員会報告の中で、RICO 法を勧告として提案した、筆者の G・ロバート・ブレイキー (G. Robert Blakey) によれば、RICO 法は、組織犯罪ファミリー*のような事業が、どのように、ゆすりたかりを通じて犯罪活動を作用させ、指揮してきたのかという全体像を、政府が陪審員に対して提示し得る、唯一の刑事法であるという。リーダーや首領が構成するグループに所属する一人一人による個別の犯罪や計画を追うよりも、むしろ、「事業」に従事する、多様な犯罪活動にかかわる、組織犯罪ファミリーの全階層を、政府は起訴できるのである。ただ、被告人の経歴の中にある犯罪活動を証明するだけではなく、RICO 法は、被告人となる、犯罪にかかわるすべての人々の調査を許可しているのである。

参照文献：G. Robert Blakey, "RICO : The Federal Experience," in *Handbook of Organized Crime in the United States*, ed. Robert J. Kelly et al. 1994 ; Rudolph W. Giuliani, "Legal Remedies for Attacking Organized Crime," in *Major Issues in Organized Crime Control*, ed. H. Edelhrtz. 1987.

ヴィクター・リーゼル（RIESEL, Victor）（1917年ニューヨーク市にて生誕—1995年1月8日カリフォルニア州ロサンゼルスにて死亡）組織犯罪と労働問題を扱う新聞のコラムニスト。

1956年4月5日の早朝、ヴィクター・リーゼルは、ニューヨーク州ロングア

イランドの国際機関士労働者連盟（the International Union of Operating Engineers）の第138支部でラジオ放送を行い、その中で、ゆすりたかり活動の広がりについて、公然と批判した。リーゼルは、労働関係を専門とするジャーナリストとして有名で、そのコラムは全米の200紙近くの新聞に掲載され、そして彼のラジオのコメントは、広く絶賛されていた。

放送後、彼はマンハッタンにあるリンディーズ・レストラン（Lindy's Restaurant）に泊まり、そして、早朝に出発したときに男に襲撃され、目に硫酸を浴びせかけられたことが原因で、完全に失明してしまった。

リーゼルを失明させた無法者は、労働組合に対するゆすりたかり者で、ルイス・バカルター*とジェイコブ・「グラー」・シャピロ*の子分だったジョニー・ディオ*と関係がある2人の無法者に雇われていた。エイブラハム・テルヴィ（Abraham Telvi）という襲撃者は、その恐ろしい仕事の報酬として、1,175ドルを受け取っていた。そして、襲撃後、国民の激しい怒りが増してくると、テルヴィはジョニー・ディオから追加報酬を強引に引き出そうとした。その後まもない1956年7月、テルヴィの死体が発見された。連邦大陪審の前での証言の際に、ジョニー・ディオとその仲間たちは起訴されることとなった。仲間の被告人たちは、自分と家族に対する脅迫がなされた後に、ディオに対する証言を拒否したとき、ディオに科されたのは、死刑だった。リーゼルは、彼の活動的な仕事を再び始めることはなかったが、彼は、ギャングについて報道し、そのことによって襲撃された、数少ない誠実なジャーナリストの1人であった。

ホセ・ゴンザロ・ロドリゲス・ガチャ（RODRIGUEZ GACHA, José Gonzalo）（通称、ザ・メキシカン［The Mexican］メキシコ人）（1946年コロンビアはパチョにて生誕—1989年12月コロンビアはトールにて死去）メデリン・コカイン・カルテルのリーダー。

ゴンザロ・ロドリゲス・ガチャは、麻薬ビジネスで稼いだ大金で、サッカーチームを買収するのが大好きだった。彼のカルテルの中での役割は、情報提供者や競争者（有名人を含む）の暗殺や、小作農にコカの葉を栽培させることな

どであった。彼はまた、メデリン・カルテルの麻薬取引と製造所の安全を守らせるために、FARC（コロンビア武装革命軍）として知られる、コロンビア人テロリストのゲリラ組織と交渉し、合意に達していた。「ザ・メキシカン」は、政治革命の誇りを、コカイン男爵（the cocaine barons）に身売りした、そこそこのギャングの一団へと首尾よく転換させたのであった。

ロドリゲス・ガチャは、メデリン・カルテルの西岸販売網を率い、そして、コカインを積んだアメリカ行きの航空機に対して、秘密裏に便宜を図ってもらえるメキシコの滑走路を獲得した。

彼は、コロンビアの首都ボゴタにおけるコカインの首領となったが、彼のコカインビジネスへのスタートは、コカの葉を、ペルーとボリビアからコロンビアの製造所まで輸送する専門家になったことから始まる。ガチャはメキシコやメキシコに関するものが好きだったことから、一般に、「ザ・メキシカン」として知られるようになった。ずんぐりした中背の男だった彼は、1983年に、彼が管理していた、ペルーとボリビアからコロンビアの製造所まで航空機で直行する交通ルートが発見されるまで、麻薬取引ではたいした役割を演じていないと考えられていた。

1988年まで、パブロ・エミリオ・ガボロア・エスコバーと共に、ホーゲ・ルイス・ヴァスケス・オチョアとのギャング抗争に目立たずに従事していたガチャは、メデリン・カルテルを率いて、アメリカ南西部とヨーロッパへの積極的な拡大を図ったことで、影の中から一歩を踏み出した。彼は、ニューヨーク市に行き、クィーンズ郡にある、カリ・コカイン・カルテル*の販売網の乗っ取りを狙った。この動きが、1980年代初頭に起きた、地元のコカインとクラックの売人の縄張り争いに逆行するような、「カルテルの戦争」の別バージョンを誘発したのであろう。それと同時に、ガチャは、彼の性格そのままの手法を使って、2つのカルテル間の境界を改め、休戦に影響を及ぼした。彼はいつも、コカインはただのビジネスに過ぎないと考えていた。1988年ガチャは、エスコバーとオチョアと共に、『フォーブス』誌の、世界の億万長者の1人に加わったのである。

1989年夏、反コカイン・カルテルを率いる有名人の暗殺が、緊張した新しい段階へと進展させた。メデリン・カルテルの首領を有罪とした裁判官が、オフィスを出たところで射殺された。また、薬物男爵（drug barons）の逃亡犯罪人の国外引渡しに好意的な、大統領選挙で優勢だった候補者が、キャンペーン大会で国民に向けて演説をしていた最中に、殺害された。自らを「国外引渡し賛成者」(The Extraditables) と呼ぶ薬物の首領たちが、コロンビアの新聞に掲載した、公式声明の中で、国外引渡しに賛成する者は皆、殺害されるだろうと警告した。これに対する政府の反応は、売人に対する厳重な取締りと、逃亡犯罪人引渡し条約の復活であった。

　政府に対する闘争がたけなわであり、また、カルテルのメンバーやその家族を身代金目的で誘拐するゲリラとの戦いの中にあってさえ、メデリン、カリ、ボゴタ、バランキーヤのカルテルは、なおも、マーケットのシェアを巡って、互いに活発な競争を続けていた。1989年12月、ガチャは、カリブ海の港町であるコヴェノス（Covenos）近くで、警察に発見された。このことに関しては、カリ・カルテルが法執行機関に情報を流したと信じられている。そして短い銃撃戦の後に、ゴンザロ・ガチャは殺害された。

　参照文献：Patrick Clawson and Rensselaer Lee III, *The Andean Cocaine Industry*. 1996.

ギルバート・ロドリゲス゠オレフーラ（RODRIGUEZ-OREJUELA, Gilberto）
（通称、ザ・チェス・プレーヤー［The Chess Player］）（1939年コロンビアはカリにて生誕―刑務所に拘禁中）　カリ・コカイン・カルテル*の創始者かつ初期メンバー。

　コロンビア人のコカインの不正取引者は皆、犯罪人の国外引渡しを、吸血鬼を退治する十字架のようなものと考えている。ギルバート゠オレフーラと、弟のミゲル・エンジェル*は、薬物不正取引者に対する長期間の拘禁刑と強情な態度ゆえに、アメリカにおいて裁判にかけられ、拘禁されることをおそれていた。弟ミゲルと共にオレフーラ兄弟は、カリ組織の権力のほとんどを掌中に収めていた。組織は、製造・密輸・密売・マネー・ローンダリング等、コカイン

取引に関するあらゆる面において、関与していた。兄ギルバートが、長期間を見通した戦略立案を担当する一方で、弟ミゲルは、組織を日常的に運営する際に発生する、瑣末な出来事に巻き込まれていた。ロドリゲス＝オレフーラ兄弟は、見境のない暴力には加わらなかったものの、誘拐や、ときには殺人に及ぶような、身体に害を成す脅迫に従事していた。そして自分たちの事業を拡大するために、日常的にという以上に頻繁に、賄賂や脅迫を使用していた。

ロドリゲス兄弟は、いつも、本国を経由してメキシコからアメリカへとコカインを密輸するために、どこの組織からも独立したメキシコ人薬物輸送グループと契約を結んでいた。フロリダ州南部もまた、彼らの組織にとって、船でコカインを密輸入するための、重要な拠点として使われていた。アメリカにコカインを密輸入した後は、大規模な流通網によって、ヒューストン、ロサンジェルス、マイアミ、ニューヨーク州、その他の全米各都市へと運んだ。組織はまた、全米各都市において、薬物収益のマネー・ローンダリングも行っていた。

ギルバート＝オレフーラは、1978年以来、ロサンジェルスとニューヨーク州における、薬物不正取引の後ろ盾を探していた。1984年、ホーゲ・ルイス・バスケス・オチョアと共に、ギルバート＝オレフーラは、スペインのマドリードにおいて、地元銀行に多額の資金を預金し、不動産を購入した。スペイン警察は、オレフーラがベネズエラの偽造パスポートで旅行しているのを発見し、迅速に、彼が、大物の薬物密売人であると同定した。麻薬取締局（DEA）は警戒態勢を取り、スペイン外務省に対して、彼の逮捕と、犯罪人の国外引渡し要求を行った。オレフーラとオチョアは逮捕され、彼らの資産は押収された。最終的に引渡しが失敗に終わったのは、ニカラグアのサンディニスタ政権への介入により、麻薬取締局が、アメリカにコカインを密輸した共犯として告発されたためであった。オチョアとオレフーラは、巧妙に、弁護士によって、アメリカ外交政策の犠牲者であるという役どころを演じることとなった。オレフーラはアメリカの裁判所（U.S. courts）を排除し、偽造パスポート事件として、コロンビアの法廷に立った。コロンビアの司法システムをうまく使いこなす彼の能力によって、計算通りにうまく解決することができた。まさにそのことによっ

て、この狡猾な男は、「ザ・チェス・プレーヤー」として知られるようになったのである。

1995年6月9日、ギルバート・ロドリゲス＝オレフーラは、麻薬取締局（DEA）やアメリカ情報コミュニティ（U.S. intelligence community）と協働する、コロンビア国家警察（CNP）の中枢機関によって、コロンビアのカリにあるマンションにおいて、逮捕された。ギルバート・ロドリゲス＝オレフーラは、アメリカにおいて、幾度となく起訴され、最新のものとしては、フロリダ州の南部の地方裁判所における、1995年5月の起訴がある。

ニューオーリンズで発生した薬物不正取引に対する、1989年のアメリカにおける起訴と、コロンビア政府と共有する証拠が、ロドリゲス＝オレフーラの逮捕に勢いを与えることとなった。彼は、マイアミにおいて、カリ・マフィア*のメンバーと共に、過去10年以上の間に、20万kgを超えるコカインを密輸入したとして起訴された。

コロンビア警察は、1995年6月9日に、複数拠点に同時に踏み込む計画を立てた。そして、豪華な邸宅の秘密のクローゼットに隠れていたギルバートが発見されたとき、彼らは降伏したのだった。ギルバートは、多分、パブロ・エミリオ・ガボロア・エスコバー*が殺された銃撃戦のことを思い出したのであろう。警察に直面したときに、「撃たないでくれ。私は投降する」と言ったという記録が残っている。

参照文献：Francisco Thoumi, *Political Economy and Illegal Drugs in Colombia*. 1995.

ミゲル・エンジェル・ロドリゲス＝オレフーラ（RODRIGUEZ-OREJUELA, Miguel Angel）（通称、輸送専門家［Transportation Specialist］）（1943年コロンビアのカリにて生誕―刑務所に拘禁中）カリ・コカイン・カルテル*のリーダー。

兄ギルバートや、ホセ・サンタクルス＝ロンドーノ同様、ミゲル・オレフーラは、自分に敵対する、ライバルのメデリン・カルテルやコロンビア国家警察（CNP）、そして世界中のどこにでもいる、あるいはいると思わせる麻薬取締局

（DEA）エージェントの監視の目から、自分の身を守る、精巧なセキュリティ・システムを頼りにしていた。

1943年にカリで生まれたミゲルは、1980年以降、薬物不正取引に手を染めていった。彼の担当は、何トンもの大量のコカインをコロンビアから、アメリカ、カナダ、ヨーロッパへ向けて、バラエティ豊かな洗練された輸送手段と密輸の技術を使って、秘密裏に送り込むことであった。アメリカ市場行きのコカインの70％が、メキシコ経由で密輸されていた。

「輸送専門家」としても知られていたミゲルは、カリ・グループの中でも最も勢力の強かった、ロドリゲス＝オレフーラ組織の日常業務を担当していた。彼は、危険な不法売買に伴う広範囲にわたった瑣末な業務のすべてについて管理し、その中には製造・密輸・密売・マネー・ローンダリング*も含まれていた。そして兄のギルバートが、カリ・グループの「戦略立案」に集中していたのだった。

彼が逮捕されたのは、1995年8月6日のことであり、その日、コロンビア国家警察（CNP）は、彼のマンションのドアを打ち壊して侵入し、バス・ルームにある秘密のクローゼットに隠れていたところを発見したのである。彼は、最重要指名手配犯だった。コロンビアの外務大臣によれば、ミゲル・ロドリゲス＝オレフーラは、最大24年間の刑務所収容が見込まれるとのことであった。そして、ミゲル・ロドリゲス＝オレフーラの逮捕成功の直後に、コロンビア国家警察長官ミゲル・セラーノ（Miguel Serrano）は、「本日をもって、カリ・カルテルは壊滅した」と宣言したのである。

参照文献：Patrick L. Clawson and Rensselear W. Lee III, *The Andean Cocaine Industry*. 1996.

ジョン・ロゼリ（ROSELLI, John）（フィリッポ・サッコとして、1905年イタリアはエステリアにて生誕―1976年8月7日フロリダ州マイアミにて殺害される）シカゴ・アウトフィット*のゆすりたかり者かつネヴァダ州ラスヴェガス*の強力な周旋屋。

ロゼリは、犯罪者階級のトップになったことのない、その他大勢のギャングの1人だが、それにもかかわらず、彼は衝撃的な事件を起こしていた。彼がアメリカに入国したのは6歳のときであった。彼の母親を残して彼の父親が早世した後に、ロゼリは継父の影響を受けて、犯罪者としての人生を歩み始めた。ロゼリによれば、11歳のときに、彼に放火するよう言いつけたのは、継父だったという。7年生で学校を退学になった後、彼は家族を見限り、アルフォンス・カポネ*を信奉した。フィリッポ・サッコはジョニー・ロゼリとなり、労働組合のリーダーを脅迫したり、大規模な映画撮影所から金銭をゆすり取ったりする、ハリウッドにおけるアウト・フィットの利益を代表するものとなったが、恐喝罪で、刑務所で3年間服役している。

彼はハリウッドの生活様式を愛していたため、出所後再びハリウッドに戻った。ラスヴェガスが、犯罪者にとって利益の上がるターゲットに発展してきたことを、ロゼリは、ギャンブルの上前をはねるグループの存在を見て知っていた。ハリウッドとラスヴェガスは、ロゼリが楽しむためだけの計画ではなかった。彼の首領である、シカゴのサム・ジャンカーナ*と共に、彼は、CIAとマフィアが結託してキューバの独裁者、フィデル・カストロ殺害計画である「マングース作戦」*に巻き込まれていった。ロゼリは、ギャングとスパイの提携など、軽率な計画であるとすぐにわかったが、その後、CIAから何の説明もないままにこの計画は放棄されることとなった。

1975年、彼が、諜報機関の活動を監督する上院委員会において証言した内容は、伝えられるところによると、マングース作戦の詳細を明らかにし、彼の参加は、純粋に愛国的感情に基づくものであったと主張したものといわれている。1975年8月、ビスケー湾を漂う、密封された55ガロン入りのドラム缶の中から、彼の遺体が発見された。殺害される前、ロゼリは、コラムニストのジャック・アンダーソン（Jack Anderson）と一緒にいたところを目撃されており、そして、政府とマフィアとの間の計画について、自分は喋り過ぎたかもしれないということを怖れていたようである。

参照文献：Charles Rappleye and Ed Becker, *All American Mafioso : The Johnny Rosselli*

Story. 1991.

アーノルド・ロススタイン（ROTHSTEIN, Arnold）（通称、ザ・ブレイン［The Brain］頭脳）（1882年ニューヨーク市にて生誕—1928年11月4日ニューヨーク市にて死亡）犯罪者の黒幕かつ賭博*とシンジケート*のリーダー。

　1919年にワールド・シリーズを定着させ、犯罪者の行動を、偶発的な試みから、技能・専門知識・注意深い管理に注意を払うものに変容させた、その男は、遵法的かつ伝統的なユダヤ人家庭に生まれた。アーノルド・「ザ・ブレイン」・ロススタインの最初の仕事は、自らの勝利に法外なローンを賭ける、ビリヤードとプールのプロだった。賭博*にかかわる事業を拡大していくにつれて、彼は、警察や政治家の保護を求めて買収を始めた。実際、禁酒法の時代（禁酒法と組織犯罪*参照）に、彼は、明らかに、贈賄・汚職・腐敗の利用方法を、再組織化した。彼の時代まで、警察は、直接連絡を取ることで気まずい思いをさせないように、政治家に対する賄賂や献金を集め、マージンを得ていた。また、政治家が、犯罪者であるギャングを使うのは、例えば、選挙の時や、労使間の紛争解決のためであり、その伝統的な方法は、第一次世界大戦の終わりまで続いていた。警察は、政治家の後援会機構の一部であり、そして、職業の自立性や行動の自主性などは、事実上全く保証されず、そのような役割は追いやられてしまっていた。

　禁酒法による巨額の富と共に、権力はますます犯罪者の方にシフトしていった。ロススタインにとって可能であり、また、しばしば実行したことは、政治的領袖たちを買収したり、有能な警察官を退職や計略によって排除させるために、直接賄賂を渡したりすることであり、より適切にいえば、賄賂が、政治家を、まさに、犯罪者のスポンサーやパートナーにしてしまったのである。そして警察官は、二重に俸給を受け取ることによって、政治家と犯罪者の両方に従属する役割を与えられたのであった。

　ロススタインは、民族や人種で区別しないシンジケートを作り上げた。すなわち、彼の子分には、アイルランド系、ユダヤ系、イタリア系、ドイツ系、そ

してアフリカ系アメリカ人さえいた。彼の汚職の技術は伝説となり、そして、彼の密売組織は、後に、ゆすりたかり*のほぼ完全な原形となった。そして、メイヤー・ランスキー*、ルイス・バカルター*、フランク・コステロ*、チャールズ・「ラッキー」ルチアーノ*のような、重大な影響力を及ぼした犯罪者たちは、ロススタインから、どのように犯罪帝国を造り、維持していくのかを学んだのである。

1928年11月4日、彼は、ニューヨーク市のパーク・セントラル・ホテルで射殺された。30万ドルを超えるギャンブルの負債に関する論争があったとみられている。伝えられるところでは、ロススタインは、ゲームで八百長を続けていたといわれる。当時、最重要被疑者として、カリフォルニア在住のギャンブラーが挙がったが、起訴には至らず、未解決事件となった。彼の死後、巨額の利益を得た、彼と繋がりが深かった犯罪者仲間の、レプケ・バカルター、ダッチ・シュルツ*、ラッキー・ルチアーノ等に、疑いが及ぶことはなかった。

ロススタインは、第二次世界大戦以前の時代に、組織犯罪の新機軸を導入した、最も影響力のある人物であったといえよう。

参照文献：Leo Katcher, *The Big Bankroll : The Life and Times of Arnold Rothstein*. 1959.

ロイヤル・ファミリー（Royal Family） アフリカ系アメリカ人が、経済の最下層に位置していたシカゴにおいて、1950年代以降、ゲトーの中で、組織犯罪グループが活発になってきた。その1つが、ロイヤル・ファミリーとして知られるものであり、ステートヴィル刑務所を出所した元受刑者によって構成され、マリオ・プーゾ（Mario Puzo）の小説『ゴッド・ファーザー』（*Godfather*）に出てくる、架空の、コルレオーネ・ファミリーを意識的に真似していた。ロイヤル・ファミリーが、白人のシカゴ・アウトフィットに挑戦することはなかったが、それと連携し、実行役として働いていた。**ギャングスター舎弟、エル・ルークンス**をも参照。

参照文献：William Kleinknecht, *The New Ethnic Mobs : The Changing Face of Organized Crime in America*. 1996.

ジャック・L・ルビー（RUBY, Jack L.）（ジェイコブ・ルビンスタインとして、1911年イリノイ州シカゴにて生誕─1967年1月3日テキサス州ダラスにて死亡）**ダラスのゆすりたかり者かつリー・ハーヴェイ・オズワルド（Lee Harvey Oswald）の暗殺者。**

　ルビーの犯罪者としての経歴は、10代の頃の、アルフォンス・カポネ＊の使い走りから始まり、その後、カリフォルニア州での賭博場運営を経て、1937年にシカゴに戻り、ナイトクラブで働くが、それ以上に、労働組合に対するゆすりたかりに専念した。1943～46年の間、ルビーは、アメリカ陸軍航空部隊の軍団（US Army Air Corps）において、立派に軍務に服していた。1947年の除隊と同時に、シカゴ・アウトフィット＊は彼をダラスに送り、テキサス州のゆすりたかりをしっかりと支配する手助けをさせた。しかしながら、この壮大な計画が実現することはなかった。シカゴ・アウトフィットは、ダラスやテキサス州各都市の悪徳産業に対する支配を、乗っ取ることはできなかった。それは、アリゾナ州トゥーソンのボナンノ犯罪ファミリー＊や、ニューオーリンズ・マフィアのカーロス・マルチェロ＊・ファミリーの影響が強かったためであり、ルビーに残されていたのは、上品なレストランやきらびやかなカジノというよりもむしろ、ストリップとセットになった下品な店であった。

　1963年の秋に、ジャック・ルビーの境遇は劇的に変化した。ニューオーリンズのカーロス・マルチェロの最高幹部や、マイアミのジョン・ロゼリ＊らと、会合をもつようになったのである。その年の秋に起きた様々な出来事の1つとして、リー・ハーヴェイ・オズワルドが、ルビーと共に、カルーセル（Carousel）・クラブで目撃されている。オズワルドは、ルイジアナ州やテキサス州の暗黒街の周辺部にいた、親しみやすい人物だった。彼はまた、少年時代の一時期、ラ・コーザ・ノストラ＊犯罪組織のマルチェロの支配下にあった、賭博シンジケート＊で働くおじのチャールズ・ミューレット（Charles Murret）と共に、ニューオーリンズに住んでいたことがあった。

　1963年11月22日にケネディ大統領が暗殺された2日後、ジャック・ルビーは、リー・ハーヴェイ・オズワルドを射殺した。彼は復讐をしたかったと言い、ま

た、ジャクリーン・ケネディ（Jacqueline Kennedy）や悲嘆に暮れる家族や国家のために、オズワルドを殺害したと言った。しかしながら、その真の動機は、より複雑かつ邪悪なものだったことは疑いないであろう。(多くの警察官を知っていたため、近づきやすい場所だった) 警察本部における真夜中の記者会見に出席したルビーは、部屋の後ろに立っており、そして、地区検事が過って、オズワルドを反カストロ自由キューバ委員会の構成員だと紹介したときに、ルビーは、鋭くそして明白に、彼の言葉を訂正した。すなわち、カストロを支持する、左翼の、公正なキューバ委員会だと言ったのであった。その後、彼の「愛国的」な行動に対して、寛容な扱いを期待していた日曜日に、他のジェイルに移送途中だったオズワルドを、警察署のガレージに向かっていたルビーが殺害し、その経過がすべて、テレビで国内外に報道されたのであった。

　1964年、ルビーは、テキサス州で裁判にかけられ、死刑を言い渡されたが、どうも、刑務所の中で自然死したらしいと思われている。それは、第二審の準備中であり、また、ケネディ大統領暗殺の調査を、ウォーレン委員会に要求していたときのことだったため、彼の命は、テキサスのどの刑務所の中にいたとしても危険だったのである。**マフィアとケネディ暗殺**をも参照。

　参照文献：Edward Jay Epstein, *Counterplot: The Assassination Chronicles.* 1992 ; Norman Mailer, "The Amateur Hit Man," *New York Review of Books*, May 11, 1995, 52-59.

デイモン・ラニヤン（RUNYON, Damon）（本名、アルフレッド・デイモン・ラニヤンとして、1884年カンザス州マンハッタンにて生誕―1946年ニューヨーク市にて死亡）暗黒街の作家かつ社会歴史学者。

　ウォルター・ウィンチェル同様、デイモン・ラニヤンは、ナイトクラブやプロボクシングや競馬場におけるギャングの世界について書くことを選んだ。『ハースト紙』（Hearst papers）を基盤にしたコラムの中で、彼は、多くの映画や『野郎どもと女たち』（*Guys and Dolls*）という有名なブロードウェイ・ミュージカルをもとに、ブロードウェイに関する暗黒街の人生に関する短い物語を書いていた。

ラニヤンの調査は、ニューヨークの有名なもぐり酒場からナイトクラブに転身した「ストーク（こうのとり）・クラブ」で見聞きした、ゆすりたかり者との交際をもとにしていた。

彼の作品は、ギャングやゆすりたかり者を、彼らが使う尋常でなく飾り立てたブロードウェイ固有のイディオム、例えば、すべての会話が、現在時制で表現され、現在の時間だけで行動するといった言葉で表現しているために、注目されている。架空のものであるにもかかわらず、ラニヤンの小説には、社会の底辺に生きる人々の歴史的真実と、生身の人間をもとにしたことがはっきりとわかる、ありのままの登場人物たちという、社会学的明快さがある。例えば、アーマンド・ローゼンタール（Armand Rosenthal）はアーノルド・「ザ・ブレイン」・ロススタイン*であり、ワード・ウィンチェスター（Waldo Winchester）はウォルター・ウィンチェルであり、そして、ブラック・マイク（Black Mike）はアルフォンス・カポネ*なのである。

公衆がそのサービスを必要とするがゆえに存在する、ちゃめっけのある悪人たちとしての、ラニヤンによるロマンティックなやさしくてゆかいなギャング団のイメージの人気は、永遠に生き続けるであろうし、そして、おそらく、マスメディアが真剣にギャング団を追求する熱意にかける理由をある部分説明しているであろう。

参照文献：Jimmy Breslin, *Damon Runyon*. 1991.

アーネスト・ルポロ（RUPOLO, Ernest）（通称、ザ・ホーク［The Hawk］鷹）（1908年ニューヨーク州ブルックリンにて生誕—1964年8月27日ニューヨーク州ジャマイカにて死亡）ジェノヴェーゼ犯罪ファミリー*の暗殺者かつ殺し屋。

ルポロの経歴は、「オメルタ」*（沈黙の掟）という犯罪者の暗号の下で働いたことと、殺人に関する犯罪心理を例証する上で、興味深く、また貴重なものである。

1934年、13歳のときに、こそ泥と強盗を数年間働いたことで、ジェイルに送られたルポロは、ラ・コーザ・ノストラ*のトップに、「殺し」*すなわち殺人命

令の殺人を行うために、勧誘された。ルポロは、目の鋭さから、「鷹」として知られていた。(皮肉なことに、彼は、犯罪事業の金の分配を巡って、口論となった末に、銃で片目を打ち抜かれていた。奇跡的に生き残った彼は、暗殺にとって都合のいい視力を獲得し、犯罪者としての経歴を重ねたのであった。)

ヴィトー・ジェノヴェーゼ*は、1934年に、ブルックリンにあるジェノヴェーゼの賭博場の支配人だった、ギャングの一員であるフェルディナンド・ボッシア (Ferdinand Boccia)（通称、ザ・シャドウ [The Shadow] 影男）との契約を破棄した。ボッシアは、八百長をしかけ、騙し取った金は、ジェノヴェーゼと分配するのに充分期待されるだけのものがあったが、ジェノヴェーゼはボッシアを殺害し、すべての金を我が物にしようと決意したのだった。ウィリー・ギャロと「ザ・ホーク」・ルポロに、殺人命令が与えられた。実際には、ルポロは2つの殺人命令が与えられていた。すなわち、彼は、ボッシアの殺害後、できるだけ速やかに、ギャロをも殺害するよう命じられていたのだった。

ボッシアは計画どおりに殺害された。そして、その後、ギャロは3発、頭を狙って銃撃されたが、意外なことに、彼は生き延び、そして自分が裏切られたことに気づいたときに、彼の暗殺者の名前を明らかにしたのだった。ルポロとジェノヴェーゼは逮捕された。ルポロは刑務所に送られたが、ギャロが、ジェノヴェーゼを命にかかわる事態に巻き込むという約束を破ったがために、「ドン・ヴィトーネ」は自由の身となった。ルポロはその後、ジェノヴェーゼを連座させられるような、ボッシア殺害現場の証人の存在について明らかにした。ピーター・ラ・テンパ (Peter LaTempa) という名のギャングが探し出され、彼の証言に基づいて、ジェノヴェーゼは再び起訴された。ジェノヴェーゼの組織は実行に移った。ラ・テンパは、ブルックリン・ジェイルの中で保護されていたが、誰かが何らかの方法で錠剤を手に入れ、まんまと胃病を起こさせたのだった。彼は刑務所の自分の居房内で死体で発見され、ジェノヴェーゼは、1945年に再び自由の身になったのであった。

ルポロはジェノヴェーゼの殺害リストに掲載された。「鷹」は、釈放に反対する強い勧告を受けたにもかかわらず、自由の身となり、刑務所を釈放されたが、

ラ・テンパの殺害が証明しているように、刑務所の中にも、ジェノヴェーゼの権力が及んでいることを、ルポロは知っていた。その後、数年間は何も起こらなかった。1959年に、ジェノヴェーゼが薬物不正取引で逮捕されたとき、ルポロは幾分危機を脱したように感じた。出所後の「鷹」の生活は、小さなゆすりと隣人に対する恐喝で成り立っていたが、しかし、沈黙というオメルタの誓いを破ったことを理解している彼は、いつも、絶え間なく警戒し続けていた。すなわち、ギャングの目から見れば、彼は、「裏切り者」だったからである。しかし、危険な裏切り者には、慎重に近づかなければならなかった。ルポロに対する拷問は、ジェノヴェーゼの厳格な復讐を予期していた彼の予想をも超えた、耐えがたい苦痛を与えるものだったことであろう。

　1964年、ズタズタにされたルポロの死体が、ニューヨーク州ジャマイカ湾に浮かんでいるところを発見された。彼は残酷な方法で殺害され、その後、セメントの塊の重石を着けて沈められていた。このぞっとするような処刑方法は、彼の死体が浮上した結果、法執行当局に協力することによる結果の重大性について、誰もが注意するようになったことは、確実であった。

　参照文献：James Miller, *The Prosecutor.* 1969.

ロシア系組織犯罪（Russian Organized Crime） 旧ソビエト連邦時代の犯罪者の生活は、多くのロシア人ギャングに対して、アメリカのホワイトカラー犯罪に完全に適合した技能を備えつけさせていた。ソビエト連邦の腐敗にならい、1991年には、公平にいっても、国家それ自体が犯罪者の副次文化を生み出すのに貢献していたのであり、その中でソビエト国民は、巨大な共産党官僚主義を通じて、自分たちの進む道を求めて交渉したり、共謀したりすることを強制されていたように思われるのである。仕事を得るにも、旅行に行くにも、確実に消費財を購入するにも、医療を受けるにも、車を買うにも、アパートに住むのにも、書類が必要だったのである。生き延びていくためには、普通の市民でも、犯罪者のように行動しなければならなかった。いわば、複雑な腐敗した国家官僚主義に精通し、どのように役人に賄賂を渡すのかを習得し、そして、文書の

偽造や模造の技術を向上させなければならなかったのである。法執行機関を、日常的に惑わせてきた、洗練されたホワイトカラー犯罪を習得しているロシア系ギャングは、アメリカでは、これらの技術が幸運を招くと解釈していたのであった。

アメリカを脅かすロシア系組織犯罪は、20年程前から、いくつかのアメリカ国内の都市において、「ロシア系マフィア」とラベルづけされた、結び付きのゆるい各種の窃盗団や、恐喝犯、詐欺師、そしてホワイトカラー犯罪にかかわる犯罪者たちによって、その危険性を増大していった。これらの狡猾で賢い犯罪者たちは、自らをオーガニザトシヤ（Organizatsiya）や「組織」と呼び、ギャングの世界の最も新しい登場人物として、アメリカに足場を築いたのであった。そのほとんどの者が、旧ソビエト連邦時代からの老練なギャングであり、恐ろしいKGB（国家公安警察）から巧みに逃れ、全体主義体制の厳しく制限された中でも不法行為を遂行してきたことを意味する、犯罪社会の中を生き抜いてきた者たちなのである。ソビエト連邦の警察システムには、捜索令状も必要なければ、被疑者に対する殴打や拷問を阻止するものも全くなかった。ロシアの警察に比べれば、アメリカの法執行機関は優しく、容易く抵抗できるものであったといえよう。

アメリカにおけるロシア系組織犯罪の出現は、冷戦と冷戦終了直後の時期にまで、遡ることができる。1970年代初頭、ニクソン政権は、東西関係の再建と強化を試み、緊張緩和政策を構築した。アメリカは、ソビエト連邦に圧力をかけ、ユダヤ系ソ連人の国外移住を許可するよう迫った。1975年から80年の間に、10万人近くのユダヤ系ソ連人が、アメリカに入国した。現在、アメリカには、25万人近くのロシア人亡命者がおり、その大多数が、「リトル・オデッサ」として知られる、ニューヨーク市ブロンクス区のコミュニティに居住している。その他のロシア系移民は隣人として、フィラデルフィア、ロサンジェルス、マイアミ、シカゴなどに散らばり、都市部において、民族性や人種ごとに分かれて住んでいる。

しかし、遵法で勤勉な移民の中に、組織犯罪の一団は存在している。ロシア

系マフィアが、その他のエスニック犯罪グループと全く異なる点は、その関係者の多くが、10代のストリート・ギャングのような現れ方をしなかったという点にある。ロシア系犯罪者階級は、初期の移民（最近の移民にも同様にみられるが）のように、経済的な損失を与えるようなことはしていない。すなわち、ほとんどのロシア系ギャングは、アメリカに入国する前に、既に犯罪経験によって鍛え上げられていたからである。しかしながら、彼らがアメリカに入国した理由は、善良な同胞たちと変わりはなく、経済的な機会を得ることにあったのである。

　ロシア系犯罪者としての経歴を形作ったという経験は、彼らが、他のエスニック犯罪グループのように、民族集団に対して犯罪事業を強化したり、ストリート・ギャングを形成したり、世代を超えて、彼ら自身のような移民を食い物にしたりするような様式に、追随する必要がなかったことを意味していた。記録によれば、彼らが他の移民に被害を与えることに対して、何ら良心の呵責を感じていなかったことが見て取れるにもかかわらず、ロシア系ギャングは、ここに到着したときには既に、コミュニティ内にあまねく影響を及ぼしていたのである。彼らの初期の事業は、クレジットカード詐欺や、銀行ローンの詐取や、大規模な強盗団や万引き団であった。

　ブルックリンのブライトンビーチにやってきた、初期のロシア系ギャングは、地元に居住する隣人をぺてんにかける、自信に溢れた男たちの一団だった。「ポテト・バッグ・ギャング」（Potato Bag Gang：芋袋ギャング）として知られた彼らは、近頃入国したばかりだという機会を利用して、騙し取られたとわかる程度のものを使って、ルーブル金貨の両替と称して金を我が物にしようと熱望していた。その際に、袋には、ルーブル金貨の代わりに、ジャガイモを詰めていたのだった。その後、ロシア系犯罪者は、多数のラケットにかかわるようになるが、その中でも最も巧妙なものとして、燃料油の「デイジー・チェーン」が知られている。その詐欺は、税金を回避することで、政府から金を巻き上げ、善良な燃料供給者を利用するように仕組んでいた。そのゆすりたかりには、残酷で複雑な共産党官僚政治をも克服してきた、ロシア系犯罪者が、アメリカの

政府機関の扱いに完全に精通していたことを示す、より重大な形跡が見受けられるのであった。

　この典型的な詐欺は、ガソリンやディーゼル燃料を書類上で動かす一連の会社を設立した。まず、免許を受けた会社が、はしけや燃料を積むタンカーを購入し、それを、所有者であるかのようにみせかけて、次の会社に対して書類上の受け渡しを行う。そして、その後も、次から次の会社へと「デイジー・チェーン」は、多数の架空会社を経由していくのである。チェーン内のダミー会社の1つが「バーン企業」（burn firms）と呼ばれたとしても、おそらく、税金に適用可能な支払い責任を負うだけのことであった。製造会社から次の流通業者へ、あるいは、ガソリンスタンドへと続く、燃料の輸送に関する書類には、税金は支払済みと記載されている。ガソリンスタンドが販売する燃料価格にも、税金は含まれている。しかしながら、税金を全く支払わないために、いんちき会社は、税金を支払っている正規の流通業者よりも、価格を、1ガロンあたり数セント安く、ガソリンスタンドに燃料を販売することができたのである。同様に、ガソリンスタンドは、競合他社よりも安く燃料を販売することができ、その上さらに、充分な利益を手にすることができたのであった。税務調査官が支払い状況を詳しく調べると、流通業者には、住所も郵便箱さえもなく、空き地や空き店舗が表看板という、全く実体がないか、あるいは、都合よく消滅したかのような実態が明らかにされたのである。

　もう1つの陰謀についての報告は、税金のかからない、家庭用暖房に使用するディーゼル燃料に関するものであり、そのすべてが、迷路のようなペーパー・カンパニーを通じて動かされ、そして、どこかに繋がれた末に、いんちき会社が高速道路で販売する、課税対象ディーゼル燃料のインボイスや領収書になるのであった。小売業者が割引価格で購入し、支払った税金を、いんちき会社がポケットに入れ、姿を消すのであった。ロシア系犯罪者たちが設立した、燃料購入者のネットワークは数多くの州にあり、特に、ニューヨーク州、ニュージャージー州、ペンシルヴァニア州、テキサス州、カリフォルニア州、フロリダ州の各州にある、独立した小売業者の間では、顕著であった。

燃料税計画の潜在的な可能性について、一番最初に目をつけたマフィアの大物は、数人のロシア系ギャングとパートナーシップを築いていた、コロンボ犯罪ファミリー*の副首領*であった。1か月あたり6,000万ドルから1億ドル相当の金が、税金の中から盗まれたと見積もられており、そこには、1ガロンあたり5セントから10セントの割引の申し出によって彼らに支配された、本来、市場から上がるはずだった合法的な利益については考慮されていない。

　1990年代初頭を通して、小さな犯罪集団の中で活動する、アメリカ在住のロシア系マフィアの数は、約2,000人にのぼった（図7・8）。彼らは、組織も構成員もしばしば変更するため、法執行当局には、その構成員やリーダーを同定することが難しかった。だが、ソビエト連邦が崩壊した1991年までに、ロシア系による犯罪の波が、アメリカに対して、深刻な好ましくない影響を引き起こしていた。ギャングと元共産党員は、ロシアに新しい市場経済を立ち上げようと奮闘努力する、多くの民間企業の首を締め付けていた。資本主義の中における、事業家的なロシアの権力と影響力は、禁酒法時代のアメリカにおける犯罪シンジケートと比較することもできるかもしれない。だが、実際、この比較は、穏当なものではないだろう。すなわち、ロシアの犯罪シンジケートは、チャールズ・「ラッキー」・ルチアーノ*とメイヤー・ランスキー*、あるいはアルフォンス・カポネ*とジョニー・トーリオ*といったギャングたちよりも、大きな影響力や権力をもっているからである。

　ペレストロイカ（非共産主義経済や社会体制にもロシアの門戸を開こうとした）後の、ロシアの法執行機関は、アメリカやイタリアでさえ専念している、犯罪の予防と統制という予防措置の創設に失敗した。銀行や警備会社やその他の金融機関等の、解放された経済部門は規制されることがなかったために、結果的に、新興の企業や産業から公然と金を騙しとるギャングが、国中に広がっていった。

　旧ソビエト連邦の時代から、犯罪者の精鋭部隊として知られた「フォリィ・フ・ザコーネ」（Vory v Zakone）あるいは「シーヴス・イン・ロー」（Thieves-in-law：法の下における窃盗）という、職業的犯罪者に率いられたギャングがい

図7　報告されたロシア亡命者の犯罪活動（1991-1996年）

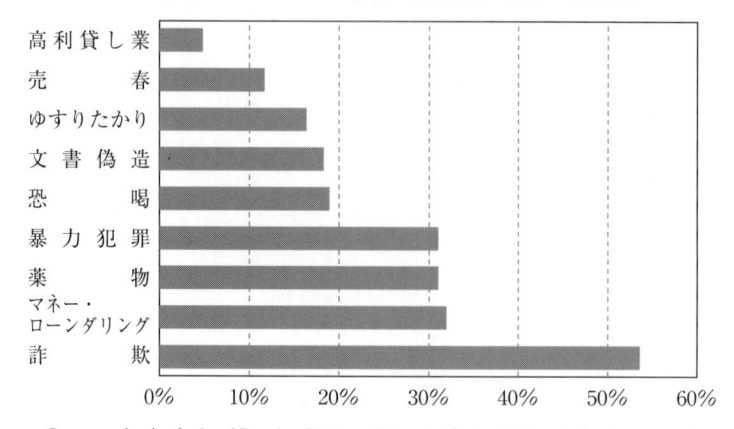

犯罪種別	割合
高利貸し業	~5%
売春	~12%
ゆすりたかり	~16%
文書偽造	~18%
恐喝	~19%
暴力犯罪	~31%
薬物	~31%
マネー・ローンダリング	~32%
詐欺	~53%

Source: An Analysis of Russian Emigre Crime in the Tri-State Region, June 1996. New York State Organized Crime Task Force and New Jersey State Commission of Investigation. Trenton, New Jersey.

図8　ニューヨーク州におけるロシア亡命者の犯罪統計

逮捕（重罪／軽罪）

年	重罪	軽罪
1989	~300	~500
1990	~320	~530
1991	~370	~600
1992	~420	~900
1993	~390	~890
1994	~480	~1060
1995	~550	~1020

Source: An Analysis of Russian Emigre Crime in the Tri-State Region, June 1996. New York State Organized Crime Task Force and New Jersey State Commission of Investigation, Trenton, New Jersey.

る。彼らは、発展し始めた経済を食い物にしようと準備する、新生ロシアの暗黒街の中でも、突出した地位にいると思われた、目立ったグループであった。だが、彼らも、揺るぎないままでいることはできなかった。ロシアにおける最も乱暴な組織犯罪者たちは、旧ソビエト連邦共和国時代の、グルジア、チェチェン、ウクライナ、アゼルバイジャンにルーツをもつ、少数民族グループだったのである。

　国境が相対的に開放されるようになると、ロシア系犯罪集団は、ヨーロッパ、イスラエル、アメリカへと移住し始めた。だが、もっと以前の1970年代後半から、ソビエト政府は犯罪者を刑務所から釈放し、ソビエト連邦共和国を離れる亡命者の中に混ぜて出国させていた。また、ソビエトの組織犯罪集団の構成員は、自主的に密出国し、イスラエルやヨーロッパの様々な都市に隠れ、その後に、アメリカに移住していた。このようにして出現した国際的な犯罪社会の密航ネットワークは、現在もなお存在し、犯罪者たちにとって、簡単に利用できるものとなっているのである。

　これらの集団の正確な人数や規模は不明だが、ニューヨーク州だけでも400から500人のメンバーと、1ダース程度の集団が存在していると見積もられている。彼らには、ラ・コーザ・ノストラ＊のような、秘密の暗号や行為、あるいは、暗黒街における、ピラミッド型階級支配制度といったものはなかった。構成員は、街路の隅にいるギャング団から、教育を受けたプロフェッショナルにまで及んでいた。そして、これらグループにいる犯罪者たちは、恐喝・文書偽造・詐欺・ゆすりたかり＊・高利貸し業＊・保険金や医療詐欺・殺人・放火・銃の密輸・強盗・薬物不正取引に加担していると考えられていた。

　アメリカにおいて、組織犯罪に関与するロシア系に対する研究には、まだまだすべきことがたくさんある。しかしながら、1970年代のイスラエルにおいて、特別待遇をしたソビエト系グルジア人の犯罪活動の状況が、現在のアメリカにも存在しているのではないか、という証拠が見つかっている。旧ソビエト連邦共和国から来た移民は皆、腐敗や偽善が、事実上、日常生活における正常な活動であった社会からやってきたのである。そのことから離れては、彼らの多様

な犯罪ネットワークの継続性についても、内部構成についても、知ることはできないといえるであろう。彼らには、マフィアの犯罪ファミリーのような階層制度があるのだろうか。何人のメンバーが異なる犯罪ネットワークに所属しているのだろうか。メンバーは、ロシア系の少数民族に制限されているのだろうか。多くの謎が存在する。**エフセイ・アグロン、ヴィアチェスラフ・イワンコフをも参照。**

　参照文献：James Finckenauer and Dennis J. Kenny, *Organized Crime in America*. 1995 ; Phil Williams, *Russian Organized Crime*. 1997.

S

アンソニー・サレルノ（SALERNO, Anthony）（通称、ファット・トニー［Fat Tony］太っちょトニー）（1911年ニューヨーク州イーストハーレムにて生誕—1992年7月29日ミズーリ州スプリングフィールド連邦刑務所にて死亡）ジェノヴェーゼ犯罪ファミリー*の首領*。

　アンソニー・サレルノは、彼にとっては、合法的ビジネスから、違法なビジネスを区別するあいまいな境界線上にあった両側面を有する事業と共に、暗黒街の複合事業体を率いていた。「ファット・トニー」（「あまりに太っているために逃げることができない」という呼び方は彼のギャング仲間のからかいの言葉であった）として知られる彼の権力は、単に300人を超えるジェノヴェーゼ犯罪一家の構成員の頭としての彼の地位だけに由来するものではなかった。彼が首領となった1980年以前でさえ、サレルノは主としてネヴァダ州やカリブ海におけるカジノから現金をスキミングすることによって、たいていのマフィア*のリーダーよりも多くの金を儲けていた。「スキミング」とは、ギャンブルの売り上げが課税対象となる収入として報告される前に、それらの総収入から現金を奪うことである。順法的なカジノはスキミングを防ぐために苦心するが、ギャング団によって支配されているカジノにおいては、当該不正習慣が奨励され広く普及している。最も容易なスキミングの方法は、カジノの会計室に入って行き、金を取ることである。1986年におけるラ・コーザ・ノストラ*・コミッション*の運営に対する有罪決定以前の起訴において、サレルノと彼の仲間は、数当て賭博*やスポーツに対する賭け事のための多くの違法賭博の賭博宿を管理していた罪に問われていた。さらに、サレルノや彼の犯罪仲間は「融資額の強要的な延長と回収」、すなわち司法省が高利貸し業*と定義している方法につい

て罪に問われていた。サレルノは被害者に彼らのローンに対する違法な利子を支払うよう強いるために、脅迫と暴力を用いていたことで訴えられていたのである。

同様にサレルノはニューヨーク市の建設産業において繁盛しているビジネス権益をも有していた。1986年におけるコミッション事件や、1981年及び1985年における他のゆすりたかりに対する起訴状において、サレルノと彼のマフィア仲間は、200万ドル以上の費用がかかるすべての主要部分にコンクリートを注ぎ込む、ニューヨーク市の請負業者に対して、2％の「みかじめ料」を請求していたと申し立てられた。サレルノとニューヨーク州の他のゴッドファーザーたちは、前もってどの建設会社がプロジェクトの落札価格を提出するであろうかを決定する犯罪カルテルを運営していた。ひいきを受けた企業が契約を獲得することを確かなものにするために、マフィアは他の企業に容認できないほど高い建築買い注文をすることを強いた。政府によって調査された72の建設事業に対する2％の税金のみで、マフィアに対して350万ドルの利益を生み出したが、それは都市における不動産ブームにおいてギャングがコンクリートを供給し建設された建物のほんの断片に過ぎないのである。

組織犯罪に関する大統領委員会（PCOC）に提出された書類によれば、サレルノは、7,100万ドル以上の価値を有する建設事業に入札した一群の企業において秘密のパートナーであった。ギャング・カルテルと対峙して入札を行った度胸のある、いかなる請負業者も供給の打ち切りや組合による意図的な作業効率の低下及びストライキ、あるいはもしかすると死に直面さえしたのである。サレルノは、コンクリートを配達するトラックを運転する、チームスター第28支部に対する支配を獲得し、非協力的な建設業者に対して深刻な労働問題を引き起こさせた。彼は同様に、1981年においてロイ・ウィリアムズ（Roy Williams）が国際チームスター同業者組合*を率いるよう「選択する」ために手助けをした。ジェノヴェーゼ犯罪一家の頭領*であり、ニュージャージー州ユニオン市におけるチームスター第560支部長であったアンソニー・プロヴェンツァーノ*と共に、サレルノは、チームスターの長の職を全くのギャングの影響なしに取

り戻すことを望んだジミー・ホッファ*を誘拐し殺害する謀議に関与していたと信じられているのである。

　ジョン・ゴッティ*のような若いマフィア指導者とは異なり、ファット・トニーは古風なギャング・スタイル、すなわち、葉巻を押し潰し、粗末な衣服を身にまとい、注意を惹きつけるかもしれない派手さを認めない粗野なタフ・ガイの典型であった。イースト・ハーレムで生まれたサレルノは、そこで自らの基盤を確立し、プレザント大通りのパルマ・ボーイズ・ソーシャル・クラブ（Palma Boys Social Club）の本拠を守りながら、決してコミュニティから遠く離れて脱線したことはなかった。

　1959年、彼はギャンブラーと政策運営者として知られ、プロボクシングにも関与していた。彼のギャングとしての評判にもかかわらず、初めての刑事上の有罪判決は、刑務所での6か月間の拘禁刑を言い渡されることとなった、連邦脱税罪に対して彼が有罪答弁を行った1978年のことであった。

　フランク・ティエリ*の有罪判決に続く1980年代の間に、サレルノは首領となり、多くの多様なゆすりたかりへのファミリーの関与を拡大していった。ニューヨーク州の5人のゴッドファーザーのうち、4人を巻き込んだ劇的な裁判の後の1986年、サレルノはマフィアの最高幹部会すなわちコミッションを運営していた罪によって100年の刑期を宣告された。その上、1988年の最終審理において、建設契約を割り当て、建設事業から見返りを受けていた犯罪謀議への関与に対して有罪宣告を受けた。これらの罪状において、彼は70年の刑期を宣告された。

　コーザ・ノストラにおける主要な犯罪者を考慮すれば、すべての職員や専門家が、サレルノがティエリ後のジェノヴェーゼ犯罪ファミリーの単一の首領であったことに同意しているわけではない。「ファット・トニー」は単なる名目上の長であり、本当の首領はフィリップ・ロンバード（Philip Lombard）（通称、コックアイ・フィル［Cockeyed Phil］やぶにらみのフィル）やヴィンセント・「チン」・ギガンテ*であると幾人かは主張している。たとえそうであったとしても、サレルノはコーザ・ノストラのゆすりたかりや10年近くの内部的なファ

ミリーの問題において卓越した役割を果たしたのである。

参照文献：Jules Bonavolanta and Brian Duffy, *The Good Guys : How We Turned the FBI Around and Finally Broke the Mob*. 1996.

ホセ・サンタクルス＝ロンドーノ（SANTACRUZ-LONDONO, José）（チェペ [Chepe]）（1942年コロンビアはカリにて生誕─1996年3月5日コロンビアはメデリンにて死亡）カリ・コカイン・カルテル＊の主要なリーダー。

　ホセ・サンタクルス＝ロンドーノはカリ薬物マフィアにおける第3位のリーダーであったと考えられている。彼は部下からの敬意を受けた控えめで傲慢ではない男として特徴付けられている。しかしながら、彼もまた暴力的なカリの中心人物の1人であった。彼の能力は、国際的なコカイン輸送ネットワークを管理することにおいては眠ったままであったが、彼の組織は麻薬の生産、卸売販売及びマネー・ローンダリング＊にも関与していた。同様に彼はカリ・カルテルの情報収集活動においてもまた重要な役割を演じていた。

　彼のアメリカにおける卸売りのコカインの流通とマネー・ローンダリングはニューヨーク州大都市圏に集中していた。サンタクルス＝ロンドーノは、調査報道のジャーナリストであり、彼のニューヨークにおけるスペイン語新聞のための薬物不正取引に関する記事がカルテルを怒らせ、マニュエル・デ・ディオス（Manuel de Dios）の1992年における虐殺を命令したと信じられている。さらに、サンタクルス＝ロンドーノの組織は、アメリカ北東部におけるコカイン変換生産作業と結び付けられていた。1992年麻薬取締局（DEA）はサンタクルス＝ロンドーノと関係のあった、ニューヨーク州ブルックリンの2つのコカイン変換生産実験室を押収した。同様に、DEAの捜査は、ヨーロッパやアメリカの様々な都市における薬物マネー・ローンダリングとロンドーノを結び付けた。

　サンタクルス＝ロンドーノは、1995年7月4日に逮捕された。彼は汚職の刑務所職員によって手助けされ7月11日に脱獄したが、カリから北に210マイルのメデジン郊外における、コロンビア国家警察（CNP）との衝突で殺害された。メデリンは、長年にわたってカリとコロンビア政府に対してテロリスト戦争を

戦った、ホーゲ・ルイス・ヴァスケス・オチョア*とパブロ・エミリオ・ガボロア・エスコバー*によって率いられた、ライバルのコカイン・カルテルの本拠地であった。国家警察幹部（national police chief）であったホセ・セラーノ将軍（General José Serrano）は、警察は、サンタクルスの裁判に関する良き情報を得るために、カリ・カルテルに対するメデリンの敵意を利用することが可能であったと述べた。彼は、サンタクルスは刑務所で退屈であったという理由から、彼が生きて捕えられることを決して許さないであろうと信じていたことを付け足した。

カリ・マフィアは世界のコカイン供給の80％を担っており、70億ドルの推定年間収入（DEA予算の8倍）を有している。金融記録はサンタクルス゠ロンドーノの数十億ドルの純資産を示している。

記録は同様に、サンタクルス゠ロンドーノの周知の2度の逮捕を示している。1度目の逮捕は、彼がアメリカのパスポートでニューヨーク州からコスタリカに旅行した1976年の出来事であった。彼が武器不法所持の罪でニューヨーク市警によってニューヨーク州クイーンズで逮捕された1977年に、2度目の逮捕が行われた。彼は拘禁期間に服したことが無かった。サンタクルス゠ロンドーノは、1980年以来DEAの逃亡者であり、アメリカにおいて4回名前が挙げられており、マイアミにおけるカリ弁護士事件（コーナーストーン作戦）が最も近時のことであった。

サンタクルス゠ロンドーノは、約20年間、大規模なコカイン取引に関与した世界で最上級の麻薬密売人の1人であった。

参照文献：Rensselaer W. Lee, *The White Labyrinth : Cocaine and Political Power.* 1990.

ニッキー・スカルフォ（SCARFO, Nicky）（リトル・ニッキー［Little Nicky］）（ニコデモ・スカルフォとして、1929年3月8日ニュージャージー州アトランティック市にて生誕―拘禁中）フィラデルフィア市とアトランティック市のコーザ・ノストラ・ファミリー首領。

「ブルーノはゆすりたかり者であったが、私はギャングである」（1990年、ペ

ンシルヴァニア犯罪委員会［PCC］報告書）と、スカルフォは、後年のジョン・ゴッティ*のように、自分自身を、アルフォンス・カポネ*（1920年代及び30年代の無法者の後に形成された暴力行為の男）のイメージの中にみていた。

1980年におけるアンジェロ・ブルーノ*の殺害は、その運営上の形式に劇的な変化をもたらした、フィラデルフィア・ファミリーにおける後継者戦争の引き金となった。権力と支配のための闘争がニュージャージー州*、フィラデルフィア市やアトランティック市の街とに荒れ狂い、ブルーノの死の後に続く、絶え間ない暴力や殺人、戦争や報復によってファミリーは疲弊させられた。アトランティック市は、カジノ賭博でのその復活の前に、アンジェロ・ブルーノによってそこを追放された、小柄（5フィート5インチ）で短気な無法者であったリトル・ニッキーの故郷であり、縄張りであった。1963年に、スカルフォはレストランの席上での些細な口論において港湾労働者を刺殺した。しかしながら、10年以内に、アトランティック市はもはや不景気で低迷している地域ではなくなり、それに従ってスカルフォの権力は拡張していった。

ブルーノの殺害に伴い、スカルフォはファミリーの第3の地位である顧問*となった。ファミリー内の改革は、新たな首領であるフィリップ・テスタ（Philip Testa）（通称、チキン・マン［Chicken Man］臆病者）やニッキー・スカルフォに忠実な新たな構成員を組織にもたらしたが、テスタは長くは生きなかった。1年後の1981年、彼の自宅の玄関に隠し置かれていた爆弾がテスタを微塵に吹き飛ばしたのである。スカルフォは首領として彼の後任となり、ファミリーを再編成した。

フィラデルフィア地域におけるより広範な暗黒街に対するファミリーの関係性を再定義することが急務であった。ガンビーノ・ファミリー*の首領であり、街路のソルジャーの悪徳活動よりも、ラ・コーザ・ノストラ*の合法的なビジネス面を好んだことを理由に1985年に暗殺されたポール・カステラーノ*同様、アンジェロ・ブルーノもまた、あまり暴力と犯罪の拡大を行う傾向の少ない穏やかなリーダーであった。さらにフィラデルフィアのギャング団は、ニューヨーク州の強力なマフィア*・ファミリーと比較して、アトランティック市のマ

ネー・ポットをめぐる縄張りの権利を主張することにおいて偏狭で脆弱であった。ニューヨーク州のファミリーはカジノにおける影響力を求めており、フィラデルフィア市に対して関心をもたなかった。

1982年、19人以上の命を犠牲にした内部の権力闘争の最中において、スカルフォはファミリーからの「保護」のために、ノミ屋に対するゆすりたかり（支払いの恐喝）や高利貸し業、薬物の売人、泥棒及びその他を開始した。独立した犯罪活動として非合法なビジネスを行っている、ファミリーの成り上がりの構成員を含む抵抗者は殺人の標的となった。

スカルフォは、相互に利益のある犯罪事業を展開するためにニューヨーク州のファミリーとも連絡を取った。それにもかかわらず、彼の異彩を放つスタイルと、現実あるいは架空の敵に対して自由に暴力を用いたいという彼の熱意は、ファミリー内に混乱を引き起こした。1980年代の終わりまでに、スカルフォ自身は第一級殺人で有罪宣告を受けた、ラ・コーザ・ノストラの初めての首領として刑務所に収監されている。彼の生み出した、彼の傘下にあった人々の間の恐怖は、少なくとも6人の以前の仲間を共犯証言者へと転じさせ、証人保護プログラム（WITSEC）*へと入る気にさせたのである。

参照文献：George Anastasia, *Blood and Honor : Inside the Scarfo Mob The Story of the Most Violent Mafia Family.* 1991.

ダッチ・シュルツ（SCHULTZ, Dutch）（通称、チャールズ・ハーマン、ザ・ダッチマン［The Dutchman］）（アーサー・フレーゲンハイマーとして、1901年8月ニューヨーク市にて生誕—1935年10月24日ニューヨーク州ニューアークにて死亡）ニューヨーク市における組織犯罪シンジケート首領。

ときにはビジネスマン、ときには獣のように、シュルツはライバルを殺害し、数百万ドルを稼ぎ、劇的に生き、そして弾丸の雨の中（ライバルに行ったのと）同様の方法で死んだ。ダッチ・シュルツは非常に魅力的であったが、同様に完全なる邪悪さを兼ね備えた、カリスマ的な首領*であった。彼を精神病質的とみなすのは容易であろう。

彼は学校に退屈し、6年生で退学した。シュルツの10代初めの時期において、彼はブロンクスのストリートギャングに加入し、1919年11月、18歳のときに不法目的侵入（burglary）で逮捕された。「ダッチ・シュルツ」というあだ名は、彼の本名が見出しに適さないであろうと取材記者にうぬぼれて説明したような、アーサー・フレーゲンハイマーという本名の代わりに充当するために採用されたのである。

1920年代、シュルツは悪名高くなっていく他のニューヨーク州の犯罪者と同様、アーノルド・「ブレイン」・ロススタイン*の被保護者として仕えた。禁酒法時代（禁酒法と組織犯罪*参照）、ユダヤ人であったダッチマンは、密売人*となり自身のギャングを組織し、ニューヨーク州のブロンクス地区における違法ビール取引の支配権を握った。シュルツはすぐにブロンクスの「ビール男爵」（Beer Baron）として知られるようになった。

衝動的な暴力に対する彼の評判にもかかわらず、シュルツは知的で、金になる犯罪機会に対する鋭い感覚をもって、チャールズ・「ラッキー」・ルチアーノ*やメイヤー・ランスキー*にさえも匹敵する抜け目無いビジネスマンであった。ハーレムの数当て賭博*のゆすりたかりにおいて、巨大な利益を最初にみたのはシュルツであった。特定の競馬場に関する賭け率表示器の結果に対して、ペニーや5セント硬貨、10セント硬貨が賭けられたが、ハーレムのアフリカ系アメリカ人コミュニティにおける特定の犯罪プロモーターは、固定することができないニューヨーク証券取引所の結果に関する最後の下4桁を用いることにより、非合法のゲームの公正さを保証することによって、より多くの行動を起こすことが可能であった。結果として、毎日、何千ドルもが数当て賭博に賭けられた。シュルツはいかにゆすりたかりが利益になるかに気づき、黒人の所有する数当て賭博銀行を閉鎖するために、不正な政治機構や警察に対する彼の影響力を用いて、積極的にハーレムの事業主に対する敵対行動をとった。

シュルツのエゴや自己陶酔は、彼に暗黒街の仲間との親密な間柄を形成することを許さなかった。彼の親しい仲間さえ単に彼らが彼と共に得ることができた金だけのために忠実であったのである。

1931年、シュルツと彼のギャングの元構成員であった、ヴィンセント・「マッド・ドッグ」・コール*は、酒の流通支配のために抗争を行った。続く街路での抗争は、街路に5歳の子どもの死をもたらした。結局、コールはシュルツの部下によって電話ボックス内で捕らえられ、弾丸で穴だらけにされた。これらの恐ろしい出来事はダッチマンの権力からの没落を導いたのである。

酒類に関するゆすりたかりは、1933年における合衆国憲法第21修正の議会通過に伴う廃止によってなくなったが、抜け目のないビジネスマンであったシュルツは、禁酒法時代の終焉を予測していたように思われ、1932年にはレストラン所有者協会を組織した。この恐喝とゆすりたかりは多分にシュルツの暴力と騒乱に対する評判に依存しており、それゆえ、多くのレストラン経営者は労働の平穏を保証し、彼らの建物及び顧客に対する蛮行を予防するために、年間2万5,000ドルをおどおどしつつ支払ったのである。

1933年までに、ニューヨーク州のゆすりたかりの取締官であったトーマス・E・デューイ*はニューヨーク州を浄化し、ダッチ・シュルツを含む大物ギャングを逮捕することを約束した。しかしながら、シュルツは連邦政府によって年間200万ドルの合法・違法資金源からの公証収入に対する脱税の罪で起訴された。ダッチマンは逃走し、彼が公判を待っている間に、ラッキー・ルチアーノやメイヤー・ランスキー、そしてアブナー・ツヴィルマン*は、彼のビール販売、政策、及びゆすりたかり行為を引き継ごうと考えた。シュルツは政府と10万ドルでの和解の交渉を試みたが、政府はその申し出を断った。シュルツの裁判はニューヨーク州シラクサで行われたが、陪審員は行き詰まり、彼は自由の身となった。事件はニューヨーク州北部の小さな地方都市であるマローンにおいて再び裁判にかけられた。非常な巧妙さと技術を用いて、シュルツは自信をもって地方のコミュニティ住民の間に被害者イメージを高めたのである。それは功を奏し、有望な陪審員はシュルツの魅力や慈善心によって魅了されていった。彼は検察官の眼前で病気の子どもに玩具を届け、それをやりとげたのである。このことは、ダッチマンがビール販売や保護、そして有望な者たちへ夢を売った最高のセールスマンであったことを証明したのであった。

1935年、シュルツの名声と悪名は反対勢力によって挑戦された。すなわち、トーマス・E・デューイは、悪徳とゆすりたかり*に対する自分の戦いの中で、シュルツや、ダッチマンの保護と賭博利益の支配を望む古きライバルであった、ルチアーノにエネルギーを向けた。予想されたことではあるが、その活動や収益、そして自由が、検察官によって脅かされることを理由に、シンジケート*によってデューイが殺害されることをシュルツは望んだのである。事実、茫然自失となったシンジケートが、デューイに対する怒りが制御不能となったシュルツを殺す以外の方法はないと悟る以前に、彼はデューイが暗殺されることを要求していた。1935年10月23日、2人のガンマンが、シュルツの仲間であるアッバダッバ・バーマン（Abbadabba Berman）、ルル・ローゼンクランツ（Lulu Rosenkrantz）及びエイブ・ランダウ（Abe Landau）を殺害し、銃撃が始まったとき男子トイレにいたシュルツを撃ちながら、ニュージャージー州ニューアークのパレス・チョップハウス＆タヴァーンに入ってきたとき、シュルツと2人の最高実行役はそこで会合していた。致命傷を受けたシュルツは22時間以上生きながらえ、彼は譫妄状態の中、隠し資金について支離滅裂につぶやき、司祭を声高に求めカトリック教徒の洗礼を受けて、亡くなった。彼の最後の数時間において、シュルツが情け容赦なく脅迫を行っていた、ハーレムの黒人の数当て賭博経営者であったステファニー・セント・クレア*はシュルツに「自分で蒔いた種は自分で刈り取らねばならない」（Ye shall reap what ye sow）という予言的な小さなメモを送っていた。

シュルツは殺害されたときちょうど34歳であった。

参照文献：Paul Sann, *Kill the Dutchman! : The Story of Dutch Schultz*. 1971.

アンソニー・スコット（SCOTTO, Anthony）（1934年ニューヨーク州ブルックリンにて生誕―）ガンビーノ・ファミリーの頭領*であり、国際港湾労働者協会（International Longshoremen's Association）リーダー。

1963年、カルロ・ガンビーノ*の承認に伴い、アンソニー・スコットは、ブルックリンのレッド・フック地区における1万6,000人の構成員を抱える湾岸地

区の組合である、ILA 第1814支部を引き継ぎ、副委員長に選出された。彼の頑強な義理の父であるアンソニー・アナスターシオ*とは異なり、スコットは、彼の魅力と知性に関して知られている大学卒業生であった。同様に彼はガンビーノ・ファミリーにおける副頭領であった。

スコットは、国家の主導的役割を担う政治家の幾人かに自身を良く見せようとし始め、彼の高いレベルの交際は、リンドン・ジョンソン (Lyndon Johnson) 副大統領から、ニューヨーク市長であり次期大統領選挙の共和党有力候補者であったジョン・V・リンゼイ (John V. Lindsay) にまで及んだ。しかしながら、ブルックリン湾岸地区での労働者に対するゆすりたかり*に関する連邦調査に関連して、スコットは1979年に逮捕された。

スコットは、彼のことを労働組合リーダーとして精力的であり、信頼に足り、効果的であると言及した、ニューヨーク州前知事のヒュー・C・ケリー (Hugh C. Carey) を含む、スターぞろいの情状証人を手配することにものの見事に成功した。2人のニューヨーク前市長、すなわち、ロバート・F・ワグナーとジョン・V・リンゼイも同様に彼のために証言を行った。それにもかかわらず、スコットは ILA 年金基金と福利計画を改ざんしたことや、海事関連業者から「労働の平穏」を保障するための報酬を受け取っていたこと、ビジネスマンから労働契約を確保するための贈賄を受けたこと、彼の親族が所有する会社に対して競争入札なしに組合事業を与えたこと、及び水増し雇用と ILA 構成員間に対する高利貸しの罪で有罪宣告を受けた。

彼は20年の刑期に服すはずであったが、5年の刑務所での拘禁と7万5,000ドルの罰金に減刑された。

参照文献:President's Commission on Organized Crime, *The Edge : Organized Crime Business and Labor Unions.* 1986.

シーベリ調査 (Seabury Investigations) (1930年から1932年)

2年の期間にわたって、著名なニューヨーク市名門家族の御曹司であり、犯罪撲滅調査官 (crusading crime investigator) であったサミュエル・シーベリ裁

判官は、組織犯罪と絡み合った、はびこる市の汚職を暴き出した。シーベリの活動は、ジミー・ウォーカー市長の衝撃的な辞任へと繋がった。1933年、シーベリは、フィオレロ・ラ・ガーディア*を市長候補として選任した、改革志向の連合党（Fusion Party）を組織した。タマニーホールの汚職をめぐる民主党構成員の分裂に支援され、ラ・ガーディアは要職に就任し、組織犯罪に対する精力的な取組みに着手した。

シーベリ調査は、大規模な汚職をめぐる公共の懸念に対応する形で1931年に展開された。ニューヨーク州議会は、政治家と警察及びギャングの関係性を調査するために、調査委員会を組織した。2年の公聴会の期間、マジストレイト裁判所において、機能不全と犯罪に関する確かな証拠が出現した。調査によって集積された証拠は、幾人かのマジストレイトの辞職を引き起こし、巨大な魚介類の取引及び卸売市場であるフルトン・フィッシュ・マーケット*におけるゆすりたかり*行為に対する調査は、犯罪者が行商人や労働者、漁師や水産加工会社及び運輸会社から、長年にわたって定期的なみかじめ料を搾り取っていたことを明らかにした。

シーベリの細心の活動は、チャールズ・「ラッキー」・ルチアーノ*やフランク・コステロ*と、彼らと繋がりを有していたアルバート・マリネッリ（Albert Marinelli）裁判官、タマニーホールの政治諜報員であったジミー・ハインズ*とダッチ・シュルツ*との関係性、禁酒法時代（禁酒法と組織犯罪*参照）のゆすりたかり者であったオウニー・マドゥン*と「ワクシー」・ゴードン*と他のギャングとの関係性を含む、主要な暗黒街の大物と政治仲間に関するその後の起訴の基盤を形成した。

最も重要なことは、シーベリは改革と、「リトル・フラワー」・フィオレロ・ラ・ガーディアによって率いられたニューヨーク市政府の偉大な時代を準備したということである。

参照文献：Alan Block, *East Side-West Side: Organized Crime in New York City*. 1930-1950. 1983.

ジェイコブ・シャピロ（SHAPIRO, Jacob）（通称、グラー［Grrah］）（1899年ロシアはオデッサにて生誕—1947年ニューヨーク州シンシン刑務所にて死亡）労働者に対するゆすりたかり者かつ恐喝者。

　衣服産業において活動した最も著名な犯罪者は、ルイス・バカルター*とそのパートナーであるジェイコブ・「グラー」・シャピロであった。2人は、1920年代後半から1940年代までマンハッタンの衣服産業に対して事実上の支配を有していた。レプケ・バカルターの執行者として、シャピロはその当時最も恐れられたギャングの1人であった。あだ名である「グラー」は、シャピロが口癖である「ゲット・アウト・オブ・ヒア」（Get out of here：ここから出ていけ！）を不明瞭に発音するところから生じたものである。彼がそのしわがれた怒鳴り声でこの標準的な命令を口に出した際、「グラー・ダヒア」（Gurra dahere）と聞こえたことからあだ名となった。

　シャピロは1914年、ニューヨークのロウアー・イーストサイドのスラム街において、ゆくゆくはレプケやメイヤー・ランスキー*と出会うこととなった、混雑する街路において手押し車からの窃盗を行いながら、犯罪のキャリアをスタートさせ、労働組合のスト破りとして雇用者に圧力を及ぼした、「リトル・オーギー」・オーゲン*・ギャングの構成員となった。1927年、リトル・オーギーが街路で射殺された後、シャピロとレプケは衣服産業界におけるトラック運送業者を組織した。それらは殺人や爆破、放火や車両強盗という彼らの標準的な戦術を用いながら、後に製パン組合へと参入していった。

　あらゆるビジネスや組合が容易にグラーの脅しや彼の暴力的な暴漢らによって脅迫されたわけではない。すなわち、1933年には決意が固く規律の取れた、毛皮ドレッサー地方労働組合（labor local of the Fur Dressers union）は握りこぶしと組合の団結力をもってギャングに抵抗し、それが功を奏した。外見的には、好戦的な指導者と恐れ知らずの一般組合員とを伴う革新的な労働組合が、組織犯罪による侵入を防ぐことができたのである。

　グラー・シャピロは、彼のパートナーであるレプケがニューヨーク州のシンジケート*である、「コンビネーション」（Combination）に加入し、アルバー

ト・アナスタシアと共に、マーダー・インク*として知られる殺人者の一団を率いた1930年代に暗黒街における真の権力を獲得した。推計は様々であるが、レプケとグラーは、会計、斡旋収賄、労働組合に関する専門家と、殺人と騒乱の専門家を含むおよそ250人を指揮していたというのが一般的な見解である。

シャピロの暴力的傾向は、ダッチ・シュルツ*が、起訴のためにダッチマンと彼の犯罪活動を標的とした、トーマス・E・デューイ*を殺害することを望んだ1935年に明白となった。シャピロとアナスタシアはデューイに対する殺人命令に関する意見に賛成した。その後、シュルツの殺害後、デューイはその照準をチャールズ・「ラッキー」・ルチアーノ*、レプケ、そしてシャピロへと向けた。それはグラーにとって、デューイに関して彼が正しかったことを彼の相棒に思い出させることは、取るに足りない慰めであったに違いないのである。

1936年、ルチアーノはデューイの関心の的となり、売春の罪で有罪宣告を受け、同年、レプケとシャピロの追跡が本格的に開始された。シャピロとレプケは逃亡生活に入ったが、病人であったグラーはもちこたえることができず、1938年4月に当局に無条件降伏した。彼はジェイルへと連れて行かれる際に、「俺は新聞から悪評を買った」と述べた。

1943年、グラーは男性用衣服産業における労働者に対するゆすりたかりの罪で再度裁判にかけられた。彼に対する証言はニューヨーク経済の全体部分を汚す「スウィートハート協約」や保護、地方ギャングに関する巨大なシステム全体をはっきりと説明するものであった。シャピロは1947年刑務所において死亡した。

参照文献： Albert Fried, *The Rise and Fall of the Jewish Gangster in America*. 1980.

ベンジャミン・ハイマン・シーゲル（SIEGEL, Benjamin Hyman）（通称、バグジー［Bugsy］気狂い）（1906年2月28日ニューヨーク市にて生誕―1947年6月20日カリフォルニア州ロサンジェルスにて死亡）メイヤー・ランスキー*の盟友であり、ネヴァダ州ラスヴェガス*のカジノの発展における重要人物。

不正確ではあるが、主要な賭博*及びカジノ・リゾート地区として、ネヴァ

ダ州ラスヴェガスの開発における彼の役割について最も記憶される、「バグジー」・シーゲルは、ニューヨーク市ロウアー・イーストサイド及びブルックリンのユダヤ人ゲトーの貧困と不衛生の中から登場した職業的犯罪者の１人であった。16歳になる以前の早くから、シーゲルは違法賭博＊や行商人に対するゆすりたかりに従事し、メイヤー・ランスキーと出会ったのは街の雑然とした安アパートでのことであった。

ベンジャミン・シーゲルは、犯罪を今日我々の手元にあるビジネスを基盤としたものへと押し上げることに成功した犯罪の天才である、メイヤー・ランスキーのパートナーであり、友人であった。シーゲルとランスキーは、ニューヨーク州のロウアー・イーストサイドで活動する若きユダヤ人の無法者であるギャング、バグとメイヤーのギャング団（Bug and Meyer Mob）を形成した。結局、ギャング団が些細な窃盗から卒業し、大胆かつ暴力的な犯罪へと移行するに従って、ランスキーは彼の肘掛けとしての役割をもつシーゲルと共に、チャールズ・「ラッキー」・ルチアーノ＊やフランク・コステロ＊の勢力に加わった。

バグとメイヤーのギャング団は有名になるにつれて、禁酒法時代（禁酒法と組織犯罪＊参照）が生み出した密造酒ギャングに対する問題を処理した。多くの他のものに与えたのと同様に、彼らに膨大な機会を与えたのは禁酒法時代であった。ゆすりたかりのヘンリー・フォード（Henry Ford）であった、アーノルド・「ブレイン」・ロススタイン＊は、彼らにその方法を示した。ランスキーやシーゲル、コステロ及びルチアーノは、もぐり酒場に良質なウイスキーを供給することにおいて一緒になって活動した。控えめで用心深かった他の３人と比較して、シーゲルは激情家であり、気まぐれで風変わりな男であった。彼は非合法な酒類の出荷に対する保護サービスを提供し、競争相手のトラックを車両強盗することに従事した。

ロススタインは、シーゲルとランスキーを密造行為へと雇い入れたが、彼の暴力的な傾向にもかかわらず、シーゲルは相当の実業家となるよう強制された。ランスキーとシーゲルが享受した関係性は双方にとって価値ある、永続的なものであり、ランスキーがその活動のブレインとなる一方で、シーゲルは暴力を

担当し、バグジーは単なる取り巻きではなかった。彼らは偽りなきパートナーであった。

他のギャングたちと同様、シーゲルは支離滅裂な生活を送った。すなわち、一方の暗黒街は、殺人、騒動、悪行及び汚職で構成され、他方の堅気の社会は、妻と子ども、親切な近所の家庭で構成されていた。

1920年代、シーゲルは、いずれもラ・コーザ・ノストラ*で重要な地位を占めるであろうルチアーノやコステロ、ジョゼフ・アドニス*やガエターノ・ルチーズ*、及びアルバート・アナスタシア*等といったイタリア系の密造者やギャンブラー、ゆすりたかり者と関係をもった。アメリカにおけるマフィア*の支配をめぐるイタリア人の内部的抗争であったカステランマレーゼ戦争*において、シーゲルはマフィアの一員（mafioso）であるサルヴァトーレ・マランツァーノ*によって率いられたもう1つの派閥と対立した主要なシチリア人リーダーであった「ジョー・ザ・ボス」・マッセリア*の暗殺に参加した。マッセリアの処刑は戦争を終結させ、シーゲルの友人やパートナーを、主要な全米犯罪シンジケートの指導的立場へと躍進させた。

バグジー・シーゲルは他の犯罪者の間で、問題が生じた際、彼が暴力に訴えることに迅速であったことを意味する「カウボーイ」として知られていた。シーゲルは、ニューヨーク州暗黒街における殺人請負部隊であったマーダー・インク*の主要人物となった。

1930年代、シーゲルはシンジケートのギャンブル事業を設立するために、ロサンジェルスへと向かった。スマートかつ好戦的であったバグジーはハリウッドのエリートと親しく付き合った。カステランマレーゼ戦争中、彼はウェスト・コーストに続く軍隊のための埃にまみれた終着地点であったラスヴェガスは、ギャンブラーの天国に変えられるかもしれないと考えていた。ネヴァダ州では賭博は合法であり、バグジーはギャング団の手助けがあればヴェガスはリーノー（Reno）と競合しそれを上回ることができると計算した。カウタウンであったリーノーよりも豪華でハリウッド的であった、ディズニーランドと等価値の賭博場に対する彼の情熱は、ギャング団の関心を惹きつけた。シーゲルのラン

スキーとの密接さを考慮すれば、暗黒街の支援と金のなる木は発見されたが、究極的には裏切られたこととなる。

　1935年までにニューヨークの法執行機関職員が、シンジケートをそのリーダー、すなわち、最も著名であったチャールズ・「ラッキー」・ルチアーノを連行することによって、撲滅しようと決定したことをシーゲルは明確に認識していた。それゆえ一層、カリフォルニアに滞在し、ゆすりたかり者取締官としての名声が全米の耳目を集めていたトーマス・E・デューイ*特別検察官から隔離されるべき理由があった。シーゲルは拡大する映画産業における組合に対するゆすりたかりや、シンジケートの賭博を監督するためにカリフォルニアへと送られた。ランスキーとルチアーノの支持を背景に、地方のウエストコーストのマフィアは協力する他に選択肢はなかった。シーゲルは短期間のうちに、巧みに警察官や地方の政治家に対する賄賂を用いて多くの麻薬や賭博活動を支配した。

　シーゲルは有能な無法者であるだけではなく、社会的に魅力的な人物であることも証明されている。ジョージ・ラフト（George Raft）（ニューヨーク俳優）と共に、物腰柔らかなバグジーは、彼を映画ビジネスやスタジオ労働者に代表される組合へと紹介した、クラーク・ゲイブル（Clark Gable）やケリー・グラント（Cary Grant）、ジーン・ハーロー（Jean Harlow）、ゲイリー・クーパー（Gary Cooper）を含むハリウッドのスターと共に歓待し、親しく時を過ごした。

　ハリウッドでの経験や若手映画女優とのロマンス、そして様々な映画産業の人々は、イタリアのファシスト党員であり独裁者であった、ベニート・ムッソリーニ（Benito Mussolini）に武器部品を行商するために、シーゲルが彼の愛人の1人と共にイタリアへと旅行するような奇異なエピソードへと至らせたのである。イタリアの伯爵夫人のもとに滞在した際には、シーゲルはヘルマン・ゲーリング（Hermann Goering）やヨーゼフ・ゲッベルス（Joseph Goebbels）らといった、反ユダヤ主義政治を理由に彼が嫌ったナチスの上層部とも出会った。シーゲルは彼らの暗殺を計画したけれども、陰謀は失敗して、自分たちの方が殺されてしまうと伯爵夫人がシーゲルに嘆願したことから大人しくなったとい

う噂があった。

『バグジー』（*Bugsy*）というタイトルのシーゲルに関する映画の中では、彼は預言者であり、シーゲルがラスヴェガスを「発明した」という神話が不朽のものとなっている。実際には、ラスヴェガスにはシーゲルのフラミンゴ・ホテルよりずっと以前に賭博カジノ場や保養所などが存在した。戦争の終結した後の1946年には、マイアミやハバナはカジノが盛んなかなり確立されたギャング団の領域であった。そしてウェスト・コーストでは、幾人かのハリウッドの実力者がカジノやホテルに興味を示していた。フラミンゴ・ホテルそれ自体はカリフォルニア州やネヴァダ州でナイトクラブやカジノを有していた事業家のビリー・ウィルカーソン（Billy Wilkerson）の独自の発想の産物であった。フラミンゴ・ホテルの建設は、事業計画の1つであったのか、それともヴァージニア・ヒル*へのタージ・マハール（Taj Mahal）であったのか。おそらくその両方であろう。ヴァージニア・ヒルはシーゲルがニューヨーク州から到着したすぐ後に彼の愛人となった。彼女は上流娼婦、金の運び屋、そして幾人かの強力なギャングのコンパニオンとして、シカゴ、ニューヨーク州及びミッドウェストの暗黒街において有名であった。バグジーは彼がハイ・スタイルとみなした、けばけばしい嗜好のヒルに、瞬く間に心を奪われた。バグジーは、彼の絨毯の継ぎ目を、あるいは、結果的に彼の悲痛なホテルとなったものを、飾り付け、備え付けるために彼女に自由裁量と無制限の資金を与えた。ヒルは、1951年において仰天すべき（密室で慈悲深き）キーファーヴァー委員会*において述べたように、熟練した娼婦であると共に泥棒でもあった。シーゲルは自分の、そしてギャング団の金銭を横領していたヒルに恋をしていた。しかし、シーゲルは詐取の仲間であったのかもしれない。彼が共犯なのではないかというギャング団の心の中での疑いが、彼の運命を決定したのかもしれない。

ギャンブルのメッカとしてのラスヴェガスに関する構想は、1940年代初頭、軍のための太平洋の乗船港に向かう途中の終着駅をシーゲルが訪れた瞬間に、ひらめいたものではなかった。1941年、シーゲルとその仲間であるモー・セドウェイ（Moe Sedway）はロサンゼルスにおける悪評判から逃れるためにラス

ヴェガスに来たのである。当初、ラスヴェガスを賭博カジノとホテルのための場所とするシーゲルの考えは途方もないように思われた。しかしランスキーの刺激と励ましによって、その挑戦は彼の心に訴えかけ、彼はシンジケートの盟友たちに合計600万ドルのプロジェクトに資金を供給するよう説得したのである。フラミンゴ・ホテルが遂にオープンした際、それは財政的に困難な状況にあり、ランスキーとルチアーノは投資と利益の報告を要求した。1947年初頭、シーゲルは困難な局面にあった。シーゲルとヒルが盗みを働いているという噂があった。彼らが建設資金から金を横領して、秘密のスイス銀行口座に預けることを共謀することは可能ではあった。ベニーは「空想家である」というランスキーの発言は、シーゲルを救う間接的な試みであったかもしれず、カジノが利益を示していた1947年5月までシーゲル自身は身の安全を感じていたかもしれない。しかし誰一人（年配で信頼された友人でさえ）ギャング団から盗みを罰せられずやり遂げることはできない。カジノ経営者・興行主としてうまくやることに失敗したこと、さらに悪いことには、友人や盟友を辱め裏切ったことによって、バグジーの処刑が命令された。

　1947年6月20日、シーゲルはロサンジェルスに戻ってきた。ヒルの所有する50万ドルのビバリーヒルズのマンションのリビング・ルームに座りながら新聞を読んでいるとき、カービンライフル銃から2発の弾丸が発射された。挫折感を感じたギャングと自身を彼の最も有名な肖像画の中に見出していた将来の映画スターは、ヒル嬢のソファーの向こう側に広げられ、彼のハンサムな横顔は銃撃によって破壊された。彼の殺害は決して解決されなかった。暗黒街のスタイルによってなされた殺害は、シーゲルの活動に資金を調達し、彼を支持していたルチアーノとランスキーの命令に基づいて、ほぼ確実に実行されたものであった。両者とも当然のことながらいかなる責任をも否定した。

　皮肉にも、バグジーの夢はバグジー抜きで実現した。数十年もの間ラスヴェガスは、その掠め取られた金銭の中から何百万ドルもの金銭を、カジノにおける隠れた投下資本と共に、暗黒街のギャングに支払うための、あるいは、労働組合を通じての、それも主として、違法に貸借された後にラスヴェガスに注ぎ

込まれたチームスター年金基金を通じての、賭博の部分的なギャング統制のための資金源であった。

参照文献：Dean Jennings, *We Only Kill Each Other*. 1973. Robert Lacey, *Big Man*. 1993.

ミケーレ・シンドーナ（SINDONA, Michele）（〔God's Banker〕神の銀行家）（1920年5月8日、シチリアはパッティにて生誕―1986年3月22日、イタリアはヴォゲラにて死亡）主要なマフィア*銀行詐取者かつマネー・ローンダラー（資金洗浄者）。

　シチリア系マフィアが、特にアメリカで巨大な薬物マネーをちょうど稼ぎ始めた時期において、彼らは1人の不誠実な銀行家の手中にその金を委ねることが可能であった。1970年代の間、シチリアの保守派の首領は、ヴァチカン市国の財政顧問であり、我々の時代において最も有名な国際的な銀行詐取者であったミケーレ・シンドーナを首領に選出した。シンドーナの活動は、その生涯を終えるまでに、何千人という預金者や投資家を破滅に追いやった。

　シンドーナは1974年10月、有名であったニューヨークのフランクリン・ナショナル銀行の破綻を画策し、17億ドルの損失をもたらした。それはアメリカにおいて記録されている最も大規模な詐欺であった。しかし、シンドーナがマフィアの資金を奪おうと試みたとき、彼らはシンドーナの命を奪った。

　1970年代後半までに、シチリア系密売人はアメリカにおいて、主としてマネー・ローンダリングと投資のためにシンドーナに委託された年間およそ10億ドルを資金洗浄していた。不幸にも、彼が破産した1979年に、ジェイルに向かう途中でそれを失った。1979年3月、アメリカ司法省による起訴は銀行資金に対する詐欺、偽証、及び横領に関する99件の罪状に対して彼を召喚するものであった。彼はアメリカにおいて25年の刑に直面したが、イタリアにおいて、再び、仮に裁判所が彼を捕まえることができたとしたならば、同等の刑期であったであろうと思われる。

　公判手続を待つ間である1979年8月、シンドーナは奇妙な鳥肌の変装でマンハッタンにあるピエール・ホテルから立ち去り、消え失せた。彼はシチリア系

グループと関係のあるガンビーノ・ファミリーの構成員によってパレルモへと密かに連れ込まれたのである。シンドーナはマフィアの囚人であった。1か月の監禁の後、彼は監禁者に、ヴァチカン銀行とマフィアの脅迫を受けやすいイタリアの政治・金融界におけるおよそ500人の大物人物に関する、名誉を傷つけるような文書を提供した。シンドーナは彼の以前の顧客を裏切り、解放されたのである。シンドーナは、ニューヨーク州に船で戻され25年の有罪宣告を受け、その後イタリアで終身刑を受けたが、そこで、公判の翌日の居房内において、ストリキニーネ中毒で死亡した。

参照文献：Luigi DiFonzo, *St. Peter's Banker : Michele Sindona*. 1983.

「座り込み」（"Sit-Down"）縄張りの権利や犯罪活動からの収入、あるいはいくつかの個人的な問題について決定しようと試みる、2人以上のラ・コーザ・ノストラ＊の構成員による会議。

通常解決されるべき紛争は、犯罪組織において若干の権威を有する個人によって処理される。すなわち、例えば、対立が平和的かつ有益に解決される場合、頭領＊は、権利を侵害した当事者からの有利な分け前または貢物を期待するかもしれない。首領または権限ある人物が座り込みにおいて決定した場合、それが終局決定となる。

「組織の人間」にとって、より高い権威に対する魅力は、議論による解決を遥かに超え、それは問題が生じるのを防ぐために前もって用いられる。知性あるゆすりたかり者やギャングは、ほとんどあるいは全く対立の余地がないと分かっている場合でさえも、あらゆる提案された行動について、より高い権威から承認を得る。このように犯罪者は自分の首領に問い合わせ、新たな計画に着手する前に首領の助言を求める。また一方で、仕事の分け前を首領に提供することが賢明であるとも考えるかもしれない。こうすることによって、彼は歓心を得るだけではなく、将来の問題を予防するために経済的誘因を首領に提供することによって、問題に対して保険を掛けることとなるのである。

さらに、権威者が最終的な調停者であるというルールは、ある首領が彼の配

下に対して有する権力にとって実際に重要である。彼自身の安全と、彼の仲間内での困惑を回避するためにも、首領は常に彼の組織内において起こっているすべてについて知っていなければならない。構成員が、首領に情報を知らせ続けているならば賢明であるといえるであろう。

　参照文献：Michael Franzese, *Quitting the Mob*. 1992.

ソルジャーたち（Soldiers） ラ・コーザ・ノストラ*・ファミリー*において最も最下層の地位は「メイド・マン」（宣誓したマフィア構成員）*である。すなわち、ファミリーの一部分である組員*内において役割を果たす、コーザ・ノストラに正式に入会した構成員である。彼らはしばしば、「ワイズ・ガイ」（wise guys）、「ボタン」（buttons）、「グッド・フェローズ」（good fellows）と呼ばれ、「マフィア」や「マフィオーゾ」という単語を彼ら自身の間でさえ用いることはめったにない。ソルジャーはオメルタ（omerta）*の規則によって生活する。すなわち、彼らの名誉と行動規則は、シチリアとイタリア南部のマフィアの起源に立ち戻った一連のガイドラインによって規定されているのである。

　ソルジャーは、首領*のために、役割分担の基礎（首領はソルジャーが管理する活動を所有する）に関する非合法活動を行い、または事業（賭博場や麻薬ビジネス、及び高利貸し業*）を所有し、活動するための権利である「保護」のために、ボスに敬意を払うかもしれない。良い成績を収めているソルジャーは皆、生活が保障され、他のソルジャーからの違法活動に対する侵害を恐れる必要がない。さらに彼らは非構成員からの脅迫的な競争に打ち勝つことについて支援を保障されている。同様に彼らは逮捕からの際どい免責などといった様々な保安上の利益が約束されており、免責が維持できなかった場合には保釈金や法的支援、彼らが刑務所での刑を受けた場合には、妻子に対する若干の失業補償が必ず得られる。これを別の方法で置き換えると、ソルジャーやその他のあらゆるコーザ・ノストラの構成員に対して、身体的あるいは、ビジネスが合法的であるか否かにかかわらず、ビジネスに損害を与えることを望むいかなる者からも彼らを保護するために、贈賄行為や暴力が用いられる。さらに別の方法

で置き換えれば、コーザ・ノストラは、人々が犯罪者やギャングを脅迫し、あるいは彼らを負傷させた場合、警察に行くことができない彼らのために警察部隊としての機能を果たす。ソルジャーはこれらの保護サービスの返礼に、自らの頭領*や首領のために喜んで奉公する。

組織犯罪から退職することはそれほど簡単なことではない。たとえ現実ではなくとも、ある者は銃とナイフによって入会し、ある者は銃とナイフによって出て行くというのが神話の一端である。この見地によれば、退職プランは存在せず、ある者は棺桶を残すのみである。最近では、フランク・コステロ*やジョニー・トーリオ*のような首領がそうであったように、活動を行わず、非常に年老いた若干の構成員のみが退職することを許されているのである。

ソルジャーは他のソルジャーや頭領、そして首領とでさえ業務提携関係を形成することが可能であり、行っている。ギャンブル経営やサイコロ、カードゲーム、高利貸し業、その他進行中の違法事業において行われるのが一般的である。

かつては、ソルジャーになるためには、共にイタリア人である両親を有さねばならなかった。近年において、この民族的な明細事項は、その構成員の雇用における困難性のために緩和されており、現在では少なくとも両親の1人が生粋のイタリア人でなければならない。同様に、故国においては、父親が構成員であった者はソルジャーにはなれなかった。当該規則は、ファミリー内に血縁親族がいない者には不利に働くが、アメリカにおいては従われていない。

参照文献：George Anastasia, *Blood and Honor : Inside the Scarfo Mob*. 1991.

副首領（Sottocapo） 副首領（Underboss）を参照。

トニー・スピロートロ（SPILOTRO, Tony）（通称、ジ・アント［The Ant］蟻）（アンソニー・スピロートロとして、1936年シカゴにて生誕―1986年8月30日インディアナ州イーノスにて死亡）シカゴ・アウトフィット*の凄腕かつネヴァダ州ラスヴェガス*のギャング。

その身長の低さと残忍性から「ジ・アント」(The Ant：蟻) として知られるスピロートロは、シカゴのサウスサイドでギャング団実行役や宝石泥棒として犯罪歴を開始した。彼の反社会的態度とはまるきり対照的に、その兄は空軍将校と歯科外科医を務めるなど、彼の家族は非常に立派であった。ルイス・バカルター*や「サミー・ザ・ブル」・グラヴァーノ*を含む幾人かの者たちと同様、「ジ・アント」は街路と犯罪人生を選択した。

　1964年、彼は、1969年にラスヴェガスのカジノ・ホテルで、当時、ギャング団の支配下ではなかったスターダストにおいて働くこととなる、シカゴ・アウトフィットのフランク・ローゼンタール (Frank Rosenthal)（通称、レフティー [Lefty]）と共に、フロリダ州マイアミでの賭博*場で働いていた。スピロートロは、賭博の金を「スキミング」することの巨大なラケットを保護するためにラスヴェガスにいた。しかしながら、スピロートロの野望は、カジノの金を騙し取ることに対するお守り役に制限されることはなった。すなわち、彼は、高利貸し業*や不法目的侵入、宝石泥棒及び薬物不正取引における街路での行動を掌握することに努めるシカゴのギャングたちをラスヴェガスに連れてきたのである。「アントの壁の穴ギャング」(The Ant's Hole-in-the-Wall-Gang) は街を恐れさせ、ネヴァダ州賭博コミッション (Nevada Gaming Commission) に、スピロートロをカジノ・ホテルから出入り禁止にするように強制した。

　1981年、彼のギャングの幾人かの構成員が不法目的侵入の間に逮捕された。彼らは裏切られたと思い、ギャングの1人が、「ジ・アント」に対する証人となることに同意し、その悪評が、賭博コミッションが彼の名前を「要注意者名簿」に記入するよう促し、カジノから彼を出入り禁止にしたのである。ギャングが生み出したあらゆる悪評によって、シカゴ・アウトフィットに届けるギャンブル収入の「スキミング」分を確保するスピロートロの能力は危険に陥った。アントはローゼンタールの妻との不倫を続けることによって、ギャング団のエチケットに関するもう1つの規則を破った。1983年、殺人、薬物不正取引、高利貸し業、ギャンブル収入のスキミングに関する証拠は、スピロートロやアウトフィットの構成員に対する起訴へと至った。1986年、シカゴの首領たちは、明

らかに、もうこりごりしていた。そこで、スピロートロと彼の兄弟であるマイケルはシカゴに呼び出された。彼らは2度と復活することはなかった。両者は死ぬまで殴られ、「ジ・アント」の突飛な行動によって困難に陥ったシカゴ・アウトフィットの首領であった、ジョゼフ・ジョン・アユッパ*によって所有される農場に程近いインディアナ州の農場の浅い墓に埋められたのである。

参照文献：Nicholas Pileggi, *Casino*. 1995 ; William F. Roemer, Jr., *The Enforcer Spilotro : The Chicago Mob's Man over Las Vegas*. 1994.

ヴィンセント・スクイランテ (SQUILLANTE, Vincent)（通称、ジミー［Jimmie］）（生誕日不明―1960年9月30日死亡）廃品回収産業に対するゆすりたかり者。

ルチアーノ・ファミリー*のソルジャー*であり、1957年にアルバート・アナスタシア*の副首領*、フランク・「ドン・チーチ」・スカリーゼ（Frank "Don Cheech" Scalise）を殺害した、ヴィンセント・「ジミー」・スクイランテは、自分自身の犯罪歴を、ラ・コーザ・ノストラ*のためのプロの「殺し*屋」としての殺人ビジネスそれ自体においてではなく、ごみの回収の中で発展させた。

スクイランテは、民間産業ビジネス間の廃品回収を処理するチームスター第813支部と縁故があった。チームスターにおける策略と暴力、そしてギャング団の影響力を通じて、大ニューヨーク廃品回収業者協会（Greater New York Cartmen's Association）の会長となった。

同様に、スクイランテは、ニューヨーク市の東の郊外地区であるロング・アイランドのナッソー郡とサフォーク郡における産業の労働組合を訓練するのを手助けした。廃品回収産業ビジネスは、スクイランテの下で結束し、業務上の入札の不正操作、顧客割り当てシステムの作成、協会構成員による排他的利用のための領域に定住するといったような、あらゆる取引の制限に対する法律の侵害を行った。廃品カルテルに加入することを拒否した会社は、設備の破壊や組合のストライキ、及び協会の「ホイップ・カンパニー」からの競争を含む様々な手段によって強要された。ホイップの任務は単純であり、ラインからはみ出たこれらの会社の顧客を襲撃することであった。ある場合には、非協力的な廃

品会社をラインに戻すよう強いるために、ホイップ・カンパニーは、ほとんど費用なしで顧客の廃品を引き取ることを提案するであろう。マックレルランド委員会*の調査によれば、スクイランテは46人以上の周知の組織犯罪の大物を民間の廃品回収事業へと招き入れたとされている。

1957年後半、スクイランテは恐喝罪で逮捕された。彼の訴訟はほぼ3年間続いた。おそらくその悪評のため、彼は自身の犯罪上のパートナーのための責任があまりにも大きなものとなった。1960年9月30日、彼は失踪し、再び姿を現すことはなかった。

参照文献：Peter Reuter, *Racketeering in Legitimate Industries : A Study in the Economics of Intimidation*. 1987.

ジョゼフ・スタッチャー（STACHER, Joseph）（通称、ドク［Doc］）（1902年ポーランドにて生誕―1977年イスラエルにて死亡） ニューヨーク暗黒街の人物であり、メイヤー・ランスキー*の盟友。

1931年、スタッチャーは、フランコニア・ホテルで開催された、ニューヨーク地区における最高位のすべてのユダヤ系ギャングを含む会議の主催者としての役割を果たした。ユダヤ系ギャングはイタリア系マフィアと合併し、新たな全米シンジケート*を形成する、ということが決定された。しばしば「コーシャー・ノストラ」（ラ・コーザ・ノストラ*に対する風刺的対比として）の形成と述べられた当該会合は、アメリカのイタリア系マフィア構成員間で争われたカステランマレーゼ戦争*を終結させた、1931年9月10日のサルヴァトーレ・マランツァーノ*殺害の時期の頃に行われた。

合併はメイヤー・ランスキーとチャールズ・「ラッキー」・ルチアーノ*を含み、20世紀を通じてアメリカで強力な組織犯罪のモデルとなった。

スタッチャーの具体的な犯罪上の役割は、ネヴァダ州ラスヴェガス*における賄賂提供者かつランスキーの代理人として働くことであった。同様に彼はハバナにおけるギャング団のカジノ賭博経営全盛期において、キューバのバチスタ政権に対する汚職と賄賂を処理していた。

スタッチャーは彼が10歳のとき、故郷のポーランドからアメリカに来て、結局はメイヤー・ランスキーと「バグジー」・シーゲルの密売ギャング団の構成員となって、ニュージャージー州ニューアークに家族と共に定住した。彼はアブナー・ツヴィルマン*とも提携し、ニュージャージーにおける違法賭博*を取り仕切った。

1960年代において、スタッチャーは所得税の脱税罪に直面した。彼は5年の刑期、または故国のポーランドへの追放に直面するよりはむしろ、内国歳入庁（The Internal Revenue Service：IRS）と和解し、いかなるユダヤ人でもイスラエルの市民となる権利を認める、イスラエルの「帰還法」（Law of Return）に基づきイスラエルに移住した。彼の友人であったメイヤー・ランスキーがイスラエルの市民権を求めたときに直面した、犯罪歴を理由とする入国拒否から守るために、スタッチャーは、古くからの友人であった芸能人であるフランク・シナトラ（Frank Sinatra）にイスラエルの高官に取り成しをするよう依頼した。スタッチャーは他の暗黒街の大物よりも悪評が低いことを理由に、移住することを許された。彼は1977年、イスラエルにおいて穏やかに亡くなった。

参照文献：Howard Bloom, *Gangland : How the FBI Broke the Mob*. 1993.

ステファニー・セント・クレア（St. CLAIR, Stephanie）（通称、マダム・クイーン・オブ・ポリシー［Madame Queen of Policy］数当て賭博の女王婦人）ハーレムの数当て賭博に対するゆすりたかり者。

マルセイユ出身の黒人系フランス人女性であり、「数当て賭博の女王婦人」として知られるステファニー・セント・クレアは、1920年代においてハーレムの巨大な数当て賭博銀行の1つを経営し、そこから年間25万ドルを儲けた。彼女は1929年12月30日に逮捕され、8か月の刑期に服した。セント・クレアは、自身の逮捕と刑期は、自身の密告に対する報復であったと主張した。彼女は保証金を支払った者に対する警察の不謹慎な行動に憤慨し、ハーレムのローカル新聞社に、警察に対する収賄と汚職に関する重大な申立てを行う、いくつかの有料広告を掲載した。セント・クレアはほとんどすぐに、彼女が「はめられた罪

と呼んだ罪状で逮捕され、ウェルフェア島の矯正院へ8か月間送られた。『ニューヨーク・エイジ』(*New York Age*) は、1930年に彼女が刑務所から釈放され、シーベリ調査*（マンハッタン及びブロンクスのマジストレイト裁判所における汚職に関する政府調査）の前に姿を現し、1923年から1928年まで数当て賭博銀行を運営し、彼女の従業員を逮捕から保護するために、6,000ドルを警察局の構成員に支払ったことを証言したという内容の報告書を含んでいた。警察はセント・クレアを裏切り、従業員を逮捕し続けたと彼女は主張したのである。彼女の保証金の支払いに関する証言によって、警察副署長と13人（の警察職員）が1930年12月に停職処分を科せられた。

　1932年、セント・クレアは、数当て賭博*という賭博*の組み合わせに彼らの構成員を加入させるよう、ダッチ・シュルツ*のギャングによって圧力をかけられていたことを訴えた。彼女は、ギャングが彼女の数当て賭博業務を支配しようと試みていることから自身を防御するために、市長と地区検事のところへと向かった。彼女の抗議は不成功に終わった。セント・クレアはダッチ・シュルツとの争いに参加させようと、他のアフリカ系アメリカ人の数当て賭博銀行家に興味を持たせようと試みた。シュルツが自身の陣営である警察や政治家を抱えていると正しくも考えていたことから、彼らは拒絶した。1935年10月、ニュージャージーの病院において、シュルツが銃弾傷により死にかかっていたとき、「自分で蒔いた種は自分で刈り取らねばならない」と書かれた一通の電報が到着した。そこには「マダム・クイーン」（女王婦人）と署名されており、セント・クレアが電報を送ったと信じられている。

　参照文献：Rufus Schatzberg and Robert J. Kelly, *African-American Organized Crime : A Social History*. 1997.

ハリー・シュトラウス（STRAUSS, Harry）（通称、ピッツバーグ・フィル [Pittsburgh Phil]、ペップ [Pep]、ビッグ・ハリー [Big Harry]）（1908年ニューヨーク市ブルックリンにて生誕—1941年6月12日ニューヨーク州シンシン刑務所にて死亡）マーダー・インク*の契約殺人者。

ピッツバーグ・フィルは、アメリカ中の約12の町や都市にわたって30人以上の人間を殺害した。彼は、パンツ、下着、シャツ、銃及びロープといった彼の邪悪な取引に関する道具を詰めた小さな皮のケースと共に冷酷な任務へと旅立った。ブラウンズビルのマーダー・インクの仲間たちに知られていたように、「ペップ」は、殺人者として生活費を稼いでいた人物の間で最も多くの人間を殺害した殺人者であった。

28件の殺人について彼の参与に関する証拠を提出した、ブルックリン地区検事局は、状況証拠に基づき、シュトラウスは全米中の少なくとも100件の殺害に関与していたことを推計した。「キッド・ツイスト」・レルズ*やギャング内の他の者たちと同様、ピッツバーグ・フィルは、ルイス・バカルター*やチャールズ・「ラッキー」・ルチアーノ*、及びアルバート・アナスタシア*らによって率いられたニューヨークの犯罪シンジケート*である「コンビネーション」（Combination）からの命令に基づき殺害を行った。

マーダー・インクを構成していた殺し屋軍団は、最終的にキッド・ツイスト・レルズが当局に協力し、シンジケートの主な構成員を刑務所か、電気椅子へと追いやる証拠を提供した、1940年に裁判にかけられた。ピッツバーグ・フィルはニューヨーク州シンシン刑務所において処刑され、1941年にその一生を終えたのである。彼は最期まで、減刑を期待して精神異常者のイメージを演じようと試みた。彼の無慈悲な行動に関する起訴状と圧倒的な量の証拠が提出された公判手続の間、彼は髭を剃り、髪を切り、見栄えの良い衣服を身にまとうことを拒絶した。結局、その策略がうまくいっていないことが分かると、シュトラウスは身なりを整えたが、キッド・ツイスト・レルズに対して激怒しながら死に向かった。

ギャング団のための殺人要員であったピッツバーグ・フィルは、彼が生きた犯罪世界は、殺人を、精神病的ニーズをもって償う、利益のある仕事にすることから、自身の病的衝動や精神病的傾向を冷血な方法で実演することも可能であった。

参照文献：Burton Turkus and Sid Feder, *Murder, Inc. : The Story of the Syndicate*. 1974.

聖ヴァレンタイン・デイの大虐殺（St. Valentine's Day Massacre）（1929年2月14日）シカゴ暗黒街の大量殺戮。

「あんな殺し方をするのはカポネしかいない。」シカゴの倉庫において、7人の仲間が酷い殺され方をされたのを知った際、そう言葉にしたのは、シカゴのギャングであり、アル・カポネ*の第1の敵であったジョージ・「バグズ」・モラン*であった。

ノースサイド・アイルランド・ギャング団のガレージでの処刑は、カポネの勢力とチャールズ・ダイオン＝オバニオン*のノースサイド・ギャングの残党との間の熾烈な抗争の一部であった。賭博*、アルコール、及び種々の悪徳行為を支配するための抗争は、彼の生き写しであったニューヨーク市のアーノルド・「ブレイン」・ロススタインと同じく、「ブレイン」（頭脳）として知られたジョニー・トーリオ*によって解決されたかに思われた。

トーリオは、彼の叔父のビッグ・ジム・コロシモの種々の悪行をカポネに引き継がせるために彼をシカゴに連れてきた。トーリオとカポネは、コロシモが、時代の変化と機会、特に成長する密売産業に対応しない（あるいはできなかった）ことを理由に彼を排斥した。しかしながら、トーリオは、シカゴやその周辺地域の膨大な数の競合する悪徳ギャングたちとの対立よりはむしろ、協力を望んでいた。それゆえ、彼は、それぞれのギャングが、他者との競合なしに活動できる支配領域を取り決めた。汚職は、トップ、すなわち市長の事務所において、手はずを整えることによって合理化されたのである。ラインからはみ出した（取り決めを破った）いかなる者も、カポネとその執行者の猛烈な怒りを感じたのである。より重要なことは、彼が暴力が最小限となり、すべての者に対して何百万ドルもの利益をもたらすこのような取り決めについて、屈強なアイルランド系、イタリア系及びポーランド系ギャングたちを納得させたことである。しかしシンジケート*は、それが機能しなかったために続くことができなかった。すぐに密売の縄張りをめぐる熾烈な戦争が続いた。ノースサイド・アイルランド・ギャングの頭であったオバニオンはトーリオを裏切り、その後に、報復として、オバニオンを、彼の花屋において殺害したのである。

オバニオンのギャングの新たな首領となった、アール・「ハイミー」・ヴァイス*は、トーリオを待ち伏せして襲い、彼の胸部、腕及び胃に銃弾傷を負わせた。1925年のことであった。トーリオは、死の淵をおよそ2週間さ迷った後、生き残った。彼は43歳であり、億万長者であった。彼はカポネに隠居することを伝えた。

　1929年までには、一連の首領たちが殺害され、カポネの最善の努力をもってしても破壊できなかったギャングを率いることができたのは、ジョージ・「バグズ」・モランのみとなっていた。カポネは、デトロイトの密売業者にカポネのトラックから強奪されたとされる酒の積荷をモランに提供するように、ノースサイドのモランのギャングに仕向けた。

　モランはそれに騙され、ギャングの本部であったシカゴのノース・クラーク・ストリートにある倉庫に配達するよう取り決めた。2月14日の聖ヴァレンタイン・デイの朝に起こった出来事は、シカゴだけではなく全土に衝撃を与えたに違いない。警察官に扮したカポネの手下の幾人かが慌しく倉庫に入ってきた。盗まれた酒類を積載したトラックが到着することはなかった。彼らはその場にいた7人を壁に向かって一列に並ばせ、大衆に知られてもかまわないように、「トミー・ガン」(Tommy Guns)と呼ばれる強力なトンプソン・サブマシンガンを放った。全員が無慈悲に虐殺された。殺し屋たちは警察の制服を着たまま車に乗り込み、その場を離れた。この殺害に対して逮捕、または起訴されたものは誰一人としていなかった。

　モランと彼の2人の仲間にとって、会合に遅れたことが幸運なことであった。急いで倉庫に向かった際、彼は、3人の警察の制服を着た男たちと、2人の簡素な衣服を身にまとった男たちが倉庫に入っていく姿を見かけた。これは警察の「ガサ入れ」であると考え、モランは彼らが出て行くまで待つことに決めたのである。数分後、機銃掃射が通りを揺り動かした。モランは起こったことを理解した後で、「あんな殺し方をするのはカポネしかいない」と、発言したといわれている。それは、そのとき、ビッグ・アルのための確実なアリバイとして機能するであろうと考えて、地元の役人と隣人をフロリダ州の自分の邸宅でも

てなしていたバカンス中のカポネを悩ます発言であった。

　大虐殺後、モランのギャングの首領としての評判は衰えた。結局、彼はシカゴを去り、様々な強盗の罪によって逮捕され、連邦刑務所においておよそ20年間の刑期に服した。彼は1957年に癌で死亡し、忘れ去られた。

　カポネが殺戮の背後にいたことを皆信じていたけれども、彼は決して起訴されることはなかった。殺戮のおよそ1年後、凶器がプロの殺し屋であり、カポネのための仕事をこなしていたと知られていた、フレッド・バーク（Fred Burke）の自宅で発見された。バークは1930年の警察官殺害によって有罪宣告を受け、終身刑を言い渡されていた。殺戮以来のあらゆる推測にもかかわらず、執行人は特定されることは決してなかった。フレッド・バークも関与したと考えられており、カポネの実行役であったジャック・マクガーン（Jack McGurn）（Vincent DeMora：ヴィンセント・デ・モーラ）（通称、マシンガン［Machine Gun］機関銃）が殺害を計画したと主張されている。マクガーンは、大虐殺の1年後の同じく聖ヴァレンタイン・デイの日に殺害されているところを発見された。暗黒街は暗殺に関する理論が存在しているようである。

　全土を通じた残虐行為のために、カポネは、ギャングの会議が開かれたニュージャージー州アトランティック市*において、彼の同僚から批判された。彼らは、カポネがあまりに多くの関心を暗黒街にもたらしたため、遅かれ早かれ、自分たちが大衆の怒りの標的となるであろうと考えた。それゆえ、暗黒街の殺人があまりにも衝撃的で耐え難いものであることを知り興奮した大衆をなだめるために、銃の罪に関する短い刑期がフィラデルフィアにおいて取り決められた。**アルフォンス・カポネ、禁酒法と組織犯罪、ジョニー・トーリオ**をも参照。

　参照文献：John Kobler, Capone : *The Life and World of Al Capone* 1971 ; Frank Spiering, *The Man Who Got Capone*. 1976.

ティモシー・サリヴァン（SULLIVAN, Timothy）（通称、ビッグ・ティム［Big Tim］、ドライ・ダラー［Dry Dollar］、ビッグ・フェラー［Big Feller］）（1863年ニューヨーク市にて生誕—1913年ニューヨーク市にて死亡）ニューヨークの

政治的リーダーかつアイルランド系犯罪首領*。

　250パウンド、6フィートを超える体躯であった「ビッグ・ティム」・サリヴァンは、非常に抜け目が無く頭の切れる印象的な人物であった。タマニーホールにおける強力な政治的リーダーであった、ビッグ・ティムは、南北戦争後にニューヨーク市のスラム街に出現した、盗賊と殺し屋から成る邪悪なギャングの1人であった、ワイオス（Whyos）とも関係していた。犯罪組織としては、1880年代に権力の頂点に達した。ワイオスは、ロウアー・マンハッタンにおけるバワリー（Bowery）地区を代表する、サリヴァンの州議会選挙の勝利を手助けした。当該地区は、短期滞在客や放浪者のための下宿屋、ユダヤ人やイタリア人が暮らす安アパート、安っぽい盛り場のある地区であった。ビッグ・ティムは、繰り返し有権者を利用することや、選挙世論調査における正当な有権者に対するテロ的な戦術を通じて、選挙に勝利するために頼ることができた軍隊の中に、彼の地区の犯罪分子を動員した。

　暗黒街のリーダーの中で、サリヴァンの権力の上昇に役立った者は、モンク・イーストマン*であり、彼の組織化した技術は、ビッグ・ティムが犯罪者から成るいくつかのストリート・ギャングを大規模かつ有能な1つの犯罪連合に編成することを可能とさせた。バワリーでの悪徳行為や売春による利益はサリヴァンの組織の重要な部分であった。ビッグ・ティムは、成長中のニューヨークの悪徳産業に対して支配的な影響力を彼が行使することを可能とさせる、賭博*シンジケート*を率いた。一連の他の政治的領袖や暗黒街の首領たちとの提携を通じて、ビッグ・ティムは、世紀の変わり目までには、市の歴史において当時そして現在に至るまで類を見ない、悪徳及び犯罪帝国を確立した。

　暗黒街との協定と同盟に依拠したサリヴァンの政治的秘訣が、彼の成功の真の理由であった。その秘訣が彼を州議会議員（state senator）にした。すなわち、彼は連邦議会議員選挙に勝利し、アメリカ下院（U.S. House of Representatives）において一期務めたのである。彼の下院議員としての優秀さに対する彼の主張は、議会のピノクル選手権に勝利したことである。

　サリヴァンの政治上あるいは犯罪上の帝国に対する本格的な挑戦は、当然予

想されていたように、国中で一流のプロ・ボクシングを上演した、ナショナル・アスレチック・クラブを通じてのボクシングに対するサリヴァンの支配に異議を唱えた改革志向のセオドア・ルーズヴェルト（Theodore Roosevelt）から来たものではなかった。より正しくは、地区の指導者としてのサリヴァンに対する挑戦は、ロウアー・マンハッタンの地方の政治的なコンテストから届けられた。ビッグ・ティムは自分のトランプ・カードで賭けをした。ギャング・リーダーであったポール・ケリー*（パオロ・ヴァッカレッリ）（Paolo Vaccarelli）との取り決めを通じて、イタリア人の殺し屋の着実な流れが第2地区に押し寄せ、サリヴァンと彼の勢力に反対する候補者の支持者を脅迫した。

　長年にわたって、サリヴァンはニューヨークの賭博に対するゆすりたかりと政治的汚職に関する陰謀の支配者であった。1912年、ビッグ・ティムは精神に異常をきたした。彼はサナトリウムに収容されたが、1913年、彼の介護者と見張りを逃れ、後にウェストチェスター郡の鉄道貨物場近くで死んでいるところを発見された。彼の影響力と権力の証拠とサリヴァンが生み出したギャングと政治家の間のネットワークに関する指標（indication）でもあった彼の葬式には、アメリカ上院議員や20名の下院議員代表団、ニューヨーク最高裁判所裁判官を含む2万5,000人以上の人々が葬儀に出席し、ポール・ケリーや「ジョー・ザ・ボス」・マッセリア*、そしてアーノルド・「ザ・ブレイン」・ロススタイン*らといったそれほど真っ当ではない市民も、憂鬱な中にも敬意を表して行進した。

　参照文献：Donald Cressey, *Theft of a Nation*. 1969.

シンジケート（Syndicate） シンジケートとは、公式あるいは非公式、合法的あるいは非合法的に、ある1つの事業活動を実行するために集合した人々の協会である。

　犯罪シンジケートに関する2つの基本的な類型が同定しうる。1つは賭博*や麻薬、ポルノや密売などといった違法事業の活躍の場において活動する「事業シンジケート」である。2つ目の類型は、強要的な暴力を取り扱う組織を指し示す「パワー・シンジケート」（アラン・ブロックによる造語）である（表1

参照)。パワー・シンジケートは、悪徳活動の活躍の場と労働者の管理上の争いや紛争に関する合法的な世界という、2つの世界で活動する。労働者に対するゆすりたかり*は、この領域においてパワー・シンジケートの活動が最も目に見える様式である。

いくつかのシンジケートは、パワーと事業の双方の特徴を示す。シンジケートは、マフィア*あるいは暗黒街である、ラ・コーザ・ノストラ*と同様のものではない。シンジケートはマフィアを含むか、あるいは彼らによって運営されていることもあるかもしれないが、シンジケートはコーザ・ノストラ・ファミリー*以前に存在し、コーザ・ノストラのファミリー構造の統合の後も続いているものである。ルイス・バカルター*はカルロ・ガンビーノ*がそうしたように、労働者に対するゆすりたかり者としてパワー・シンジケートを運営し、ダッチ・シュルツ*はその両方を運営した。すなわち、彼はマンハッタンにおけるハーレムの数当て賭博*に対するゆすりたかりとレストランに対して保護を申し出て(パワーの特徴)、ブロンクスやウェストチェスター郡において賭博及び密売シンジケート(事業の特徴)をも運営した。犯罪シンジケートの中には、密売、ギャンブル、及び労働者に対するゆすりたかりにおいて多くの民族的な協力が存在していた。

参照文献:Alan Block, East Side-West Side: *Organizing Crime in New York, 1930–1950.* 1983; Joseph Coffey and Jerry Schmetterer, *The Coffey Files: One Cop's War Against the Mob.* 1991.

表 1　パワー及び事業シンジケートの特徴

シンジケートの類型	サーヴィス・生産物	規模	寿命	専門化	顧客
I. 事業シンジケート					
a. 自由契約あるいは犯罪企業化を統合した活動	賭博、窃盗、強盗、高利貸し業、売春、恐喝	小規模	短命	可変	小規模：可変
b. 専門的な、多角的な独占及び合併	賭博、薬物輸入及び流通、高利貸し業	大規模	永続的	可変	大規模：可変
II. パワーシンジケート					
a. 買収者、ブローカー、贈賄者	不正取引の手配及び保証：保護	小規模	永続的	無し	小規模
b. 恐喝者	暴力	小規模	短命	無し	小規模
c. 金融業及び盗品売買	資産：マネー・ローンダリング；違法・適法の投資機会	可変	可変	無し	小規模
d. 調停人及び紛争解決のゆすりたかり者	暴力	大規模	永続的	若干	可変

Source：Alan Block (1983) East Side – West Side：Organizing Crime in New York, 1930–1950 New Brunswick, NJ：Transaction Books から改変。

T

交渉の席（Table） 座り込みを参照。

チームスター（Teamsters Union） 国際チームスター同業者組合を参照。

ヴィンセント・チャールズ・テレサ（TERESA, Vincent Charles）（ファット・ヴィニー［Fat Vinnie］太っちょヴィニー）（1928年11月28日マサチューセッツ州リヴィアにて生誕—連邦証人保護プログラム）ギャング団の密告者。

　突然の倫理的正義感の輝きがヴィンセント・テレサにその犯罪生活を改めさせ、まっとうな生活を送らせたのではない。ジョゼフ・ヴァラキ*や「サミー・ザ・ブル」・グラヴァーノ*のようなその他の犯罪者に関する情報提供者と同じく、テレサは生き残って刑務所での生活を回避するために彼の以前の仲間と友人とを裏切った。復讐はテレサの動機の一部であった。彼自身の話によると、彼は、レイモンド・L・S・パトリアルカ*が率いていたニューイングランド・マフィア・ファミリーの第3の実力者構成員であり、どこに死体が埋葬されているかを知っていた。彼の言によれば、彼は、その犯罪仲間が彼の金銭を盗み、そして彼が刑務所に収容されている間、彼の妻と子を援助しなかったがゆえに、証言することを決心した。

　テレサは、多額の現金をもたらす多数の利権及び事件に関与するマフィア構成員であるという意味で、稼ぎ手であった。それゆえ、ボストン、マサチューセッツ州、及びニューイングランドに跨るギャング団の活動と性格に関する知識は、広範なものであった。彼が提供した犯罪の証拠は、暗黒街の50人を超える構成員の告発を導いた。彼の態度は、太っちょヴィニーの28年間にわたる違

法賭博*、有価証券・株価の詐欺・窃盗、盗品売買*、八百長競馬、さらには犯罪者の殺害といった犯罪経歴を劇的に描いた『マイ・ライフ・イン・ザ・マフィア』(*My Life in the Mafia*：マフィアにおける我が人生)(1973年)という著書をテレサと共に記したトーマス・C・レナー(Thomas C. Renner)というジャーナリストの注目をひくほどのものであった。

テレサが1970年に政府の専門家としての証人となることをやめた際、彼は新しい身分を伴う証人保護プログラム(WITSEC)*の下に置かれた。連邦大陪審が彼と彼の家族のうちの5人の構成員を絶滅危惧種のリストにある数百の外来種の鳥及び爬虫類を密輸した容疑で告発した1984年において、彼は、ワシントン州メープル・ヴァリーでチャールズ・カンティーノ(Charles Cantino)として通常の生活を送っていたのである。

参照文献：Vincent Teresa and Thomas C. Renner, *My Life in the Mafia*, 1973.

泥棒の世界(Thieves World) 数十年間、ソビエト連邦の刑務所は、世界最大級の犯罪者社会の本場(home)であった。ほぼ1世紀の間、ソビエト連邦の刑務所はヴォロヴスコイ・ミア(*vorovskoi mir*)、すなわち泥棒の世界(Thieves World)であった。彼らの独房から、犯罪の首領たちが、全国での彼ら自身による活動を計画し組織化した。しばしばブロディアギ(*brodyagi*)、すなわちゴロツキ(bagabond)と呼ばれたその副頭領は、刑務所外で計画に従って薬物売買を行った。いわゆる補佐役の仲間との繋がりは、命令を伝達し利益を収集するネットワークを提供した。ソビエト連邦の時代において、刑務所内からその組織を運営したギャング団は、一般市民にとっては脅威ではなかった。彼らの敵であり競争者であったのは、彼らが古くかつ長期にわたる怨念を抱えていた共産党であった。

しかしながら、ソビエト連邦が崩壊したとき、犯罪組織は彼らの気高い孤立から目に見えるようになった。共産主義からの悪影響を防ぐ必要はもはや存在しなかった。現代のギャング・リーダーは、恥じることなく刑務所の塀の外で自らの帝国を管理した。事実、利益をもたらす新たな機会は、ほとんどこのこ

とを必要条件とした。そして刑務所内にとどまっていた者にとっても、堅気の社会との取引において困惑あるいは非難といった危険性は存在しなかった。突然に自らの力に目覚めた「眠れる獅子」（caged lions）のように、泥棒の世界のリーダーたちは、彼らが新生ロシアやその他の土地、特にアメリカや西ヨーロッパの序列において彼らにとってふさわしい立場と考えたものを容易に得ることができたのである。

参照文献：Stephen Handelman, *Comrade Criminal : Russia's New Mafiya*. 1995.

フランク・ティエリ（TIERI, Frank）（ファンツィー［Funzi］）（1904年イタリアはカステル・ゴンドルフォにて生誕―1981年3月15日ニューヨーク市にて死亡）ジェノヴェーゼ犯罪ファミリー*首領*。

1980年において、ティエリはファミリーの首領であることを理由として有罪判決を言い渡されたラ・コーザ・ノストラ犯罪ファミリーの初代首領とは相違していた。政府によれば、ラ・コーザ・ノストラ犯罪ファミリーの首領として、ティエリは、RICO法の条項に違反する行為類型に該当するゆすりたかりと関連していた。10年の刑を言い渡されたが、彼は1日も収監されなかった。彼は長く手の施しようのないほどに悪化していた病によって有罪判決の言渡しから2か月後に死亡した。

ティエリはイタリアで生まれ、1911年にアメリカに移住してきた。そして1922年の18歳当時、武装強盗によって有罪判決を受けて以降、ティエリは、多様な主張・告発（allegation）及び大陪審による正式起訴状（indictment）にもかかわらず、その一生を終えるまで、訴追されることはなかった。

ティエリのリーダーとしての能力は、他の犯罪首領たちよりもはるかに非暴力的であった。彼はギャンブル、及び高利貸し業の運営について、ニューヨーク市、ウエストチェスター郡、ロング・アイランド、ニュージャージー、及びネヴァダ州ラスヴェガスといったジェノヴェーゼ犯罪ファミリーがその影響力を及ぼしていた地域において監督していた。彼の犯罪へのアプローチは、多くのコーザ・ノストラのソルジャーたち*を魅了し、そして多くが彼のファミリ

ーに加わることを望んだ。平和を愛する平和主義者ではなかったとしても、ティエリは、それが絶対に必要である場合でなければ、暴力に依存することはなかった。ティエリは、複数の犯罪ファミリーの首領を退かせ、そして自ら「ボス中のボス」と宣言することを試みたカーマイン・「ザ・シガー」・ガランテ*を排除するというマフィア*・コミッション*の決定において重要な役割を演じた。ティエリは、荒々しいニューヨーク州の暗黒街に復帰することを試みるのではなく、アリゾナ州に退くことをジョゼフ・ボナンノに説得する際にも重要な役割を果たした。

親密な仲間が使用するあだ名である「ファンツィー」(Funzi) は、カルロ・ガンビーノ*と同じく比較的平穏で慎ましい生活を送っていた。彼は、バス・ビーチとして知られるブルックリンのイタリア系アメリカ人労働者階級の居住区に質素な2人住まいの自宅を有していた。彼自身と彼の命令に基づいて犯罪を実行する路上の犯罪者との間に存する幾重もの絶縁体によって、彼の生活は通常のものにみえ、そして彼は容易に、年長の成功した事業家と間違われた。

彼はオペラを好んだ。ティエリと長年連れ添った情婦は、イタリア出身の元オペラ歌手であり、ティエリは彼女が現役の間も彼女を助け、そして彼女が引退した後も支援していた。この情婦の自宅は、彼による犯罪統率の基地となったのであり、そこでは、アンソニー・サレルノ*及びヴィンセント・「ザ・チン」・ギガンテ*といった、ファミリーの首領としてティエリの後を継いだ2人の男性を含む熟練した犯罪者の一団によって管理されていたギャンブル及び悪質貸付について彼は注意深く精査していた。

ティエリは、彼の事業感覚においても注目に値した。彼は合法的な事業に莫大な投資をし、そしてニューヨーク州の大都市圏において最も成功したイタリア食品販売店の1つを支配した。

　参照文献：Virgil W. Peterson, *The Mob : 200 Years of Organized Crime in New York.* 1983.

東亜友愛事業組合（Toa Yuai Jigyo Kumiai）日韓犯罪集団。

　東亜友愛事業組合（TYJK）は、なお専門家にとって不可解な存在である。東アジア友好事業組合（East Asia Friendly and Enterprise Union）として知られてもいる同組合は、億万長者の理事長と東京を拠点とする事業家たる創始者によって資金提供されている。組合は6つの下部組織に850人の構成員を有している。韓国人はTYJKのおよそ1.5％を構成しており、上級の部隊の多くは韓国系である。この組織は、日本及びアメリカにおける犯罪活動に関与している。TYJKの構成員が少数であるにもかかわらず、彼らはアメリカにおける薬物密売とマネー・ローンダリング＊とに広範に関与しており、そしてそれは3つの大規模な（暴力団として知られる）ヤクザ＊集団によるそうした活動と対抗している。当局は、こうした集団が既に確立された適法な事業活動に関する世界規模のネットワークを保有しているがゆえに、まもなく薬物の密売において重要な役割を演じるようになり得ると推測している。

　参照文献：Hiroaki Iwai, "Japanese Organized Crime," in *Organized Crime: A Global Perspective,* ed., Robert J. Kelly. 1986.

堂（党）（トン[Tongs]）「集会場所」と大雑把に訳される堂は、新しい移民のための相互扶助会として大規模なチャイナタウンにおいて設立された。適法な事業活動、友愛、及び政治的目的のために機能している堂は、中国人コミュニティにおいて社会的に有用な機能を果たし続けていた。しかしながら、これらの組織は、自身の確立された権力基盤とその地域社会における能力を利用することを求める犯罪的な要素を不可避的に魅了する。犯罪的な侵食の程度は多様である一方で、最大規模及び最も尊敬を集めている堂が、アジア系組織犯罪＊の最前線として活動していることが報告された。

　犯罪の影響を受けた堂の最初の活動は違法賭博＊であり、そこでは暴力が違法事業活動を保護するために使用された。堂は、恐喝、殺人、薬物不正取引、贈賄、及び売春にも関与している。堂は、暴力あるいは暴力による脅迫を用いることで賭博の活動を保護するという年配の中国系事業家及びコミュニティ・

リーダーの指揮下で活動した様々な中国系及びヴェトナム系ストリート・ギャングズと共同していた。彼らの対象は中国系移民及びアジア系アメリカ人であり、そして彼らは、中国人コミュニティ全体に自分たちの支配を及ぼすために徐々に暴力を用いるようになっていった。

堂は、最初の中国人移民の波によって1850年代にサンフランシスコにおいて初めて設立された。堂の出現に先立って、アメリカにおける中国人コミュニティは、最も有力な家族あるいは地区協会によって統制されていた。その姓が他の少数者によって共有されていたり、あるいは小さな地区出身であった移民は、既存の組合によって容易には受け入れられず、結果保護されないままであった。自衛のために彼らは団結し、そして堂を設立した。堂による新人受け入れは制限がなかったために、彼らは急速に拡大した。対立する堂は、「堂戦争」として知られる街路抗争に直ちに引きずり込まれた。堂の秘密主義的性格及び彼ら相互の強い結びつきは、彼らが他のファミリー及び地方組織と闘う際に、さらなる保護を求めて堂に加わることをそれらのファミリー及び地方組織構成員に促すことで、中国人コミュニティにおけるより強力な組合組織になることを可能としたのである。

ファミリー及び地方組織と同じく、堂は、それらの組織に属していなければ受け取ることができないような多くの必要とされた役務を移民に提供した。堂は、コミュニティにおける個人及び集団に生じる紛争を仲裁する有力な調停役としても活動した。アメリカにおける最も活動的な堂であるチー・クン（Chih Kung）、ビン・クン（Bing Kung）、及びホップ・シン（Hop Sing）を含めアメリカにおいては30以上の集団が形成された。

オン・レオン商人協会（On Leong Merchant Association）という名の堂は、1894年にボストンで設立された。10年後、オン・レオンの本部は、ニューヨーク市に移転した。1970年代半ばにおいて、かつて香港警察の巡査長であったエディ・T・C・チャンは、ニューヨーク市を訪れた。チャンは、香港にいた当時、高額な汚職に関与していたと申立てられた。チャンは、ニューヨーク到着後直ちに事業家となり、オン・レオンの理事長に選出された。その在任期間中、彼

はチャイナタウン銀行（Chinatown bank）の副頭取及びワシントンD.C.に設立された全米規模の弁護士集団である中国系アメリカ人福祉組合（Chinese American Walfare Association）理事長にもなった。ニューヨーク市の指導的な政治家との彼の繋がりを通して、チャンは、多くの地方及び連邦の政治的領袖と接触するようになった。

　法執行機関は、オン・レオンのリーダーが中国人ギャング構成員と結びついていると非難した。チャンは、ニューヨーク市から来たギャング構成員により、シカゴにおける不満を有していた鬼影ストリート・ギャング（Ghost Shadows street gang）の銃撃の背後にいた人物として告発された。チャンは、彼に対して恐喝をしていたギャング・リーダーの殺害を命じたという容疑もかけられていた。チャンは、彼自身が設立した投資会社であるコンチネンタル・キング・ラン・グループ（Continental King Lung Group）によって実行された詐欺的な活動にも関与していた。香港の中国人三合会＊構成員は、チャンをニューヨーク・チャイナタウン暗黒街の「ドラゴン・ヘッド」（dragon head：龍頭）（犯罪首領）とみなしていた。1984年に組織犯罪に関する大統領委員会（PCOC）での公聴会で証言をさせるべく同委員会に召喚されると、チャンはアメリカから逃亡した。

　1990年において、ニューヨーク州、シカゴ、及びヒューストンのオン・レオンのリーダーたちは、ゆすりたかり活動によってシカゴで正式起訴された。オン・レオンの中心的構成員29人が逮捕され、違法賭博によって得られた現金およそ50万ドルが没収され、シカゴのオン・レオンによって所有されていた建物が差し押えられた。しかしながら、この事件は不一致陪審（a hung jury）によって打ち切られ、オン・レオンは中国人コミュニティにおける有力な組織であり続けた。

　他の有力な堂としては、協勝（Hip Sing：ヒップ・シン）協会があるが、この組織は、1855年に結成された（図9）。ヒップ・シンの本部は、ニューヨーク市内のチャイナタウンに設けられていた。ベニー・エン（Benny Eng）はヒップ・シンの常任の相談役（chief adviser）を務めていた。彼は、チー・クン堂

図9 協勝堂（ヒップ・シン・トン [Hip Sing Tong]）

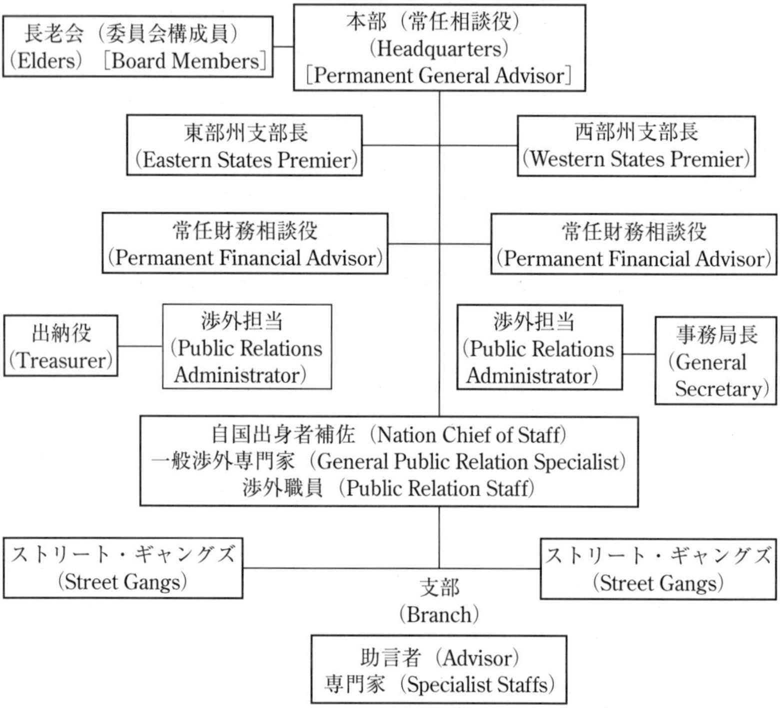

```
長老会（委員会構成員）──本部（常任相談役）
(Elders) [Board Members]　(Headquarters)
　　　　　　　　　　　　　[Permanent General Advisor]
　　　　　　　┌─────────────┬─────────────┐
　　　　東部州支部長　　　　　　　西部州支部長
　　(Eastern States Premier)　(Western States Premier)

　　常任財務相談役　　　　　　　常任財務相談役
　(Permanent Financial Advisor)　(Permanent Financial Advisor)

出納役──涉外担当　　　　　　　涉外担当──事務局長
(Treasurer)(Public Relations　(Public Relations　(General
　　　　　Administrator)　　　Administrator)　　Secretary)

　　　自国出身者補佐（Nation Chief of Staff）
　　　一般涉外専門家（General Public Relation Specialist）
　　　涉外職員（Public Relation Staff）

ストリート・ギャングズ　　　　　　　　ストリート・ギャングズ
(Street Gangs)　　　支部　　　　　(Street Gangs)
　　　　　　　　　(Branch)

　　　　　　助言者（Advisor）
　　　　　　専門家（Specialist Staffs）
```

Source: Adapted from Ko-lin Chin, *Chinese Subculture and Criminality*, Westport, CT: Greenwood Press, 1990. p. 58.

（Chih Kung Tong）のリーダーでもあった。エンについては、彼が1936年に謀殺によって刑務所に収容され、そして18年後に仮釈放されたことを除けば、ほとんど知られていない。彼は1936年に謀殺罪によって逮捕される以前に、暴行、強盗、違法賭博、及び薬物犯罪によって逮捕されていた。1976年において彼は、贈賄によって刑務所に送られた。

　その他のニューヨーク市における組合は、中国人ギャング団との提携、及び違法賭博運営への大幅な関与に関してタンと類似していた。それらの組織には、トゥン・オン協会（Tung On Association）、ツン・ツィ協会（Tsung Tsi Association)、及び在米福建人地区協会 (Fukien American Distinct Association) があった。トゥン・ウォン (Tung Kwong) 及びポ・オン (Po On) という広東省内の2地域からの移民は、トゥン・オン協会を組織した。連邦の捜査官は、この組織がチャイナタウンにおける違法賭博活動の運営に積極的に関与しており、そして香港の三合会の1つである新義安 (Sun Yee On：サン・イー・オン) 三合会と密接に繋がっていると信じていた。

ツン・ツィ協会は1918年に結成された。協会構成員は、戦争と飢餓の時代に中国中西部から中国南部に移住してきた少数民族である、支配力を有していた客家 (Hakka) (客を意味する) であった。ツン・ツィの本部は、トゥン・オンとは異なり小規模な建物であったが、トゥン・オンと同じく違法賭博に深く関与していた。2つの組合の間の物理的近接は、トゥン・オンの犯罪集団に両協会の違法賭博の運営に保護を提供することを可能とした。

在米福建人地区協会は、おそらくニューヨーク市内のチャイナタウンで最も迅速に成長したコミュニティ協会である。過去10年間における違法・合法を問わない福建人移民の劇的な流入によって、1942年に設立されたその協会は、現在、新たに拡大したチャイナタウンの東部及び北部の地域を支配している。協会構成員は、密輸、賭博及び売春の教唆、並びにヘロイン密輸に関与したとして告発されている。

参照文献：Ko-lin Chin, *Chinese Subculture and Criminality.* 1991.

ジョニー・トーリオ (TORRIO, Johnny) (1882年イタリアはナポリにて生誕—1958年ニューヨーク州ブルックリンにて死亡) シカゴのゆすりたかり及びシンジケート*の首領*。

ニューヨーク市におけるルイス・バカルター*と同じく、ジョニー・トーリオは、犯罪組織の官僚主義者であった。彼らは、共に強く組織を信仰しており、そして共に殺人に関する決定は集団的になされるべきであり、そして手続を経るべきであると信じていた。ある問題を解決するために殺人を実行することを希望していた犯罪シンジケートの構成員は、自らの組織及び協力者に自らの問

題を提示していた。マーダー・インク*は、ニューヨーク州において、殺人の専門家及び熟練者からなる小規模で固く結合した組織として犯罪シンジケートによって構成された。トーリオは、抗争中のすべてのギャングたちが結び付けられ得る大規模なシンジケートとしての組織に関する構想を禁酒法時代（禁酒法と組織犯罪*を参照）に案出した。シカゴにおいて、トーリオは密売と売春とに関する領域を設立し、平和を維持させる保護と暴力を行使させるためにアルフォンス・カポネ*を利用した。トーリオは、カポネにギャングスターの集まりの中において彼に台頭の機会を与え、売春宿の用心棒からアメリカにおける最も影響力のあるギャング団の首領に至るまで、彼を慎重に訓練した。

　トーリオが緊張感を伴ったイタリア系、アイルランド系、ポーランド系、及びユダヤ系ギャングスターたちの間で創り上げた整然とした領域の整備は、崩壊した。ギャングスターたちは、街路で殺害され、そして報復がそれに続いた。シカゴにおける有力なノースサイド・ギャング（North Side gang）のリーダーであったチャールズ・ダイオン゠オバニオン*が殺害された際、トーリオは、攻撃を受け、重傷を負った。負傷から回復した後、彼は引退し、権限の手綱をアル・カポネに引き継いだ。彼はニューヨーク州ブルックリンに戻り、そしてラ・コーザ・ノストラ*・コミッション*及び重要なギャング・リーダーたちの相談役として、1957年に死亡するまで活動した。

　参照文献：Jack MacPhaul, *Johnny Torrio : First of the Gang Lords.* 1970.

ロジャー・タフィ（TOUHY, Roger）（ザ・テリブル［The Terrible］支離滅裂な男）（1898年シカゴにて生誕―1959年シカゴにて死亡）　禁酒法時代のシカゴ及び中西部で活動したギャングスターの一員。

　彼の自叙伝は、ロジャー・タフィが禁酒法時代（禁酒法と組織犯罪*を参照）まで何らのゆすりも計画したことはなかったとしている。彼の父親はシカゴの警察官であり、家族はにぎやかな7人の子供を持つ典型的なアイルランド系のカトリックを信仰する労働者階級の家庭であった。彼は密輸に関与した。それというのも、自動車販売業者としての彼の仕事は、貨物自動車を貸し出し可能

にすることだったからである。ビール卸売業者が彼に共同経営を申し出た。そしてタフィはシカゴ北部及び西部の郊外で活動を開始した。彼らの絶頂期において、タフィと彼の兄弟は、10の蒸留所、半ダースのタンク車両、1週間当たり数千バレルの密造のビールの生産能力を有していた。1バレルを生産する費用は5ドルであるが、酒場やナイトクラブに売却する際には55ドルになる。タフィが彼の控えめな自書『ザ・ストールン・イヤーズ』(The Stolen Years：盗まれた年月) において以下のように述べている。すなわち、「ビールを販売することに何らの烙印も存在しない」と。しかし、その価格は、競争者がアルフォンス・カポネ*であった場合、ひどく高額である。

自動小銃で完全武装した彼の5人の兄弟と共に、タフィは横柄にも凶悪なギャングスターという強いイメージを示したが、しかし、実際には、暴力が不可避的である場合に使用したに過ぎなかった。彼の技術は贈賄におけるものであり、そして買収 (the fix) である。

1933年にタフィは、カポネ組に関係していた国際的な詐欺師を誘拐した容疑で逮捕された。その容疑はでっち上げであったが、タフィは有罪判決を言い渡された。1950年に彼は再審を勝ち取り、そして1959年についに釈放されたが、事件から25年を経た同年に殺害された。

参照文献：Roger Touhy, with Roy Brennan, *The Stolen Years*. 1959.

サントス・トラフィカンテ・ジュニア（TRAFFICANTE, Santos, Jr.）（1915年フロリダ州タンパにて生誕—1987年3月17日フロリダ州タンパにて死亡）著名なフロリダ州タンパのマフィアの首領であり、フィデル・カストロ（Fidel Castro）暗殺計画における重要関係人物の1人。

サントス・ジュニアは、彼の父親サントス・トラフィカンテ・シニア（Santos Trafficante, Sr.) が死亡した1954年において強大なフロリダのラ・コーザ・ノストラ*による事業のリーダーとしての地位を受け継いだ。シチリア系移民であったトラフィカンテ・シニアは冷酷さでタンパを支配した。彼が死亡するとその息子のサントス・ジュニアが首領*としての地位を引き継ぎ、シカゴ、ニュ

ーヨーク、及びクリーヴランドにおける有力な暗黒街の人物と共謀して独裁者フルゲンシノ・バティスタ（Fulgencino Batista）の協力の下キューバのハヴァナにおいて組織的なカジノによる賭博の営業を開始した。

バティスタ政権下のキューバは、単純かつ粗暴な国家であった。アメリカの犯罪シンジケート*の賭博者は、カジノの免許を得るためにその独裁者に現金を支払った。ハヴァナは母国では違法なあらゆるレクリエーションについて取締りの厳格でない都市であった。メイヤー・ランスキー*、チャールズ・「ラッキー」・ルチアーノ*、及びシカゴのラ・コーザ・ノストラのマフィアの首領たちは、トラフィカンテと共に投資し、そしてフロリダ州及びキューバ全体に影響力を及ぼした。しかしながら、カストロが支配すると、彼は若い革命家の通常の禁欲的な（清教徒的な）態度を示し、そしてカジノを閉鎖した。トラフィカンテは一時期その他のキューバ革命の「敵」と共にジェイルに収容された。最終的に彼は釈放されたが、彼の所有していたカジノはすべて、カストロの体制によって収奪された。

1963年において、トラフィカンテの暗黒街における権力と地位とは、労働者に対するゆすりたかり*について調査する上院公聴会の間に公にされた。トラフィカンテによって指導されたタンパにおける犯罪シンジケートという組織が存在することに関する証拠をタンパの警察職員が示したのは、マックレルランド委員会*でのことであった。トラフィカンテは、ニューヨーク州北部での1957年のアパラチン会議*の代表でもあったのであり、そこでは多くの主要な犯罪指導者が、ニューヨーク州のラ・コーザ・ノストラ首領であったアルバート・アナスタシア*の暗殺及びアメリカにおける薬物不正取引活動について議論するために集まっていた。

トラフィカンテは、ジェイルに収容されており全く統制を受けない時期であった自らの経歴の中で、複数の重大な犯罪に関する陰謀において重要な役割を果たしていた。1966年において、トラフィカンテは、警察が全米のマフィアの首領による会議と信じていたものを解体したときに、ニューヨーク州クイーンズにおいて逮捕された13人のうちの1人であった。当時、報道は、それを「リ

トル・アパラチン」（Little Apalachin：小アパラチン会議）と呼んでいた。トラフィカンテは、ギャング団首領としての彼の長い経歴の中で逮捕及び訴追を免れてきたのみならず、彼が参加してきた危険極まりない暗黒街での戦争を通してでさえ、1953年にショットガンの暴発によって腕に受傷したにすぎなかった。

　マーティン・ルーサー・キング（Martin Luther King）、ジョン・F・ケネディ、及びロバート・F・ケネディ*の暗殺について調査する下院委員会へ出席した際、トラフィカンテは、1960年におけるフィデル・カストロの暗殺についてCIAによって策定された計画に参加していたことを認めた。証言による訴追免責（immunity to testify）を得たトラフィカンテは、シカゴマフィアの匿名の構成員を含む詳細を詳述した。彼は、自らのその計画における役割は控えめなものであり、スペイン語で記述された文書やメモ書きを翻訳することに限定されていたと主張した。共謀は具体化することはなかった。というのも、あるマフィアが解体した後に別のマフィアが関係したからである。トラフィカンテは、いくらか不誠実に、自らの動機が純粋な愛国心であったと主張した。そうして、彼が主張するところによれば、彼は、彼の政府であるにすぎないが、アメリカ政府の支援者と自らをみなしていた。彼の実際の動機は、しかしながら、復讐であったのかもしれない。すなわち、カストロが権力を掌握しそしてカジノによる賭博を違法とした1959年において、トラフィカンテは彼の事業を失い、そして友人が刑務所からの釈放を買収によって実現するまで、キューバで2か月間刑務所に収容されていたのであった。

　トラフィカンテは、自分と、ルイジアナ州のラ・コーザ・ノストラ犯罪ファミリー首領カーロス・マルチェロ*と、チームスター理事長ジミー・ホッファ*とが、殺害の手筈を整えていたとの噂と推測にもかかわらず、ジョン・F・ケネディ大統領を殺害するマフィアの計画の一部に関与していたことを否定した。連邦下院委員会の公聴会は、トラフィカンテが、盗聴によって得られたマルチェロとホッファとの会話において、コーザ・ノストラが1960年における大統領選挙においてケネディ陣営を支援した後、全米でギャング団の活動を厳正に取り締ったボビー・ケネディ（Bobby Kennedy）司法長官について怒りを持って

話していたとした。疑いは、トラフィカンテの腹心の部下であったホッファがボビー・ケネディが長官を務める司法省によって追放され、そしてカーロス・マルチェロが1961年にグァテマラに違法に追放されたことによって一層強まった。

1994年において、ジミー・ホッファ、カーロス・マルチェロ、及びサントス・トラフィカンテ・ジュニアを含む組織犯罪関係者を代理する弁護士を30年務めてきたフランク・ラガーノ（Frank Ragano）が著書を出版した。そこでラガーノは、重病により死の淵にあったトラフィカンテと彼がした会話について詳述している。ラガーノによれば、彼自身を特別に関連づけることなく、トラフィカンテは、マルチェロとホッファとが、ケネディが彼らを裏切ったがゆえに、大統領の暗殺計画という手段となったことを示している。彼らの動機は、その兄を殺害することで、ボビー・ケネディを無力化することにあった。共謀者は、大統領が死亡すれば、司法長官はもはや自らの職務には留まらず、司法省（DOJ）による嫌がらせは終了するだろうと信じていた。この恐ろしい暴露話は、1960年の出来事や状況からして、ラガーノにとっては信用に足るものであった。

参照文献：Frank Ragano and Selwyn Raab, *Mob Lawyer.* 1994.

U

副首領(Underboss [Sottocapo]) ラ・コーザ・ノストラ*犯罪ファミリー*の構造的骨格において、顧問*、相談役 (counselor) のレベルよりも高いのが、「副首領」の構成員的地位である。首領の直ぐ下にあって、首領の信頼を受けているのが——合法的商事会社に類推適用するとすれば——、幹部たる副社長のそれ、すなわち「副首領」なのであり、その職務は、アメリカにおけるより巨大なラ・コーザ・ノストラ犯罪ファミリーの結社の代表取締役として機能することにあるのである。その地位にある人間は、首領によって引き抜かれ、情報を収集し、首領に対してメッセージを中継し、首領の命令や決定を、階級において首領より下位の人間たちに、下命伝達するのである。比較的短期間、首領不在の場合、副首領が首領に代わって取り仕切る。

　首領が拘禁され、殺害され、あるいは疾病や攻撃的な法執行の監視のために不都合な状態にある場合、必ずしもすべての副首領が、首領の地位へと昇進するわけではない。実際には、首領が死亡したり、あるいは失脚する場合、その側近であるところの副首領、顧問、そして頭領たち*が、通常は後釜に座る。

　参照文献：Gerard O'neill and Dick Lehr, *The Underboss: The Rise and Fall of a Mafia Family*. 1989.

アメリカ司法省組織犯罪特捜隊(U.S. Department of Justice Organized Crime Strike Forces)(1967-1990年)

　1967年1月から1971年4月の間において、司法省の組織犯罪とゆすりたかり課 (OCRS) が、18の「特捜隊」をアメリカのいたる所に創設したが、それは、司法長官ロバート・F・ケネディ*と、組織犯罪に関する大統領対策委員会によ

って略述された犯罪統制政策の目標と意図を叶えるためであった。

　特捜隊の職務とは、つまり、第1に、組織犯罪に対する法執行活動を調整し、第2に、調査に着手し、かつ、それを監督し、第3に、情報データを蓄積し、かつ、それを相関させ、第4に、一般的刑事訴追政策を公式化し、第5に、アメリカ中の連邦検察官を支援することであった。

　OCRSは、組織犯罪が存在するアメリカの諸都市全域において、連邦特捜隊を創設した。1番目の特捜隊は、ニューヨーク州バッファローにて創設され、その資源を、ステファノ・マガディーノ*のコーザ・ノストラ犯罪ファミリーに対して振り向けた。特捜隊には、司法省検察官や、その他の連邦調査機関や法執行機関の代表者が職員として配置された。1976年12月当時、特捜隊は、ボストン、ブルックリン、バッファロー、シカゴ、クリーヴランド、デトロイト、カンザスシティ、ロサンジェルス、マイアミ、ニューアーク、フィラデルフィア、サンフランシスコ、そして首都ワシントンにて活動したのであった。参加した機関としては、以下のものがある。すなわち、アルコール・タバコ・火器局（BATF）、アメリカ関税局、労働省、麻薬取締局（DEA）、連邦捜査局（FBI）、移民帰化局（INS）、内国歳入庁（IRS）、証券取引委員会（SEC）、アメリカ郵政公社、アメリカ・マーシャル・サーヴィス（U.S. Marshalls Service）、そして、アメリカ財務省秘密検察局である。

　早くから、特捜隊の概念は、高く評価されていた。バッファロー特捜隊は、「悪人の頭に対する激しい攻撃」（going for the serpent's head）というプログラムに着手したが、そのプログラムの意味するところは、特捜隊は地方の犯罪結社の首領と権力構造とを破壊することを狙いとする、ということであった。その除去が犯罪活動に対する最大の痛恨の一撃となるであろうところの、犯罪集団の首領を攻撃目標とすることが、アメリカ全域の特捜隊を通じての作戦的実務となったのである。その目標は、通常は、ギャングの首領たちであった。事件は、告発や刑事訴追に先立つ、概して調査に専従する地方の特捜隊における参加機関によって、最初に調査された。1983年までに、特捜隊は、自分たちが着手した事件の80%を、BATF、DEA、FBI、そしてIRSによって指揮された諸

調査から入手した。FBI は、約55％もの事件を、刑事訴追のために提供したのであった。

特捜隊の特別調査構造の最大の魅力的特徴の１つに、裁判権の境界を越えて、刑事訴追のための資源を配置することができる能力というものがあったが、裁判権の境界は、今までしばしば法執行の努力を挫折させてきたのであり、法執行の努力は、活動停止を導く諸機関の間の縄張り争いによって麻痺していたのであった。

しかしながら、力を合わせ、官僚的諸手続を能率化するという、こうした紛れもない長所がありながら、1980年代終盤までには、諸計画は、アメリカ司法長官によって、特捜隊を廃止するようになっていったが、それはなぜなら、特捜隊の諸調査が自律的に動くようになり、アメリカ全域にある94の連邦裁判権の管轄において、地方のアメリカ検察官と肩を並べるようになったからであった。1990年、特捜隊は、アメリカ検事局へと統合され、再び活動することはなかった。

吸収合併の主な影響としては、中間的政府機関の領域と、組織犯罪調査に関する裁判権相互の努力を、制限するようになってきているものと思われる。

参照文献：Patrick J. Ryan, "History of Organized Crime Contorol : Federal Strike Forces," in *Handbook of Organized Crime in the United States*, Robert J. Kelly, Ko-lin Chin, and Rufus Schatzberg, ed. 1994.

V

ジョゼフ・ヴァラキ（VALACHI, Joseph）（1904年9月22日ニューヨーク市イーストハーレムにて生誕—1971年テキサス州エルパソ・ラ・ツナ刑務所にて死亡）ラ・コーザ・ノストラ*の離党者及び密告者。

　ヴァラキは組織犯罪に対して注目に値すべき影響を与えた。ジェノヴェーゼ犯罪ファミリー*においてソルジャーであったヴァラキは、自身の生命に対する恐れと、アトランタの連邦刑務所において彼の殺害を試みたヴィトー・ジェノヴェーゼ*に対する怒りから、沈黙の掟を破り、話をすることを決心した。労働者に対するゆすりたかり*を調査したアメリカ上院のマックレルランド委員会*において、ヴァラキはマフィア*暗黒街に関して釘付けにするような詳細な説明を行った。証言の間、彼は、「コーザ・ノストラ」（我々のもの）という名称を作り出し、彼自身30年以上にわたって宣誓したメンバーであったが、その宣誓を破ったイタリア系アメリカ人犯罪組織を示すためにこの言葉を用いた。ヴァラキの暴露に続く数年間における他のコーザ・ノストラの離党者は、主要な組織犯罪の大物を終身刑で刑務所に投獄する際に役立った。アメリカにおける組織犯罪の構造を叙述する本や記事、及び映画等の大部分は彼の証言に大きく依拠している。そして長年にわたって、新たな情報がヴァラキの見解を一般的に裏づけてきた。彼の寄与は、単に大衆に知らせ、犯罪者を刑務所に投獄する以上のものをもっていた。すなわち、彼の情報は、アメリカにおける組織犯罪を統制するための新しい法律や戦略の創造へと導いたのである。

　コーザ・ノストラにおけるヴァラキの職歴は、カステランマレーゼ戦争*の期間の1930年に始まった。彼は1931年における戦争のクライマックスまでサルヴァトーレ・マランツァーノ*陣営に仕え、その後、ルチアーノ犯罪ファミリ

ー*において頭領であったヴィトー・ジェノヴェーゼのために働いた。ギャングの中のソルジャー、あるいはマフィアの「ボタン・マン」として、彼の任務は、殺人、恐喝、及び薬物密売などが含まれていた。

　薬物関連の罪状でアトランタの連邦刑務所に拘禁されていたヴァラキは、同じく拘禁されていたジェノヴェーゼがヴァラキの密告を疑った時点で、20年間の刑期に服していた。ジェノヴェーゼは彼の殺害を命令した。試みは、ヴァラキが、彼を殺すように派遣されたと考えた、無実の在監者を誤って殺害したことによって阻止された。彼は密告者へと身を転じ、連邦の保護を受けようと決心した。

　テレビ放映された上院委員会の公聴会の前にヴァラキが姿を見せた結果、マフィアは彼の命に対して10万ドルの契約金を懸け、ヴァラキはその際200人のアメリカ連邦保安官によって保護された。委員会及び国は、このギャングスターの組織犯罪に関する物語に魅了された。その内容とは、すなわち、どのようにメンバーは選ばれるのか、どのように組織は活動するのか、その秘密の掟、その仕事、強制の手段、警察官及び公務員の汚職、そしてとりわけ、どのようにコーザ・ノストラは、全国の至るところの問題を処理しているのか等を含むものであった。大衆は、仰天させられた。彼の証言はなんら犯罪者の逮捕へとは繋がらなかったけれども、マフィアに対するその効果は衝撃的なものであった。

　参照文献：Peter Maas, *The Valachi Papers*. 1968.

ヴェトナム系組織犯罪（Vietnamese Organized Crime）　ヴェトナム人移民の第1の2つの異なる波は、1975年のサイゴン陥落直前に発生した。この波は一般的に年配で教養があり、幾分アメリカ文化に親しみを持った移民で構成されていたが、サイゴン陥落と共に異なる波、すなわち、若く先の移民に比べて教養を身に付けていなかった者たちがアメリカにどっと押し寄せてきた。彼らの中には、第1の波から裕福で、より定着している移民を餌食にするための集団を結成した犯罪者がいた。これらの犯罪者はヴェトナムにおいて、恐喝、薬物不正取引、売春及び賭博に関与していた。彼ら犯罪者はアメリカに移住した後

でも、彼らが警察に行きたがらないことから、特に犯罪の被害を受けやすい者を餌食にしながら、これらの活動を続けた。彼らの故国においては、警察はしばしば圧制的な政治政権の職員であり、信頼できる者たちではなかった。

ヴェトナム系組織犯罪集団は、薬物不正取引や武装家宅侵入 (armed home invasions) に従事するストリート・ギャングから、恐喝、賭博*、薬物不正取引及び密輸を専門とする高度に洗練された集団にまで及ぶ。彼らは武器や爆発物の使用に関する訓練を受けており、非常に暴力的であるとして知られていた。より洗練された集団の幾人かの構成員は、その残忍性のために有名である南ヴェトナム軍と関わっていた。同様にギャングは、後に闇市場や開発途上国に売却する、コンピューター部品の窃盗または強盗のようなハイテク犯罪の企てを拡張することにおいても活発であった。

歴史的に、これらの集団は他のアジア系組織犯罪 (AOC)*集団よりも組織的に構造化されてはおらず、このことは特にストリート・ギャングにとっては該当したままである。しかしながら、若い構成員が犯罪を実行するのに対して、個々人は年を取ると集団のための計画立案及び助言的役割を果たすようになる。時が経つにつれ、組織はより頑強になり、階層制度がより明確に定義されるようになってきているので、組織はその活動を実行することにおいてより巧みになってきている。ヴェトナム人集団はまだ他の組織犯罪集団のレベルには達していない。**アジア系組織犯罪、中国人ストリート・ギャングズ**をも参照。

参照文献：U.S. Senate, *Asian Organized Crime*. 1991.

W

湾岸部でのゆすりたかりと国際港湾労働者協会（Waterfront Racketeering and the International Longshoremen's Association）ニューヨーク港は、北アメリカにおける最良の天然の港である。この事実が、ニューヨーク州をアメリカ最大の都市の1つとし、そしてその沿岸部における組織的な犯罪活動の基礎を提供した。別の重要な港であるニューオーリンズは、ニューヨーク州あるいはニュージャージー州の岸壁において生じたものとは異なったその地域に特有の犯罪を生じさせた。

ニューヨーク州の湾岸部は広大であり、波止場及び水深の大きい埠頭を有する数百マイルを超える海岸線に及んでいる。船舶が入港すると、荷降ろしと再度の荷積みが直ちに行われる。港で眠っている船舶は利益をもたらさない。沖仲仕（stevedores）あるいは港湾労働者（longshoremen）はしばしば劣悪な条件の下で昼夜を問わず働いた。労働力は、未熟練の肉体労働者で構成されており、その多くは元受刑者であった。未熟練労働者がそうした条件にあったことから、雇用者側は、「日雇い労働者選び」（日雇い労働者の集団）によって労働者を選び出した。そのためこれらの労働者からリベート（港湾労働者の収入の一部）を要求できたのである。

港湾を超えて、船舶への荷揚げあるいは船舶からの荷下ろしに関する状況は、犯罪活動をも導いた。道路は狭くトラックが集まっており、このことは、手間賃によって、トラック運転手が自らの車両に荷物を積むかあるいは自らの車両から荷物を下ろすかを決定することができるという濫用をもたらし、一方、トラック運転手は波止場に沿って彼らの場所を得るために別の手数料を支払ってもいたのである。

湾岸部のこうした2つの側面,すなわち日雇い労働者選び及び荷積みに関する活動が,港湾内における犯罪のほとんどの原因であった。これらの不正行為は非常な富をもたらしたため,それらの不正行為は犯罪者集団の注目を集めた。犯罪者集団は,自ら港湾労働者組合に取り入り,あるいはそうした組合を結成する助けをした。19世紀を通して,港湾部はアイルランド系犯罪者集団に属していたが,20世紀においてニューヨーク州,ボストン,フィラデルフィア,及びシカゴ港湾都市部へのイタリア系移民の大規模な流入によって,アイルランド系移民とイタリア系移民との間で抗争が勃発した。

国際港湾労働者協会（International Longshoremen's Association : ILA）は,1892年に五大湖で組織化されたが,1910年までにニューヨークの諸地域に急速に拡大することによって統制がなされた。マンハッタンとブルックリンにおいて,港湾労働者は,ほとんどアイルランド系であったが,第一次世界大戦の戦中戦後に,新たな埠頭が南ブルックリン,ホボケン,ニュージャージー,及びニューヨーク市スタテン島のイタリア人居住地区近くに構築された。徐々に,ポール・ケリー*,そして後にアルバート・アナスタシア*、アンソニー・アナスターシオ*、ジョゼフ・アドニス*、及びヴィンセント・マンガーノ*の下でイタリア系移民は,アイルランド系移民に対する支配権を獲得した。1925年までに,白手協会の最後の重要な会長が殺害され,そしてイタリア系移民のギャング団がイースト・リバー埠頭の船着き場を勝ち取った。他方,アイルランド系犯罪者集団は,大西洋航路の旅客定期船の発着所を含む中間地区におけるマンハッタンにあるウエストサイド埠頭を支配していた。

国際港湾労働者協会委員長は,荷主及び港湾輸送車両会社に対する組合による恐喝的活動を調整することを可能とする政治的な繋がり・人脈を持っていた。ブルックリンの港湾部において,マンガーノ犯罪ファミリーは,荷主及び輸送業者に対する自らが行う雇用に関する統制並びに恐喝を強化した。両方の港湾部において,荷主は船荷の陸揚げ及び荷積みに際して適宜保証金を支払う必要があった。港湾労働者は雇主にリベートを支払うことを強要された。そして正規の職種として広範に広まるようになった高利貸しが確実なものではなくなっ

ていったのである。

　第二次世界大戦直前に、アナスタシア及び彼の兄「タフ・トニー」は、ブルックリンにある6つの国際港湾労働者協会の支部を直接に統制した。あえてギャング団による統制に挑戦したこれらの組合の構成員は、顔面を下にして川の上で簀巻きにされていた。港湾部の状況は、新聞の暴露記事、捜査、及び政府の公聴会において詳述された。しかし、こうしたことの多くは、犯罪統制をめぐる状況に影響を及ぼすことはなかった。改革者及び法執行者の継続的な波の後である1950年代になって初めて、港湾部におけるギャング団の統制が効果的に試みられた。最終的に、1957年におけるアナスタシアの殺害、及び彼の兄であるトニーの1963年の死亡が港湾部における重大な変化を導いた。1953年に創設された湾岸委員会（Waterfront Commission）は、現在、精力的に活動している。港湾労働者は委員会に登録することを要求され、日雇い労働者選びは排除され、そして埠頭の監督者、雇用に関する代理人、及び埠頭の見張りは免許制とされた。湾岸委員会の正しい方向に向けての重大な一歩であった。埠頭のギャングたちによる支配をさらに弱めるために、アメリカ労働総同盟（American Federation of Labor：AFL）は、国際港湾労働者協会がそこにおける犯罪者の一団を排除するという総同盟の命令を達成することに失敗した1953年に、同協会を除名した。

　最終的な打撃は、国際港湾労働者協会委員長であり、そしてガンビーノ犯罪ファミリー*首領*であったアンソニー・スコット*が、労働者に対するゆすりたかりの罪で有罪とされた1979年に訪れた。

アール・ヴァイス（WEISS, Earl）（通称、ハイミー［Hymie］）（1898年ポーランドにて、アール・ワフシエコフスキーとして生誕—1926年10月11日イリノイ州シカゴにて死亡）シカゴのノースサイド・ギャング首領。

　1924年のチャールズ・ダイオン゠オバニオン*の暗殺によって、ハイミー・ヴァイスは、アルフォンス・カポネ*及びジョニー・トーリオ*に対する復讐を誓った。自らの妻に自身の罪について祈らせていた多くのゆすりたかり者と異

なって、ヴァイスは献身的なカトリック信者であった（一般に彼はユダヤ教徒であると思われており、そしてそのことが彼が「ハイミー」というあだ名をつけられた理由でもある）。彼は、どこに行くにも常にロザリオの数珠を携帯し、頻繁にミサに出席し、そして彼の精神的傾向とその日常的な犯罪活動との間の折り合いをつけることについて明らかな困難を伴っていなかった。

ヴァイスはポーランドで生まれ、シカゴで10代を過ごし、ダイオン゠オバニオンと親しくなった。シカゴのポーランド系及びアイルランド系カトリックが居住していたスラム街において、ヴァイスとオバニオンは、その犯罪経歴を開始した。彼らは、窃盗、強盗をなし、そして新聞発行部数競争及び労働者組合争議におけるスト破り等の要員として働いた。禁酒法（禁酒法と組織犯罪＊参照）によって、新たな機会が訪れ、そしてヴァイスは、オバニオンとともに、提供された違法アルコール類を犯罪の機会に冷静に利用した。シカゴのアルコール密売帝国におけるギャング抗争の絶頂期において、ヴァイスは、被害者が自動車に乗せられるが決して戻ることはない「死への片道切符」（one-way ride）という方法を開始した。

トーリオ゠カポネ（Torrio-Capone）犯罪シンジケート＊によるオバニオンの殺害は、ヴァイスに殺人をめぐる騒動に参加させた。オバニオンが殺害されて数か月を経過した1925年1月において、オバニオンのギャング団の重要人物の1人であるジョージ・「バグズ」・モラン＊とともにヴァイスは、レストランに自動車で乗り付けたカポネを襲撃した。用心棒2人が負傷したが、カポネはかろうじて受傷を免れた。ハイミーは、次いでその憤りをトーリオに向けた。そして彼は、お抱え運転手とペットの犬を殺されたけれども、命からがら逃げおおせた。2週間後の1925年1月24日、トーリオと彼の妻とは買い物帰りに彼らのアパートの建物の前で待ち伏せされた。ヴァイスとモランとは、トーリオに重傷を負わせ、引退を余儀なくさせたが、カポネはうまく逃げ延びたことがわかった。終始、カポネの殺し屋たちが、ハイミー・ヴァイスとバグズ・モランとを追跡していたからである。抗争は続いた。

シカゴ市民は、1926年9月20日に車列を組んだ自動車の一団がシカゴ郊外の

シセロにあるホーソン・イン（Hawthorne Inn）のレストランを通過しつつ、そしてカポネが食事をしていたレストランに向かって半自動小銃で数千もの銃弾を撃ち込んだことを知って啞然とした。またしてもカポネには命中しなかったが、ボディガードと無関係の傍観者が受傷した。車列による攻撃は、数百人もの人々の目の前で、繁華街において真昼間に行われた。3週間後の1926年10月11日には、ヴァイスが攻撃対象となった。カポネが送ってきた殺し屋たちが数日間彼を追跡し、ついにオバニオンの経営する花屋の上階にある自身の本部に向かう途中に、雨あられのような銃撃によってそのボディガードとともに殺害された。ヴァイスは28歳であり、およそ150万ドルの価値があった（稼いでいた）と考えられていた。その他の著名な犯罪者組織の首領と同じく、花を飾った彼の仲間は、1ダースを超える自動車に乗っていた。しかしヴァイスの処刑はシカゴにおける組織犯罪のカポネによる地位の強化には繋がらなかった。他のギャングスターたちは、銃撃戦と殺戮はもうたくさんだと決意した公衆に、直面しなければならなくなったのである。

参照文献：Howard Avadinsky, *Organized Crime,* 5th edition. 1997.

白手団（White Hand Gang） 1900年から1925年頃におけるアイルランド系港湾労働者からなるゆすりたかり者。

　1900年から1925年にかけて、イタリア系港湾ギャング団とアイルランド系港湾ギャング団との間の抗争が、収益性のあるゆすりの統制をめぐって猛威を奮っていた。白手団は、アイルランド系の犯罪者がイタリア及びシチリアから最近やってきたマフィア構成員からなる黒手団（Black Hand：ブラック・ハンド）(La Mano Nera：ラ・マーノ・ネーラ)*という挑戦者に対抗するために結成したものである。1923年にウィリアム・ロヴェット*が殺害された際、彼の後継者である「ペッグ・レッグ」(Peg Leg：義足の)・ロナガン（"Peg Leg" Lonergan）は、ジョゼフ・アドニス*、ヴィンセント・マンガーノ*、及びアルバート・アナスタシア*の友人が所有する南ブルックリンの酒場において、他ならぬアルフォンス・カポネ*自身によって1925年に殺害されるまでその抗争を継続させ

たのである。これらのギャング団は、ブルックリンのレッド・フック（Red Hook）のイタリア系移民が優勢な地域にあるブルックリンの埠頭の統制をめぐって、アイルランド人に挑戦していたのである。

　参照文献：Thomas Pitkin and Francesco Cordasco, *The Black Hand*. 1977.

白手協会（White Hand Society）反黒手団自警集団（1910年）。

　ニューヨーク市において生まれた悪名高い黒手団の恐喝者、イグナツィオ・サイエッタ（Ignazio Saietta）（通称、ルポ・ザ・ウルフ［Lupo the Wolf］狼ルポ）と、彼の法執行機関における大敵、シカゴの巡査部長ジョゼフ・ペトロシーノ*は、イタリア系移民がその最盛期であった20世紀初頭の10年間において、移民に対する恐喝に関するより重大な問題を有していた。移民に対する恐喝が重大であったために、1907年までにイタリア系の事業者や専門職の人々からなるイタリア商工会議所（Italian Chamber of Commerce）と複数の少数民族による組織とからなる怒り狂ったコミュニティは、イタリア人家族、事業家、及びコミュニティを寄生虫のように食い物にする犯罪者と闘うための組織である白手協会を結成した。これは通常ではない方法であった。すなわち、少数民族の共通の傾向は、より大規模な協会によって創り上げられたと感じること、及び少数民族全体に対する汚点として彼らに烙印押しをなす犯罪行為に関する批判を防衛的に対処することに存したからである。しかしながら、シカゴにおける状況は悪化しており、事実、イタリア系少数民族集団を有していたその他の大規模な都市と比べても、著しく悪化していた。黒手団（The Black Hand：ブラック・ハンド）（La Mano Nera：ラ・マーノ・ネーラ）*の恐喝者たちは、コミュニティにおいても過激なものであり、そしてビッグ・ジム・コロシモやジョニー・トーリオ*のようなゆすりたかり者を被害者とするほどに向こうみずなものであった。一般人とその家族は殺害や傷害によって恐喝された。恐喝行為の輪のすべてではないがその多くは、マフィア構成員あるいはカモリスティ（camorristi）（イタリアのナポリ及びカンパニア州出身のギャング団）であった。

当初、白手協会は黒手団によって脅迫されていた正直な人々によって構成されていた。そして、彼らが尊重しかつ彼らが依拠していた合法という精神の下、代理人が雇われ、そして私立探偵が情報を収集し警察とその情報を共有するべく活動し、そのことによって黒手団をその参加者に対する有罪判決によって排除することができた。しかしながら、その集団の熱意は直ちに衰えた。白手協会の市民による結成の背景であった、警察の黒手団に対する不活発さは、新たな情報の増加をもたらさなかったし、それらの公的機関はその問題に対するコミュニティの関心を強化しなかった。複数の黒手団の恐喝者は、市から排除されたか有罪判決を言い渡されたが、そのほとんどが、彼らの仲間が政府職員を買収したことによって直ちに釈放され仮釈放に付された。腐敗と手ぬるい法執行による不満によって、白手協会の構成員が、逆上した警官隊がしばしば悲劇的な結果を伴った即決裁判を執行し、他のコミュニティにおいて悲惨な事態を生じさせたように、事態を自らの手で処理するかもしれないという恐れが存在した。そして、イタリア人コミュニティにおける犯罪の暴露のための彼らの努力の成果は、その他のシカゴ市民によるあらゆるイタリア人に対する反動を導くこととなった。1913年までに白手協会は解散したが、黒手団は少なくともさらに10年間は存続した。

参照文献：Humbert S. Nelli, *The Business of Crime,* 1976 ; Josdph Albini, *The American Mafia, Genes is of a Legend.* 1971.

ワイルド・カウボーイズ（Wild Cowboys）（ドミニカ系薬物ギャング）

この組織は、アメリカ生まれのドミニカ人によって率いられた最初の薬物ギャングである。ワイルド・カウボーイズはかなり暴力的であり、法執行官は1980年代中盤以降その犯罪集団がブルックリン、ブロンクス、及びマンハッタンといったニューヨーク市内の独立区における30の殺人事件について責任を有していると信じていた。彼らの高純度コカイン事業は年間の総収入として2,000万ドルを超えた。

ギャングを率いていたレニン・セプルヴェダ（Lenin Sepulveda）及びネルソ

ン・セプルヴェダ（Nelson Sepulveda）の２人兄弟は、「ピッチャー」（pitcher）として知られる街路の小売人と完全武装した実行役の一団が管理者及び監督者に報告をする構造を有する組織（corporate）を創り上げた。組織は、その本部をニューヨーク州ワシントンハイツ地区（Washington Heights section）に設けており、そこでは他のドミニカ系薬物密売人が集まっていたが、しかしその主たる密売卸売場所は、数千ものガラス瓶に入った高純度コカインが「レッド・トップ」（Red Top）あるいは「オレンジ・トップ」（Orange Top）というブランド名で売られたブロンクスであった。

　販売領域をめぐる抗争は、1980年代から1990年代にかけてのニューヨークにおけるラテン系アメリカ人の包領である路上での日常的な出来事であった。1991年12月において、ワイルド・カウボーイズの５人の構成員がブロンクスで敵対するギャング構成員を殺害したが、その乱闘に際して、３人の無関係の傍観者が銃弾の雨あられの中で倒れた。その大虐殺は権力者を激怒させ、そしてその権力者はギャング団を標的とした大規模な特別班を組織した。２年間の集中的な捜査の後、セプルヴェダ兄弟とおよそ３ダースのワイルド・カウボーイズの構成員が多数の犯罪容疑で逮捕され、正式起訴された。ネルソン・セプルヴェダは国外に逃亡したが、ドミニカ共和国サンティアゴ（Santiago）で逮捕され、1994年にアメリカでの裁判のために送還された。

　ドミニカ系犯罪組織の発展は、様々な薬物、特に高純度コカインに対する貪欲な需要の悲劇的な成果であった。ドミニカ系犯罪組織をコカインの小売人として使用したコロンビア系犯罪組織との繋がりの影響は過小評価され得ない。そして、そのことが、これらの犯罪集団にワシントン・ハイツにおける彼らの本部を超えて拡大すること、並びに多くの北西部の都市における流通ネットワークを立ち上げることを可能とした。ドミニカ系の高純度コカインを扱うギャングたちは、ペンシルヴァニア州、メイン州、ロードアイランド州、コネティカット州、並びにマサチューセッツ州の各州において確認されている。

　参照文献：Diego Vigil, *Barrio Gangs*. 1988.

マーベル・ウォーカー・ウィレブラント（WILLEBRANDT, Mabel Walker）

（1889年5月23日カンザス州ウッズデイルにて生誕—1963年4月6日カリフォルニア州リバーサイドにて死亡）禁酒法時代（禁酒法と組織犯罪＊参照）の司法長官補佐。

　同年代の人から「法執行のファーストレディ」と呼ばれたマーベル・ウォーカー・ウィレブラントは、禁酒法時代の絶頂期であった1921年から1929年の間、アメリカ司法長官補佐の職にあった。彼女の法律職上の経歴の初期段階において、彼女は女性が関与する刑事事件について責任を有する公費選任弁護人補助者に任命された。彼女は、2,000人を超える女性の弁護人として活動し、そして売春事例に対する彼女の思いやりのある対応は、裁判官が男性と女性の両者に法廷への出廷を命令することを開始したという意味で裁判所における実務手続の変化をもたらした。

　第一次世界大戦の間、彼女はロサンジェルスにおける徴兵に関連する事件を取扱う法的助言委員会（Legal Advisory Broad）の委員長に任命された。ヒラム・ジョンソン上院議員（Senator Hiram Johnson）と南カリフォルニアの全裁判官が彼女をハーディング政権下の司法長官補佐に推薦した。

　司法長官補佐の任命を受けた2番目の女性であり、かつその任期が延長された最初の事例であったウィレブラントは、税、刑務所、及び禁酒法をめぐる諸問題を扱う司法省の一部局の責任者となった。自分が指名される以前は、ウィレブラントは、禁酒法支持者ではなかった。しかしながら公職に就くことによって、彼女は法を支持することを決断していた。彼女が著書『ジ・インサイド・オブ・プロヒビション』（The Inside of Prohibition：禁酒法の内側）において記述しているように、主たる障害は、政治的干渉、公的機関の無能力、そして公衆の無関心であった。

　ウィレブラントは、政府の捜査員が熱意をもって密売者を追跡していることを主張した。彼女の主要な焦点は、ヴォルステッド法（Volstead Act）を執行する責任を有する禁酒局（Prohibition Bureau）並びに法執行機関に存した。彼女の32歳という年齢及び彼女の性別のゆえに、彼女は当初、連邦政府の法執行機

関である司法省及び財務省の年長の、疑い深い人物によって監督されていた。人々がなお飲酒を望んでいるという圧倒的な事実によって惹起された法執行に対するある種の冷淡さが政府内にも存在した。法におけるねじれは、中流階級の道徳主義者によって労働者階級の飲酒者に対して禁酒法が強制されているというものであった。そして、アルコールの消費を違法とされていた当時、適法な飲酒をなし、そして禁酒法執行官によってもぐり酒場を手入れされることについて悩まされることがないほどに権力を有するために、少なくとも、中流階級になることが必要とされた。

　問題をさらに複雑化させたのは、禁酒局の執行官が低賃金の支払いしか受けておらず、容易に買収されるという事実であった。多くの者は汚職によって解雇され、あるいは密売者になるべく退職した。しかし、ウィレブラントは諦めなかった。彼女は、自身の権限が地方の法執行機関に及ばないがゆえに、禁酒法に係る事件の連邦執行官の活動に焦点を当てた。全国の連邦執行官の多くは彼女を不機嫌にさせた。彼らの事件を法廷に持ち込むための活動は、非効率的なものから妨害者によるものへと変化した。ハーラン・ストーン（Harlan Stone）司法長官の下、彼女は禁酒法違反者の訴追を妨害する複数の連邦法執行官を解雇することが可能となった。

　障害にもかかわらず、重要な事例はウィレブラントの指揮の下で解決された。1923年において、国内最大規模の密売ネットワークといわれていたサヴァナの４強（Big Four of Savannah）（ジョージア州）が、ジョージ・レムス（George Remus）という密売人によるシンシナティでの活動の場合と同じく、崩壊した（be cracked）。1925年の司法長官による年次報告書は、1924年６月から1925年６月までのウィレブラントの部局によって公訴提起がなされた48,734件の事例のうち、39,072件が有罪判決で終了したことを示していた。ウィレブラントは、抗弁、説明、及び禁酒法を認めた合衆国憲法修正並びにヴォルステッド法の執行について審理する連邦最高裁判所への裁量上訴（下級裁判所での手続の司法審査）に際して278件の事例において意見を述べた。彼女は40の連邦最高裁が取り扱った事例においても異議申立てを行い、その総計は容易に超えることはで

きないものとなった。特に注目すべきなのは、アメリカ及び外国の船舶上でのアルコール飲料の販売を統制した事件における彼女の勝利であった。

「禁酒法時代のポーシャ」(Prohibition Portia) という称号を得て、ウィレブラントは、法の公的支援を拡大的に促進しつつ、論述し、そして話をした。彼女は一貫して、小規模なあるいは酒場に関する事例を追い回すことは、吸い取り紙で大西洋岸を干上がらせようとすることに等しいと述べて、政府が重大な犯罪に狙いを絞るべきであることを主張していた。

法執行のための自らの努力において、ウィレブラントは、禁酒法に関する事件取扱いにより一層柔軟に対応することができるように連邦裁判官を再割当てすること、財務省から司法省へ法執行権限を移転させること、法執行機関による諸活動のより良い相互関係を築くこと、及び有罪判決を言い渡された犯罪者に対してより厳正で一貫した量刑を言い渡すことを提案した。彼女は、J・エドガー・フーヴァー*を連邦捜査局を統率させるために推薦した。

1929年において、ウィレブラントは退職し、そして連邦法執行機関はこれ以上の人員、予算、そして弾薬を必要としておらず、さらなる事件への関わり合いが必要であると述べた。皮肉にも、彼女の退職後直ちに、彼女は、カリフォルニア・フルーツ・インダストリーズ (California Fruit Industries) の顧問に就任した。その企業は、便利なテーブルワインに容易かつ幅広く転換され得るブドウ濃縮液を生産していたのである。**禁酒法と組織犯罪**をも参照。

参照文献：Mabel Walker Willebrandt, *The Inside of Prohibition*. 1929.

フランク・J・ウィルソン（WILSON, Frank J.）（1887年生誕—1970年死亡）シカゴにおける内国歳入庁（Internal Revenue Service［IRS］）職員、アル・カポネの捜査官。

いかにしてアルフォンス・カポネ*を逮捕するか。彼は不死身であるようにみえた。あらゆる段階にある政府機関は、彼を逮捕して刑務所に収容することに失敗していたがゆえに不満を持っていた。

1927年に連邦最高裁は、たとえ違法な収入であっても課税の対象となると判

断した。内国歳入庁（IRS）のエルマー・アイレイ（Elmer Irey）の捜査班がカポネを脱税で訴追するという方法を考案した。しかし、カポネによる財務処理は分かりにくいといわれていたために、その方法は容易に実行し得るものではなかった。すなわち、密売*、売春、及び賭博*は、実際のところカポネによる組織的違法活動の全範囲内にあったが、すべて現金による事業であった。

　内国歳入庁は、どれほどの課税対象となる収入をカポネが得ているかを推計するための方法として、どれほどの金銭をカポネが消費しているかを確定する方法を考案した。その考えをもっともらしいものとしたのは、カポネが自らに課せられた税金を支払っていないという事実であった。

　フランク・J・ウィルソンが捜査を主導した。かつて彼は余り重要ではないギャング団構成員の財務上の違法なごまかしを暴露することに成功していた。ウィルソンは、紋切り型の会計や通常の公務員に合致していた。すなわち、彼がその職務を開始した当時、彼はおよそ40歳であり、頭が禿げあがり、メタル・フレームの眼鏡をかけており、そして何かにとりつかれたように職務に従事する捜査官であるといわれていた。任命された職務に固有の危険性にもかかわらず、ウィルソンと彼の妻は、シカゴのシェリダン・プラザ・ホテル（Sheridan Plaza Hotel）に移り、自らを旅行客であると取り繕っていた。彼はシカゴにおける自身の仕事の正確な内容について妻には告げていなかった。そして、彼女が知っていたすべてのことは、彼の夫が「カーリー・ブラウン」（Curly Brown：褐色の縮れ毛の男）と呼ばれたある人の事件について調査しているということのみであった。ウィルソンは、カポネを刑務所に送るため複雑な情報を掘り起こして3年間（1929年から1931年まで）を過ごした。カポネの広範囲にわたる収入と彼の気前の良い支払いの習慣によって、このことが容易に実行され得るように思われた。しかし事実として、それはほとんど不可能であることが判明した。ウィルソンが発見したように、カポネは収入を得る際それがほとんど不明になるようにした。彼は、すべての事業を表向きの人物あるいは第三者を通して行っていた。

　カポネは、自らの逮捕に向けての努力についての噂を聞きつけた際、ウィル

ソンの殺人命令を発した。しかし、脅迫はウィルソンを脅すことにはならなかった。内国歳入庁とその他の連邦政府職員は、カポネの以前の恩師であり共同者でもあったジョニー・トーリオ*に接近し、もしカポネが殺し*をキャンセルしないのなら、街路での抗争状態が継続するであろうと、トーリオに警告した。殺人命令は24時間以内にキャンセルされ無効とされた。

ウィルソンは、カポネによる消費の傾向及び彼の純粋な資産額について、厳しい質問に基づいて確定させることができたギャング団の会計係と簿記係とを、様々な方法を用いて追及した。その方法は、カポネの弁護士が証拠能力のある証拠に関する理由に基づいて不服申立てにこぎつけるほどに、粗雑ではあるが、そうであるにもかかわらず効果的な方法であった。カポネは脱税によって11年の拘禁刑に処せられた。

カポネの逮捕の後、ウィルソンの職歴は1931年になっても終わらなかった。1936年において彼はシークレット・サービス (Secret Service) の局長に就任し、通貨偽造に関する問題を追跡した。この職務においても、彼の献身と集中力とは多大な貢献をもたらし、それゆえに偽造通貨の流通量は劇的に減少した。

参照文献：Frank Spiering, *The Man Who Got Capone*. 1976.

ウォルター・ウィンチェル (WINCHELL, Walter)（ブロードウェイの王）(1897年4月7日ニューヨーク市にて生誕―1972年2月20日ニューヨーク市にて死亡) ニューヨークのゴシップ新聞特約寄稿家であり、ギャング団レポーター。

「北米及び航海中の船舶に乗船している紳士、淑女の皆さん、おはようございます。」この有名な反復句は、ウォルター・ウィンチェルの全米で人気を博していたラジオニュース・コメント番組の始まりの挨拶である。ウィンチェルは、彼が視聴者と無線で会話することをしなかったことを除いて、「トーク・ラジオ」として現在では知られている番組の先駆けとなった。その任期の絶頂期には1,000もの新聞が彼の論評を掲載し、そして彼のラジオ番組は多くの視聴者を抱えていたその影響力のゆえに、ウィンチェルは、自らの番組及び論評の題材として組織犯罪と警察とを使用した。

犯罪組織の一員とその女友達を描いて成功したブロードウェイ・ミュージカルである『野郎どもと女たち』（Guys and Dolls）を記した彼の恩師であるデイモン・ラニヤン*は、ニューヨークの有名なストーク・クラブ（Stork Club）でウィンチェルに多くの暗黒街の人々を紹介した。1939年において、ウィンチェルはFBIとニューヨーク・シンジケート*の首領*であるルイス・バカルター*の長きにわたる追跡の仲介人としての役割を演じた。

彼はその経歴を通して、ウィンチェルは、フランク・コステロ*、チャールズ・「ラッキー」・ルチアーノ*、及びマーダー・インク*・ギャングの裁判について魅了されていた公衆に報告し続けた。1937年には6,000万人が彼の論評を読み、彼のラジオ番組を視聴していたが、彼の名声は、社会一般が彼のこれ見よがしな方式に飽きたとき、突然に終了した。彼は1972年に死亡したが、彼の墓のわきには彼の娘が立っただけであった。

参照文献：Neal Gabler, Winchell, *Gossip, Power, and the Culture of Celebrity*. 1994.

「ワイズ・ガイ」（"Wise Guy"） ソルジャーたちを参照。

証人保護プログラム（Witness Security Program） 連邦保安官事務所（U. S. Marshals Service）は、その生命が組織犯罪及び重大犯罪に関する彼らの証言の結果、危険な状況に置かれている政府証人及びその直接の扶養家族に保護、健康、及び安全を提供する。

1971年以来、（家族構成員を含まない）およそ5,600人の証人が証人保護プログラム（WITSEC）の適用を受け、そして連邦保安官事務所によって保護され、移住し、そして新たな身分の提供を受けた。

連邦保安官事務所によるこのプログラムの運営の成功は、重大犯罪の共謀及び組織犯罪に対する政府による闘争における独特かつ有益な手段を提供している。このプログラムの導入以来、全有罪判決率のうちの86%が保護の対象となった証人による証言の結果得られたものであった。

証人が証人保護プログラムによる保護の対象となるかどうかの最終的な判断

は、司法長官あるいはその被指名人による。その決定は、全米で重大な連邦犯罪に対処すると指定された連邦執行官（U. S. attorney）による勧告に基づく。州裁判所の事例において、その決定は、適当な連邦執行官事務所を通して州の司法長官によってなされた申請に基づく。

　証人が連邦保安官事務所による事前の説明を受け、そしてそのプログラムによる保護を受けることについて同意した後に、その手続は通常、その証人及びその直接の家族構成員の危険区域からの即刻の転出、及び連邦保安官事務所によって選択された安全な地域への転入を含んでいる。加えて、プログラムは典型的に、裁判所の命令による氏名の変更、及び証人とその家族向けの申請の文書による新たな身分の提供を含む。証人に対して提供される援助の典型例には、住居、医療的保護、職業訓練、及び雇用先の提供が含まれる。基本的な生活支出を賄う生活資金の提供も、そのプログラムの参加者が転出先の地域で経済的独立を得るまで証人に提供される。

　連邦保安官事務所は、証人が脅威を有している環境にあり、そして公判前手続、法廷での証言、及びその他の裁判所への出廷のために危険地域に戻る場合にすべての証人に対して24時間の保護を提供する。

　組織的には、このプログラムは、3つの段階から運営されていた。すなわち、連邦保安官事務所本部、12地区事務所、及び大都市圏事務所（Metro unit）である。そしてそれは証人に援助を提供し並びに証人の保護をめぐる問題に対処する地域の連邦法執行官に対する助言者として活動するために、高度な訓練を受けた証人保護捜査官（Witness Security Inspector）を有している。

　証人保護プログラムの適用を受け、そしてその後犯罪をしたとして逮捕され起訴された、以前に犯罪経歴を有していた証人の再犯率は、23％以下であった。このプログラム参加者による再犯率に関する数字は、全国の刑務所から釈放された犯罪者の再犯率の半分以下である。証人の保護に関連する刑事上及び民事上の問題において、連邦保安官事務所は、証人を法廷に出廷させ、あるいは証人にその法的責任を履行させることにおいて地方の法執行機関及び裁判所と充分に協力している。

証人保護プログラムは1970年に、1970年組織犯罪規制法（Organazed Crime Control Act 1970）（公法91-452）によって承認され、そして1984年包括的犯罪規制法（Comprehensive Crime Control Act 1984）（合衆国法律集第18章3521条-3528条）によって修正された。

参照文献：Robert J. Kelly, Ko-lin Chin, and Rufes Shatzgerg, "Without Fear of Retribution ; The Witness Security Program," in *Handbook of Organized Crime in the United States,* ed. Robert J. Kelly, Ko-lin Chin, and Rufus Schatzberg. 1994.

Y

ヤクザ（Yakuza）（暴力団としても知られる）日本人組織犯罪集団。

　この集団が、アメリカにおいて広範囲に活動していることは知られてはいないけれども、彼らの有形的存在は、日本の暴力団の影響力として、感じられる必要性はないのである。彼らは、金を稼ぐ方法を見つけ出すことにおいては、極めて革新的であることで有名である。自分たち以外の犯罪集団、つまり、ラ・コーザ・ノストラ*、中国人三合会*、そしてコロンビア薬物カルテル*といった組織との交流を通じて、そしてまた、アメリカにおける合法あるいは非合法ビジネスに対する出資を通じて、暴力団は、境界線を越え、アメリカの経済的基礎構造に深く浸透してきているのである。

　日本に本部が設置されている暴力団は、おそらく、世界において、最大かつ最古の組織犯罪であり、その起源は、約300年前にさかのぼる。2,500以上もの様々な犯罪集団が、暴力団と盃を交わしており、それらの構成員は、世界中で８万5,000人以上と推計されている。「暴力団」という単語は、「暴力的なギャング」を意味する。この集団の構成員たちは、「ヤクザ」と呼ばれることを好む。「ヤクザ」という用語は、もともと、賭博において、最悪の可能性の数の組み合わせを指すものであったが、今では、「無法者」を意味するように進化している。

　ヤクザは自分たちの入れ墨を入れた身体や、自ら自分に課すところの自傷行為の習慣で有名である。様々な集団の構成員たちは、自分たちの身体を複雑華麗な入れ墨で飾り立て、自分たちがその使命や仕事をしくじった場合、彼らは、自分たちの指を詰めることによって、彼らの首領たちに詫びを入れ、責任をとるのである。

いまだに薬物不正取引、恐喝、売春、暴力犯罪、そして銃器密輸に手を染めてはいるものの、暴力団の最近の目標は、投資の機会、とりわけ不動産を見つけることであり、その不動産とは、不正な利益を洗浄し、そして、もし必要とあらば、避難所として利用できるような国外の避難場所を創り出すためのものなのである。あれだけ合法的な日本の投資活動が、アメリカにおいて行われているのにもかかわらず、ほとんど疑いもなく、暴力団は、アメリカの不動産市場において、堅固な基盤を獲得しようとしているのである。それと同時に、恐れられていることは、合法的ビジネスの投資の拡大が、企業恐喝の増加を惹起するであろうということである。暴力団は、目下、会社を攻略目標としており、その会社とは、日本人所有あるいはアメリカの会社であって、日本人幹部を雇用している会社なのである。アメリカの犯罪的基礎構造に同化することに精通しているので、法執行の専門家の所信によれば、暴力団がアメリカの会社を恐喝の餌食とするのは、時間の問題に過ぎないということである。

　日本においては、この集団は、強大な経済的、そして政治的権力を蓄積してきた。何年間にもわたって、この集団は、公然と活動するのを大目にみられてきたし、かつ、それが許されてもきた。大抵の組織犯罪集団と同様に、暴力団は、腐敗した公務員たちに対する贈賄を、ひどく当てにしている。日本の警察庁の概算したところによれば、1988年においては、暴力団の賭博と薬物不正取引だけで、約100億ドルの収益が計上されている。**アジア系組織犯罪、東亜友愛事業組合、山口組**をも参照。

　参照文献：Alec Dubrow and David Kaplan, *Yakuza*. 1986.

フランキー・イエール（YALE, Frankie）（フランチェスコ・イエールとして、1893年イタリアはカラブリアにて生誕—1928年7月1日ニューヨーク州ブルックリンにて死亡）ブルックリンのゆすりたかり者、かつ、恐れられた暗殺者。

　殺し屋となったり保護者となったり、フランキー・イエールは、ブルックリンにおいて、野性的かつ矛盾した激情を露わにしたけれども、一点において、少なくとも、一般的な意見の一致があった。それは、すなわち、フランキー・

イエールには誰も逆らわない、ということである。20歳になる前には、彼は有名な（あるいは札付きの）、引き締まった筋肉質の、非常に危険な体格の持ち主であった。彼についての物語から知るところによれば、21歳になるまでに、彼は両手では足りないほど多くの人間を殺害した、ということになっている。

イエールは、彼の本当の名前ではなかった。つまり、それは慎重に考案されたものであった。彼はマフィア＊にも所属してはおらず、彼はカラブリアという、イタリアでも極貧の田舎の地方の1つで、1983年に産声を上げ、そして、幼少の頃にアメリカへとやって来た。イエールは、思春期を、マンハッタン南部のファイブ・ポインツと盃を交わしていた若者ギャングの中で過ごし、そして、1920年代に結婚するまでは、多くの窮地に陥っており、そして、ハーヴァード・インで、ジョニー・トーリオ＊の相棒となったのであった。禁酒法時代の間（禁酒法と組織犯罪＊参照）、イエールはまた、労働組合に対するゆすりたかり＊と恐喝において、多くの副業を発展させもした。

イエールは、冷凍する前に必要な製氷業に従事し、そして、地方の専売会社を立ち上げ、ブルックリンのイタリア人の近隣において、供給と競争を統制した。次に、組合のまとめ役を脅迫し、怖がらせることによって、ブルックリンの至る所でイエールが統制していたクリーニング業が彼の傘下にあった。タバコ、とりわけ自分の名前である「フランキー・イエール」を冠した小さな葉巻タバコなどを仕入れない店主は、店の窓が割られ、あるいは、身の破滅という危険性すらあったのである。

イエールは、ハーヴァード・イン内のコニー・アイランド・バーとダンス・ホールを開店した後、愛嬌のある態度と、必要とあらば完全に残忍になる性質とを兼ね備えた能力のある用心棒とバーテンダーが、必要になった。トーリオは、イエールを、アルフォンス・カポネ＊の下へと送った。トーリオが違法アルコールを基盤とする悪の帝国を結集したとき、トーリオは、自分の首領たるビッグ・ジム・コロシモを殺害する必要があった。イエールは、ブルックリンで、にわか景気のビジネスにいそしんでいたが、さらにもっと多くのものを手に入れたがっていた。そこで、イエールは、シカゴで好機を見計らって、1920

年、コロシモを暗殺した。しかし、トーリオのシカゴでのゆすりたかりの統制を動揺させようとのイエールの試みは、裏目に出た。ビッグ・ジムの排除は、現実には、トーリオ組の権力を強化したのであり、そのことが、次には、イエールの首を絞めることになったのである。しかし、イエールは、抑止などされなかったようであり、それでもまだ、トーリオとカポネのために働いたのである。1924年、イエール、ジョン・スカリーゼ（John Scalise）、そして、カポネ子飼いの殺し屋アルバート・アンセルミ（Albert Anselmi）がチャールズ・ダイオン＝オバニオン*という、ノースサイド・ギャングのリーダーを、その経営する花屋で銃撃した。この事件は、シカゴ全域における、カポネの権力拡大において、重要な一歩となったのであった。

1928年までには、カポネとイエールの関係は悪化していた。それはなぜなら、カポネが、イエールが裏切るのではないかとの不信を抱いたからであった。例えば、フランキーは、ロングアイランド海岸線と、ニューイングランド海浜沿いで、アメリカ中西部行きが目論まれたカポネの密輸した酒が詰まったトラック貨物を強奪していたのである。

明白な裏切りにもかかわらず、カポネは即座に動こうとはしなかった。というのも、アルコールの密輸と製造は、巨大産業であって、ビジネスにおいて、何千人もの人々の助けとなる非業法的な富を生み出すものであったからである。カポネを含む、ほとんどの人間たちは、無謀に、あるいは、ビジネスを脅かす可能性のあるやり方で、敢えて行為しようなどとは思わなかったのである。そういうわけで、「カポネの親分」（Big Fella）は、チャンスの瞬間が来るまでは、じっと我慢の子であったのである。

1928年7月1日日曜日、ニューヨーク州ブルックリン。イエールは、自分の新車に1人で乗って外出していたが、その車は、防弾を施した車台という特徴があった。黒塗りセダンがその脇に付き、そこには、シカゴから、カポネの暗殺者たちが乗り込んでいたのであり、弾丸の嵐をお見舞いされたのであった。ジャック・マクガーン（Jack McGurn）（通称、マシンガン［Machine Gun］機関銃）、スカリーゼ、そして、背筋が凍る聖ヴァレンタイン・デイの大虐殺*に

後に参加することとなったセントルイスの殺し屋、フレッド・バーク（Fred Burke）（通称、キラー［Killer］殺し屋）が、イエールを撃ち殺した。トムソン式軽機関銃と、45口径の拳銃が、イエールの車の窓をぶち破って炸裂したのであるが、その部分は、防弾仕様ではなかったのである。このとき初めて、「トミー・ガン」（Tommy Gun：トムソン式軽機関銃）が、ギャングの殺害において使用されたのであった。

葬儀は、7月5日に催され、10万人もの人々が参列して、イエールに敬意を払い、そしてまた、壮観な花輪の列に呆然としたのであったが、それは、ダイオン＝オバニオンの葬儀のときの花輪などよりも、より奇抜なものであった。それは、1924年に至るまで、シカゴの喪に服する暗黒街の豪奢な展示方法と考えられていたものである。

フランキー・イエールは、シカゴではなく、ブルックリンの街路でこの世を去ったのであるけれども、その殺害は、その10年間で最も重要な暗黒街の殺しの1つになったのであり、アル・カポネの次に、イエールは、禁酒法時代で最も有名かつ、最も恐れられたゆすりたかり者の1人になったのであった。ただ、イエール殺害の時点では、なぜ彼が殺され、あるいは、誰が彼を殺害したのかを知る者は、ほとんどいなかった。

参照文献：Ralph Salerno and John S. Tompkins, *The Crime Confederation*. 1969.

山口組（Yamaguchi-Gumi） 日本人犯罪集団。

山口組は、最大かつ最強のヤクザ*（暴力団）の下位集団の1つであり、750以上もの下位集団の中に、2万人以上もの構成員がひしめいているのである。山口組は、日本の都道府県の80％以上に影響力があり、そして、アメリカにおいても、合法的会社を通じて、活動していることが知られている。山口組は、合法的会社の看板の後ろに隠れて、その活動を偽装しつつ、新規構成員を募集し、マネー・ローンダリングを行うことによって、大きくなっているのである。ヤクザ集団の活動は、非常に儲かっており、収益の大部分は、アメリカの会社に出資されている。彼らは、ハワイの不動産の購入によって、相当料の資金を

洗浄しているのである。山口組がハワイで財産を取得することに非常に興味をもっている理由について質問がなされたとき、あるヤクザの回答によれば、「イの一番に、我々は財産を買って、そしたら次に、我々は、人間を買っていくんだ」とのことである。**ヤクザ**をも参照。

参照文献：Minour Yokoyama, "Trends of Organized Crime by Boryokudan in Japan," in S. Einstein and M. Arnis, eds., *Organized Crime : Uncertainties and Dilemmas*. 1999.

ヤング・ボーイズ・インク（Young Boys, INC.） 1980年代の、最初のアフリカ系アメリカ人薬物ギャングの1つで、多くの技術を開拓し、その技術は、アメリカ中の薬物ギャングの処理手順の基準となっている。それはすなわち、薬物運搬における年頃の若者を使用すること（たとえ訴追され、有罪判決を受けたとしても、彼らは普通は、拘禁刑を科されないから）、薬物の小包にはブランドの名前を使用すること、「縄張り」（territory）がギャングの統制下に置かれるまで、地域における街路レベルの物流の統制を達成するためには、暴力を使用すること等である。

ミルトン（ブッチ）・ジョーンズ（Milton [Butch] Jones）は、若かりし頃、デトロイトのウエストサイド・ゲトーのむさ苦しい街路で、ヤング・ボーイズをまとめ上げた。小奇麗で魅惑的な薬物の売人というイメージとは程遠く、ジョーンズは、背の低い、地味な顔の、がっしりした体格で、しばしば、寡黙で、目つきが悪い男であった。彼は酒を飲まず、薬物にも手を出さず、あるいはまた、ナイトクラブや看板過ぎのクラブをハシゴするようなこともなかった。しかし、彼は悪賢くタフな奴で、暴行罪で刑務所収容を務めたこともあった。

シルヴェスター（シール）・マリ（Sylvester [Seal] Murray）という、有名なヘロイン卸売業者と共同して、ジョーンズは、約300人を寄せ集め、街路や、公営住宅事業の玄関で、薬物を売り捌いたのであった。

ヤング・ボーイズは、正当で合法的な小売商業のように活動した。例えば、ジョーンズは、よく、マリから大量のヘロインを入手し、それを「製粉器」（cutting mill）で加工処理し、それを街路販売用に、「ロールス・ロイス」（Rolls-

Royce）とか「レネゲイド」（Renegade：反逆者）といった洒落た商品名を付けて包装したのであった。予定表は、能率を旨とし、青いジャージに身を包む「中継組員」（hook-up crews）は、ヘロインを、街路に立つ売人へと譲渡することになっていた。日がな一日、集金人は、赤いジャージに身を包み、販売による現金を回収したものであった。各薬物販売場所は、「トップ・ドッグ（top dog）長」によって監督され、その長は、自分の縄張りの集金人と売人も監督した。

　ヤング・ボーイズは、数件の殺人容疑がかかっていたけれども、彼らは、いくつかの他のギャングたちのように、特に暴力的というわけではなかった。暴力的解決を要求するような問題は、概して、「レッキング・クルー」（Wrecking Crew：救難隊）という、ヤング・ボーイズ組の一部隊たる行動部隊の一団によって処理されていた。

　1983年、ブッチ・ジョーンズと、その他約40人の薬物ギャング構成員たちは、有罪判決を受け、長期の刑期を言い渡されたのであった。**アフリカ系アメリカ人組織犯罪、チェンバーズ兄弟、クリップスとブラッズ、エル・ルークンス、ジェフ・フォート**をも参照。

　参照文献：Rufus Schatzberg and Robert J. Kelly, *African-American Organized Crime : A Social History*. 1997.

Z

ジョー・ゼリリ（ZERILLI, Joe）（ジョゼフ・ゼリリとして、1898年シチリアはテラシーニにて生誕─1977年10月30日ミネソタ州グロッセ・ポイントにて死亡）デトロイトのコーザ・ノストラ首領*。

　ジョー・ゼリリがデトロイトの犯罪状勢で名声を帯びるようになるまで、「モー」・ダリッツ*のようなクリーヴランドのゆすりたかり者たちとの親密な繋がりをもった、主にタフなユダヤ人の密売人*で構成されていたパープル・ギャング*が、自動車の都市の暗黒街を支配した。ゼリリともう１人のマフィア構成員が、パープル・ギャングに加わり、それ自体がいっそう精巧な犯罪企業に変わり始めたとき、手早く頂点に立った。

　ゼリリは、シチリアで生まれ、10代の時にアメリカに渡り、それから建設業で労働者として働いた。パープル・ギャングに加わった後、彼は、高利貸し業*、麻薬、労働者に対するゆすりたかり*、及び恐喝を含む犯罪事業を築いた。（多くのマフィアメンバーが自分たちよりも下にあるものとして軽蔑した）売春でさえ、ゼリリ帝国の一部であった。

　デトロイトでは体面の目的で、ゼリリは、自分の家族と製パンビジネスに専念していた良い市民になりすました。彼はうまく生活をし、自分の犯罪ファミリーの問題を慎重に処理した。アメリカのマフィア構成員の間で、彼は、コミッションの一員である唯一の２人の非ニューヨーク市民の１人であった。しかし、そこでの彼のサービスは、非常に控えめなものであった。すなわち、ゼリリは、コーザ・ノストラ・ファミリーの問題に対しての外部の干渉を良いと思わず、地方の首領の発言を覆すような決定に達することにおいて、抑制を実践した。彼自身は、常に自分の領域における活動に対してかなりの注意を払い、

また常に他のグループの縄張り上の特権に敬意を払った。

1970年代初期に、ゼリリは、自分の後継者として、息子のジョゼフ・ジュニアを就任させた後で引退した。しかし、1975年に、彼の息子が4年の拘禁刑を受けた後で、ジミー・ホッファ*が、強力なチームスターの指導体制を再開することを予期して刑務所から釈放されたとき、彼は復帰せざるを得なかった。ホッファは腹を立てていて、ギャング団構成員であるフランク・フィッツシモンズ（Frank Fitzsimmons）が辞職することを望んだ。この時点で、ゼリリが介入したと思われる。一般的な見解では、ホッファが姿を消し、ジェノヴェーゼ犯罪ファミリー*の頭領として仕え、ニュージャージー州チームスター第560支部長のアンソニー・プロヴェンツァーノ*と、ペンシルヴァニア州ピッツバーグのコーザ・ノストラ・ファミリーを率いたペンシルヴァニア州のマフィアメンバーであるラッセル・バッファリーノ（Russell Buffalino）により、1975年7月30日に殺害されたと伝えられている。ホッファは、ゼリリの組員であったトニー・ジアカロン（Tony Giacalone）に会うように予定されていた。そして、ゼリリが彼の理解と認可なしで彼の領域では何も起こらないことを可能にしたという事実を加えることは、彼がホッファの行方不明と殺人を手中にしていたことを強く示唆するものである。

参照文献：Dennis J. Kenney and James O. Finckenauer, Organized Crime in America. 1995.

「ジップス」（**"Zips"**）　イタリアとシチリアのマフィア構成員を述べる隠語で軽蔑的な言葉。その起源は、おそらくシチリア語を話す移民犯罪者が、シチリアの方言をあまりにも早く喋るのでそれが理解できなかったということを述べるアメリカ人の反応に関連する。

多数のマフィア構成員とカモリスティ（Camorristi）（ナポリからのギャング）が、1980年から1983年までシチリアと南イタリアの間で紛糾したマフィア戦争中にアメリカに入った。その闘争は、コーザ・ノストラ*ファミリーが組織し維持した儲かる麻薬市場の統制を得るために発展した。イタリアの法執行機関

の推定によれば、その戦争は、マフィア・ファミリーとカモリスタのギャング500人以上のメンバーの生命を犠牲にしたということである。数十人のメンバーが逮捕され、裁判のために収容された。そして、逃亡と不法入国のパターンが起こった。それは、ファシスト独裁者ベニート・ムッソリーニがマフィアを破壊することに決めた数十年前を思い出させるものであった。

マフィアの容疑者たちのエスカレートしていた暴力と大量の裁判は、アメリカの麻薬市場における彼らのサービスの需要と結び付いて、アメリカへこれらの犯罪者の不法入国を促進するのに役立ったのである。

参照文献：Claire Sterling, Octopus : The Long Reach of the International Sicilian Mafia. 1990.

アブナー・ツヴィルマン（ZWILLMAN, Abner）（通称、ロンギー［Longy］背高のっぽ）（1899年生誕―1959年2月26日ニュージャージ州にて死亡）イーストコーストの禁酒シンジケート・リーダーかつ、ニュージャージ州の犯罪の首領。

「ロンギー」・ツヴィルマンは、20世紀が到来したときに、ニュージャージ州のニューアークでタフなユダヤの隣人として成長した。10代の若者として、彼は、一時的にワゴンで果物と野菜を売る行商人として働いたが、しかし、禁酒法（禁酒法と組織犯罪の項目を参照）で後に重要な人物として出現することになる彼の子ども時代からの友人（すなわち、ジョゼフ・スタッチャー*と「ニギー」・ラトキン（"Niggy" Rutkin））と共に、ツヴィルマンは、ランブラー（the Rambler）と呼ばれるストリート・ギャングと一緒に行動していた。長い間にわたる酒類密売とハイジャックによって、ツヴィルマンは、自らを博愛主義者とみなすのに充分なほど金持ちになった。密売人*としてのツヴィルマンの専門は、処刑、脅迫、及び暴力の使用であった。彼はまた、北部ニュージャージー州で政治を統制した民主主義機構で影響力をもっていた、とあるニューアークの政治クラブにおいて、非常に傑出した役割を果たした。そのクラブは、ツヴィルマンに、彼の種々の事業のための本部と、彼の犯罪行動を隠すちゃんとした前線を提供した。

ツヴィルマンは、強暴な無法者としての自らの専門知識により、禁酒法時代において醸造所と蒸留酒製造所で大規模な所有財産を獲得した大胆かつ想像力の豊かな犯罪者の事業家である、「ワクシー」・ゴードン*のパートナーになることができた。1930年に、おそらくほぼ同じ理由で、ツヴィルマンは、ラインフェルド・シンジケート*で、ニュージャージー州すべてに広がった巨大な密売で50%の利益を獲得した。酒類密売が広がり、全米中で主要な企業になったので、ツヴィルマンは、「ビッグ・シックス」（Big Six）という連合に加わった。それは、メイヤー・ランスキー*、フランク・コステロ*、チャールズ・ルチアーノ*、ジョゼフ・アドニス*、アンソニー・ジョゼフ・アッカード*、及びアル・カポネの最高の金融アドバイザーであるジェイク・グージック*といったような暗黒街名士を含むもう1つの主要な違法アルコール・シンジケートである。

ツヴィルマンは、そのシンジケートのニューヨークの首領と緊密になって働き、ニュージャージー州のフランク・コステロの仲間であったウィリー・モレッティ*と協力関係を作った。モレッティは、あたかも付随する肉体であるかのように仕え、フランク・コステロが首領であったルチアーノ犯罪ファミリーと、コーザ・ノストラ・ファミリーのヴィンセント・マンガーノの一員で、マーダー・インク*を率いる恐ろしい殺人者であったアルバート・アナスタシアとの関係を許した。

ツヴィルマンの富は力を授け、彼の影響が増大するにつれて、彼の政治的権力もまた高まった。1946年、ニュージャージー州知事のハロルド・G・ホフマン（Harold G. Hoffman）は、個人的にツヴィルマンの支援を求めた。1949年、その暴力団員は、厚かましくも民主党候補者に対し、もし彼がツヴィルマンに最高の法執行官である州の検事総長に任命することを許すならば彼を支援するという公職就任を求めることを示唆した。その民主党候補者は、感心にもそれを断り、結果として選挙に負けたのであった。

彼の味方であるモレッティとその背後にある地域のコーザ・ノストラの力を借りて、ツヴィルマンは、恐喝、車両強盗、及び賭博で彼のゆすりたかりを行

った。ハドソン・リバー・パリセイズ地区（ニューヨーク州とニュージャージー州を繋ぐジョージ・ワシントン橋付近）のリヴィエラ・ナイトクラブでの豪華なカジノは、ツヴィルマンと、スター・エンタテイナーを呼び物にしている彼の仲間が開業していた。

　ツヴィルマンは、自分の犯罪経歴を通じて立派なイメージを維持しようと努めた。早くも1932年には、例えば、誘拐されたリンドバーグの赤ん坊の捜索が全米中の大騒ぎを引き起こしたとき、彼は、誘拐犯に繋がる情報に対して多額の報酬を出した。1950年代に、彼がニューアークのスラム街一掃プロジェクトのために25万ドルを寄付したとき、彼が市民意識が強いというイメージは高められた。けれども、労働者に対するゆすりたかりに関するマックレルランド委員会*が、彼の活動にそのスポットライトを向けたとき、善良でまっすぐな性格の市民の外見は薄れた。マックレルランド委員会によって召喚され、税務調査を受けたことで、ツヴィルマンの市民イメージは粉々になった。

　政府との問題が、暗黒街における内部抗争によって増大させられた。不幸にもツヴィルマンにとって、彼は、コーザ・ノストラにおける権力闘争で間違った競争相手を支持した。ヴィトー・ジェノヴェーゼ*が、謀殺の告訴に関して彼が逮捕を免れるために第二次世界大戦中留まっていたイタリアから戻った。彼は、コーザ・ノストラを活性化させることに興味をもち、コステロが、追放された犯罪の首領であるラッキー・ルチアーノの管理で維持した犯罪ファミリーの統制を引き受けることを望んだ。ジェノヴェーゼもまた、シチリアのマフィアと共に儲かる麻薬取引の経営を発展させることを望んだ。ツヴィルマンは、ジェノヴェーゼの代わりにコステロとアナスタシアを支持した。アナスタシアが1957年に殺され、同じ年にジェノヴェーゼの部下であるヴィンセント・「ザ・チン」・ギガンテ*（何年も後にジェノヴェーゼ犯罪ファミリー*の首領になった）によってコステロの生活に関して殺人未遂がなされた後、ツヴィルマンの力は急速に失われた。

　アブナー・ツヴィルマンは、1959年にマックレルランド委員会に出席するように予定されていた少し前に、自殺したように思われた。ツヴィルマンが本当

に自ら生命を断ったのか、あるいは、ジェノヴェーゼと彼の仲間（主として、アナスタシア犯罪ファミリーの新しい首領で、ジェノヴェーゼと親密なパートナーであったカルロ・ガンビーノ）の命令に基づいて殺害されたのかどうかについての疑いが提起された。証拠は、ツヴィルマンが殺害されたことを示唆し、その理由は確認するまでもない。ツヴィルマンの仲間が、彼が刑務所を免れるために（ジョゼフ・ヴァラキが、マックレルランド委員会に彼の容姿が現れるように）密告者に転じるかもしれないことを恐れたのかもしれない。ツヴィルマンの死の暗黒街版は、彼が自らを沈黙させるために殺害され、彼の前パートナーであるメイヤー・ランスキーがそれを承認しなければならなかったということである。

　参照文献：Hank Messick, The Silent Syndicate. 1967.

参考文献の概観

　組織犯罪を専門的に論じている多数の著書から、多くのものが、本書で提供された情報を補うのに推奨される。以下の参考文献は、読者の便宜上、カテゴリー別に構成されている。推奨される参考図書は、20世紀の間のアメリカにおける組織犯罪に関する題目も含んでおり、様々な歴史的時代における個人や出来事についての多数の情報を包含するものである。一般書の中には、犯罪事業が機能している社会や法的・経済的環境における組織犯罪活動の役割を検討しているものもあれば、特定の集団あるいは組織犯罪者を検討しているものもある。自叙伝、個人に関する報告書、伝記には、犯罪まみれの人生を送った者が著した文献、あるいはその者についての文献や、法執行機関の役人や政府官僚として組織犯罪と闘った者が著した文献、あるいはその者についての文献を含んでいる。重要な政府報告書は、政府機関によって編集された情報として参照することが可能である。最後に、組織犯罪についてのフィクションである映画の描写は、組織犯罪に対する大衆文化の反応の例として表されるのである。

参 考 図 書

Inciardi, James, ed. *Handbook of Drug Control in the United States.* Westport, CT : Greenwood Press, 1990.

Kelly, Robert J., Ko-lin Chin, and Rufus Schatzberg, eds. *Handbook of Organized Crime in the United States.* Westport, CT : Greenwood Press, 1994.

Sifakis, Carl. *The Mafia Encyclopedia.* New York : Dell, 1987.

一 般 書

Abadinsky, Howard. *Organized Crime.* 5th ed. Chicago : Nelson Hall, 1997.

Albanese, Jay S. *Organized Crime in America.* Cincinnati, OH : Anderson, 1996.

Albini, Joseph. *The American Mafia : Genesis of a Legend.* New York : Appleton-Century-Crofts, 1971.

Anastasia, George. *Blood and Honor : Inside the Scarfo Mob—The Story of the Most Violent Mafia Family.* New York : Morrow, 1991.

Block, Alan. *East Side—West Side : Organizing Crime in New York, 1930-1950.* New Brunswick, NJ : Transaction Books, 1998.

Block, Alan A., and Frank R. Scarpitti. *Poisoning for Profit : The Mafia and Toxic Waste in America*. New York : Willian Morrow, 1985.

Blum, Howard. *Gangland : How the FBI Broke the Mob*. New York : Pocket Books, 1993.

Blumenthal, Ralph. *The Gotti Tapes*. New York : Random House, 1992.

Chin, Ko-lin. *Chinatown Gangs : Extortion, Enterprise, and Ethnicity*. New York : Oxford University Press, 1996.

Cressey, Donnald R. *Theft of the Nation : The Structure and Operations of Organized Crime in America*. New York : Harper Colophon Books, 1969.

Davis, John H. *Mafia Dynasty : The Rise and Fall of the Gambino Crime Family*. New York : HarperCollins, 1993.

Fox, Stephen. *Blood and Power : Organized Crime in Twentieth Century America*. New York : William Morrow, 1989.

Fried, Albert. *The Rise and Fall of the Jewish Gangster in America*. New York : Holt, Rinehart and Winston, 1980.

Haller, Mark H. *Life Under Bruno : The Economics of an Organized Crime Family*. Conshohocken : Pennsylvania Crime Commission, 1991.

Handelman, Stephen. *Comrade Criminal : Russia's New Mafiya*. New Haven, CT : Yale University Press, 1995.

Hess, Henner. *Mafia and Mafiosi : Origin, Power, and Myth*. New York : New York University Press, 1998.

Ianni, Francis, A. J. *A Family Business : Kinship and Social Control in Organized Crime*. New York : Russell Sage Foundation, 1972.

Jacobs, James B., with Christopher Paranella and Jay Worthington. *Busting the Mob : Unites States vs. Cosa Nostra*. New York : New York University Press, 1994.

Kaplan, David E., and Alec Durbo. *Yakuza : The Exclusive Account of Japan's Criminal Underworld*. Reading, MA : Addison-Wesley, 1986.

Kelly, Robert J. *The Upperworld and the Underworld : Case Studies of Racketeering and Business Infiltrations in the United States*. New York : Kluwer Academic/Plenum Publishing, 1999.

Kelly, Robert J., and Rufus Schatzberg. *African-American Organized Crime : A Social History*. Newark, NJ : Rutgers University Press, 1997.

Kenney, Dennis J., and James O. Finckenauer. *Organized Crime in America*. New York : Wadsworth, 1995.

Lee, Renssalaer W. III. *The White Labyrinth*. New Brunswick, NJ : Transaction Books,

1990.

Maas, Peter. *The Valachi Papers.* New York : Bantam Books, 1968.

Mills, James. *The Underworld Empire : Where Crime and Governments Meet.* New York : Dell, 1986.

Nelli, Haumbert. *The Business of Crime.* New York : Oxford University Press, 1976.

O'Neill, Gerard, and Dick Lehr. *The Underboss : The Rise and Fall of a Mafia Family.* New York : St. Martin's Press, 1989.

Peterson, Virgil W. *The Mob : 200 Years of Organized Crime in New York.* Octavia, IL : Green Hill Publishers, 1983.

Reuter, Peter. *Disorganized Crime.* Cambridge, MA : MIT Press, 1983.

Smith, Dwight, Jr. *The Mafia Mystique.* New York : University Press of America, 1990.

Sterling, Claire. Octopus : *The Long Reach of the International Sicilian Mafia.* New York : W. W. Norton, 1990.

Turkus, Burton, and Sid Feder. *Murder, Inc : The Story of the Syndicate.* New York : Farrar, Straus, & Young, 1951.

Vaksberg, Arkady. *The Soviet Mafia.* New York : St. Martin's Press, 1991.

Volkman, Ernest, and John Cummings. *Goombata : The Improbable Rise and Fall of John Gotti and His Gang.* Boston : Little, Brown, 1990.

伝記と自叙伝

Bergreen, Laurence. *Capone : The Man and the Era.* New York : Simon & Schuster, 1994.

Blakey, Robert, and Richard Billings, eds. *The Plot to Kill the President.* New York : Times Books, 1981.

Blakey, Robert, Ronald Goldstock, and Charles H. Rogobin, eds. *Rackets Bureau.* Washington, DC. : U.S. GPO, 1978.

Bonanno, Joseph, with S. Lalli. *A Man of Honor : The Autobiography of Joseph Bonanno.* New York : Simon & Schuster, 1983.

Bonavolanta, Jules, and Brian Duffy. *The Good Guys : How We Turned the FBI's Round and Finally Broke and the Mob.* New York : Simon & Schuster, 1996.

Breuer, William. *Vendetta : Castro and the Kennedy Brothers.* New York : John Wiley, 1997.

Cohen, Richard. *Tough Jews.* New York : Simon & Schuster, 1998.

English, Thomas J. *Born to Kill.* New York : Morrow, 1995.

Epstein, Edward Jay. *The Assassination Chronicles.* New York : Carroll & Graf, 1992.

Franzese, Michael. *Quitting the Mob.* New York : Harper Paperbacks, 1992.

Garrison, Jim. *On the Trial of the Assassins*. New York : Sheridan Square, 1988.

Giancana, Antoinette, and Thomas Renner. *Mafia Princess : Growing Up in Sam Giancana's Family*. New York : Avon, 1985.

Gies, Joseph. *The Colonel of Chicago : A Biography of Robert McCormick*. New York : Dutton, 1979.

Goddard, Donald. *Joey : The Life of "Crazy Joe" Gallo*. New York : Harper & Row, 1974.

Hersh, Seymour. *The Dark Side of Camelot*. New York : Little, Brown and Company, 1997.

Jacobs, James B., Coleen Friel, and Robert Roddick. *Gotham Unbound*. New York : New York University Press, 1999.

Kleinknecht, William. *The New Ethnic Mobs : The Changing Face of Organized Crime in America*. New York : Free Press, 1996.

Lupska, Peter A. "Transnational Narco-Corruption and Narco Investment : A Focus on Mexico," *Transnational Organized Crime* 1 (Spring 1995) : 84-101.

Maas, Peter. *Underboss : Sammy the Bull Gravano's Story of Life in the Mafia*. New York : Harper Paperbacks, 1997.

Massing, Michael. "In the Cocaine War, the Jungle Is Winning," *New York Times Magazine* (March 4, 1990) : 26, 88, 90, 92.

Meskil, Paul S. *Don Carlo : Boss of Bosses*. New York : Popular Library, 1973.

Mustain, Gene, and Jerry Capeci. *Mob Star : The Story of John Gotti, the Most Powerful Criminal in America*. New York : Franklin Watts, 1988.

Neff, James. *Mobbed Up : Jackie Presser's High-Wire Life in the Teamsters, the Mafia, and the FBI*. New York : Atlantic Monthly Press, 1988.

O'Brien, Joseph, and Andriss Kurins. *Boss of Bosses : The FBI and Paul Castellano*. New York : Dell, 1991.

Pileggi, Nicholas. *Casino*. New York : Pocket Books, 1995.

Pileggi, Nichlas. *Wiseguy : Life in a Mafia Family*. New York : Pocket Books, 1987.

Pistone, Joseph D. *The Ceremony : The Mafia Initiation Tapes*. New York : Dell, 1992.

Pistone, Joseph D with Richard Woodley. *Donnie Brasco : My Undercover Life in the Mafia*. New York : New American Library, 1987.

Potter, Gary. *Criminal Organizations : Vice, Racketeering, and Politics in an American City*. Prospect Heights, IL : Waveland, 1994.

Reppetto, Thomas. *The Blue Parade*. New York : Free Press, 1978.

Reynolds, Marylee. *From Gangs to Gangsters : How American Sociology studied Organized Crime, 1918-1994*. Albany, NY : Harrow & Heston, 1995.

Rockaway, Robert A. *But—He Was Nice to His Mother : The Lives and Crimes of Jewish Gangsters*. Jerusalem, Israel : Gefen Publishing House, 1993.

Roemer, William F. Jr. *Accardo : The Genuine Godfather*. New York : D. Fine, 1995.

Roemer, William F. *The Enforcer Spilotro : The Chicago Mob's Man Over Las Vegas*. New York : Ivy Books, 1994.

Roppleye, Charles, and Ed Becker, eds. *All-American Mafioso : The Johnny Rosselli Story*. New York : Doubleday, 1991.

Rudolph Robert. *The Boys from New Jersey*. New York : Morrow, 1992.

Russo, Gus. *Live by the Sword : The Secret War Against Castro and the Death of J.F.K.* Baltimore, MD : Bancroft Press, 1998.

Talese, Gay. *Honor thy Father*. New York : World Publishing, 1971.

Teresa, Vincent, and Thomas C. Renner. *My Life in the Mafia*. Greenwich, CT : Fawcett, 1973.

Webster, Barbara, and McCampbell, Michael S. *International Money Laundering : Research and Investigation Join Forces*. Washington, D.C. : NIJ, 1992.

政府報告書

最近のアメリカにおける組織犯罪に関する主要な政府報告書の大部分は、『衝撃的な影響力：今日における組織犯罪』（*The Impact : Organized Crime Today*）、『大統領と司法長官に対する報告書』（*Report to the President and the Attorney General*）、『組織犯罪に関する大統領委員会』（*President's Commission on Organized Crime* [Washington, DC : CPO April 1986]）である。過去35年にわたって、2つの大統領委員会が、組織犯罪に焦点を当てている。『衝撃的な影響力：今日における組織犯罪』以前にも、『1967年特別調査報告書』（*Task Force Report of 1967* [Washington, DC : GPO, 1967]）が組織犯罪を定義し、組織犯罪集団の主要な活動とその構造について述べている。2つの報告書はまた、私的・公的汚職における組織犯罪の役割と、法執行犯罪統制戦略に注目している。

州や地方レベルでは、犯罪委員会が調査と公聴会を行っている。組織犯罪活動に対して行使するためにもたらされる調査や執行の資源の構造は、州や地方によって異なる。アメリカの分析者や実務家は、ゆすりたかり課や特捜隊から、警察局内の組織犯罪統制ユニットの専門家からなる連携チームまでの様々な対応を展開している。1967年、そして1970年のRICO法の可決以降、法執行機関内部の捜査機関や捜査ユニットの範囲や権力が劇的に増加している。例えば、アメリカ会計検査院長『薬物捜査：組織犯罪薬物執行特捜隊プログラムの功績』政府印刷局：ワシントンD.C.（1987年）（U.S. Comptroller General, *Drug Investigation : Organized Crime Drug Enforcement Task Force Program's*

Accomplishments [Washington, D.C.: GPO, 1987]）とハーバート・エーデルハーツ編『組織犯罪統制における主要問題』アメリカ司法省：ワシントン D.C.（1987年）（Herbert Edelhertz, ed. *Major Issues in Organized Crime Control* [Washington, D.C.: U.S. Department of Justice, 1987]）を参照．

他の有益な政府報告書

New York State Organized Crime Task Force. *Corruption and Racketeering in the New York City Construction Industry*. New York: New York University Press, 1990.

President's Commission on Organized Crime. *America's Habit: Drug Abuse, Drug Trafficking, and Organized Crime*: 1986.

President's Commission on Organized Crime. *The Cash Connection: Organized Crime, Financial Institutions, and Money Laundering*. Washington, D.C.: GPO, 1984.

President's Commission on Organized Crime. *Organized Crime of Asian Origin*: 1984.

小　説

Daley, Robert. *The Year of the Dragon*. Boston: Houghton Mifflin, 1982.
Puzo, Mario. *The Godfather*. New York: G. P. Putnam and Sons, 1969.
Watson, Peter. *Capo*. New York: Ivy Books, 1998.

長編映画

Bonnano: A Godfather's Story (1999)
バグジー（*Bugsy* [1991]）
カリートの道（*Carlito's Way* [1993]）
フェイク（*Donnie Brasco* [1997]）
ドン・サバティーニ（*The Freshman* [1990]）
ゴッドファーザー　第1部（*The Godfather* [1972]）
ゴッドファーザー　第2部（*The Godfather, Part II* [1974]）
ゴッドファーザー　第3部（*The Godfather, Part III* [1991]）
グッドフェローズ（*Goodfellas* [1990]）
ホッファ（*Hoffa* [1992]）
キング・オブ・ニューヨーク（*King of New York* [1990]）
ランスキー　アメリカが最も恐れた男（*Lansky* [1999]）
Mafia Princess (1990)
ミラーズ・クロッシング（*Miller's Crossing* [1990]）

マイ・ブルー・ヘブン（*My Blue Heaven*）
ワンス・アポン・ア・タイム・イン・アメリカ（*Once Upon a Time in America*［1984］）
女と男の名誉（*Prizzi's Honor*［1985］）
スカーフェイス（*Scarface*［1991］）
アンタッチャブル（*The Untouchables*［1993］）
イヤー・オブ・ザ・ドラゴン（*Year of the Dragon*［1985］）

　イヤー・オブ・ザ・ドラゴンとスカーフェイスを除く、これらすべての映画においては、イタリア系アメリカ人のギャングスターが主人公であるか、重要なわき役を務めている。ここで挙げた映画のうち、ホッファとゴッドファーザー第3部だけが、明白に政治と犯罪との関連性を取り扱っている。すべての映画は、アジア系、ラテン系、アフリカ系アメリカ人、白人の少数民族についての少数民族的・人種的固定観念を含んでおり、イヤー・オブ・ザ・ドラゴンとスカーフェイスといった1、2の例外を除いては、そのようなマフィアのイメージは、最も支配的なものであり、また永続的なものである。ニコラス・ピレッジ（Nicholas Pileggi）の著名な本である『ワイズガイ―わが憧れのマフィア人生（平尾圭吾訳　徳間書店、1989年）』（原題：*Wiseguy*）は、マフィア構成員から密告者に転向したヘンリー・ヒル（Henry Hill）についての実話であるが、その著書に基づくグッドフェローズのみが、ギャングスターのロマンティックで、美化された雰囲気を除去している。『ワイズガイ』は、現に存在する不道徳で、けちな無法者を明らかにしているのである。

索　　引

(**太字頁**は文章内の主な見出し項目を示す。「i」は図、「t」は表を示す。)

Abbandando, Frank (The Dasher)（フランク・アブバンダンド［ザ・ダッシャー］）, Murder, Inc.（マーダー・インク）, 346

Abbatemarco, Frank (Frankie Shots)（フランク・アバッテマルコ［フランキー・ショッツ］）, murder of（―の殺害）, 197

Abedi, Agha Hasan（アグハ・ハッサン・アベディ）, BCCI., 31

Abrego, Juan Garcia (Dollface, The Doll)（ファン・ガルシア・アブレゴ［ドールフェイス, ザ・ドール］）, Mexican drug cartel（メキシコ系薬物カルテル）, **1-2**

Accardo, Anthony Joseph (Joe Batters, Big Tuna)（アンソニー・ジョゼフ・アッカード［ジョー・バッターズ, ビッグ・ツナ］）: associates of（―の関係者）, 16, 229, 234, 351, 508; Chicago Outfit（シカゴ・アウトフィット）, **2-4**, 14, 93-96, 214, 398

Addonizio, Hugh（ヒュー・アドニツィオ）, 148

Adonis, Joseph（ジョゼフ・アドニス）: associates of（―の関係者）, 18, 61, 229, 234, 343, 438, 485; at Kefauver Committee（キーファーヴァー委員会における―）, xxv; Kennedy connection（ケネディとの関係）, 317; labor racketeering（労働者に対するゆすりたかり）, 482; Murder Inc.（マーダー・インク）, 346; National Crime Syndicate（全米犯罪シンジケート）, 308; New York syndicate（ニューヨーク・シンジケート）, **4-5**, 302, 327

African American organized crime（アフリカ系アメリカ人組織犯罪）, xii, **5-12**, 170, 262-263, 410; drug trafficking（薬物不正取引）, 7, 144, 163, 170, 502; Ellsworth Johnson（エルスワース・ジョンソン）, 261-262; Frank Matthews（フランク・マシューズ）, 328-333; gambling syndicate（賭博シンジケート）, xxi; and La Cosa Nostra（―とラ・コーザ・ノストラ）, 214, 329; Leroy (Nicky) Barnes（リロイ・「ニッキー」・バーンズ）, 33-37; PCOC, 137

African Americans（アフリカ系アメリカ人）, street crime（街路犯罪）, xxvii, xxxv, 141

Agnew, Spiro（スパイロ・アグニュー）, 149

Agron, Evsei（エフセイ・アグロン）, Russian Mafia（ロシア系マフィア）, **12-13**

Ah Kung (Grandpa)（アー・クン［祖父］）, Chinese Tong gangs（中国系堂ギャングズ）, 98

Aiello, Joseph（ジョゼフ・アイエロ）: murder of（―の殺害）, 3; Unione Siciliano（ユニオーネ・シチリアーノ）, xxii

Aiuppa, Joseph John (Joey Doves)（ジョゼフ・ジョン・アユッパ［ジョーイ・ダヴス］），**14-15**, 96, 214, 351, 398, 447; in Capone gang（カポネ・ギャングにおける—），4, 214; Chicago Outfit（シカゴ・アウトフィット），and Cleveland gang war（—とクリーヴランド・ギャング戦争），294; labor racketeering（労働者に対するゆすりたかり），253

Alcatraz（アルカトラズ）：Al Capone（アル・カポネ），83; Waxey Gordon（ワクシー・ゴードン），220

Alex, Gus (Gussie)（ガス・アレックス［グッシー］），Chicago Outfit（シカゴ・アウトフィット），**15-16**, 372

Allied International Union（国際組合同盟），security guards（警備会社），189

Aloi, Vincent (Vinnie Blue Eyes)（ヴィンセント・アロイ［ヴィニー・ブルー・アイズ］），123, 203, 282

Amato, Baldo（バルド・アマート），196

American（アメリカン新聞），Hearst newspaper（ハースト新聞社），23

American Federation of Labor (AFL)（アメリカ労働総同盟：AFL），252; expulsion of ILA（ILA の排除），483

American Mafia（アメリカン・マフィア）。*See* La Cosa Nostra（ラ・コーザ・ノストラ）参照。

America's Habit（『アメリカズ・ハビット』），163

Amuso, Vic（ヴィック・アムーソ），Luchese crime family（ルチーズ犯罪ファミリー），84

Anastasia, Albert (Lord High Executioner, The Mad Hatter)（アルバート・アナスタシア［ロード・ハイ・エグゼキューショナー，ザ・マッド・ハッター］），**16-19**, 327, 482; associates of（—の関係者），5, 134, 150, 438, 485; murder of（—の殺害），xxv, 196 199, 202, 210, 212, 219, 275, 321; Murder, Inc.（マーダー・インク），61, 129, 346, 397, 398, 435-436; National Crime Syndicate（全米犯罪シンジケート），308

Anastasio, Anthony (Tough Tony)（アンソニー・アナスターシオ［タフ・トニー］），labor racketeer（労働者に対するゆすりたかり），**19-21**, 200, 483; ILA, 17; nickname（ニックネーム），337

Anderson, Jack（ジャック・アンダーソン），410

Andreotti, Giulio（ジュリオ・アンドレオッティ），downfall of（—の退陣），xxxiii, 63

Angel dust（エンジェル・ダスト），motorcycle gangs（モーターサイクル・ギャングズ），367

Angels on Wheels（エンジェルズ・オン・ウィールズ），366

Angiulo, Gennaro (Jerry)（ジェナロ・アンジューロ［ジェリー］），Boston Mafia（ボストン・マフィア），**21-22**, 33, 339

Annenberg, Moses (Moe)（モーゼス・アンネンバーグ［モー］），**23-25**, 392

索　引

Annenberg, Walter（ウォルター・アンネンバーグ），24
Anselmi, Albert（アルバート・アンセルミ），82, 500
"Ant, The"（ジ・アント）。See Tony Spilotro（トニー・スピロトロ）参照。
Anti-Saloon League（反酒場連盟），Prohibition（禁酒法），382
"Antonio Rizzioti"（「アントニオ・リツォッティ」）。See Jack Dragna（ジャック・ドラグーナ）参照。
Apalachin meeting (1957)（1957年アパラチン会議）：FBI reaction（FBIの反応），26, 245; organized crime（組織犯罪），xxv, **25-26**, 209, 275, 310, 341
A paranze (gang)（パランゼ），Camorra organization（カモラ組織），69
Arlington (VA)（アーリントン［ヴァージニア州］），Chinese street gangs（中国人ストリート・ギャングズ），104
"Artie Todd"（「アーティー・トッド」）。See Arturo Tortorello（アルトゥーロ・トートレッロ）参照。
Asbury, Herbert（ハーバート・アズバリー），viii
Asian Heroin Group（アジア・ヘロイン・グループ），DEA, 97
Asian organized crime (AOC)（アジア系組織犯罪：AOC）：PCOC, 137; in United States（アメリカにおける—），xiii, xxxiii-xxxiv, **26-29**
Atlanta (GA)（アトランタ［ジョージア州］），African American street gangs（アフリカ系アメリカ人ストリート・ギャングズ），xxxv
Atlantic City (NJ)（アトランティック市［ニュージャージー州］）：Bruno crime family（ブルーノ犯罪ファミリー），58, 427; gambling casinos（カジノ賭博），xxx, **29-30**; gang warfare in（—におけるギャング抗争），xxx; Genovese crime family（ジェノヴェーゼ犯罪ファミリー），213
Atlantic City Conference（アトランティック市協議会），National Crime Syndicate（全米犯罪シンジケート），24
Australia（オーストラリア），Yakuza operations in（—におけるヤクザの活動），xxxiv
Avianca flight 203（アビアンカ航空203便），bombing of（—の爆破），66
Avvocato（アヴォカート），La Cosa Nostra（ラ・コーザ・ノストラ），55

"Back door"membership（「黒幕」の構成員），Boston Mafia（ボストン・マフィア），22
Balagula, Morat（モラ・バラグーラ），Russian Mafia（ロシア系マフィア），13
Baldalementi, Gaetano（ガエターノ・バルダレメンティ）：conviction of（—の有罪宣告），164; Pizza Connection（ピザ・コネクション），376-377
Balistieri, Frank（フランク・バリスティエリ），conviction of（—の有罪宣告），xxxi
Baltimore (MD)（ボルティモア［メリーランド州］）：African American street gangs（アフリカ系アメリカ人ストリート・ギャングズ），xxxv; Rastafarians in（—におけるラス

索引

タファリー教徒),10

"Banana War"(「バナナ戦争」), in New York(ニューヨークにおける—), xxvi, 52, 53, 156, 157, 319

Banister, Guy(ガイ・バニスター), 318

Bank of Boston(ボストン銀行), money laundering(マネー・ローンダリング:資金洗浄), 33, 339

Bank of Credit and Commerce International (BCCI)(国際信用商業銀行:BCCI), **31-32**

Bank Secrecy Act (1970)(1970年 銀行秘密厳守法), xxxii, **32-33**, 338, 340

Barbera, Joseph(ジョゼフ・バーバラ)。See Joseph LaBarbera(ジョゼフ・ラバーバラ)参照。

Barnes, Leroy (Nicky)(リロイ・バーンズ[ニッキー]), xxvii, 5, 11, **33-37**, 164, 197

Baseball bat(野球のバット), mob weapon(ギャング団の武器), 2, 3

"Based balls"(「ベースド・ボールズ」), 260

Batista, Fulgencio(フルゲンシオ・バティスタ), xxiv, 37, 470

Battle, José Miguel (El Padrino, El Gordo)(ホセ・ミゲル・バトル[エル・パドリーノ, エル・ゴルド]), Cuban American boss(キューバ系アメリカ人犯罪首領), **37-40**

Bay of Pigs Invasion(コチノス湾侵略), 38, 317

"Beer Baron"(「ビール男爵」)。See Dutch Schultz(ダッチ・シュルツ)参照。

"Beer wars"(「ビール戦争」), Prohibition(禁酒法), 385

Begin, Menachem(メナヘム・ビギン), 111

"Being Proposed"(「入会」), La Cosa Nostra(ラ・コーザ・ノストラ), **40-41**

Bergen Hunt and Fish Club(バージン・ハント&フィッシュ・クラブ), 91

Berman, Abbadabba(アッバダッバ・バーマン), murder of(—の殺害), 432

Bernstein, Benny(ベニー・バーンスタイン), Purple Gang(パープル・ギャング), 388

Bernstein, Joe(ジョー・バーンスタイン), Purple Gang(パープル・ギャング), 388

Bernstein, Sholem(ショーレム・バーンスタイン), Murder, Inc.(マーダー・インク), 397

Bibbs, Willie(ウィリー・ビッブズ), murder of(—の殺害), 188

"Bidding club"(「入札クラブ」), waste disposal(廃品処理), 208

"Big Feller"(「ビッグ・フェラー」)。See Big Tim Sullivan(ビッグ・ティム・サリヴァン)参照。

"Big Fellow"(「ビッグ・フェロウ」)。See Alphonse Capone(アルフォンス・カポネ)参照。

Big Four of Savannah(サヴァナの4強), bootleg case(密売事例), 490

"Big Frenchy"(「ビッグ・フレンチー」)。See George Jean DeMange(ジョージ・ジーン・デ・マンジ)参照。

索　引

"Big Paul"（「ビッグ・ポール」）。See Paul Castellano（ポール・カステラーノ）参照。
"Big Tuna"（「ビッグ・ツナ」）。See Anthony Joseph Accardo（アンソニー・ジョゼフ・アッカード）参照。
Bilotti, Thomas（トーマス・ビロッティ）, 91, 224, 228
Binaggio, Charles（チャールズ・ビナッジオ）, Kansas City boss（カンザス市首領）, **41-43**, 265
Bing Kung Tong（ビン・クン堂）, 464
Bioff, Willie Morris (William Nelson)（ウィリー・モリス・ビオフ［ウィリアム・ネルソン］）, film industry（映画産業）, **43-46**, 350, 399
Bistale Waterfront Commission（2州湾岸地域委員会）, waterfront investigation（湾岸地域調査）, 20
"Black Book"（「要注意者名簿」）, 446
Black Gangster Disciple Nation（黒人ギャングスター舎弟団体）, 69
Black Hand (La Mano Nera)（黒手団［ラ・マーノ・ネーラ］）, xx, **46-48**, 73, 181, 374, 485; opposition to（—との対決）, 301, 486
"Black Luciano, The"（「ブラック・ルチアーノ」）。See Frank Matthews（フランク・マシューズ）参照。
"Black Mafia"（「黒人マフィア」）, 35, 332
Black Muslims（ブラック・ムスリム）, 332
Black P. Stone Nation（ブラック・P・ストーン・ネイション）, 186
Black Panthers（黒豹党）, 141, 332
Blackstone Rangers（ブラックストーン・レンジャーズ）, 170, 185
Blakey, G. Robert（G・ロバート・ブレイキー）, 401
Bloods（ブラッズ）, Los Angeles street gang（ロサンジェルス・ストリート・ギャングズ）。See Crips and Bloods（クリップスとブラッズ）参照。
Boccia, Ferdinand (The Shadow)（フェルディナンド・ボッシア［ザ・シャドゥ］）, 414
Boiardo, Anthony（アンソニー・ボイアルド）, 49
Boiardo, Ruggerio (Ritchie the Boot)（ルジェリオ・ボイアルド［リッチ・ザ・ブート］）, Luchese crime family（ルチーズ犯罪ファミリー）, **48-50**
Bolita（ボリータ）, number's game（数当て賭博ゲーム）, 39
"Bomp, The"（「ザ・ボンプ」）。See Frank Bompensiero（フランク・ボンペンシーロ）参照。
Bompensiero, Frank (The Bomp)（フランク・ボンペンシーロ［ザ・ボンプ］）, murder of（—の殺害）, 57
Bonanno: A Godfather's Story, 516
Bonanno, Joseph (Don Peppino, Joe Bananas)（ジョゼフ・ボナンノ［ドン・ペピーノ, ジ

ョー・バナナズ]): allies（同盟）, 123, 156, 202; Apalachin meeting（アパラチン会議）, 26; assassination plot of（—の暗殺計画）, 120, 371; Banana war（バナナ戦争）, 52, 53, 156-157, 319; Castellammarese War（カステランマレーゼ戦争）, 86; La Cosa Nostra（ラ・コーザ・ノストラ）, xxvi, 26, **50-53**, 202, 462

Bonanno crime family（ボナンノ犯罪ファミリー）, 50, **53-54**; leadership indictments（首脳部の起訴）, xxxi; membership growth（構成員の増大）, xi; New York（ニューヨーク）, xi; in Texas（テキサス州における—）, 411

Bonanno, Salvatore (Bill)（サルヴァトーレ・ボナンノ［ビル］）, 51, 54, 157

Bonventure, Cesare（チェザーレ・ボンヴェントレ）, 196

Bookmakers（ノミ屋）, wire service for（通信サービス）, 392

Bootlegger（密売人）, **54-55**

Bootlegging（密売）, Prohibition era（禁酒法時代）, xxi, 5, 74, 221

Born-to-kill gang（ボーン・トゥ・キル・ギャング：生まれながらの殺し屋）, Vietnamese-Chinese street gang（ヴェトナム系中国人ストリート・ギャング）, 103

Borsellino, Paulo（パウロ・ボルセリーノ）, assassination of（—の暗殺）, xxxiii, 63

Boryokudan（暴力団）, Japanese organized crime（日本人組織犯罪）, 26, 28, 497-498。See also Yakuza（ヤクザ）をも参照。

Boss (Don)（首領）, La Cosa Nostra（ラ・コーザ・ノストラ）, 41, **55-56**, 71-72, 127, 138, 274, 431

"Boss of All Bosses"（「ボス中のボス」）, xxiii, 71, 125, 182

Boss-representative (*avvocato*)（首領の代表者［アヴォカート］）, La Cosa Nostra（ラ・コーザ・ノストラ）, 55

Boston（ボストン）: African American street gangs（アフリカ系アメリカ人ストリート・ギャングズ）, xxxv; Chinese street gangs（中国人ストリート・ギャングズ）, 96, 104; Chinese Tongs（中国系堂）, 464; illegal gambling in（—における違法賭博）, 21; Italian immigration（イタリア系移民）, xx; organized crime in（—における組織犯罪）, ix, 22; police corruption in（—における政治腐敗）, 22; RICO convictions（RICO法による有罪宣告）, xxxi

"Bowery Boys"（「バワリー・ボーイズ」）, Irish gang（アイルランド系ギャング）, 178

"Boys from Brownsville"（「ブラウンズビル出の少年たち」）, 397

"Brain, The"（ザ・ブレイン）。See Arnold Rothstein（アーノルド・ロススタイン）参照。

"Briefcase mafia"（「ブリーフケース・マフィア」）, 152, 200

Brodyagi (vagabonds)（ブロディアギ［ゴロツキ］）, Russian organized crime（ロシア系組織犯罪）, 460

Brooklier, Dominic (Jimmy Regace)（ドミニク・ブルックリア［ジミー・レゲイス］）, Los Angeles Cosa Nostra（ロサンジェルス・コーザ・ノストラ）, **56-57**, 162, 191

Brothers, Leo（レオ兄弟）, Egan Rat（イーガン・ラット）, 170
Brown, George（ジョージ・ブラウン）, 44, 350
Bruccola, Philip（フィリップ・ブルッコラ）, Boston mafia（ボストン・マフィア）, 21
Bruno, Angelo (Ange, The Docile Don)（アンジェロ・ブルーノ［アンジェ, ザ・ドサイル・ドン］）, Philadelphia Cosa Nostra（フィラデルフィア・コーザ・ノストラ）, **57-60**; murder of（―の殺害）, xxx, 42; National Crime Commission（全米犯罪コミッション）, 25
Bruno crime family（ブルーノ犯罪ファミリー）, 59
Buchalter, Louis (Lepke)（ルイス・バカルター［レプケ］）: associates（関係者）, 314, 321, 410, 435; electrocution of（電気椅子処刑）, xxiv, 62, 153; labor racketeering（労働者に対するゆすりたかり）, 44, 402; "Little Augies"（「リトル・オーギーズ」）, 271, 364; Murder, Inc.（マーダー・インク）, 17, 129, 157, 397, 397; National Crime Syndicate（全米犯罪シンジケート）, 308; prosecution of（―の起訴）, 309; racketeer（ゆすりたかり者）, **60-62**, 155, 167, 178, 336, 494
Buffalino, William（ウィリアム・バファリーノ）, 254
Buffalo (NY)（バッファロー［ニューヨーク州］）: organized crime in（―における組織犯罪）, xxvii; Strike Force（特捜隊）, xxvii, 474-475; Unione Siciliano conflict（ユニオーネ・シチリアーノの闘争）, xxii
Bug and Meyer Mob（バグとメイヤーのギャング団）, 280, 437
"Bugs"（「バグズ：虫たち」）, Chinese street gangs（中国人ストリート・ギャングズ）, 100
Bugsy（『バグジー』）, 440
Bull smuggling（雄牛密輸）, 356
"Bumpy"（「バンピー」）. See Ellsworth Johnson（エルスワース・ジョンソン）参照。
Bureau of Alcohol, Tobacco and Firearms (BATF)（アルコール・タバコ・火器局：BATF）, Strike Force（特捜隊）, 474
Burke, Fred "Killer"（フレッド・バーク・「キラー」）, 82, 337, 454
"Burnout firm"（「バーンアウト企業」）, fuel tax scheme（燃料税計画）, 189, 418
Buscetta, Tommaso (Don Masino)（トンマーゾ・ブシェッタ［ドン・マッシーノ］）, Sicilian mafia（シチリアのマフィア）, xxxii, **62-64**, 164
Button men（ボタン・マンたち）, 89, 138, 195, La Cosa Nostra（ラ・コーザ・ノストラ）. *See also* Soldiers（ソルジャーたち）をも参照。

Cali cartel（カリ・カルテル）: Abrego, relationship with（アブレゴの―との関係）, 1-2; CNP, 406-407; cocaine distribution（コカイン物流）, **65-69**, 115, 116, 119 160, 404, 426; DEA arrests（DEAの逮捕）, xxxiii, 233, 405; establishment of（―の創設）, xxviii;

Rodriguez Gacha relationship with（ロドリゲス・ガチャの―との関係）, 402-404
California Dried Fruit Imports（カリフォルニア・ドライフルーツ輸入）, 302
Cambodian crime groups（カンボジア系犯罪集団）, in United States（アメリカにおける―）, 29
Camorra（カモラ）, **69-71**, 506
Campbell, Judith（ジュディス・キャンベル）, Giancana-Kennedy connection（ジャンカーナとケネディとの関係）, 216, 317
Cannon (pickpocket)（キャノン［大砲］）, 220
Cannon, Howard W.（ハワード・W・キャノン）, attempted bribe of（―の贈賄未遂）, 110
Cantalupo Realty Company（カンタルポ不動産会社）, 121
Capifamiglia (family boss)（カピファミグリア［ファミリーの首領たち］）, Sicilian Mafia（シチリアのマフィア）, 63
Capo（頭領）: Camorra organization（カモラ組織）, 69-70; Gambino crime family（ガンビーノ犯罪ファミリー）, 199, 204; La Cosa Nostra（ラ・コーザ・ノストラ）, 41, 55, **71-72**, 126, 135, 322
Capo di tutti capi (Boss of all bosses)（カーポ・ディ・テュッティ・カピ［ボス中のボス］）, 71, 181, 199, 307
Capodecina（カーポデチーナ）, La Cosa Nostra（ラ・コーザ・ノストラ）, 71
"Capomafioso"（「カーポマフィオーゾ」）, La Cosa Nostra（ラ・コーザ・ノストラ）, 315
Capomandamento (representative boss)（カーポマンダメント［代表首領］）, Sicilian mafia（シチリアのマフィア）, 63
Capone, Alphonse (Scarface)（アルフォンス・カポネ［スカーフェイス］）, xx, xxi, xxiii, 46, **72-84**, 237, 322, 336, 468; associates of（―の関係者）, 14, 169, 234, 295, 398, 408, 411, 499, 508; Chicago Outfit（シカゴ・アウトフィット）, **93-94**; Chicago rivals（シカゴのライバル）, 342-343, 355-356, 483-485; conviction of（―の有罪宣告）, xxiii, 493; crime coalitions（犯罪同盟）, 75, 348; Five Point gang（ファイブ・ポインツ・ギャング）, 267; Philadelphia jail term（フィラデルフィアでの拘禁刑）, 3; police corruption（警察の汚職）, 16; political corruption（政治腐敗）, 377-379; President Hotel Conference（プレジデント・ホテル協議会）, 30; St. Valentine's Day massacre（聖ヴァレンタイン・デイの大虐殺）, xxii, 3, 81, 342, 343, 452-454
Capone, Frank (brother of Al)（フランク・カポネ［アル・カポネの兄］）, death of（―の死亡）, 77
Capone, Lewis（ルイス・カポネ）, Murder, Inc.（マーダー・インク）, 346
Capone, Louis（ルイス・カポネ）, 62
Capone, Ralph（ラルフ・カポネ）, 78
Caporegime (boss)（副頭領）: Camorra organization（カモラ組織）, 69, 71; La Cosa Nostra

索 引

(ラ・コーザ・ノストラ), 71, 138, 274
Carey, Hugh C.（ヒュー・C・ケリー）, Mafia contacts（マフィアとの交際）, 433
Carlito's Way（カリートの道）, 516
Carneglia, John（ジョン・カネグリア）, 228
Carousel Club（カルーセル・クラブ）, 411
Carrola, Sam（サム・カローラ）, 325
Cartel（カルテル）, DEA definition of（DEAによる―の定義）, 115
Carter, Jimmy（ジミー・カーター）, and BCCI（―とBCCI）, 31; Mariel boat exodus（マリエル難民大量出国事件）, 38
Carters（廃品回収業者）, garbage/waste disposal（ごみ・廃品処理）, 207-208, 213, 447
Casas de cambio（カサス・デ・カンビオ）: Cali cartel（カリ・カルテル）, 68; money laundering（マネー・ローンダリング：資金洗浄）, 339
Casino Control Act (1977)（1977年カジノ規制法）, Atlantic City（アトランティック市）, xxx, 29
Casinos（カジノ）: in Atlantic City (NJ)（アトランティック市［ニュージャージー州］における―）, xxx, 29-30; in Cuba（キューバにおける―）, xxiv; in Las Vegas（ラスヴェガスにおける―）, 287- 289, 309, 440-441, 448; Piping Rock（パイピング・ロック）, 133; skimming in Las Vegas（ラスヴェガスにおけるスキミング）, xxx-xxxi, 423
Casso, Anthony (Gaspipe)（アンソニー・カッソー［ガスパイプ］）, **84-85**, 305
Castellammarese War（カステランマレーゼ戦争）, xxii-xxiii, 4, 50, 71, **85-87**, 212, 274, 281, 304, 307, 327, 348, 395, 438, 477
Castellano, Paul (Big Paul, The Pope)（ポール・カステラーノ［ビッグ・ポール, ザ・ポープ］）: Apalachin meeting（アパラチン会議）, 88; assassination of（―の暗殺）, xxxii, 42, 55, 85, 152, 222, 224; film portrayal of（―の映画における描写）, 363; Gambino crime family（ガンビーノ犯罪ファミリー）, **87-91**, 151, 195, 201, 223, 320, 428; indictment of（―の起訴）, xxxii, 228
Castro, Fidel（フィデル・カストロ）, Operation Mongoose（マングース作戦）, 14, 317, 359-360, 408, 470
Catalano, Salvatore（サルヴァトーレ・カタラーノ）, Pizza Connection（ピザ・コネクション）, 376
Catena, Jerry（ジェリー・カテナ）, 195, 251
Central Intelligence Agency (CIA)（中央情報局：CIA）: Cuban hit men（キューバの殺し屋）, 38; Operation Mongoose（マングース作戦）, 14, 217, 317, 359-360, 408, 471
Cerone, Jackie（ジャッキー・セローン）, Chicago Outfit（シカゴ・アウトフィット）, 95
Chambers, Billy Joe（ビリー・ジョー・チェンバーズ）, 92
Chambers Brothers（チェンバーズ兄弟）, **92**

Chambers, Larry（ラリー・チェンバーズ），92

Chambers, Willie（ウィリー・チェンバーズ），92

Chan, Eddie T. C.（エディ・ツェ・C・チャン：陳子超），**93**, 464

"Charles Cantino"（「チャールズ・カンティーノ」）。*See* Vincent Charles Teresa（ヴィンセント・チャールズ・テレサ）参照。

"Charles Harman"（「チャールズ・ハーマン」）。*See* Dutch Schultz（ダッチ・シュルツ）参照。

"Charles Ross"（「チャールズ・ロス」）。*See* Charles Luciano（チャールズ・ルチアーノ）参照。

"Charley Lucky"（「チャーリー・ラッキー」）。*See* Charles Luciano（チャールズ・ルチアーノ）参照。

"Charley Wagons"（「チャーリー・ワゴン」）。*See* Carmine Fatico（カーマイン・ファティコ）参照。

Chembers, Otis（オーティス・チェンバーズ），92

Chen, Michael（マイケル・チェン），171

"Cherry Hill Gambinos"（「チェリーヒルのガンビーノ」），377

"Chess Player, The"（「ザ・チェス・プレイヤー」）。*See* Gilberto Rodriguez-Orejuela（ギルバート・ロドリゲス＝オレフーラ）参照。

Chicago（シカゴ）：African American street crime（アフリカ系アメリカ人街路犯罪），xxvii, 170, 214; The Black Hand（黒手団），486; Black P. Stone Rangers（ブラック・P・ストーン・レンジャーズ），185-187; Chinese street gangs（中国人ストリート・ギャングズ），96-97; Italian immigration（イタリア系移民），xx; La Cosa Nostra in（―における ラ・コーザ・ノストラ），xx, xxix, 216, 266; police corruption in（―における警察の汚職），4; Prohibition gang wars（禁酒法ギャング戦争），xxi; RICO convictions（RICO法による有罪宣告），xxxi; Russian immigration（ロシア系移民），416

"Chicago Outfit"（「シカゴ・アウトフィット」），xxix, 43, 57, 84, **93-96**, 138, 217, 350; associates of（―の関係者），57, 109-110; Bonanno conflict with（―とボナンノとの闘争），51; members of（―の構成員），2, 14, 15, 43, 190, 214, 229, 372, 398, 407-408, 410, 446; political corruption（政治腐敗），378

"Chicken Head"（「チキン・ヘッド」）。*See* Vito Gurino（ヴィトー・ガリーノ）参照。

"Chicken Man"（「チキン・マン」）。*See* Philip Testa（フィリップ・テスタ）参照。

Chih Kung Tong（チー・クン堂），464, 465

"Chin, The"（「ザ・チン」）。*See* Vincent Gigante（ヴィンセント・ギガンテ）参照。

Chinatown (NY)（チャイナタウン［ニューヨーク州］），Chinese street gang（中国人ストリート・ギャング），100, 357

"Chinatowns"（「チャイナタウン」），creation of（―の創設），xx, 27

索引

Chinese American Welfare Association（中国系アメリカ人福祉組合），465
Chinese Consolidated Benevolent Association (CCBA)（中華公所［CCBA］），102, 300
Chinese Exclusion Act（中国人排除法），xx
Chinese organized crime（中国系組織犯罪），96-109; law enforcement efforts against（—に対する法執行の試み），xii, 26-29, 163
Chinese street gangs（中国人ストリート・ギャングズ），93, **96-104**, 180
Chinese Triads（中国人三合会），26, 27, 93, **104-109**, 163, 171, 465
Ching dynasty（清王朝），and Triads（—と三合会），104
Chlorofluorocarbons (CFCs)（クロロフルオロカーボン［CFCs］），trafficking in（—の不正取引），168-169
Cho Hai (Straw Sandal)（チョ・ハイ［ストロウ・サンダル］：草鞋），Chinese Triad（中国人三合会），106, 107i
"Christy Tick"（「クリスティー・ティック」）。See Christy Furnari（クリスティー・フルナリ）参照。
Chuk Luen Bong (United Bamboo Gang)（チウ・レン・バン［ユナイテッド・バンブー・ギャング］），106, 107
Cicero (IL)（シセロ［イリノイ州］），Capone headquarters（カポネの本部），72, 77
"Cigar, The"（「ザ・シガー」）。See Carmine Galante（カーマイン・ガランテ）参照。
Civella, Nicholas（ニコラス・チヴェッラ）：Apalachin meeting（アパラチン会議），25, 109-110; Bonanno ally（ボナンノとの同盟），52; Kansas City boss（カンザス市首領），**109-110**; RICO conviction（RICO 法による有罪宣告），xxx
Civil War（南北戦争），organized crime（組織犯罪），xix
"Clean graft"（「汚職を一掃する」），378
"Cleveland Four"（「クリーヴランド・フォー」），147
Cleveland（クリーヴランド）：organized crime in（—における組織犯罪），ix, x, 147; RICO convictions（RICO 法による有罪宣告），xxx-xxxi
Clifford, Clark（クラーク・クリフォード），and BCCI（—と BCCI），31
Clinton, Bill（ビル・クリントン），xiii
"Clique, The"（「ザ・クリーク：派閥」），138
Club Harlem（クラブ・ハーレム），332
"Cocaine bonanza"（「コカインの大儲け」），293
Cocaine trafficking（コカイン不正取引）：African American organized crime（アフリカ系アメリカ人組織犯罪），329; Cali cartel（カリ・カルテル），65, 115, 160, 233, 404, 426; Columbian cartels（コロンビア・カルテル），115, 116, 117i, 118i, 119, 173, 174, 175i, 176-177; Filipino crime groups（フィリピン系犯罪集団），29; Jamaican organized crime（ジャマイカ系組織犯罪），10, 258; Latino organized crime（ラテンアメリカ系組織犯

罪), 38; Marielitos（マリエル難民), 38; Medellin cartel（メデリン・カルテル), 173, 175i, 355, 403, 426

"Cockeyed Phil"（コックアイ・フィル)。See Philip Lombardo（フィリップ・ロンバード) 参照。

Cohen, Louis（ルイス・コーエン), 271

Cohen, Mickey（ミッキー・コーエン), 44, 56, **110-113**

Cohen, Samuel (Sammy Purple)（サミュエル・コーエン［サミー・パープル］), 388

Cohn, Harry（ハリー・コーン), and organized crime（―と組織犯罪), 44

Cohn, Ray（レイ・コーン), 223

"Coke"（「コーク：コカイン」), 115

Colbeck, Dinty（ディンティ・コルベック), 170

Coll, Peter（ピーター・コール), 113

Coll, Vincent (Mad Dog)（ヴィンセント・コール［マッド・ドッグ］), **113-114**, 322, 336, 431

Colombia（コロンビア）：anti-drug policy（反薬物政策), 65-67; drug corruption in（―における薬物による腐敗), 115; terrorist/mafia alliance（テロリストとマフィアの同盟), xxxv

Colombia National Police (CNP)（コロンビア国家警察［CNP］), 66, 233, 406, 407, 426

Colombian drug cartels（コロンビア薬物カルテル), xiii, xxviii, **115-119**, 117i, 118i, 163; alliance with Dominicans（ドミニカ人との同盟), 160; and AOC（―と AOC), 28。See also Cali cartel, Medellin cartel（カリ・カルテル，メデリン・カルテル）をも参照。

Colombo, Joseph (Joey)（ジョゼフ・コロンボ［ジョーイ］), **119-123**, 373; assassination attempt on（―の暗殺計画), xxviii; "Little Appalachin"meeting（「小アパラチン」会議), xxvii; Magliocco-Bonanno plot（マグリオッコとボナンノの計画), betrayal of（マグリオッコとボナンノの裏切り), 52, 120, 123, 202, 381

Colombo crime family（コロンボ犯罪ファミリー), New York（ニューヨーク), xi, **123-124**; leadership indictments（首脳部の起訴), xxxi-xxxii; membership growth（構成員の増大), xi

Colosimo, "Big Jim"（「ビッグ・ジム」・コロシモ), murder of（―の殺害), xxi, 74, 452, 499; shakedown of（―に対するゆすり), 46, 486

"Commission case"（「コミッション事件」), xxxi, 51, 125, 132, 219, 373, 375, 424

"Commission"（「コミッション：最高幹部会」), La Cosa Nostra（ラ・コーザ・ノストラ), **124-126**, 157, 227, 274, 319, 425, 462, 468。See also National Crime Commission（全米犯罪コミッション)。

Comprehensive Crime Control Act (1984)（1984年包括的犯罪規制法), 496

Congress of Industrial Organizations (CIO)（産業別労働組合会議［CIO］), 239, 252

索　引

Congress, organized crime investigations（連邦議会組織犯罪調査），**126-127**

"Connection guy"（「繋ぎ役」），3

Consigliere（顧問），La Cosa Nostra（ラ・コーザ・ノストラ），41, **127-128**, 139i, 219, 274

Construction industry（建設産業），organized crime（組織犯罪），303, 424

Continental King Leong Corporation（コンチネンタル・キング・レオン・コーポレイション），93

Continental King Lung Group（コンチネンタル・キング・ラン・グループ），465

Continental Wire Service（コンチネンタル通信サービス），392

Continentals（コンチネンタルズ），Chinese street gang（中国人ストリート・ギャング），101

Continuing Criminal Enterprise (CCE)（継続的犯罪事業［CCE］），law enforcement（法執行），xi

Contract（コントラクト：殺人命令），La Cosa Nostra（ラ・コーザ・ノストラ），**128-129**

Coppola, Ann（アン・コッポラ），130

Coppola, Frank（フランク・コッポラ），Sicilian Mafia（シチリアのマフィア），26

Coppola, Michael (Trigger Mike)（マイケル・コッポラ［トリガー・マイク］），Luciano crime family（ルチアーノ犯罪ファミリー），**129-130**, 337

Corallo, Anthony (Tony Ducks)（アンソニー・コラーロ［トニー・ダックス］），Luchese crime family（ルチーズ犯罪ファミリー），**130-132**, 304; film portrayal of（—の映画における描写），364; indictment of（—の起訴），xxxi, 125; union corruption（労働組合の汚職），241, 254

"Cornerstone" case（「コーナーストーン」作戦），Cali cocaine cartel（カリ・コカイン・カルテル），68, 427

"Corporation, The"（「ザ・コーポレイション」），38

Cosa Nostra（コーザ・ノストラ）。See La Cosa Nostra（ラ・コーザ・ノストラ）。

Costello crime family（コステロ犯罪ファミリー），relation with Anastasia family（アナスタシア・ファミリーとの関係），19

Costello, Frank (Prime Minister of the Underworld, King of the Slots)（フランク・コステロ［暗黒街の首相，スロット王］），**132-134**, 183, 209, 278, 336, 384; associates of（—の関係者），17, 24, 61, 229, 235, 245, 280, 306, 308, 310, 314, 325, 328, 343, 410, 437, 508; antiespionage effort（反スパイ活動の試み），17; assassination plot（暗殺計画），114, 219; Castellammarese War（カステランマレーゼ戦争），86; Genovese set-up（ジェノヴェーゼに対するわな），211; at Kefauver Committee（キーファーヴァー委員会における—），xxv, 134, 282; and Joseph Kennedy（—とジョゼフ・ケネディ），133, 216, 316; labor racketeering（労働者に対するゆすりたかり），44; Luciano rivalry（ルチアーノのライバル），17, 202, 211; National Crime Syndicate（全米犯罪シンジケート），308; President

Hotel Conference（プレジデント・ホテル協議会）, 30; political corruption（政治腐敗）, 378, 434; street gangs（ストリート・ギャングズ）, xix

Cotton Club（コットン・クラブ）, 313

"Council of 12"（12人評議会）, 34

Counterfeiting, of credit cards（クレジットカードの偽造）, xiii

"Country Boys"（「カントリー・ボーイズ」）, 11

Crack cocaine（クラックコカイン）：African American organized crime（アフリカ系アメリカ人組織犯罪）, 10; Chambers Brothers（チェンバーズ兄弟）, 92; Colombian cartels（コロンビアカルテル）, 115-119; Crips（クリップス）, 140; Dominican drug trafficking（ドミニカ系薬物不正取引）, 159-160, 260, 488; in United States（アメリカにおける―）, 174

Crack houses（麻薬取引店）, Jamaican organized crime（ジャマイカ系組織犯罪）, 259

"Crack"（methamphetamine）（「クラック」[メタンフェタミン]）232, 335。See also Speed（スピード）をも参照。

"Crank"（methamphetamine）（「クランク」[メタンフェタミン]）367。See also Speed（スピード）をも参照。

"Crazy Joe"（「クレイジー・ジョー」）。See also Joseph Gallo（ジョゼフ・ギャロ）をも参照。

"Crews"（「組員たち」）, La Cosa Nostra（ラ・コーザ・ノストラ）, 88, 127, **135**, 138, 196, 227, 444

Crime Commissions（犯罪委員会）, governmental（政府の―）, **135-137**

Crime family（犯罪ファミリー）, La Cosa Nostra（ラ・コーザ・ノストラ）, 135, **138**, 139i, 321

Crime（犯罪）, RICO definition（RICO法の定義）, 391

Criminal contempt（刑事上の侮辱罪）, imprisonment for（―による拘禁）, 251

Criminal Investigation Division（犯罪捜査部門）, IRS., 33

Criminal Justice system（刑事司法制度）, reorganization of（―の再組織化）, 135-137

Criminal organization（犯罪組織）, multicultural（多文化的な―）, xii

"Crippin"（「クリッピン」）, 142

Crips and bloods（クリップスとブラッズ）, Los Angeles street gangs（ロサンジェルス・ストリート・ギャングズ）, xxxv, **140-145**

Cuba（キューバ）：gambling casinos（カジノ賭博）, xxiv, 470; gambling rackets in（―における賭博のゆすりたかり）, 14

Cuban American organized crime（キューバ系アメリカ人組織犯罪）, 38, 282

Cuban organized crime（キューバ系組織犯罪）, 291

Cupola（キューポラ）, Sicilian crime commission（シチリアの犯罪コミッション）, 63

Currency and Monetary Instrument Report (CMIR)（通貨及び証券・小切手等報告：CMIR），32

Currency smuggling（貨幣密輸），338

Currency Transaction Report (CTR)（通貨取引報告：CTR），32, 338

Dai Dai Los (Big Big Brother)（大大佬［大兄貴］），Chinese Tong-gangs（中国系堂ギャングズ），97, 99i

Dai-Lo (Big Brother)（大佬［兄貴］），Chinese Tong-gangs（中国系堂ギャングズ），98, 99i

Daily Racing Form（『デイリー・レーシング・フォーム』），23

"Daisy chain"（「デイジー・チェーン」），fuel tax scheme（燃料税計画），188, 417

Daley, Richard（リチャード・デイリー），4

Dalitz, Morris (Moe)（モーリス・ダリッツ［モー］），**147-148**, 294, 306, 349; Operation Mongoose（マングース作戦），359; President Hotel Conference（プレジデント・ホテル協議会），30; and Purple gang（―とパープル・ギャング），388, 505

Dallas (TX)（ダラス［テキサス州］），Chinese street gangs（中国人ストリート・ギャングズ），104

Daltons（ダルトン一味），outlaw gangs（アウトロー・ギャングズ），vii, xix

D'andrea, Phil（フィル・ダンドリア），Bioff testimony against（―に対するビオフの証言），43

"Dapper Don"（「小粋な身なりの首領」）。*See* John Gotti（ジョン・ゴッティ）参照。

Dead Rabbits gang（デッド・ラビッツ・ギャング），267

"Deanie"（「ディーニー」）。*See* Charles Dion O'Banion（チャールズ・ダイオン・オバニオン）参照。

DeCarlo, Angelo (Gyp)（アンジェロ・デ・カーロ［ジップ］），Genovese crime family（ジェノヴェーゼ犯罪ファミリー），**148-149**

DeCavalcante, Sam (The Plumber)（サム・デカヴァルカンテ［ザ・プランバー］），**149-150**

"DeCavalcante Tapes"（「デカヴァルカンテ・テープ」），150

Dellacroce, Aniello (O'Neill, Mr. Neil)（アニエロ・デラクローチェ［オニール，ミスター・ネイル］），Gambino crime family（ガンビーノ犯罪ファミリー），88, **150-152**, 199, 201, 222

Delmore, Nick（ニック・デルモア），150

DeLuna, Carl（カール・デルーナ），imprisonment of（―の拘禁），95

DeMange, George Jean（ジョージ・ジーン・デ・マンジ），313

DeMartino, Anthony (Tony the Bum)（アンソニー・デ・マーティノ［トニー・ザ・バム］），337

534　　　　　　　　　索　引

DeMartino, Benjamin (Benny the Bum)（ベンジャミン・デ・マーティノ［ベニー・ザ・バム］），337

DeMartino, Theodore (Teddy the Bum)（セオドア・デ・マーティノ［テディ・ザ・バム］），337

Demora, Vincenzo（ヴィンセンツォ・デモラ），336

Dentico, Laurence（ローレンス・デンティコ）。See "Larry Fab"（「ラリー・ファブ」）参照。

Denver（デンヴァー）．RICO prosecutions（RICO 法による起訴），xxx

Desert Inn（デザート・イン），La Cosa Nostra（ラ・コーザ・ノストラ），147, 288

DeSimmone, Frank（フランク・デ・シモーネ），Bonanno plot（ボナンノの計画），52

Detroit (MI)（デトロイト［ミシガン州］）：crack cocaine in（─におけるクラックコカイン），92; Jewish bootlegging gang（ユダヤ系密売ギャング），389, 505; smuggling operations（密輸活動），147

Dever, William (Decent)（ウィリアム・ディーヴァー［ディセント］），77

Dewey, Thomas（トーマス・デューイ），vii, xxiii, xxiv, 61 **152-155**, 221, 236, 278, 432, 436

Diamond, Jack (Legs)（ジャック・ダイヤモンド［レッグズ］），114, **155-156**, 271, 335, 364-365

DiBella, Thomas（トーマス・ディベッラ），123

DiGregorio, Gaspar（ガスパー・ディ・グレゴリオ），Bonanno crime family（ボナンノ犯罪ファミリー），52, **156-157**

Dillinger, John（ジョン・ディリンジャー），244

Dio, Johnny（ジョニー・ディオ），labor racketeer（労働者に対するゆすりたかり），131, 154, **157-158**, 254, 336, 402

Dobrer, Jacob（ジェイコブ・ドブラー），xxxiv

"Docile Don, The"（「ザ・ドサイル・ドン」）。See Angelo Bruno（アンジェロ・ブルーノ）参照。

"Doctor, The"（「ザ・ドクター」）。See Carmine Lombardozzi（カーマイン・ロンバルドッツィ）

"Doll, The"（「ザ・ドール」）。See Juan Garcia Abrego（ファン・ガルシア・アブレゴ）参照。

"Dollface"（「ドールフェイス」）。See Juan Garcia Abrego（ファン・ガルシア・アブレゴ）参照。

Domestic kinship network（家庭的な親類関係ネットワーク），African American organized crime（アフリカ系アメリカ人組織犯罪），6

Dominican organized crime（ドミニカ系組織犯罪）：drug trafficking（薬物不正取引），**158-161**, 163, 259, 291, 487; Jheri-Curl gang（ジェリ・カール・ギャング），259-261

索　引

"Don Jamie"（「ドン・ジェイミー」）。See Jamie Herrera（ジェイミー・ヘレラ）参照。
"Don Peppino"（「ドン・ペピーノ」）。See Joseph Bonanno（ジョゼフ・ボナンノ）参照。
"Donnie Brasco"（「ドニー・ブラスコ」）。See Joseph Pistone（ジョゼフ・ピストーネ）参照。
Donnie Brasco (film)（『フェイク』［映画］）, 376, 516
"Don"（「首領」）。La Cosa Nostra（ラ・コーザ・ノストラ）, 41, 55-56, 127, 274
Dorfman, Allen（アレン・ドーフマン），Chicago Outfit（シカゴ・アウトフィット）, 94
Dragna, Jack (Antonio Rizzioti)（ジャック・ドラグーナ［アントニオ・リツォッティ］）, Los Angeles crime family（ロサンジェルス犯罪ファミリー）, **161-162**; associates of（―の関係者）, 56 191; labor racketeering（労働者に対するゆすりたかり）, 44, 158
Dragon Head (crime boss)（ドラゴン・ヘッド：龍頭［犯罪首領］）, Chinese Triad（中国人三合会）, 93, 106, 107i, 465
Drucci, Vincent（ヴィンセント・ドルッチ）: attack on Capone（カポネへの攻撃）, xxi; death of（―の死亡）, 342; mob alliance（ギャング団の同盟）, 78, 355
Drug Enforcement Administration (DEA)（麻薬取締局：DEA）: arrests of（―の逮捕）, xxxiii; Asian Heroin Group（アジア系ヘロイン集団）, 97; Chinese street gangs（中国人ストリート・ギャングズ）, 97; Colombian cartels（コロンビアカルテル）, 426-427; Operation Green Ice（グリーン・アイス作戦）, 66-68; Strike Force（特捜隊）, 474
『薬物捜査：組織犯罪薬物執行特捜隊プログラムの功績』, 515
Drug trafficking（薬物不正取引）: African American（アフリカ系アメリカ人）, 9, 143, 163, 170, 502; BCCI, 31; Chinese organized crime（中国系組織犯罪）, 28-29; DEA arrests（DEAの逮捕）, xxxiii; Dominican（ドミニカ系―）, 158-161, 163, 259; international（国際的な―）, xiii, 376; lucrative trade（儲かる取引）, xxxii; and organized crime（―と組織犯罪）, **162-165**; TYJK, 463
"Dry Dollar"（「ドライ・ダラー」）。See Big Tim Sullivan（ビッグ・ティム・サリヴァン）参照。
"Duke's Restaurant"（「デュークのレストラン」）, 5
"Dummying up"（「口をつぐむ」）, 20
Dunes Casino/hotel（デューンズ・カジノ，デューンズ・ホテル）La Cosa Nostra（ラ・コーザ・ノストラ）, 288
Dunkirk Boys（ダンカーク・ボーイズ），Jamaican posse（ジャマイカ系パシ集団）, 257, 258
"Dutchman, The"（「ザ・ダッチマン」）。See Dutch Schultz（ダッチ・シュルツ）参照。

East Asia Friendship and Enterprise Union（東アジア友好事業組合）, 463
Eastman gang（イーストマン・ギャング）, 167, 455

Eastman, Monk（モンク・イーストマン）, **166-168**, 455
Easy Rider（『イージー・ライダー』）, 366
Eboli, Gaetano (Tommy Ryan)（ガエターノ・エボリ［トミー・ライアン］）: "Little Appalachin" meeting（「小アパラチン」会議）, xxvii; murder of（―の殺害）, xxix
Ecocrime（エコ犯罪）, **168-169**
Egan, Jellyroll（ジェリーロール・イーガン）, 170
Egan's Rats（イーガンズ・ラッツ）, Prohibition mob（禁酒法時代のギャング団）, **169-170**, 220
"Elder Statesmen"（「長老たち」）, Chicago Outfit（シカゴ・アウトフィット）, 96
"El Padrino" (the Godfather)（「エル・パドリーノ」［ザ・ゴッドファーザー］）。*See* José Miguel Battle（ホセ・ミゲル・バトル）参照。
El Rukns（エル・ルークンス）, xxvii, **170-171**, 185
Embezzlement（横領）, Black P. Stone Rangers（ブラック・P・ストーン・レンジャーズ）, 187
"Enforcer, The"（「ジ・エンフォーサー」）。*See* Frank Nitti（フランク・ニッティ）参照。
Eng, Benny（ベニー・エン）。*See* Benny Ong（ベニー・オン）参照。
Eng, Johnny (Onionhead)（ジョニー・エン［オニオンヘッド］）, **171-172**
Enterprise syndicate（事業シンジケート）, 456, 458t
Epstein, Joe（ジョー・エプスタイン）, 234
Erickson, Frank（フランク・エリクソン）, 24, 133, 245, 306
Escobar, Pablo Emilio Gavoroa (Medellín cartel)（パブロ・エミリオ・ガボロア・エスコバー［メデリン・カルテル］）, **172-177**, 175i, 292, 354, 403, 427; conviction of（―の有罪宣告）, 164; death of（―の死亡）, xxxiii
Ethiopia（エチオピア）, Rastafarian beliefs（ラスタファリー教徒の信仰）, 10
Ethnic succession（民族的連続性）, **177-179**
Evola, Natale（ナターレ・エヴォラ）, Bonanno crime family boss（ボナンノ犯罪ファミリー）, 54
Extortion（恐喝）, **179-180**; African American street crime（アフリカ系アメリカ人街路犯罪）, xxvii; Italian American（イタリア系アメリカ人）, 47; nuclear power plants（原子力発電所）, 190; Russian organized crime（ロシア系組織犯罪）, 255

Falcone, Giovanni（ジョヴァンニ・ファルコーネ）, assassination of（―の暗殺）, xxxiii, 63
Falls Church (VA)（フォールズ・チャーチ［ヴァージニア州］）, Chinese street gangs（中国人ストリート・ギャングズ）, 104
FARC (Armed Revolutionary Forces of Columbia)（FARC［コロンビア武装革命軍］）, xxxv,

索 引　　537

174, 233, 403
"Fat Tony"（「ファット・トニー」）．*See* Anthony Salerno（アンソニー・サレルノ）参照．
"Fat Vinnie"（「ファット・ヴィニー」）．*See* Vincent Charles Teresa（ヴィンセント・チャールズ・テレサ）参照．
Fatico, Carmine (Charley Wagons)（カーマイン・ファーティコ［チャーリー・ワゴン］），222
Federal Bureau of Investigation (FBI)（連邦捜査局［FBI］：Apalachin meeting（アパラチン会議），26; Gambino family（ガンビーノ・ファミリー），227; investigation of（―の捜査），294; organized crime policy（組織犯罪政策），xxv; penetration of Chicago Outfit（シカゴ・アウトフィットの浸透），95; Strike Force（特捜隊），474
Federal Deposit Insurance Corporation (FDIC)（連邦預金保険公社［FDIC］），Bank Secrecy Act（銀行秘密厳守法），33
Federal Reserve Bank（連邦準備銀行），Bank Secrecy Act（銀行秘密厳守法），32
Fein, "Dopey" Benny（「ドゥピー」・ベニー・フェイン），364
Fencing（盗品売買），172, **181**, 460; African American organized crime（アフリカ系アメリカ人組織犯罪），6
Ferrie, David（デイヴィッド・フェリー），318
Ferro, Vito Cascio (Don Vito)（ヴィトー・カスシオ・フェッロ［ドン・ヴィトー］），Sicilian Mafia（シチリアのマフィア），**181-182**, 323, 327, 374
Fifth Amendment（合衆国憲法第5修正），criminal use of（犯罪者の―の援用），xxv, 16, 206, 250, 276, 282
Filipino crime groups（フィリピン系犯罪集団），in United States（アメリカにおける―），29
Filmmaking industry（映画制作産業），xxiv, 399
Films（映画）：about motorcycle gangs（モーターサイクル・ギャングズに関する―），366; about organized crime（組織犯罪に関する―），vii, 121, 232, 261, 360-363, 376, 440, 516
Financial Crime Enfocement Network (Fin CEN)（金融犯罪執行ネットワーク［Fin CEN］），33
"Fingerman"（「フィンガーマン：確認者」），La Cosa Nostra（ラ・コーザ・ノストラ），128
Fitzsimmons, Frank（フランク・フィッツジモンズ），IBT, 241
Five Points gang（ファイブ・ポインツ・ギャング），xx, 267, 270, 306, 499
"Fixer"（「フィクサー」），political corruption（政治腐敗），**182-183**
Flamingo Casino/hotel（フラミンゴ・カジノ，フラミンゴ・ホテル），La Cosa Nostra（ラ・コーザ・ノストラ），288, 310, 440, 441

Fleisher, Harry（ハリー・フレイシャー），Purple Gang（パープル・ギャング），388
Fleisher, Louis（ルイス・フレイシャー），Purple Gang（パープル・ギャング），388
Florida（フロリダ）：gambling rackets（賭博のゆすりたかり），14; Rastafarians in（—におけるラスタファリー教徒），10
Flying Dragons（フライング・ドラゴンズ：飛龍），Chinese street gang（中国人ストリート・ギャング），97, 103, 171, 300, 358
Fong, Joe（ジョー・フォン），**183-185**
Food Factory（フード・ファクトリー），95
Fook Ching（フー・チン：福青），103
Forlano, Nicholas (Jiggs)（ニコラス・フォラーノ［ジッグズ］），381
Fort, Jeff（ジェフ・フォート），African American organized crime（アフリカ系アメリカ人組織犯罪），xxvii, xxxii, **185-188**
14K Group（サップセイ・ケイ・グループ），Chinese Triad（中国人三合会），108
"42 Gang"（「42ギャング」），214
"Frankie Shots"（「フランキー・ショッツ」）。See Frank Abbatemarco（フランク・アバッテマルコ）参照。
Franklin National Bank（フランクリン・ナショナル銀行），crash of（—の破綻），442
Franzese, John (Sonny)（ジョン・フランツェーゼ［ソニー］），188
Franzese, Michael（マイケル・フランツェーゼ），**188-190**
Fratallanze (brotherhood)（フラタランゼ［兄弟の間柄］），86
Fratianno, Jimmy (The Weasel)（ジミー・フラティアーノ［ジ・ウィーゼル］）：career（経歴），190-191, 253; Los Angeles Cosa Nostra（ロサンジェルス・コーザ・ノストラ），57; testimony of（—の証言），xxx, 62, 162
French Connection case（フレンチ・コネクション事件），xxvi
Freshman, The（『ドン・サバティーニ』），361, 516
"Front men"（「フロント・マンたち」），204
Fuel tax scheme（燃料税計画）：American mafia（アメリカン・マフィア），188, 418; Russian mafia（ロシア系マフィア），xxxiv, 13, 417-419
Fuk Ching Tong（フー・チン・トン），xxxiii
Fukien American District Association（在米福建人地区協会），467
Fulton Fish Market（フルトン・フィッシュ・マーケット），**191-193**, 284, 434
"Funzi"（「ファンツィー」）。See Frank Tieri（フランク・ティエリ）参照。
Fur Dressers Union（毛皮ドレッサー労働組合），435
Furnari, Christy (Christy Tick)（クリスティー・フルナリ［クリスティー・ティック］），Luchese crime family（ルチーズ犯罪ファミリー），304

索 引

Gadhafi, Muammar（ミャンマー・ガドハフィ）, xxxii
Gagliano crime family（ガグリアーノ犯罪ファミリー）, 303
Gagliano, Gaetano (Tom)（ガエターノ・ガグリアーノ［トム］）, 303, 304
Galan, Luis Carlos（ルイス・カーロス・ギャラン）, assassination of（—の暗殺）, 66
Galante, Carmine (The Ciger)（カーマイン・ガランテ［ザ・シガー］）, Bonanno crime family（ボナンノ犯罪ファミリー）, 34, 51, 54, **195-196**, 337, 393, 462
Gallo, Albert (Kid Blast)（アルバート・ギャロ［キッド・ブラスト］）, 196
Gallo, Joseph (Crazy Joe)（ジョゼフ・ギャロ［クレイジー・ジョー］）, xxvii, 17, **196-199**, 337; assassination of（—の暗殺）, xxviii-xxix; associates of（—の関係者）, 34, 197-198, 287, 373; Colombo rivalry（コロンボのライバル）, 120, 122-123; Gallo-Profaci war（ギャロ対プロファチ戦争）, xxv, 196, 373, 381; Magliocco rivalry（マグリオッコのライバル）, 123
Gallo, Larry（ラリー・ギャロ）, 17, 196, 373, 381
Gallo, Willie（ウィリー・ギャロ）, attempted murder of（—の殺害未遂）, 414
"Gallo-Profaci War"（「ギャロ対プロファチ戦争」）, xxv, 196-198, 373, 381
Gambino, Carlos（カルロ・ガンビーノ）, **199-204**; Apalachin meeting（アパラチン会議）, 25, 202, 275; attempted assassination of（—の暗殺未遂）, xxvi; death of（—の死亡）, xxix, 87, 88; and ILA（—とILA）, 20-21; Magliocco-Bonanno plot（マグリオッコとボナンノの計画）, 52, 119, 123, 381
Gambino crime family（ガンビーノ犯罪ファミリー）, New York（ニューヨーク）, xi, 150, **204-205**, 321; leadership indictments（首脳部の起訴）, xxxii; membership growth（構成員の増大）, xi
Gambino, Thomas（トーマス・ガンビーノ）, 201
Gambling（賭博）, **205**; African American organized crime（アフリカ系アメリカ人組織犯罪）, 6-9, 450; Annenberg fortune（アンネンバーグの幸運）, 23-25; Bruno crime family（ブルーノ犯罪ファミリー）, 58-59; in California（カリフォルニアにおける—）, xxiv; Chinese tongs（中国系堂）, xxxiv, 29, 96, 171, 463-467; Cuban American organized crime（キューバ系アメリカ人組織犯罪）, 38; Cuban casinos（キューバのカジノ）, xxiv; La Cosa Nostra（ラ・コーザ・ノストラ）, xxi, 51, 147-148
Gangs of New York, The（『ザ・ギャングズ・オブ・ニューヨーク』）, viii
Gangster talk（ギャングスター・トーク）, **206-207**
Ganja (marijuana)（ガンジャ［マリファナ］）, Rastafarians distribution of（ラスタファリー教徒の—の物流）, 10
Gabage/waste collection（ごみ及び廃品回集）, xxxi, **207-209**, 213, 447
Gargotta, Charles（チャールズ・ガルゴッタ）, 42
Garment industry（衣服産業）, labor racketeering in（—における労働者のゆすりたか

り）, 61, 200, 302, 365, 435

"Gaspipe"（「ガスパイプ」）。*See* Anthony Casso（アンソニー・カッソー）参照。

"Gatehouses"（「ゲートハウス：見張り小屋」, Jamaican organized crime（ジャマイカ系組織犯罪）, 258

Genovese, Vito（ヴィトー・ジェノヴェーゼ）, 202, **209-212**, 322, 509; Anastasia assassination（アナスタシアの暗殺）, 17; Apalachin meeting（アパラチン会議）, 25-26, 209-212, 275; assassination plot（暗殺計画）, 114, 200, 310; associates of（―の関係者）, 5, 328; Camorra member（カモラ構成員）, 70; Castellammarese War（カステランマレーゼ戦争）, xxiii, 86, 209-210, 395; drug frame（薬物のわな）, 211, 310; flight to Italy（イタリアへの逃亡）, 130, 133, 209; and Rupolo murder（―とルポロの殺害）, 414-415

Genovese crime family（ジェノヴェーゼ犯罪ファミリー）, New York（ニューヨーク）, xi, xxvi, **212-213**; heroin trafficking（ヘロイン不正取引）, 211; leadership indictments（首脳部の起訴）, xxxi; membership growth（構成員の増大）, xi

Gerace, Frank（フランク・ジェレイス）, HERIU, 30

Ghost Shadows（ゴースト・シャドウズ：鬼影）, Chinese street gang（中国人ストリート・ギャング）, 93, 103, 299, 300, 465

Giacalone, Tony（トニー・ジアカロン）, 506

Giancana, Sam (Momo)（サム・ジャンカーナ［モモ］）, 213-217; Apalachin meeting（アパラチン会議）, 25; associates of（―の関係者）, 14, 214, 216-217; in Capone gang（カポネ・ギャングにおける―）, 4, 96, 214, 398; John Kennedy assassination（ジョン・ケネディの暗殺）, 268, 316; murder of（―の殺害）, xxix, 14; Operation Mongoose（マングース作戦）, 317, 359-360, 408; Robert Kennedy pursuit of（ロバート・ケネディの―の追求）, 269, 316-317

Gigante, Louis（ルイス・ギガンテ）, 218

Gigante, Vincent ("The Chin")（ヴィンセント・ギガンテ［ザ・チン］）, Genovese crime family（ジェノヴェーゼ犯罪ファミリー）, 210, **218-220**, 425, 509; associates of（―の関係者）, 85; conviction of（―の有罪宣告）, xxxv, 212, 286; film portrayal of（―の映画における描写）, 364

Gioe, Charlie (Cherry Nose)（チャーリー・ジョー［チェリー・ノーズ］）, Bioff testimony against（―に対するビオフの証言）, 43

Giuliani, Rudolph（ルドルフ・ジュリアーニ）, Commission Case（コミッション事件）, xxxi, 51, 125

Glimco, Joey（ジョーイ・グリムコ）, 253

"Godfather (*compare*)"（「ゴッドファーザー［比較せよ］」）, La Cosa Nostra（ラ・コーザ・ノストラ）, 55

Godfather, The（『ゴッドファーザー 第1部』）, v, vii, 121, 360, 516

Godfather, The, Part II（『ゴッドファーザー　第2部』），516

Godfather, The, Part III（『ゴッドファーザー　第3部』），362, 516

"Godfather's Garden"（「ゴッドファーザーの庭」），49

Goebbels, Joseph（ヨーゼフ・ゲッベルス），and Bugsy Siegel（—とバグジー・シーゲル），439

Goering, Hermann（ヘルマン・ゲーリング），and Bugsy Siegel（—とバグジー・シーゲル），439

Golden Dragon Restaurant（ゴールデン・ドラゴン・レストラン），100, 184

Golden Star（ゴールデン・スター：金星），Chinese street gang（中国人ストリート・ギャング），103

Golden Triangle（黄金の三角地帯），description of（—の描写），31

Goldstein, "Bugsy"（「バグジー」・ゴールドシュタイン），Murder, Inc.（マーダー・インク），347, 397

Goldwater, Barry（バリー・ゴールドウォーター），45

"Good fellows"（「グッドフェローズ」）。*See* Soldiers（ソルジャーたち）を参照。

Goodfellas（『グッドフェローズ』），362, 516, 517

Gophers（ゴファーズ），313

Gordon, Waxey（ワクシー・ゴードン），153, **220-221**, 236, 309, 434, 508

Gotti, Gene（ジーン・ゴッティ），conviction of（—の有罪宣告），164, 223, 228

Gotti, John (Johnny Boy, Dapper Don, Teflon Don)（ジョン・ゴッティ［ジョニー・ボーイ，ダッパー・ドン，テフロン・ドン］），**221-225**; Castellano murder（カステラーノの殺害），85, 228; conviction of（—の有罪宣告），viii, xi, xxxiii, 204-205, 229; film portrayal of（—の映画における描写），363; Gambino crime family（ガンビーノ犯罪ファミリー），55, 90, 151, 152; murder plot against（—に対する殺害計画），220

Gotti, John, Jr.（ジョン・ゴッティ・ジュニア），Gambino crime family（ガンビーノ犯罪ファミリー），204

Gravano, Salvatore (Sammy the Bull)（サルヴァトーレ・グラヴァーノ［サミー・ザ・ブル］），ix, xxxiii, xxxiv, 62, 124, 204, 218, 225, **226-229**, 276, 277, 336, 400

"Greasy Thumb"（「グリーシー・サム」）。*See* Jake Guzik（ジェイク・グージック）参照。

Great Mafia War（大マフィア戦争），in Sicily（シチリアにおける—），62

Greater New York Cartmen's Association（大ニューヨーク廃品回収業者協会），207-208, 447

Green, Danny（ダニー・グリーン），294

Green Dragons（グリーン・ドラゴンズ：緑龍），Chinese street gang（中国人ストリート・ギャング），103

Greenhaven State prison（グリーンヘイブン州刑務所），Gallo-Barnes connection（ギャ

ロとバーンズの関係), 197
Guerra, Juan（ファン・ゲルラ), 1
Gulf cartel（ガルフ・カルテル), cocaine trafficking（コカイン不正取引), 1
Gullymen（ガリーメン), Jamaican organized crime（ジャマイカ系組織犯罪), 259
Guo Liang Chi ("Ah Kay")（グオ・リャン・チー［「アー・ケイ」］), arrest of（—の逮捕), xxxiii
Gurino, Vito (Chicken Head)（ヴィトー・ガリーノ［チキン・ヘッド］), Murder, Inc.（マーダー・インク), 346
"Gurrah"（「グラー」)。See Jacob Shapiro（ジェイコブ・シャピロ）参照。
Gusenberg, Frank（フランク・グーゼンバーグ), 81, 353
Gusenberg, Pete（ピート・グーゼンバーグ), 81, 353
Guys and Dolls（『野郎どもと女たち』), 412, 494
Guzik, Jake (Greasy Thumb)（ジェイク・グージック「グリーシー・サム」), **229-230**; associates of（—の関係者), 16, 229-230, 508; Capone gang（カポネ・ギャング), 3-4, 78, 214; President Hotel Conference（プレジデント・ホテル協議会), 30
"Gyp"（「ジップ」)。See Angelo DeCarlo（アンジェロ・デ・カーロ）参照。
"Gyp the Blood"（「ジップ・ザ・ブラッド」)。See Harry Horowitz（ハリー・ホロウィッツ）参照。

Hakka people（客家), Tsung Tsin（ツン・ツィ), 467
Half Moon Hotel（ハーフ・ムーン・ホテル), 398
Harding, Warren G.（ウォーレン・G・ハーディング), 385
Harlem（ハーレム）: gambling syndicate in（—における賭博シンジケート), xxi; heroin trade in（—におけるヘロイン取引), 5, 34; numbers (policy) racket in（—における数当て賭博のゆすりたかり), 7, 241-243, 432, 449
Harte, Richard (Two-Gun)（リチャード・ハート［トゥー・ガン］), 73
Harvard Inn（ハーヴァード・イン), 499
Hatch, Orin（オーリン・ハッチ), and BCCI（—とBCCI), 31
"Hawk, The"（「ザ・ホーク」)。See Ernest Rupolo（アーネスト・ルポロ）参照。
Hawthone Inn（ホーソン・イン), Capone headquarters（カポネの本部), xxi, 485
Haynes, John Craig（ジョン・クレイグ・ヘインズ), 262
Hazardous waste material（危険廃品物質), trafficking in（—の不正取引), 168
Hearst, Patricia（パトリシア・ハースト), kidnapping of（—の誘拐), 112
Hearst, William Randolph（ウィリアム・ランドルフ・ハースト), 23
Hell's Angels（ヘルズ・エンジェルズ), **231-232**, 366
Hell's Angels on Wheels（『暴走するヘルズ・エンジェルズ』), 232

索 引

"Hell's Kitchen"（「ヘルズ・キッチン」）, 113
Hennessey, William（ウィリアム・ヘネシー）, murder of（—の殺害）, xx
Heroin dealerships（ヘロインの小売）, Jamaican organized crime（ジャマイカ系組織犯罪）, 259
Heroin trade（ヘロイン取引）: African American organized crime（アフリカ系アメリカ人組織犯罪）, 29, 171, 329; Chinese triads（中国人三合会）, French role（フランス人の役割）, xxvi; in Harlem（ハーレムにおける—）, xxvii, 34; Laotian crime groups（ラオス系犯罪集団）, 29; Nigerian role（ナイジェリア人の役割）, xxvi
Herrera, Jamie (Don Jamie)（ジェイミー・ヘレラ［ドン・ジェイミー］）, Mexican organized crime（メキシコ系組織犯罪）, 334
Herrera-Buitrago, Helmer (Pacho)（ヘルマー・ヘレラ＝ヴィトラーゴ［パッチョ］）, xxxiv, 65, 68, **233-234**
Heung Chu (Incense Master)（ヘウン・チュ：福山主［インセンス・マスター：香主］）, Chinese Triad（中国人三合会）, 106, 107i
Hill, Henry（ヘンリー・ヒル）, 517
Hill, Virginia（ヴァージニア・ヒル）, **234-235**, 440, 441
Hines, Jimmy（ジミー・ハインズ）, political fixer（政治的フィクサー）, 183, **235-236**, 280, 434
Hip Sing Tong（ヒップ・シン・トン：協勝堂）, xx, 97, 171, 300, 357-358, 465, 466i
Hit (mob murder)（殺し［ギャング団の殺人］）, La Cosa Nostra（ラ・コーザ・ノストラ）, 61, 81, 91, 128, 196, 210, 219, **236-238**, 320, 413
"Hit man"（「ヒット・マン：殺し屋」）, La Cosa Nostra（ラ・コーザ・ノストラ）, 128
Hobbs Act（ホッブズ法）, xxiv, xxxi
Hoffa（『ホッファ』）, 516
Hoffa, James（ジェイムズ・ホッファ）, **238-241**, 254; associates of（—の関係者）, 131; disappearance of（—の失踪）, xxix, 385, 387, 425, 506; John Kennedy assassination（ジョン・ケネディの暗殺）, 268, 317, 323, 471; Robert Kennedy pursuit of（ロバート・ケネディの—追求）, 215, 269, 317, 333
Hole-in-the-Wall Gang（壁の穴ギャング）, 446
Hollywood（ハリウッド）, La Cosa Nostra（ラ・コーザ・ノストラ）, 44
Holstein, Casper（キャスパー・ホルスタイン）, xxi, **241-243**, 351
"Homeys"（「ホーミーズ」）, 11
Hong Kong（香港）, Chinese Triads in（—における中国人三合会）, 105-109
Hoodlum（『奴らに深き眠りを』）, 261
Hoover, Herbert（ハーバート・フーヴァー）, on Al Capone（アル・カポネについての—）, 83

Hoover, J. Edgar（エドガー・J・フーヴァー）, **244-246**, 491; Apalachin meeting（アパラチン会議）, 26, 245; Buchalter arrest（バカルターの逮捕）, 62; denial of Mafia crime（マフィア犯罪の拒絶）, 215, 244-245
Hoover, Larry（ラリー・フーヴァー）, 69
Hop Sing Tong（ホップ・シン・トン：合勝堂）, San Francisco（サンフランシスコ）, 100
Horowitz, Harry (Gyp the Blood)（ハリー・ホロウィッツ［ジップ・ザ・ブラッド］）, 235
Hotel and Restaurant Employees International Union (HREIU)（ホテル及びレストラン従業員国際労働組合［HREIU］）, 30
Hotel Arkansas（ホテル・アーカンソー）, Hot Springs（ホットスプリングス）, 314
Hotels（ホテル）, Yakuza fronts（ヤクザの隠れみの）, xxxiv
Houston (TX)（ヒューストン［テキサス州］）：Chinese street gangs（中国人ストリート・ギャングズ）, 104; Columbian cartels in（―におけるコロンビアカルテル）, 116
Hughes, Howard（ハワード・ヒューズ）, 289
Hung Fat Shan Triads（フン・ファット・シャン三合会）, 108
Hung Kuan (Red Pole)（フン・クアン：紅棍）, Chinese Triad（中国人三合会）, 106, 107i
Hurley, Charles F.（チャールズ・F・ハーレー）, 369
"Hymie"（「ハイミー」）。*See* Earl Weiss（アール・ヴァイス）参照。

Ianniello, Matty (The Horse)（マシュー・イアニエロ［ザ・ホース］）, **247-248**
Illegal enterprise（違法事業）, **248-249**
Illegal gambling（違法賭博）, **249-250**
Illegal Money Transmitting Business（違法送金事業）, 340
Illiano, Frank (Punchy)（フランク・イリアーノ［パンチー］）, Genovese crime family（ジェノヴェーゼ犯罪ファミリー）, 213, 286-287
Immigration（移民）：Asian（アジア系）, 27, 97; Dominicans（ドミニカ系）, 158, 160; Irish（アイルランド系）, 178; Italian（イタリア系）, xx, 178-179; organized crime（組織犯罪）, xix, 179; Soviet Jews（ユダヤ系ソ連人）, 416; Vietnamese（ヴェトナム系）, 478-479
Immigration and Naturalization Act (1965)（1965年入国帰化法）, 96
Immigration and Naturalization Service (INS)（移民帰化局）：Chinese task forces（中国人専門委員会）, 97; Strike Force（特捜隊）, 474
Immunity（免責）, **250-252**
Impact: Organized Crime Today, The（『衝撃的な影響力：今日における組織犯罪』）, 515
Impellitteri, Vincent（ヴィンセント・インペリテリ）, organized crime contacts（組織犯罪との交際）, 304
Incense Master (Heung Chu)（インセンス・マスター：香主［ヘウン・チュ：福山主］）,

索　引

Chinese Triads（中国人三合会）, 106, 107i
Inside of Prohibition, The（『禁酒法の内側』）, 489
Internal Revenue Service (IRS)（内国歳入庁［IRS］）：Bank Secrecy Act（銀行秘密厳守法）, 32; Strike Force（特捜隊）, 474
International Alliance of Theatrical Stage Employees（劇場ステージ従業員の国際連合）, La Cosa Nostra influence on（―に対するラ・コーザ・ノストラの影響力）, 44
International Brotherhood of Teamsters (IBT)（国際チームスター同業者組合）, 109, 215, 238, **252-254**, 387; criminal activities of（―の犯罪活動）, 44, 131, 238-239, 240, 424; McClelland Committee（マックレルランド委員会）, 126, 333; pension fund slimming（年金基金のかすめ取り）, xxxi, 94, 109, 148
International Emergency Economic Powers Act（国際緊急経済権限法）, 340
International Ladies Garment Workers Union（国際婦人服労働組合）, 158
International Longshoremen's Association (ILA)（国際港湾労働者協会）：organized crime（組織犯罪）, x, 17, 18, 20, 252, 434, 482; wartime activities（戦時活動）, xxiv, 17, 18
International Union of Operating Engineers（国際機関士労働者連盟）, 402
Irgun（アーガン）, swindle of（―に対する詐欺）, 111
Irish organized crime（アイルランド系組織犯罪）, 178, 301, 455, 482, 485
Israel（イスラエル）：Joseph Stacher emigration to（―へのジョゼフ・スタッチャーの移住）, 449; Lansky citizenship claim（ランスキーの市民権の要求）, 283
Italian-American Civil Rights League (IACRL)（イタリア系アメリカ人公民権連合）, 121, 198
"Italian Branch (Squad)"（「イタリア人支部」）, New York police（ニューヨーク市警察）, 47, 374
Italy（イタリア）：anti-Mafia campaign（反マフィア運動）, xx, camorra organization（カモラ組織）, 69-70, 506; emigration policy（移住政策）, 47-48
Ivankov, Vyacheslav（ヴィアチェスラフ・イワンコフ）, **254-255**

"Jack White"（「ジャック・ホワイト」）。*See* James Licavoli（ジェームズ・リカヴォリ）参照。
Jackson, William (Action)（ウィリアム・ジャクソン［アクション］）, murder of（―の殺害）, 3
Jamaica（ジャマイカ）：political parties of（―の政党）, 257; Rastafarians in（―におけるラスタファリー教徒）, 10, 257
Jamaican Posse groups（ジャマイカ系パシ集団）, xxv, 10, **257-259**
James, Frank（フランク・ジェイムズ）, outlaw gangs（アウトロー・ギャングズ）, vii, xix
James, Jesse（ジェシー・ジェイムズ）, outlaw gangs（アウトロー・ギャングズ）, vii, xix,

72

Japanese organized crime（日本人組織犯罪），26, 28, 497-498, 501-502
Jewish gangs（ユダヤ系ギャング），167
Jewish organized crime（ユダヤ系組織犯罪），178, 388, 397, 430, 437
Jheri-Curl Gang（ジェリ・カール・ギャング），**259-261**
"Jimmy Doyle"（「ジミー・ドイル」）。See James Plumeri（ジェイムズ・プルメリ）参照。
"Jimmy Regace"（「ジミー・レゲイス」）。See Dominic Brooklier（ドミニク・ブルックリア）参照。
Joe and Mary's Restaurant（ジョー・アンド・メアリーズ・レストラン），Galante assassination（ガランテの暗殺），195
"Joe Bananas"（「ジョー・バナナズ」）。See Joseph Bonanno（ジョゼフ・ボナンノ）参照。
"Joe Batters"（「ジョー・バッターズ」）。See Anthony Joseph Accardo（アンソニー・ジョゼフ・アッカード）参照。
"Joe Bayonne"（「ジョー・バヨンヌ」）。See Joseph Zicarelli（ジョゼフ・ジカレッリ）参照。
Joe Fong Boys（ジョー・フォン・ボーイズ），Chinese street gang（中国人ストリート・ギャング），100, 183-184
"Joe the Boss"（「ジョー・ザ・ボス」）。See Joseph Masseria（ジョゼフ・マッセリア）参照。
"Joey Doves"（「ジョーイ・ダヴス」）。See Joseph John Aiuppa（ジョゼフ・ジョン・アユッパ）参照。
"Joey Grasso"（「ジョーイ・グラッソ」）。See Arturo Tortorello（アルトゥーロ・トレッロ）参照。
"Joe's Italian Kitchen"（「ジョーのイタリアの台所」），5
"Johnny Boy"（「ジョニー・ボーイ」）。See John Gotti（ジョン・ゴッティ）参照。
Johnson, Ellsworth (Bumpy)（エルスワース・ジョンソン［バンピー］），**261-262**
Johnson, Enoch (Nucky)（イノック・ジョンソン［ナッキー］），President Hotel Conference（プレジデント・ホテル協議会），30
Johnson, Jerome（ジェローム・ジョンソン），122
Johnson, Lyndon（リンドン・ジョンソン）：Mafia contacts（—のマフィアとの交際），433; organized crime report（組織犯罪報告），xxvii
Jones, Aaron（アーロン・ジョーンズ），JBM, 262
Jones, Eddie（エディ・ジョーンズ），214
Jones, Milton Butch（ミルトン・ブッチ・ジョーンズ），502
Jukebox racket（ジュークボックスのゆすりたかり），215, 370

索　引　547

Jungle Posse（ジャングル・パシ），Jamaican organized crime（ジャマイカ系組織犯罪），259

Junior Black Mafia (JBM)（ジュニア・ブラック・マフィア），**262-263**

Kansas City（カンザス市）：Italian immigration（イタリア系移民），xx; narcotics syndicate in（—における麻薬シンジケート），xxiv; organized crime in（組織犯罪），ix, 41, 42, 109; RICO convictions（RICO法による有罪宣告），xxxi

Karaoke bars（カラオケ・バー），Yakuza fronts（ヤクザの隠れみの），xxxiv

Kastel, Dandy Phil（ダンディ・フィル・カステル），306

Kefauver Committee（キーファーヴァー委員会），42, **265-266**, 326, 399; Frank Costello testimony（フランク・コステロの証言），xxv, 134, 282; hearings of（—の公聴会），vii, xxv, 21, 126, 206; Joseph Adonis testimony（ジョゼフ・アドニスの証言），xxv, 5; Meyer Lansky testimony（メイヤー・ランスキーの証言），282; Mickey Cohen testimony（ミッキー・コーエンの証言），112; Virginia Hill testimony（ヴァージニア・ヒルの証言），235, 440; Willie Moretti testimony（ウィリー・モレッティの証言），343

Kefauver, Estes（エステス・キーファーヴァー），265

Kelly, Paul（ポール・ケリー），Five Points gang（ファイブ・ポインツ・ギャング），**266-268**, 270, 456, 482

Kelly, Walter（ウォルター・ケリー），kidnapping of（—の誘拐），243

Kelly, "Machine Gun"（「マシンガン」・ケリー），244

Kennedy, Johnson F.（ジョン・F・ケネディ）：assassination of（—の暗殺），216, 268-269, 316-318, 324, 471; Mafia associations（マフィアとの交際），215-216, 316-317

Kennedy, Joseph（ジョゼフ・ケネディ），and Frank Costello（—とフランク・コステロ），133, 216, 316

Kennedy, Robert F.（ロバート・F・ケネディ），**268-270**; and J. Edgar Hoover（—とJ・エドガー・フーヴァー），215, 244-246; prosecution of organized crime（組織犯罪の起訴），ix, 215-217, 316-318, 324, 333, 370; prosecution of labor racketeering（労働者に対するゆすりたかりの起訴），240, 241, 254

Kenny, John J.（ジョン・J・ケニー），148

Kickbacks（リベート）：Chicago Outfit（シカゴ・アウトフィット），94; ILA, 481, 482; Water Commission（水道委員会），131

"Kicked back"（「リベートを払う」），20

"Kid Blast"（「キッド・ブラスト」）。See Albert Gallo（アルバート・ギャロ）参照。

"Kid Dropper"（「キッド・ドロッパー」），155, **270-271**, 364

"Kid Twist"（「キッド・ツイスト」）。See Abe Reles（エイブ・レルズ）参照。

Kidnapping（誘拐）：of African Americans（アフリカ系アメリカ人の—），242; in Columbia

（コロンビアにおける—），176
"Killer, The"（「ザ・キラー」）。See Owney Madden（オウニー・マドゥン）参照。
King of New York（『キング・オブ・ニューヨーク』），362, 516
"King of the Slots"（「スロット王」）。See Frank Costello（フランク・コステロ）参照。
"King"（「キング：王様」），Harlem policy racket（ハーレムの数当て賭博のゆすりたかり），8, 242
Kiss of death（死のキス），La Cosa Nostra（ラ・コーザ・ノストラ），**271-272**
Kleinman, Morris（モーリス・クレインマン），147
Klenha, Joseph（ジョゼフ・クレンハ），mayor of Cicero（シセロの市長），72
Knapp Commission（ナップ委員会），New York police corruption（ニューヨーク警察の汚職），xxix
Korean organized crime（韓国系組織犯罪），xiii, 29
"Kosher Nostra"（「コーシャー・ノストラ」），448
Kow Jai (member)（コー・ジャイ［構成員］），Chinese Triads（中国人三合会），106, 107i

LaBarbera, Joseph（ジョゼフ・ラ・バーベラ），Apalachin meeting（アパラチン会議），25, 275, 341
Labor racketeering（労働者に対するゆすりたかり），xxxii, 49, 61, 167, **273-274**, 365, 369, 435, 509; ILA, 17, 131, 240, 254, 273-274, 434, 483
"La compania"（「ラ・カンパニア」），355
La Cosa Nostra（ラ・コーザ・ノストラ），**274-277**, 506; and African American organized crime（—とアフリカ系組織犯罪），9, 196, 214-215, 242-243, 261; and Russian mafia（ロシア系マフィア），13, 421; capacity for change（—の変革能力），viii-ix; decline of（—の衰退），x; drug trafficking（薬物不正取引），163; initiation of members（—の入会儀式），40; organizational problems（—の組織的問題），xi; origin in United States（—のアメリカにおける起源），vii, 17; paradigm of（—の範型），xiii; recruitment of members（構成員の募集），40
La Costa Hotel and Country Club（ラ・コスタ・ホテル＆カントリー・クラブ），148
La Guardia, Fiorello (Little Flower)（フィオレロ・ラ・ガーディア［リトル・フラワー］），133, 277-279, 434
"Lakehouses"（レイクハウジズ），281
La mafia criolla（ラ・マフィア・クリオウラ），355
La Mano Nera (Black Hand)（ラ・マーノ・ネーラ［黒手団］），xx, 46-48, 73, 181, 485; opposition to（—との対決），301, 485
Landau, Abe（エイブ・ランダウ），murder of（—の殺害），432
Langella, Gerald (Gerry Lang)（ジェラルド・ランジェラ［ジェリー・ラング］），xxxi, 124

Lansky（ランスキー　アメリカが最も恐れた男），516

Lansky, Jacob（ヤコブ・ランスキー），279, 282

Lansky, Meyer（メイヤー・ランスキー），178, 210, 279-284, 306, 384, 508; anti-espionage effort（反スパイ活動の試み），associates of（—の関係者），24, 37, 61, 133, 162, 229-230, 306, 314, 328, 392; attempted assassination plot（暗殺計画の未遂），114; Luciano family rivalry（ルチアーノ・ファミリーのライバル），210; Masseria gang（マッセリア・ギャング），xxiii; National Crime Syndicate（全米犯罪シンジケート），308, Operation Moongose（マングース作戦），359; President Hotel Conference（プレジデント・ホテル協議会），30; and Purple gang（パープル・ギャング），389; street gangs（ストリート・ギャングズ），xix; Waxey Gordon conflict（ワクシー・ゴードンとの闘争），221

"Lansky Strike Force"（「ランスキー特捜班」），283

Lanza, James（ジェイムズ・ランツァ），Apalachin meeting（アパラチン会議），25

Lanza, Joseph (Socks)（ジョゼフ・ランツァ［ソックス］），18, 191, **284-286**, 309

Laos, in Golden Triangle（ラオス，黄金の三角地帯における—），31

Laotian crime groups, in United States（ラオス系犯罪集団，アメリカにおける—），29

Lara-Bonilla, Rodrigo（ロドリゴ・ラーラ＝ボニーラ），assassination of（—の暗殺），66

"Larry Fab"(Laurence Dentico)（「ラリー・ファブ」［ローレンス・デンティコ］），Genovese crime family（ジェノヴェーゼ犯罪ファミリー），213, **286-287**

Las Vegas（ラスヴェガス），**287-289**; Bonanno interests（ボナンノの関心），51; Bugsy Siegel（バグジー・シーゲル），xxiv, 438; casino skimming（カジノ・スキミング），xxxi, 16, 147, 215, 283, 448; La Cos Nostra（ラ・コーザ・ノストラ），274; union funds（年金基金），94

Last Mafioso, The（『ザ・ラスト・マフィオーゾ』），190

LaStella restaurant（ラ・ステラ・レストラン），"Little Apalachin" meeting（「小アパラチン会議」），xxvii

LaTempa, Peter（ピーター・ラ・テンパ），414

Latin Kings（ラテン・キングズ），**290-291**

Latino organized crime（ラテンアメリカ系組織犯罪），xii, 38, **291-292**

"Law of Return" Israel（イスラエルの「帰還法」），283, 449

Lazia, Johnny（ジョニー・ラツィア），42

Leavenworth Penitentiary（レヴンワース刑務所），George (Bugs) Moran（ジョージ・「バグズ」・モラン），343

Lehder-Rivas, Carlos（カーロス・レーダー＝リヴァス），Medellín cartel（メデリン・カルテル），173, **292-293**

Leibowitz, Sam（サム・ライボウィッツ），114

Lend-Lease Program（武器貸与計画），18

Levine, Prettey（プリティ・レヴィーン），Murder, Inc.（マーダー・インク），397
Lian Jais (Little Kids)（リャン・ジャイ［リトル・キッズ］），Chinese Tong gangs（中国系堂ギャングズ），98
Licata, Nick（ニック・リカタ），Los Angels Cosa Nostra（ロサンジェルス・コーザ・ノストラ），57
Licavoli, James (Jack White)（ジェイムズ・リカヴォリ［ジャック・ホワイト］），Cleveland Cosa Nostra（クリーヴランド・コーザ・ノストラ），**293-294**; labor racketeering（労働者に対するゆすりたかり），254; RICO conviction（RICO法による有罪宣告），xxx, 293-294
Lindsay, John（ジョン・リンゼイ），Mafia contacts（マフィアとの交際），433
Lingle, Jake（ジェイク・リングル），police reporter（警察詰め記者），170, **295**
Liquor distribution（酒の流通），organized crime（組織犯罪），431
"Little Apalachin" meeting（「小アパラチン」会議），xxvii
"Little Augies gang"（「リトル・オーギーズ・ギャング」），271, 364, 435
"Little Ceasar"（「リトル・シーザー」）。See Salvatore Maranzano（サルヴァトーレ・マランツァーノ）参照。
"Little Flower"（「リトル・フラワー」）。See Fiorello La Guardia（フィオレロ・ラ・ガーディア）参照。
"Little Italy"（「リトルイタリー」），77, 85, 123, 209, 220, 247
"Little Japanese"（「リトル・ジャパニーズ」），254
"Little Jerusalem"（「リトル・エルサレム」），388
"Little Jewish Navy"（「リトル・ジュウィッシュ・ネイビー」），147
"Little Nicky"（「リトル・ニッキー」）。See Nicky Scarfo（ニッキー・スカルフォ）参照。
"Little Odessa"（「リトル・オデッサ」），12, 255, 416
"Little Taipei"（「リトルタイペイ」），101
Liu Herbert（ハーバート・リュー），359
Loansharking（高利貸し業）：African American organized crime（アフリカ系アメリカ人組織犯罪），6; La Cosa Nostra（ラ・コーザ・ノストラ），29, 49 59, **295-297**, 298, 425
Locasio, Frank (Frankie Loc)（フランク・ロケージオ［フランキー・ロック］），204-205, 225
Lombardo, Joseph（ジョゼフ・ロンバード），Boston mafia（ボストン・マフィア），21
Lombardo, Philip (Cockeyed Phil)（フィリップ・ロンバード［コックアイ・フィル］），425
Lombardo, Tony（トニー・ロンバルド），Unione Siciliano（ユニオーネ・シチリアーノ），xxii
Lombardozzi, Carmine (The Doctor)（カーマイン・ロンバルドッツィ［ザ・ドクター］），Gambino crime family（ガンビーノ犯罪ファミリー），**298-299**

索　引

Lonardo, Angelo（アンジェロ・ロナルド），testimony of（—の証言），125, 276
Lonergan, "Peg Leg"（「ペッグ・レッグ」・ロナガン），485
Long Huey（ヒューイ・ロング），133, 325
"Lord High Executioner"（「ロード・ハイ・エグゼキューショナー」）。See Albert Anastasia（アルバート・アナスタシア）参照。
Los Angeles（ロサンジェルス）：African American street gangs（アフリカ系アメリカ人ストリート・ギャングズ），140; Chinesen street gangs（中国人ストリート・ギャングズ），96, 101; Columbian cartels in（—におけるコロンビアカルテル），116; La Cosa Nostra in（—におけるラ・コーザ・ノストラ），56, 190; Russian immigration（ロシア系移民），416
Lotteries（富くじ），illegal（非合法な—），Cuban American organized crime（キューバ系アメリカ人組織犯罪），38
Louie, Nicky（ニッキー・ルーイ），Ghost Shadows gang（鬼影：ゴースト・シャドウズ・ギャング），**299-301**
Lovett, William (Wild Bill)（ウィリアム・ロヴェット［ワイルド・ビル］），Irish racketeer（アイルランド系ゆすりたかり者），**301-302**, 485
Lucas, Frank（フランク・ルーカス），11
Luchese, Gaetano (Three-Finger Brown, Tommy Brown)（ガエターノ・ルチーズ［スリー・フィンガー・ブラウン］［トミー・ブラウン］），**302-303**; Apalachin meeting（アパラチン会議），25; attempted assassination of（—の暗殺未遂），xxvi, 119; associates of（—の関係者），161, 202, 438; Magliocco-Bonannno plot（マグリオッコとボナンノの計画），52, 123, 381; National Crime Syndicate（全米犯罪シンジケート），308; political corruption（政治腐敗），378
Luchese crime family（ルチーズ犯罪ファミリー），New York（ニューヨーク），xi, **304-305**; Boiardo role（ボイアルドの役割），49; leadership indictments（首脳部の起訴），xxxi; membership growth（構成員の増大），xi
Luciano Charles (Lucky)（チャールズ・ルチアーノ［ラッキー］），212, 275, **305-311**, 321, 337, 384; anti-espionage effort（反スパイ活動の試み），xxiv, 18, 153, 282, 285; associates of（—の関係者），5, 18, 24, 56, 61, 133, 280, 281, 306, 313-314, 321, 325, 343, 348, 410, 437, 448, 470, 508; attempted assassination plot（暗殺計画の未遂），114; Castellammarese War（カステランマレーゼ戦争），xxiii, 86, 395; Commission（コミッション：最高幹部会），124; conviction of（—の有罪宣告），xxiii; deportation of（—の国外追放），xxiv, 133, 154; Five Point gang（ファイブ・ポインツ・ギャング），267, 306; Genovese drug set-up（ジェノヴェーゼに対する薬物の罠），134, 212; imprisonment of（—の拘禁），129, 133; National Crime Syndicate（全米犯罪シンジケート），xxii; pardon of（—の恩赦），18, 20, 310; President Hotel Conference（プレジデント・ホテル協議会），

30; prosecution of（―の起訴）, 153, 236, 309, 436; and the Purple Gang（―とパープル・ギャング）, 389; Sicilian mafia member（シチリアのマフィア構成員）, 26; street gangs（ストリート・ギャングズ）, xix; union corruption（労働組合の汚職）, 44-45; Waxey Gordon conflict（ワクシー・ゴードンとの闘争）, 221

Luciano crime family（ルチアーノ犯罪ファミリー）, rivalry for control（支配をめぐるライバル）, 17, 210, 275

"Lupo the Wolf"（「ルポ・ザ・ウルフ」）。See Ignazio Saietta（イグナツィオ・サイエッタ）参照。

M-19 (Movimiento 19 de April)（M-19［4月19日運動］）, xxxv, 174, 233

Man Bun Lee（マン・ブン・リー：M・B・李）, attack on（―に対する攻撃）, 102

Ma Jais (Little Horses)（マ・ジャイ：子馬）, Chinese Tong gangs（中国系堂ギャングズ）, 98, 99i

"Mad Dog"（「マッド・ドッグ」）。See Vincent Coll（ヴィセント・コール）参照。

"Mad Hatter, The"（ザ・マッド・ハッター）。See Albert Anastasia（アルバート・アナスタシア）参照。

"Madame Queen of Policy"（数当て賭博の女王夫人）, 7, 449-450

Madden, Owney (The Killer)（オウニー・マドゥン［ザ・キラー］）, 113, 235, 306, **313-314**, 434

"Made member/men"（「メイド・マン」・「メイド・マンたち」：宣誓したマフィア構成員）, La Cosa Nostra（ラ・コーザ・ノストラ）, xxvi, 22, 199, 204, 219, 223, 444

Maffeatore, Dukey（ダッキー・マフィートーレ）, Murder, Inc.（マーダー・インク）, 397

Mafia（マフィア）, **314-316**。See also La Cosa Nostra（ラ・コーザ・ノストラ）参照。

Mafia and Kennedy assassination（マフィアとケネディ暗殺）, **316-318**

Mafia Princess, 516

Mafia Tax（みかじめ料）, construction industry（建設業界）, 424

Magaddino crime family（マガディーノ犯罪ファミリー）, strike force against（―に対する特捜隊）, xxvii, 474

Magaddino, Giuseppe（ジョゼッペ・マガディーノ）, xxvi

Magaddino, Stefano (Steve)（ステファノ・マガディーノ［スティーブ］）, Buffalo Cosa Nostra（バッファローのコーザ・ノストラ）, **318-319**, 474; Apalachin meeting（アパラチン会議）, 25, Bonannoally（ボナンノとの同盟）52, 120; Bonanno kidnapping（ボナンノの誘拐）, 52, 53 319; Castellammarese War（カステランマレーゼ戦争）, 86

Magliocco, Joseph（ジョゼフ・マグリオッコ）: associates of（―の関係者）, 51, 120; Castellammarese War（カステランマレーゼ戦争）, 86; crime boss（犯罪首領）, 123, 202, 381; National Crime Syndicate（全米犯罪シンジケート）, xxii

Magoon, "Blue Jaw"（「ブルー・ジョー」・マグーン），Murder, Inc.（マーダー・インク），346

Maheu, Robert（ロバート・マヒュー），Operation Mongoose（マングース作戦），359

"Main 21"（メイン21），Black P. Stone Rangers（ブラック・P・ストーン・レンジャーズ），185

Maione, Happy（ハッピー・メイオン），Murder, Inc.（マーダー・インク），346

"Making your bones"（入会のための殺し），22, 40, **319-321**

Makonnen, Ras Tafari（ラス・タファリー・マコネン），10

Man of Honor, A（『ア・マン・オブ・アナー』），26, 53, 125, 164

Mangano crime family（マンガーノ犯罪ファミリー），319; Anastasia role in（—におけるアナスタシアの役割），18-19

Mangano, Philip（フィリップ・マンガーノ），18, 321

Mangano, Vincent（ヴィンセント・マンガーノ），**321**; associates of（—の関係者），133, 485; disappearance of（—の失踪），18; National Crime Syndicate（全米犯罪シンジケート），xxii; waterfront racketeering（湾岸地区のゆすりたかり），302, 482

Maranzano gang（マランツァーノ・ギャング），Castellammarese War（カステランマレーゼ戦争），xxiii, 322, 327

Maranzano, Salvatore (Little Caesar)（サルヴァトーレ・マランツァーノ［リトル・シーザー］），71, 304, **322-323**; associates of（—の関係者），281, 307, 380, 438; Castellammarese War（カステランマレーゼ戦争），86-87, 395; failed assassination scheme（暗殺計画の失敗），114; murder of（—の殺害），281, 308, 322-323; Sicilian connection（シチリア人との関係），182

Marcantonio, Vito（ヴィトー・マーカントニオ），130

Marcello, Carlos（カーロス・マルチェロ），**323-327**; associates（—の関係者），183; Bonanno ally（ボナンノとの同盟），52; John Kennedy assassination（ジョン・ケネディの暗殺），268, 317, 471; "Little Apalachin" meeting（「小アパラチン」会議），xxvii; political corruption（政治腐敗），378; RICO convictions（RICO法による有罪宣告），xxxi; Robert Kennedy pursuit of（ロバート・ケネディの追求），216, 316; Texas interests（テキサス州への関心），411

Marcus, James（ジェームズ・マーカス），305

Mariel boat exodus（マリエルからのボート亡命），38, 291

Marijuana（マリファナ）: American groups（アメリカ人集団），173; Colombian cartels（コロンビアカルテル），115; Escobar（エスコバー），173; Jamaican distribution system（ジャマイカ系物流制度），xxv, 10, 258; Marielitos（マリエル難民），38

Marinelli, Albert（アルバート・マリネッリ），154, 434

Markowitz, Michael（マイケル・マルコウィッツ），murder of（—の殺害），xxxii

Marquez, (Spanish) Raymond (「スパニッシュ」・レイモンド・マルケス), 39, 329
Marseilles (マルセイユ), heroin trade (ヘロイン取引), xxvi
Martial arts clubs (武術クラブ), Chinese street gang (中国人ストリート・ギャング), 101
Martinez, Gomez (ゴメス・マルティネス), 356
Martinez, Rafael (ラファエル・マルティネス), Jheri-Curl gang (ジェリ・カール・ギャング), 260
Masseria gang (マッセリア・ギャング), xxiii
Masseria, Joseph (Joe the Boss) (ジョゼフ・マッセリア [ジョー・ザ・ボス]), **327-328**, 337; assassination of (―の殺害), 17, 42, 307, 322, 438; associates of (―の関係者), 280, 327-328; Castellammarese War (カステランマレーゼ戦争), xxii-xxiii, 4, 85, 86, 395
Matthews, Frank (The Black Luciano) (フランク・マシューズ [ブラック・ルチアーノ]), **328-333**
"Maxitrials" (マキシトライアル), Sicilian Mafia (シチリアのマフィア), 63
Mayfield Road Gang (メイフィールド・ロード・ギャング), 147, 294, 349
McCarren, Pat (パット・マッカレン), 265
McCarthy, Joseph (ジョゼフ・マッカーシー), 265
McCleans group (マクリーンズ・グループ), 371
McClelland Committee (マックレルランド委員会), xi, 126, 303, 326, **333**, 399; Abner Zwillman (アブナー・ツヴィルマン), 509-510; Carlos Marcello (カーロス・マルチェロ), 269; Gus Alex (ガス・アレックス), 16; James Hoffa (ジェイムズ・ホッファ), 269; John C. Montana (ジョン C・モンタナ), 341; Joseph Valachi (ジョゼフ・ヴァラキ), 49, 124, 126, 150, 206, 211, 237, 272, 276, 333, 370; labor racketeering (労働者に対するゆすりたかり), 240, 245, 254, 333, 448; Sam Giancana (ジャンカーナ), 216 269; Santos Trafficante, Jr. (サントス・トラフィカンテ・ジュニア), 470
McClelland, John (ジョン・マックレルランド), 333
McGuire, Phyllis (フィリス・マクガイア), 215, 217
McGurn, Jack (Machine Gun) (ジャック・マクガーン [マシンガン]), 81, 454, 500
McLaughlins (マクロウリンズ), 371
McNeil Island federal prison (マクニール・アイランド連邦刑務所), 112
McWilliams, Carey (ケリー・マックウィリアムズ), 45
Meat wholesale business (精肉の卸売り), organized crime (組織犯罪), 158
Medellín cartel (メデリン・カルテル), xxviii, 31, 65, 66, 115, 116, 119, 160, 172, 173, 176, 292, 356, 404
Media (メディア), organized crime in (―における組織犯罪), 360-364
Mellon, Andrew (アンドリュー・メロン), 83

索　引　555

Merlo, Mike（マイク・メルロ），354
Methamphetamine（メタンフェタミン）：Filipino crime groups（フィリピン系犯罪集団），29; Hell's Angels（ヘルズ・エンジェルズ），232, 367; Mexican organized crime（メキシコ系組織犯罪），335
Mexican organized crime（メキシコ系組織犯罪），291-292, **334-335**
"Mexican, The"（「ザ・メキシカン」）。See José Gonzalo Rodriguez Gacha（ホセ・ゴンザロ・ロドリゲス・ガチャ）参照。
Mexico（メキシコ），Gulf cocaine cartel（ガルフ・コカイン・カルテル），1
Miami (FL)（マイアミ［フロリダ州］）：African American street gangs（アフリカ系アメリカ人ストリート・ギャングズ），xxxv; Colombian cartels in（コロンビアカルテル），116; Cuban American organized crime（キューバ系アメリカ人組織犯罪），37; La Cosa Nostra（ラ・コーザ・ノストラ），274; Russian immigration（ロシア系移民），416
"Mickey Mouse Mafia"（「ミッキーマウス・マフィア」），161
Miller's Crossing（『ミラーズ・クロッシング』），362, 516
Milwaukee（ミルウォーキー），Hobbs Act convictions（ホッブズ法による有罪宣告），xxxi
"Minority middlemen"（「少数派の仲介者」），African American organized crime（アフリカ系アメリカ人組織犯罪），9
Miranda, Mike（マイク・ミランダ），"Little Apalachin" meeting（「小アパラチン」会議），xxvii
Mob Lawyer（『モブ・ローヤー』），324
"Mob Lawyer"（「ギャング団の弁護士」），137
Mob nicknames（ギャング団のニックネーム），**335-337**
"Mob tax"（「みかじめ料」），xxxiv
Money laundering（マネー・ローンダリング：資金洗浄），**338-341**; banking industry（銀行産業），xxxii; and BCCI, 31; Cali cartel（カリ・カルテル），426; DEA arrests（DEAの逮捕），xxxiii; international crime, of（国際犯罪），xxxv; Latino organized crime（ラテンアメリカ人組織犯罪），38; Michele Sindona（ミケーレ・シンドーナ），442
Money Laundering Control Act（マネー・ローンダリング規制法），340
Montana, John C.（ジョン・C・モンタナ），Magaddino crime family（マガディーノ犯罪ファミリー），**341-342**
Moran gang（モラン・ギャング），massacre of（一の大虐殺），3
Moran, George (Bugs)（ジョージ・モラン［バグズ］），Chicago North Side gang（シカゴ・ノースサイド・ギャング），xxii, 75, **342-343**, 353, 452-453, 484
Morano, Don Pelligrino（ペリグリノ・モラーノ首領），Camorra（カモラ），70
Morello gang（モレロ・ギャング），70, 327
Moretti, Willie（ウィリー・モレッティ），210, **343-344**, 508

"Mother club"（「本部」）, Hell's Angels（ヘルズ・エンジェルズ）, 232

Motorcycle gangs（モーターサイクル・ギャングズ）: films about（—に関する映画）, 366; outlaw（アウトロー）, xii, 231-232, 365-367; PCOC, 137, 367

Movie industry（映画産業）, racketeering in（—におけるゆすりたかり）, 56, 111

"Mr. Big"（「ミスター・ビッグ」）, police strategy（警察戦略）, 164

"Mr. Neil"（「ミスター・ネイル」）. See Aniello Dellacroce（アニエロ・デラクローチェ）参照。

"Mr. Untouchable"（ミスター・アンタッチャブル）。See Leroy "Nicky" Barnes（リロイ・「ニッキー」・バーンズ）参照。

"Mules"（「ミュール」たち）(drug couriers)（薬物運び屋）, xxvi, 39, 159, 173

Murder, Inc.（マーダー・インク）, xxiv, xxv, 61, 129, 157, 282, **344-348**, 398, 436, 438, 451, 468

Murray, Sylvester (Seal)（シルヴェスター・マリ［シール］）, 502

Murret, Charles（チャールズ・ミューレット）, 411

Mussolini, Benito（ベニート・ムッソリーニ）: and Bugsy Siegel（—とバグジー・シーゲル）, 439; and Vito Genovese（—とヴィトー・ジェノヴェーゼ）, 209

"Mustache Petes"（「口髭のピートたち」）, 90, 197, 307, 319, **348**, 380, 395

My Blue Heaven（『マイ・ブルー・ヘブン』）, 362, 516

My Life in the Mafia（『マイ・ライフ・イン・ザ・マフィア』）, 460

Myanmar（ミャンマー）, in Golden Triangle（黄金の三角地帯における—）, 31

Napoli, James（ジェームズ・ナポリ）, 37

"Narco-imperialism"（麻薬帝国主義）, 144

"Narcomafia" ナルコマフィア（麻薬マフィア）, 115

Narcoterrorism（麻薬テロ）, Cali Cartel（カリ・カルテル）, 66

Narcotics（麻薬）, criminal product（非合法製造物）, xiv

Narcotics syndicate（麻薬シンジケート）: in Kansas City（カンザス市における—）, xxiv; in St. Louis（セント・ルイスにおける—）, xxiv

Nardi, John（ジョン・ナルディ）, 294

Nation, Carrie（キャリー・ネーション）, 382

Nation-Wide News Service（全米ニュースサーヴィス）, 24

National Athletic Club（ナショナル・アスレチック・クラブ）, 456

National Cigarette Service（全米タバコサーヴィス）, 372

"National Crime Commission"（全米犯罪コミッション）, La Cosa Nostra（ラ・コーザ・ノストラ）, xxii, xxiii, xxvi, 50, 51, 52, 125, 275; membership of（—の構成員資格）, 25。See also "Commission"（「コミッション：最高幹部会」）参照。

索　引　　　　　　　　　557

National Crime Syndicate（全米犯罪シンジケート）: assassination squad for（暗殺団）, 17, 280; formation of（—の形成）, xxii, 24, 280, 308; organizing efforts of（—の組織化の試み）, 44, 467

Naval Intelligence（海軍諜報機関）: anti-Nazi campaign（反ナチキャンペーン）, 282, 285, 309; Luciano pardon（ルチアーノの恩赦）, 154

Nelson, "Baby Face"（「ベビー・フェイス」・ネルソン）, bank robber（銀行強盗）, 244

Ness, Eliot（エリオット・ネス）, **349-350**

New England（ニューイングランド）, organized crime in（—における組織犯罪）, xxxiii, 22, 372, 459

New Jersey（ニュージャージー州）: Colombian cartels in（—におけるコロンビアカルテル）, 116; organized crime in（—における組織犯罪）, 149, 508; Rastafarians in（—におけるラスタファリー教徒）, 10。See also Atlantic City (NJ)（アトランティック市［ニュージャージー州］）をも参照。

New Jersey Garbage Contractors Association（ニュージャージー廃品契約者協会）, 208

New Orleans（ニューオーリンズ州）: Camorra organization（カモラ組織）, 70; organized crime in（—における組織犯罪）, ix, xx, 325; RICO convictions（RICO法による有罪宣告）, xxxi

New York（ニューヨーク州）: African American street gangs（アフリカ系アメリカ人ストリート・ギャングズ）, xxxv; "Banana War"（バナナ戦争）, xxvi, 52, 54, 156, 157, 319; Black Hand（黒手団）, xx, 486; Black Muslims（ブラック・ムスリム）, 331, 332; Camorra organization（カモラ組織）, 70; Castellammarese War（カステランマレーゼ戦争）, xxii-xxiii; Chinese street gangs（中国人ストリート・ギャングズ）, 97, 101, 102; Chinese Tongs（中国系堂）, 466, 467; Colombian cartels in（—におけるコロンビアカルテル）, 116; Dominican drug trafficking（ドミニカ系薬物不正取引）, 158, 259; heroin trafficking（ヘロイン不正取引）, 171; Italian immigration（イタリア系移民）, xx; La Cosa Nostra in（—におけるラ・コーザ・ノストラ）, viii, ix, 266; mafia crime families emergence in（—におけるマフィア犯罪ファミリーの出現）, xxiii; Mafia indictments（マフィアに対する起訴）, xxxi; municipal corruption（市の汚職）, 434, 455, 456; police corruption（警察の汚職）, Rastafarians in（—におけるラスタファリー教徒）, RICO prosecutions（RICO法による起訴）, xxx; Russian immigration（ロシア系移民）, 416; Tongs Warfare（堂の抗争）, xx; Unione Siciliano conflict（ユニオーネ・シチリアーノの闘争）, xxii; Vietnamese street gangs（ヴェトナム系ストリート・ギャングズ）, 104; Waterfront Commission（湾岸委員会）, 482

Newark (NJ)（ニューアーク［ニュージャージー州］）, organized crime in（—における組織犯罪）, xxiii

Newspaper industry（新聞産業）, circulation wars（販売争い）, 23, 353

Nidal, Abu（アブ・ニダル），and BCCI, 31

Nigeria（ナイジェリア）：heroin trade（ヘロイン取引），xxvi; organized crime（組織犯罪），xiii

Nigger Heaven（『ニガー・ヘヴン』），242

Nitti, Frank (The Enforcer)（フランク・ニッティ［ジ・エンフォーサー］），**350-351**; associates of（―の関係者），16, 229, 234; Bioff testimony against（―に対するビオフの証言），43; in Capone gang（―におけるカポネ・ギャング），78, 214; mob alliances（ギャング団の同盟），4; suicide of（―の自殺），45, 84

Nixon, Richard（リチャード・ニクソン）：Decarlo pardon（デ・カーロの恩赦），149; detente policy（緊張緩和政策），416; Hoffa pardon（ホッファの恩赦），387; Teamster support（チームスターの支援），240

Noriega, Manuel（マニュエル・ノリエガ），174

Nuclear power plants（原子力発電所），189

Number's banks（数当て賭博銀行），African American organized crime（アフリカ系アメリカ人組織犯罪），7, 243, 449

Number's gambling（数当て賭博），**351**; Cuban American organized crime（キューバ系アメリカ人組織犯罪），38; Mafia（マフィア），xxi, 21, 430, 449; Puerto Rican organized crime（プエルトリコ人組織犯罪），39．*See also* Policy（数当て賭博）をも参照．

Nunn Committee（ナン委員会），126

Nuova Villa Tammaro（ヌオヴァ・ヴィヤ・タマーロ），Masseria murder（マッセリアの殺害），86

Oakland (CA)（オークランド［カリフォルニア州］），Chinese street gangs（中国人ストリート・ギャングズ），104

O'Banion, Charles Dion (Deanie)（チャールズ・ダイオン＝オバニオン［ディーニー］），North Side Gang（ノースサイド・ギャング），**353-354**, 392, 452; gang war（ギャング戦争），237, 483; murder of（―の殺害），xxi, 42, 75, 76, 342, 355-356, 468, 483, 500

Ochoa, Jorge Luis Vasquez（ホーゲ・ルイス・ヴァスケス・オチョア），Medellín cartel（メデリン・カルテル），173, 175i, 292, **354-356**, 427; conviction of（―の有罪宣告），164, 403

"O'Connell's Guards"（「オコネル・ガーズ」），Irish street gang（アイルランド系ストリート・ギャングズ），178

O'Donnell, Spike（スパイク・オドネル），77

O'Dwyer, William（ウィリアム・オドワイヤー），vii, 304

"Ogs"（「オグズ」），Crips gang（クリップス・ギャング），140

Oklahoma City（オクラホマ市），Crips gang（クリップス・ギャング），140

索　引　559

"Omerta"（「オメルタ」）, ix, xxxiii, 206, 219, **356-357**, 393, 413, 415
Omnibus Crime Control Act（1968）（1968年包括的犯罪規制法）, 136
"O'Neill"（「オニール」）. See Aniello Dellacroce（アニエロ・デラクローチェ）。
On Leong Merchant Association (Tong)（オン・レオン商人協会［堂］）, Boston（ボストン）, 464
On Leong Tong（オン・レオン堂）, in New York（ニューヨークにおける—）, xx, 93, 464
Once Upon a Time in America（『ワンス・アポン・ア・タイム・イン・アメリカ』）, 362, 516
Ong, Benny (Uncle Seven)（ベニー・オン［アンクル・セブン］）, Hip Sing Tong（ヒップ・シン・トン：協勝堂）, **357-359**
Operation Green Ice（グリーン・アイス作戦）, DEA（麻薬取締局）, 67, 68
Operation Mongoose（マングース作戦）, CIA-Mafia（CIAとマフィア）, 14, **359-360**, 408, 471
Opium（アヘン）：Chinese Tongs（中国系堂）, 96, Golden Triangle（黄金の三角地帯）, 31
Orena, Victor（ヴィクター・オレーナ）, crime boss（犯罪首領）, 124
Organizatsiya（オーガニザトシヤ）, Russian mafia（ロシア系マフィア）, 416
Organized crime（組織犯罪）：American tradition（アメリカの伝統）, v; basic features of（—の基本的特徴）, v-vii; Congressional investigations of（—の連邦議会調査）, 126-127; drug trafficking（薬物不正取引）, 162-165; Illegal demand（違法な商品の需要）, xiii; and the media（—とメディア）, **360-364**; Task Force on Organized Crime（—組織犯罪に関する対策委員会）, xxvii, xxix, 135-137, 473
Organized Crime and Racketeering Section (OCRS)（組織犯罪とゆすりたかり課）, Justice Department（司法省）, 473-474
Organized Crime Control Act (1970)（1970年組織犯罪規制法）, 136, 495
Orgen, "Little Augie"（「リトル・オーギー」・オーゲン）, 60, 155, 270, **364-365**
Ormento, Big John（ビッグ・ジョン・オーメント）, 394
Oswald, Lee Harvey（リー・ハーヴェイ・オズワルド）, 215, 318, 411
Outlaw motorcycle gangs（アウトロー・モーターサイクル・ギャングズ）, xii, 231-232, **365-367**
Outlaws（アウトローズ）, motorcycle gangs（モーターサイクル・ギャングズ）, 365-367
"Outside talent"（外部の人材）, La Cosa Nostra（ラ・コーザ・ノストラ）, 129

"Pacho"（「パッチョ」）。See Helmer Herrera-Buitrago（ヘルマー・ヘレラ゠ヴィトラーゴ）参照。
"Padrino"（「親分」）, La Cosa Nostra（ラ・コーザ・ノストラ）, 315
Palace Chop House and Tavern（パレス・チョップハウス＆タヴァーン）, 432

Palma Boys Social Club（パルマ・ボーイズ・ソーシャル・クラブ），425

Palmer, Tyrone（タイロン・パーマー），murder of（―の殺害），332

Patriarca crime family（パトリアルカ犯罪ファミリー）：money laundering prosecution（マネー・ローンダリングでの起訴），33; RICO convictions（RICO 法による有罪宣告），xxxi, xxxiii

Patriarca, Raymond L. S.（レイモンド・L・S・パトリアルカ），339, **369-372**, 459; conviction of（―の有罪宣告），xxxiii; relationship with Angiulo（アンジューロとの関係），22

Patrick, Leonard（レオナルド・パトリック），Chicago Outfit（シカゴ・アウトフィット），**372-373**

Pendergast, Tom（トム・ペンダーガスト），42

Pentiti (Mafia defectors)（ペンティティ［マフィア亡命者］），Sicilian Mafia（シチリアのマフィア），63

Permanent Subcommittee on Investigation（常設調査小委員会）。*See* McClelland Committee（マックレルランド委員会）参照。

Persico, Alphonse (Allie Boy)（アルフォンス・パーシコ［アリー・ボーイ］），crime boss（犯罪首領），124, 373

Persico, Carmine (The Snake)（カーマイン・パーシコ［ザ・スネーク］），xxxi, 124, 125, 198, **373**; crime boss（犯罪首領），film portrayal of（―の映画における描写），364

"Persuader"（「説得役」），261

Petrosino, Joseph（ジョゼフ・ペトロシーノ），police man（警察官），47, 48, 182, **373-375**

Philadelphia（フィラデルフィア）：African American street gangs（アフリカ系アメリカ人ストリート・ギャングズ），xxxv, 262; Black Muslims in（―におけるブラック・ムスリム），331; Chinese street gangs（中国人ストリート・ギャングズ），104; Junior Black Mafia（ジュニア・ブラック・マフィア），262; organized crime in（―における組織犯罪），57-58, 428; Russian immigration（ロシア系移民），416

Philadelphia Inquirer（『フィラデルフィア・インクワイアラー』），24

Philippines（フィリピン），Yakuza operations in（―におけるヤクザの活動），xxxiv

Picciotti (beginners)（ピッチョッティ［若衆］），Camorra organization（カモラ組織），70

Pindling, Lynden（リンデン・ピンドリング），174, 292

Piping Rock Casino and Cafe（パイピング・ロック・カジノとカフェ），133, 281

"Pissed Off Bastards of Bloomington"（「ブルーミントンの怒れる私生児」），motorcycle gang（モーターサイクル・ギャング），231。*See also* Hell's Angels（ヘルズ・エンジェルズ）をも参照。

Pistone, Joseph (Donnie Brasco)（ジョゼフ・ピストーネ［ドニー・ブラスコ］），FBI undercover agent（FBI潜入捜査官），40, 54, **375-376**

Pizza Connection（ピザ・コネクション）：convictions in（―における有罪宣告），xxxii,

索　引

376; heroin smuggling（ヘロイン密輸），xxxii, 227, 376-377; trials（訴訟），ix, 63, 376

Plug Uglies gang（プラグ・アグリーズ・ギャング），267

"Plumber, The"（「ザ・プランバー」）。See Sam Decavalcante（サム・デカヴァルカンテ）参照。

Plumeri, James (Jimmy Doyle)（ジェームズ・プルメリ［ジミー・ドイル］），154

Polanco-Rodriguez, Luis (Yayo)（ルイス・ポランコ゠ロドリゲス［ヤヨ］），260

Police corruption（警察の汚職）: in Boston（ボストンにおける—），22; in New York（ニューヨークにおける—），xxix, 9; Prohibition（禁酒法），385

"Policy (number's)"（数当て賭博），351

Policy banks（数当て賭博銀行）: African American organized crime（アフリカ系アメリカ人組織犯罪），7; Mafia takeover in Harlem（ハーレムにおけるマフィアの引き継ぎ），8, 430

Political corruption（政治腐敗），**377-379**, 384, 409, 434, 455

Political machines（政治機構），political corruption（政治腐敗），377

Polizzi, Big Al（ビッグ・アル・ポリッツィ），labor racketeering（労働者に対するゆすりたかり），44

Polizzi, Chuck（チャック・ポリッツィ），and the Purple Gang（—とパープル・ギャング），388

Polizzi family（ポリッツィ・ファミリー），La Cosa Nostra（ラ・コーザ・ノストラ），147

"Ponzi" scheme（「ポンツィ」計画），BCCI, 32

"Pope, The"（ザ・ポープ）。See Paul Castellano（ポール・カステラーノ）参照。

Pornography（ポルノ）: Bonanno crime family（ボナンノ犯罪ファミリー），54; Genovese crime family（ジェノヴェーゼ犯罪ファミリー），247; Los Angeles Cosa Nostra（ロサンジェルス・ラ・コーザ・ノストラ），57

Posse（パシ），Jamaican organized crime（ジャマイカ系パシ集団），257

Potato Bag Gang（ポテト・バッグギャング），Russian immigration（ロシア系移民），417

Power syndicate（パワー・シンジケート），456, 458t

President Hotel Conference (1929)（1929年プレジデント・ホテル協議会），30

President's Commission on Law Enforcement and Administration of Justice（法執行と司法行政に関する大統領委員会），report of（—の報告），xxvii, 33

President's Commission on Organized Crime (PCOC)（組織犯罪に関する大統領委員会［PCOC］），report of（—の報告），38, 93, 136, 137, 163, 232, 334, 367, 424, 465

"Prime Minister of the Underworld"（「暗黒街の首相」）。See Frank Costello（フランク・コステロ）参照。

Prizzi's Honor（『女と男の名誉』），361, 516

Profaci, Joseph（ジョゼフ・プロファチ），crime boss（犯罪首領），123, 196, **379-382**;

associates of（―の関係者）, 161, 373; Castellammarese War（カステランマレーゼ戦争）, 86, 379, 395; death of（―の死亡）, 51; National Crime Syndicate（全米犯罪シンジケート）, xxii, 17; Profaci-Gallo War（プロファチ対ギャロ戦争）, xxv, 197, 371, 381

Profaci-Colombo crime family（プロファチ゠コロンボ犯罪ファミリー）, 123

"Profaci-Gallo War"（「プロファチ対ギャロ戦争」）, xxv, 197, 371, 381

Prohibition（禁酒法）, 382-385; ambivalence toward（―に対する両面価値）, 74, 79; bootlegger's role（密売人の役割）, 54-55, 220; and organized crime（―と組織犯罪）, 383-384; criminal opportunities（犯罪の機会）, xxi-xxiii, 5, 48, 202, 278, 382-385, 484; repeal of（―の廃止）, xxiii, 385; Volstead Act（ヴォルステッド法）, 170, 383, 489

Prohibition Bureau（禁酒局）, 489

"Prohibition Portia"（禁酒法時代のポーシャ）, 491

Prostitution（売春）：African American organized crime（アフリカ系アメリカ人組織犯罪）, 6; Chinese Tongs（中国系堂）, 96; Korean crime groups（韓国系犯罪集団）, 29

Provenzano, Anthony (Tony Pro)（アンソニー・プロヴェンツァーノ［トニー・プロ］）, Genovese crime family（ジェノヴェーゼ犯罪ファミリー）, 239, 241, **385-388**; labor racketeering（労働者に対するゆすりたかり）, 253, 424, 506

Provenzano, Nunzio（ナンツィーオ・プロヴェンツァーノ）, 386

Provenzano, Salvatore（サルヴァトーレ・プロヴェンツァーノ）, 386

Providence (RI)（プロヴィデンス［ロードアイランド州］）, RICO convictions（RICO法による有罪宣告）, xxxi

Puerto Rican organized crime（プエルトリコ人の組織犯罪）, 39, 292。See also Latin Kings（ラテン・キングズ）をも参照。

"Punchy"（「パンチー」）。See Frank Illiano（フランク・イリアーノ）を参照。

Purple Gang（パープル・ギャング）, 169, 348, 383, **388-389**, 505

Purple Gang, modern（モダン・パープル・ギャング）, **389-390**

"Queen"（「クイーン」）, Harlem policy racket（ハーレムの数当て賭博のゆすりたかり）, 8

"Queer ladder of social mobility"（「社会的連続性の奇妙な梯子」）, crime as（―としての犯罪）, 178

Racketeer Influenced and Corrupt Organizations Act.（事業への犯罪組織等の浸透の取締りに関する法律）。See RICO（RICO法）を参照。

Racketeering（ゆすりたかり）, **391-392**; RICO Act（RICO法）, xxviii

Ragano, Frank（フランク・ラガーノ）, 268, 324, 472

Ragen, James M.（ジェームズ・M・ラーゲン）, **392-393**

索引

Rastafarians（ラスタファリー教徒），drug trafficking（薬物不正取引），xxv, 10, 257

Rastelli, Connie（コニー・ラステリ），393

Rastelli, Philip (Rusty)（フィリップ・ラステリ［ラスティ］），Bonanno crime boss（ボナンノ犯罪ファミリーの首領），54, 196, **393-394**; indictment of（―の起訴），xxxi

Ravenite Social Club（ラヴェナイト社交クラブ），91, 225, 228

Real estate（不動産），Japanese organized crime（日本人の犯罪組織），498, 501

Red Pole（レッド・ポウル：紅棍），Chinese Triads（中国人三合会），106, 107i

Redding, J. Saunder（J・サンダース・レディング），8, 243

Reina, Gaetano (Tommy)（ガエターノ・レイナ［トミー］），**395-396**

Reinfeld syndicate（ラインフェルド・シンジケート），508

Reles, Abe (Kid Twist)（エイブ・レルズ［キッド・ツイスト］），xxiv, 62, 129, 393, **396-398**, 451

Remus, George（ジョージ・レムス），490

Renner, Thomas C.（トーマス・C・レナー），460

Restaurants（レストラン）：Mafia fronts（マフィアの隠れみの），5; Yakuza fronts（ヤクザの隠れみの），xxxiv

Ricca, Paul (The Waiter)（ポール・リッカ［ジ・ウェイター］），**398-399**; associates of（―の関係者），214, 229, 351-353; Bioff testimony against（―に対するビオフの証言），43; in Capone gang（カポネ・ギャングにおける―），4, 14, 96

RICO (Racketeer Influenced and Corrupt Organizations Act)（RICO法：事業への犯罪組織等の浸透の取締りに関する法律），xxviii, **399-401**; convictions under（RICO法による有罪宣告），xxx, xxxi, xxxii, xxxiv; criticism of（―の批判），400-401; Gravano testimony（グラヴァーノの証言），ix, xi, xxxiii, xxxiv, 62, 124, 204-205, 218, 225-229, 276, 277; in New York（ニューヨーク），xi; passage of（―の可決），135

Riesel, Victor（ヴィクター・リーゼル），157, **401-402**

Riina, Salvatore ("Toto")（サルヴァトーレ・リイナ［「トト」］），trial of（―の正式事実審理），xxxiv

"Rispetto"（「敬意」），La Cosa Nostra（ラ・コーザ・ノストラ），315

Riveria casinol hotel（リヴェリア・カジノ，リヴェリア・ホテル），La Cosa Nostra（ラ・コーザ・ノストラ），288

Riviera nightclub（リヴィエラ・ナイトクラブ），509

Rockefeller, Nelson（ネルソン・ロックフェラー），121

Rodino, Peter（ピーター・ロディノ），148

Rodriguez Gacha, José Gonzalo (The Mexican)（ホセ・ゴンザロ・ロドリゲス・ガチャ［ザ・メキシカン］），Medellín cartel（メデリン・カルテル），173, 355, **402-404**

Rodriguez-Orejuela, Gilberto (The Chess Player)（ギルバート・ロドリゲス゠オレフーラ

［ザ・チェス・プレイヤー］），65, 68, **404-406**, 407

Rodriguez-Orejuela, Miguel Angel (Transportation Specialist)（ミゲル・エンジェル・ロドリゲス＝オレフーラ［輸送業専門家］），65, 404, **406-407**

Roe, Teddy（テディ・ロー），murder of（―の殺害），215

"Rollers"（「ローラーズ」），Crips gang（クリップス・ギャング），140

Roosevelt, Franklin Delano（フランクリン・デラーノ・ルーズヴェルト），and Prohibition（―と禁酒法），385

Roosevelt, Theodore（セオドア・ルーズヴェルト），456

Roselli, John（ジョン・ロゼリ），**407-409**; associates of（―の関係者），56-57, 411; Bioff testimony against（―に対するビオフの証言），43; Hollywood strikebreaking（ハリウッドのスト破り），44; murder of（―の殺害），14, 217; Operation Mongoose（マングース作戦），317, 359, 408

Rosenkrantz, Lulu（ルル・ローゼンクランツ），murder of（―の殺害），432

Rosenthal, Franky (Lefty)（フランク・ローゼンタール［レフティー］），446

Rothkopf, Louis（ルイス・ロスコフ），147

Rothstein, Arnold (The Brain)（アーノルド・ロススタイン［ザ・ブレイン］），155, 178, **409-410**; assassination of（―の暗殺），280; associates of（―の関係者），60, 220, 235, 281, 306, 430, 437

Royal Family（ロイヤル・ファミリー），Chicago African American gang（シカゴのアフリカ系アメリカ人ギャング），**410**

Ruby, Jack L.（ジャック・L・ルビー），318, **411-412**

Ruggerio, Angelo（アンジェロ・ルゲーリオ），228

Ruggiero, "Lefty Guns"（「レフティ・ガンズ」・ルギエーロ，375

Runyon, Damon（デイモン・ラニヤン），**412-413**, 494

Rupolo, Ernest (The Hawk)（アーネスト・ルポロ［ザ・ホーク］），Genovese crime family（ジェノヴェーゼ犯罪ファミリー），336, **413-415**

"Russian godfather"（「ロシアのゴッドファーザー」），12

Russian organized crime（ロシア系組織犯罪），xiii, xxxiv, 12-13, 28, 255, **415-422**, 420i

Rutkin, "Niggy"（「ニギー」・ラトキン），507

Saam Los（サム・ロウ），Chinese Tong-gangs（中国系堂ギャングズ），98, 99i

Salerno, Anthony (Fat Tony)（アンソニー・サレルノ［ファット・トニー］），Genovese crime family（ジェノヴェーゼ犯罪ファミリー），**423-426**, 462; Black Hand（黒手団），486; film portrayal of（―の映画における描写），364

Salerno, Anthony (Fat Tony)（アンソニー・サレルノ［ファット・トニー］）indictment of（―の起訴），xxxii, 125; labor racketeering（労働者に対するゆすりたかり），241

索　引

Saleuno, Ralph（ラルフ・サレルノ），26
"Sammy Purple"（「サミー・パープル」）。See Samuel Cohen（サミュエル・コーエン）参照。
"Sammy the Bull"（「サミー・ザ・ブル」）。See Salvatore Gravano（サルヴァトーレ・グラヴァーノ）参照。
Samokan Posse（サモカン・パシ），Jamaican organized crime（ジャマイカ系組織犯罪），259
San Francisco（サンフランシスコ）：Chinese street gangs（中国人ストリート・ギャングズ），96, 97, 100, 184; Chinese Tongs（中国系堂），464; Vietnamese street gangs（ヴェトナム系ストリート・ギャングズ），104
Sands casino/hotel（サンズ・カジノ，サンズ・ホテル），La Cosa Nostra（ラ・コーザ・ノストラ），288
Santacruz-Londono, José (Chepe)（ホセ・サンタクルス＝ロンドーノ［チェペ］），65, 68, **426-427**
Santacruz-Londono organization（サンタクルス＝ロンドーノの組織），Cali cartel（カリ・カルテル），65, 406, 426
Santoro, Salvatore (Tom Mix)（サルヴァトーレ・サントロ［トム・ミックス］），Luchese crime family（ルチーズ犯罪ファミリー），304
Scalise, John（ジョン・スカリーゼ），Cleveland Cosa Nostra（クリーヴランド・コーザ・ノストラ），82, 500
Scarface（『スカーフェイス』），362, 517
"Scarface"（「スカーフェイス」）。See Alphonse Capone（アルフォンス・カポネ）参照。
Scarfo, Nicky (Little Nicky)（ニッキー・スカルフォ［リトル・ニッキー］），Philadelphia crime boss（フィラデルフィアの犯罪首領），60, **427-429**; associates of（―の関係者），30; conviction of（―の有罪宣告），xxxi
Schultz, Dutch (Charles Harman, The Dutchman)（ダッチ・シュルツ［チャールズ・ハーマン，ザ・ダッチマン］），**429-432**; associates of（―の関係者），61, 113, 183, 235, 306, 410; murder of（―の殺害），xxiii, 42, 153, 432; National Crime Syndicate（全米犯罪シンジケート），308; nickname（ニックネーム），335, 430; numbers/policy takeover（数当て賭博の引き継ぎ），8, 430, 450; plot against Dewey（デューイに対する計画），153, 308, 347, 431, 436; prosecution of（―の起訴），153, 236, 309, 431; rivalry with Diamond（ダイヤモンドのライバル），156; Waxey Gordon conflict（ワクシー・ゴードンとの闘争），221
Schuster, Arnold（アーノルド・シュスター），murder of（―の殺害），19
Scotto, Anthony（アンソニー・スコット），ILA, 21, 200, **432-433**, 483
Scottoriggio, Joseph（ジョゼフ・スコットリッジオ），130

Seabury Commission（シーベリ委員会），hearings（公聴会），7, 243, 450
Seabury Investigations（シーベリ調査），**433-434**
Seabury, Samuel（サミュエル・シーベリ），vii, 434
Seal, Barry（バリー・シール），assassination of（―の暗殺），356
Seattle（シアトル），Crips gang（クリップス・ギャング），140
Securities fraud（有価証券詐欺），298, 460
Security and Exchange Commission (SEC)（証券取引委員会［SEC］）：Bank Secrecy Act（銀行秘密厳守法），32-33; Strike Force（特捜隊），474
Sedway, Moe（モー・セドウェイ），440
Selassie, Emperor Haile I（皇帝ハイレ・セラシェ1世），10
Sepulveda, Lenin（レニン・セプルヴェダ），487
Sepulveda, Nelson（ネルソン・セプルヴェダ），487-488
Service vending agencies（サーヴィスを提供する代理店），Atlantic City（アトランティック市），30
"Sets"（セッツ：組），Crips gang（クリップス・ギャング），140, 141
Sex industry（性産業），Genovese crime family（ジェノヴェーゼ犯罪ファミリー），247
"Shadow, The"（「ザ・シャドゥ」）。*See* Ferdinand Boccia（フェルディナンド・ボッシア）参照。
Shan Chu (Dragon Head)（シャン・チュ：山主［ドラゴン・ヘッド：龍頭］），106, 107i
"Shape-up"（「日雇い労働者選び」），20, 481, 483
Shapiro, Jacob (Gurrah)（ジェイコブ・シャピロ［グラー］），402, **435-436**; "Little Augies"（「リトル・オーギーズ」），271, 364, 435; Murder, Inc.（マーダー・インク），60, 61, 155, 157, 178, 436
Shower posse（シャワー・パシ），Jamaican organized crime（ジャマイカ系組織犯罪），257, 258
"Shylock"（「シャイロック」），296
Sicarios (assassins)（シカリオス［暗殺者］），Cali cartel（カリ・カルテル），66
Sicilian Mafia（シチリアのマフィア）：drug trafficking（薬物不正取引），163; hierarchy of（―のヒエラルキー），63; maxitrials of（―のマキシトライアル），63; meeting of（―の会議），26; origin of（―の起源），69
Sicily（シチリア），prosecution of Mafia in（―におけるマフィアの起訴），xxxiii
Siegel, "Bugsy"（「バグジー」・シーゲル），337, 384, 436-442; associates of（―の関係者），57, 110, 234, 280, 314, 449; filmmaking trade unions（映画制作労働組合），xxiv; gambling enterprises（賭博事業），xxiv, 309, 393; labor racketeering（労働者に対するゆすりたかり），44; Masseria gang（マッセリア・ギャング），xxiii, 328; murder of（―の殺害），xxiv-xxv, 42, 234; Waxey Gordon conflict（ワクシー・ゴードンの闘争），221

索 引   567

Sinatra, Frank（フランク・シナトラ）：and La Cosa Nostra（―とラ・コーザ・ノストラ），149, 215, 217, 449; Hanover racetrack investment（ハノーバー競馬場への投資），370; Las Vegas performer（ラスヴェガスの役者），289

Sindona, Michele (God's Banker)（ミケーレ・シンドーナ［神の銀行家］），**442-443**

Sing Sing Prison（シンシン刑務所）：Jimmy Hines（ジミー・ハインズ），236; Louis Buchalter（ルイス・バカルター），xxiv, 347; Pittsburgh Phil Strauss（ピッツバーグ・フィル・シュトラウス），451

Sing Yee On（シン・イー・オン），300

"Sit-down"（「座り込み」），La Cosa Nostra（ラ・コーザ・ノストラ），**443-444**

"Skimming"（「スキミング」），423

Slot machines（スロットマシーン）：campaign against（―反対キャンペーン），278; in New Orleans（ニュー・オーリンズにおける―），325

"Snake, The"（「ザ・スネーク」）。See Carmine Persico（カーマイン・パーシコ）参照。

"Soldiers"（「ソルジャーたち」）：Gambino crime family（ガンビーノ犯罪ファミリー），204; La Cosa Nostra（ラ・コーザ・ノストラ），51, 55, 127, 138, 139i, 274, **444-445**

"Soldier's Tax"（「ソルジャーの税金」），381

Solontsevskaya gang（ソロンツセブスカヤ・ギャング），255

Sook Fu (Uncle)（スック・フー［叔父貴］），Chinese Tong-gangs（中国系堂ギャングズ），98

Sottocapo (underboss)（ソットー・カーポ［副首領］），La Cosa Nostra（ラ・コーザ・ノストラ），127, 138, 139i, 195, 274, **473**

Soviet Union（ソ連），Russian organized crime（ロシア系組織犯罪），415, 419, 460

Spangler posse（スパングラー・パシ），Jamaican organized crime（ジャマイカ系組織犯罪），257, 258

"Speakeasies"（「ナイトクラブ」），383

Special Committee to Investigate Organized Crime in Interstate Commerce.（州際通商における組織犯罪を調査するための特別委員会）。See Kefauver Committee（キーファーヴァー委員会）参照。

"Speed"（「スピード」），232, 335。See also Methamphetamine（メタンフェタミン）をも参照。

Spilotro, Michael（マイケル・スピロートロ），murder of（―の殺害），95, 446-447

Spilotro, Tony (The Ant)（トニー・スピロートロ［ジ・アント］），**445-447**; Chicago Outfit（シカゴ・アウトフィット），94; murder of（―の殺害），15, 95, 447

Squillante, Vincent（ヴィンセント・スクイランテ），Luciano crime family（ルチアーノ犯罪ファミリー），207, **447-448**; labor racketeering（労働者に対するゆすりたかり），254

SS Normandie（エス・エス・ノルマンディー号），sabotage of（―の破壊行為），18, 20
Stacher, Joseph（ジョゼフ・スタッチャー），162, **448-449**, 507
Stagehands Union（舞台係組合），44
Stardust casino/hotel（スターダスト・カジノ，スターダスト・ホテル），La Cosa Nostra（ラ・コーザ・ノストラ），288, 446
St. Clair, Stephanie（ステファニー・セント・クレア），7, 261, 432, **449-450**
St. Louis（セントルイス）：Egan's gang（イーガンズ・ギャング），169; Italian immigration（イタリア系移民），xx; narcotics syndicate in（―における麻薬シンジケート），xxiv; Unione Siciliano conflict（ユニオーネ・シチリアーノの闘争），xxii
Stolen Years, The（『ザ・ストールン・イヤーズ』），469
Strauss, "Pittsburgh Phil"（「ピッツバーグ・フィル」・シュトラウス），397, **450-451**
Straw Sandal（ストロウ・サンダル：草鞋），Chinese Triads（中国人三合会），106
Street crime（街路犯罪），in urban America（アメリカの都市における―），xix
Street gangs（ストリート・ギャングズ）：African American（アフリカ系アメリカ人），xxvii, xxxv; Chinese（中国人），27, 96-104; Irish（アイルランド系），178; Vietnamese（ヴェトナム系），104
"Street mafia"（「ストリート・マフィア」），200
"Street talk"（「ストリート・トーク」），206
Street tax（みかじめ料）：Black P. Stone Rangers（ブラック・P・ストーン・レンジャーズ），187; Chicago Outfit（シカゴ・アウトフィット），94
"Strike Force"（「特捜隊」），Department of Justice（司法省），216, 319, 473-475
Strikebreaking（スト破り），Egan's Gang（イーガンズ・ギャング），170
Strollo, Anthony (Tony Bender)（アンソニー・ストロッロ［トニー・ベンダー］），211, 237, 386
St. Valentine's Day Massacre（聖ヴァレンタイン・デイの大虐殺），xxii, 3, 81, 342, **452-454**
Sullivan, Big Tim (Dry Dollar, Big Feller)（ティモシー・サリヴァン［ドライ・ダラー，ビッグ・フェラー］），**454-456**
Sullivan, Spike（スパイク・サリヴァン），235
Sun Yee On Triad（サン・イー・オン・トライアド：新義安三合会），xxxiv, 108, 467
Sutton, Willie（ウィリー・サットン），19
"Sweatheart contracts"（「スウィートハート協約」），386
Sweatshops（搾取工場），158
Sycoff, Mickey（ミッキー・シコフ），Murder, Inc.（マーダー・インク），397
Symbionese Liberation Army（共生解放軍），112
Syndicate（シンジケート），**456-457**, 458t

索　引　569

Taiwan（台湾），Chinese Triads in（―における中国人三合会），105, 106
Tamelo, Henry（ヘンリー・タメレオ），22
Tampa (FL)（タンパ［フロリダ州］），organized crime in（―における組織犯罪），xxvii, 469
Tannenbaum, Albert（アルバート・タンネンバウム），Murder, Inc.（マーダー・インク），397
Task Force on Organized Crime（組織犯罪に関する対策委員会報告），report of（―の報告書），xxvii, xxix, 136, 401
Tax evasion（脱税）：Al Capone（アル・カポネ），xxiii, 83, 493; Anthony Salerno（アンソニー・サレルノ），425; Dutch Shultz（ダッチ・シュルツ），431; Jake Guzik（ジェイク・グージック），230; Meyer Lansky（メイヤー・ランスキー），283, Mickey Cohen（ミッキー・コーエン），112; Moses Annenberg（モーゼス・アンネンバーグ），24; Waxey Gordon（ワクシー・ゴードン），221
Taxi industry（タクシー産業），341
Teak wood（チーク材），illegal trafficking in（―における違法な不正取引），169
Teamsters（チームスター）。See International Brotherhood of Teamsters（国際チームスター同業者組合）参照。
"Teflon Don"（「テフロン・ドン」）。See John Gotti（ジョン・ゴッティ）参照。
Telvi, Abraham（エイブラハム・テルヴィ），402
Teresa, Vincent Charles (Fat Vinnie)（ヴィンセント・チャールズ・テレサ［ファット・ヴィニー］），190, 284, 320, 324, **459-460**
Terranova, Ciro（チロ・テラノヴァ），Five Point gang（ファイブ・ポインツ・ギャング），267
Terrorism（テロリズム），alliance with organized crime（組織犯罪との同盟），xxxii, xxxv
Terrorists（テロリスト），BCCI, 31
Testa, Philip (Chicken Man)（フィリップ・テスタ［チキン・マン］），428
Texas（テキサス州），organized crime in（―における組織犯罪），104, 116, 411
Thai crime groups（タイ系犯罪集団），in United States（アメリカにおける―），29
Thailand（タイ），in Golden Triangle（黄金の三角地帯における―），31
Thieves World（シーヴス・ワールド：泥棒の世界），460-461
Thives-in-Law（シーヴス・イン・ロー：法の下における窃盗），254, 419
"Tommy Brown"（「トミー・ブラウン」）。See Gaetano Luchese（ガエターノ・ルチーズ）参照。
Thompson Submachine Guns (Tommy Guns)（トムソン式軽機関銃［トミー・ガン］），453, 501
"Three-Finger Brown"（スリー・フィンガー・ブラウン）。See Gaetano Luchese（ガエタ

ーノ・ルチーズ）参照。
Thunderbird casino/hotel（サンダーバード・カジノ，サンダーバード・ホテル），La Cosa Nostra（ラ・コーザ・ノストラ），288
Tie-in（契り），La Cosa Nostra（ラ・コーザ・ノストラ），41
Tieri, Frank (Funzi)（フランク・ティエリ［ファンツィー］），Genovese crime family（ジェノヴェーゼ犯罪ファミリー），195, 213, 219, 294, **461-462**; conviction of（―の有罪宣告），xxx, 191, 425, 461
Timber（材木），illegal trafficking in（―における違法な不正取引），169
Titannic Stones（タイタニック・ストーンズ），188
Toa Yuai Jigyo Kumiai (TYJK)（東亜友愛事業組合［TYJK］），Japanese-Korean gang（日韓犯罪集団），463
"Tom Mix"（「トム・ミックス」）。See Salvatore Santoro（サルヴァトーレ・サントロ）参照。
"Tommy Ryan"（「トミー・ライアン」）。See Gaetano Eboli（ガエターノ・エボリ）参照。
Tongs, Chinese（中国系堂），xx, 26, **463-467**, 466i; criminal activity of（―の犯罪活動），96, 171, 463-467, 466i
Tong Wars（堂戦争），xx, 464
"Tony Bender"（「トニー・ベンダー」）。See Anthony Strollo（アンソニー・ストロッロ）参照。
"Tony Ducks"（「トニー・ダックス」）。See Anthony Corallo（アンソニー・コラーロ）参照。
"Tony Pro"（「トニー・プロ」）See Anthony Provenzano（アンソニー・プロヴェンツァーノ）参照。
Toronto（トロント），Rastafarians in（―におけるラスタファリー教徒），10
Torrio, Johnny（ジョニー・トーリオ），xxi, 46, 73-77, 267, 354 452, **467-468**, 483, 484, 486, 499
Tortorello, Arturo（アルトゥーロ・トートレッロ），298
"Tough Tony"（「タフ・トニー」）。See Anthony Anastasio（アンソニー・アナスターシオ）参照。
Touhy, Roger (The Terrible)（ロジャー・タフィ［ザ・テリブル］），353, **468-469**
Trafficante, Santos, Jr.（サントス・トラフィカンテ・ジュニア），14, **469-472**; Apalachin meeting（アパラチン会議），25, 470; associates of（―の関係者），37, 195, 470-471; Bonanno ally（ボナンノとの同盟），52; Kennedy assassination（ケネディ暗殺），268, 317, 318, 323, 471; "Little Apalachin"meeting（小アパラチン会議），xxvii, 471; Operation Mongoose（マングース作戦），317, 360, 471
Trafficante, Santos, Jr.（サントス・トラフィカンテ・ジュニア），469

索　引

Tramunti, Carmine（カーマイン・トラムンティ）, 304
Trans-American Publishing（トランス・アメリカン・パブリッシング）, 393
Transactional immunity（取引免責）, 250
Tresca, Carlo（カルロ・トレスカ）, assassination of（―の殺害）, 209
Triad（三合会）, term（用語）, 104-105
Triads（三合会）。See Chinese Triads（中国人三合会）参照。
Tribune（トリビューン新聞）, Chicago paper（シカゴ新聞紙）, 23
"Tribute"（「しのぎ」）, La Cosa Nostra（ラ・コーザ・ノストラ）, 72
Triscaro, Babe（ベイブ・トリスカロ）, 253
Tropicana casino/hotel（トロピカーナ・カジノ，トロピカーナ・ホテル）, La Cosa Nostra（ラ・コーザ・ノストラ）, 288
Trucking industry（トラック産業）: hijacking（車両強盗）, 220, 222; organized crime（組織犯罪）, 154, 158
Truman, Harry S.（ハリー・S・トルーマン）, 42
Tsung Tsin Association（ツン・ツィ協会）, 466
Tucker, Samuel（サミュエル・タッカー）, 147
Tung On Tong（トン・アン・トン：東安堂）, Chinese street gang（中国人ストリート・ギャング）, xxxiv, 103
Turf Club（競馬クラブ）, 242
Turkus, Burton（バートン・タルカス）, 396

Umberto's Clam House（ウンベルト・クラム・ハウス）, Gallo assassination（ギャロの暗殺）, xxviii, 247
"Uncle Seven"（「アンクル・セブン」）。See Benny Ong（ベニー・オン）参照。
Underboss（副首領）, La Cosa Nostra（ラ・コーザ・ノストラ）, 41, 71, 127, 138, 139i, 195, **473**
Union City (NJ)（ユニオン市［ニュージャージー州］）, Cuban American organized crime（キューバ系アメリカ人組織犯罪）, 37
Union local 2（第2支部）, Stagehands Union（舞台係組合）, 44
Union local 28（第28支部）, IBT, 424
Union local 37（第37支部）, Stagehands Union（舞台係組合）, 45
Union local 54（第54支部）, HERIU, 30
Union local 138（第138支部）, Operating Engineers, 402
Union local 239（第239支部）, IBT, 131
Union local 299（第299支部）, IBT, 239
Union local 359（第359支部）, USW, 284

Union local 450（第450支部），IBT, 253
Union local 560（第560支部），IBT, 253, 388, 424
Union local 777（第777支部），IBT, 253
Union local 813（第813支部），IBT, 447
Union local 1814（第1814支部），ILA, 17, 21, 199, 433
Unione Siciliano（ユニオーネ・シチリアーノ），warfare inside（―の内部抗争），xxi
United Bamboo Gang (UBG) Triad（ユナイテッド・バンブー・ギャング［UBG］トライアド），106, 107
United Mine Workers（炭鉱労働者連合），252
United Seafood Workers (USW) union（全米シーフード労働者［USW］組合），284
United States Customs Service（アメリカ関税局）：Bank Secrecy Act（銀行秘密厳守法），32; "Cornerstone" case（「コーナーストーン」事件），68; Strike Force（特捜隊），474
United States Department of Justice Organized Crime Strike Forces（アメリカ司法省組織犯罪特捜隊），**473-475**
United States Department of Labor（アメリカ労働省），Strike Force（特捜隊），474
United States General Accounting Office (GAO)（アメリカ会計検査院：GAO），organized crime investigation（組織犯罪調査），126
United States Marshalls Service（アメリカ・マーシャル・サーヴィス），Strike Force（特捜隊），474
United States Naval Intelligence Office（アメリカ海軍諜報機関局），cooperation with organized crime（組織犯罪との協力），xxiv
United States Postal Service（アメリカ郵政公社），Strike Force（特捜隊），474
United States Secret Service（アメリカ財務省秘密検察局），Strike Force（特捜隊），474
United States Subcommittee on Investigations（アメリカ上院調査小員会），hearings of（―の公聴会），xxvi, 187
United States Treasury Department（アメリカ財務省），Bank Secrecy Act（銀行秘密厳守法），33
United States War Department（アメリカ国防省），Luciano pardon（ルチアーノの恩赦），154
Unity Day rally (IACRL)（統一日大会［イタリア系アメリカ人公民権連合］），Colombo assassination（コロンボの暗殺），122, 203
Untouchables (film)（『アンタッチャブル』［映画］），517
Untouchables from Tecks Lane（テックスレイン出身のアンタッチャブルズ），Jamaican posse（ジャマイカ系パシ集団），257
Untouchables（『アンタッチャブル』），television series（テレビ・シリーズ），360
Urbanization（都市化）：organized crime（組織犯罪），xix; political corruption（政治腐

敗), 377
Use immunity（使用免責), 250
Usury industry（高利貸し業), African American organized crime（アフリカ系アメリカ人組織犯罪), 6

Vagabond brotherhoods（ゴロツキ仲間), Russian organized crime（ロシア系組織犯罪), 460
Valachi, Joseph（ジョゼフ・ヴァラキ), 62, 190, 269, 276, 277, **477-478**; testimony of（―の証言), xxvi, 49, 124, 126, 150, 206, 209, 211, 237, 333, 370, 477-478
Valentine, Lewis J.（ルイス・J・ヴァレンタイン), 278
Vario, Paul（ポール・ヴァリオ), Investigation of（―の捜査), xxix
Vatican Bank（ヴァチカン銀行), organized crime（組織犯罪), 443
Vechen, Carl Van（カール・ヴァン・ヴェクテン), 242
Vending machine business（自動販売機ビジネス), 58, 213, 372
Video poker（ビデオ・ポーカー), 39
Vietnamese organized crime（ヴェトナム系組織犯罪), xiii, **478-479**
Vietnamese street gangs（ヴェトナム系ストリート・ギャングズ), 103
"Vinnie Blue Eyes"（「ヴィニー・ブルー・アイズ」)。 *See* Vincent Aloi（ヴィンセント・アロイ) 参照。
Volstead Act（ヴォルステッド法), 170, 383, 489
Vorovskoi mir（ヴォロヴスコイ・ミア), Russian organized crime（ロシア系組織犯罪), 460
"Vory"（「フォリィ」), xxxiv, 419

Wagner, Robert F.（ロバート・F・ワグナー), Mafia contacts（マフィアとの交際), 433
Wah Ching (Youth of China)（ウォ・シン：和勝), Chinese street gang（中国人ストリート・ギャング), 100, 184
Walker, Jimmy（ジミー・ウォーカー), mayor of New York（ニューヨーク市長), 271, 434
"War of Sicilian Succession"（「シチリアの跡目をめぐる戦争」), xxi
"War of the Cartels"（「カルテルの戦争」), 176, 403
"War of the Jews"（「ユダヤ人の戦争」), 221
Warren Commission Report（ウォーレン委員会報告書), 215, 412
Washington, D. C.（ワシントン), Rastafarians in（―におけるラスタファリー教徒), 10
Washington Heights (NYC)（ワシントンハイツ［ニューヨーク市］), Dominican drug trafficking in（―におけるドミニカ系薬物不正取引), 158, 259, 488
Waste disposal industry（廃品処理産業), organized crime（組織犯罪), 131, 169, 207-208,

213, 447
Water Commission (NYC)（水道委員会［ニューヨーク市］），kickback scheme（リベート陰謀），131
Waterfront Commission（湾岸委員会），483
Waterfront racketeering（湾岸部でのゆすりたかり），ILA, 20, 49, 321, 481-483
Weapons（武器），La Cosa Nostra（ラ・コーザ・ノストラ），2, 28, 453
"Weasel, The"（「ジ・ウィーゼル」）。See Jimmy Fratianno（ジミー・フラティアーノ）参照。
Weiss, Earl (Hymie)（アール・ヴァイス［ハイミー］），xxi, 77, 342, 353, 453, **483-485**
Weiss, Mendy（メンディ・ワイス），62, 153
"Went on record"（「公式表明」），La Cosa Nostra（ラ・コーザ・ノストラ），227
"Wheelman"（「ホイールマン」），La Cosa Nostra（ラ・コーザ・ノストラ），214
"Whip companies"（「ホイップ・カンパニー」），waste disposal industry（廃品処理産業），447
White Eagles（ホワイト・イーグルス），300
White Hand Gang（白手団），301, **485-486**
White Hand Society（白手協会），**486-487**
White Tigers（ホワイト・タイガース：白虎），103, 359
Whyos gang（ワイオス・ギャング），267, 455
Wild Cowboys（ワイルド・カウボーイズ），**487-488**
Wild One, The（『乱暴者』），232, 366
Wilkerson, Billy（ビリー・ウィルカーソン），440
Willebrandt, Mabel Walker（マーベル・ウォーカー・ウィレブラント），**489-491**
"William Nelson"（ウィリアム・ネルソン）。See Willie Morris Bioff（ウィリー・モリス・ビオフ）参照。
Williams, Roy L.（ロイ・L・ウィリアムズ），110, 424
Wilson, Frank J.（フランク・J・ウィルソン），IRS agent（IRS職員），**491-493**
Winchell, Walter（ウォルター・ウィンチェル），245, **493-494**; Buchalter arrest（バカルターの逮捕），62
"Wise guys"（「ワイズ・ガイ」たち），La Cosa Nostra（ラ・コーザ・ノストラ），138, 375, 379, 444。See also Soldiers（ソルジャーたち）をも参照。
Wiseguy（『ワイズガイ』），517
Witness Security and Protection Program（証人安全保護プログラム）。See Witness Security Program（証人保護プログラム）参照。
Witness Security Program (WITSEC)（証人安全保護プログラム［WITSEC］），xxviii, 357, 429, **494-496**; Dominic Brooklier（ドミニク・ブルックリア），57; Jimmy (The Weasel)

索　引

Fratianno（ジミー・[ジ・ウィーゼル]・フラティアーノ），191; Joseph D. Pistone（ジョゼフ・P・ピストーネ），376; Leroy Nicky Barnes（リロイ・ニッキー・バーンズ），36; Sammy Gravano（サミー・グラヴァーノ），xxxiv, 229; Vincent Charles Teresa（ヴィンセント・チャールズ・テレサ），460
Wo Hop To（ウォ・ホップ・トゥ：和合桃），Chinese Triad（中国人三合会），109
Women's Christian Temperance League（女性によるキリスト教禁酒運動），382
Wong Chi-fai, Clifford（クリフォード・ウォン・チーファイ），conviction of（―の有罪宣告），xxxiv
Wood, George（ジョージ・ウッド）and organized crime（―と組織犯罪），44-45
"Wrecking Crew"（「救難隊」），503

Yakuza（ヤクザ），Japanese organized crime（日本人組織犯罪），xxxiv, 26, **497-498**, 501-502
Yale, Frankie（フランキー・イエール），73, **498-501**
Yamaguchi-Gumi（山口組），**501-502**
Yau Lai（ヤウ・ライ），Chinese street gang（中国人ストリート・ギャング），100
"Yayo"（「ヤヨ」）。See Luis Polanco-Rodriguez（ルイス・ポランコ゠ロドリゲス）参照。
Year of the Dragon（『イヤー・オブ・ザ・ドラゴン』），362, 363, 517
Yee Los（イェー・ロウ），Chinese Tong-gangs（中国系堂ギャングズ），98, 99i
Young Boys, Inc.（ヤング・ボーイズ・インク），**502-503**

Zerilli, Joe（ジョー・ゼリリ），25, **505-506**
Zicarelli, Joseph (Joe Bayonne)（ジョゼフ・ジカレッリ［ジョー・バヨンヌ］），37
"Zips"（「ジップス」），348, 376, **506-507**
Zwillman, Abner（アブナー・ツヴィルマン），336, **507-510**; associates of（―の関係者），49, 343, 392; labor racketeering（労働者に対するゆすりたかり），44; President Hotel Conference（プレジデント・ホテル協議会），30

著者紹介

ロバート・J・ケリーは、ブルックリン・カレッジにおける社会科学の教授であり、ニューヨーク市立大学大学院における刑事司法と社会学の教授である。彼は、テロリズム、組織犯罪、行刑、そして過激派政策に関する多数の政府機関に対する顧問として奉職している。ケリーは、*Hate Crimes: The Politics of Global Polarization* (1998)、*African-American Organized Crime: A Social History* (1997)、*Handbook of Organized Crime in the United States* (Greenwood, 1994)、そして、*The Upperworld and the Underworld* (1999) の著者である。

監訳者あとがき

　本書は、表題『アメリカ合衆国における組織犯罪百科事典――カポネ時代のシカゴから新たな都市暗黒街時代まで――』をみてもお分かりいただけるように、アメリカにおける組織犯罪に関する百科事典である。しかし、本書は、アル・カポネのような代表的なマフィアの首領についての履歴の紹介等を除いて、組織的かつ職業的な専門的犯罪者集団をテーマとしており、かなり広範囲な組織犯罪集団について専門的な叙述を試みている。

　このような組織犯罪は、個人の日々の生活を侵食するのみならず、刑事司法制度を含む国家制度をも侵食し、さらには政治経済に対しても深く関与し、個人、社会、国家に対する最強かつ最大の脅威となって立ち現れているのである。しかしながらそうした事実は、我が国においては、組織暴力団犯罪を研究する場合においても指摘されることが少なく、しばしば認識されない場合が多いようである。

　昨今の国際組織犯罪対策をめぐる国際動向を勘案するとき、組織犯罪は、社会の繁栄と安寧の基盤である市民社会の安全、法の支配、市場経済を破壊するものであるということは、国際社会共通の認識であるということに気づくであろう。

　そのような組織犯罪の実情を、アメリカの組織犯罪の分析を通して把握することは、我が国の組織犯罪対策を樹立する上からも重要な意味をもつものであるように私には思われる。ここに、本百科事典を翻訳することの意義を認めることができるのである。比較法的、社会学的な視座から、アメリカにおける組織犯罪を概観している本書が、新世紀における我が国の組織犯罪対策の礎石とならんことを期待するものである。

　本書の執筆分担者は以下の通りであるが、全員が私の門下生である。

　　鮎　田　　　実（亜細亜大学法学部非常勤講師）

野村貴光（法務省矯正研修所東京支所講師）
漆畑貴久（嘉悦大学経営経済学部非常勤講師）
三井英紀（作新学院大学総合政策学部非常勤講師）
田﨑倭文香（中央大学通信教育部インストラクター）
綿貫由実子（中央大学通信教育部インストラクター）
藤田　尚（中央大学通信教育部インストラクター）
蓮村有理（中央大学通信教育部インストラクター）

　次に、本書における各項目の表記についてであるが、まず、第1に、本書の各見出し項目の表記については、人名については、以下の表記に統一した。(例)アルフォンス・カポネ（CAPONE, Alphonse）（通称、ビッグ・アル［Big Al］、スノーキー［Snorky］、スカーフェイス［Scarface］傷跡のついた顔）。つまり、①名前、②名前のスペル、③通称の順に表記している。また、③通称の表記については、通称、そして、その通称のスペルを括弧でくくり、さらにその意味を、通称のスペルの後に表示した。

　第2に、ほとんどの見出し項目の終わりには、さらに研究を進めるための参照文献が提示されている。

　第3に、各見出し項目の中には、最後に、クロス・リファレンスを可能とするために、太字で他の見出し項目が表記されているものもある。

　第4に、各項目において、他の項目で単独で登場する人名、事項については、特に重要と思われるものについては、アスタリスクマーク（＊）が配置されている。

　最後に、各項目の記述の長さは、基本的に著者の関心の大きさに比例している。

　以上が、本書の構成と表記に関する概略であるが、まず何よりも、本書の内容を検討されることをお勧めしたい。

　本書の翻訳についての全体的な統一は、大学院の犯罪学講義の外書購読の時間に行い、さらなる見直しは野村貴光君が担当した。

　また、本書の翻訳権は中央大学日本比較法研究所が取得したものであり、窓

口を担当していただいた関口夏絵さんほか、日本比較法研究所の皆様に、そしてまた、本書の校正について多くの示唆に富む助言を頂いた中央大学出版部の小川砂織さんに記して感謝の意を表したいと思う。

　平成22年9月

　　　　　　　　　　　　　　　　　　　　　　　　　藤　本　哲　也

監訳者
藤本　哲也　中央大学法学部教授

訳　者
鮎田　　実　亜細亜大学法学部非常勤講師：A・B・D・Z
野村　貴光　法務省矯正研修所東京支所講師：序文・頭字語・歴史年表・C・K・R（図）・U・Y・索引
漆畑　貴久　嘉悦大学経営経済学部非常勤講師：F・I・J・T・W
三井　英紀　作新学院大学総合政策学部非常勤講師：E・S・V
田﨑　倭文香　中央大学通信教育部インストラクター：M・N・O・参考文献の概観
綿貫　由実子　中央大学通信教育部インストラクター：P・R
藤田　　尚　中央大学通信教育部インストラクター：L
蓮村　有理　中央大学通信教育部インストラクター：G・H

アメリカ合衆国における組織犯罪百科事典
日本比較法研究所翻訳叢書（59）

2010年10月25日　初版第1刷発行

監訳者　藤本哲也
発行者　玉造竹彦

発行所　中央大学出版部
〒192-0393
東京都八王子市東中野742-1
電話042(674)2351・FAX042(674)2354
http://www2.chuo-u.ac.jp/up/

© 2010　　ISBN978-4-8057-0360-1　　㈱大森印刷

日本比較法研究所翻訳叢書

№	訳者	書名	判型・価格
0	杉山直治郎訳	仏蘭西法諺	B6判（品切）
1	F. H. ローソン 小堀憲助他訳	イギリス法の合理性	A5判 1260円
2	B. N. カドーゾ 守屋善輝訳	法の成長	B5判（品切）
3	B. N. カドーゾ 守屋善輝訳	司法過程の性質	B6判（品切）
4	B. N. カドーゾ 守屋善輝訳	法律学上の矛盾対立	B6判 735円
5	P. ヴィノグラドフ 矢田一男他訳	中世ヨーロッパにおけるローマ法	A5判（品切）
6	R. E. メガリ 金子文六他訳	イギリスの弁護士・裁判官	A5判 1260円
7	K. ラーレンツ 神田博司訳	行為基礎と契約の履行	A5判（品切）
8	F. H. ローソン 小堀憲助他訳	英米法とヨーロッパ大陸法	A5判（品切）
9	L. ジュニングス 柳沢義男他訳	イギリス地方行政法原理	A5判（品切）
10	守屋善輝編	英米法諺	B6判 3150円
11	G. ボーリー他 新井正男他訳	〔新版〕消費者保護	A5判 2940円
12	A. Z. ヤマニー 真田芳憲訳	イスラーム法と現代の諸問題	B6判 945円
13	ワインスタイン 小島武司編訳	裁判所規則制定過程の改革	A5判 1575円
14	カペレッティ編 小島武司編訳	裁判・紛争処理の比較研究(上)	A5判 2310円
15	カペレッティ 小島武司他訳	手続保障の比較法的研究	A5判 1680円
16	J. M. ホールデン 高窪利一監訳	英国流通証券法史論	A5判 4725円
17	ゴールドシュティン 渥美東洋監訳	控えめな裁判所	A5判 1260円
18	カペレッティ編 小島武司編訳	裁判・紛争処理の比較研究(下)	A5判 2730円
19	ドゥローブニク他編 真田芳憲訳	法社会学と比較法	A5判 3150円

日本比較法研究所翻訳叢書

20	カペレッティ編 小島・谷口編訳	正義へのアクセスと福祉国家	A5判 4725円
21	P.アーレンス編 小島武司編訳	西独民事訴訟法の現在	A5判 3045円
22	D.ヘーンリッヒ編 桑田三郎編訳	西ドイツ比較法学の諸問題	A5判 5040円
23	P.ギレス編 小島武司編訳	西独訴訟制度の課題	A5判 4410円
24	M.アサド 真田芳憲訳	イスラームの国家と統治の原則	A5判 2040円
25	A.M.プラット 藤本・河合訳	児童救済運動	A5判 2549円
26	M.ローゼンバーグ 小島・大村編訳	民事司法の展望	A5判 2345円
27	B.グロスフェルト 山内惟介訳	国際企業法の諸相	A5判 4200円
28	H.U.エーリヒゼン 中西又三編訳	西ドイツにおける自治団体	A5判（品切）
29	P.シュロッサー 小島武司編訳	国際民事訴訟の法理	A5判（品切）
30	P.シュロッサー他 小島武司編訳	各国仲裁の法とプラクティス	A5判 1575円
31	P.シュロッサー 小島武司編訳	国際仲裁の法理	A5判 1470円
32	張晋藩 真田芳憲監修	中国法制史（上）	A5判（品切）
33	W.M.フライエンフェルス 田村五郎編訳	ドイツ現代家族法	A5判（品切）
34	K.F.クロイツァー 山内惟介監修	国際私法・比較法論集	A5判 3675円
35	張晋藩 真田芳憲監修	中国法制史（下）	A5判 4095円
36	G.レジエ他 山野目章夫他訳	フランス私法講演集	A5判 1575円
37	G.C.ハザード他 小島武司編訳	民事司法の国際動向	A5判 1890円
38	オトー・ザンドロック 丸山秀平編訳	国際契約法の諸問題	A5判 1470円
39	E.シャーマン 大村雅彦編訳	ADRと民事訴訟	A5判 1365円

日本比較法研究所翻訳叢書

40	ルイ・ファボルー他／植野妙実子編訳	フランス公法講演集	A5判 3150円
41	S.ウォーカー／藤本哲也監訳	民衆司法──アメリカ刑事司法の歴史	A5判 4200円
42	ウルリッヒ・フーバー他／吉田豊・勢子訳	ドイツ不法行為法論文集	A5判 7665円
43	スティーヴン・L.ペパー／住吉博編訳	道徳を超えたところにある法律家の役割	A5判 4200円
44	W.マイケル・リースマン他／宮野洋一他訳	国家の非公然活動と国際法	A5判 3780円
45	ハインツ・D.アスマン／丸山秀平編訳	ドイツ資本市場法の諸問題	A5判 1995円
46	デイヴィド・ルーバン／住吉博編訳	法律家倫理と良き判断力	A5判 6300円
47	D.H.ショイイング／石川敏行監訳	ヨーロッパ法への道	A5判 3150円
48	ヴェルナー・F.エブケ／山内惟介訳	経済統合・国際企業法・法の調整	A5判 2835円
49	トビアス・ヘルムス／野沢・遠藤訳	生物学的出自と親子法	A5判 3885円
50	ハインリッヒ・デルナー／野沢・山内編訳	ドイツ民法・国際私法論集	A5判 2415円
51	フリッツ・シュルツ／眞田芳憲・森光訳	ローマ法の原理	A5判 (品切)
52	シュテファン・カーデルバッハ／山内惟介編訳	国際法・ヨーロッパ公法の現状と課題	A5判 1995円
53	ペーター・ギレス／小島武司編	民事司法システムの将来──憲法化・国際化・電子化	A5判 2730円
54	インゴ・ゼンガー／古積・山内編訳	ドイツ・ヨーロッパ民事法の今日的諸問題	A5判 2520円
55	ディルク・エーラース／山内・石川・工藤編訳	ヨーロッパ・ドイツ行政法の諸問題	A5判 2625円
56	コルデュラ・シュトゥンプ／楢崎・山内編訳	変革期ドイツ私法の基盤的枠組み	A5判 3360円
57	ルードフ・V.イエーリング／眞田・矢澤訳	法学における冗談と真面目──法学書を読む人へのクリスマスプレゼント	A5判 5670円
58	ハロルド J.バーマン／宮島直機訳	法と革命 II	A5判 7875円

＊価格は消費税5％を含みます。